Schriften zum Sozial- und Arbeitsrecht

Band 392

PATRICI

Das Günstigkeits
arbeitsrechtlich

Das Günstigkeitsprinzip als Grenze arbeitsrechtlicher Schutzgesetze

unter besonderer Berücksichtigung neutraler, ambivalenter und günstigkeitsvariabler Vereinbarungen

Von

Patrick Rieger

Duncker & Humblot · Berlin

Die Fakultät für Rechtswissenschaft der Universität Hamburg
hat diese Arbeit im Jahre 2025 als Dissertation angenommen.

Bibliografische Information der Deutschen Nationalbibliothek

Die Deutsche Nationalbibliothek verzeichnet diese Publikation in der Deutschen Nationalbibliografie; detaillierte bibliografische Daten sind im Internet über http://dnb.d-nb.de abrufbar.

Satz: L101 Mediengestaltung, Fürstenwalde
Druck: Beltz Grafische Betriebe GmbH, Bad Langensalza
Printed in Germany

ISSN 0582-0227
ISBN 978-3-428-19749-1 (Print)
ISBN 978-3-428-59749-9 (E-Book)

Gedruckt auf alterungsbeständigem (säurefreiem) Papier
entsprechend ISO 9706 ♾

Verlagsanschrift: Duncker & Humblot GmbH, Carl-Heinrich-Becker-Weg 9,
12165 Berlin, Germany | E-Mail: info@duncker-humblot.de
Internet: https://www.duncker-humblot.de

Vorwort

Diese Arbeit wurde im Wintersemester 2025 von der Universität Hamburg als Dissertationsschrift angenommen. Rechtsprechung und Schrifttum sind bis zum März 2025 berücksichtigt.

Ich danke Frau Professorin Schubert für ihre engagierte Betreuung und ihren Einsatz, durch den das Promotionsvorhaben überhaupt ermöglicht wurde. Ihre inhaltliche Unterstützung hat die Arbeit an wichtigen Punkten vorangetrieben, und ihr Verständnis wusste ich sehr zu schätzen.

Herrn Professor Julius danke ich für die zügige Erstellung des Zweitgutachtens. Ebenso danke ich Herrn Professor Rapp für die Mitwirkung in der Prüfungskommission.

Meiner Familie danke ich für ihre Geduld und Unterstützung während der gesamten Entstehungszeit; sie hat den notwendigen Rückhalt geschaffen, den diese Arbeit erfordert hat. Ihr ist die Arbeit gewidmet.

Brandenburg, im November 2025 *Patrick Rieger*

Inhaltsübersicht

Inhaltsverzeichnis

Teil 2

Geltungsgrund des Günstigkeitsprinzips 71

Teil 3

Maßstab der Günstigkeit 156

Abkürzungsverzeichnis

a. A.	andere Ansicht
ABl.	Amtsblatt der Europäischen Gemeinschaft/Europäischen Union
Abs.	Absatz
AcP	Archiv für die civilistische Praxis
AEUV	Vertrag über die Arbeitsweise der Europäischen Union
AGB	Allgemeine Geschäftsbedingungen
AGB-DDR	Arbeitsgesetzbuch der Deutschen Demokratischen Republik
AGG	Allgemeines Gleichbehandlungsgesetz
AiB	Arbeitsrecht im Betrieb
AltZertG	Gesetz über die Zertifizierung von Altersvorsorge- und Basisrentenverträgen
Anm.	Anmerkungen
Antidiskriminierungs-RL	Richtlinie 2000/43/EG des Rates vom 29. Juni 2000 zur Anwendung des Gleichbehandlungsgrundsatzes ohne Unterschied der Rasse oder der ethnischen Herkunft
AOG	Gesetz zur Ordnung der nationalen Arbeit
AP	Arbeitsrechtliche Praxis
Arbeitsbedingungen-RL	Richtlinie (EU) 2019/1152 des Europäischen Parlaments und des Rates vom 20. Juni 2019 über transparente und vorhersehbare Arbeitsbedingungen in der Europäischen Union
Arbeitszeit-RL	Richtlinie 2003/88/EG des Europäischen Parlaments und des Rates vom 4. November 2003 über bestimmte Aspekte der Arbeitszeitgestaltung
ArbG	Arbeitsgericht
ArbRAktuell	Arbeitsrecht Aktuell
ArbVG	Arbeitsverfassungsgesetz (der Republik Österreich)
Art.	Artikel
AuA	Arbeit und Arbeitsrecht
Aufl.	Auflage
AZG	Arbeitszeitgesetz (der Republik Österreich)
BAG	Bundesarbeitsgericht

BAGE	Entscheidungen des Bundesarbeitsgerichts
BayVerf	Verfassung des Freistaates Bayern
BB	Betriebs-Berater
BBiG	Berufsbildungsgesetz
BeckRS	Beck-Rechtsprechung
BeschFG 1985/1994	Beschäftigungsförderungsgesetz 1985/1994
BetrAVG	Gesetz zur Verbesserung der betrieblichen Altersversorgung
BetrVG	Betriebsverfassungsgesetz
BGB	Bürgerliches Gesetzbuch
BGH	Bundesgerichtshof
BGHZ	Entscheidungen des Bundesgerichtshofs in Zivilsachen
BR-Ds.	Bundesratsdrucksache
BremVerf	Landesverfassung der Freien Hansestadt Bremen
bspw.	beispielsweise
BT-Ds.	Bundestagsdrucksache
BUrlG	Mindesturlaubsgesetz für Arbeitnehmer
BV	Betriebsvereinbarung
BVerfG	Bundesverfassungsgericht
BVerfGE	Entscheidungen des Bundesverfassungsgerichts
BVerfGK	Kammerentscheidungen des Bundesverfassungsgerichts
BVerwG	Bundesverwaltungsgericht
bzw.	beziehungsweise
CEEP	Europäischer Zentralverband der Arbeitgeber und Unternehmen
DB	Der Betrieb
ders.	derselbe
dies.	dieselbe/dieselben
DJT	Deutscher Juristentag
DNotZ	Deutsche Notar-Zeitschrift
DStR	Deutsches Steuerrecht
EAG	Gesetz über die Einrichtung von Einigungsämtern und über kollektive Arbeitsverträge (der Republik Österreich)
EG	Erwägungsgrund/Europäische Gemeinschaften
EGB	Europäischer Gewerkschaftsbund
Einf.	Einführung
Einl.	Einleitung
EntgeltFG/EntgFG/EFZG	Entgeltfortzahlungsgesetz

EStG	Einkommensteuergesetz
EU	Europäische Union
EuGH	Gerichtshof der Europäischen Union
EU-GRCh	Charta der Grundrechte der Europäischen Union
EzA	Entscheidungssammlung zum Arbeitsrecht
f./ff.	folgende/folgenden
FeiertagslohnzahlungsG/ FZG	Gesetz zur Regelung der Lohnzahlung an Feiertagen
Fn.	Fußnote
FPfZG	Gesetz über die Familienpflegezeit
FZG	Feiertagslohnzahlungsgesetz
GA	Generalanwalt/Generalanwältin am Europäischen Gerichtshof
gem.	gemäß
GewO	Gewerbeordnung
GG	Grundgesetz für die Bundesrepublik Deutschland
ggf.	gegebenenfalls
Gleichbehandlungs-Rahmen-RL	Richtlinie 2000/78/EG des Rates vom 27. November 2000 zur Festlegung eines allgemeinen Rahmens für die Verwirklichung der Gleichbehandlung in Beschäftigung und Beruf
grds.	grundsätzlich
HAG	Heimarbeitsgesetz
Handelsvertreter-RL	Richtlinie 86/653/EWG des Rates vom 18. Dezember 1986 zur Koordinierung der Rechtsvorschriften der Mitgliedstaaten betreffend die selbständigen Handelsvertreter
HessVerf	Verfassung des Landes Hessen
HGB	Handelsgesetzbuch
HwO	Handwerksordnung
i. d. S.	in dem Sinn
insb.	insbesondere
JA	Juristische Arbeitsblätter
JArbSchG	Gesetz zum Schutze der arbeitenden Jugend
JuS	Juristische Schulung
JZ	JuristenZeitung
KommJur	Kommunaljurist
LAG	Landesarbeitsgericht
LFZG	Lohnfortzahlungsgesetz
lit.	Litera/Buchstabe

Ls.	Leitsatz
MiArbG	Mindestarbeitsbedingungengesetz
MiLoG	Mindestlohngesetz
m. w. N.	mit weiteren Nachweisen
Nachweis-RL	Richtlinie 91/533/EWG des Rates vom 14. Oktober 1991 über die Pflicht des Arbeitgebers zur Unterrichtung des Arbeitnehmers über die für seinen Arbeitsvertrag oder sein Arbeitsverhältnis geltenden Bedingungen
NachwG	Gesetz über den Nachweis der für ein Arbeitsverhältnis geltenden wesentlichen Bedingungen
NJW	Neue Juristische Wochenschrift
Nr.	Nummer
NVwZ	Neue Zeitschrift für Verwaltungsrecht
NZA	Neue Zeitschrift für Arbeitsrecht (ab 1991); Neue Zeitschrift für Arbeits- und Sozialrecht (1984–1990)
NZA-RR	Neue Zeitschrift für Arbeitsrecht Rechtsprechungs-Report
NZfA	Neue Zeitschrift für Arbeitsrecht (1921–1933)
PflegeZG	Gesetz über die Pflegezeit
RAG	Reichsarbeitsgericht
RAGE	Entscheidungen des Reichsarbeitsgerichts, Amtliche Sammlung
RdA	Recht der Arbeit
RG	Reichsgericht
RGBl.	Reichsgesetzblatt
RGZ	Entscheidungen des Reichsgerichts in Zivilsachen
RhPfVerf	Verfassung für Rheinland-Pfalz
RL	Richtlinie
Rn.	Randnummer
Rom I-VO	Verordnung (EG) Nr. 593/2008 des Europäischen Parlaments und des Rates vom 17. Juni 2008 über das auf vertragliche Schuldverhältnisse anzuwendende Recht
Rspr.	Rechtsprechung
SeeArbG	Seearbeitsgesetz
SeemG	Seemannsgesetz
SGB	Sozialgesetzbuch
SGb	Die Sozialgerichtsbarkeit
Slg.	Sammlung der Rechtsprechung des Gerichtshofs der Europäischen Union
sog.	sogenannte
Sp.	Spalte

SprAuG	Gesetz über Sprecherausschüsse der leitenden Angestellten
SVBezGrV 2024/2025	Sozialversicherungsrechengrößen-Verordnung
SVerf	Verfassung des Saarlandes
TVG	Tarifvertragsgesetz
TVVO	Verordnung über Tarifverträge, Arbeiter- und Angestelltenausschüsse
TzBfG	Gesetz über Teilzeitarbeit und befristete Arbeitsverträge
u. a.	unter anderem
UAbs.	Unterabsatz
UNICE	Union der Industrien der Europäischen Gemeinschaft
Unisex-RL	Richtlinie 2004/113/EG des Rates vom 13. Dezember 2004 zur Verwirklichung des Grundsatzes der Gleichbehandlung von Männern und Frauen beim Zugang zu und bei der Versorgung mit Gütern und Dienstleistungen
UrlaubsG	Urlaubsgesetz (der Republik Österreich)
v.	vom
Vereinbarkeits-RL	Richtlinie (EU) 2019/1158 des Europäischen Parlaments und des Rates vom 20. Juni 2019 zur Vereinbarkeit von Beruf und Privatleben für Eltern und pflegende Angehörige und zur Aufhebung der Richtlinie 2010/18/EU des Rates
Verf NRW	Verfassung für das Land Nordrhein-Westfalen
vgl.	vergleiche
Vorb.	Vorbemerkung
VuR	Verbraucher und Recht
VVG	Versicherungsvertragsgesetz
WD-BT	Wissenschaftliche Dienste des Deutschen Bundestags
wg.	wegen
ZfA	Zeitschrift für Arbeitsrecht
ZfPW	Zeitschrift für die gesamte Privatrechtswissenschaft
ZRP	Zeitschrift für Rechtspolitik

Verzeichnis der abgekürzt zitierten Literatur

APS	*Linck*, Rüdiger/*Preis*, Ulrich/*Schmidt*, Ingrid: Kündigungsrecht – Großkommentar zum gesamten Recht der Beendigung von Arbeitsverhältnissen, 7. Auflage, München 2024.
ArbR A-Z	*Koch*, Ulrich: Arbeitsrecht von A–Z, begründet von Günter Schaub, 28. Auflage, München 2024.
BBKommentar-TzBfG	*Annuß*, Georg/*Thüsing*, Gregor: BB Kommentar zum Teilzeit- und Befristungsgesetz, 3. Auflage, Frankfurt a. M. 2012.
BeckOGK	*Gsell*, Beate/*Krüger*, Wolfgang/*Lorenz*, Stephan/*Reymann*, Christoph/*Henssler*, Martin/*Höpfner*, Clemens/*Picker*, Eduard/*Temming*, Felipe/*Deinert*, Olaf/*Körner*, Anne/*Knickrehm*, Sabine/*Krasney*, Martin/*Mutschler*, Bernd/*Rolfs*, Christian/*Säcker*, Franz, Jürgen/*Appel*, Markus/*Koch*, Oliver/*Ludwigs*, Markus: beck-online.GROSSKOMMENTAR.
BeckOK-ArbR	*Rolfs*, Christian/*Giesen*, Richard/*Meßling*, Miriam/*Udsching*, Peter: Beck'scher Online-Kommentar zum Arbeitsrecht, 74. Edition Stand: 01.12.2024, München 2024.
BeckOK-BGB	*Hau*, Wolfgang/*Poseck*, Roman: Beck'scher Online-Kommentar zum BGB, 72. Edition Stand: 01.11.2024, München 2024.
BeckOK-GG	*Epping*, Volker/*Hillgruber*, Christian: Beck'scher Online-Kommentar zum GG, 59. Edition Stand: 15.09.2024, München 2024.
BJ-TzBfG	*Boecken*, Winfried/*Joussen*, Jacob: Teilzeit- und Befristungsgesetz, 7. Auflage, München 2024.
BRO-BetrAVG	*Rolfs*, Christian/*Jakob*, Andreas: Betriebsrentengesetz Arbeits-, Zivil- und Steuerrecht, begründet von Wolfgang Blomeyer und Klaus Otto, 8. Auflage, München 2022.
DHS-GG	*Herzog*, Roman/*Scholz*, Rupert/*Löwisch*, Manfred/*Herdegen*, Matthias/*Klein*, Hans H.: Grundgesetz Kommentar, 105. Ergänzungslieferung, August 2024, München 2024.
DHSW-ArbR	*Däubler*, Wolfgang/*Hjort*, Jens Peter/*Schubert*, Michael/*Wolmerath*, Martin: Arbeitsrecht, Individualarbeitsrecht mit kollektivrechtlichen Bezügen, 5. Auflage, Baden-Baden 2022.
Disruptions	*De Vos*, Marc/*Anderson*, Gordon/*Verhulp*, Evert: The Cambridge Handbook of Technological Disruptions in Labour and Employment Law, Camebridge 2022.

DKL-ArbR	*Dornbusch*, Gregor/*Krumbiegel*, Markus/*Löwisch*, Manfred: Kommentar zum gesamten Arbeitsrecht, 10. Auflage, Hüth 2021.
ErfK	*Müller-Glöge*, Rudi/*Preis*, Ulrich/*Gallner*, Inken/*Schmidt*, Ingrid: Erfurter Kommentar zum Arbeitsrecht, begründet von Thomas Dieterich, Peter Hanau und Günter Schaub, 25. Auflage, München 2025.
EUArbRK	*Franzen*, Martin/*Gallner*, Inken/*Oetker*, Hartmut: Kommentar zum europäischen Arbeitsrecht, 5. Auflage, München 2024.
FS 50 Jahre BAG	*Oetker*, Hartmut/*Preis*, Ulrich/*Rieble*, Volker: Festschrift 50 Jahre Bundesarbeitsgericht, München 2004.
FS Berding	*Schmoll-Eisenwerth*, Reineke: „Historiographie als literarische Veranstaltung": Festschrift zum 80. Geburtstag von Helmut Berding, Berlin 2000.
FS Dieterich	*Hanau*, Peter/*Heither*, Friedrich/*Kühling*, Jürgen: Richterliches Arbeitsrecht – Festschrift für Thomas Dieterich zum 65. Geburtstag, München 1999.
FS Schlemmer	*Schulz*, Roland/*Drews*, Otto/*Schmidt-Dorenbach*, Heribert: Die soziale Verantwortung des Unternehmers, Festschrift für Dieter Schlemmer, München 1990.
FS Wiedemann	*Wank*, Rolf/*Hirte*, Heribert/*Fleischer*, Holger/*Thüsing*, Gregor: Festschrift für Herbert Wiedemann zum 70. Geburtstag, München 2002.
FS Wißmann	*Kothe*, Wolfhard/*Dörner*, Hans-Jürgen/*Anzinger*, Rudolf: Arbeitsrecht im sozialen Dialog – Festschrift für Hellmut Wißmann zum 65. Geburtstag, München 2006.
FS Zöllner	*Manfred*, Lieb/*Noack*, Ulrich/*Westermann*, Harm Peter: Festschrift für Wolfgang Zöllner zum 70. Geburtstag, Köln, Berlin, Bonn und München 1998.
GHN-UnionsR	*Nettesheim*, Martin: Das Recht der Europäischen Union, begründet von Eberhard Grabitz, fortgeführt von Meinhard Hilf, 83. Ergänzungslieferung – Stand Juli 2024.
GK-BUrlG	*Stahlhacke*, Eugen/*Bachmann*, Bernward/*Bleistein*, Franzjosef/*Berscheid*, Ernst-Dieter: Gemeinschaftskommentar zum Bundesurlaubsgesetz 5. Auflage, Neuwied, Berlin und Kriftel i. Ts. 1992.
GKKK-EUV/AEUV	*Geiger*, Rudolf/*Khan*, Daniel-Erasmus/*Kotzur*, Markus/*Kirchmair*, Lando: EUV/AEUV Kommentar, 7. Auflage, München 2023.
GSH-UnionsR	*von der Groeben*, Hans/*Schwarze*, Jürgen/*Hatje*, Armin: Europäisches Unionsrecht, 7. Auflage, Baden-Baden 2015.
HKT-HwO	*Thiel*, Markus: Handwerksordnung mit Berufsbildungsrecht, 5. Auflage, Baden-Baden 2017.

HO-BUrlG	*Hohmeister*, Frank/*Oppermann*, Angelika: Bundesurlaubsgesetz, BUrlG, BEEG, JArbSchG, MuSchG, SGB IX, 3. Auflage, Baden-Baden 2013.
HWK-ArbR	*Henssler*, Martin/*Willemsen*, Heinz Josef/*Kalb*, Heinz-Jürgen: Arbeitsrecht Kommentar, 11. Auflage, Köln 2024.
Jarass/Pieroth	*Jarass*, Hans D./*Kment*, Martin: Grundgesetz für die Bundesrepublik Deutschland, Kommentar, 18. Auflage, München 2024.
KBHB-BetrAVG	*Kaiser*, Heinrich/*Dunkl*, Hans/*Hold*, Dieter/*Kleinsorge*, Georg: Kommentar zum Betriebsrentengesetz mit Insolvenzsicherung, 8. Auflage, Köln 2018.
KDHK-EntgFG	*Kaiser*, Heinrich/*Dunkl*, Hans/*Hold*, Dieter/*Kleinsorge*, Georg: Entgeltfortzahlungsgesetz, 5. Auflage, Köln 2000.
Kempen/Zachert/TVG	*Brecht-Heitzmann*, Holger/*Kempen*, Otto Ernst/*Schubert*, Jens M./*Seifert*, Achim: Tarifvertragsgesetz, 5. Auflage, Frankfurt a. M. 2014.
Küttner/Personalbuch	*Röller*, Jürgen: Personalbuch 2024, begründet von Wolfdieter Küttner, 31. Auflage, München 2024.
MHH-TzBfG	*Meinel*, Gernod/*Heyn*, Judith/*Herms*, Sascha: Teilzeit- und Befristungsgesetz, 6. Auflage, München 2022.
MüAnwHdB-ArbR	*Moll*, Willhelm: Münchener Anwalts Handbuch zum Arbeitsrecht, 5. Auflage, München 2021.
MüHdB-ArbR	*Kiel*, Heinrich/*Lunk*, Stephan/*Oetker*, Hartmut: Münchener Handbuch zum Arbeitsrecht, Band 1, 6. Auflage, München 2024; Band 2, 6. Auflage, München 2024; Band 3, 5. Auflage, München 2022.
MüKo-BGB	*Säcker*, Franz Jürgen/*Rixecker*, Roland/*Oetker*, Hartmut/*Limperg*, Bettina/*Schubert*, Claudia: Münchener Kommentar zum Bürgerlichen Gesetzbuch, Band 1, 10. Auflage, München 2025; Band 2, 9. Auflage, München 2022; Band 4/2, 9. Auflage, München 2023.
MüKo-VVG	*Langheid*, Theo/*Wank*, Manfred: Münchener Kommentar zum Versicherungsvertragsgesetz, Band 1, 3. Auflage, München 2022.
NK-GArbR	*Boecken*, Winfried/*Düwell*, Franz Josef/*Diller*, Martin/*Hanau*, Peter: NomosKommentar Gesamtes Arbeitsrecht, 2. Auflage, Baden-Baden 2023.
NKH-BUrlG	*Neumann*, Dirk/*Fenski*, Martin/*Kühn*, Thomas: Bundesurlaubsgesetz nebst allen anderen Urlaubsbestimmungen des Bundes und der Länder, 12. Auflage, München 2021.
NomosBR-AGG	*Ernst*, Hildegund/*Braunroth*, Anna/*Franke*, Bernhard/*Wascher*, Angelika/*Lenz*, Martin: Allgemeines Gleichbehandlungsgesetz – Auszug aus: NOMOS – Das Deutsche Bundesrecht – Erläuterungen, 2. Auflage, Baden-Baden 2013.

Schaub/ArbR-HdB	*Ahrendt*, Martina/*Koch*, Ulrich/*Link*, Rüdiger/*Rinck*, Ursula/*Rennpferdt*, Maren/*Treber*, Jürgen/*Vogelsang*, Hinrich: Arbeitsrechts-Handbuch, begründet von Günter Schaub, 20. Auflage, München 2023.
Schmitt/EFZG	*Küfner-Schmitt*, Irmgard/*Schmitt*, Laura: Entgeltfortzahlungsgesetz Aufwendungsausgleichsgesetz Kommentar, begründet von Jochem Schmitt, 9. Auflage, München 2023.
SSP-AGG	*Schleusener*, Aino/*Suckow*, Jens/*Plum*, Martin: Kommentar zum Allgemeinen Gleichbehandlungsgesetz, 5. Auflage, Köln 2019.

Einleitung

Das Arbeitsverhältnis ist eine Rechtsbeziehung, die durch verschiedene Rechtsquellen unterschiedlicher Herkunft und Wirkungskraft geprägt wird. Wie die gesamte nationale Rechtsordnung wird seine gesetzliche Ausgestaltung durch die abstrakten Wertungen der Verfassung zumindest beeinflusst und durch das Unionsrecht in Teilen konkret vorgegeben[1]. Unmittelbar wirken diese Rechtsquellen nicht auf das Arbeitsverhältnis ein, sondern dieses wird als Privatrechtsbeziehung[2] idealtypisch vor allem durch den Arbeitsvertrag bestimmt. Am Anfang des modernen Arbeitsrechts entsprach dies auch den gesellschaftlichen Vorstellungen, soweit sie Einfluss auf die Rechtsordnung hatten,[3] aber parallel zu anderen Entwicklungen, wie der zunehmenden Demokratisierung der Gesellschaft, wandelte sich die Vorstellung von der Funktion des Vertragsrechts. Dies hatte auch Einfluss auf die Arbeitsvertragsbeziehung, die zunehmend durch zwingende Vorgaben bestimmt wurde, wobei es anfänglich vor allem kollektive Rechtsquellen waren, durch die die veränderten gesellschaftlichen Vorstellungen auf das Arbeitsverhältnis einwirkten.

Gemeinsam mit der zunehmenden Anerkennung der veränderten Vorstellungen in verfassungsrechtlichen Rechtsquellen – die sich in den vier deutschen Verfassungen von 1848/49 bis 1949 nicht linear vollzog,[4] sodass die Abfolgen der Entwicklungen sich nicht unmittelbar spiegeln[5] – stieg aber auch der Einfluss normativer Rechtsquellen auf das Arbeitsverhältnis an.[6] Als Treiber der Entwicklung fungierten dabei nicht nur die veränderten Wertvor-

---

1 *Biltgen*, RdA 2024, 257, 260; zur Entwicklung, *Kamanabrou*/ArbR, Rn. 488; *Rolfs*, Gutachten B zum 74. DJT, S. 70 ff., auch zu anstehenden Umsetzungspflichten.

2 Statt aller *Boemke*, NZA 1993, 532, 534; MüHdB-ArbR/*Richardi*, § 1 Rn. 16.

3 Vgl. auch zu den Gründen *Keßler*, FS Berding, 35, 43 sowie *Stöhr*, RdA 2014, 307, 311.

4 Zur Entwicklung in einzelnen Zeitabschnitten, Isensee/Kirchhof/HdB-StaatsR/*Grawert*, § 6 Rn. 54 ff.; Isensee/Kirchhof/HdB-StaatsR/*Huber*, § 4 Rn. 37 ff.; Isensee/Kirchhof/HdB-StaatsR/*Pauly*, § 3 Rn. 47 ff.; *Enders*, Freiheit und Repräsentation, S. 11 ff.; Isensee/Kirchhof/HdB-StaatsR/*Schneider*, § 5 Rn. 32 ff.; Isensee/Kirchhof/HdB-StaatsR/*Wahl*, § 2 Rn. 60 ff.

5 Ein formaler Bruch war mit der Reichsverfassung von 1871 verbunden, vgl. Isensee/Kirchhof/HdB-StaatsR/*Huber*, § 4 Rn. 37; die nationalsozialistische Herrschaft führte zu umfangreichen materiellen Grundrechtsbeschränkungen, Isensee/Kirchhof/HdB-StaatsR/*Grawert*, § 6 Rn. 55.

6 Ausführlich dazu Teil 1 § 2.

stellungen, sondern auch die wirtschaftliche Entwicklung[7] und nicht zuletzt wurde die Lösung der Sozialen Frage auch als Mittel zur Stabilisierung der gesellschaftlichen Verhältnisse verstanden.[8] Ferner wirken die veränderten Wertvorstellungen nunmehr nicht nur als geistige Grundlage des Arbeitsrechts, sondern deren verfassungsrechtliche Kondensate – und insbesondere die Grundrechte – beinhalten Maßstäbe für die Ausgestaltung des Arbeitsrechts.[9] Gleiches gilt für das Unionsrecht,[10] das unter anderem als Handlungspflichten des Gesetzgebers auf das nationale Recht einwirkt.[11]

Nichtsdestotrotz steht die arbeitsrechtliche Beziehung auf einer vertraglichen Grundlage und ist mithin Ausdruck der freiheitlichen Gestaltungsmacht, deren Anerkennung zentraler Teil der gesellschaftlichen Ordnung ist[12]. Es besteht auch ein Bedürfnis, das Arbeitsvertragsverhältnis unter Berücksichtigung der Besonderheiten der geschuldeten Tätigkeit, der betroffenen Branche, des jeweiligen Betriebs oder der Person des einzelnen Arbeitnehmers zu gestalten und dabei von den generalisierenden normativen Vorgaben abzuweichen. Beispielsweise kann die Vielzahl unterschiedlich ausgestalteter Arbeitsverhältnisse den Arbeitgeber dazu bewegen, die Gestaltung einzelner Ansprüche von den individuellen Verhältnissen des Arbeitnehmers zu lösen und stattdessen Pauschalierungs- oder andere Vereinfachungsregelungen zu vereinbaren. Die Konfliktlage, die dabei zwischen den normativen Vorgaben und der vertraglichen Gestaltung entstehen kann, wird durch verschiedene Prinzipien reguliert, die zur Abgrenzung der Gestaltungsspielräume herangezogen werden.

Eine dieser Begrenzungen bestimmt das Günstigkeitsprinzip, das abweichenden vertraglichen Regelungen entgegensteht, wenn sie zuungunsten bzw. nicht zugunsten des Arbeitnehmers von den normativen Vorgaben abweichen.[13] Die Geltung dieses Prinzips wird durch den Gesetzgeber insbesondere in § 4 Abs. 3 Alt. 2 TVG für das Verhältnis von abweichenden Abmachungen zu tarifvertraglichen Normen angeordnet und für das kollektive Arbeitsrecht wurden die Grundlagen und die Wirkung des Günstigkeitsprinzips bereits vielfach betrachtet, wobei im Verlauf der Zeit[14] die betriebliche Mitbestim-

---

[7] *Höpfner*, NZA 2024, 1081, 1083; *Rüthers*, FS Schlemmer, 83, 84.

[8] Vgl. MüHdB-ArbR/*Richardi*, § 2 Rn. 5 ff. u. Rn. 9.

[9] Vgl. Teil 2 § 8 Abschnitt B.

[10] Auch für die grundlegende Betrachtung dispositiven Rechts, *Cziupka*, Dispositives Vertragsrecht, S. 6 f.

[11] Vgl. Teil 2 § 8 Abschnitt C.

[12] Statt aller DHS-GG/*Di Fabio*, GG Art. 2 Rn. 101 ff.

[13] Vgl. nur MüHdB-ArbR/*Fischinger*, § 5 Rn. 10; Schaub/ArbR-HdB/*Link*, § 2 Rn. 4.

[14] Zur TVVO, *Balz*, Grenzen der Unabdingbarkeit (1928); *Herschel*, NZfA 1924, Sp. 339 ff.; *Kaskel*, NZfA 1924, Sp. 129 ff.; *Kronenberg*, Ausnahmen der Unabding-

mung und die Freiheitsrechte der Arbeitnehmer verstärkt in den Blick gerieten.[15] Ferner wurden in diesem Kontext zuletzt vermehrt die besonderen tarifvertraglichen Abweichungskompetenzen betrachtet[16] und insgesamt wird es zu Recht als ein „Klassiker des kollektiven Arbeitsrechts“[17] bezeichnet.

Die Geltung des Günstigkeitsprinzips ist jedoch nicht auf kollektive Regelungen beschränkt, sondern es wird als allgemeiner Grundsatz angesehen, der auch gegenüber anderen normativen Regelungen Geltung beansprucht.[18] Dementsprechend wird auch die einseitig zwingende Wirkung der Bestimmungen des gesetzlichen Arbeitsvertragsrechts[19] überwiegend als spezielle Ausprägung des Günstigkeitsprinzips eingeordnet[20] und nur einzelne Stimmen erkennen darin ein besonderes Abweichungsverbot[21]. Aufgrund der Vielzahl der Kodifikationen ist es daher in Kernbereichen der Arbeitsvertragsgestaltung beachtlich und es soll auch ohne eine ausdrückliche Anordnung des Gesetzgebers Geltung beanspruchen können,[22] woraus sich das Potential für

---

barkeit (1929); *Molitor*, NZfA 1924, Sp. 321 ff.; *A. Schmidt*, Grenzen der Unabdingbarkeit (1929); *Vanselow*, NZfA 1924, Sp. 331 ff. Zum AOG, *Büker*, Ausnahmen der Unabdingbarkeit (1934); *Probst*, Günstigkeitsprinzip (1937).

15 Vgl. *Belling*, Günstigkeitsprinzip (1984); *Burkiczak*, Deregulierung (2006); *Courth*, Günstigkeitsprinzip (1969); *Federlin*, Kollektiver Günstigkeitsvergleich (1993); *Firnhaber*, Günstigkeitsprinzip (1951); *Hilgenstock*, Günstigkeitsvergleich (2007); *Krauss*, Günstigkeitsprinzip und Autonomie (1995); *Papritz*, Günstigkeitsprinzip (1976); *T. B. Schmidt*, Günstigkeitsprinzip (1994); *Schorn*, Günstigkeitsprinzip neuer Art (2006); *Schulze*, Günstigkeitsprinzip (1985); *Wlotzke*, Günstigkeitsprinzip (1957); *Yurtsev*, Günstigkeitsprinzip (1996). Dazu auch *Mosing*, Günstigkeitsprinzip (2018), für die österreichische Rechtsordnung.

16 Bereits *Käppler*, Tarifdispositives Richterrecht (1977); ferner *Seiwerth*, Gestaltungsfreiheit in Tarifverträgen (2017) sowie *Ulber*, Tarifdispositives Gesetzesrecht (2010).

17 *Höfling/Burkiczak*, NJW 2005, 469.

18 Vgl. NK-GArbR/*Düwell*, BUrlG § 13 Rn. 14; MüHdB-ArbR/*Fischinger*, § 5 Rn. 10; ErfK/*Franzen*, TVG § 4 Rn. 31; ErfK/*Gallner*, BUrlG § 13 Rn. 4; ArbR A–Z/*U. Koch*, Günstigkeitsprinzip.

19 Zum Begriff MüHdB-ArbR/*Fischinger*, § 4 Rn. 8 f.

20 Vor allem NK-GArbR/*Düwell*, BUrlG § 13 Rn. 14, der in § 13 Abs. 1 S. 3 BUrlG eine spezielle Ausformung des § 4 Abs. 3 Alt. 2 TVG sieht; ebenso für das Urlaubsrecht, *Romatka*, Unabdingbarkeit im Urlaubsrecht, S. 30 f. Vgl. auch BeckOK-ArbR/*Besgen*, NachwG § 6 Rn. 1; ErfK/*Gallner*, BUrlG § 13 Rn. 4; Höfer/BetrAVG/*Höfer*, I BetrAVG § 19 Rn. 10; BeckOK-ArbR/*Lampe*, BUrlG § 13 Rn. 5; MüKo-BGB/*Martiny*, Rom I-VO Art. 6 Rn. 74; BeckOK-ArbR/*Ricken*, EntgFG § 12 Rn. 15.

21 Wiedemann/TVG/*Bayreuther*, § 4 Rn. 321, lehnt den Begriff im Gesetzesrecht ab und sieht ein Dispositionsprinzip; ähnlich BeckOGK/*Maties*, § 611a BGB Rn. 222; Wohlgemuth/Pepping/BBiG/*Pepping*, BBiG § 25 Rn. 6 Fn. 14 spricht von einem Ungünstigkeitsverbot.

22 Zum einseitig zwingenden Charakter der Normen des Arbeitsvertragsrechts, MüHdB-ArbR/*Fischinger*, § 5 Rn. 10; Schaub/ArbR-HdB/*Link*, § 2 Rn. 4; *Löwisch/*

eine nahezu unbegrenzte Geltung des Günstigkeitsprinzips im Arbeitsrecht ergibt. Die Literatur sieht darin überwiegend auch ein das gesamte Rechtsgebiet prägendes Prinzip, das arbeitsrechtlichen Rechtsquellen grundsätzlich eine einseitig zwingende Natur verleihe, weshalb diese Verbesserungen durch rangniedere Normen oder vertragliche Vereinbarungen nicht entgegenstünden.[23]

Trotz dieser Bedeutung erfolgte bisher keine übergreifende Betrachtung der verschiedenen Kodifikationen des Günstigkeitsprinzips[24] im nationalen Arbeitsvertragsrecht.[25] Inwieweit die Regelungen auf eine einheitliche Grundlage zurückzuführen sind und welche Gemeinsamkeiten und Unterschiede sich daraus in Bezug auf die Wirkung und die Grenzen des Prinzips ergeben können, ist daher speziell für diese Vorschriften nicht gänzlich ausgeleuchtet. Die ersten Teile der Arbeit widmen sich dieser Frage und werden nach einer Betrachtung der Historie, der Funktion und der Grenzen des Prinzips (Teil 1) dessen Geltungsgrund hinterfragen (Teil 2). Davon ausgehend werden der Begriff der Günstigkeit und seine Grenze beschrieben sowie die Kriterien zur Überprüfung der Günstigkeit im Rahmen des Günstigkeitsvergleichs definiert (Teil 3).

Der vierte Teil nimmt vertragliche Vereinbarungen in den Blick, die bei der Anwendung des Günstigkeitsprinzips nicht einheitlich als wirksam oder unwirksam angesehen und die insoweit in einen Grenzbereich der Günstigkeit eingeordnet werden. Dazu zählen neben den in der Literatur bereits erörterten neutralen und ambivalenten Regelungen auch günstigkeitsvariable Vereinbarungen, die von den ambivalenten Vereinbarungen abzugrenzen sind. Das

---

Rieble, TVG § 1 Rn. 1050; im Ergebnis auch BeckOGK/*Maties*, § 611a BGB Rn. 219 u. Rn. 222.

[23] Grundlegend für die Rechtsprechung, BAG v. 16.09.1986 – GS 1/82, BAGE 53, 42 [unter C. II. 3. a)]. Aus der Literatur, *Däubler*, AuR 1987, 349, 352; MüHdB-ArbR/*Klumpp*, § 253 Rn. 2; Küttner/Personalbuch/*Kreitner*, Günstigkeitsprinzip Rn. 1; *T. B. Schmidt*, Günstigkeitsprinzip, S. 112 sieht ein verfassungsrechtliches Strukturprinzip des kollektiven Arbeitsrechts; Däubler/TVG/*Ulber*, Einl. Rn. 667; *Wensing/Hesse*, NZA 2009, 1309, 1312, sehen eine im gesamten Arbeitsrecht geltende Kollisionsregel; *Wiedemann*, FS Wißmann, 185, 200, verneint nur wegen § 77 Abs. 3 BetrVG ein Rechtsprinzip.

[24] In dem Zusammenhang wurde in jüngerer Zeit aber verstärkt das dispositive Recht betrachtet, *Cziupka*, Dispositives Vertragsrecht (2010); *Kähler*, Abdingbares Recht (2012); *Möslein*, Dispositives Recht (2011); *Tobisch*, Dispositives Recht (2021). Vgl. auch *Bechtold*, Zwingendes Vertragsrecht (2010). Zum Verzicht, *Simon*, Verzicht (2007). Für das Urlaubsrecht, *Romatka*, Unabdingbarkeit im Urlaubsrecht (1966). Für einzelne Normen, *Versteyl*, Obergrenze (2005).

[25] Im Gegensatz dazu *Mosing*, Günstigkeitsprinzip (2018) für das Arbeitsrecht Österreichs; *Nobbe*, Günstigkeitsprinzip im Verbrauchervertragsrecht (2007) abseits des Arbeitsrechts.

Günstigkeitsprinzip wird für diese Regelungen nicht einheitlich angewendet, was insbesondere in einer Entscheidung des BAG aus dem Jahr 2017[26] deutlich wird. Der 5. Senat entschied, dass § 12 EntgFG allein strukturellen Schlechterstellungen entgegenstehe und in seinem Anwendungsbereich auch ambivalente und neutrale Regelungen vereinbart werden können.[27] Das Gericht hat seine Entscheidung zwar auf tarifvertragliche Abweichungen beschränkt[28] und dazu spezielle Ausführungen gemacht,[29] jedoch spiegeln sich diese Ausführungen nicht in der gesetzlichen Vorschrift[30] und bei früheren Entscheidungen folgte auf die Annahme einer tarifvertraglichen Abweichungskompetenz ebenfalls die Übertragung auf arbeitsvertragliche Regelungen.[31] In der Literatur ist im Rahmen der Rezeption des Urteils auch nicht immer eine Unterscheidung ersichtlich[32] und es wird auch ausdrücklich von einer Übertragbarkeit ausgegangen[33].

Die Arbeit stellt diese Entscheidung des BAG nicht in den Fokus, nutzt sie aber als Ausgangs- und Bezugspunkt der Untersuchung des gesetzlichen Günstigkeitsprinzips im Verhältnis zu arbeitsvertraglichen Regelungen. Diese wird in Teil 5 vertieft, indem die einzelnen Kodifikationen des Gesetzesrechts in den Blick genommen und das erarbeitete Verständnis durch die Auslegung der Normen und im Rahmen des konkreten Kontexts überprüft wird. Trotz des abweichenden Fokus der Arbeit enthält die Betrachtung des § 12 EntgFG damit auch eine Bewertung der Entscheidung des BAG. Darüber hinaus werden die weiteren ausdrücklichen Anordnungen des Günstigkeitsprinzips im Arbeitsvertragsrecht in § 13 Abs. 1 BUrlG, § 8 PflegeZG, § 22 TzBfG, § 6 NachwG, § 19 Abs. 3 BetrAVG und § 31 AGG betrachtet. Ferner wird auch die Regelung des § 25 BBiG für das Ausbildungsvertragsverhältnis mit in die Betrachtung einbezogen.

In einem abschließenden Teil werden die Ergebnisse zusammengeführt und dargestellt, welche Erkenntnisse sich für die Anwendung des Günstigkeitsprinzips innerhalb des Arbeitsrechts abseits ausdrücklicher Kodifikationen

---

[26] BAG v. 06.12.2017 – 5 AZR 118/17, BAGE 161, 132.

[27] Im Ergebnis schon BAG v. 07.05.2003 – 5 AZR 256/02, AP TVG § 1 Tarifverträge: Deutsche Bahn Nr. 13 [unter II. 4. b)]; ebenfalls LAG v. Hessen v. 24.11.2016 – 5 Sa 590/16, BeckRS 2016, 117271 Rn. 16 ff.; a.A. aus der Rechtsprechung ArbG Frankfurt a.M. v. 23.02.2016 – 4 Ca 7036/15, BeckRS 2016, 117272 Rn. 11 f.

[28] BAG v. 06.12.2017 – 5 AZR 118/17, BAGE 161, 132 [1. Ls.].

[29] BAG v. 06.12.2017 – 5 AZR 118/17, BAGE 161, 132 Rn. 35.

[30] Dazu Teil 5 § 17 Abschnitt C. I. 3. a).

[31] Zum BeschFG 1985, BAG v. 24.02.1988 – 7 AZR 454/87, AP BeschFG 1985 § 1 Nr. 3 [unter I. 2.].

[32] Schaub/ArbR-HdB/*Linck*, § 98 Rn. 149 u. § 103 Rn. 23. Anders aber *Ahnefeld*, ArbRAktuell 2023, 375, 377; MüAnwHdB-ArbR/*Glaser*, § 24 Rn. 159.

[33] *Zaumseil*, BB 2018, 1527, 1531.

ableiten lassen. Ferner werden sich auch Rückschlüsse auf die Möglichkeiten des Gesetzgebers zur Ausgestaltung des Prinzips sowie für seine Geltung gegenüber kollektiven Regelungen ergeben. Etwaige Unterschiede können angesichts des abweichenden Schwerpunkts der Arbeit aber nicht abschließend untersucht werden, denn ohne die genaue Betrachtung der Grundlagen der kollektiven Normsetzungsmacht lassen sich diese Regelungen nicht mit der notwendigen Tiefe untersuchen. Ebenso können zwar Parallelen und Bezüge zum kollektivrechtlichen Günstigkeitsprinzip aufgezeigt und im Rahmen der Untersuchung kann auf die Heranziehung der Literatur zum kollektivrechtlichen Günstigkeitsprinzip nicht verzichtet werden, aber der Untersuchungsgegenstand ist trotz dessen davon zu unterscheiden und auf das gesetzliche Günstigkeitsprinzip beschränkt. Um die fraglichen Vereinbarungen im Licht des Günstigkeitsprinzips betrachten zu können, müssen ferner die weiteren Anforderungen an die Gestaltung von Arbeitsverträgen und insbesondere die Vorgaben der §§ 305 ff. BGB ausgeblendet werden[34].

Ziel dieser Betrachtungen ist es, den Grenzbereich der Günstigkeit im Arbeitsvertragsrecht auszuleuchten. Im Ergebnis soll insbesondere festgestellt werden, welcher Abweichungsspielraum mit dem Günstigkeitsbegriff im Allgemeinen sowie in speziellen Zweifelsfällen verbunden ist. Gleichzeitig werden die oben beschriebenen theoretischen Unklarheiten adressiert und die Geltungsgrundlagen des gesetzlichen Günstigkeitsprinzips normübergreifend betrachtet. Gerade die Betrachtung der uneindeutigen Vereinbarungen verspricht dabei Erkenntnisse und die weitere Differenzierung dieser Regelungen verspricht ein besseres Verständnis ihrer Wirkungsweise. Ihre Behandlung wird so auf eine breitere theoretische Grundlage gestellt, wodurch die Rechtssicherheit bei der Abweichung von normativen Vorgaben insgesamt verbessert wird. Sofern dies möglich ist, wird dabei auch eine einheitliche Dogmatik des gesetzlichen Günstigkeitsprinzips entwickelt.

---

[34] Dazu im Zusammenhang mit Pauschalierungsregelungen, Schaub/ArbR-HdB/*Linck*, § 103 Rn. 23.

Teil 1

Allgemeine Betrachtung des Günstigkeitsprinzips im Gesetzesrecht

§ 1 Grundlagen des Günstigkeitsprinzips

A. Allgemeine Wirkungsweise

Das Günstigkeitsprinzip beschreibt die Wirkung bestimmter Normen des Arbeitsrechts, die unmittelbar und zwingend wirken, jedoch Abweichungen zugunsten der Arbeitnehmer zulassen.[1] Den Parteien von Einzelverträgen, aber auch von Kollektivvereinbarungen, steht es daher frei, die gesetzlich gewährten Rechte des Arbeitnehmers vertraglich abweichend zu regeln, soweit sich die Änderungen im Sinn des Günstigkeitsprinzips als günstiger für den Arbeitnehmer erweisen. Abweichungen, die sich zuungunsten des Arbeitnehmers auswirken, steht hingegen die zwingende und unmittelbare Wirkung der maßgeblichen Norm entgegen, weshalb diese nicht wirksam vereinbart werden können.[2]

Mithin beschreibt das Günstigkeitsprinzip den Umstand, dass die Wirksamkeit abweichender Vereinbarungen von einem Werturteil über die Auswirkungen der Abweichungen im Verhältnis zu den einseitig zwingenden Regelungen des Arbeitsrechts abhängt. Die Formulierung des Werturteils drückt aus, dass die Wirkung der abweichenden Vereinbarung in ein Verhältnis zur Wirkung der normativen Vorgaben zu setzen ist und dass es sich dabei nicht immer um einen rein mathematischen Vergleich handelt.[3] Die Formulierung ist aber nicht unmittelbar gleichbedeutend mit einer Bewertung anhand offener Maßstäbe,[4] sondern vielmehr sind die Maßstäbe dieses Werturteils eine Frage des Verständnisses der Günstigkeit, das vor allem durch Auslegung der jewei-

---

[1] Dazu nur MüHdB-ArbR/*Fischinger*, § 5 Rn. 10; Schaub/ArbR-HdB/*Link*, § 2 Rn. 4. Zur Wirkung von Betriebsvereinbarungen BeckOK-ArbR/*Werner*, BetrVG § 77 Rn. 11. Zur Wirkung von Tarifnormen, ErfK/*Franzen*, TVG § 4 Rn. 31; *Höland/Reim/Brecht*, Flächentarifvertrag, S. 87.

[2] MüHdB-ArbR/*Fischinger*, § 5 Rn. 10.

[3] *Hilgenstock*, Günstigkeitsvergleich, S. 22 f.

[4] So aber wohl *Schorn*, Günstigkeitsprinzip neuer Art, S. 76.

ligen Regelungen und anhand des Zwecks des Günstigkeitsprinzips zu ermitteln ist.[5]

B. Rechtsfolgen

Die Rechtsfolge des Günstigkeitsprinzips unterscheidet sich in Abhängigkeit vom Ergebnis dieses Werturteils. Ihr zugrunde liegt die einseitig zwingende Wirkung der dem Günstigkeitsprinzip unterworfenen Normen, die gegenüber günstigeren Regelungen nicht zu Anwendung kommen und gegenüber Abweichungen zuungunsten des Arbeitnehmers Vorrang beanspruchen. Anzuwenden ist demnach die Regelung, die sich als günstiger für den Arbeitnehmer erweist. Sofern sich dabei die vertragliche Regelung als günstiger erweist, führt dies nach der wohl einhelligen Ansicht zur Nichtanwendung der normativen Regelung.[6] Die gesetzliche oder kollektivrechtliche Regelung wirkt daher nicht auf das Arbeitsverhältnis ein, sondern wird durch die günstigere vertragliche Vereinbarung ersetzt. Die abweichende Regelung hat jedoch keinen Einfluss auf die Geltung des normativen Rechts und bei Wegfall der günstigeren abweichenden Regelung tritt die gesetzliche oder kollektivrechtliche Regelung wieder hervor und wirkt auf das Arbeitsverhältnis ein.[7]

Erweist sich die abweichende Regelung nicht als günstiger, führt jedenfalls der Verstoß gegen das gesetzliche Günstigkeitsprinzip zu deren Nichtigkeit.[8] Die gesetzliche Regelung eines Günstigkeitsprinzips wird mithin überwiegend als gesetzliches Verbot im Sinn des § 134 BGB verstanden,[9] das der

---

[5] Besonders deutlich bei *Hilgenstock*, Günstigkeitsvergleich, S. 23. Ausführlich dazu Teil 3 § 10.

[6] Vgl. BAG v. 19.07.2016 – 3 AZR 134/15, BAGE 155, 326 Rn. 44; BAG v. 14.01.2014 – 1 ABR 57/12, BeckRS 2014, 68968 Rn. 21; BAG v. 05.03.2013 – 1 AZR 417/12, AP BetrVG 1972 § 77 Nr. 105 Rn. 55; Schaub/ArbR-HdB/*Ahrendt*, § 231 Rn. 43; MüHdB-ArbR/*Klumpp*, § 253 Rn. 71; Küttner/Personalbuch/*Kreitner*, Günstigkeitsprinzip, Rn. 1; *Linsenmaier*, RdA 2014, 336, 338f. u. 345; NK-GArbR/*Sievers*, EntgFG § 12 Rn. 22.

[7] Dazu nur Schaub/ArbR-HdB/*Ahrendt*, § 231 Rn. 43.

[8] Ausführlich, MüKo-BGB/*Armbrüster*, BGB § 134 Rn. 111 ff. Für § 12 EntgFG, Schaub/ArbR-HdB/*Linck*, § 98 Rn. 149; MüKo-BGB/*Müller-Glöge*, EntgFG § 12 Rn. 10; ErfK/*Reinhard*, EntgFG § 12 Rn. 9f.; BeckOK-ArbR/*Ricken*, EntgFG § 12 Rn. 18f.; NK-GArbR/*Sievers*, EntgFG § 12 Rn. 21 ff. Für § 13 BUrlG, BAG, Urteil v. 15.12.2015 – 9 AZR 52/15, BAGE 154, 1 Rn. 25; HO-BUrlG/*Hohmeister*, BUrlG § 13 Rn. 10. Für § 8 PflegeZG, *Böhm*/PflegeZG, § 8 Rn. 7f.; BeckOK-ArbR/*Joussen*, PflegeZG § 8 Rn. 2; *Kossens*/PflegeZG, PflegeZG § 8 Rn. 3. Für § 31 AGG, *Meinel/Heyn/Herms*/AGG, § 31 Rn. 11; BeckOK-ArbG/*Roloff*, AGG § 31 Rn. 2. Für den vergleichbaren § 622 Abs. 5 S. 3 BGB, APS/*Link*, BGB § 622 Rn. 121.

[9] Differenzierend aber ohne praktische Folgen, *Seiwerth*, Gestaltungsfreiheit in Tarifverträgen, S. 134f.; ausführlich *Simon*, Verzicht, S. 105 ff.

Vereinbarung ungünstigerer Regelungen entgegensteht.[10] Infolge der Besonderheiten des Arbeitsrechts kommt es dabei nach §§ 134, 139 BGB grundsätzlich nur zur Nichtigkeit der jeweiligen Regelung und lediglich in Ausnahmefällen zur vollständigen Nichtigkeit der gesamten Vereinbarung.[11] Insbesondere wenn es schon zum Leistungsaustausch gekommen ist, besteht eine vergleichbare Ausgangssituation wie beim fehlerhaften (faktischen) Arbeitsverhältnis und die grundsätzliche Annahme einer Teilnichtigkeit verhindert, dass die sonst eintretende Gesamtnichtigkeit die Person benachteiligt, die durch die normative Regelung geschützt werden soll.[12]

Im Unterschied dazu führt die Kollision mit einer günstigeren kollektivrechtlichen Regelung nicht zur Unwirksamkeit der ungünstigeren vertraglichen Vereinbarung. Diese wird lediglich aus dem Arbeitsverhältnis verdrängt und kann bei Wegfall der normativen Wirkung des Tarifvertrags[13] oder der Betriebsvereinbarung[14] wieder auf das Arbeitsverhältnis einwirken. Insoweit zeigt sich hier ein Unterschied zwischen gesetzlichen Regelungen und Normenverträgen, deren Inhalt selbst am Maßstab des § 134 BGB kontrolliert wird.[15]

C. Begrenzung des Anwendungsbereichs

Aufgrund dieser Wirkung wird das Günstigkeitsprinzip überwiegend als Kollisionsvorschrift verstanden, die bei Normkonflikten innerhalb des Arbeitsverhältnisses zur Anwendung kommt.[16] Demnach bildet das Günstig-

---

10 Anders aber MüKo-BGB/*Armbrüster*, BGB § 134 Rn. 122, der auf frühere BAG-Entscheidungen verweist und annimmt, dass § 13 BUrlG selbst zur Nichtigkeit führt. Im Ergebnis ist die Unterscheidung unerheblich.

11 Statt aller NK-GArbR/*Sievers*, EntgFG § 12 Rn. 21.

12 MüKo-BGB/*Armbrüster*, BGB § 134 Rn. 111 u. Rn. 181.

13 Dazu nur jeweils m.w.N., BAG v. 01.07.2009 – 4 AZR 261/08, NZA 2010, 53 Rn. 63; BAG v. 12.12.2007 – 4 AZR 998/06, AP TVG § 4 Nr. 28 Rn. 41; Wiedemann/TVG/*Bayreuther*, § 4 Rn. 194; Däubler/TVG/*Deinert/Wenckebach*, § 4 Rn. 518ff.; MüHdB-ArbR/*Klumpp*, § 253 Rn. 71; *Löwisch/Rieble*, TVG § 4 Rn. 35ff.; Kempen/Zachert/TVG/*Stein*, § 4 Rn. 15; Schaub/ArbR-HdB/*Trebber*, § 207 Rn. 10.

14 Dazu jeweils m.w.N., BAG v. 19.07.2016 – 3 AZR 134/15, BAGE 155, 326; Schaub/ArbR-HdB/*Ahrendt*, § 231 Rn. 43; DKL-ArbR/*Kolbe*, BetrVG § 77 Rn. 36.

15 Dazu bereits *Cohn*, Rechtsnatur der Unabdingbarkeit, S. 39f.; ferner BeckOGK/*Voessler*, BGB § 134 Rn. 29.

16 *Eisemann*, RdA 2020, 193, 196; *Heilmann*/BUrlG, § 13 Rn. 2f.; *Krauss*, Günstigkeitsprinzip und Autonomie, S. 63 u. S. 156f.; *Melms/Kentner*, NZA 2014, 127, 127f.; *Mosing*, Günstigkeitsprinzip, S. 4; Schaub/ArbR-HdB/*Treber*, § 207 Rn. 19; *Waltermann*, RdA 2016, 296, 298; *Wensing/Hesse*, NZA 2009, 1309, 1310 u. 1312; *Wiedemann*, FS Wißmann, 185, 199.

keitsprinzip eine Ausnahme vom Rangprinzip[17], die unabhängig vom Rang der beiden Rechtsquellen der günstigeren Regelung den Vorrang einräumt.[18] Das Günstigkeitsprinzip lässt sich jedoch auch als Innenschranke des normativen Rechts beschreiben, dessen Zurücktreten die Anwendung der günstigeren Regelung erst ermöglicht.[19] Das Prinzip ist dabei keine Ausnahme vom Rangprinzip, sondern als Folge der (Selbst-)Beschränkung des Anwendungsvorrangs des höherrangigen Rechts als dessen Bestätigung zu verstehen.[20] Diese Unterscheidung ist nicht nur theoretischer Natur, sondern insbesondere für die Bestimmung der Maßstäbe des Werturteils ist es relevant, ob das Günstigkeitsprinzip als externer und ergänzender Maßstab auf die Kollisionslage einwirkt oder ob das normative Recht anhand eigener Maßstäbe den Eintritt einer Konfliktlage verhindert, indem es unter bestimmten Voraussetzungen selbst zurücktritt.

Fraglich ist mithin, ob das Günstigkeitsprinzip ein von außen auf das maßgebliche Recht einwirkendes Prinzip ist oder ob es diesem innewohnt. Das Verständnis als Kollisionsregel ist naheliegend, wenn das Günstigkeitsprinzip allein die Anwendung einer Regelung und nicht deren Wirksamkeit betrifft, wie es gerade im kollektiven Arbeitsrecht der Fall ist. Sofern Abweichungen zuungunsten des Arbeitnehmers jedoch als unwirksam angesehen werden, geht dies über die bloße Regelung der Kollisionslage hinaus.[21] Vielmehr spricht die Anwendung des § 134 BGB und das Verständnis der arbeitsrechtlichen Regelungen als Verbotsnorm dafür, dass das maßgebende Gesetzesrecht selbst die Beschränkung der Regelungsmacht der Arbeitsvertragsparteien beinhaltet.[22] Anders als im Tarifrecht stammen sowohl die materiellen Regelungen als auch die Anordnung des Günstigkeitsprinzips ferner vom selben Normsetzer und es wäre widersinnig, wenn dieser erst eine Kollisionslage eintreten lassen würde, um sie dann mit einer eigenen Kollisionsnorm aufzu-

---

[17] Dazu ausführlich, *Seiwerth*, Gestaltungsfreiheit in Tarifverträgen, S. 78 ff.

[18] Dazu nur ArbR A-Z/*U. Koch*, Günstigkeitsprinzip; *Seiwerth*, Gestaltungsfreiheit in Tarifverträgen, S. 77; *Wensing/Hesse*, NZA 2009, 1309, 1310.

[19] In dem Sinn zum Tarifrecht, BeckOK-ArbR/*Giesen*, TVG § 4 Rn. 29; *Löwisch/Rieble*, TVG § 4 Rn. 531, Rn. 536 u. Rn. 557 erkennen nur eine Regelungsmacht der Tarifvertragsparteien für Mindeststandards an, womit deren Normen abseits davon nicht wirken können; wohl auch *Wlotzke*, Günstigkeitsprinzip, S. 11. Vgl. auch *Mosing*, Günstigkeitsprinzip, S. 4, der an den Anwendungsbereich der Regelung anknüpft, auch wenn er von einer Kollisionsregel spricht. Vgl. auch ArbR/*Ricken*, EntgFG § 12 Rn. 1 zu § 12 EntgFG.

[20] Zur Unterscheidung, *Seiwerth*, Gestaltungsfreiheit in Tarifverträgen, S. 77 f.

[21] So wohl auch die Unterscheidung bei *Seiwerth*, Gestaltungsfreiheit in Tarifverträgen, S. 77 u. S. 80 f., der in § 4 Abs. 3 Alt. 2 TVG und § 139 BGB eine Kollisionsregel sieht.

[22] Wohl auch *Seiwerth*, Gestaltungsfreiheit in Tarifverträgen, S. 80 f., der in § 134 BGB die Kollisionsregelung erkennt.

lösen. Daher kann die Nichtanwendung der gesetzlichen Regelung auch besser als Selbstbeschränkung des Anwendungsbereichs dieser Normen verstanden werden, deren Wirkung aus den Vorgaben des normativen Rechts selbst entsteht.[23]

Jedenfalls im gesetzlichen Arbeitsvertragsrecht ist das Günstigkeitsprinzip daher als eine Selbstbeschränkung des normativen Rechts zu verstehen, das unter bestimmten Voraussetzungen zurücktritt und dadurch den Eintritt einer Kollision verschiedener Regelungen im Arbeitsverhältnis verhindert.[24] Auch wenn das Günstigkeitsprinzip im Ergebnis ebenfalls über die Wirkung mehrerer Regelungen im jeweiligen Rechtsverhältnis entscheidet und dessen Wirkung insofern einer Kollisionsregel entspricht, handelt es sich mithin um eine Anwendungsregel des materiellen Rechts, wie sie für (einseitig) dispositives Recht erforderlich ist, um die Grenzen seiner Anwendung zu beschreiben.[25] Es ist mithin eine Innenschranke dieses Rechts, die dessen Anwendungsbereich in Form eines Abweichungsverbots beschreibt,[26] wobei die Unabdingbarkeit als Grundregel und die günstigere Abweichung als Ausnahme verstanden werden kann.[27] Die Wirkung entspricht mithin der einer Sekundär- oder Meta-Norm[28] und Kähler formuliert zutreffend, dass die Anwendung der vertraglichen Vereinbarung in diesen Fällen „die Autorität des Gesetzgebers daher nicht in Frage [stellt],“[29] und der Gesetzgeber hat grundsätzlich auch die

---

[23] Für das Verhältnis des Tarifvertrags zum Gesetzesrecht, vgl. BAG v. 20.04.1999 – 1 ABR 72/98, BAGE 91, 210 [unter B. III. 1. b) aa)]; *Belling*, Günstigkeitsprinzip, S. 162f.; *Federlin*, Kollektiver Günstigkeitsvergleich, S. 87; in dem Sinn auch *Firnhaber*, Günstigkeitsprinzip, S. 83; *Kronenberg*, Ausnahmen der Unabdingbarkeit, S. 45.

[24] Vgl. zu diesem Unterschied, *Seiwerth*, Gestaltungsfreiheit in Tarifverträgen, S. 77.

[25] Vgl. *Kähler*, Abdingbares Recht, S. 18; *Möslein*, Dispositives Recht, S. 70f., die Aussage *Mösleins*, dass solche Anwendungsregeln wenig Beachtung finden, lässt sich für das Arbeitsrecht nicht unterstreichen.

[26] Vgl. BAG v. 20.04.1999 – 1 ABR 72/98, BAGE 91, 210 [unter B. III. 1. b) aa)]; *Belling*, Günstigkeitsprinzip, S. 162f.; *Federlin*, Kollektiver Günstigkeitsvergleich, S. 87; in dem Sinn auch *Firnhaber*, Günstigkeitsprinzip, S. 83; im Ergebnis auch ArbR A–Z/*U. Koch*, Günstigkeitsprinzip, der aber von einer Kollisionsregelung spricht; *Kronenberg*, Ausnahmen der Unabdingbarkeit, S. 45; im Ergebnis *Mosing*, Günstigkeitsprinzip, S. 4; *Seiwerth*, Gestaltungsfreiheit in Tarifverträgen, S. 116. Allgemein für dispositives Recht, *Kähler*, Abdingbares Recht, S. 17f.; *Möslein*, Dispositives Recht, S. 70f.

[27] So zum Tarifrecht, *Kronenberg*, Ausnahmen der Unabdingbarkeit, S. 10f. u. S. 45f.

[28] Zu den Begriffen *Kähler*, Abdingbares Recht, S. 18; *Möslein*, Dispositives Recht, S. 70f.; *Seiwerth*, Gestaltungsfreiheit in Tarifverträgen, S. 116ff., spricht von Statusregeln als spezielle Kollisionsnormen; *Tobisch*, Dispositives Recht, S. 75ff., sieht abdingbarkeitsbeschränkende Normen.

[29] *Kähler*, Abdingbares Recht, S. 17.

Möglichkeit, die Anwendung des Prinzips ausdrücklich in einer solchen Norm anzuordnen. Die Anwendung ist daher auch nicht als Ausnahme zum Rangprinzip zu verstehen, sondern es handelt sich um die Anwendung des normativen Rechts,[30] das selbst die Kriterien für sein Zurücktreten bestimmt.[31]

D. Zweischneidigkeit der Günstigkeit

Die Wirkung des Prinzips verdeutlicht gleichzeitig, dass das Prinzip aus zwei entgegengesetzten Wirkungen besteht, die nur gemeinsam den Anwendungsbereich der erfassten Normen beschreiben.[32] Einerseits besteht die Möglichkeit zugunsten des Arbeitnehmers von der maßgeblichen Regelung abzuweichen, die sich in Abgrenzung vom gesamten Günstigkeitsprinzip als Grundsatz der Günstigkeit oder Abweichungskompetenz der Vertragsparteien bezeichnen lässt. Diese Möglichkeit besteht jedoch auch bei gänzlich dispositiven Regelungen und der Grundsatz der Günstigkeit genügt mithin nicht allein, um das Günstigkeitsprinzip vollständig zu beschreiben. Daher kann das Günstigkeitsprinzip auch nicht ohne das Verschlechterungsverbot bzw. die *Unabdingbarkeit* der ihm unterworfenen Regelungen auf der anderen Seite gedacht werden.[33] Erst diese Unabdingbarkeit, die auch zweiseitig zwingenden Regelungen innewohnt,[34] verhindert, dass es zu Abweichungen zuungunsten des Arbeitnehmers kommt.[35] Die Grenze der Günstigkeit umschreibt daher die Grenze zwischen dem normativen Geltungsanspruch auf der einen und dem Gestaltungsspielraum der Arbeitsvertragsparteien auf der anderen Seite.[36] Zwar sind auch andere Umsetzungen des Günstigkeitsgedan-

---

30 Insbesondere *Seiwerth*, Gestaltungsfreiheit in Tarifverträgen, 80 f. Vgl. ferner, BAG v. 20. 04. 1999 – 1 ABR 72/98, BAGE 91, 210 [unter B. III. 1. b) aa)]; *Belling*, Günstigkeitsprinzip, S. 164; *Mosing*, Günstigkeitsprinzip, S. 2, obwohl er eine Kollisionsregelung erkennt. Solange die Grenzen des Günstigkeitsprinzips auf Basis des materiellen Rechts bestimmt werden, ist das Verständnis als Kollisionsregelung unschädlich und entspricht dem der Meta-Norm, vgl. *Kähler*, Abdingbares Recht, S. 18; vgl. auch *Seiwerth*, Gestaltungsfreiheit in Tarifverträgen, S. 116 ff. u. S. 128 f., der eine spezielle Kollisionsregel sieht.

31 Allgemein zum dispositiven Recht, *Möslein*, Dispositives Recht, S. 70.

32 Ähnlich und trotzdem getrennt betrachtend *Belling*, Günstigkeitsprinzip, S. 23 f. der von Wechselbezüglichkeit spricht; Kempen/Zachert/TVG/*Schubert/Zachert*, § 4 Rn. 332 sehen nur den Ausschnitt einer Kollisionsregelung. *Wlotzke*, Günstigkeitsprinzip, S. 15 und S. 17 sieht die Günstigkeit als Kehrseite der Unabdingbarkeit; ähnlich *Mosing*, Günstigkeitsprinzip, S. 3 und S. 5.

33 Zum Tarifrecht *Firnhaber*, Günstigkeitsprinzip, S. 3; in dem Sinn auch zur TVVO *Kronenberg*, Ausnahmen der Unabdingbarkeit, S. 18 f.

34 *Wlotzke*, Günstigkeitsprinzip, S. 15 Fn. 3.

35 Vgl. *Belling*, Günstigkeitsprinzip, S. 26.

36 Bereits zur TVVO, *Firnhaber*, Günstigkeitsprinzip, S. 6.

kens möglich,[37] jedoch führt erst die grundsätzliche Unabdingbarkeit dazu, dass über die Anwendung einer Regelungen im Wege eines Günstigkeitsvergleichs zu entscheiden ist.[38] Die Unabdingbarkeit ist mithin dem Grundsatz der Günstigkeit insoweit vorgelagert, als dieser nur Raum greifen kann, wenn die betrachteten Regelungen grundsätzlich nicht abbedungen werden können.[39]

§ 2 Historische Entwicklung des Günstigkeitsprinzips

Die Entwicklung des Günstigkeitsprinzips steht in einem engen Zusammenhang mit der Entwicklung des Arbeitnehmerschutz- und vor allem des Arbeitsvertragsrechts[40] sowie der Ausdifferenzierung der Arbeitsrechtsordnung und bildet ebenso wie diese einen Spiegel für die jeweilige Gesellschaftsordnung.[41] Je mehr diese Arbeitsrechtsordnung im historischen Verlauf durch normative Regelungen ausgestaltet wurde, desto mehr gewann die Möglichkeit abweichende Vereinbarungen zu treffen an Bedeutung, womit gerade das Günstigkeitsprinzip an Relevanz gewann.[42] Die Bedeutung des Günstigkeitsprinzips reflektiert dabei auch die jeweilige Bedeutung des individuellen Arbeitnehmerschutzes in der Rechtsordnung und seine zunehmende Bedeutung wird als Gegenbewegung zum Anstieg des normativen Arbeitsrechts verstanden.[43] Gleichzeitig ist die einseitig zwingende Wirkung unmittelbar geltender Normen keine Besonderheit des Arbeitsrechts,[44] sondern stellt im Gesetzesrecht eine überkommene Regelungstechnik dar,[45] die im

---

[37] Insbesondere die vertragsrechtliche Lösung während der TVVO, vgl. *Schorn*, Günstigkeitsprinzip neuer Art, S. 17; *Belling*, Günstigkeitsprinzip, S. 31.

[38] Dies verkennt *Belling*, Günstigkeitsprinzip, S. 32, der die vertragsrechtliche Lösung dem gleichsetzt.

[39] In dem Sinn auch *Schorn*, Günstigkeitsprinzip neuer Art, S. 41.

[40] Zur Unterscheidung, MüHdB-ArbR/*Fischinger*, § 4 Rn. 8 ff.

[41] Besonders deutlich bei *Belling*, Günstigkeitsprinzip, S. 16 f., S. 36 f. und S. 39; vgl. auch *Joost*, ZfA 1984, 173, 174 f. sowie *Säcker*, Gruppenautonomie, S. 293 f., die im Günstigkeitsprinzip einen Ausdruck der freiheitlichen und rechtsstaatlichen Wirtschafts- und Sozialordnung verstehen.

[42] Vgl. *Belling*, Günstigkeitsprinzip, S. 24 Fn. 75, der einen Ausdruck der Struktur des Arbeitsmarktes erkennt.

[43] *Federlin*, Kollektiver Günstigkeitsvergleich, S. 46; *Schorn*, Günstigkeitsprinzip neuer Art, S. 9; kritisch zu Umgehungsversuchen, Däubler/TVG/*Deinert/Wenckebach*, § 4 Rn. 613; *Höland/Reim/Brecht*, Flächentarifvertrag, S. 87 sowie *Käppler*, NZA 1991, 745, 746.

[44] *Belling*, Günstigkeitsprinzip, S. 33.

[45] Tarifrechtliche Betrachtungen blenden dies teilweise aus, vgl. *Schorn*, Günstigkeitsprinzip neuer Art, S. 9.

Spannungsfeld zwischen vertraglicher Freiheit und staatlicher bzw. kollektiver Gestaltungsmacht steht.[46]

A. Anerkennung des Schutzbedarfs der Arbeitnehmer

Am Beginn der Moderne und der Entwicklung moderner Formen des (Arbeits-)Vertrags[47] stand statt des Arbeitnehmerschutzes der Schutz der gerade gewonnenen bürgerlichen Freiheiten und im Rahmen des wirtschaftlichen Liberalismus auch der Schutz der freien Kräfte des Marktes im Vordergrund des Vertrags- und des Staatsverständnisses.[48] Der Logik dieses gesellschaftlichen Wandels folgend, der sich in der Gewährung der Gewerbefreiheit kristallisiert,[49] sollte die Angemessenheit der vertraglichen Vereinbarung im Allgemeinen sowie der Arbeitsbedingungen im Speziellen vor allem durch dieses freie Spiel der Interessen der Akteure am Markt erreicht werden.[50] Nicht nur im Arbeitsvertragsrecht, sondern auch in anderen Rechtsgebieten sah der Gesetzgeber daher keine Notwendigkeit, Vorgaben für die Ausgestaltung der Vertragsbedingungen zu machen.[51] Dementsprechend mangelte es an einseitig zwingenden Vorschriften, die überhaupt eine Entscheidung über abweichende Regelungen des Arbeitsvertrags erforderlich machen könnten.[52]

Insbesondere die Zustände in den Mietskasernen des späten 19. Jh. und des frühen 20. Jh. sowie die Arbeitsbedingungen während der Anfangsphase der Industrialisierung,[53] die auch auf ein ungünstiges Verhältnis von Angebot und Nachfrage zurückzuführen waren,[54] haben jedoch mit der Zeit verdeutlicht, dass der Vertrag seine gesamtgesellschaftliche Funktion zum Wohle aller

---

46 Vgl. *Belling*, Günstigkeitsprinzip, S. 32 ff., aber eine Übertragung vom Arbeitsrecht in das Zivilrecht sehend; *Möslein*, Dispositives Recht, S. 27 f.; *Raiser*, JZ 1958, 1, 6.

47 Zu frühzeitlichen, antiken, mittelalterlichen und neuzeitlichen Regelungen, ausführlich *Stöhr*, RdA 2014, 307, 308 ff. Dazu auch, *Kamanabrou*/ArbR, Rn. 25 ff.

48 *Belling*, Günstigkeitsprinzip, S. 17; *Emmert*, Betriebsvereinbarungen, S. 28; *Kamanabrou*/ArbR, Rn. 31. *Mosing*, Günstigkeitsprinzip, S. 12; Huber/Voßkuhle/*Sommermann*, GG Art. 20 Rn. 113.

49 Vgl. MüHdB-ArbR/*Richardi*, § 2 Rn. 2 u. Rn. 4.

50 *v. Gierke*, Soziale Aufgabe des Privatrechts, S. 32, nennt dies „das Willensdogma".

51 *Belling*, Günstigkeitsprinzip, S. 17 u. S. 27; zur Beziehung der Vertragsfreiheit und der sozialen Frage, *Huber*, Verfassungsrechtliche Bedeutung der Vertragsfreiheit, S. 11 ff.; *Raiser*, JZ 1958, 1, 2 ff.

52 Zur Ausnahme der historischen Bergordnungen für Minenarbeiter, *Mosing*, Günstigkeitsprinzip, S. 10 f.

53 Vgl. *Ehmann*, NZA 1991, 1; MüHdB-ArbR/*Richardi*, § 2 Rn. 7; *T. B. Schmidt*, Günstigkeitsprinzip, S. 135 f.

54 Für die Arbeitsbedingungen, *Mosing*, Günstigkeitsprinzip, S. 11.

nicht erfüllen kann, wenn er nicht auf einem gerechten Interessenausgleich basiert.[55] Sofern die Parteien aufgrund unterschiedlicher Ausgangspositionen keine vergleichbaren Chancen haben, ihre Interessen mit der vertraglichen Gestaltung zu verwirklichen, ist der Vertrag ohne entsprechende Schutzmaßnahmen kein Mittel der freiheitlichen Selbstorganisation der Gesellschaft, sondern ein Instrument der Herrschaft der Stärkeren über die Schwächeren.[56] Diese Gefahr besteht insbesondere dann, wenn aufgrund der Bedeutung einer vertraglichen Leistung und der sonstigen Unterschiede der Vertragsparteien eine strukturelle Unterlegenheit[57] auf einer Seite der Vertragsbeziehung besteht.[58]

Das Arbeitsverhältnis wurde als ein Fall eines solchen strukturellen Ungleichgewichts erkannt, in dem die typischerweise bestehenden Vorteile unternehmerisch handelnder Akteure gemeinsam mit der existenziellen Bedeutung des Arbeitsverhältnisses für den Arbeitnehmer dazu führen, dass dieser jedenfalls bei generalisierender Betrachtung ein erhebliches Defizit bei den Vertragsverhandlungen hat.[59] Der daraus erwachsende Schutzgedanke – der zwar auch auf die Arbeiterbewegung und ihre Vordenker zurückgeht, aber gleichsam Verbindungen zur katholischen Soziallehre und anderen Wurzeln hat[60] und daher nicht mit dem Sozialismus gleichgesetzt werden kann[61] – bildete den Beginn der arbeitsrechtlichen Gesetzgebung und ist zwar nicht sein

---

55 *Huber*, Verfassungsrechtliche Bedeutung der Vertragsfreiheit, S. 13 ff.; *Mosing*, Günstigkeitsprinzip, S. 12 f.; in dem Sinn auch *Möslein*, Dispositives Recht, S. 94 f.

56 Dazu nur BVerfG v. 19.10.1993 – 1 BvR 567/89 (u. a.), BVerfGE 89, 214 [unter C. II. 2. b)]; *Balz*, Grenzen der Unabdingbarkeit, S. 12; *Belling*, Günstigkeitsprinzip, S. 17 f.; *Cziupka*, Dispositives Vertragsrecht, S. 37 f.; *v. Gierke*, Soziale Aufgabe des Privatrechts, S. 28 f.; *Mosing*, Günstigkeitsprinzip, S. 2; *Preis*, FS Dieterich, 429, 441; *Radebruch*, Rechtsphilosophie, S. 243; *Raiser*, JZ 1958, 1, 6; *Schmidt-Rimpler*, AcP 147 (1941), 130, 153 f.

57 Terminologie aus BVerfG v. 19.10.1993 – 1 BvR 567/89 (u. a.), BVerfGE 89, 214 [unter C. II. 2. b)].

58 Vgl. BVerfG v. 19.10.1993 – 1 BvR 567/89 (u. a.), BVerfGE 89, 214 [unter C. II. 2. b)]. Instruktiv *Belling*, Günstigkeitsprinzip, S. 15 f., auch mit volkswirtschaftlichem Bezug zum Modell des unvollkommenen Markts; DHS-GG/*Remmert*, *GG* Art. 12 Rn. 241; ebenso *Tonner*/Schuldrecht, § 2 Rn. 4 u. Rn. 8. Zum Mietrecht, *Herrlein*, NJW 2017, 711, 716.

59 *Belling*, Günstigkeitsprinzip, S. 16; *Tonner*/Schuldrecht, § 2 Rn. 8; *M. Weber*, Rechtssoziologie, 170; *Weitnauer*, Schutz des Schwächeren, S. 40. Vgl. auch *Schorn*, Günstigkeitsprinzip neuer Art, S. 10 f.

60 Vgl. *Gaßner*, KommJur 2007, 129, 131; DHS-GG/*Papier/Shirvani*, GG Art. 14 Rn. 24.

61 So aber wohl *Emmert*, Betriebsvereinbarungen, S. 29 f., die übersieht, dass frühe Schutzgesetze weniger auf sozialistischen Vorstellungen als auf deren Abwehr beruhen.

einziger Geltungsgrund,[62] prägt das Rechtsgebiet aber bis heute[63]. Daneben werden solche Ungleichgewichte in Rahmen der Wohnraummiete[64] und in jüngerer Zeit innerhalb von Verbraucherverträgen[65] erkannt, wobei letzteres ebenfalls stark durch unionsrechtliche Vorgaben geprägt ist[66]. Einseitige Abweichungsverbote sind jedenfalls keine Spezialität des Arbeitsvertragsrechts, sondern finden sich – in anderer Regelungsform – im gesamten Zivilrecht (vgl. nur § 288 Abs. 6 BGB, § 309 BGB, § 361 Abs. 2 S. 1 BGB, § 476 BGB, § 478 Abs. 2 BGB, § 499 Abs. 1 BGB und § 569 Abs. 5 S. 1 BGB).[67] Ferner wird im Ausgleich struktureller Ungleichgewichte eine der Aufgaben des Zivilrechts in einer freiheitlich-demokratischen Grundordnung gesehen[68] und in Bezug auf die Inhaltsfreiheit hat die Vertragsfreiheit einen grundlegenden Wandel erlebt. Statt eines formalen Freiheitsbegriffs, überwiegt ein materiales Freiheitsverständnis,[69] das den Schutz der Vertragsfreiheit durch staatliche Regelungen im Blick hat.[70]

B. Entwicklung des Günstigkeitsgedankens

Auch wenn der Schutzbedarf seit dem späten 19. Jahrhundert anerkannt[71] und diesem Rechnung getragen wurde,[72] war der Bestand einseitig zwingen-

---

62 MüHdB-ArbR/*Richardi*, § 1 Rn. 11 ff.

63 *Annuß*, RdA 2024, 193, 195 f.; MüHdB-ArbR/*Fischinger*, § 3 Rn. 29 ff.

64 *Herrlein*, NJW 2017, 711 f., zur Entwicklung des Mieterschutzes; *Tonner*/Schuldrecht, § 2 Rn. 8.

65 Zur Vergleichbarkeit des Schutzzwecks *Höpfner*, NZA 2024, 1081, 1082; *Lurger*, ZEuP 2018, 788, 801 ff.; *Tonner*/Schuldrecht, § 2 Rn. 11.

66 Ausführlich zur Entwicklung, GSH-UnionsR/*Berg*, AEUV Art. 169 Rn. 1 ff.; dazu auch *Tonner*/Schuldrecht, § 2 Rn. 10.

67 *Raiser*, JZ 1958, 1, 6; ausführlich zum Bestand des dispositiven Rechts, *Möslein*, Dispositives Recht, S. 16 ff.

68 BVerfG v. 19.10.1993 – 1 BvR 567/89 (u.a.), BVerfGE 89, 214 [unter C. II. 2. c)]; BVerfG v. 07.02.1990 – 1 BvR 26/84, BVerfGE 81, 242 [unter I. 3.] zur Bedeutung der Grundrechte; grundlegend BVerfG v. 15.01.1958 – 1 BvR 400/57, BVerfGE 7, 198; bereits früh BVerfG v. 17.08.1956 – 1 BvB 2/51, BVerfGE 5, 85, [unter Zweiter Abschnitt Teil A. V. 3.]; dazu auch *Lakies*/MiLoG, Einl. Rn. 23; *v. Gierke*, Soziale Aufgabe des Privatrechts, S. 17 ff., allerdings nicht freiheitlich argumentierend; DHS-GG/*Remmert*, GG Art. 12 Rn. 241; *Tonner*/Schuldrecht, § 2 Rn. 4 u. Rn. 8.

69 Ausführlich zur Unterscheidung, *Barnert*, Vertragsethik, S. 11 ff.

70 Huber/Voßkuhle/*Eichberger*, GG Art. 2 Rn. 117; *Hemming*, Aufklärungspflichten, S. 10 f.; *Tonner*/Schuldrecht, § 2 Rn. 5. Kritisch, soweit der Inhalt überdehnt wird, *Barnert*, Vertragsethik, S. 355 ff. u. S. 391.

71 Vgl. grundlegend aber in problematischer Weise an den germanischen Rechtssinn anknüpfend, *v. Gierke*, Soziale Aufgabe des Privatrechts, S. 17 ff. Zur Entwicklung, *Barnert*, Vertragsethik, S. 18 ff.

der Regelungen bis zum Ende des Ersten Weltkriegs gering. Insbesondere entspricht das BGB bei seiner Schaffung noch dem Gedanken formaler Vertragsfreiheit,[73] weshalb es nur wenige einseitig zwingende Regelungen zum Schutz einer Vertragspartei (wie bspw. in § 107 BGB,[74] § 247 S. 2 BGB und § 540 BGB) und vorrangig Regelungen zum Schutz unbeteiligter Dritter enthielt (so in § 137 S. 1 BGB, § 419 Abs. 3 BGB, 1088 Abs. 2 BGB und § 2382 Abs. 2 BGB). Zum Dienstvertragsrecht enthielt das BGB lediglich die §§ 617 bis 619 BGB,[75] wobei § 619 BGB bereits die einseitige Unabdingbarkeit der §§ 617 f. BGB anordnete. Auch diese Regelungen wurden jedoch erst durch die 2. Kommission aufgenommen und der Versuch einer Umformulierung zu einem Arbeitsvertragsrecht scheiterte.[76]

Die fehlende arbeitsvertragsrechtliche Schutzgesetzgebung ist dabei vor allem politischen Fragen geschuldet[77] und eine Folge des damaligen Verständnisses der Schutzgesetzgebung sowie der Ausrichtung des Arbeitsrechts[78]. Zwar wurde mit dem Abzahlungsgesetz vom 16.05.1894 noch vor der Jahrhundertwende ein erstes Vertragsgesetz mit besonderer sozialer Schutzrichtung erlassen, jedoch ist dieses eher als frühe Verbraucherschutzvorschrift anzusehen.[79] Gleichzeitig entwickelte sich das Arbeitsrecht zwar zu einem eigenständigen Rechtsgebiet,[80] aber innerhalb des Arbeitsrechts fanden sich vor allem Verbotsvorschriften mit öffentlich-rechtlichem Charakter.[81] Sofern

---

72 Vgl. DHS-GG/*Grzeszick*, GG Art. 20 Rn. 6 ff.; insb. durch öffentliches Recht, *Kamanabrou*/ArbR, Rn. 32 ff.; *Merz*, Privatautonomie heute, S. 5 f. zur damaligen Bedeutung der Generalklauseln; *Raiser*, JZ 1958, 1, 6, auch zum Gesetz gegen Wettbewerbsbeschränkungen v. 27.07.1957; vgl. *Ramm*, FS Mallmann, 191, 207; MüHdB-ArbR/*Richardi*, § 2 Rn. 10; *Weitnauer*, Schutz des Schwächeren, S. 41 f. zum Abzahlungsgesetz v. 16.05.1894; *ders.*, Anm. zu BAG v. 10.03.1972, AP BGB § 242 Ruhegehalt Nr. 156 zum Mietrecht.

73 BVerfG v. 19.10.1993 – 1 BvR 567/89 (u.a.), BVerfGE 89, 214 [unter C. II. 2. c)]. Einschränkend, Diederichsen/Sellert/BGB im Wandel/*Damm*, S. 15 ff., 35 sowie *Knieper*, Gesetz und Geschichte, S. 42 ff.

74 Zur Vergleichbarkeit des Schutzes Minderjähriger mit dem Günstigkeitsprinzip, *Belling*, Günstigkeitsprinzip, S. 33; *Möslein*, Dispositives Recht, S. 168.

75 Ausführlich zur Berücksichtigung der sozialen Frage im BGB, Diederichsen/Sellert/BGB im Wandel/*Damm*, S. 15 ff.; *Keßler*, FS Berding, 35 ff.; *Knieper*, Gesetz und Geschichte, S. 42 ff.; kritischer Diederichsen/Sellert/BGB im Wandel/*Sellert*, S. 76 f.

76 *Keßler*, FS Berding, 35, 51 f.

77 Diederichsen/Sellert/BGB im Wandel/*Damm*, S. 31 ff. u. S. 35.

78 *Keßler*, FS Berding, 35, 52; *Ramm*, FS Mallmann, 191, 209.

79 Dazu Diederichsen/Sellert/BGB im Wandel/*Damm*, S. 30 [m.w.N.]; *Weitnauer*, Schutz des Schwächeren, S. 41 f.

80 Vgl. *Ramm*, FS Mallmann, 191, 192; *Stöhr*, RdA 2014, 307, 315.

81 *Kamanabrou*/ArbR, Rn. 32 ff.; maßgeblich war die Novellierung der Gewerbeordnung, *Ramm*, FS Mallmann, 191, 206 ff.; MüHdB-ArbR/*Richardi*, § 2 Rn. 9 f. Zur

bestimmte Gruppen geschützt werden sollten, erfolgte dieser Schutz daher vor allem durch beidseitig zwingende Verbote, wie es unter anderem in § 4 des Gesetzes betreffend Kinderarbeit in gewerblichen Betrieben vom 30.03.1903[82] enthalten war, und auch das Hausarbeitsgesetz vom 20.12.1911[83] hatte aufsichtsrechtlichen Charakter.

Trotz anderer politischer Voraussetzungen nahm der Bestand entsprechender Regelungen während der Weimarer Republik kaum zu und anders als beispielsweise in Österreich[84] blieb insbesondere das individuelle Arbeitsvertragsrecht auf gesetzlicher Ebene schwach entwickelt.[85] Zwar wurden weitere Regelungen zum Arbeitnehmerschutz erlassen und die zentralen Instrumente des Arbeitsrechts entwickelt, die das Rechtsgebiet bis heute prägen,[86] jedoch handelte es sich weiterhin vorwiegend um Verbote, wie es in der Anordnung über die Regelung der Arbeitszeit gewerblicher Arbeiter vom 23.11.1918[87] in Bezug auf eine Beschäftigung von mehr als 8 Stunden, in den Vorgaben der Arbeitszeitverordnung vom 21.12.1923[88] oder in Bezug auf die Beschäftigung von Schwangeren im Gesetz über die Beschäftigung vor und nach der Niederkunft vom 16.07.1927[89] enthalten war. Obwohl das Günstigkeitsprinzip prädestiniert erscheint, dem zum Beginn des 20. Jh. erkannten Schutzbedarf im Arbeitsrecht nachzukommen und der Vertragsfreiheit Rechnung zu tragen, fand es in der gesetzlichen Arbeitsrechtsordnung anfänglich mithin kaum Verbreitung.[90]

Diese anfängliche Zurückhaltung bei der Regelung des Arbeitsvertragsrechts ist auch darauf zurückzuführen, dass die kollektive Interessenvertretung der Arbeitnehmer sowie der Abschluss von Kollektivverträgen zu Beginn der Entwicklung das zentrale Instrument des Arbeitnehmerschutzes waren.[91] Ent-

---

zeitgenössischen Kritik an diesem Verständnis des Arbeitsrechts, *Cohn*, Rechtsnatur der Unabdingbarkeit, S. 44 f.

[82] RGBl. 1903, S. 113. Dazu *Ramm*, FS Mallmann, 191, 207.

[83] RGBl. 1911, S. 976.

[84] Zur frühen Schaffung einseitig zwingender Vorschriften in Österreich *Mosing*, Günstigkeitsprinzip, S. 16 f.

[85] *Höpfner*, NZA 2024, 1081, 1083; vgl. auch *Kamanabrou*/ArbR, Rn. 47.

[86] *Höpfner*, NZA 2024, 1081, 1083; *Stöhr*, RdA 2014, 307, 315 f.

[87] RGBl. 1918 S. 1334.

[88] RGBl. I 1923 S. 1249; dazu *Syrup*, NZfA 1924, Sp. 1 ff.

[89] RGBl. I 1927 S. 184.

[90] Angesichts einseitig-zwingender Regelungen in allen Rechtsgebieten ist deren Einsatz bspw. im Mietrecht keine Rückwirkung des Arbeitsrechts auf das Bürgerliche Recht, so aber *Belling*, Günstigkeitsprinzip, S. 26. Arbeitsverträge wurden auch aus dem Miet- und Pachtrecht heraus entwickelt, *Stöhr*, RdA 2014, 307, 313.

[91] *Belling*, Günstigkeitsprinzip, S. 27 f., sieht darin einen Ausdruck des Liberalismus; *Höpfner*, NZA 2024, 1081, 1083; MüHdB-ArbR/*Richardi*, § 2 Rn. 31.

sprechende Kollektivverträge[92] wurden seit der Märzrevolution von 1848/49 abgeschlossen[93] und gegen anfängliche Widerstände wurden diese Verträge um 1900 durch die Rechtswissenschaft sowie die Rechtsprechung anerkannt,[94] sodass sie bis zum Ersten Weltkrieg erhebliche Verbreitung fanden.[95] Bereits mit den ersten Kollektivverträgen war die Frage nach der Beziehung zum Arbeitsvertrag verbunden und schon frühe Kollektivverträge enthielten Regelungen, die ihren Charakter als Mindestarbeitsbedingungen verdeutlichten.[96] Mithin war damit bereits die Entwicklung des Günstigkeitsgedankens verbunden[97] und aus dem Charakter als Mindestbedingungen wurde die Möglichkeit zur Vereinbarung günstigerer Abweichungen als Grundsatz tarifvertraglicher Vorschriften entwickelt.[98] Gleichzeitig ging die überwiegende Auffassung davon aus, dass aufgrund des Schutzes der Freiheit des Einzelnen die Tarifverträge nicht unmittelbar auf die Arbeitsverträge einwirken können, sodass diese lediglich einen schuldrechtlichen Anspruch auf einzelvertragliche Einhaltung der kollektiven Arbeitsbedingungen vermittelten.[99] Im Ergebnis blieben damit nach dieser bürgerlich-rechtlichen Lösung günstigere (ebenso wie ungünstigere) vertragliche Vereinbarungen auch gegenüber Tarifverträgen bestehen,[100] jedoch erforderte dieser Ansatz nicht die Entwicklung eines separaten Prinzips, sondern verwirklichte den Günstigkeitsgedanken über die An-

---

92 Zur Geschichte der betrieblichen Mitbestimmung, *Emmert*, Betriebsvereinbarungen, S. 145 ff.; MüHdB-ArbR/*Richardi*, § 2 Rn. 20 ff.

93 *Belling*, Günstigkeitsprinzip, S. 27 f.; *Kamanabrou*/ArbR, Rn. 36 ff., zur Anerkennung der Koalitionen; MüHdB-ArbR/*Klumpp*, § 225 Rn. 8; *Schorn*, Günstigkeitsprinzip neuer Art, S. 10; *Schulze*, Günstigkeitsprinzip, S. 30 f., zu den Unterschieden früherer kollektiver Ordnungen.

94 Ausführlich *Belling*, Günstigkeitsprinzip, S. 29 f.; *Burkiczak*, Deregulierung, S. 26 ff.; *Firnhaber*, Günstigkeitsprinzip, S. 10 ff.; *Schorn*, Günstigkeitsprinzip neuer Art, S. 12 ff.; *Schulze*, Günstigkeitsprinzip, S. 33. *Wlotzke*, Günstigkeitsprinzip, S. 18. Vgl. auch *Höpfner*, NZA 2024, 1081, 1083.

95 Dazu die Zahlen bei *Belling*, Günstigkeitsprinzip, S. 29; *Schorn*, Günstigkeitsprinzip neuer Art, S. 13. sowie *Ulber*, Tarifdispositives Gesetzesrecht, S. 38, zu den Schwächen der damaligen Gewerkschaften.

96 Vgl. *Schorn*, Günstigkeitsprinzip neuer Art, S. 11 Fn. 43 zum Tarifvertrag der Breslauer Buchdrucker v. 24.04.1848; ferner *Schulze*, Günstigkeitsprinzip, S. 29 zum Allgemeinen deutschen Buchdruckertarif v. 01.01.1889.

97 Ausführlich *T. B. Schmidt*, Günstigkeitsprinzip, S. 25 ff.; *Schorn*, Günstigkeitsprinzip neuer Art, S. 10 ff.; vgl. auch *Wlotzke*, Günstigkeitsprinzip, S. 19. Speziell zu betrieblichen Vereinbarungen, *T. B. Schmidt*, Günstigkeitsprinzip, S. 32 ff. Zur Entwicklung in Österreich(-Ungarn), *Mosing*, Günstigkeitsprinzip, S. 9 ff.

98 *T. B. Schmidt*, Günstigkeitsprinzip, S. 29 f.

99 Vgl. nur *Sinzheimer*, Arbeitsnormenvertrag, Zweiter Teil S. 54 ff. u. S. 274. Vgl. auch jeweils m. w. N. auch zur Mindermeinung, *Belling*, Günstigkeitsprinzip, S. 30 f.; *Schorn*, Günstigkeitsprinzip neuer Art, S. 16 f.; *Schulze*, Günstigkeitsprinzip, S. 32 f.; *Wlotzke*, Günstigkeitsprinzip, S. 19.

100 Vgl. *Sinzheimer*, Arbeitsnormenvertrag, Zweiter Teil S. 185 ff.

wendung der Grundsätze des Schadenersatzrechtes.[101] Nach der damals überwiegenden Ansicht sollte es den Parteien jedoch möglich sein, auch günstigere Vereinbarungen zu verbieten, sodass das Günstigkeitsprinzip lediglich den Charakter einer Auslegungsvorschrift hatte.[102]

C. Erste gesetzliche Regelung des Günstigkeitsprinzips

Innerhalb der deutschen Rechtsordnung[103] wurde nach dem Ersten Weltkrieg mit der Tarifvertragsordnung von 1918[104] der Tarifvertrag erstmals gesetzlich erfasst.[105] Im Gegensatz zu der davor überwiegenden Auffassung, wurde den Tarifverträgen durch § 1 Abs. 1 S. 1 TVVO nun eine normative Wirkung zugestanden,[106] wodurch sie in ein Rangverhältnis zum Arbeitsvertrag traten[107]. Anders als davor konnten abweichende Vereinbarungen nicht mehr nach den Grundsätzen des Schadenersatzrechts bewertet werden, sondern es bedurfte eines Kriteriums für die Entscheidung über die Wirksamkeit arbeitsvertraglicher Vereinbarungen.[108] In Übereinstimmung mit dem bisherigen Verständnis wurde dabei in § 1 Abs. 1 S. 2 TVVO bestimmt, dass unter anderem Abweichungen zugunsten des Arbeitnehmers zulässig sind und damit der Charakter tarifvertraglicher Regelungen als Mindeststandard festgeschrieben.[109] Das Günstigkeitsprinzip blieb aber eine Auslegungsregelung und die Parteien des Tarifvertrags konnten günstigeren Vereinbarungen die Wirksamkeit versagen.[110] Mithin hatte das Günstigkeitsprinzip unter der TVVO zwar

---

101 *Sinzheimer*, Arbeitsnormenvertrag, Zweiter Teil S. 193 ff. Im Gedanken des Mindeststandards treffen sich die Theorien, vgl. *Belling*, Günstigkeitsprinzip, S. 31 f.; *Federlin*, Kollektiver Günstigkeitsvergleich, S. 43; *Schorn*, Günstigkeitsprinzip neuer Art, S. 17 f.; *Schulze*, Günstigkeitsprinzip, S. 33; *Wlotzke*, Günstigkeitsprinzip, S. 19.

102 Dazu jeweils m. w. N., *Belling*, Günstigkeitsprinzip, S. 32; *Schorn*, Günstigkeitsprinzip neuer Art, S. 18; *T. B. Schmidt*, Günstigkeitsprinzip, S. 30 f.

103 Zu anderen Ländern, *Hilgenstock*, Günstigkeitsvergleich, S. 84 ff.; *Schulze*, Günstigkeitsprinzip, S. 57 ff.

104 RGBl. 1918, S. 1456.

105 Ausführlich zur TVVO, *Belling*, Günstigkeitsprinzip, S. 35 f.; *Burkiczak*, Deregulierung, S. 30 ff. auch zur verfassungsrechtlichen Diskussion.

106 *Cohn*, Rechtsnatur der Unabdingbarkeit, S. 2; *Schorn*, Günstigkeitsprinzip neuer Art, S. 19; *Schulze*, Günstigkeitsprinzip, S. 35; *Wlotzke*, Günstigkeitsprinzip, S. 19.

107 Vgl. *Balz*, Grenzen der Unabdingbarkeit, S. 14.

108 *Belling*, Günstigkeitsprinzip, S. 26 f.; *Mosing*, Günstigkeitsprinzip, S. 9; *Wlotzke*, Günstigkeitsprinzip, S. 19.

109 Insoweit bestand weitgehende Einigkeit, *Belling*, Günstigkeitsprinzip, S. 31.

110 Vgl. *Belling*, Günstigkeitsprinzip, S. 35; *Molitor*, NZfA 1924, Sp. 321, 324; *Krauss*, Günstigkeitsprinzip und Autonomie, S. 64; *Schorn*, Günstigkeitsprinzip neuer Art, S. 19; *Schulze*, Günstigkeitsprinzip, S. 35; *Wlotzke*, Günstigkeitsprinzip, S. 19 f. Ebenso war die Rechtslage gem. § 14 EAG ab 1919 in Österreich, *Mosing*, Günstig-

nicht die gleiche Bedeutung wie im heutigen kollektiven Arbeitsrecht, jedoch wurde der Günstigkeitsgedanke erstmals im Sinn eines Maßstabs des Inhalts arbeitsvertraglicher Regelungen verstanden[111]. Ferner wurden 1919 mit der Verordnung über die Arbeitszeit vom 18.03.1919[112] erste gesetzliche Bestimmungen erlassen, die Abweichungen durch Tarifverträge ermöglichten, wobei es sich jedoch um tarifdispositive[113] und nicht um einseitig zwingende Regelungen handelte.[114] Gerade nach 1945 wurden solche Regelungen vermehrt erlassen und reflektieren damit die mittlerweile unbestrittenen Anerkennung der Tarifvertragsparteien durch die Rechtsordnung und ihrer Bedeutung für die Arbeits- und Wirtschaftsordnung.[115]

In den 1930er Jahren wurde mit der Entgeltfortzahlung der Angestellten ein spezieller arbeitsrechtlicher Anspruch einseitig zwingend ausgestaltet.[116] Dabei wurden § 133c GewO sowie § 616 BGB um die Feststellung ergänzt, dass die Ansprüche vertraglich weder ausgeschlossen noch beschränkt werden dürfen,[117] womit die Ausgestaltung der im Zivilrecht üblichen Formulierung zur Anordnung der einseitig zwingenden Wirkung gesetzlicher Regelungen entsprach. Mittlerweile wird diese Formulierung vor allem abseits des Arbeitsrechts im Kauf- (§ 444 BGB), Miet- (§ 536d BGB) und Nießbrauchrecht (§ 1088 Abs. 2 BGB) zur Anordnung einer einseitig zwingenden Wirkung verwendet. Spezielle arbeitsrechtliche Regelungen werden hingegen stärker an die schon in § 1 Abs. 1 S. 2 TVVO enthaltene Formulierung angelehnt und bringen damit bereits im Wortlaut den Günstigkeitsgedanken in vergleichbarer Weise zum Ausdruck.[118] Die Formulierung wird aber weiterhin für eine arbeitsrechtliche Regelung in § 45 Abs. 3 S. 3 SGB V[119] sowie in § 15 Abs. 2 S. 5 BEEG[120] verwendet und auch in der österreichischen Ar-

---

keitsprinzip, S. 15. Gemäß § 3 Abs. 1 S. 2 ArbVG ist das Günstigkeitsprinzip weiterhin tarifdispositiv, ausführlich zum Günstigkeitsprinzip in Österreich, *Mosing*, Günstigkeitsprinzip, S. 31 ff.

111 *Federlin*, Kollektiver Günstigkeitsvergleich, S. 43 u. S. 47 ff.; *Yurtsev*, Günstigkeitsprinzip, S. 37; hingegen *Belling*, Günstigkeitsprinzip, S. 32, der bereits davor eine Umsetzung erkennt, aber die Unterschiede des Schadenersatzrechts und der Unabdingbarkeit (bspw. die Vorteilsausgleichung) ausblendet.

112 RGBl. 1919, 315.

113 Zum Begriff, *Käppler*, Tarifdispositives Richterrecht, S. 34 f.

114 *Ulber*, Tarifdispositives Gesetzesrecht, S. 39 f., zu den Hintergründen und Auswirkungen.

115 *Ulber*, Tarifdispositives Gesetzesrecht, S. 45 ff. u. S. 59.

116 RGBl. I 1930, S. 517 sowie RGBl. I 1931, S. 279.

117 RGBl. I 1930, S. 521.

118 Vgl. auch die grammatikalischen Auslegungen in Teil 5.

119 Beispielsweise in § 33 SGB V u. § 45 Abs. 3 S. 3 SGB V.

120 Das BEEG wird nicht untersucht, weil es für die vertragsrechtlichen Regelungen keine ausdrückliche Anordnung des Günstigkeitsprinzips enthält und § 15 Abs. 2

beitsrechtsordnung ist es die gebräuchliche Formulierung (vgl. § 12 UrlaubsG; § 19g AZG).

Ferner wurde in den 1930er das kollektive Günstigkeitsprinzip ebenfalls erstmals als zwingend beachtlicher Grundsatz kodifiziert[121] und in § 32 Abs. 2 AOG[122] festgelegt, dass die durch die sog. Treuhänder der Arbeit erlassenen kollektiven Tarifordnungen[123] lediglich Mindestarbeitsbedingungen begründen.[124] Es ist dabei ein rechtsgeschichtliches Kuriosum, dass dieses Prinzip, das die Freiheit des Einzelnen vor der Übermacht des Kollektivs schützen soll, ausgerechnet in einer Gesellschaftsordnung erstmal ausdrücklich mit zwingender Wirkung geregelt wurde, die den Wert des Einzelnen mit dem Motto „Du bist nichts, dein Volk ist alles"[125] beschrieb.[126] Teilweise wurde versucht diesen Widerspruch des freiheitsschützenden Prinzips zur damaligen Gesellschaftsordnung durch die Begründung des Günstigkeitsprinzip im Leistungsgedanken[127] zu überwinden und das Günstigkeitsprinzip zu erhalten.[128] Es nahm dabei die Funktion eines Mittels zur Erziehung der Arbeitnehmer ein, das diese zur Leistungssteigerung im Sinn des Systems anhalten sollte,[129] jedoch konnte es auch mit dieser Begründung unter den damaligen Bedingungen nicht verwirklicht werden.[130] Hingegen nahm die Bedeutung staatlichen

---

S. 5 BEEG diese auch nicht ausdrücklich erfasst. Die Untersuchung erlaubt aber mittelbar Rückschlüsse auf die Anwendung des Prinzips auf diese Vorschriften, dazu Teil 6 § 27 Abschnitt A.

121 Zum Tarifrecht im Nationalsozialismus, *Belling*, Günstigkeitsprinzip, S. 37 ff.; *Schorn*, Günstigkeitsprinzip neuer Art, S. 19 ff.; *Schulze*, Günstigkeitsprinzip, S. 36 ff.

122 RGBl. I 1934, S. 45.

123 Zu den grundlegenden Unterschieden zu Tarifverträgen, *Schulze*, Günstigkeitsprinzip, S. 36 f.

124 *Belling*, Günstigkeitsprinzip, S. 38 f.; *Probst*, Günstigkeitsprinzip, S. 2; *Schorn*, Günstigkeitsprinzip neuer Art, S. 20.

125 Solche Sentenzen sollten über die Widersprüche des Nationalsozialismus hinwegtäuschen und hatten ihrerseits kollektivierende Wirkung, *Sauer*, Der aufdringliche Text, S. 185 f.

126 Vgl. *Belling*, Günstigkeitsprinzip, S. 39.

127 Dies entsprach dem Zeitgeist, *Büker*, Ausnahmen der Unabdingbarkeit, S. 18 f. sowie *Probst*, Günstigkeitsprinzip, S. 12. Die Literatur zum TVG sieht darin nur einen Aspekt der Begründung und betont den Schutz vor dem Kollektiv, bereits früh und statt aller *Wlotzke*, Günstigkeitsprinzip, S. 17 f.

128 *Probst*, Günstigkeitsprinzip, S. 47, der für die zwingende Einführung des Leistungsprinzips plädiert. Damit sollte ein Anspruch auf Gewährung günstigerer Bedingungen verbunden sein, *Probst*, Günstigkeitsprinzip, S. 43, weshalb es nicht als Forderung nach Abschaffung des Prinzips verstanden werden kann. So aber *Schorn*, Günstigkeitsprinzip neuer Art, S. 21 Fn. 100.

129 *Belling*, Günstigkeitsprinzip, S. 39; *Schorn*, Günstigkeitsprinzip neuer Art, S. 21.

130 *Federlin*, Kollektiver Günstigkeitsvergleich, S. 55. Vgl. auch zu den damaligen Möglichkeiten Höchstarbeitsbedingungen zu setzen sowie deren Verbreitung, *Krauss*,

Arbeitsrechts in dieser Zeit zu[131] und die Fürsorge- sowie die Treuepflicht wurden rechtliche Größen des Arbeitsverhältnisses.[132]

D. Ausdifferenzierung der Arbeitsrechtsordnung

I. Zunehmende Schutzgesetzgebung

Nach dem Zweiten Weltkrieg und im Verlauf der Ausgestaltung der Arbeitsrechtsordnung der Bundesrepublik wurde das Günstigkeitsprinzip als zwingender Grundsatz im kollektiven[133] Arbeitsrecht effektiv verwirklicht, aber auch im gesetzlichen Arbeitsvertragsrecht vermehrt umgesetzt[134]. Vor allem stieg der Bestand einseitig zwingender Arbeitnehmerschutzgesetze an und beispielsweise die Entgeltfortzahlung der Arbeiter wurde mit dem Gesetz zur Verbesserung der wirtschaftlichen Sicherung der Arbeiter im Krankheitsfalle vom 26.06.1957[135] einseitig zwingend ausgestaltet. Dabei wurde in § 6 des Gesetzes nun auch die dem Tarifrecht entlehnte Formulierung verwendet, nach der die Ansprüche nicht zuungunsten der Arbeiter abbedungen werden können.[136] Ebenso wurde das BUrlG gem. § 13 BUrlG einseitig zwingend ausgestaltet und im Verlauf der Zeit fand das Regelungsprinzip weite Verbreitung im Arbeitsvertragsrecht.[137] Eine vergleichbare Tendenz ist im gesamten Zivilrecht ersichtlich und spiegelt dabei den Funktionswandel der Vertragsfreiheit.[138]

II. Günstigkeitsprinzip abseits gesetzlicher Regelungen

Der prägende Einfluss des Schutzgedankens auf das Arbeitsrecht zeigt sich auch in der Rechtsprechung des BAG, das arbeitnehmerschützende Gesetze

---

Günstigkeitsprinzip und Autonomie, S. 64 f.; *Schorn*, Günstigkeitsprinzip neuer Art, S. 21 f.; *Schulze*, Günstigkeitsprinzip, S. 37 f.; *Wlotzke*, Günstigkeitsprinzip, S. 114. Zur Bedeutung des Günstigkeitsprinzips in der DDR, *Belling*, Günstigkeitsprinzip, S. 41 f.

131 *Biedenkopf*, Grenzen, S. 137 ff. auch zu den Folgen nach 1945.

132 *Biedenkopf*, Grenzen, S. 135.

133 Zur Entwicklung des tariflichen Günstigkeitsprinzips bis zur Gründung der BRD, *Belling*, Günstigkeitsprinzip, S. 42 ff.; *Schorn*, Günstigkeitsprinzip neuer Art, S. 22 ff.

134 Vgl. *Höpfner*, NZA 2024, 1081, 1083 sowie *Stöhr*, RdA 2014, 307, 316.

135 BGBl. I 1957, S. 649.

136 Dazu, *Diekhoff*, AuR 1957, 297, 298 f.

137 Vgl. dazu auch die Darstellungen in Teil 5 zur Historie der einzelnen Kodifikationen.

138 *Tonner*/Schuldrecht, § 2 Rn. 8.

auch abseits einer ausdrücklichen Regelung teilweise als einseitig zwingend ansieht. So wurde unter anderem das Gesetz zur Regelung der Lohnzahlung an Feiertagen ohne gesetzliche Anordnung als einseitig zwingend angesehen.[139] Die Herleitung ist aber kurz[140] und erfolgt vor allem unter Rückgriff auf den Sinn des Gesetzes,[141] was auch zum Ausdruck bringt, dass der einseitig zwingende Charakter der Lohnfortzahlung an Feiertagen bereits weitgehend anerkannt war.[142] Diese Anerkennung des Schutzgedankens und seiner Auswirkungen auf die Wirkungsweise arbeitsrechtlicher Vorschriften spiegelte sich ferner in den Entscheidungen zum Beschäftigungsförderungsgesetz 1985 vom 26.04.1985[143] sowie zum Beschäftigungsförderungsgesetz 1996 vom 25.09.1996[144]. Das BAG hat dazu festgestellt, dass die Regelung des § 1 BeschFG lediglich einseitig zwingend wirkt und daher günstigeren Regelungen nicht entgegensteht.[145] Für eine Arbeitnehmerschutzvorschrift wie § 1 BeschFG sei dies grundsätzlich anzunehmen, die Auslegung der Vorschrift ergebe keine entgegenstehenden Hinweise und insbesondere führe der beschäftigungspolitische Hintergrund des Gesetzes nicht zu einer anderen Einschätzung.[146] Das BAG beschränkte seine Feststellungen erst auf eine einseitige Abweichungsbefugnis für Tarifverträge,[147] übertrug die Argumente später aber auf arbeitsvertragliche Regelungen[148]. Abweichungsbefugnisse zugunsten des Arbeitnehmers können mithin unabhängig von der Art der abweichenden Vereinbarung auch ohne eine explizite Kodifikation bestehen.

---

139 BAG v. 23.02.1961 – 5 AZR 110/60, AP BGB § 611 Akkordkolonne Nr. 2 [2. Ls. sowie unter 2. b)]; BAG v. 23.09.1960 – 1 AZR 508/59, BAGE 10, 29 [unter I. 1)].

140 BAG v. 23.09.1960 – 1 AZR 508/59, BAGE 10, 29 [unter I. 1] enthält dafür lediglich einen Satz.

141 BAG v. 06.04.1982 – 3 AZR 1079/79, AP FeiertagslohnzahlungsG § 1 Nr. 36 [unter 2.]; BAG v. 23.02.1961 – 5 AZR 110/60, AP BGB § 611 Akkordkolonne Nr. 2 [unter 2. b)]; BAG v. 23.09.1960 – 1 AZR 508/59, BAGE 10, 29 [unter I. 1)].

142 Vgl. die Verweise in BAG v. 23.02.1961 – 5 AZR 110/60, AP BGB § 611 Akkordkolonne Nr. 2 [unter 2. b)].

143 BGBl. I 1985, S. 710.

144 BGBl. I 1996, S. 1476.

145 BAG v. 05.06.2002 – 7 AZR 241/01, AP BeschFG 1996 § 1 Nr. 13 [unter II. 1. b)]; BAG v. 24.02.1988 – 7 AZR 454/87, AP BeschFG 1985 § 1 Nr. 3; BAG v. 25.09.1987 – 7 AZR 315/86, BAGE 56, 155.

146 BAG v. 25.09.1987 – 7 AZR 315/86, BAGE 56, 155 [unter II. C) 3.].

147 BAG v. 25.09.1987 – 7 AZR 315/86, BAGE 56, 155.

148 BAG v. 24.02.1988 – 7 AZR 454/87, AP BeschFG 1985 § 1 Nr. 3.

III. Entwicklung des Günstigkeitsprinzips im kollektiven Recht

Ferner wurde das Günstigkeitsprinzip nicht nur als zwingende Schranke der tarifvertraglichen Regelungsmacht kodifiziert,[149] sondern in der arbeitsrechtlichen Praxis auch tatsächlich wirksam.[150] In einer Rechtsordnung, die den Schutz vor Ausbeutung im Namen der Freiheit und den Schutz der Freiheit vor kollektiver oder staatlicher Übermacht im Blick hat, konnte es umfassende Bedeutung für die Wirksamkeit arbeitsvertraglicher Vereinbarungen gewinnen[151] und fand weitere Anerkennung durch den Gesetzgeber, der es in § 28 Abs. 2 S. 2 SprAuG für das Verhältnis von Vereinbarungen im Sinn des § 28 Abs. 1 S. 1, Abs. 2 S. 1 SprAuG und abweichenden Regelungen ausdrücklich kodifizierte[152]. Aufbauend auf den anfänglichen Betrachtungen zur Wirkung und zur Natur kollektivrechtlicher Vereinbarungen[153] wurde auch in der Literatur die Begründung und die Wirkung des Günstigkeitsprinzips erneut in den Blick genommen, wobei in Ermangelung gesetzlicher Vorgaben die Kriterien des Günstigkeitsvergleichs und der Zusammenhang mit den Freiheitsrechten der Arbeitnehmer verstärkt betrachtet wurden.[154]

Darüber hinaus wurde das Verhältnis des Günstigkeitsprinzips zur Betriebsautonomie und die Anwendung des Günstigkeitsprinzips auf Betriebsvereinbarung untersucht.[155] Fraglich war dabei, inwieweit die Regelung des § 4 Abs. 3 Alt. 2 TVG auch für günstigere Regelungen in Betriebsvereinbarungen gilt und welche Wirkung die Sperrwirkung des § 77 Abs. 3 BetrVG sowie des § 87 Abs. 1 Einleitungssatz BetrVG in dieser Beziehung haben.[156] Ferner

---

[149] Zur Entstehungsgeschichte des TVG, *Belling*, Günstigkeitsprinzip, S. 46 ff.; *Schorn*, Günstigkeitsprinzip neuer Art, S. 22 ff.; *Schulze*, Günstigkeitsprinzip, S. 38 ff.

[150] Vgl. *Krauss*, Günstigkeitsprinzip und Autonomie, S. 65 f.; *Schorn*, Günstigkeitsprinzip neuer Art, S. 25; *Wlotzke*, Günstigkeitsprinzip, S. 20 u. S. 115 ff.

[151] Zur Beziehung zur Arbeitsmarktordnung, *Belling*, Günstigkeitsprinzip, S. 24 Fn. 75; *Joost*, ZfA 1984, 173, 174 f.; *Säcker*, Gruppenautonomie, S. 293 f.

[152] Zu den Hintergründen, NK-GArbR/*v. Steinau-Steinrück/Risse*, SprAuG Vorb. Rn. 1 ff.

[153] Vor der TVVO, *Sinzheimer*, Arbeitsnormenvertrag, Zweiter Teil S. 1 ff.; Zur TVVO, *Herschel*, NZfA 1924, Sp. 339; *Kaskel*, NZfA 1924, Sp. 129 ff.; *Molitor*, NZfA 1924, Sp. 321; *Vanselow*, NZfA 1924, Sp. 331. Zum AOG, *Büker*, Ausnahmen der Unabdingbarkeit (1934); *Probst*, Günstigkeitsprinzip (1937).

[154] Dazu die Nachweise in der Einleitung, Fn. 13.

[155] Bereits *Seidel*, NZfA 1924, Sp. 279, 281 ff. Zur Entwicklung, *Emmert*, Betriebsvereinbarungen, S. 248 ff.; *Hromadka*, NZA 2021, 749, 750 f.; *T. B. Schmidt*, Günstigkeitsprinzip, S. 48 ff.

[156] Jeweils mit weiteren Nachweisen zu dieser Diskussion, *Belling*, Günstigkeitsprinzip, S. 157 ff.; *Emmert*, Betriebsvereinbarungen, S. 87 ff.; *Kamanabrou*/ArbR, Rn. 2619, Rn. 2650 f. u. Rn. 2654 f.; *Krauss*, Günstigkeitsprinzip und Autonomie, S. 135 ff.; *Löwisch/Rieble*, TVG § 4 Rn. 538 ff.; *Preis/Ulber*, RdA 2013, 211 ff.;

wurde untersucht, inwieweit das Günstigkeitsprinzip für das Verhältnis zu Arbeitsverträgen gilt, wobei der normativen Wirkung des § 77 Abs. 4 S. 1 BetrVG keine ausdrückliche Regelung des Günstigkeitsprinzips beiseitegestellt wurde.[157] Nach Ansicht des BAG ist die Vorschrift daher unvollständig und im Wege der Gesamtanalogie um das Günstigkeitsprinzip zu ergänzen.[158] Nach dieser auch in der Literatur verbreiteten Ansicht ist das Günstigkeitsprinzip daher im Betriebsverfassungsrecht grundsätzlich ebenfalls ohne eine ausdrückliche Kodifikation anwendbar.[159] Gleichzeitig wird für eine Reihe potenzieller Normkonflikte die Anwendung des Günstigkeitsprinzips aber auch abgelehnt[160] und vor allem das Ordnungsprinzip spielt weiter eine Rolle in der Diskussion[161].

Gegenüber Tarifverträgen ergeben sich aufgrund der Sperrwirkung des § 77 Abs. 3 BetrVG für übliche tarifvertragliche Regelungen und der Wirkung des § 87 Abs. 1 Einleitungssatz 1 BetrVG beim Bestehen einer tarifvertraglichen Regelung jedenfalls kaum Anwendungsfälle, insbesondere wenn man dabei der sog. Zwei-Schranken-Lehre folgt.[162] Kommt es trotzdem dazu, dass zwei Regelungen gelten, ist das Günstigkeitsprinzip aber grundsätzlich beidseitig

---

Wlotzke, Günstigkeitsprinzip, S. 118 ff.; *Zöllner/Loritz/Hergenröder*/Arbeitsrecht, § 7 Rn. 15.

157 Zur Entwicklung und dem damaligen Streitstand, *Belling*, Günstigkeitsprinzip, S. 107 ff.; *Krauss*, Günstigkeitsprinzip und Autonomie, S. 156 f.; *Schorn*, Günstigkeitsprinzip neuer Art, S. 60 ff.

158 Grundlegend BAG v. 07.11.1989 – GS 3/85, BAGE 63, 211 [unter C. II. 1.]; BAG v. 16.09.1986 – GS 1/82, BAGE 53, 42 [unter C. II. 3. a)]; zur ständigen Rechtsprechung BAG v. 19.11.2019 – 3 AZR 336/18, NZA 2020, 522 Rn. 46; BAG v. 21.04.2010 – 4 AZR 768/08, BAGE 134, 130 Rn. 38; BAG v. 06.11.2007 – 1 AZR 862/06, BAGE 124, 323 Rn. 23. Dazu *Federlin*, Kollektiver Günstigkeitsvergleich, S. 10 ff.; *Waltermann*, RdA 2016, 296, 299 f.; BeckOK-ArbR/*Werner*, BetrVG § 77 Rn. 11. Zur vorherigen Rechtsprechung BAG v. 16.09.1986 – GS 1/82, BAGE 53, 42 [unter C. III.].

159 Schaub/ArbR-HdB/*Ahrendt*, § 231 Rn. 43; *Eisemann*, RdA 2020, 193, 197; *Höland/Reim/Brecht*, Flächentarifvertrag, S. 91 f.; ErfK/*Kania*, BetrVG § 77 Rn. 68 f.; *Krauss*, Günstigkeitsprinzip und Autonomie, S. 157; Küttner/Personalbuch/*Kreitner*, Günstigkeitsprinzip Rn. 1; *Löwisch/Rieble*, TVG § 4 Rn. 538 ff.; *Preis/Ulber*, RdA 2013, 211, 223; *Richardi*, NZA 1987, 185, 187; Richardi/BetrVG/*Richardi/Picker*, BetrVG § 77 Rn. 157; *T. B. Schmidt*, Günstigkeitsprinzip, S. 112; Kempen/Zachert/TVG/*Schubert/Zachert*, § 4 Rn. 382 ff.

160 Für einen Vorrang der zwingenden Mitbestimmung, *P. Hanau*, RdA 2024, 139, 145 ff.; wohl auch ArbR A-Z/*U. Koch*, Günstigkeitsprinzip; *Leinemann*, DB 1990, 732, 734.

161 Vgl. *Koneberg*, Betriebsvereinbarungsoffenheit, S. 21 ff. u. 72 ff.; *Yurtsev*, Günstigkeitsprinzip, S. 66 ff.

162 Vgl. *Kamanabrou*/ArbR, Rn. 1839; NK-GArbR/*Schwarze*, BetrVG § 77 Rn. 42. Zur entgegengesetzten Vorrangtheorie, MüHdB-ArbR/*Klumpp*, § 253 Rn. 8.

anwendbar,[163] also auch im Verhältnis der tarifvertraglichen Abweichung zur betrieblichen Regelung.[164] Die Auffassung ist in der Literatur aber auch nicht unumstritten und es werden auch andere Anknüpfungspunkte zur Vermeidung einer Normkollisionen der Regelungen aus Tarifverträgen und Betriebsvereinbarungen im Arbeitsverhältnis vorgeschlagen.[165] Darüber hinaus ist die Ablösung vertraglicher Einheitsregelungen durch Betriebsvereinbarungen umstritten[166] und die von der Rechtsprechung vertretenen Annahme der formularmäßigen Vereinbarung der Betriebsvereinbarungsoffenheit von Arbeitsverträgen[167] wird auch unter Verweis auf das Günstigkeitsprinzip kritisch betrachtet.[168]

IV. Günstigkeitsprinzip „neuer Art"

Mit der zunehmenden Ausdifferenzierung des normativen Arbeitnehmerschutzes wurde die damit verbundene Beschränkung der Arbeitsvertragsfreiheit vermehrt kritisch betrachtet.[169] Insbesondere in volkwirtschaftlichen Krisensituationen[170] erweise sich das Arbeitsrecht als zu unflexibel und das hohe Schutzniveau stehe dem Beschäftigungsinteresse der Arbeitnehmer entgegen.[171] Das Arbeitsvertragsrecht sei mithin nicht mehr ein Mittel der Schaffung gerechter Arbeitsbedingungen und des Freiheitsschutzes, sondern es schränke die Freiheit zunehmend in ungerechtfertigter Weise ein und werde dadurch

---

163 Vgl. aber BAG v. 29.07.2009 – 7 ABR 27/08, BAGE 131, 277 Rn. 15 zu betriebsorganisatorischen Regeln.

164 BAG v. 10.02.1988 – 1 ABR 70/86, BAGE 57, 317 [unter II. 2. B]; nicht über den Zweck argumentierend BAG v. 08.10.1959 – 2 AZR 503/56, BAGE 8, 143 sowie BAG v. 24.09.1959 – 2 AZR 28/57, BAGE 8, 112; MüHdB-ArbR/*Klumpp*, § 253 Rn. 9; kritisch, *Lund*, Anm. zu BAG v. 10.02.1988, AP BetrVG 1972 § 99 Nr. 53; ablehnend *Yurtsev*, Günstigkeitsprinzip, S. 51 f. Zum Meinungsstand, *Emmert*, Betriebsvereinbarungen, S. 251 ff.; Däubler/TVG/*Deinert/Wenckebach*, § 4 Rn. 651 ff.

165 Ausführlich und m.w.N. *Emmert*, Betriebsvereinbarungen, S. 252 f.

166 Zum Meinungsstand *Koneberg*, Betriebsvereinbarungsoffenheit, S. 56 ff.

167 Vgl. BAG v. 05.03.2013 – 1 AZR 417/12, NZA 2013, 916. Dazu ErfK/*Kania*, BetrVG § 77 Rn. 71–77 u. Rn. 79 ff.; *Preis/Ulber*, NZA 2014, 6 ff.

168 *Eisemann*, RdA 2020, 193, 195 ff.; *P. Hanau*, RdA 2024, 139 ff.; *Koneberg*, Betriebsvereinbarungsoffenheit, S. 61 ff.; *Preis/Ulber*, NZA 2014, 6, 8 ff.; *dies.*, RdA 2013, 211, 223 ff.; *Waltermann*, RdA 2016, 296 ff.

169 Vgl. die Darstellung bei Kempen/Zachert/TVG/*Schubert/Zachert*, § 4 Rn. 389 ff.; dazu auch *Stöhr*, RdA 2014, 307, 316. Als Beispiele aus jüngerer Zeit, *Annuß*, RdA 2024, 193 ff.; *Natzel*, NZA 2003, 835; *Thüsing*, FS Wiedemann, 559, 585; *Zöllner*, NZA-Beil. 2006, 99.

170 Zur Beziehung *Höland/Reim/Brecht*, Flächentarifvertrag, S. 87. Zu historischen Auswirkungen wirtschaftlicher Krisen, *Schorn*, Günstigkeitsprinzip neuer Art, S. 107 f.

171 Vgl. *Thüsing*, FS Wiedemann, 559, 585. Zum Tarifrecht, *Natzel*, NZA 2003, 835; *T. B. Schmidt*, Günstigkeitsprinzip, S. 17 ff.

selbst zum Unrecht.[172] Einige Autoren betonen daher die freiheitsschützende Funktion des Günstigkeitsprinzips und für die kollektiven Rechtsquellen wird vermehrt die Modifikation des Prinzips zu einem Günstigkeitsprinzip neuer Art gefordert.[173] Vereinzelt finden sich solche Auffassungen auch für gesetzliche Kodifikationen des Prinzips.[174] Dafür sollen verstärkt die subjektive Einschätzung[175] und die Auswirkungen auf die gesamte wirtschaftliche Situation des Arbeitnehmers[176] in den Günstigkeitsvergleich einfließen. Insbesondere sei im Sinn der gesamtwirtschaftlichen Umstände der Erhalt des Arbeitsplatzes für die Beurteilung der Günstigkeit ein relevantes Kriterium, da andernfalls der beabsichtigte Schutz kontraproduktiv wirke und sich das Günstigkeitsprinzip in sein Gegenteil verkehre.[177] Die herrschende Lehre[178] und die Rechtspre-

---

[172] *Annuß*, RdA 2024, 193, 201 u. 203; *Natzel*, NZA 2003, 835; wohl auch *Zöllner*, NZA-Beil. 2006, 99.

[173] Ausdrücklich bei *Adomeit*, Das Günstigkeitsprinzip – neu verstanden, NJW 1984, 26; *Schorn*, Günstigkeitsprinzip neuer Art (2006); kritisch *Käppler*, NZA 1991, 745 ff., die eine Umgehung des Gesetzgebers sieht; zur Entwicklung, *Wiedemann*, FS Wißmann, 185.

[174] *Versteyl*, Obergrenze (2005).

[175] Im Zusammenhang mit tariflichen Arbeitszeitbestimmungen, jeweils m. w. N., *Buchner*, DB 1990, 1715, 1720; *ders.*, DB 1989, 2028, 2030; *Krauss*, Günstigkeitsprinzip und Autonomie, S. 96 ff. Im Zusammenhang mit der Beschäftigungssicherung, jeweils m. w. N., *Krauss*, Günstigkeitsprinzip und Autonomie, S. 110 ff.; *Schorn*, Günstigkeitsprinzip neuer Art, S. 99.

[176] Statt vieler, *Nebeling/Arntzen*, NZA 2011, 1215, 1216.

[177] Prägend und die subjektive sowie kollektive Günstigkeit betonend, *Adomeit*, NJW 1984, 26 f.; *Buchner*, NZA 1999, 897, 901 f.; grundsätzlich zustimmend, ErfK/*Franzen*, TVG § 4 Rn. 38; *Heinze*, NZA 1991, 329, 332 f., vor allem verfassungsrechtlich begründet; *Krauss*, Günstigkeitsprinzip und Autonomie, S. 110, vorrangig auf Basis einer subjektiven Bewertung; *Kronenberg*, Ausnahmen der Unabdingbarkeit, S. 30 f., bereits früh zur TVVO; *Löwisch/Rieble*, TVG § 4 Rn. 648 ff.; *Natzel*, ZfA 2003, 103, 132 ff.; *Rüthers*, NJW 2002, 1601, 1604; *Schorn*, Günstigkeitsprinzip neuer Art, S. 146. Differenzierend bei Existenzgefährdungen, *T. B. Schmidt*, Günstigkeitsprinzip, S. 128 f. Für Betriebsvereinbarungen, *Emmert*, Betriebsvereinbarungen, S. 275 f.

[178] *Balz*, Grenzen der Unabdingbarkeit, S. 23 f., zur TVVO; Wiedemann/TVG/*Bayreuther*, § 4 Rn. 388; *Belling*, Günstigkeitsprinzip, S. 170; NK-GArbR/*Bepler*, TVG § 4 Rn. 110; *Courth*, Günstigkeitsprinzip, S. 128; Däubler/TVG/*Deinert/Wenkebach*, § 4 Rn. 613, Rn. 678 ff. u. Rn. 694, mit Bedenken auf das Vordringen der abweichenden Meinung hinweisend; wohl auch BeckOK-ArbR/*Giesen*, TVG § 4 Rn. 33 f.; MüAnwHdB-ArbR/*Hamacher/van Laak*, § 70 Rn. 51 f.; *Hueck/Nipperdey*, Arbeitsrecht, II/1 S. 607 f.; BJ-TzBfG/*Joussen*, TzBfG § 22 Rn. 14; *Kamanabrou*/ArbR, Rn. 1826; MüHdB-ArbR/*Klumpp*, § 253 Rn. 55; *Raab*, ZfA 2004, 371, 391; *A. Schmidt*, Grenzen der Unabdingbarkeit, S. 24 f.; *T. B. Schmidt*, Günstigkeitsprinzip, S. 128, aber differenzierend; Kempen/Zachert/TVG/*Schubert/Zachert*, § 4 Rn. 347; SSP-AGG/*Suckow*, § 31 Rn. 12; Schaub/ArbR-HdB/*Trebber*, § 207 Rn. 26; *Wedde/Kunz*/EFZG, § 12 Rn. 15; zweifelnd *Wiedemann*, FS Wißmann, 185, 190 f.; de lege lata auch *Zöllner/Loritz/Hergenröder*/Arbeitsrecht, § 39 Rn. 10 u. Rn. 16 ff.

chung[179] haben diese Argumentation bisher jedoch unter anderem mit Verweis auf die damit verbundene Gefährdung des tariflichen Mindeststandards sowie die methodische Unvergleichbarkeit der Arbeitsplatzsicherheit mit anderen Aspekten eines tariflichen Standards zurückgewiesen[180].

V. Bedeutung des Günstigkeitsprinzips

Die angestrebten Modifikationen des Günstigkeitsprinzips zeigen auf, dass die Auseinandersetzung mit diesem Prinzip weiterhin die Veränderungen der Arbeitswelt und der sie begleitenden wirtschaftlichen und gesellschaftlichen Bedingungen reflektiert.[181] Die Suche nach Flexibilisierungsmöglichkeiten im bestehenden Recht lässt sich dabei auch als Ausdruck der Unzufriedenheit über die fehlende Konsistenz und Reaktionsfähigkeit der arbeitsrechtlichen Gesetzgebung verstehen[182]. Ferner betrifft die Kritik nicht das Prinzip, sondern dessen Voraussetzungen. Kritisch hinterfragt wird vor allem die generelle, grundsätzliche oder vereinzelte Notwendigkeit den Arbeitnehmer zu schützen aber nicht die Eignung des einseitig zwingenden Rechts zum Schutz der Interessen einer strukturell unterlegenen Vertragspartei.[183] Insoweit wird nicht bestritten, dass bei einem bestehenden Schutzbedarf der Einsatz einseitig dispositiven Rechts und die spezielle arbeitsrechtliche Ausformung als Günstigkeitsprinzip ein geeignetes Mittel der Rechtssetzung ist.

Gleichzeitig nimmt seine Bedeutung infolge des zunehmenden Einsatzes tarifrechtlicher Öffnungsklauseln[184] und einer sich reduzierenden Tarifbindung[185] für das kollektive Arbeitsrecht tendenziell ab. Hingegen steigt die Bedeutung des gesetzlichen Arbeitsvertragsrechts aufgrund seiner zunehmenden Quantität und es prägt zunehmend das Arbeitsverhältnis. Damit steigt auch die Bedeutung des gesetzlichen Günstigkeitsprinzips.

---

179 Grundlegend BAG v. 20.04.1999 – 1 ABR 72/98, BAGE 91, 210 [unter B. III. 1. b) aa)].

180 Kritisch *Schorn*, Günstigkeitsprinzip neuer Art, S. 133 ff.

181 In dem Sinn, *Belling*, Günstigkeitsprinzip, S. 24 Fn. 75; angesichts einer abnehmenden Tarifbindung lässt sich die Betrachtung des gesetzlichen Günstigkeitsprinzips ebenso einordnen. Zur Tarifbindung und Bedeutung staatlichen Arbeitsrechts, *Lakies*/MiLoG, Einl. Rn. 3 ff.; *Saeidy-Nory/Wank*, RdA 2022, 1, 4.

182 Dazu *Preis*, FS Wißmann, 45, 54 ff.; vgl. auch *Rolfs*, Gutachten B zum 74. DJT, S. 14; ebenso *Seiwerth*, Gestaltungsfreiheit in Tarifverträgen, S. 325.

183 Dazu hier nur *Thüsing*, FS Wiedemann, 559, 568. Ausführlich Teil 2 § 8 Abschnitt B. I. 2. b).

184 Vgl. *Emmert*, Betriebsvereinbarungen, S. 181 ff. u. S. 187 auch zu den Grenzen solcher Vereinbarungen.

185 Dazu *Burkiczak*, Deregulierung, S. 65 f. u. S. 72; *Emmert*, Betriebsvereinbarungen, S. 21 ff.; *Rolfs*, Gutachten B zum 74. DJT, S. 41.

§ 3 Funktion des Günstigkeitsprinzips

Insbesondere für das Günstigkeitsprinzip im Tarifvertragsrecht wurden bereits verschiedene Funktionen beschrieben, die vor allem dem Schutzzweck und mithin dem arbeitnehmerschützenden Charakter der normativen Regelungen entspringen.[186] Infolge der vergleichbaren Bedeutung können diese auf das gesetzliche Günstigkeitsprinzip übertragen werden.[187] Dabei steht seine Funktion als Grenze der Regelungssphären im Vordergrund aber auch die damit verbundenen Möglichkeiten zur Flexibilisierung der Arbeitsbedingungen sind von Bedeutung.

A. Doppelt dienende Funktion für den Gestaltungsspielraum und den Arbeitnehmerschutz

Die Grundlagen und die historische Entwicklung des Günstigkeitsprinzips haben bereits den Bezug zur Angemessenheit der Arbeitsbedingungen auf der einen und zum Schutz der Gestaltungsfreiheit der Arbeitsvertragsparteien auf der anderen Seite seiner Zielrichtung verdeutlicht.[188] Aus der Annahme der strukturellen Unterlegenheit ergibt sich mithin eine doppelt dienende Funktion,[189] die auf die Verwirklichung des arbeitnehmerschützenden Zwecks einer Regelung gerichtet ist und den Schutznormunterworfenen vor dem Schutznormsetzer schützt, indem abweichende Regelungen nicht gänzlich verhindert werden.[190] Es dient damit gleichzeitig der Verwirklichung des normativen Mindeststandards und dem Schutz der arbeitsvertraglichen Regelungsmacht.[191]

---

186 *Mosing*, Günstigkeitsprinzip, S. 3.

187 Für den Schutz der Arbeitsvertragsfreiheit, *Belling*, Günstigkeitsprinzip, S. 51.

188 MüHdB-ArbR/*Klumpp*, § 253 Rn. 5 zur kollektiven und individuellen Autonomie; dazu auch *T. B. Schmidt*, Günstigkeitsprinzip, S. 52 f. sowie *Schulze*, Günstigkeitsprinzip, S. 29.

189 Vgl. auch *Cziupka*, Dispositives Vertragsrecht, S. 52 zur (einfach) dienenden Funktion dispositiven Rechts.

190 Kempen/Zachert/TVG/*Schubert/Zachert*, § 4 Rn. 353 sehen ein Scharnier zwischen kollektiven und individuellen Interessen.

191 *Nebeling/Arntzen*, NZA 2011, 1215; *T. B. Schmidt*, Günstigkeitsprinzip, S. 52 f.; *Wiedemann*, FS Wißmann, 185, 197.

I. Schutz der Gestaltungsfreiheit der Arbeitsvertragsparteien

Das Günstigkeitsprinzip fungiert als Schutz der Gestaltungsfreiheit der Parteien des einzelnen Arbeitsvertrags.[192] Diesen bleibt im sachlichen und persönlichen Anwendungsbereich zwingend geltenden Rechts teilweise die Möglichkeit erhalten, eigene Vereinbarungen zu treffen.[193] Je nachdem, welche Ausprägung des Günstigkeitsprinzips infrage steht, wird dabei entweder vor der Übermacht staatlicher oder der Übermacht kollektiver Normsetzung geschützt.[194] Gleichzeitig schützt das Günstigkeitsprinzip auch die kollektive Normsetzung vor der staatlichen Rechtssetzungsmacht, soweit es im Verhältnis von Kollektivvereinbarungen und staatlichem Recht Anwendung findet. Insoweit entfaltet das Günstigkeitsprinzip für die Regelungskompetenz der Parteien von Kollektivvereinbarungen sowohl eine bewahrende als auch beschränkende Wirkung[195] und fungiert insgesamt als Mittel zum „Schutz vor dem Beschützer"[196] der als übermächtig und paternalistisch[197] auftretender Kollektivnormsetzer oder Arbeitsgesetzgeber in freiheitlich begründete Regelungen eingreift. Indem die Parteien Regelungen vereinbaren können, die ihnen für ihre Situation geeigneter erscheinen,[198] ist seine Funktion insoweit mit dem Subsidiaritätsprinzip vergleichbar, als es damit sachnähere (günstigere) Lösungen erlaubt.[199]

II. Sicherstellung der Verwirklichung des Arbeitnehmerschutzes

Das Günstigkeitsprinzip dient aber auch dem Arbeitnehmerschutz, indem es die Einhaltung des Mindeststandards sicherstellt und damit der strukturel-

---

[192] Zum Tarifrecht, *Belling*, Günstigkeitsprinzip, S. 21 u. S. 50; *Blomeyer*, NZA 1996, 337, 338; *Joost*, ZfA 1984, 173, 175; *Krauss*, Günstigkeitsprinzip und Autonomie, S. 67; *Mosing*, Günstigkeitsprinzip, S. 4; *Richardi*, Kollektivgewalt, S. 360; *Schorn*, Günstigkeitsprinzip neuer Art, S. 46; Kempen/Zachert/TVG/*Schubert/Zachert*, § 4 Rn. 346; *Wlotzke*, Günstigkeitsprinzip, S. 16 f.

[193] Zum Tarifrecht, *Wlotzke*, Günstigkeitsprinzip, S. 47.

[194] Vgl. *Belling*, Günstigkeitsprinzip, S. 41 und S. 51; *Wlotzke*, Günstigkeitsprinzip, S. 18.

[195] Vgl. *Belling*, Günstigkeitsprinzip, S. 41 u. S. 51.

[196] *Schorn*, Günstigkeitsprinzip neuer Art, S. 45; vgl. auch *Wlotzke*, Günstigkeitsprinzip, S. 18.

[197] Zum Paternalismus beim Schutz unterlegener Vertragspartner, *Lurger*, ZEuP 2018, 788, 803 ff.

[198] *Mosing*, Günstigkeitsprinzip, S. 7.

[199] *Blomeyer*, NZA 1996, 337, 338; insoweit zutreffend, *T. B. Schmidt*, Günstigkeitsprinzip, S. 70 ff. Dazu ausführlich, Teil 2 § 8 Abschnitt B. III. 4.

len Unterlegenheit des Arbeitnehmers entgegenwirkt.[200] Das Günstigkeitsprinzip ist daher unmittelbar mit dem arbeitnehmerschützenden Charakter des Arbeitsrechts verbunden, denn es „vervollständigt den Schutzzweck“,[201] da es verhindert, dass die normativ geltenden Arbeitsbedingungen durch andere Regelungen verschlechtert werden können.[202] Ohne die einseitig zwingende Wirkung wären die jeweiligen Standards dem strukturellen Ungleichgewicht der Arbeitsvertragsparteien preisgegeben und der sich aus der allgemeinen Konkurrenz um Arbeitskosten ergebende Negativwettbewerb könnte die Wirksamkeit dieser Standards in der Praxis gänzlich unterlaufen.[203]

Das kollektivrechtliche Günstigkeitsprinzip stellt dabei die Verwirklichung der durch die Kollektivvereinbarungen geschaffenen Standards sicher, während das gesetzliche Günstigkeitsprinzip den gesetzlichen Standard bewahrt. Letzterer schützt dabei nicht nur die individuellen Arbeitnehmer, sondern auch die Koalitionen auf Arbeitnehmerseite profitieren von der Geltung des Günstigkeitsprinzips. Diesen wird durch gesetzliche Mindeststandards eine Grundlage für die kollektivrechtliche Vereinbarung gegeben, die sie nicht erst im Rahmen von Verhandlungen erkämpfen müssen und von der aus das weitere Leistungsniveau bestimmt werden kann.[204] Das gesetzliche Günstigkeitsprinzip kann daher auch zur Stärkung der Arbeitnehmerkoalitionen eingesetzt werden,[205] steht dabei aber in einem Spannungsverhältnis zur Tarifautonomie und der sich daraus ergebenden Normsetzungskompetenz der Tarifvertragsparteien.[206]

---

200 Vgl. nur, Wiedemann/TVG/*Bayreuther*, § 4 Rn. 322; *Belling*, Günstigkeitsprinzip, S. 51; *Mosing*, Günstigkeitsprinzip, S. 3; *Schorn*, Günstigkeitsprinzip neuer Art, S. 46; i. E wohl auch Kempen/Zachert/TVG/*Schubert/Zachert*, § 4 Rn. 346 f., die aber die zwingende Wirkung getrennt betrachten; *Schulze*, Günstigkeitsprinzip, S. 27; *Wlotzke*, Günstigkeitsprinzip, S. 23.

201 So zur Unabdingbarkeit im NachwG, NK-GArbR/*Beckmann*, NachwG § 6 Rn. 1.

202 *Mosing*, Günstigkeitsprinzip, S. 3 betont die Schutzfunktion der übergeordneten Rechtsquelle.

203 *Cohn*, Rechtsnatur der Unabdingbarkeit, S. 1; vgl. auch die Darstellung bei *Ulber*, Tarifdispositives Gesetzesrecht, S. 56 ff.

204 Vgl. *Ulber*, Tarifdispositives Gesetzesrecht, S. 299 ff.

205 *Belling*, Günstigkeitsprinzip, S. 165; *Biedenkopf*, Grenzen, S. 149 f.

206 Ausführlich *Ulber*, Tarifdispositives Gesetzesrecht, S. 63 ff. Zum Mindestlohn *Lakies*/MiLoG, Einl. Rn. 18 ff.

B. Funktionen als Folge der Möglichkeit zur Flexibilisierung der Arbeitsbedingungen

Das Günstigkeitsprinzip ermöglicht ferner die Flexibilisierung der Arbeitsbedingungen zugunsten des Arbeitnehmers und verwirklicht damit den Leistungsgedanken innerhalb normativ geltender Ordnungen.[207] Die Möglichkeit der Abweichung zugunsten des Arbeitnehmers schafft die Voraussetzung dafür, die besondere Leistung oder Bedeutung einzelner Mitarbeiter bei der Vertragsgestaltung zu berücksichtigen.[208] Die normative Ordnung würde dieser leistungsgerechten Vertragsgestaltung entgegenstehen, wenn der Grundsatz der Günstigkeit die Regelungen nicht öffnete.[209] Insoweit bietet das Günstigkeitsprinzip auch ein Instrument der Arbeitsmarktpolitik, das eine marktkonforme Allokation der Arbeitskraft ermöglicht – das mithin ein Mittel zum Funktionsschutz des Arbeitsmarktes ist[210] – und gleichzeitig sozialen Schutz gewährt.[211] Alternativ könnte dies nur durch die Möglichkeit zur Abweichung von normativen Vorschriften zuungunsten leistungsschwacher Arbeitnehmer ermöglicht werden, was jedoch keinen Anreiz zur Erbringung überdurchschnittlicher Leistungen beinhalten und keinen Schutz des Arbeitnehmers gegen die Übermacht des Arbeitgebers vermitteln würde.

§ 4 Grenzen des Günstigkeitsprinzips

Aus den beschriebenen Funktionen des Günstigkeitsprinzips ergeben sich rechtliche und tatsächliche Beschränkungen für seine Anwendung. Vor allem handelt es sich dabei um Konstellationen, in denen das Günstigkeitsprinzip seine spezielle Funktion der Abgrenzung der Kompetenz eines Normsetzers

---

207 *Courth*, Günstigkeitsprinzip, S. 3f., neben der Vertragsfreiheit; *Hueck/Nipperdey*, Arbeitsrecht, II/1 S. 572; *Joost*, ZfA 1984, 173, 175; *Krauss*, Günstigkeitsprinzip und Autonomie, S. 68f.; *Mosing*, Günstigkeitsprinzip, S. 6; *Schulze*, Günstigkeitsprinzip, S. 26; *Wlotzke*, Günstigkeitsprinzip, S. 17 u. S. 46f. Zum AOG, *Büker*, Ausnahmen der Unabdingbarkeit, S. 18f.; *Probst*, Günstigkeitsprinzip, S. 12f.

208 *Mosing*, Günstigkeitsprinzip, S. 6f. sieht auch ein Instrument zur Beteiligung (am Unternehmenserfolg) und zur Versorgung der Arbeitnehmer; ähnlich bereits *Probst*, Günstigkeitsprinzip, S. 12f.

209 Zum Kartellverbot des Arbeitsmarkts, *Löwisch/Rieble*, TVG § 4 Rn. 537; *Schorn*, Günstigkeitsprinzip neuer Art, S. 47. Für das gesetzliche Günstigkeitsprinzip ist dieser Gedanke nur als grundrechtlicher Schutz übertragbar, während geeignete Ziele weitere Wettbewerbsbeschränkungen rechtfertigen können.

210 Wohl auch MüHdB-ArbR/*Klumpp*, § 253 Rn. 4; *Löwisch/Rieble*, TVG § 4 Rn. 536f. Zu diesem Aspekt dispositiven Rechts, *Möslein*, Dispositives Recht, S. 172ff.; zu möglichen negativen Effekten, *Schulze*, Günstigkeitsprinzip, S. 52 sowie *Wlotzke*, Günstigkeitsprinzip, S. 109.

211 *Mosing*, Günstigkeitsprinzip, S. 7.

zu den Freiheiten eines Normunterworfenen nicht erfüllen kann und in denen seine Anwendung sogar dem Arbeitnehmerschutz entgegenstehen könnte. Ferner ergeben sich Begrenzungen, wenn seiner Anwendung andere Vorgaben entgegenstehen.

A. Begrenzung durch die Funktion

I. Aufeinandertreffen ranggleicher Regelungen desselben Normsetzers

Eine der Konstellation, in denen das Günstigkeitsprinzip seine kompetenzabgrenzende Funktion nicht erfüllen kann, ist das Aufeinandertreffen von ranggleichen Regelungen desselben Regelungssetzers für eine identische Regelungsmaterie.[212] Ein Normsetzer kann seine eigenen Regelungen aber grundsätzlich durch neue Regelungen ersetzen, sodass keine Notwendigkeit zum Schutz der verbleibenden Regelungskompetenz besteht und der arbeitsrechtliche Standard selbst braucht ebenfalls nicht vor einer Neufestsetzung durch den Normgeber geschützt werden. Eine Anwendung des Günstigkeitsprinzips auf diese Änderungen würde vielmehr dazu führen, dass Abweichungen von einem einmal geschaffenen Niveau des Arbeitnehmerschutzes zuungunsten des Arbeitnehmers nicht mehr möglich wären.[213] Das Arbeitsrecht könnte nicht mehr an andere gesellschaftliche Bedürfnisse oder neue arbeitsmedizinische Erkenntnisse angepasst werden und infolge der drohenden Versteinerung könnte das Prinzip sogar Verbesserungen des Arbeitnehmerschutzes entgegenstehen. Seine Anwendung in dieser Beziehung wäre daher dysfunktional.

Sofern Regelungen desselben Normsetzers für identische Regelungsmaterien aufeinandertreffen, richtet sich deren Wirksamkeit daher nicht nach dem Günstigkeitsprinzip, sondern nach dem Grundsatz lex posterior derogat legi priori und dem Spezialitätsprinzip.[214] Bei arbeitsvertraglichen Vereinbarungen ist es hingegen die Privatautonomie, die den Parteien grundsätzlich die Abwandlung ihres Vertragsinhalts zuungunsten des Arbeitnehmers ermöglicht. Das Günstigkeitsprinzip entfaltet seine Wirkung hingegen bei der Abgrenzung der Regelungssphären verschiedener Norm- und Regelungssetzer. Es kann daher auch nicht als Auslegungsregel fungieren, die Widersprüche in Rege-

---

212 In dem Sinn aber allein auf Basis der Regelungsebene, *Belling*, Günstigkeitsprinzip, S. 26; *Diekhoff*, AuR 1957, 297, 298; *Firnhaber*, Günstigkeitsprinzip, S. 25 ff.; *Mosing*, Günstigkeitsprinzip, S. 19; *T. B. Schmidt*, Günstigkeitsprinzip, S. 95 f.; *Wlotzke*, Günstigkeitsprinzip, S. 11 f.

213 *Mosing*, Günstigkeitsprinzip, S. 19.

214 *Jacobs*, NZA 2008, 325, 326; *Kamanabrou*/ArbR, Rn. 482 ff.; *Mosing*, Günstigkeitsprinzip, S. 19; *Yurtsev*, Günstigkeitsprinzip, S. 45. Zu den Kollisionsregeln für normatives Recht allgemein, *Seiwerth*, Gestaltungsfreiheit in Tarifverträgen, S. 76.

lungswerken zugunsten des Arbeitnehmers auflöst,[215] sondern dafür ist der Zweck der Regel und der Wille der beteiligten Parteien zu hinterfragen. Dem Normsetzer steht es aber frei, die Normkollisionen zwischen seinen Regelungen durch das Günstigkeitsprinzip aufzulösen, jedoch bedarf es dafür einer ausdrücklichen Anordnung.[216]

II. Aufeinandertreffen ranggleicher Regelungen unterschiedlicher Normsetzer

Davon zu unterscheiden sind die Konstellationen, in denen Regelungen von unterschiedlichen Normsetzern auf der gleichen Regelungsebene aufeinandertreffen, die insbesondere im Tarifvertragsrecht in Form von Tarifkollisionen[217] auftreten können.[218] Hierfür bestehen allerdings besondere Lösungsmodelle, die einer Anwendung des Günstigkeitsprinzips entgegenstehen. Bei der sog. Tarifpluralität sind es die Vorgaben zur Tarifbindung, die das Entstehen von Normenkollisionen im einzelnen Arbeitsverhältnis weitgehend verhindern[219] und mit der Tarifeinheit gem. § 4a TVG steht ein spezielles Regelungskonzept zur Auflösung der betrieblichen Tarifpluralität zur Verfügung.[220] Das Günstigkeitsprinzip ist nicht anzuwenden.[221] Für die sog. Tarifkonkurrenz, bei der es zu Normenkollisionen im einzelnen Arbeitsverhältnis kommt, ziehen das BAG sowie die Literatur das Spezialitätsprinzip zur Auflösung des Normkonflikts heran,[222] sodass für die Anwendung des Günstigkeitsprinzips ebenfalls kein Raum verbleibt.

Anders als bei ranggleichen Regelungen des identischen Normsetzers wäre mit der Anwendung des Günstigkeitsprinzips aber keine dauerhafte Versteine-

---

215 *Schneider*, Entgeltfortzahlung, S. 372; so aber *Wiedemann*, FS Wißmann, 185, 201.

216 Vgl. *Schneider*, Entgeltfortzahlung, S. 372.

217 Tarifpluralität und Tarifkonkurrenz werden unter dieser Bezeichnung zusammengefasst, vgl. *Jacobs*, Tarifeinheit, S. 95 ff.; *B. Müller*, NZA 1989, 449 f.; *Rieger*, Tarifeinheitsgesetz, S. 33 ff.

218 Vgl. *Schulze*, Günstigkeitsprinzip, S. 146 ff.

219 Jedenfalls für Inhaltsnormen, zur Beziehung *Jacobs*, Tarifeinheit, S. 205 ff.; *B. Müller*, NZA 1989, 449 f.; *Rieger*, Tarifeinheitsgesetz, S. 114.

220 Zur Kritik an § 4a TVG *Bialluch*, Tarifeinheitsgesetz, S. 13 f.; *Rieger*, Tarifeinheitsgesetz, S. 51 ff. [m. w. N.]. Zur Anwendung in der Praxis, *Gooren*, NZA 2022, 444.

221 Zum historischen Umgang damit, *Rieger*, Tarifeinheitsgesetz, S. 36 ff. [m. w. N.].

222 St. Rspr., BAG v. 19.11.2014 – 4 AZR 761/12, BAGE 150, 97 Rn. 33; BAG v. 24.01.2001 – 4 AZR 655/99, NZA 2001, 788; BAG v. 20.03.1991 – 4 AZR 455/90, BAGE 67, 330 (2. Ls.); aus der Literatur, *Diekhoff*, AuR 1957, 297, 298; BeckOK-ArbR/*Giesen*, TVG § 4 Rn. 15; *Löwisch/Rieble*, TVG § 4a Rn. 339; *B. Müller*, NZA 1989, 449, 450 ff.; *T. B. Schmidt*, Günstigkeitsprinzip, S. 95.

rung des Rechtszustandes verbunden und die Möglichkeiten, den Standard in der Praxis abzusenken, würden sich nicht von der Situation bei Anwendung des Günstigkeitsprinzips auf Rechtsquellen unterschiedlichen Rangs unterscheiden.[223] Insoweit zeigt auch Art. 8 Abs. 1 S. 2 Rom I-VO[224] und die Behandlung von Individualarbeitsverträgen im internationalen Privatrecht, nach der bei internationalen Sachverhalten ebenfalls ein Günstigkeitsvergleich vorzunehmen ist, um über die anwendbare Rechtsordnung zu entscheiden,[225] dass zwischen ranggleichen Rechtsquellen unterschiedlicher Herkunft ein Günstigkeitsvergleich vorgenommen werden kann.[226] Problematisch ist in diesen Fällen jedoch die Auswahl des Vergleichsgegenstandes, denn die Aufspaltung tarifvertraglicher Regelungen ist aufgrund der denkbaren unterschiedlichen Schwerpunktsetzungen ebenso problematisch[227] wie der Gesamtvergleich, der zwar insoweit interessengerechte Ergebnisse hervorbringen kann, in der Praxis aber kaum durchführbar ist.[228] Eine funktionale Grenze des Günstigkeitsprinzips stellt diese Konstellation aber nicht dar.[229] Kollisionen ranggleicher Regelungen unterschiedlicher Gesetzgeber sind innerhalb der nationalen Rechtsordnung jedoch nicht denkbar, weshalb keine vertiefte Betrachtung der Anwendung des gesetzlichen Günstigkeitsprinzips auf diese Konstellationen vorgenommen wird.

---

223 Der Einsatz des Spezialitätsprinzips wird auch kritisch gesehen, *Jacobs*, NZA 2008, 325, 326 mit Verweis auf die Natur als Kollisionsnorm für Regelungen desselben Normsetzers; wohl auch *Nebeling/Arntzen*, NZA 2011, 1215, 1216 f. Ebenso ErfK/*Franzen*, TVG § 4a Rn. 33 sowie *Löwisch/Rieble*, TVG § 4a Rn. 358, bei unterschiedlicher mitgliedschaftlicher Legitimation.

224 Verordnung (EG) Nr. 593/2008 des Europäischen Parlaments und des Rates vom 17. Juni 2008 über das auf vertragliche Schuldverhältnisse anzuwendende Recht, ABl. 2009, L 309, S. 87.

225 Dazu jeweils m. w. N. BeckOGK/*Knöfel*, Rom I-VO Art. 8 Rn. 42; EuArbRK/*Krebber*, VO (EG) 593/2008 Art. 8 Rn. 21; MüKo-BGB/*Mariny*, Rom I-VO Art. 8 Rn. 44 ff.; MüHdB-ArbR/*Oetker*, § 13 Rn. 30 ff.; BeckOK-BGB/*Spickhoff*, Rom I-VO Art. 8 Rn. 19 f.

226 Vgl. *Mosing*, Günstigkeitsprinzip, S. 19 Fn. 112.

227 *Jacobs*, Tarifeinheit, S. 242 ff.; dazu auch *Kronenberg*, Ausnahmen der Unabdingbarkeit, S. 26 f.; a. A. *Firnhaber*, Günstigkeitsprinzip, S. 28.

228 Im IPR wird ein Sachgruppenvergleich durchgeführt, obwohl die Rechtsordnungen verschiedener Staaten eine Gesamtabwägung mit unterschiedlichen Schwerpunkten sind. Zum Vergleich nach Art. 8 Abs. 1 S. 2 Rom I-VO, BAG v. 10. 04. 2014 – 2 AZR 741/13, NJOZ 2016, 535 Rn. 46; MüHdB-ArbR/*Oetker*, § 13 Rn. 31; *Schlachter*, NZA 2000, 57, 60 f., sieht darin die am wenigsten schlechte Lösung und weist auf die Probleme des Vergleichs ganzer Rechtsordnungen hin (zu Art. 30 Abs. I EGBGB a. F.); BeckOK-BGB/*Spickhoff*, Rom I-VO Art. 8 Rn. 20. Zu den Problemen des Gesamtvergleichs, Teil 3 § 11 Abschnitt A. I.

229 Grundsätzlich *Jacobs*, Tarifeinheit, S. 242; *Kronenberg*, Ausnahmen der Unabdingbarkeit, S. 25 ff.; a. A. *Mosing*, Günstigkeitsprinzip, S. 19. wohl auch *Wlotzke*, Günstigkeitsprinzip, S. 1 f.

B. Begrenzung durch den Schutzzweck

Die Verbindung zum Schutzzweck einer normativen Regelung deutet ferner auf eine weitere Grenze der Anwendung des Günstigkeitsprinzips. Infolge seiner dienenden Funktion kann seine Anwendung nur so weit reichen, wie ein solcher Zweck dem materiellen Recht innewohnt, womit seine Grenzen durch den Regelungswillen des Normgebers bei der Bestimmung des materiellen Zwecks einer Regelung bestimmt werden. Damit ist nicht gemeint, dass der Normsetzer unmittelbar über die Günstigkeit entscheidet,[230] und gleichzeitig ist seine Anwendung nicht aus sich selbst heraus zu rechtfertigen, sondern die Rechtfertigung findet sich im Zweck der materiellen Regelung.[231] Die Grenzen des Günstigkeitsprinzips werden daher auch durch die Zwecke determiniert, denen seine Anwendung im Licht der strukturellen Unterlegenheit dient, während abseits davon andere Regelungskonzepte die Regelungsmacht der Arbeitsvertragsparteien bestimmen.[232] Dies kann in Form von beidseitig zwingenden Regelungen der Fall sein, wenn andernfalls öffentliche Interessen gefährdet würden, wozu es beispielsweise im Arbeitsschutzrecht und beim Schutz der Interessen der Rechtspflege[233] kommen kann. Ferner kann der Schutz von Rechten Dritter der Anwendung des Günstigkeitsprinzips entgegenstehen,[234] beispielsweise wenn Ausweitungen des Insolvenzschutzes sonst die Rechte des Pensions-Sicherungs-Vereins gefährden würden[235].

C. Keine Begrenzung durch die Bewertungsmöglichkeit

Eine tatsächliche Grenze seiner Anwendung soll das Günstigkeitsprinzip ferner erreichen, wenn die Günstigkeit einer Regelung nicht durch ein rechtliches Werturteil bestimmt werden kann.[236] Zutreffend daran ist jedenfalls, dass abseits einer solchen Bewertung die Günstigkeit einer Regelung nicht zu er-

---

230 So zutreffend für das Tarifrecht *Neumann*, NZA 1990, 961, 962.

231 Vgl. *Bechtold*, Zwingendes Vertragsrecht, S. 14 f., zu möglichen Zwecken zwingenden Rechts.

232 *Belling*, Günstigkeitsprinzip, S. 75 f.; *Blomeyer*, NZA 1996, 337, 339.

233 Zur Anrufung des Arbeitsgerichts nach § 17 TzBfG, ErfK/*Müller-Glöge*, TzBfG § 22 Rn. 1.

234 *Blomeyer*, NZA 1996, 337, 339; *T. B. Schmidt*, Günstigkeitsprinzip, S. 118, für kollektive Interessen; vgl. auch ErfK/*Steinmeyer*, BetrAVG § 19 Rn. 4. Vgl. auch *Kähler*, Abdingbares Recht, S. 272 ff.

235 Vgl. EuGH v. 19.12.2019 – C-168/18 [Pensions-Sicherungs-Verein], AP R 2008/94/EG Nr. 4 sowie BAG v. 23.01.2018 – 3 AZR 359/16, BAGE 161, 319 Rn. 20; BeckOK-ArbR/*Clemens*, BetrAVG § 19 Rn. 4; BRO-BetrAVG/*Rolfs*, BetrAVG § 7 Rn. 4; ErfK/*Steinmeyer*, BetrAVG § 19 Rn. 6.

236 Zum Tarifrecht *Blomeyer*, NZA 1996, 337, 345 f.; *Wlotzke*, Günstigkeitsprinzip, S. 102 f. Zur TVVO, *Kronenberg*, Ausnahmen der Unabdingbarkeit, S. 37.

mitteln ist, sodass auch über die Wirksamkeit nicht auf Basis der Günstigkeit entschieden werden kann. Ob das auch bedeutet, dass das Günstigkeitsprinzip damit kein Entscheidungskriterium über die Wirksamkeit der Regelung beinhaltet, wird im Folgenden untersucht.[237] Auf Basis der bisherigen Erkenntnisse ist aber jedenfalls die dienende Funktion des Prinzips für den Arbeitnehmerschutz zu berücksichtigen und sicherzustellen, dass der vorgegebene Standard eingehalten wird. Es deutet sich daher bereits an, dass auch in Ermangelung einer Bewertungsmöglichkeit dem Günstigkeitsprinzip grundsätzlich eine Lösung entnommen werden kann und dass insoweit das Günstigkeitsprinzip nicht durch die Bewertungsmöglichkeiten begrenzt wird.

D. Keine Begrenzung durch die Vereinbarungen

Durch eine Vereinbarung der ihm unterworfenen Parteien wird das Günstigkeitsprinzip nicht begrenzt und seine Anwendung kann nicht durch die ihm unterworfenen Parteien ausgeschlossen oder die Kriterien seiner Anwendung verändert werden.[238] So kann die Anwendung auf Tarifverträge oder Betriebsvereinbarungen durch diese nicht selbst ausgeschlossen werden, denn es stünde dem Ziel des Gesetzgebers entgegen, kollektive Vereinbarungen nicht als Höchstarbeitsbedingungen gelten zu lassen.[239] Dieses Ziel wird nur erreicht, wenn das Günstigkeitsprinzip selbst der Regelungskompetenz der kollektiven Normsetzer entzogen ist.[240] Dementsprechend können diese ihren Vereinbarungen keinen absolut zwingenden Charakter geben oder durch negative Inhaltsnormen Abweichungen zugunsten des Arbeitnehmers verhindern.[241] Solange die günstigere Regelung Arbeitsvertragsinhalt ist, beansprucht die einseitig zwingende normative Regelung daher für das jeweilige Arbeitsverhältnis keine Wirkung und ob deren Wirkung auf das Arbeitsverhältnis erstreckt werden kann, ist auch keine Frage der Abbedingung des Günstigkeitsprinzips, sondern der Zulässigkeit der Änderung des Vertragsinhalts.[242] Insoweit zutreffend

237 Ausführlich Teil 4 § 14.

238 Schaub/ArbR-HdB/*Trebber*, § 207 Rn. 25.

239 Wiedemann/TVG/*Bayreuther*, § 4 Rn. 328 f.; Däubler/TVG/*Deinert/Wenckebach*, § 4 Rn. 624; *Firnhaber*, Günstigkeitsprinzip, S. 23 f.; MüAnwHdB-ArbR/*Hamacher/van Laak*, § 70 Rn. 44 f.; MüHdB-ArbR/*Klumpp*, § 253 Rn. 18 ff.

240 Däubler/TVG/*Deinert/Wenckebach*, § 4 Rn. 624; *Löwisch/Rieble*, TVG § 4 Rn. 615; *Wlotzke*, Günstigkeitsprinzip, S. 27. Im Ergebnis auch *Blomeyer*, NZA 1996, 337, 344.

241 *Joost*, ZfA 1984, 173, 185 f.; differenzierend für negative Inhaltsnormen *Schulze*, Günstigkeitsprinzip, S. 25 u. S. 66 f.; *Wlotzke*, Günstigkeitsprinzip, S. 27.

242 Wiedemann/TVG/*Bayreuther*, § 4 Rn. 334 f.; im Ergebnis auch *Eisemann*, RdA 2020, 193, 195 ff.; *Hromadka*, NZA 2021, 749, 752; *Löwisch/Rieble*, TVG § 4 Rn. 609 ff., sehen aber eine Umgehung.

kommt es auch nach der Rechtsprechung zur Ablösung einer betriebsvereinbarungsoffenen Einheitsregelung nicht auf die Günstigkeit an, sondern es ist entscheidend, ob der Arbeitsvertrag durch die Betriebsvereinbarung geändert werden kann.[243]

Ebenso steht die einseitige Unabdingbarkeit des gesetzlichen Günstigkeitsprinzips nicht zur Disposition der ihm unterworfenen Parteien.[244] Eine solche Möglichkeit stünde im Gegensatz zum Zweck des Mindeststandards, der nicht unterschritten werden darf. Sofern die Vertragsparteien aber nicht gewillt sind, den maßgeblichen Mindeststandard zu überschreiten, brauchen sie keine weitergehende Vereinbarung zu treffen. Darüber hinaus steht es ihnen frei, ihre Regelungen für Änderungen zum Nachteil des Arbeitnehmers durch normative Regelungen zu öffnen und dadurch auf Anpassungen des Mindeststandards zu reagieren. Auch in dem Fall wird die Möglichkeit zur Abweichung nicht durch das Günstigkeitsprinzip bestimmt, sondern durch die Möglichkeiten zur Vertragsänderung, deren Grenzen mit Erwägungen des individuellen und nicht des kollektiven Arbeitsrechts zu bestimmen sind.[245]

E. Weitere Grenzen arbeitsvertraglicher Vereinbarungen

Das Günstigkeitsprinzip ist ferner nicht die einzige Grenze der Wirksamkeit arbeitsvertraglicher Regelungen. So können insbesondere andere Verbote eine Unwirksamkeit der Bestimmungen des Arbeitsvertrags nach § 134 BGB bewirken und gleiches gilt gem. § 306 BGB für die Vorgaben der AGB-Kontrolle. Ferner kann der arbeitsrechtliche Gleichbehandlungsgrundsatz dazu führen, dass die Ausgestaltung eines Anspruchs auch abseits der Bewertung anhand materieller normativer Vorgaben zur Unwirksamkeit einer vertraglichen Vereinbarung führt.[246]

---

243 Wiedemann/TVG/*Bayreuther*, § 4 Rn. 388; *Canaris*, RdA 1974, 18, 25; kritisch auch vertragsrechtlicher Sicht, *Löwisch/Rieble*, TVG § 1 Rn. 1841; *Eisemann*, RdA 2020, 193, 199ff.; *Zöllner*, RdA 1969, 250, 254; a.A. *Blomeyer*, NZA 1996, 337, 344; ebenso *Emmert*, Betriebsvereinbarungen, S. 257ff. u. S. 264.

244 Vgl. *Eisemann*, RdA 2020, 193, 195ff.; a.A. zum Tarifvertrag *Löwisch/Rieble*, TVG § 4 Rn. 609ff.

245 In dem Sinn und ausführlich, *Eisemann*, RdA 2020, 193ff.; *P. Hanau*, RdA 2024, 139, 146ff.; kritisch und stattdessen das Ordnungsprinzip betonend, *Koneberg*, Betriebsvereinbarungsoffenheit, S. 123ff.

246 Zur Übertragung günstigerer Regelungen im Rahmen der Gleichbehandlung, *Wlotzke*, Günstigkeitsprinzip, S. 50. Für Österreich *Mosing*, Günstigkeitsprinzip, S. 382f.

§ 5 Zusammenfassung

Das Günstigkeitsprinzip führt im Rahmen arbeitsvertraglicher Rechtsbeziehungen dazu, dass im Fall des Aufeinandertreffens von Normen und Regelungen verschiedenen Ursprungs mit identischem Regelungsgehalt die Bestimmung zur Anwendung gelangt, die für den Arbeitnehmer günstiger ist. Im Verhältnis zwischen Gesetzesrecht und arbeitsvertraglichen Regelungen führt die Günstigkeit der vertraglichen Regelung zur Verdrängung des Gesetzesrechts, während die Günstigkeit der gesetzlichen Regelung zur Nichtigkeit der Vereinbarung führt. Ausgehend von dieser Wirkung ist das Günstigkeitsprinzip als Innenschranke des materiellen Rechts zu verstehen, die wie eine Regelung des Anwendungsbereichs darüber entscheidet, inwieweit dieses auf das Rechtsverhältnis anzuwenden ist.

Die historische Entwicklung des Günstigkeitsprinzips und seine beständig durch Auslegung des materiellen Rechts begründete Geltung bestätigen dieses Verständnis. Seine Entwicklung erfolgte aus dem zwingend geltenden Recht heraus und steht in engem Zusammenhang mit der Entwicklung des Schutzgedankens. Ebenso wie dieser kann es nicht ohne die Annahme der strukturellen Unterlegenheit in der Arbeitsvertragsbeziehung und deren Auswirkung auf die Vereinbarung von Arbeitsbedingungen verstanden werden. Damit seine Wirkung diesem Zweck entspricht, muss es daher gemeinsam mit der zugrunde liegenden Unabdingbarkeit der Regelungen des Arbeitsvertragsrechts betrachtet werden.

Maßgeblich für das Verständnis ist mithin die doppelt dienende Funktion, die das Günstigkeitsprinzip für den Schutz der Angemessenheit der Arbeitsbedingungen und die Gestaltungsfreiheit der Arbeitsvertragsparteien hat. Ohne die Beschränkung der Arbeitsvertragsparteien auf günstigere Regelungen würde der normative Schutz der strukturellen Unterlegenheit preisgegeben und seine Wirksamkeit wäre gefährdet. Gleichzeitig stellt die Regelungsbefugnis für günstigere Regelungen sicher, dass im Sinn der Arbeitsvertragsfreiheit, des Leistungs- und des Subsidiaritätsgedankens ein hinreichender Gestaltungsspielraum verbleibt. Dadurch werden auch die Grenzen der Anwendung des Prinzips vorgezeichnet, das seine kompetenzabgrenzende Funktion erfüllt, wenn Regelungen unterschiedlicher Regelungssetzer miteinander zu vergleichen sind. Nicht möglich ist daher auch die Abbedingung des Günstigkeitsprinzips in Arbeitsverträgen und Kollektivvereinbarungen, weil dies die Kompetenzverteilung verändern würde, die das Günstigkeitsprinzip herbeiführen soll.

Teil 2

Geltungsgrund des Günstigkeitsprinzips

Im Anwendungsbereich der Kodifikationen des Günstigkeitsprinzips ist dessen Geltung unumstritten und für das Tarif- und das Betriebsverfassungsrecht wurde die rechtliche Begründung der Geltung dieses Regelungsprinzips umfassend betrachtet,[1] während die Anzahl der Darstellungen im Gesetzesrecht nur begrenzt ist[2]. Dabei wurden jedoch verschiedene Ableitungen für das Günstigkeitsprinzip entwickelt und insbesondere besteht keine einheitliche Auffassung zur höherrangigen Begründung[3] des tarifrechtlichen Günstigkeitsprinzips.[4] Gleiches gilt für die Geltung des Günstigkeitsprinzips im Betriebsverfassungsrecht, die auch nach dem Rechtssprechungswandel des BAG nicht unumstritten ist.[5]

§ 6 Auffassung der Rechtsprechung

In der Entscheidung des Großen Senats zur Anwendung des Günstigkeitsprinzips im Betriebsverfassungsrecht verweist das Gericht auf ein allgemeines Prinzip der Günstigkeit, das in der Literatur weitgehend anerkannt sei, jedoch unterschiedlich hergeleitet werde.[6] Das BAG verweist jedoch lediglich auf diese Argumentationen, macht sie sich aber nicht zu eigen.[7] Benannt werden aber Ableitungen aus dem Sozialstaatsprinzip des Art. 20 Abs. 1 Var. 2 GG[8]

---

[1] Dazu die Nachweise in der Einleitung, Fn. 12 u. Fn. 13.

[2] Dazu die Nachweise in der Einleitung, Fn. 24.

[3] Gemeint sind Vorgaben für die Ausgestaltung der Regelungen, ohne dass diese aufeinander aufbauen müssen, vgl. *Mosing*, Günstigkeitsprinzip, S. 22 u. S. 25; im Ergebnis *Molitor*, NZfA 1924, Sp. 321, 331 f.; *Wlotzke*, Günstigkeitsprinzip, S. 1. Eine (tarif-)vertragliche Regelung ist daher unabhängig von der Begründung der Regelungskompetenz nachrangig zum Gesetzesrecht. Ein Bild der Rechtsordnung als Stufen kann nur einzelne Aspekte der Beziehung der Regelungen schematisch erfassen, vgl. zur österreichischen Rechtsordnung *Mosing*, Günstigkeitsprinzip, S. 21 f. u. S. 30.

[4] Dazu sogleich in § 7.

[5] Vgl. Teil 1 § 2 Abschnitt D. III.

[6] BAG v. 16.09.1986 – GS 1/82, BAGE 53, 42 [unter C. II. 3. a)].

[7] Vgl. BAG v. 16.09.1986 – GS 1/82, BAGE 53, 42 [unter C. II. 3. a)].

[8] Unter Verweis auf *G. Müller*, DB 1967, 903, 905; *Ramm*, JZ 1966, 214, 218.

sowie aus der Privatautonomie[9], nach denen das Günstigkeitsprinzip eine Folge der Berücksichtigung dieser Grundsätze im einfach-gesetzlichen Arbeitsrecht darstellt. Diese Anknüpfungspunkte werden durch einen Verweis auf eine frühere Entscheidung des BAG[10] ergänzt, in denen das Gericht das Günstigkeitsprinzip als verfassungsrechtlichen Grundsatz dargestellt[11] und auf Arbeiten von Hueck/Nipperdey[12] verwiesen hat. Die weitestgehende Zustimmung erfährt aber die Herleitung des Günstigkeitsprinzips aus dem arbeitsrechtlichen Schutzprinzip,[13] nach der dieses Schutzprinzip keinen Grund dafür bietet, sachnäheren und besser schützenden Regelungen die Wirksamkeit zu versagen.[14] Eine eindeutige normative Grundlage für den Grundsatz der Günstigkeit wird durch das BAG in der Entscheidung jedoch nicht benannt.[15]

In der bereits erwähnten früheren Entscheidung hatte sich das Gericht mit der Zulässigkeit von Höchstarbeitsbedingungen im öffentlichen Dienst beschäftigt.[16] Diese hatte es auch abseits der unmittelbaren Geltung einzelner Vorschriften des TVG für unzulässig erklärt und ist dabei auch auf die Rechtsnatur des Günstigkeitsprinzips eingegangen. Dieses sei ein verfassungsmäßig anerkannter Grundsatz des kollektiven Arbeitsrechts, dessen normative Grundlage das Gericht in Art. 9 Abs. 3 i. V. m. Art. 18 und Art. 21 GG verortete.[17] Eine ausführliche Herleitung erfährt der Grundsatz in dieser Entscheidung jedoch ebenfalls nicht, sondern es wird auf die Herleitung von Hueck/Nipperdey[18] verwiesen.

Zur Begründung der einseitig zwingenden Wirkung arbeitsrechtlicher Normen greift das BAG teilweise auch allein auf die Auslegung des einfachen Rechts zurück. So wurde die einseitig zwingende Wirkung der Normen des FZG gänzlich ohne Verweis auf allgemeine oder höherrangige Prinzipien und

---

9 Unter Verweis auf *Martens*, RdA 1983, 217, 222; *Säcker*, Gruppenautonomie, S. 293 f.

10 BAG v. 15. 12. 1960 – 5 AZR 374/58, BAGE 10, 247, 256.

11 BAG v. 15. 12. 1960 – 5 AZR 374/58, BAGE 10, 247, 256 [unter II. 2. a)]. Offen gelassen in BAG v. 25. 04. 1979 – 4 AZR 791/77, AP BGB § 611 Dienstordnungs-Angestellte Nr. 49.

12 *Hueck/Nipperdey*, Arbeitsrecht, II, 6. Auflage 1957, S. 166; aus der letzten Auflage *Hueck/Nipperdey*, Arbeitsrecht, II/1 S. 232 f.

13 So auch die Einschätzung von *Blomeyer*, NZA 1996, 337, 338.

14 Unter Verweis auf *Wiedemann*, Austauschverhältnis, S. 22 f.

15 So auch die Einschätzung von *Belling*, DB 1987, 1888, 1889; *Däubler*, AuR 1987, 349, 352.

16 BAG v. 15. 12. 1960 – 5 AZR 374/58, BAGE 10, 247.

17 BAG v. 15. 12. 1960 – 5 AZR 374/58, BAGE 10, 247, 256 [unter II. 2. a)].

18 *Hueck/Nipperdey*, Arbeitsrecht, II, 6. Auflage 1957, S. 166; so auch in der letzten Auflage, *Hueck/Nipperdey*, Arbeitsrecht, II/1 S. 232 f.

allein unter Rückgriff auf den Sinn und Zweck der Regelung begründet.[19] Auf einen allgemeinen Grundsatz der Günstigkeit hat das Gericht in dieser Entscheidung nicht zurückgegriffen und das Günstigkeitsprinzip wird in diesen Entscheidungen nicht erwähnt. Gleiches gilt für die Annahme der einseitig zwingenden Wirkung des § 1 BeschFG 1985,[20] jedoch hat es in diesem Zusammenhang von einem normativen Günstigkeitsvergleich gesprochen[21]. Ferner wurde auch die einseitig zwingende Wirkung der Normen des BetrVG teilweise nur unter Rückgriff auf deren Schutzzweck begründet.[22] Im Zusammenhang mit dem Kündigungsrecht deutete das BAG hingegen eine Ableitung aus der Privatautonomie an.[23]

Weitere Entscheidungen zur Herleitung des Günstigkeitsprinzips sind nicht ersichtlich und bei Gesamtbetrachtung der vorhandenen Entscheidungen muss offenbleiben, welche rechtliche Grundlage die Anwendung des Günstigkeitsprinzips aus der Sicht des BAG insgesamt begründet. Dem Prinzip kommt bei der Herleitung des einseitig zwingenden Charakters einzelner Regelungskomplexe unterschiedliche Bedeutung zu und insbesondere das kollektive Günstigkeitsprinzip scheint ein verfassungsrechtlicher Grundsatz zu sein oder darauf zu beruhen.[24] In diesem Rahmen scheint das Prinzip dem Gesetzesrecht übergeordnet zu sein und dessen Anwendung zu prägen, soweit es mit dem Zweck der gesetzlichen Regelung vereinbar ist.[25] Gleichzeitig kann das Günstigkeitsprinzip nach der Rechtsprechung des BAG allein auf Basis des Zwecks einer Regelung zur Anwendung gelangen. Demnach wirken Regelungen zum Arbeitnehmerschutz aufgrund ihres Zwecks grundsätzlich einseitig zwingend, was einer Auffassung entspricht, die bereits durch das Reichs-[26] und das Reichsarbeitsgericht[27] vertreten wurde. Beide Thesen schließen sich aber nicht gegenseitig aus, wodurch die Frage aufgeworfen wird, inwieweit das gesetzliche Günstigkeitsprinzip (auch) auf der Anwendung höherrangigen Rechts beruht.

---

[19] BAG v. 23.02.1961 – 5 AZR 110/60, AP BGB § 611 Akkordkolonne Nr. 2 [unter 2. b)]; BAG v. 23.09.1960 – 1 AZR 508/59, BAGE 10, 29 [unter I. 1)].

[20] BAG v. 24.02.1988 – 7 AZR 454/87, AP BeschFG 1985 § 1 Nr. 3 [unter I. 2.]; BAG v. 25.09.1987 – 7 AZR 315/86, BAGE 56, 155 [unter C. II. 3.].

[21] BAG v. 25.09.1987 – 7 AZR 315/86, BAGE 56, 155 [unter C. II. 3.].

[22] BAG v. 10.02.1988 – 1 ABR 70/86, BAGE 57, 317 [unter II. 2. b)].

[23] BAG v. 27.10.1994 – 8 AZR 60/93, AP Einigungsvertrag Anlage I Kap. XIX Nr. 37 [unter 4. b) cc)].

[24] *Schorn*, Günstigkeitsprinzip neuer Art, S. 27.

[25] So auch die Einschätzung von *Blomeyer*, NZA 1996, 337, 338.

[26] RG v. 01.05.1908 – 551/07, RGZ 68, 317, 319ff.

[27] RAG v. 26.10.1927 – 1/27, RAGE 1, 7.

Im Gegensatz dazu hat das BVerwG selbst im tarifrechtlichen Günstigkeitsprinzip lediglich einen einfach gesetzlichen Grundsatz erkannt.[28] Dieser sei verfassungsrechtlich nicht vorgezeichnet, sondern unterliege dem Gestaltungsspielraum des Gesetzgebers.[29] Mithin ist das Prinzip dem Gesetzesrecht nicht übergeordnet, sondern ergibt sich aus diesem und könne daher grundsätzlich auch im Tarifrecht abgeschafft werden.[30] Inwieweit das Prinzip auch ohne ausdrückliche Kodifikation Geltung erlangen kann, lässt sich der Entscheidung nicht entnehmen. Die Verortung im einfachen Recht steht aber einer Ableitung des Günstigkeitsprinzips aus dem Sinn und Zweck einer Vorschrift und damit einer entsprechenden Rechtsanwendung und ggf. Rechtsfortbildung auch nicht entgegen.[31]

§ 7 Auffassungen in der Literatur

Das Günstigkeitsprinzip im einfachen Recht wird in der Literatur kaum ausführlich betrachtet und sofern es in den Blick genommen wird, erfolgt nur selten eine Auseinandersetzung mit seinem Geltungsgrund und den sich daraus ergebenden Folgen.[32] Die vielen Auseinandersetzung mit dem kollektivrechtlichen Günstigkeitsprinzip haben hingegen zur Entwicklung verschiedener Auffassungen zu dessen Geltungsgrund geführt, die auf verschiedene Rechtsgrundsätze und Regelungen verweisen.[33] Daraus werden wiederum unterschiedliche Grenzen für die Anwendung des Günstigkeitsprinzips abgeleitet und der Gestaltungsspielraum des Gesetzgebers wird unterschiedlich bewertet. Die Aufarbeitung des Meinungsstandes wird dadurch erschwert, dass die Meinungen ineinander übergehen[34] und sich die Begründungen nicht

---

[28] BVerwG v. 13.03.1964 – VII C 87.60, NJW 1964, 1537.

[29] BVerwG v. 13.03.1964 – VII C 87.60, NJW 1964, 1537, 1538f.

[30] BVerwG v. 13.03.1964 – VII C 87.60, NJW 1964, 1537, 1539.

[31] Vgl. *Blomeyer*, NZA 1996, 337, 340.

[32] Vgl. Einleitung, Fn. 24 u. Fn. 23.

[33] *Schorn*, Günstigkeitsprinzip neuer Art, S. 27.

[34] *Wlotzke* zieht das Schutzprinzip (Günstigkeitsprinzip, S. 11 sowie S. 23), den Leistungsgedanken (Günstigkeitsprinzip, S. 17f.; S. 46f.) und den Schutz des Individuums vor regulativer Übermacht (Günstigkeitsprinzip, S. 47) heran; ähnlich *Belling*, Günstigkeitsprinzip, S. 66 und S. 86f., der auf die Koalitionsfreiheit verweist und darin eine Konkretisierung des Sozialstaatsprinzips erkennt, jedoch gleichzeitig die Vertragsfreiheit und das Leistungsprinzip heranzieht. *Hueck/Nipperdey* sehen einen Grundsatz auf Basis des Zwecks (Arbeitsrecht, I S. 146 Fn. 3) und leiten das Prinzip aus der Koalitionsfreiheit und dem Sozialstaat ab (Arbeitsrecht, II/1 S. 232 Fn. 38). *Schorn* sieht eine Innenschranke der Koalitionsfreiheit (Günstigkeitsprinzip neuer Art, S. 51f.) und erkennt die Ableitung aus der Verhältnismäßigkeitsprinzip an (Günstigkeitsprinzip neuer Art, S. 45).

trennscharf voneinander abgrenzen.[35] Insoweit weisen die Ableitungen eine ähnliche Problematik wie die Begründungen des BAG auf, was vor allem auf die unterschiedliche Bewertung des rechtlichen Gehalts der ansonsten weitgehend einheitlich bestimmten Funktionen des Günstigkeitsprinzips zurückzuführen ist.[36]

Auf das gesetzliche Günstigkeitsprinzip können diese kollektivrechtlichen Argumentationen nur teilweise angewendet werden. Insbesondere sofern die Koalitionsfreiheit des Art. 9 Abs. 3 GG als Grundlage des Günstigkeitsprinzips herangezogen wird,[37] lassen sich diese Begründung nicht unmittelbar auf das Gesetzesrecht und dessen Beziehung zum Arbeitsvertrag übertragen. Einzubeziehen sind aber Auffassungen, die auf allgemeine Verfassungsprinzipien und insbesondere Freiheitsrechte oder (allein) den Sinn und Zweck der Vorschriften als Geltungsgrund des Günstigkeitsprinzips zurückgreifen und die daher auf das einfache Gesetzesrecht übertragen werden können.

A. Grundsatz auf Ebene des einfachen Rechts

Einige Stimmen der Literatur sehen im Günstigkeitsprinzip kein übergeordnetes Prinzip, sondern ein im Gesetzesrecht kodifiziertes oder angelegtes Regelungskonzept.[38] Es ergebe sich aus der ausdrücklichen Anordnung des Gesetzgebers oder aus der Zwecksetzung der jeweiligen Normen.[39] Eine Anwendung abseits einer ausdrücklichen Kodifikation kann dabei im Wege der Aus-

---

[35] Vgl. *Emmert*, Betriebsvereinbarungen, S. 233 ff. Insbesondere sind die Ableitungen aus dem Verhältnismäßigkeitsprinzip nicht ohne die Anerkennung der Bedeutung der Privatautonomie und des Arbeitnehmerschutzes denkbar, vgl. nur *Belling*, Günstigkeitsprinzip, S. 69 sowie S. 70 ff. und S. 87; *Schorn*, Günstigkeitsprinzip neuer Art, S. 41 f. sowie S. 45.

[36] Ferner existieren vermittelnde Ansichten, vgl. nur bei *Richardi*, Kollektivgewallt, S. 368, für eine verfassungsrechtliche Verankerung für allgemeinverbindlich erklärte Tarifverträge.

[37] Für eine Institutsgarantie, *Hueck/Nipperdey*, Arbeitsrecht, II/1 S. 232 Fn. 38; für funktionelle Innenschranke, *Belling*, Günstigkeitsprinzip, S. 64 ff.; *ders.*, DB 1982, 2513, 2514 der auch auf die Vertragsfreiheit und das Leistungsprinzip verweist; *Heinze*, NZA 1991, 329, 332; *Papritz*, Günstigkeitsprinzip, S. 50 f.; *Schorn*, Günstigkeitsprinzip neuer Art, S. 41 ff. Differenzierend, *Richardi*, Kollektivgewalt, S. 367. Kritisch zur Ableitung aus Art. 9 Abs. 3 GG, *T. B. Schmidt*, Günstigkeitsprinzip, S. 56 f. u. S. 60 ff.

[38] Für das einfache Gesetzesrecht wohl *Hueck/Nipperdey*, Arbeitsrecht, I S. 146 Fn. 3. Für das Tarifrecht, *Krauss*, Günstigkeitsprinzip und Autonomie, S. 61 Fn. 312, der den Schutz der Privatautonomie betont; Kempen/Zachert/TVG/*Schubert/Zachert*, § 4 Rn. 346 u. Rn. 349 ff.; *Schulze*, Günstigkeitsprinzip, S. 51. Für das Betriebsverfassungsrecht, *Blomeyer*, NZA 1996, 337, 341.

[39] *Schulze*, Günstigkeitsprinzip, S. 47 ff.

legung oder Rechtsfortbildung vorgenommen werden, sofern die dafür notwendigen Voraussetzungen gegeben sind.[40] Ob und inwieweit dies geboten und zulässig erscheint, ist jedoch jeweils im Einzelfall zu prüfen und nicht mit einem verfassungsrechtlichen Grundsatz zu begründen. Das Günstigkeitsprinzip stellt demnach auch kein grundlegendes Prinzip des Arbeitsrechts, sondern ein Regelungskonzept dar, das dem Zweck arbeitsrechtlicher Regelungen folgt. Damit entspricht diese Auffassung dem Verständnis des Prinzips als Innenschranke des normativen Rechts, das seinen eigenen Geltungsanspruch entsprechend seiner arbeitnehmerschützenden Zwecksetzung beschränkt.

B. Verfassungsrechtliche Ableitungen

Eine Reihe von Autoren sieht das tarifrechtliche Günstigkeitsprinzip nicht nur als Ausdruck der Anwendung des einfachen Rechts und dessen Zwecksetzung an, sondern begründet seine Geltung unter Verweis auf das Verfassungsrecht. Teilweise wird dem Günstigkeitsprinzip selbst Verfassungsrang zugeschrieben und es wird auch aus verfassungsrechtlichen Rechten oder Prinzipien abgeleitet. Auf welcher verfassungsrechtlichen Grundlage das Günstigkeitsprinzip beruht, wird unterschiedlich bewertet, jedoch ist im Ergebnis nicht nur der Rechtsanwender, sondern auch der Gesetzgeber an das Günstigkeitsprinzip gebunden.[41]

I. Arbeitsrechtliches Schutzprinzip als Grundlage des Günstigkeitsprinzips

Eine Auffassung führt das Günstigkeitsprinzip auf das arbeitsrechtliche Schutzprinzip zurück,[42] das die arbeitsrechtliche Gesetzgebung prägt. Diesem Prinzip würde nicht entsprochen, wenn günstigeren Regelungen die Wirksamkeit versagt wird,[43] weshalb das Günstigkeitsprinzip dem Schutzprinzip immanent sei.[44] Damit könne das Günstigkeitsprinzip auf das Sozial-

---

[40] *Schulze*, Günstigkeitsprinzip, S. 44 f. u. S. 47 [m. w. N. aus der älteren Literatur].

[41] Vgl. *Schulze*, Günstigkeitsprinzip, S. 47 ff.

[42] Küttner/Personalbuch/*Kreitner*, Günstigkeitsprinzip Rn. 1, der auch den Aspekt der praktischen Konkordanz anerkennt; *G. Müller*, DB 1967, 903, der auch eine Ausformung der Subsidiarität sieht; *Ramm*, JZ 1966, 214, 218; *Wiedemann*, FS Wißmann, 185, 201; *ders.*, Austauschverhältnis, S. 22 f.; *Wlotzke*, Günstigkeitsprinzip, S. 11 und S. 23, erkennt auch den Leistungsgedanken an, S. 17 f. u. S. 47 f.

[43] Zum Schutzzweck der Tarifautonomie, *Schorn*, Günstigkeitsprinzip neuer Art, S. 41 f.; *Wlotzke*, Günstigkeitsprinzip, S. 11.

[44] In dem Sinn *Wlotzke*, Günstigkeitsprinzip, S. 11; *Zöllner/Loritz/Hergenröder*/Arbeitsrecht, § 7 Rn. 5.

staatsprinzip des Art. 20 Abs. 1 Alt. 2 GG zurückgeführt werden,[45] das den Gesetzgeber verpflichtet, eine angemessene soziale Ordnung zu errichten, wozu die Schaffung arbeitsrechtlicher Schutzvorschriften gezählt wird.[46] Der Schutz des Arbeitnehmers wird damit als Prämisse der arbeitsrechtlichen Gesetzgebung und nicht als Ergebnis der konkreten Zwecksetzung einer Regelung verstanden,[47] woraus abgeleitet wird, dass auch das Günstigkeitsprinzip selbst dem einfachen Recht als Prämisse vorgelagert ist.

Vergleichbar mit dieser Ableitung des Günstigkeitsprinzips aus dem Sozialstaatsprinzip gehen einige Autoren davon aus, dass die Verankerung des tarifrechtlichen Günstigkeitsprinzips in Art. 9 Abs. 3 GG ebenfalls im Arbeitnehmerschutz begründet ist.[48] Die Koalitionsfreiheit sei auf diesen Schutz ausgerichtet, weshalb dieser auch den Geltungsanspruch tarifrechtlicher Normen beschränke.[49] Günstigeren Normen dürfte daher das Tarifrecht nicht die Wirksamkeit versagen, sofern nicht ausnahmsweise weitere Funktionen der tarifvertraglichen Normen die Geltung von Höchstarbeitsbedingungen rechtfertigen.[50] Trotz der besonderen Verortung in der Koalitionsfreiheit beziehen sich diese Auffassungen daher auch auf einen verfassungsrechtlich vorgeschriebenen Arbeitnehmerschutz und den sich daraus ergebenden Wirkmechanismus.

II. Leistungsprinzip als Grundlage des Günstigkeitsprinzips

Daneben existieren Herleitungen, die vor allem das Leistungsprinzip als Grundlage des Günstigkeitsprinzips erkennen.[51] Dieses Prinzip sei auf den

---

[45] *G. Müller*, DB 1967, 903, 905 f.; *Ramm*, JZ 1966, 214, 218 Fn. 26. Bezüge zum Schutz des Arbeitnehmers sehen viele Auffassungen, vgl. nur *Papritz*, Günstigkeitsprinzip, S. 71; *T. B. Schmidt*, Günstigkeitsprinzips, S. 67; zur Billigkeitskontrolle bei gestörter Vertragsparität, *Weitnauer*, Schutz des Schwächeren, S. 51 f.

[46] Zur Begründung des arbeitsrechtlichen Schutzprinzips im Sozialstaatsprinzip, *Weitnauer*, Schutz des Schwächeren, S. 51 Fn. 100; *ders.*, Anm. zu BAG v. 10. 03. 1972, AP BGB § 242 Ruhegehalt Nr. 156.

[47] *Wiedemann*, Austauschverhältnis, S. 21 ff.

[48] In dem Sinn *Belling*, Günstigkeitsprinzip, S. 65; *Heinze*, NZA 1991, 329, 332; *Papritz*, Günstigkeitsprinzip, S. 50 f. u. S. 71; *Schorn*, Günstigkeitsprinzip neuer Art, S. 41 f.; ähnlich ohne Rückgriff auf Art. 9 Abs. 3 GG bereits *Wlotzke*, Günstigkeitsprinzip, S. 23.

[49] *Heinze*, NZA 1991, 329, 332.

[50] Vgl. *Wlotzke*, Günstigkeitsprinzip, S. 23.

[51] Nicht die alleinige, aber eine Grundlage des Prinzips erkennend, *Wlotzke*, Günstigkeitsprinzip, S. 47; zustimmend *Belling*, Günstigkeitsprinzip, S. 81 ff., der gleichzeitig die Koalitions- und die Vertragsfreiheit als Grundlage benennt. Vgl. zum AOG, *Büker*, Ausnahmen der Unabdingbarkeit, S. 18 f., der aber auch auf den Schutzzweck verweist; *Probst*, Günstigkeitsprinzip, S. 15 f.

Gleichbehandlungsgrundsatz des Art. 3 Abs. 1 GG zurückzuführen[52] und es werde im Arbeitsrecht durch den Gesetzgeber anerkannt[53]. Erst das Günstigkeitsprinzip ermögliche dabei die ungleiche Gestaltung der Arbeitsbedingungen, die als Ausdruck der Leistungsunterschiede der Arbeitnehmer geboten sei.[54] Infolge der individuellen Natur der Leistung der Arbeitnehmer könne die angemessene Berücksichtigung des Leistungsgedankens nur auf einzelvertraglicher Ebene erfolgen.[55] Dementsprechend wird davon ausgegangen, dass das Günstigkeitsprinzip dem einfachen Recht vorgelagert und der Gesetzgeber verpflichtet sei, es im Rahmen der Normsetzung zu beachten.[56]

III. Subsidiaritätsprinzip als Grundlage des Günstigkeitsprinzips

Eine weitere Auffassung stützt das Günstigkeitsprinzip auf das Subsidiaritätsprinzip.[57] Bei diesem handelt es sich um ein Prinzip zur Zuordnung von Regelungskompetenzen zwischen Kompetenzträgern, die zueinander in einer hierarchischen Beziehung stehen.[58] Das Subsidiaritätsprinzip besagt dabei, dass eine Materie auf einer niedrigeren und somit sachnäheren Hierarchieebene zu regeln ist, solange eine Regelung auf dieser Ebene nicht untauglich ist.[59] Diese Untauglichkeit kann sich insbesondere aus der Notwendigkeit einer einheitlichen Regelung ergeben, die dann durch die höhere, die niedrigeren Ebenen umfassende Hierarchieebene zu treffen ist und es sollen auch Handlungspflichten der höheren Ebene bestehen, wenn deren Eingreifen zur Verwirklichung des Gemeinwohls erforderlich ist.[60]

Grundlage dieses Verständnisses ist die Annahme, dass arbeitsrechtliche Individualvereinbarungen Regelungen einer niedrigeren Kompetenzebene

---

[52] *Belling*, Günstigkeitsprinzip, S. 81 f.; *Krauss*, Günstigkeitsprinzip und Autonomie, S. 68; *Nikisch*, Arbeitsrecht, II S. 420 f.; *Schorn*, Günstigkeitsprinzip neuer Art, S. 36.

[53] Vgl. *Schorn*, Günstigkeitsprinzip neuer Art, S. 36 mit Verweis auf den damaligen § 611a BGB, der dem heutigen § 612 BGB entsprach.

[54] *Nikisch*, Arbeitsrecht, II S. 421.

[55] *Wlotzke*, Günstigkeitsprinzip, S. 17 f.

[56] In dem Sinn wohl *Schorn*, Günstigkeitsprinzip neuer Art, S. 36.

[57] *G. Müller*, DB 1967, 903; *Natzel*, ZfA 2003, 103, 124 ff.; *Papritz*, Günstigkeitsprinzip, S. 75; *T. B. Schmidt*, Günstigkeitsprinzip, S. 70 ff. Ähnlich *Emmert*, Betriebsvereinbarungen, S. 215 ff.; kritisch *Höland/Reim/Brecht*, Flächentarifvertrag, S. 90 ff. Vergleichbar sind die Auffassungen, die das Spezialitätsprinzip zur Begründung heranziehen, zum AOG, *Probst*, Günstigkeitsprinzip, S. 18 f.

[58] Vgl. zum kanonischen Ursprung des Subsidiaritätsprinzips, *Heinze*, FS Dieterich, 215, 223 sowie *Krimphove*/EU-Arbeitsrecht, Rn. 132; *Papritz*, Günstigkeitsprinzip, S. 73 f. Zur philosophischen Grundlage, *Emmert*, Betriebsvereinbarungen, S. 216 ff.

[59] *Papritz*, Günstigkeitsprinzip, S. 74; *T. B. Schmidt*, Günstigkeitsprinzip, S. 73.

[60] *T. B. Schmidt*, Günstigkeitsprinzip, S. 73.

seien, denen aufgrund ihrer Sachnähe grundsätzlich Vorrang eingeräumt wird.[61] Dies sei auch Ausdruck der Persönlichkeitsentfaltung und selbst Bezüge zur Menschenwürde werden gesehen.[62] Für allgemeine arbeitnehmerschützende Mindeststandards sei diese Regelungsebene jedoch ungeeignet, sodass die Regelungskompetenz insoweit auf den gesetzlichen oder kollektiven Normsetzer übergehe.[63] Aus dieser Kompetenzverteilung ergebe sich die Notwendigkeit das Günstigkeitsprinzip im Rahmen der Gesetzgebung zu beachten und den Arbeitsvertragsparteien den entsprechenden Regelungsspielraum zu belassen.[64]

IV. Grundrechtliche Freiheiten als Grundlage des Günstigkeitsprinzips

Nach einer verbreiteten Ansicht leitet sich das Günstigkeitsprinzip aus den grundrechtlichen Freiheiten der Arbeitsvertragsparteien ab.[65] Demnach hat es seinen Ursprung im grundrechtlichen Schutz der Arbeitsvertragsgestaltung, wobei dieser Schutz teilweise wie die allgemeine Vertragsfreiheit aus der Privatautonomie des Art. 2 Abs. 1 GG[66] und teilweise aus dem Schutz der Berufsfreiheit des Art. 12 Abs. 1 GG[67] abgeleitet wird.[68] Unabhängig von sei-

---

[61] Vgl. *Papritz*, Günstigkeitsprinzip, S. 75; *T. B. Schmidt*, Günstigkeitsprinzip, S. 69f.

[62] *Papritz*, Günstigkeitsprinzip, S. 75ff.

[63] *T. B. Schmidt*, Günstigkeitsprinzip, S. 68f. u. 73. Allgemein zum dispositiven Recht, *Cziupka*, Dispositives Vertragsrecht, S. 24ff. u. S. 80.

[64] *T. B. Schmidt*, Günstigkeitsprinzip, S. 74.

[65] Allein aus der Privatautonomie, wohl BAG v. 27.10.1994 – 8 AZR 60/93, AP Einigungsvertrag Anlage I Kap. XIX Nr. 37 [unter 4. b) cc)]; *Courth*, Günstigkeitsprinzip, S. 2f.; SSP-AGG/*Suckow*, § 31 Rn. 9; *Wensing/Hesse*, NZA 2009, 1309, 1310. Ergänzend darauf verweisend, Wiedemann/TVG/*Bayreuther*, § 4 Rn. 325; *Belling*, Günstigkeitsprinzip, S. 70ff.; *Biedenkopf*, Grenzen, S. 147; *Blomeyer*, NZA 1996, 337, 338f.; *Emmert*, Betriebsvereinbarungen, S. 235; *Heinze*, NZA 1991, 329, 332; MüHdB-ArbR/*Klumpp*, § 237 Rn. 29 u. § 253 Rn. 3ff.; wohl auch *Krauss*, Günstigkeitsprinzip und Autonomie, S. 67; *Martens*, RdA 1983, 217, 222; *Papritz*, Günstigkeitsprinzip, S. 71; *T. B. Schmidt*, Günstigkeitsprinzips, S. 67; *Versteyl*, Obergrenze, S. 111 u. S. 115.

[66] Wohl BAG v. 27.10.1994 – 8 AZR 60/93, AP Einigungsvertrag Anlage I Kap. XIX Nr. 37 [unter 4. b) cc)]; *Belling*, Günstigkeitsprinzip, S. 74; *Papritz*, Günstigkeitsprinzip, S. 71; *Schulze*, Günstigkeitsprinzip, S. 26, verweist ferner auf den Zweck.

[67] *Federlin*, Kollektiver Günstigkeitsvergleich, S. 66; *Heinze*, NZA 1991, 329, 330; MüHdB-ArbR/*Klumpp*, § 237 Rn. 29; *Krauss*, Günstigkeitsprinzip und Autonomie, S. 61; *Richardi*, Kollektivgewalt, S. 368; *Schorn*, Günstigkeitsprinzip neuer Art, S. 34; Schaub/ArbR-HdB/*Trebber*, § 207 Rn. 20.

[68] Vgl. *Huber*, Verfassungsrechtliche Bedeutung der Vertragsfreiheit, S. 6ff. sowie S. 31; *Raiser*, JZ 1958, 1, 4ff.

ner normativen Verankerung verhindere das Günstigkeitsprinzip und die Möglichkeit, günstigere Regelungen zu vereinbaren, dass es zu ungerechtfertigten Grundrechtsbeeinträchtigungen kommt, wenn staatliche oder kollektive Arbeitnehmerschutzregelungen erlassen werden.[69] Insoweit wird die Arbeitsvertragsfreiheit und die freiheitsschützende Funktion des Günstigkeitsprinzips als Grundlage seiner Wirkung angesehen.[70]

V. Verhältnismäßigkeitsprinzip als Grundlage des Günstigkeitsprinzips

Daneben werden auch Ableitungen vertreten, die als Grundlage des Günstigkeitsprinzips das Verhältnismäßigkeitsprinzip erkennen.[71] Anders als bei den anderen Auffassungen werden damit nicht einzelne Verfassungsgüter als Grundlage des Prinzips herangezogen, sondern dessen Wirkungsweise auf die Dogmatik des Ausgleichs zwischen verschiedenen verfassungsrechtlich relevanten Rechtsgütern zurückgeführt.[72] Dabei ginge es vor allem um den Schutz übermäßiger Beschränkungen der Rechte des Einzelnen bei gleichzeitiger Verwirklichung der jeweiligen auf verfassungsrechtliche Rechtsgüter gestützten Regelungsziele des Gesetzgebers. Im Rahmen der arbeitsgesetzlichen Gesetzgebung konkretisiere sich dieser Ausgleich zwischen der Arbeitsvertragsfreiheit des Arbeitnehmers und den Zielen der gesetzlichen Normsetzung,[73] die grundsätzlich auf den Schutz des Arbeitnehmers ausgerichtet seien, wofür der Erlass von Höchstarbeitsbedingungen nicht geeignet und nicht erforderlich sei.[74] Insoweit entspricht diese Auffassung der Ableitung aus dem Schutzzweck, bei gleichzeitiger Anerkennung der grundrechtlichen Relevanz arbeitsrechtlicher Regelungen.[75] Die verfassungsrechtliche Verankerung wird jedoch nicht in diesem Zweck oder dem grundrechtlichen Schutz

---

69 Vgl. nur *Blomeyer*, NZA 1996, 337, 338 f.

70 *Belling*, Günstigkeitsprinzip, S. 70; *Heinze*, NZA 1991, 329, 330.

71 *Belling*, Günstigkeitsprinzip, S. 69 f., als Innenschranke der Koalitionsfreiheit; NK-GArbR/*Bepler*, TVG § 4 Rn. 95 f.; *Blomeyer*, NZA 1996, 337, 338 f.; Däubler/TVG/*Deinert/Wenckebach*, § 4 Rn. 620; *Emmert*, Betriebsvereinbarungen, S. 235 ff.; *Federlin*, Kollektiver Günstigkeitsvergleich, S. 37 ff.; *Firnhaber*, Günstigkeitsprinzip, S. 4 ff.; *Löwisch*, BB 1991, 59, 60; MüHdB-ArbR/*Rieble*, § 220 Rn. 39; *T. B. Schmidt*, Günstigkeitsprinzip, S. 67 f., aber vor allem auf das Subsidiaritätsprinzip verweisend; *Schorn*, Günstigkeitsprinzip neuer Art, S. 45. Vgl. auch *Preis*, FS Dieterich, 429, 456 für das AGB-Recht.

72 Explizit *Emmert*, Betriebsvereinbarungen, S. 235 f.

73 *Schorn*, Günstigkeitsprinzip neuer Art, S. 45. Im Ansatz bereits RAG v. 26. 10. 1927 – 1/27, RAGE 1, 7.

74 Statt vieler *Federlin*, Kollektiver Günstigkeitsvergleich, S. 37 ff.; *Firnhaber*, Günstigkeitsprinzip, S. 4 ff.

75 Vgl. nur *Belling*, Günstigkeitsprinzip, S. 69 ff.; NK-GArbR/*Bepler*, TVG § 4 Rn. 95; *Emmert*, Betriebsvereinbarungen, S. 235 ff.

allein gesehen, sondern in der Herstellung der praktischen Konkordanz zwischen diesen beiden Schutzzielen des Prinzips.[76] Im Ergebnis ist der Gesetzgeber nach dieser Auffassung mittelbar an das Günstigkeitsprinzip gebunden, denn die Setzung von Höchstarbeitsbedingungen sei in diesem Rahmen unverhältnismäßig und würde einen ungerechtfertigten Eingriff in die Privatautonomie der Arbeitsvertragsparteien begründen.[77] Damit zeigt sich das Günstigkeitsprinzip hier erneut als Innenschranke des maßgeblichen Rechts, dessen Anwendungsbereich im Licht der verfassungsrechtlichen Schranken der Eingriffsbefugnisse des Gesetzgebers bestimmt wird.

§ 8 Eigener Standpunkt

Bei einer Gesamtbetrachtung der vertretenen Auffassungen wird deutlich, dass ein überwiegender Teil der Auffassungen an den Zweck des normativen Rechts anknüpft und die Wirkungen des Günstigkeitsprinzips dabei vor allem aus dem Schutzzweck des Arbeitsrechts abgeleitet werden, dem dabei jedoch unterschiedliche Bedeutung beigemessen wird. Während auf der einen Seite dieser Zweck im Zentrum der Erklärung des Günstigkeitsprinzips steht, wird auf der anderen Seite auf die verfassungsrechtlichen Implikationen verwiesen, die sich aus der Zwecksetzung der jeweiligen gesetzlichen Regelungen ergeben. Insgesamt unterscheiden sich jedoch die den Anknüpfungen zugrunde liegenden Wertungen und auf Basis dieser Vielstimmigkeit lässt sich die Grenze der Günstigkeit nicht ausleuchten.

Im Folgenden wird daher der Geltungsgrund des Prinzips untersucht und dabei sowohl der teleologischen Begründung als auch der höherrangigen Verankerung nachgegangen. So kann nachvollzogen werden, in welchen Situationen das Günstigkeitsprinzip sinnvoll eingesetzt werden kann und in welchen Situationen es aufgrund höherrangiger Vorgaben Geltung beansprucht. Aus dieser Perspektive kann der Geltungsgrund des Günstigkeitsprinzips klarer analysiert werden, weshalb im Folgenden danach unterschieden wird, welche Bedingung erfüllt sein muss, damit eine gesetzliche Regelung der Wirkungsweise des Günstigkeitsprinzips unterliegt – mithin bestimmte arbeitsrechtliche Vorschriften einseitig zwingend wirken – und inwieweit diese Wirkungsweise durch höherrangiges Recht vorgegeben wird.

---

[76] *Belling*, Günstigkeitsprinzip, S. 24; wohl auch *Heinze*, NZA 1991, 329, 330; *Löwisch*, BB 1991, 59, 60; *Schorn*, Günstigkeitsprinzip neuer Art, S. 45; *Wensing/Hesse*, NZA 2009, 1309, 1310.

[77] Die Auffassung setzt regelmäßig die Anerkennung der Bezüge zur Privatautonomie voraus, vgl. nur *Belling*, Günstigkeitsprinzip, S. 69 ff.; *Emmert*, Betriebsvereinbarungen, S. 235 ff.

A. Verbindung der Wirkungsweise mit dem Zweck der Vorschriften

Die Anwendung des Günstigkeitsprinzips auf bestimmte arbeitsrechtliche Vorschriften und mithin deren einseitig zwingende Wirkung lässt sich am ehesten aus der Sichtweise des Normsetzers betrachten. Fraglich ist mithin, welchen Zweck die Anordnung des Günstigkeitsprinzips verfolgt und inwieweit dieser bereits allein seine Geltung begründet. Anknüpfungspunkt ist dabei die Funktion des Prinzips und dessen Wirkung auf die Arbeitsbedingungen der Arbeitnehmer.

I. Mittel zum Ausgleich struktureller Unterlegenheit

Infolge seiner spezifischen Funktion ist die Anordnung des Günstigkeitsprinzips zweckmäßig, wenn die erfassten Regelungen darauf gerichtet sind, den Arbeitnehmern unter den besonderen Bedingungen der arbeitsvertraglichen Beziehung angemessene Arbeitsbedingungen zu sichern.[78] Mithin geht es um Regelungen, die auf Basis der Annahme einer strukturellen Unterlegenheit des Arbeitnehmers zu dessen Schutz erlassen werden.[79] Ausgehend von dieser Annahme ist eine Regelung zweckwidrig, wenn Abweichungen zuungunsten der Arbeitnehmer im Arbeitsvertrag vereinbart werden können. Der Schutz gegen die strukturelle Unterlegenheit würde so selbst der strukturellen Unterlegenheit des Arbeitnehmers preisgegeben und damit der Zweck der jeweiligen Regelung verfehlt.[80] Abweichungsmöglichkeiten von diesen arbeitnehmerschützenden Gesetzen zuungunsten des Arbeitnehmers stehen daher unmittelbar im Widerspruch zum Regelungsziel des Normsetzers.[81]

Sofern der Normsetzer durch den Erlass seiner Regelungen allein darauf abzielt, der strukturellen Unterlegenheit des Arbeitnehmers entgegenzuwirken, ergibt sich ferner keine Notwendigkeit, diese als Höchstarbeitsstandards zu erlassen.[82] Vielmehr ergibt sich der Umkehrschluss, dass vertragliche Arbeitsbindungen anerkannt werden können, wenn sie trotz der strukturellen

---

[78] Vgl. *Belling*, Günstigkeitsprinzip, S. 33.

[79] Allgemein, *Belling*, Günstigkeitsprinzip, S. 33, S. 106 und S. 163. Vgl. auch *Höpfner*, NZA 2024, 1081, 1083; Zu § 19 Abs. 2 BetrAVG, BT-Ds. 7/1281, S. 30 f.; BGH v. 23.05.2017 – II ZR 6/16, NZG 2017, 948 Rn. 13 f.; BAG v. 19.04.2011 – 3 AZR 154/09, BAGE 137, 357 Rn. 19; *Koch*, NZA 2018, 1035, 1036.

[80] Zur Auslegung des dispositiven Rechts anhand der Reaktionen darauf, *Möslein*, Dispositives Recht, S. 180.

[81] Vgl. BAG v. 16.09.1986 – GS 1/82, BAGE 53, 42, Rn. 66; *Belling*, Günstigkeitsprinzip, S. 163; *Martens*, RdA 1983, 217, 219; *Mosing*, Günstigkeitsprinzip, S. 20; *Weitnauer*, Schutz des Schwächeren, S. 43.

[82] Vgl. *Belling*, Günstigkeitsprinzip, S. 163.

Unterlegenheit auf einem angemessenen Niveau vereinbart werden. Dabei lässt sich das Niveau der Schutzgesetzgebung als Wertung des Normsetzers über die Angemessenheit der Arbeitsbedingungen verstehen, weshalb sich keine Notwendigkeit für den Normsetzer ergibt, solchen Regelungen die Wirksamkeit zu versagen, die zugunsten des Arbeitnehmers von seinen Standards abweichen, sofern er sie allein zum Ausgleich der strukturellen Unterlegenheit des Arbeitnehmers erlässt.[83]

Die Geltung der einseitig zwingenden Wirkung arbeitsrechtlicher Normen und damit des Günstigkeitsprinzips lässt sich somit vollständig mit dem Ziel der Sicherstellung angemessener Arbeitsbedingungen in Anbetracht der strukturellen Unterlegenheit der Arbeitnehmer begründen. Die Kodifikation schafft einen gesetzlichen Mindeststandard oder verdeutlichen zumindest diesen Charakter der erfassten Regelungen.[84] Insoweit ist das Günstigkeitsprinzip auch keine Besonderheit des Arbeitsrechts,[85] sondern es ist eine Ausprägung des zivilrechtlichen Beteiligtenschutzes,[86] der in der Form einseitig zwingender Regelungen auch im Miet- oder Verbraucherschutzrecht normativ angemessene Vertragsbedingungen sicherstellt[87]. Regelmäßig kommt es zum Einsatz, wenn andernfalls der gerechte Interessenausgleich zwischen den Vertragsparteien aufgrund der unterschiedlichen Ausgangspositionen gefährdet ist[88] und mithin ist es eines der Mittel zum Schutz des Schwächeren im Zivilrecht[89].

Die Regelung muss aber nicht im Interesse des Einzelnen erfolgen, sondern kann aufgrund der gesamtgesellschaftlichen Störungen, die sich aus einer

---

83 Vgl. *Belling*, Günstigkeitsprinzip, S. 163 sowie *Wlotzke*, Günstigkeitsprinzip, S. 23 und S. 108.

84 *Hueck/Nipperdey*, Arbeitsrecht, I S. 146 Fn. 3. Für das AGG, BAG v. 28.10.2021 – 8 AZR 371/20, BAGE 176, 134 Rn. 40 f.; NomosBR-AGG/*Braunroth*, § 31 Rn. 1. Für das EntgFG, MüKo-BGB/*Müller-Glöge*, EntgFG § 12 Rn. 1; BeckOK-ArbR/*Ricken*, EntgFG § 12 vor Rn. 1. Für das AOG, *Büker*, Ausnahmen der Unabdingbarkeit, S. 19.

85 Vgl. *Belling*, Günstigkeitsprinzip, S. 26; *Weitnauer*, Anm. zu BAG v. 10.03.1972, AP BGB § 242 Ruhegehalt Nr. 156.

86 Zum Begriff *Möslein*, Dispositives Recht, S. 168 ff. Vgl. auch *Cziupka*, Dispositives Vertragsrecht, S. 35 ff.

87 *Belling*, Günstigkeitsprinzip, S. 33, der dies als Übertragung aus dem Arbeitsrecht betrachtet; *Mosing*, Günstigkeitsprinzip, S. 20; *Weitnauer*, Schutz des Schwächeren, S. 42 f. zur Entwicklung.

88 Vgl. BAG v. 10.03.1972 – 3 AZR 278/71, BAGE 24, 177 [unter III. 3. b)]; ferner *Belling*, Günstigkeitsprinzip, S. 33; *Martinek*, in: Grundmann/Systembildung und Systemlücken, 511, 544; *Merz*, Privatautonomie heute, S. 14; *Möslein*, Dispositives Recht, S. 27 f.; *Weitnauer*, Schutz des Schwächeren, S. 38 ff.

89 *Weitnauer*, Schutz des Schwächeren, S. 1 ff., zur Bedeutung des einseitigen Rechts.

strukturell gestörten Vertragsparität ergeben können,[90] auch aus öffentlichen Interessen heraus vorgenommen werden.[91] Das Prinzip ist daher auch nicht auf Arbeitsbedingungen beschränkt, sondern kann weitere Schutzzwecke erfassen, deren Verwirklichung im Arbeitsrecht angestrebt wird.[92] Insoweit hat der Gesetzgeber bei der Auswahl seiner Ziele einen besonderen Spielraum.[93] Sofern eine Schutzgesetzgebung dem Arbeitnehmer dient und sich die Arbeitsvertragsbeziehung darauf auswirken könnte, ist die Anwendung des Günstigkeitsprinzips abseits der bloßen Arbeitsbedingungen zweckmäßig, um die normativen Bestimmungen dem strukturellen Ungleichgewicht zu entziehen und deren Verwirklichung in der Praxis sicherzustellen. Es kann daher auch abseits der Arbeitsbedingungen angewendet werden, wenn sich die Besonderheiten der Arbeitsvertragsbeziehung sonst auf die geschützten Interessen des Arbeitnehmers negativ auswirken könnten.

Zur Begründung der spezifischen Wirkungsweise ist es ferner nicht erheblich, warum der Normsetzer das strukturelle Ungleichgewicht ausgleichen möchte und es bedarf keines besonderen freiheitsrechtlichen Schutzes der Arbeitsvertragsparteien. Entscheidend ist insoweit allein das Regelungsziel des Gesetzgebers und nicht seine Motivation oder sonstige Veranlassung. Auch ohne die Heranziehung höherrangiger Rechtsgrundlagen oder Prinzipien ist diese Wirkung dem Ziel des Ausgleichs der strukturellen Unterlegenheit des Arbeitnehmers bereits immanent.[94]

II. Kritik an der Annahme der strukturellen Unterlegenheit

Die hier dargestellte Beziehung zwischen dem Schutz einer Vertragspartei und der einseitigen Wirkung des Rechts ist weitgehend anerkannt[95] und einseitig zwingende Regelungen werden als effektives Mittel zum Schutz einer

---

[90] Vgl. *Mosing*, Günstigkeitsprinzip, S. 2; *Weitnauer*, Schutz des Schwächeren, S. 17f.

[91] Vgl. *Lurger*, ZEuP 2018, 788, 801f.; *Möslein*, Dispositives Recht, S. 89, zum Inhalt dispositiven Rechts.

[92] Zu möglichen Zielen zwingend geltenden Rechts, *Bechtold*, Zwingendes Vertragsrecht, S. 14f.

[93] *Neuner*, ZfPW 2022, 257, 270f.

[94] Für das einfache Gesetzesrecht bereits *Hueck/Nipperdey*, Arbeitsrecht, I S. 146 Fn. 3.

[95] Allgemein, *Mosing*, Günstigkeitsprinzip, S. 20, der im Günstigkeitsprinzip die einzige Regelung sieht, die dem Schutzzweck gerecht wird. Für das einseitig zwingende Recht jedoch mit einem weiteren Begriffsverständnis, dass auch Durchbrechungen durch speziellere oder spätere Regelungen als relativ zwingendes Recht erfasst. *Weitnauer*, Schutz des Schwächeren, S. 43 spricht von einer aus der „Natur der Sache“ folgenden Regelungstechnik. Für das Tarifrecht, *Belling*, Günstigkeitsprinzip, S. 69.

schwächeren Vertragspartei angesehen[96]. Im Einzelfall ist jedoch umstritten, in welchen vertraglichen Beziehungen der Erlass einseitig wirkender Schutzgesetzgebung notwendig ist. Neben dem Verbraucherschutzrecht[97] sind es vor allem das Arbeitnehmerschutz- und das Arbeitsvertragsrecht, in dem die Annahme der strukturellen Unterlegenheit kritisch betrachtet wird.[98] Die Kritik bezieht sich vornehmlich auf die als einseitig empfundene Zielsetzung gesetzlicher Regelungen, die nicht durch ein entsprechendes Ungleichgewicht gerechtfertigt sei. Der Schutz überschreite das notwendige Maß, wodurch er der Flexibilisierung des Arbeitsrechts entgegenstehe und zu paternalistischen[99] Einschränkungen der Arbeitsvertragsparteien führe.[100] Dadurch könne er den Interessen der Geschützten entgegenstehen.[101]

Fraglich ist an dieser Stelle jedoch nur, ob sich aus der arbeitnehmerschützenden Zielrichtung die einseitig zwingende Wirkung der Regelungen ableitet und diese Beziehung wird durch die Befürchtung der Versteinerung des Arbeitsrechts bestätigt. Weil der Arbeitnehmerschutz zur (einseitig) zwingenden Wirkung führt, kann dessen einseitige Berücksichtigung das Arbeitsrecht unflexibel machen. Die Kritik mag mithin Anlass sein, die Zielrichtung des Arbeitsvertragsrechts zu hinterfragen und einen zurückhaltenden Einsatz oder eine Reduzierung einseitig zwingender arbeitsrechtlicher Normen zu fordern, jedoch ist diese Zielrichtung trotzdem der Auslegung des geltenden Rechts zugrunde zu legen, soweit sie in der Regelung Ausdruck gefunden

---

[96] *Lurger*, ZEuP 2018, 788, 711; BeckOGK/*Maties*, § 611a BGB Rn. 218; *Merz*, Privatautonomie heute, S. 14, sieht darin einen besonders klaren Ausdruck des Schutzgedankens.

[97] *Cziupka*, Dispositives Vertragsrecht, S. 40 f.; *Martinek*, in: Grundmann/Systembildung und Systemlücken, 511, 544 f.; in dem Sinn auch *Nobbe*, Günstigkeitsprinzip im Verbrauchervertragsrecht, S. 177 ff.; bereits früh *Weitnauer*, Schutz des Schwächeren, S. 36. Hingegen *Tonner*/Schuldrecht, § 2 Rn. 11 für einen besonderen Schutz des Verbrauchers. Vgl. auch die ökonomische Analyse bei, *Bechtold*, Zwingendes Vertragsrecht, S. 93 ff. sowie die Darstellung bei *Lurger*, ZEuP 2018, 788 ff.

[98] *Annuß*, RdA 2024, 193, 200 f. u. 203; *Heinze*, NZA 1991, 329, 334; *Höpfner*, NZA 2024, 1081, 1086. Ferner *Nobbe*, Günstigkeitsprinzip im Verbrauchervertragsrecht, S. 177 ff. auch zu den Unterschieden zum Verbraucherschutzrecht; Allgemein, *Barnert*, Vertragsethik, S. 355 ff. u. S. 391 f., gegen eine Überdehnung materialer Vertragsfreiheit; *Möslein*, Dispositives Recht, S. 28. Zum Mietrecht, *Weitnauer*, Schutz des Schwächeren, S. 28 ff.

[99] Zu einem positiven Verständnis des negativ konnotierten Begriffs, *Lurger*, ZEuP 2018, 788, 803 ff.

[100] Frühe Entscheidungen klangen bevormundend, vgl. BAG v. 06. 12. 1963 – 5 AZR 169/63, BAGE 15, 153 [unter I. 2.] wo auf „Schwäche, Verführung und Verlegenheit des Arbeitnehmers" verwiesen wird.

[101] Vgl. *Cziupka*, Dispositives Vertragsrecht, S. 40 f.

hat[102]. Auf die grundsätzliche Ableitung des einseitig zwingenden Charakters einer Regelung aus dem Ziel des Arbeitnehmerschutzes und damit auf die Anwendung des Günstigkeitsprinzips auf Basis des Zwecks hat diese Kritik daher keine Auswirkungen.

III. Geltung des Prinzips auf Basis des Zwecks der maßgeblichen Regelung

Die dargestellte Beziehung spricht dafür, dass sich die Anwendung des Günstigkeitsprinzips vollständig aus dem Zweck einer Regelung ableiten lässt[103] und dass der beabsichtigte Schutz der Interessen des Arbeitnehmers ein hinreichendes Argument dafür ist, nur Abweichungen zugunsten des Arbeitnehmers anzuerkennen.[104] Zutreffend ist zwar, dass grundsätzlich auch andere Regelungsmodelle denkbar sind,[105] wie sie auch in den teilweise sehr weiten Verständnissen des Günstigkeitsbegriffs zum Ausdruck kommen,[106] jedoch gibt es abseits eines Hinweises auch keinen Anlass, den Geltungsanspruch der Schutzregeln so zu beschneiden, dass sie weniger effektiv verwirklicht werden. Sofern keine ausdrückliche Regelung vorhanden ist[107] oder auf Basis der weiteren Auslegungskriterien ersichtlich ist, dass der Gesetzgeber den Schutzzweck anders verwirklichen will oder weitere Ziele verfolgt, ergibt

---

102 Vgl. jeweils m.w.N., BAG v. 10.12.2014 – 4 AZR 503/12, BAGE 150, 184 Rn. 19; BAG v. 07.07.2004 – 4 AZR 433/03, BAGE 111, 204 [unter I. 1. b) aa)]; BAG v. 30.05.2001 – 4 AZR 269/00 [unter B. I. 1. d) aa)].

103 BAG v. 25.09.1987 – 7 AZR 315/86, BAGE 56, 155 [unter II. C) 3.]. Vgl. auch *Schulze*, Günstigkeitsprinzip, S. 27. Zur Auslegung dispositiven Rechts, *Kähler*, Abdingbares Recht, S. 361 u. S. 443 f., als rechtsethische Erwägungen; *Möslein*, Dispositives Recht, S. 175.

104 Speziell für einzelne Regelungen des AGG vgl. Däubler/Beck/*Däubler*, § 31 Rn. 1. Zum BetrVG, BAG v. 10.02.1988 – 1 ABR 70/86, BAGE 57, 317 [unter II. 2. B]. Zum BeschFG, BAG v. 24.02.1988 – 7 AZR 454/87, AP BeschFG 1985 § 1 Nr. 3 [unter I. 2.]; BAG v. 25.09.1987 – 7 AZR 315/86, BAGE 56, 155 [unter II. C) 3.]. Zum BUrlG, NK-GArbR/*Düwell*, BUrlG § 13 Rn. 14. Zum FZG, BAG v. 23.02.1961 – 5 AZR 110/60, AP BGB § 611 Akkordkolonne Nr. 2 [unter 2. b)]; BAG v. 23.09.1960 – 1 AZR 508/59, BAGE 10, 29 [unter I. 1)]. Zum TzBfG, BBKommentar-TzBfG/*Thüsing*, § 22 Rn. 21. Im Allgemeinen, *Belling*, Günstigkeitsprinzip, S. 33 und S. 106; Kempen/TVG/*Jacobs*, Einl. Rn. 562; BeckOGK/*Maties*, § 611a BGB Rn. 219; *Möslein*, Dispositives Recht, S. 203, zum einseitig dispositiven Recht. Für das Verhältnis von Tarif- und Gesetzesrecht, *Belling*, Günstigkeitsprinzip, S. 163 f.

105 So die Kritik von *Seiwerth*, Gestaltungsfreiheit in Tarifverträgen, S. 164 f. am logischen Schluss.

106 Dazu Teil 3 § 10 Abschnitt A. I.

107 Zur ausdrücklichen Regelung, *Kähler*, Abdingbares Recht, S. 443 f.; *Möslein*, Dispositives Recht, S. 176.

sich das Günstigkeitsprinzip aus diesem Zweck.[108] Im buchstäblichen Sinn lässt es sich daher als Mittel zum Zweck verstehen und zuzustimmen ist den Auffassungen, die das Günstigkeitsprinzip und seine Wirkungsweise vom Sinn und Zweck arbeitsrechtlicher Vorschriften abhängig machen.[109]

Ein Rückgriff auf höherrangige Grundsätze ist hingegen nicht erforderlich, um die Geltung des Günstigkeitsprinzips zu begründen, denn innerhalb der methodischen Grenzen kann das Prinzip abseits einer Kodifizierung bereits auf Basis des Zwecks einer Regelung Geltung beanspruchen.[110] Insoweit genügt grundsätzlich die teleologische Auslegung,[111] wenn den betrachteten Regelungen ein Schutzzweck zugesprochen wird, der zu seiner Verwirklichung dem strukturellen Ungleichgewicht der Arbeitsvertragsparteien entzogen werden muss. Es kommt aber auch darauf an, welche anderen Ziele verfolgt werden und inwieweit diese Ziele weitere Beschränkungen rechtfertigen können.[112] Treten bspw. Ziele wie der Schutz der Sonn- und Feiertagsruhe, der Gesundheitsschutz oder der Schutz des Betriebsfriedens hinzu, kann dies auch für eine andere Wirkung und für ein Verbot von Abweichungen zugunsten des Arbeitnehmers sprechen.[113]

Abseits einer ausdrücklichen Verankerung ist über die Anwendung des Günstigkeitsprinzips dementsprechend im Einzelfall zu entscheiden und sie kann nicht für das gesamte Arbeitsrecht unterstellt werden.[114] Die Verbindung des materiellen mit dem personellen Schutzzweck des Arbeitsrechts[115] spricht aber insbesondere bei den Regelungen der Arbeitsbedingungen für eine Anwendung des Prinzips. Es sind dieser personelle Schutz und die Annahme der strukturellen Unterlegenheit, die das Arbeitsverhältnis prägen,[116] weshalb die Wirkung des Günstigkeitsprinzips auch abseits der Regelung der Arbeitsbedingungen zweckmäßig ist. So entspricht es auch dem Zweck anderer Schutz-

---

108 Dazu nur BAG v. 10.02.1988 – 1 ABR 70/86, BAGE 57, 317 [unter II. 2. B]; BAG v. 25.09.1987 – 7 AZR 315/86, BAGE 56, 155 [unter II. C) 3.].

109 Zum Tarifrecht, *Belling*, Günstigkeitsprinzip, S. 33; *Krauss*, Günstigkeitsprinzip und Autonomie, S. 67, zur grundrechtlichen Ableitung; *Wlotzke*, Günstigkeitsprinzip, S. 23, der Schutz als Prämisse des Tarifvertrags.

110 *Belling*, Günstigkeitsprinzip, S. 33 und S. 106.

111 Vgl. zu § 31 AGG Däubler/Beck/*Däubler*, § 31 Rn. 1.

112 Vgl. *Belling*, Günstigkeitsprinzip, S. 34 und S. 165 ff.

113 *Belling*, Günstigkeitsprinzip, S. 166 f., zwischen Tarifvertrag und Gesetzesrecht; *Hueck/Nipperdey*, Arbeitsrecht, I S. 146 Fn. 3 zur Auslegung des damaligen § 122 GewO.

114 Vgl. *Käppler*, Tarifdispositives Richterrecht, S. 58 f.; *Möslein*, Dispositives Recht, S. 175.

115 *Höpfner*, NZA 2024, 1081.

116 Vgl. *Hueck/Nipperdey*, Arbeitsrecht, I S. 26.

ziele[117], wenn diese Interessen des Arbeitnehmers dienen und innerhalb der Arbeitsvertragsbeziehung verwirklicht werden. Die Maßstäbe der Anwendung des Günstigkeitsprinzips können sich daher nicht allein an der Regelung von Arbeitsbedingungen orientieren, sondern sind an der konkreten Zwecksetzung auszurichten. Ferner steht es dem Gesetzgeber frei, statt des Günstigkeitsprinzips andere Abweichungsbefugnisse vorzusehen,[118] wie es auch im Arbeitsverhältnis bei der Anwendung allgemeiner zivilrechtlicher Regelungen grundsätzlich der Fall ist. Der Zweck ist mithin zwar ein hinreichender Grund für die Geltung des Prinzips, jedoch ist er im Licht der jeweiligen Regelung zu betrachten.

B. Verfassungsrechtliche Verankerung des Günstigkeitsprinzips

Dass die Geltung des Günstigkeitsprinzips vollständig mit dem Zweck einer Regelung begründet werden kann, schließt nicht aus, dass seine Anwendung gleichzeitig durch höherrangiges Recht vorgegeben wird. Davon ist auszugehen, wenn die verbleibende Gestaltungsmacht der Arbeitsvertragsparteien nicht nur dem Zweck der Regelung folgt, sondern andere Ausgestaltungen der Abweichungsbefugnis gegen höherrangiges Recht verstoßen würden. Im Folgenden wird dafür abseits konkreter Normenbezüge untersucht, inwieweit der Gesetzgeber durch das Verfassungsrecht verpflichtet wird, das Günstigkeitsprinzip bei der Ausgestaltung des Arbeitsrechts zu beachten und welcher Gestaltungsspielraum ihm dabei zukommt.[119] Dabei werden der ausdifferenzierten verfassungsrechtlichen Dogmatik auch Erkenntnisse über die Grenzen und die Anwendung des Günstigkeitsprinzips zu entnehmen sein.[120]

Ausgehend von der doppelten Funktion des Günstigkeitsprinzips sowie der Abhängigkeit der Abweichungsbefugnis vom Abweichungsverbot wird das gesamte Günstigkeitsprinzip jedoch nur dann durch höherrangiges Recht begründet, wenn beide Aspekte dem höherrangigen Recht entstammen. In den tarifrechtlichen Untersuchungen wird die Unabdingbarkeit tarifvertraglicher Regelungen auf Basis des § 4 Abs. 1 TVG häufig vorausgesetzt,[121] jedoch können der Betrachtung keine Prämissen zugrunde gelegt werden, die ihrer-

[117] Für das AGG, BAG v. 28.10.2021 – 8 AZR 371/20, BAGE 176, 134 Rn. 41.

[118] *Belling*, Günstigkeitsprinzip, S. 166 f. zum Verhältnis zwischen Tarifvertrag und Gesetzesrecht.

[119] Zur Bedeutung der Grundrechte für das dispositive Recht, *Möslein*, Dispositives Recht, S. 372.

[120] Vgl. *Blomeyer*, NZA 1996, 337, 338.

[121] Dieser Aspekt wird im Tarifrecht teilweise nicht begründet, vgl. *Schorn*, Günstigkeitsprinzip neuer Art, S. 41 f.; *Wlotzke*, Günstigkeitsprinzip, S. 15. Vgl. aber zur TVVO *Firnhaber*, Günstigkeitsprinzip, S. 83; *Kronenberg*, Ausnahmen der Unabdingbarkeit S. 18 f.

seits begründungsbedürftig sind.[122] Nur soweit es dem Gesetzgeber grundsätzlich versagt ist, vom Grundsatz der Günstigkeit und von der Unabdingbarkeit abzuweichen, wird das gesamte Günstigkeitsprinzip verfassungsrechtlich determiniert. Die privatrechtliche Grundlage des Arbeitsvertragsrechts steht aber der Annahme eines grundsätzlich zwingenden Charakters der gesetzlichen Regelungen entgegen,[123] weshalb auch zu untersuchen ist, inwieweit der Gesetzgeber dazu verpflichtet ist, seine Regelungen abweichungsfest auszugestalten.

I. Vorgaben des Verfassungsrechts für den Normsetzer

Zur Klärung der höherrangigen Verankerung des Günstigkeitsprinzips ist zu betrachten, ob verfassungsrechtliche Vorgaben die Kompetenz des Gesetzgebers so verkürzen können, dass er zur Berücksichtigung des Günstigkeitsprinzips verpflichtet ist. Dafür ist zu untersuchen, welche Verpflichtungen der Gesetzgeber bei der Setzung arbeitsrechtlicher Regelungen hat. Dabei werden sowohl die Freiheitsrechte der Arbeitsvertragsparteien als auch Verpflichtungen zum Schutz des Arbeitnehmers betrachtet, um zu prüfen, inwiefern sich die Beschränkungen des Gesetzgebers zum Günstigkeitsprinzip im Arbeitsrecht konkretisieren.[124]

1. Grundlage der Regelungsmacht der Arbeitsvertragsparteien

Ausgangspunkt der Betrachtung ist die grundrechtliche Relevanz der Beschränkung der Regelungsmacht der Arbeitsvertragsparteien.[125] Berührt wird ihre Freiheit die vertragliche Beziehung grundsätzlich den eigenen Vorstellungen entsprechend zu gestalten und mithin die sich zur Arbeitsvertragsfreiheit konkretisierende Vertragsfreiheit, deren grundrechtlicher Schutz, soweit ersichtlich, unumstritten ist.[126] Ihre normative Grundlage wird aber nicht einheitlich verortet und sowohl auf die Berufsfreiheit des Art. 12 Abs. 1 GG[127]

---

[122] Vgl. *Schorn*, Günstigkeitsprinzip neuer Art, S. 41 f., die aus der Annahme einer verfassungsrechtlichen Unabdingbarkeit auf die verfassungsrechtliche Verankerung des Grundsatzes der Günstigkeit schließt.

[123] *Möslein*, Dispositives Recht, S. 12 f.

[124] Vgl. den Vorschlag für die verfassungsrechtliche Betrachtung privatrechtlicher Normen bei *Preis*, FS Dieterich 429, 442.

[125] Betrachtet wird mithin nicht die Begründung der privaten Gestaltungsmacht an sich, dazu *Seiwerth*, Gestaltungsfreiheit in Tarifverträgen, S. 56 ff.

[126] Vielmehr wird ihre zentrale Bedeutung für die Gesellschaftsordnung regelmäßig anerkannt, statt vieler DHS-GG/*Di Fabio*, GG Art. 2 Rn. 101 ff.

[127] Jedenfalls für Arbeitgeber, BVerfG v. 06.07.2010 – 2 BvR 2661/06, BVerfGE 128, 286 Rn. 67; BVerfG v. 11.07.2006 – 1 BvL 4/00, BVerfGE 116, 202 Rn. 78;

als auch auf die in Art. 2 Abs. 1 GG[128] enthaltene Privatautonomie verwiesen, deren Abgrenzung auch in anderen Konstellationen schwierig ist.[129]

Relevant war die Unterscheidung vor allem wegen der unterschiedlichen Dogmatik dieser Grundrechte. Unterschiede bestanden vor allem durch die Anwendung der sog. Drei-Stufen-Theorie des BVerfG auf die Bewertung von Eingriffen in die Berufsfreiheit,[130] jedoch hat diese besondere Ausprägung des Verhältnismäßigkeitsprinzips[131] an Bedeutung verloren.[132] Wenn man jedoch die Drei-Stufen-Theorie weiterhin zum Maßstab machen würde, wären die Vorgaben des Arbeitsvertragsrechts als sog. Berufsausübungsregelungen zu charakterisieren.[133] Sie müssten daher durch vernünftige Erwägungen des Gemeinwohls gerechtfertigt und geeignet sein, diesen Zielen zu dienen.[134] Maßgeblich wäre daher zu hinterfragen, ob die Regelungen des Arbeitsvertrags-

---

BVerfG v. 18.11.2003 – 1 BvR 302/96, BVerfGE 109, 64 [unter C. 1.]; BVerfG v. 18.11.2003 – 1 BvR 302/96, BVerfGE 109, 64 [unter C. 1.]; *Heinze*, NZA 1991, 329, 330; *Hemming*, Aufklärungspflichten, S. 9; *Krauss*, Günstigkeitsprinzip und Autonomie, S. 61; Huber/Voßkuhle/*Manssen*, GG Art. 12 Rn. 69; BeckOK-GG/*Ruffert*, Art. 12 GG Rn. 159; ErfK/*Schmidt*, GG Art. 2 Rn. 7; *Schorn*, Günstigkeitsprinzip neuer Art, S. 34; vgl. *C. Schubert*, Arbeitnehmerähnliche Personen, S. 125 f., für arbeitnehmerähnliche Personen; Schaub/ArbR-HdB/*Trebber*, § 207 Rn. 20.

128 BVerfG v. 16.05.1961 – 2 BvF 1/60, BVerfGE 12, 341, 347; BVerfG v. 29.07.1959 – 1 BvR 394/58, BVerfGE 10, 89, 99; BVerfG v. 12.11.1958 – 2 BvL 40/56 (u.a.), BVerfGE 8, 274, 328; wohl auch BAG v. 27.10.1994 – 8 AZR 60/93, AP Einigungsvertrag Anlage I Kap. XIX Nr. 37 [unter 4. b) cc)]; DHSW-ArbR/*Becker*, GG Art. 3 Rn. 6 ff. zur Klauselkontrolle; *Belling*, Günstigkeitsprinzip, S. 74; *Blomeyer*, NZA 1996, 337, 339; Isensee/Kirchhof/HdB-StaatsR/*Cornils*, § 168 Rn. 52; *Courth*, Günstigkeitsprinzip, S. 2 f.; Huber/Voßkuhle/*Eichberger*, GG Art. 2 Rn. 116, sieht allein für unternehmerische Tätigkeiten einen Vorrang für Art. 12 GG; *Emmert*, Betriebsvereinbarungen, S. 198 f.; *Federlin*, Kollektiver Günstigkeitsvergleich, S. 66; *Hufen*/StaatsR II, § 9 Rn. 14; *Papritz*, Günstigkeitsprinzip, S. 71; *Schulze*, Günstigkeitsprinzip, S. 26.

129 Zur Nichtversetzung in der Schule, BVerfG v. 20.10.1981 – 1 BvR 640/80, BVerfGE 58, 257 [unter IV. 1. a)].

130 BVerfG v. 11.06.1958 – 1 BvR 596/56, BVerfGE 7, 377; dazu ausführlich *Krauss*, Günstigkeitsprinzip und Autonomie, S. 51 f.; BeckOK-GG/*Ruffert*, Art. 12 GG Rn. 93 ff. [m.w.N.].

131 Zur Beziehung von Verhältnismäßigkeit und Drei-Stufen-Theorie, *Kahlenborn*, JA 2016, 6, 8; Isensee/Kirchhof/HdB-StaatsR/*Kirchhof*, § 99 Rn. 214; DHS-GG/*Remmert*, GG Art. 12 Rn. 162 ff.; BeckOK-GG/*Ruffert*, Art. 12 GG Rn. 101; *Voßkuhle*, JuS 2007, 429, 430.

132 Eine zumindest reduzierte Bedeutung nehmen an, *Blomeyer*, NZA 1996, 337, 339; Jarass/Pieroth/*Jarass*, GG Art. 12 Rn. 42; *Kahlenborn*, JA 2016, 6, 8 Fn. 22; DHS-GG/*Remmert*, GG Art. 12 Rn. 163 u. Rn. 165.

133 Vgl. *Krauss*, Günstigkeitsprinzip und Autonomie, S. 49; *Hromadka*, DB 1992, 1044 sieht hingegen auch Regelungen zur Arbeitsplatzwahl, was allerdings nur bei Kündigungsbestimmungen der Fall sein könnte.

134 *Krauss*, Günstigkeitsprinzip und Autonomie, S. 51 ff.

rechts solche Ziele verfolgen und wann sie geeignet sind, diese zu erfüllen.[135] Dies entspricht auch den Schranken der Privatautonomie aus Art. 2 Abs. 1 GG, die durch die Rechte Dritter, die verfassungsmäßige Ordnung und das Sittengesetz und damit ebenfalls im Interesse des Gemeinwohls beschränkt werden kann, sofern verhältnismäßige Mittel zur Verfolgung des Ziels gewählt werden.[136] Sowohl bei Anwendung der Drei-Stufen-Theorie als auch bei Anwendung der allgemeinen Dogmatik gibt es damit zwischen Art. 12 Abs. 1 GG und Art. 2 Abs. 1 GG keine erheblichen Unterschiede, weshalb die unterschiedlichen normativen Verortungen im Ergebnis keine Relevanz erlangen.[137]

Der Schwerpunkt dieser gesetzlichen Regelungen liegt allerdings auf der Regelung allgemeiner und berufsunabhängiger Aspekte des Arbeitsvertragsverhältnisses, während die Ausübung eines speziellen Berufs durch das gesetzliche Abweichungsverbot nicht berührt wird.[138] Betroffen sind daher keine Vorgaben für die Ausübung spezifischer Tätigkeiten, mithin kein Beruf i. S. d. Art. 12 Abs. 1 GG, und auch nicht maßgeblich die Wahl[139] oder der Erhalt[140] des Arbeitsplatzes. Im Kern wird vielmehr die privatautonome Gestaltung der eigenen Rechtsbeziehungen – mithin die Vertragsfreiheit – erfasst, sodass diese Gestaltungsmacht Art. 2 Abs. 1 GG zugeordnet werden kann.[141] Dafür spricht auch die Gleichrangigkeit der Grundrechte, die der Annahme einer Spezialität grundsätzlich entgegensteht,[142] und es hat den Vorteil, dass der

---

135 Vgl. *Krauss*, Günstigkeitsprinzip und Autonomie, S. 53 ff.

136 *Hufen*/StaatsR II, § 9 Rn. 19 u. § 14 Rn. 20.

137 So auch *Blomeyer*, NZA 1996, 337, 339; *Hemming*, Aufklärungspflichten, S. 13; *Krauss*, Günstigkeitsprinzip und Autonomie, S. 61; ErfK/*Schmidt*, GG Art. 2 Rn. 7.

138 Vgl. zu einer Pflichtmitgliedschaft in der Ärztekammer, BVerfG v. 25.02.1960 – 1 BvR 239/52, BVerfGE 10, 354 [unter C. II. 2.]; *Emmert*, Betriebsvereinbarungen, S. 198 f.

139 Zu diesem Aspekt des Schutzes, BVerfG v. 24.04.1991 – 1 BvR 1341/90, BVerfGE 84, 133 [unter C. III. 1.].

140 Vgl. BVerfG v. 27.01.1998 – 1 BvL 15/87, BVerfGE 97, 169 [unter B. 3. a)].

141 In Anlehnung an *Belling*, Günstigkeitsprinzip, S. 74 f. sowie *Blomeyer*, NZA 1996, 337, 339; *Federlin*, Kollektiver Günstigkeitsvergleich, S. 66; *Emmert*, Betriebsvereinbarungen, S. 198 f.; *P. Hanau*, FS Wißmann, 27, 30 verweist auf Art. 12 GG und Art. 2 Abs. 1 GG; *Schulze*, Günstigkeitsprinzip, S. 26. Zum Ausgleich struktureller Unterlegenheit BVerfG v. 19.10.1993 – 1 BvR 567/89 (u. a.), BVerfGE 89, 214 [unter C. II. 2. b)]; BVerfG v. 16.05.1961 – 2 BvF 1/60, BVerfGE 12, 341, 347; BVerfG v. 25.02.1960 – 1 BvR 239/52, BVerfGE 10, 354 [unter C. II. 2.]; BVerfG v. 29.07.1959 – 1 BvR 394/58, BVerfGE 10, 89, 99; BVerfG v. 12.11.1958 – 2 BvL 40/56 (u. a.), BVerfGE 8, 274, 328; Huber/Voßkuhle/*Eichberger*, GG Art. 2 Rn. 116. Aber für § 14 TzBfG ausdrücklich auf Art. 12 GG verweisend, BVerfG v. 06.07.2010 – 2 BvR 2661/06, BVerfGE 128, 286 Rn. 67.

142 Huber/Voßkuhle/*Eichberger*, GG Art. 2 Rn. 116; hingegen zumindest eine Subsidiarität sieht DHS-GG/*Di Fabio*, GG Art. 2 Rn. 80, wobei der Begriff in dem Zusammenhang unklar ist.

grundrechtliche Schutz unabhängig von der Staatsbürgerschaft (in gleicher Weise) besteht.[143] Regelungen zum Ausgleich der strukturellen Unterlegenheit des Arbeitnehmers werden daher im Folgenden unter Art. 2 Abs. 1 GG subsumiert.[144]

2. Berechtigung zur Schaffung unabdingbaren Arbeitsvertragsrechts

a) Eingriff in die Arbeitsvertragsfreiheit

Fraglich ist mithin, inwieweit es dem Gesetzgeber zusteht, die Arbeitsvertragsbeziehung nicht nur durch dispositive Vorschriften zu ordnen, sondern zwingende Vorgaben für deren Ausgestaltung zu machen. Selbst wenn es sich dabei lediglich um einseitig zwingendes Recht handelt, wird dadurch jedenfalls die arbeitsvertragliche Gestaltungsfreiheit beeinträchtigt[145] und mithin in den Schutzbereich der Arbeitsvertragsfreiheit eingegriffen.[146] Ein solcher Eingriff ist rechtmäßig, wenn er zugunsten der Rechte Dritter, der verfassungsmäßigen Ordnung, des Sittengesetzes und mithin im Interesse des Gemeinwohls erfolgt.[147] Dabei kommt eine Reihe von Zielen in den Blick, die neben der Sicherung der Tarifautonomie, der innerbetrieblichen Demokratie, der Wirtschaftsförderung und weiterer Ziele im öffentlichen Interesse[148] insbesondere den Arbeitnehmerschutz einschließt. Letzterer wurde ferner als zentrale teleologische Grundlage des Günstigkeitsprinzips erkannt, weshalb er auch als Maßstab der verfassungsrechtlichen Bewertung herangezogen wird. Darüber hinaus wird auch dazulegen sein, wie sich andere Zwecke auf die Rechtmäßigkeit eines Eingriffs auswirken, aber auf spezifische Ziele wird erst bei der Betrachtung einzelner Kodifikationen des Günstigkeitsprinzips eingegangen.

Das Ziel des Arbeitnehmerschutzes liegt im Interesse des Gemeinwohls und kann sich auf das Sozialstaatsgebot des Art. 20 Abs. 1, 28 Abs. 1 GG

---

[143] *Emmert*, Betriebsvereinbarungen, S. 200.

[144] Für Unternehmer auf Art. 12 Abs. 1 GG verweisend, BVerfG v. 11.07.2006 – 1 BvL 4/00, BVerfGE 116, 202 Rn. 78; BVerfG v. 18.11.2003 – 1 BvR 302/96, BVerfGE 109, 64 [unter C. 1.].

[145] Zum Eingriffscharakter gänzlich dispositiver Regelungen, *Möslein*, Dispositives Recht, S. 382 ff.

[146] Statt vieler *Firnhaber*, Günstigkeitsprinzip, S. 5; *Käppler*, NZA 1991, 745, 749; *Krauss*, Günstigkeitsprinzip und Autonomie, S. 59. Vgl. auch *Seiwerth*, Gestaltungsfreiheit in Tarifverträgen, S. 88 f. zum Eingriffscharakter dispositiven Rechts.

[147] *Hufen*/StaatsR II, § 9 Rn. 19 u. § 14 Rn. 20.

[148] Vgl. BAG v. 27.10.1994 – 8 AZR 60/93, AP Einigungsvertrag Anlage I Kap. XIX Nr. 37 [unter 4. b) cc)].

stützen.[149] Es ist daher ein Verfassungsgut, das zur Einschränkung der Arbeitsvertragsfreiheit herangezogen werden kann.[150] Dies zeigt sich auch bei Eingriffen in die Privatautonomie zugunsten der Tarifautonomie, bei denen die Koalitionsfreiheit aus Art. 9 Abs. 3 GG als Ausdruck der sozialstaatlichen Ordnung[151] den Eingriff in die Vertragsfreiheit rechtfertigt.[152] Ferner können die Regelungen als Schutz der (restlichen) Arbeitsvertragsfreiheit des Arbeitnehmers verstanden werden[153] und dienen im Einzelfall der Verwirklichung spezifischer Grundrechte. Grundsätzlich rechtfertigt der Arbeitnehmerschutz daher einen Eingriff in die Vertragsfreiheit[154] und muss sich dabei nicht auf eine Minimalgesetzgebung oder die bloße Existenzsicherung der Arbeitnehmer beschränken[155].

b) Arbeitnehmerschutz als legitimer Zweck

aa) Kritik an der Annahme der strukturellen Unterlegenheit

Die Gesetzgebung zum Arbeitnehmerschutz wird teilweise kritisch gesehen und hinterfragt, inwieweit diese gesetzliche Zielsetzung in einer veränderten Arbeitswelt noch gerechtfertigt ist.[156] Arbeitnehmer hätten infolge einer allgemein gestiegenen Bildung und der demografischen Entwicklung eine bessere Verhandlungsposition als zum Zeitpunkt der Entwicklung des Arbeitnehmerschutzes und mittlerweile könne nicht mehr von einer strukturellen Unterle-

---

149 BVerfG v. 19.10.1993 – 1 BvR 567/89 (u.a.), BVerfGE 89, 214 [unter C. II. 2. b)]; BVerfG v. 07.02.1990 – 1 BvR 26/84, BVerfGE 81, 242 [unter C. I. 3.]; BAG v. 22.01.2002 – 9 AZR 601/00, BAGE 100, 189 [unter A. II. 2. b)].

150 Siehe nur, *Romatka*, Unabdingbarkeit im Urlaubsrecht, S. 38 f.

151 BeckOK-GG/*Rux*, GG Art. 20 Rn. 208.

152 Statt vieler *Belling*, Günstigkeitsprinzip, S. 66 sowie *Heinze*, NZA 1991, 329, 330.

153 Vgl. BVerfG v. 19.10.1993 – 1 BvR 567/89 (u.a.), BVerfGE 89, 214 [unter C. II. 2. b)]; zur Berufsfreiheit, BVerfG v. 07.02.1990 – 1 BvR 26/84, BVerfGE 81, 242 [unter C. I. 3.]. Dazu auch Teil 1 § 2 Abschnitt A.

154 Vgl. BVerfG v. 11.04.2018 – 1 BvR 3080/09, BVerfGE 148, 267 Rn. 32 [m.w.N.]; *Firnhaber*, Günstigkeitsprinzip, S. 6.

155 Für § 4 Abs. 3 Alt. 2 TVG, *Belling*, Günstigkeitsprinzip, S. 163 f. unterscheidet nur mit gradueller Bedeutung zwischen minimal und verteilenden Gesetzen. NK-GArbR/*Maul-Sartori*, AEUV Art. 153 Rn. 12, zum Unionsrecht.

156 Vgl. nur *Annuß*, RdA 2024, 193, 196 sieht einen Tunnelblick auf die Arbeitssituation; *Burkiczak*, Deregulierung, S. 86 ff. u. S. 239, mit einer umfassenden Darstellung der verschiedenen Stimmen und dezidierte Ablehnung des Schutzbedarfs; *Löwisch*, BB 1991, 59; *Reuter*, FS Dieterich, 473, 474 f.; *Rolfs*, Gutachten B zum 74. DJT, S. 36 ff.; *Thüsing*, FS Wiedemann, 559, 585. Vgl. auch die Überlegungen bereits bei *Ramm*, KJ 1970, 175, 181.

genheit ausgegangen werden.[157] Darauf basierende Eingriffe in die Arbeitsvertragsfreiheit werden daher – gerade im Tarifrecht – kritisch betrachtet und ein zurückhaltender Einsatz bindender Regelungen gefordert.[158] Andernfalls gerate der Arbeitnehmerschutz in den Widerspruch zum Schutz der Freiheit der Arbeitnehmer,[159] stünde der Flexibilisierung des Arbeitsrechts entgegen und missachte damit sozio-ökonomische Bedürfnisse.[160] Mit der Privatautonomie sei ein paternalistischer Schutz des Arbeitnehmers vor sich selbst nicht zu vereinbaren, weshalb der Entscheidung der Arbeitnehmer mehr Raum gelassen werden müsse.[161] Die Arbeitsrechtsbeziehung müsse als gleichberechtigte Vertragsbeziehung neu gedacht werden.[162]

bb) Notwendigkeit der flexiblen Rechtsgestaltung

Zutreffend daran ist, dass eine freiheitliche Rechtsordnung die außerrechtlichen Unterschiede der verschiedenen Akteure nicht gänzlich nivelliert und dass die Gleichheit vor dem Gesetz keine Uniformität der Ergebnisse vertraglicher Gestaltung bewirkt.[163] Das Wechselspiel vertraglicher Chancen und Risiken ist keine unerwünschte Folge der freiheitlichen Gestaltung privatrechtlicher Beziehungen, sondern ihre Essenz und die Verantwortung für die Folgen ist die Gegenseite des Rechts zur Selbstbestimmung.[164] Das Zivilrecht soll nicht jedes schlechte Geschäft verhindern,[165] sondern einen Rahmen setzen, der die Vereinbarung interessengerechter Ergebnisse ermöglicht, wobei die Bewertung des Ergebnisses den Parteien obliegt. Ein Eingriff in dieses freie Spiel soll lediglich dann erfolgen, wenn die Ungleichgewichte den Einfluss einer Seite auf die vertragliche Gestaltung so weit reduzieren, dass der

157 *Heinze*, NZA 1991, 329, 334; *Schorn*, Günstigkeitsprinzip neuer Art, S. 88, S. 197f. sowie S. 200.

158 *Thüsing*, FS Wiedemann, 559, 568; *Höpfner*, NZA 2024, 1081, 1084; *Rolfs*, Gutachten B zum 74. DJT, S. 36f., S. 41ff. u. S. 93. Im Sinn eine Loslösung vom Statusdenken, *Annuß*, RdA 2024, 193, 201. In diese Richtung gehen auch die Auffassungen, die subjektive Elemente im Rahmen des Günstigkeitsvergleichs befürworten, vgl. *Heinze*, NZA 1991, 329, 334; *Krauss*, Günstigkeitsprinzip und Autonomie, S. 112; *Schorn*, Günstigkeitsprinzip neuer Art, S. 88.

159 *Annuß*, RdA 2024, 193, 201; *P. Hanau*, FS Wißmann, 27, 30f.

160 *Annuß*, RdA 2024, 193, 200f.; *Natzel*, NZA 2003, 835.

161 *Annuß*, RdA 2024, 193, 201; *Heinze*, NZA 1991, 329ff.; *Joost*, ZfA 1984, 173, 183; *Löwisch*, BB 1991, 59; *Thüsing*, FS Wiedemann, 559, 568 und 583.

162 *Annuß*, RdA 2024, 193, 204.

163 Statt vieler *Kähler*, Abdingbares Recht, S. 265f.; DHS-GG/*P. Kirchhof*, GG Art. 3 Abs. 1 Rn. 184f.; *Weitnauer*, Schutz des Schwächeren, S. 15.

164 Vgl. DHS-GG/*P. Kirchhof*, GG Art. 3 Rn. 184ff.

165 Vgl. *Kähler*, Abdingbares Recht, S. 262f.; *C. Schubert*, Arbeitnehmerähnliche Personen, S. 135.

Vertrag nicht als Freiheitsausübung verstanden werden kann.[166] In diesen Fällen fehlt den Ergebnissen der Vereinbarung die freiheitliche Legitimation, womit sie auch keine Gewähr für ein angemessenes Ergebnis bieten.[167] Abseits dieser Fälle ist das freie Spiel der gesellschaftlichen Akteure nicht zu beschränken, damit der Schutz nicht in den Widerspruch zur freiheitlichen Ordnung und den Interessen der Arbeitsvertragsparteien gerät,[168] zumal das Arbeitsrecht auch eine erhebliche Bedeutung für die wirtschaftliche Ordnung und Entwicklung einer Gesellschaft hat[169]. Daher ist es auch wichtig, nicht nur den Vertragstyp, sondern auch das jeweilige Vertragsstadium und seine Besonderheiten zu berücksichtigen.[170]

cc) Veränderte Rahmenbedingungen

Zutreffend ist auch, dass das die Annahme der strukturellen Unterlegenheit des Arbeitnehmer wie jede pauschalisierende und tradierte Betrachtung grundsätzlich auf ihre Übereinstimmung mit den aktuellen Umständen zu hinterfragen ist.[171] Veränderte gesellschaftliche Umstände[172] und insbesondere der demografische Wandel[173] führen dabei tendenziell dazu, dass sich das Angebot der Arbeitskräfte verknappt und sich die Verhandlungsposition

---

166 *Belling*, Günstigkeitsprinzip, S. 18; *v. Gierke*, Soziale Aufgabe des Privatrechts, S. 28 f.; *Preis*, FS Dieterich 429, 441; *Radebruch*, Rechtsphilosophie, S. 243.

167 Grundlegend, *Schmidt-Rimpler*, AcP 147 (1941), 130, 149 ff.; dazu auch *Preis*, FS Dieterich 429, 441. Zur Kritik, *Huber*, Verfassungsrechtliche Bedeutung der Vertragsfreiheit, S. 15 sowie *Ulber*, Tarifdispositives Gesetzesrecht, S. 464 f., der zutreffend darauf hinweist, dass der Begriff der Richtigkeitsgewähr zu weitgehend ist. Sinn macht er nur als verneinende Formulierung, aber auch bei ausgeglichenen Lagen wird lediglich die Chance der Richtigkeit erhöht.

168 Allgemein, *Kähler*, Abdingbares Recht, S. 262 f.; *Weitnauer*, Schutz des Schwächeren, S. 34 Fn. 52 sowie S. 49. Zum Arbeitsrecht, *Thüsing*, FS Wiedemann, 559, 562 und 585. Zum Tarifrecht, *Natzel*, NZA 2003, 835. Zum Schutzumfang des Mietrechts, *Weitnauer*, Schutz des Schwächeren, S. 28 ff.; auch im Verbraucherschutzrecht wird darauf hingewiesen, dass der Schutz insb. dem Interesse des Verbrauchers an niedrigen Preisen entgegensteht, dazu die Darstellung bei BeckOGK/*Alexander*, BGB § 13 Rn. 45.1; *Nobbe*, Günstigkeitsprinzip im Verbrauchervertragsrecht, S. 2 ff.; gänzlich entgegengesetzt, *Schwarz*, VuR 2013, 123.

169 *Annuß*, RdA 2024, 193, 194.

170 Vgl. *Simon*, Verzicht, S. 262 ff., mit situationsspezifischer Typisierung.

171 Dazu nur *Annuß*, RdA 2024, 193, 194; *Höpfner*, NZA 2024, 1081, 1082; bereits *Ramm*, KJ 1970, 175, 181; in dem Sinn auch *Weitnauer*, Anm. zu BAG v. 10.03.1972, AP BGB § 242 Ruhegehalt Nr. 156 mit einem Beispiel aus der Entwicklung des (römischen) Kaufrechts. Vgl. auch *Di Fabio*, DNotZ 2006, 342 347; *Kähler*, Abdingbares Recht, S. 260 ff.; *Möslein*, Dispositives Recht, S. 170.

172 *Sutschet*, RdA 2023, 1575, 1576.

173 *Höpfner*, NZA 2024, 1081, 1082; *Sutschet*, RdA 2023, 1575, 1576. Zu Entwicklungen und Auswirkungen auf den Arbeitsmarkt, *Over*, Altersdiskriminierung, S. 39 ff.

der Arbeitnehmer im Durchschnitt verbessert.[174] Verallgemeinernd lässt sich auch davon ausgehen, dass Arbeitnehmer besser gebildet sind und mehr Möglichkeiten haben, sich über ihre Rechte zu informieren, sodass ihre Situation nicht mit der eines Arbeitnehmers des frühen 20. Jh. vergleichbar ist.[175] In besonders begehrten Berufen ist gleichzeitig die Bedeutung des einzelnen Arbeitnehmers gestiegen und über dies entstehen teilweise Angebotsmärkte.[176] Arbeitnehmer haben daher einen gestiegenen Einfluss auf den Vertragsinhalt,[177] womit sich im Gegenzug der Schutzbedarf im Einzelfall reduzieren kann.[178] Es steht angesichts der Zwänge der generalisierenden Gesetzgebung aber auch nicht grundsätzlich im Widerspruch zur freiheitlichen Rechtsordnung, wenn die typisierende Annahme im Einzelfall individuellen (Schutz-) Bedürfnissen nicht entspricht[179].

dd) Strukturelles Grundproblem der Arbeitsbeziehung

Es lässt sich jedoch bereits nicht feststellen, inwieweit die Veränderungen auch auf dem gesetzlichen Schutz beruhen, womit die Gefahr eines Präventionsparadoxons[180] entsteht.[181] Ferner können die Umstände durch wirtschaftliche Krisen schnell verändert werden,[182] diese nicht alle Probleme des Ar-

---

174 So schon BVerfG v. 17.08.1956 – 1 BvB 2/51, BVerfGE 5, 85, 204; zustimmend, *Schorn*, Günstigkeitsprinzip neuer Art, S. 88. Vgl. auch *Höpfner*, NZA 2024, 1081, 1082.

175 Dazu nur *Schorn*, Günstigkeitsprinzip neuer Art, S. 201; ebenso die Einschätzung von, *Heinze*, NZA 1991, 329, 334.

176 *Höpfner*, NZA 2024, 1081, 1082.

177 *Stöhr*, RdA 2014, 307, 309 u. 314 zu historischen Beispielen.

178 Zutreffend aber *Ulber*, Tarifdispositives Gesetzesrecht, S. 149, der darauf hinweist, dass anekdotische Beispiele nicht maßgeblich sind.

179 BVerfG v. 19.10.1993 – 1 BvR 567/89, BVerfGE 89, 214 [unter C. II. 2. b)]; BVerfG v. 07.02.1990 – 1 BvR 26/84, BVerfGE 81, 242 [unter C. III. 1.]; BVerfG v. 29.11.1961 – 1 BvR 758/75, BVerfGE 13, 230 [unter II. 2. c)]. Aus der Literatur, *Höpfner*, NZA 2024, 1081, 1083; Möslein/Private Macht/*Kocher*, S. 244 f.; BeckOGK/*Maties*, § 611a BGB Rn. 214; ErfK/*Schmidt*, GG Art. 2 Rn. 17. So aber *Annuß*, RdA 2024, 193, 200 f. u. 203 zum Kündigungsschutz und zur Arbeitszeit. Die Grundlage der Gesetzgebung ist aber nicht „die Behauptung eines individuellen Schutzbedürfnisses", sondern eine generalisierende Annahme.

180 Zum Begriff VG München v. 20.07.2023 – M 26b S 23.564, BeckRS 2023, 18752 Rn. 39.

181 In dem Sinn auch *Ulber*, Tarifdispositives Gesetzesrecht, S. 152. Denkbar ist der Verweis auf das Gesetzesrecht daher allein gegenüber Tarifverträgen, so bei *Burkiczak*, Deregulierung, S. 239.

182 Vgl. *Höpfner*, NZA 2024, 1081, 1082. Dazu auch *Höland/Reim/Brecht*, Flächentarifvertrag, S. 94, zu undurchsichtigen Maßnahmen des Krisenmanagements als Gefahr für den Arbeitnehmerschutz.

beitsrechts begründen[183] und die Veränderungen gelten vor allem für begehrte Berufe, während daneben prekäre Arbeitsverhältnisse existieren[184]. Darüber hinaus kann auch der Arbeitskräftemangel ein Grund für die Vereinbarung unangemesser einseitiger Regelungen mit den Arbeitnehmern sein[185] und bei langen Arbeitsverhältnissen bildet sich ebenfalls ein Machtverhältnis,[186] sodass auch unter veränderten Bedingungen und für begehrte Arbeitnehmer ein Schutzbedarf besteht.[187] Nicht zuletzt sind mit den veränderten Bedingungen auch eigene Gefahren verbunden.[188]

Ferner ist das Arbeitsverhältnis häufig die einzige Einkommens- und mithin die Existenzgrundlage des Arbeitnehmers[189] und es dient auch persönlichen Aspekten wie der Selbstverwirklichung,[190] während das einzelne Arbeitsverhältnis für den Arbeitgeber nur ein Teilaspekt der Wertschöpfung ist und für ihn wirtschaftliche Interessen maßgeblich sind[191]. Regelmäßig kann der Arbeitnehmer daher weniger auf den Vertragsschluss verzichten als der Arbeitgeber und gerade diese unterschiedliche Bedeutung der Leistung für die Vertragsparteien ist ein Aspekt der den Schutzbedarf begründet.[192] Berücksichtigt man noch die persönliche Abhängigkeit des Arbeitnehmers im Rahmen der arbeitsvertraglichen Beziehung,[193] die Einwirkungsmöglichkeiten auf den sozialen Status der Arbeitnehmer[194] sowie die Mobilitätshemmnisse und -kos-

---

183 Vgl. *Sutschet*, RdA 2023, 1575, 1576.

184 Insoweit sind die Feststellungen von *Ramm*, KJ 1970, 175, 181, weiterhin gültig.

185 Vgl. die Vereinbarung zur Bindung an den Betrieb in BAG v. 06.12.1963 – 5 AZR 169/63, BAGE 15, 153; dazu auch *Kaindl/Nickel*, NZA 2022, 1081 ff.

186 Zu den Aspekten, Möslein/Private Macht/*Kocher*, S. 245 f.; *Ramm*, KJ 1970, 175, 181, nimmt sogar eine verstärkte Abhängigkeit an.

187 *Ulber*, Tarifdispositives Gesetzesrecht, S. 138 ff.

188 Ausführlich *Schubert/Rieger*, Disruption, S. 53 ff.; dazu auch *v. Westphalen*, BB 2021, 1410, 1418 f.

189 Möslein/Private Macht/*Kocher*, S. 244 f.; BeckOGK/*Maties*, BGB § 611a Rn. 214; *Mosing*, Günstigkeitsprinzip, S. 1; *Nobbe*, Günstigkeitsprinzip im Verbrauchervertragsrecht, S. 177 u. S. 185 f.

190 *Krimphove*/EU-Arbeitsrecht, Rn. 6; *Nobbe*, Günstigkeitsprinzip im Verbrauchervertragsrecht, S. 178 f.; dazu auch *Huber*, Verfassungsrechtliche Bedeutung der Vertragsfreiheit, S. 13 zum Vertrag als Mittel der Persönlichkeitsentfaltung im Allgemeinen.

191 Zutreffend weist *Kähler* darauf hin, dass auch die Bereitschaft der stärkeren Verhandlungspartner die Schwäche auszunutzen, zu berücksichtigen ist, *Kähler*, Abdingbares Recht, S. 266 f. Insoweit fehlt es aber an Untersuchungen.

192 Vgl. *Merz*, Privatautonomie heute, S. 6 f.

193 *Hueck/Nipperdey*, Arbeitsrecht, I S. 26; Möslein/Private Macht/*Kocher*, S. 246 f. Zu den Veränderungen in diesem Zusammenhang, *Reuter*, FS Dieterich, 473 ff.

194 *Ramm*, KJ 1970, 175, 181.

ten, die ein Arbeitsplatzwechsel auch für begehrte Arbeitnehmer bedeutet,[195] bestehen weiterhin Ungleichgewichte im Arbeitsverhältnis. Diese Ungleichgewichte sowie die Frage nach dem richtigen Ausmaß des normativen Schutzes prägen weiterhin das Arbeitsrecht[196] und zutreffend hat Ulber dies als „zeitloses Grundproblem“[197] beschrieben, dessen Ursachen in Umständen liegen, die dem (Arbeits-)Markt immanent sind. Grundsätzlich beschränkt sich die Vertragsfreiheit des Arbeitnehmers daher weiterhin auf die Abschlussfreiheit, während nur vereinzelt inhaltliche Gestaltungsmöglichkeiten bestehen,[198] sodass grundsätzlich auch eine hinreichende Rechtfertigung für arbeitnehmerschützende Regelungen vorhanden ist.[199]

Die grundrechtliche Gestaltungsmacht wird dabei aber allein wegen der Imparität der Vertragsparteien und nicht wegen der begrenzten Fähigkeiten des Arbeitnehmers eingeschränkt.[200] Es werden daher auch die intellektuellen Fähigkeiten des Arbeitnehmers nicht unterschätzt.[201] Vielmehr verkennt die bloße Betrachtung der intellektuellen Einsicht die Beschränkung der Handlungsfreiheit, die sich aus der unterschiedlichen Marktmacht der Akteure ergibt.[202] Diese Unterschiede können sich unabhängig von der Bildung und den rechtlichen Positionen des Arbeitnehmers zu wirtschaftlichen und sozialen Zwängen verdichten,[203] die entgegen besserem Wissen und trotz unrechtmäßigen Zwangs dazu führen können, dass unangemessene Arbeitsbedingungen

---

[195] *Käppler*, NZA 1991, 745, 747. In dem Sinn auch Möslein/Private Macht/*Kocher*, S. 245 f.

[196] Die Debatte begann faktisch mit der Entwicklung des normativen Arbeitsrechts, vgl. *Kronenberg*, Ausnahmen der Unabdingbarkeit, S. 30 f. Sie setzt sich seitdem fort, *Burkiczak*, Deregulierung, S. 87 ff. mit einem Überblick über die Stimmen. Im Sinn einer Selbstreflektion ist sie dem Schutzgedanken immanent, wie auch die Betrachtungen im Verbraucherschutz- und Mietrecht zeigen.

[197] *Ulber*, Tarifdispositives Gesetzesrecht, S. 153.

[198] *M. Weber*, Rechtssoziologie, 170; *Ulber*, Tarifdispositives Gesetzesrecht, S. 34 u. S. 144 f.

[199] Vgl. *Höland/Reim/Brecht*, Flächentarifvertrag, S. 94; *Ventura-Heinrich*, Nachweis wesentlicher Vertragsbedingungen, S. 226 für das NachwG; *Käppler*, NZA 1991, 745, 747, für einseitige tarifvertragliche Regelungen.

[200] Zur Unterscheidung und kritisch zur Imparität, Möslein/Private Macht/*Huber*, S. 127 u. S. 130.

[201] So die Annahme aber bei, *Burkiczak*, Deregulierung, S. 234 ff.; *Höpfner*, NZA 2024, 1081, 1086 sowie *Schorn*, Günstigkeitsprinzip neuer Art, S. 200.

[202] *Belling*, Günstigkeitsprinzip, S. 34.

[203] Diese Zwänge werden jedenfalls nur in einem geringen Umfang berücksichtigt, wenn der Arbeitnehmer auf den Strafrechtsweg verwiesen wird. So aber *Schorn*, Günstigkeitsprinzip neuer Art, S. 143 f.; ähnlich *Käppler*, NZA 1991, 745, 751; *Löwisch*, NZA 1989, 959, 960. Auch das Maßregelungsverbot hilft dann nicht weiter, so aber *Höpfner*, NZA 2024, 1081, 1086.

abgeschlossen werden.[204] Einer Flexibilisierung arbeitsrechtlicher Vorschriften steht diese Annahme aber auch nicht prinzipiell entgegen.[205]

ee) Bedeutung des Prognose- und Einschätzungsspielraums des Gesetzgebers

Als Ausdruck des Demokratieprinzips und der demokratischen Legitimation des Gesetzgebers steht diesem bei der Beschränkung von Grundrechten ferner ein Einschätzungs- und Beurteilungsspielraum zu,[206] der sich auch auf die Auswahl der verfolgten Ziele bezieht.[207] Diesem kommt sowohl bei der Identifizierung von Handlungsbedarfen als auch bei der Auswahl seiner Mittel ein weiter Einschätzungsspielraum zu,[208] der im Rahmen der Grundrechtsschranken bei Eingriffen in die Arbeitsvertragsfreiheit zu beachten[209] und gerade bei Maßnahmen der Arbeitsmarkt-, Sozial- und Wirtschaftsordnung zu respektieren ist[210]. Damit werden die Entscheidungen des Gesetzgebers zwar nicht der gerichtlichen Kontrolle entzogen, jedoch können nur offensichtliche Fehleinschätzungen zur Verfassungswidrigkeit einer Regelung führen.[211] So-

---

204 Vgl. *Belling*, Günstigkeitsprinzip, S. 34; *Buschmann*, NZA 1990, 387, 388; *Wiedemann*, FS Wißmann, 185, 191.

205 Zur Flexibilisierung über Mitwirkungspflichten, *Roloff*, NZA 2024, 1098, 1101 f.; *Sutschet*, RdA 2023, 1575, 1577. In der Kritik steht das Arbeitszeitrecht, in dem das Günstigkeitsprinzip keine Anwendung findet. Dazu *Annuß*, RdA 2024, 193, 203; *Höpfner*, NZA 2024, 1081, 1085. *Sutschet*, NZA 2023, 1575, 1576 ff.

206 BVerfG v. 13.01.1982 – 1 BvR 848/77 (u. a.), BVerfGE 59, 231 [unter B. II. 2. bb)]; *Enders*, Freiheit und Repräsentation, S. 19 ff.; BeckOK-GG/*Rux*, GG Art. 20 Rn. 115 ff.; *Ulber*, Tarifdispositives Gesetzesrecht, S. 410 ff.

207 BVerfG v. 19.11.2021 – 1 BvR 781/21, BVerfGE 159, 223 Rn. 142; BeckOK-GG/*Rux*, GG Art. 20 Rn. 195; ErfK/*Schmidt*, GG vor Art. 1 Rn. 28; kritisch allgemein, *Ulber*, Tarifdispositives Gesetzesrecht, S. 410 ff.

208 Allgemein, BVerfG v. 19.11.2021 – 1 BvR 781/21, BVerfGE 159, 223 Rn. 142. Zum Ausgleich struktureller Unterlegenheit, BVerfG v. 19.10.1993 – 1 BvR 567/89 (u. a.), BVerfGE 89, 214 [unter C. II. 2. b)]; zur Berufsfreiheit, BVerfG v. 07.02.1990 – 1 BvR 26/84, BVerfGE 81, 242 [unter C. I. 3.]; zum Sozialstaatsprinzip und der Weiterentwicklung des Schutzgedankens, BVerfG v. 25.02.1960 – 1 BvR 239/52, BVerfGE 10, 354 [unter C. II. 3. c)]; Huber/Voßkuhle/*Eichberger*, GG Art. 2 Rn. 117.

209 Statt vieler *Krauss*, Günstigkeitsprinzip und Autonomie, S. 55 f. sowie *Schorn*, Günstigkeitsprinzip neuer Art, S. 155.

210 BVerfG v. 19.11.2021 – 1 BvR 781/21, BVerfGE 159, 223 Rn. 216 f.; BVerfG v. 14.01.2015 – 1 BvR 931/12, BVerfGE 138, 261 Rn. 59; BVerfG v. 11.07.2006 – 1 BvL 4/00, BVerfGE 116, 202 Rn. 92; BVerfG v. 03.04.2001 – 1 BvL 32/97, BVerfGE 103, 293 [unter B. 3. b)]; *Gamillscheg*, Anm. zu BAG v. 27.04.1988, AP BeschFG 1985 § 1 Nr. 4; *Gitter*, FS Zöllner, 737, 748.

211 Huber/Voßkuhle/*Eichberger*, GG Art. 2 Rn. 117; in dem Sinn auch *Krauss*, Günstigkeitsprinzip und Autonomie, S. 55 f.

lange die Einschätzung des Gesetzgebers nicht insoweit verfehlt ist, ist die Wertung des Gesetzgebers hinzunehmen, selbst wenn die Annahmen stark generalisierend und im Einzelfall nicht zutreffend sind.[212]

Angesichts dieses Spielraums des Gesetzgebers und im Licht der getroffenen Überlegungen ist nicht ersichtlich, dass die Annahme eines strukturellen Ungleichgewichts im Arbeitsverhältnis diese Grenze überschreitet. Dies gilt grundsätzlich unabhängig vom Schutzniveau, auch wenn für tarifrechtliche Normen aus dem Niveau der Absicherung teilweise abgeleitet wird, dass diese nicht allein dem Arbeitnehmerschutz dienen und sie deshalb partiell zur Disposition der Arbeitsvertragsparteien stehen müssten.[213] Durch die Ableitung des Schutzzwecks aus dem Schutzniveau wird jedoch die Bewertung des Rechtsanwenders über den Umfang des notwendigen Arbeitnehmerschutzes zum Maßstab der Rechtsanwendung gemacht und mithin die objektive Zwecksetzung des normativen Rechts unterlaufen. Der Rechtsanwender ist aber nicht berechtigt, den besonders legitimierten Einschätzungsspielraum des Gesetzgebers durch eine eigene Wertung zu ersetzen, weshalb eine solche Betrachtung jedenfalls im Gesetzesrecht ausgeschlossen ist. Ferner ist abseits des Fokus der Arbeit darauf hinzuweisen, dass auch den Tarifvertragsparteien aufgrund ihrer besonderen Sachnähe sowie der besonderen Legitimation ein geschützter Bewertungsspielraum zukommt.[214] Das bedeutet nicht, dass diese Wertungen und die Schutzrichtung des Arbeitsrechts nicht regelmäßig überprüft werden müssen, jedoch kann der Rechtsanwender den Rechtssetzer dabei nur beraten[215] und nicht ersetzen.[216]

c) *Verhältnismäßigkeit des Eingriffs*

Selbst wenn die Annahme einer strukturellen Unterlegenheit im Einzelfall nicht zutrifft, ist die Verfolgung eines sozialstaatlich begründeten Arbeitnehmerschutzes somit ein legitimes Ziel abstrakt generalisierender Gesetzgebung,[217]

---

[212] BAG v. 08.12.1988 – 2 AZR 308/88, BAGE 60, 282 [unter 1. B) cc)]; *Gamillscheg*, Anm. zu BAG v. 27.04.1988, AP BeschFG 1985 § 1 Nr. 4.

[213] In dem Sinn zu tariflichen Arbeitszeitregelungen, *Krauss*, Günstigkeitsprinzip und Autonomie, S. 30f.; vgl. auch *Löwisch*, DB 1991, 59f.; *T. B. Schmidt*, Günstigkeitsprinzip, S. 138.

[214] BAG v. 03.07.2019 – 10 AZR 300/18, AP BGB § 611 Gratifikation Nr. 317, Rn. 19.

[215] Beachtenswert der eher analytische Ansatz und die Ergebnisse zu den Versagensgründen zwingenden Rechts bei, *Bechtold*, Zwingendes Vertragsrecht, S. 307ff.

[216] *Annuß*, RdA 2024, 193, 194f. auch zu unterschiedlichen Grenzen rechtlicher und politischer Betrachtungen.

[217] *Ulber*, Tarifdispositives Gesetzesrecht, S. 149.

das Arbeitnehmerschutzvorschriften rechtfertigen kann.[218] Der Eingriff ist jedoch insgesamt nur gerechtfertigt, wenn die jeweilige Regelung für die Erreichung des Ziels verhältnismäßig ist.[219] Die Regelung muss deshalb geeignet sein, das gesetzliche Ziel zu erreichen, darf aber nicht das erforderliche und angemessene Maß überschreiten (Übermaßverbot).[220] Dabei ist eine Maßnahme bereits geeignet, wenn der gewünschte Erfolg gefördert wird und jedenfalls die Möglichkeit zur Zielerreichung besteht, sodass es ausreichend ist, wenn eine Maßnahme nicht objektiv oder schlechthin ungeeignet ist.[221] Ausgehend vom Schutzzweck des Arbeitsrechts, ist ein Abweichungsverbot ein geeignetes Mittel des Arbeitnehmerschutzes, wenn es ein angemessenes Niveau der Arbeitsbedingungen absichert und mithin Mindestarbeitsbedingungen schafft. Im Licht der Teilnichtigkeit abweichender Regelungen erweisen sich auch die Rechtsfolgen des Verbots als erforderlich und angemessen, sodass es insgesamt verhältnismäßig und damit der Eingriff materiell gerechtfertigt ist.[222]

Ein Verbot von Abweichungen zugunsten des Arbeitnehmers würde jedoch Höchstarbeitsbedingungen schaffen und den Arbeitsvertragsparteien jede Abweichungsmöglichkeit nehmen. Zur Absicherung der Angemessenheit der Arbeitsbedingungen und mithin zum Arbeitnehmerschutz kann dies keinen Beitrag leisten, sondern vielmehr steht es deren weiterer Verbesserung entgegen. Höchstarbeitsbedingungen und ein entsprechendes Abweichungsverbot sind daher nicht geeignet, einen Ausgleich zur strukturellen Unterlegenheit der Arbeitnehmer zu gewährleisten.[223] Günstigere Arbeitsbedingungen sind

---

[218] BVerfG v. 19.10.1993 – 1 BvR 567/89, BVerfGE 89, 214 [unter C. II. 2. b)]; BVerfG v. 07.02.1990 – 1 BvR 26/84, BVerfGE 81, 242 [unter C. III. 1.]; BVerfG v. 25.02.1960 – 1 BvR 239/52, BVerfGE 10, 354 [unter C. II. 3. c)]. Vgl. *Höpfner*, NZA 2024, 1081, 1083; Möslein/Private Macht/*Kocher*, S. 244 f. Zum Verhältnis des Gesetzesrechts zu Art. 9 Abs. 3 GG, BVerfG v. 11.07.2006 – 1 BvL 4/00, BVerfGE 116, 202 Rn. 86 f.; *Belling*, Günstigkeitsprinzip, S. 163; *Reuß*, AuR 1958, 321, 327.

[219] Isensee/Kirchhof/HdB-StaatsR/*Hillgruber*, § 201 Rn. 51 ff.; *Hufen*/StaatsR II, § 9 Rn. 14; ErfK/*Schmidt*, GG vor Art. 1 Rn. 26 u. Art. 2 Rn. 15.

[220] Vgl. BVerfG v. 06.06.1989 – 1 BvR 921/85, BVerfGE 80, 137 [unter C. I. 3. a)]; DHS-GG/*Grzeszick*, GG Art. 20 Rn. 113 ff.; *Hufen*/StaatsR II, § 9 Rn. 14 ff.; Isensee/Kirchhof/HdB-StaatsR/*Isensee*, § 191 Rn. 136 f.; BeckOK-GG/*Rux*, GG Art. 20 Rn. 192 ff.; ErfK/*Schmidt*, GG vor Art. 1 Rn. 27.

[221] BVerfG v. 26.10.2011 – 1 BvR 2075/11, BeckRS 2011, 56237 Rn. 7; BVerfG v. 03.04.2001 – 1 BvL 32/97, BVerfGE 103, 293 [unter B. 3. b)]; BVerfG v. 23.01.1990 – 1 BvL 44/86, 1 BvL 48/87, BVerfGE 81, 156 [unter C. II. 1. c) aa)].

[222] Für die zwingende Wirkung tarifvertraglicher Normen, *Schorn*, Günstigkeitsprinzip neuer Art, S. 155 f.

[223] Statt aller, *Belling*, Günstigkeitsprinzip, S. 163 ff.; *Heinze*, NZA 1991, 329, 331 f.; *Krauss*, Günstigkeitsprinzip und Autonomie, S. 67; NFK-BUrlG/*Kühn*, § 13 Rn. 36; Bereits zur TVVO, *Firnhaber*, Günstigkeitsprinzip, S. 6; *Schorn*, Günstigkeitsprinzip neuer Art, S. 42.

auch kein Ausdruck der strukturellen Unterlegenheit des Arbeitnehmers und damit kann der Schutzzweck ein Verbot dieser Abweichungen nicht rechtfertigen.[224] Das Zusammenspiel der Privatautonomie mit dem Verhältnismäßigkeitsprinzip führt im Licht dieses Ziels vielmehr dazu, dass der Gesetzgeber Abweichungen zugunsten des Arbeitnehmers nicht die Wirksamkeit verwehren darf[225] und vorbehaltlich weiterer Regelungsziele wäre die Einführung eines solchen Verbots mithin verfassungswidrig. Der Gesetzgeber ist somit verpflichtet, Abweichungen zugunsten des Arbeitnehmers zuzulassen, soweit als Rechtfertigung keine weiteren Zwecke herangezogen werden.

3. Verpflichtung zur Schaffung unabdingbaren Arbeitsvertragsrechts

Der Gesetzgeber kann mithin berechtigt sein, einseitig zwingendes Arbeitsrecht zu erlassen, jedoch ergibt sich aus dem Vorstehenden keine Pflicht, die Arbeitsvertragsordnung durch unabdingbare Vorschriften zu regeln. Vielmehr erlaubt die abwehrrechtliche Betrachtung dem Gesetzgeber auch die Schaffung gänzlich dispositiver Regelungen.[226] Eine Verpflichtung bestünde hingegen nur, wenn ein verfassungsrechtliches Gebot den Gesetzgeber nicht nur berechtigt, sondern beauftragt, arbeitsrechtliche Normen als Mindeststandards auszugestalten.

a) Handlungspflichten des Gesetzgebers als Grundlage

Solche verfassungsrechtlichen Handlungsaufträge[227] finden ihre Grundlage vor allem in den Grundrechten, die sich insbesondere mit den Staatsstrukturbestimmungen des Rechts- und Sozialstaatsprinzips zu Gestaltungsaufträgen verdichten,[228] denen im Rahmen der Gesetzgebung Geltung verschafft werden muss.[229] Die Grundrechte wirken dabei nicht als subjektive Rechte, sondern bilden eine objektive Werteordnung, an der sich einfachgesetzliche Vorschrif-

224 *P. Hanau*, FS Wißmann, 27, 35 f. Vgl. auch zum Tarifrecht, *Firnhaber*, Günstigkeitsprinzip, S. 10 ff.; ferner die Nachweise in Teil 2, Fn. 74.

225 Zum Tarifrecht *Firnhaber*, Günstigkeitsprinzip, S. 17.

226 Vgl. *Schulze*, Günstigkeitsprinzip, S. 48.

227 Der Begriff dient hier als Oberbegriff im Sinne einer sonstigen Grundrechtsbetroffenheit abseits der abwehrrechtlichen Funktion, vgl. *Burkiczak*, Deregulierung, S. 155.

228 Zum Gestaltungsauftrag aus dem Sozialstaatsprinzip, BVerfG v. 30.06.2009 – 2 BvE 2/08 (u. a.), BVerfGE 123, 267 Rn. 257; BVerfG v. 29.05.1990 – 1 BvL 20/84 (u. a.), BVerfGE 82, 60 [unter C. II. 1. m. w. N.]; bereits früh aber noch eingeschränkt, BVerfG v. 19.12.1951 – 1 BvR 220/51, BVerfGE 1, 97. Besonders deutlich wird die Verbindung bei Art. 6 Abs. 4 GG, vgl. *Hufen*/StaatsR II, § 16 Rn. 40.

229 BVerfG v. 07.02.1990 – 1 BvR 26/84, BVerfGE 81, 242 [unter C. I. 3.].

ten messen lassen müssen.[230] Dieser Maßstab kann sich zu Handlungsaufträgen verdichten, wenn zur Ausübung grundrechtlicher Freiheit Rechtsinstitute geschaffen werden müssen, wie dies insbesondere für die Gewährleistung eines menschenwürdigen Existenzminimums gem. Art. 1 Abs. 1, Art. 20 Abs. 1, Art. 28 Abs. 1 S. 1 GG,[231] für die Koalitionsfreiheit des Art. 9 Abs. 3 GG,[232] für die Eigentumsfreiheit aus Art. 14 GG[233] und auch für die Vertragsfreiheit aus Art. 2 Abs. 1 GG[234] angenommen wird.[235]

Ferner können sich Schutzpflichten des Gesetzgebers ergeben,[236] wenn aufgrund sozialer oder wirtschaftlicher Ungleichgewichte die Verwirklichung der Grundrechte durch Dritte gefährdet wird.[237] Entwickelt wurden die Schutzpflichten vor allem für Art. 2 Abs. 2 S. 1 GG, jedoch sind grundsätzlich alle Grundrechte in der Lage Schutzpflichten auszulösen.[238] Auch wenn der Staat in diesen Fällen selbst keine Grundrechte beeinträchtigt und diese Beeinträchtigungen im Rahmen vertraglicher Beziehungen als Freiheitsausübung erscheinen können, kann er verpflichtet sein, in Ungleichgewichte ausgleichend einzugreifen, um die Verwirklichung der Grundrechte aller Beteiligten

---

230 BVerfG v. 07.02.1990 – 1 BvR 26/84, BVerfGE 81, 242 [unter C. I. 3.].

231 BVerfG v. 09.02.2010 – 1 BvL 1/09 (u.a.), BVerfGE 125, 175 Rn. 134ff.; BVerfG v. 29.05.1990 – 1 BvL 20/84 (u.a.), BVerfGE 82, 60 [unter C. II. 2.]; DHS-GG/*Herdegen*, GG Art. 1 Abs. 1 Rn. 184; BeckOK-GG/*Hillgruber*, GG § 1 Rn. 51af.; ErfK/Schmidt GG Art. 1 Rn. 8–13. Noch anders, BVerfG v. 19.12.1951 – 1 BvR 220/51, BVerfGE 1, 97. Auch ein ökologisches Existenzminimum wird in Erwägung gezogen, BVerfG v. 24.03.2021 – 1 BvR 2656/18 (u.a.), BVerfGE 157, 30 Rn. 113ff. [m.w.N.]; dazu DHS-GG/*Calliess*, GG Art. 20a Rn. 219; BeckOK-GG/*Hillgruber*, GG § 1 Rn. 51af.; für eine beschränkte Wirkung des Art. 20a GG, *Voßkuhle*, NVwZ 2013, 1, 6ff.

232 BVerfG v. 26.09.1991 – 1 BvR 779/85, BVerfGE 84, 212 [3. Ls.]; *Bialluch*, Tarifeinheitsgesetz, S. 43f.; BeckOK-GG/*Cornils*, GG Art. 9 Rn. 62; *Kingreen*, NZA 2021, 1, 5.

233 BVerfG v. 18.12.1968 – 1 BvR 638 (u.a.), BVerfGE 24, 367; BeckOK-GG/*Axer*, GG § 14 Rn. 18f.; *Kingreen*, NZA 2021, 1, 5.

234 Für ein System zum Ausgleich von Verhandlungsdisparitäten, BVerfG v. 19.10.1993 – 1 BvR 567/89 (u.a.), BVerfGE 89, 214 [unter C. II. 2. c)]. Zu den Kernbestandteilen, *Cziupka*, Dispositives Vertragsrecht, S. 24ff.

235 *Hufen*/StaatsR II, § 5 Rn. 8ff.; ErfK/*Schmidt*, GG vor Art. 1 Rn. 34.

236 Die dogmatische Einordnung ist umstritten, kann aber auch dahingestellt bleiben. Dazu *Burkiczak*, RdA 2007, 17, 18f. sowie *C. Schubert*, Arbeitnehmerähnliche Personen, S. 110f.

237 BVerfG v. 19.10.1993 – 1 BvR 567/89 (u.a.), BVerfGE 89, 214 [unter C. II. 2. b)]; BVerfG v. 07.02.1990 – 1 BvR 26/84, BVerfGE 81, 242 [unter C. I. 3.]; *Hufen*/StaatsR II, § 5 Rn. 6; ErfK/*Schmidt*, GG vor Art. 1 Rn. 35, Rn. 37 u. Rn. 38ff.; *C. Schubert*, Arbeitnehmerähnliche Personen, S. 110f.

238 *Burkiczak*, RdA 2007, 17, 18; *Hufen*/StaatsR II, § 5 Rn. 5f.; ErfK/*Schmidt*, GG vor Art. 1 Rn. 39.

sicherzustellen.[239] Dabei hat er aber auch die Freiheitsrechte der stärkeren Seite der rechtlichen Beziehungen zu berücksichtigen, wobei jedoch kein genereller Vorgang dieser Freiheitsrechte besteht, sondern es obliegt dem Gesetzgeber über den Umgang mit Zweifelsfällen zu entscheiden.[240]

b) Handlungspflichten des Gesetzgebers im Arbeitsverhältnis

Das Arbeitsverhältnis stellt infolge des strukturellen Ungleichgewichts zwischen Arbeitgeber und Arbeitnehmer den typischen Fall einer solchen gestörten Parität zwischen den Vertragsparteien dar, der Schutzpflichten des Gesetzgebers aktivieren kann. So kann der Ausgleich struktureller Ungleichgewichte im Arbeitsverhältnis und die Gewährleistung eines allgemeinen Arbeitnehmerschutzes als Teil der ausgewogenen sozialen Ordnung angesehen werden, zu deren Schaffung er durch das Sozialstaatsprinzip des Art. 20 Abs. 1, Art. 28 Abs. 1 GG verpflichtet wird und das auch der Verwirklichung der Vertragsfreiheit des Art. 2 Abs. 1 GG dient.[241] Es ist zu verhindern, dass vertragliche Vereinbarungen diese Rechte und insbesondere das Recht auf die freie Wahl des Arbeitsplatzes aus Art. 12 Abs. 1 S. 1 GG übermäßig beschneiden,[242] weshalb Schutzpflichten vor allem bestehen, wenn sehr lange oder kurze Kündigungsfristen,[243] Sonderkündigungstatbestände[244] oder hohe Rückzahlungsverpflichtungen im Fall der Kündigung[245] vereinbart werden.

Gleichzeitig haben die arbeitsvertragliche Beziehung und die berufliche Tätigkeit Einfluss auf weite Lebensbereiche der Arbeitnehmer und damit Berührungspunkte zu anderen Grundrechten. Dazu zählt die Verpflichtung zum Schutz des Lebens und der körperlichen Unversehrtheit gem. Art. 2 Abs. 2 S. 1 GG, die unter anderem in den Vorschriften des technischen und gesund-

---

239 Vgl. BVerfG v. 19.10.1993 – 1 BvR 567/89 (u.a.), BVerfGE 89, 214 [unter C. II. 2. b)]; *Belling*, Günstigkeitsprinzip, S. 163; *Möslein*, Dispositives Recht, S. 397 f.

240 Zum Ganzen, *Neuner*, ZfPW 2022, 257, 259 f.; vgl. auch ErfK/*Schmidt*, GG vor Art. 1 Rn. 38.

241 Vgl. BVerfG v. 19.10.1993 – 1 BvR 567/89 (u.a.), BVerfGE 89, 214 [unter C. II. 2. b)]; *Belling*, Günstigkeitsprinzip, S. 163; *Möslein*, Dispositives Recht, S. 397 f.

242 BVerfG v. 07.02.1990 – 1 BvR 26/84, BVerfGE 81, 242 [unter C. I. 3.]; BAG v. 25.02.1998 – 7 AZR 641/96, BAGE 88, 118 [unter 3. b)]; *Höfling/Burkiczak*, NJW 2005, 469, 472; *Kühling*, FS Dieterich, 325, 326 ff.

243 BAG v. 25.02.1998 – 7 AZR 641/96, BAGE 88, 118 [unter 3. b)]; Jarass/Pieroth/*Jarass*, GG Art. 12 Rn. 80; ErfK/*Schmidt*, GG Art. 12 Rn. 21 u. Rn. 30 ff.; kritisch, *Annuß*, RdA 2024, 193, 197.

244 BVerfG v. 24.04.1991 – 1 BvR 1341/90, BVerfGE 84, 133 [unter C. III. 3.]; *Kühling*, FS Dieterich, 325, 327 f.

245 Dazu nur BAG v. 11.04.1990 – 5 AZR 308/89, AP BGB § 611 Ausbildungsbeihilfe Nr. 14 [unter III. 1.].

heitlichen Arbeitsschutzes Ausdruck findet.[246] Daneben hat die vertragliche Gestaltung der Arbeitszeit und etwaiger Freistellungen Bedeutung für die Gesundheit des Arbeitnehmers, sodass ebenfalls staatliche Schutzpflichten bestehen könnten. Ferner können spezielle Sachverhalte einzelne Grundrechte wie die Religionsfreiheit aus Art. 4 GG,[247] die Meinungsfreiheit aus Art. 5 GG[248] oder den Schutz der Familie gem. Art. 6 GG[249] berühren, die dann Schutzpflichten im Arbeitsverhältnis begründen. Beispielsweise kann der Einsatz von Homeoffice den Schutz der Wohnung aus Art. 13 GG[250] und den Schutz des Eigentums aus Art. 14 GG[251] berühren, wobei letzteren auch andere Sachverhalte tangieren[252].

Hinzu kommen die konkreter ausgeformten Vorgaben zur Förderung der Gleichberechtigung der Geschlechter gem. Art. 3 Abs. 2 S. 2 GG[253] und zum Schutz der Mutter gem. Art. 6 Abs. 4 GG[254]. Beispielsweise kann eine Kündigungsregelung im Licht des allgemeinen Rechts auf freie Arbeitsplatzwahl und dem Sozialstaatsgebot gerechtfertigt sein, im Verhältnis zum Schutz der schwangeren Arbeitnehmerinnen aber die Schutzpflicht des Art. 6 Abs. 4 GG verletzen.[255] In jedem Fall bildet aber der Schutz des soziokulturellen Existenzminimums Art. 1 Abs. 1 GG, Art. 20 Abs. 1, 28 Abs. 1 GG[256] das Untermaß staatlicher Unterstützungsaufträge[257] und begründet auch eine Schutzpflicht in privatrechtlichen Beziehungen.[258]

---

246 ErfK/*Schmidt*, GG Art. 2 Rn. 11 ff.

247 Huber/Voßkuhle/*Heinig*, GG Art. 4 Rn. 110; die aber vor allem durch die Rechtsprechung im Rahmen der Generalklauseln berücksichtigt wird, ErfK/*Schmidt*, GG Art. 3 Rn. 20 ff.

248 Vgl. ErfK/*Schmidt*, GG Art. 5 Rn. 28 ff. u. Rn. 38 f.

249 Vgl. BVerfG v. 29.05.1990 – 1 BvL 20/84 (u. a.), BVerfGE 82, 60 [unter C. II. 2. b) m. w. N.]; BAG v. 12.04.2016 – 6 AZR 731/13, BAGE 155, 16; grundsätzlich DHS-GG/*Badura*, GG Art. 6 Rn. 73 f.; Huber/Voßkuhle/*Robbers*, GG Art. 6 Rn. 278; ErfK/*Schmidt*, GG Art. 6 Rn. 12 ff.

250 *Fischinger/Hengstberger*, JA 2020, 561, 562; grundsätzlich Huber/Voßkuhle/*Gornig*, GG Art. 13 Rn. 12.

251 Grundsätzlich zu Art. 14 GG, *Hufen*/StaatsR, § 8 Rn. 13.

252 Vgl. ErfK/*Schmidt*, GG Art. 14 Rn. 23.

253 Vgl. BVerfG v. 16.11.1993 – 1 BvR 258/86, BVerfGE 89, 276.

254 BVerfG v. 24.04.1991 – 1 BvR 1341/90, BVerfGE 84, 133 [unter C. III. 4.]; ErfK/*Schmidt*, GG Art. 3 Rn. 22 ff.

255 BVerfG v. 24.04.1991 – 1 BvR 1341/90, BVerfGE 84, 133 [unter C. III. 3.].

256 Was nur auf Evidenz geprüft wird BVerfG v. 23.07.2014 – 1 BvL 10/12, BVerfGE 137, 34 Rn. 74 ff.; BVerfG v. 09.02.2010 – 1 BvL 1/09 (u. a.), BVerfGE 125, 175.

257 *Heinze*, NZA 1991, 329, 335.

258 Vgl. BT-Ds. 14/6812, S. 8; BAG v. 29.01.2014 – 6 AZR 345/12, BAGE 147, 172 Rn. 19 ff.

aa) Kein konkreter Auftrag zur Schaffung unabdingbaren Arbeitsrechts

Das Arbeitsverhältnis ist mithin grundsätzlich geeignet, verfassungsrechtliche Schutzpflichten zu begründen.[259] Diese verpflichten jedoch nur zur Berücksichtigung grundrechtlicher Positionen, gestehen dem Gesetzgeber aber weitgehende Freiheit bei der Beurteilung etwaiger Ungleichgewichte sowie bei der Wahl und Gestaltung der Mittel zu, mit denen er den Ungleichgewichten begegnet[260]. In Ermangelung eines höherrangigen Standards, besteht kein Maßstab, an dem die Handlungspflichten konkretisiert werden können,[261] sondern es ist gerade die Aufgabe des Gesetzgebers, diesen positiven, aber abstrakten Handlungsaufträgen Form zu verleihen[262]. Einen Handlungsauftrag kann der Gesetzgeber daher grundsätzlich weitgehend ungebunden umsetzen und seine Gestaltungsfreiheit lässt sich nicht auf ein bestimmtes Mittel beschränken.[263] Trotz der Vielzahl denkbarer Handlungsaufträge ist der Gesetzgeber daher grundsätzlich nicht verpflichtet arbeitsrechtliche Mindeststandards zu schaffen.[264]

bb) Bedeutung des Untermaßverbots

Bei der Erfüllung von Schutzpflichten ist der Gesetzgeber aber auch nicht gänzlich ungebunden, sondern er muss sich an den Grundrechten und den sich daraus ergebenden Maßstäben messen lassen.[265] Einerseits ist er gezwungen, offensichtlichen Fehlentwicklungen zu begegnen,[266] und andererseits hat er das Verhältnismäßigkeitsprinzip zu beachten,[267] das sich bei der Überprüfung

---

259 Vgl. *Kühling*, FS Dieterich, 325, 326 ff.

260 Vgl. BVerfG v. 27.01.1998 – 1 BvL 15/87, BVerfGE 97, 169 [unter B. I. 3. a)]; BVerfG v. 29.05.1990 – 1 BvL 20/84 (u. a.), BVerfGE 82, 60 [unter C. II. 2. b)]; BVerfG v. 07.02.1990 – 1 BvR 26/84, BVerfGE 81, 242 [unter C. I. 3.]; *Hufen*/StaatsR II, § 5 Rn. 6; Isensee/Kirchhof/HdB-StaatsR/*Isensee*, § 191 Rn. 293 f.; *Kühling*, FS Dieterich, 325, 331; *C. Schubert*, Arbeitnehmerähnliche Personen, S. 114 f.

261 Grundlegend formuliert bei *Knieper*, Gesetz und Geschichte, S. 139.

262 Isensee/Kirchhof/HdB-StaatsR/*Kirchhof*, § 273 Rn. 77.

263 *Annuß*, RdA 2024, 193, 197 f.

264 Für das Tarifrecht *Höfling/Burkiczak*, NJW 2005, 469, 470.

265 DHS-GG/*Grzeszick*, GG Art. 20 Rn. 128; *Michael/Morlok*, Grundrechte, Rn. 47; *Möslein*, Dispositives Recht, S. 390 f.; DHS-GG/*Remmert*, GG Art. 12 Rn. 241.

266 BVerfG v. 09.02.2010 – 1 BvL 1/09 (u. a.), BVerfGE 125, 175 Rn. 140 auch zu Aktualisierungspflichten; BVerfG v. 07.02.1990 – 1 BvR 26/84, BVerfGE 81, 242 [unter C. I. 3.]; vgl. auch BVerfG v. 08.08.1978 – 2 BvL 8/77, BVerfGE 49, 89 [unter B. II. 2. c)].

267 BVerfG v. 07.02.1990 – 1 BvR 26/84, BVerfGE 81, 242 [unter C. III. 1.]; *Möslein*, Dispositives Recht, S. 397 f.

der Erfüllung von Gestaltungsaufträgen als Untermaßverbot[268] konkretisiert. In dieser Form dient es als Maßstab für die Bewertung der Erfüllung verfassungsrechtlicher Handlungsaufträge[269] und überprüft wird dabei vor allem die Zweckmäßigkeit des Schutzes durch eine Regelung, mithin vor allem die Eignung zur Erfüllung des verfassungsrechtlichen Auftrags.[270] Die verfassungsrechtlichen Vorgaben werden dabei verletzt, wenn eine Regelung den Zweck des verfassungsrechtlichen Auftrags grundlegend verfehlt.[271] Auch hier macht sich aber der weite Beurteilungsspielraum des Gesetzgebers bemerkbar[272] und lediglich das Mindestmaß der Erfüllung wird sichergestellt. Die Prüfung betrifft daher vorrangig die Nachvollziehbarkeit und Konsistenz der Entscheidungsfindung[273], sodass mit dem Untermaßverbot nur eine geringe Einengung des Handlungsspielraums des Gesetzgebers verbunden ist.[274]

Das Untermaßverbot kann den Beurteilungs- und Regelungsspielraum des Gesetzgebers aber auch weiter einschränken und ihn zur Schaffung oder Beibehaltung einer bestimmen Regelung innerhalb eines bestehenden Regelungssystems verpflichten.[275] Dies kann der Fall sein, wenn die gesetzlichen Standards gerade genügen, um einen verfassungsrechtliche Handlungsauftrag zu erfüllen, sodass jede Abweichung zu einer Unterschreitung des verfassungs-

---

268 Zum Begriff *Calliess*, FS Starck, 201, 202 ff.; Isensee/Kirchhof/HdB-StaatsR/*Isensee*, § 191 Rn. 303 f.; ErfK/*Schmidt*, GG vor Art. 1 Rn. 38. Zur Kritik *Lee*, FS Starck, 297, 303 ff. [m. w. N.].

269 *Burkiczak*, RdA 2007, 17, 19; ErfK/*Schmidt*, GG vor Art. 1 Rn. 38; *C. Schubert*, Arbeitnehmerähnliche Personen, S. 114 f. Vgl. auch *Jacobs*, Tarifeinheit, S. 430 mit einer Ableitung aus Art. 19 Abs. 2 GG.

270 Das Meinungsbild variiert aber stark, jedoch besteht weitgehende Einigkeit, dass die Maßstäbe im Verhältnis zum abwehrrechtlichen Schutz weniger einengend sind, ausführlich *Rieger*, Tarifeinheit, S. 94 ff.

271 BVerfG v. 09.02.2010 – 1 BvL 1/09 (u. a.), BVerfGE 125, 175 Rn. 141 ff.; BVerfG v. 16.11.1993 – 1 BvR 258/86, BVerfGE 89, 276; BVerfG v. 29.05.1990 – 1 BvL 20/84 (u. a.), BVerfGE 82, 60 [unter C. II. 4.]; *Calliess*, FS Starck, 201, 206 f.; *Hufen*/StaatsR II, § 8 Rn. 13; Huber/Voßkuhle/*Sommermann*, GG Art. 20 Rn. 121.

272 BVerfG v. 29.10.1987 – 2 BvR 624/83 (u. a.) – BVerfGE 77, 170; *Burkiczak*, RdA 2007, 17, 19; *Hufen*/StaatsR II, § 8 Rn. 13; ErfK/*Schmidt*, GG vor Art. 1 Rn. 43; Huber/Voßkuhle/*Sommermann*, GG Art. 20 Rn. 115 f.

273 BVerfG v. 09.02.2010 – 1 BvL 1/09 (u. a.), BVerfGE 125, 175 Rn. 143 ff.

274 *Burkiczak*, RdA 2007, 17, 19; Huber/Voßkuhle/*Eichberger*, GG Art. 2 Rn. 117; *Kühling*, FS Dieterich, 325, 329, ein konkretes Untermaß bezweifelnd; *Lee*, FS Starck, 297, 303; *Neuner*, ZfPW 2022, 257, 269; ErfK/*Schmidt*, GG vor Art. 1 Rn. 42; Huber/Voßkuhle/*Sommermann*, GG Art. 20 Rn. 122 f.

275 Vgl. zum Nachteilsausgleich für Beschäftigungsverbote, BVerfG v. 28.03.2006 – 1 BvL 10/01, BVerfGE 115, 259 [unter B. I.]. BVerfG v. 28.05.1993 – 2 BvF 5/92, BVerfGE 88, 203 [unter D. I. 2.], zu Schutzpflichten; BVerfG v. 29.05.1990 – 1 BvL 20/84 (u. a.), BVerfGE 82, 60 [unter C. II. 5.], zum steuerfreien Einkommen; BVerfG v. 07.02.1990 – 1 BvR 26/84, BVerfGE 81, 242 [unter I. 3.], zu vertraglichen Ungleichgewichten; vgl. auch Isensee/Kirchhof/HdB-StaatsR/*Isensee*, § 191 Rn. 295.

rechtlich vorgesehenen Mindestmaßes führen würde. Erfüllt der Gesetzgeber einen solchen speziellen Auftrag im Arbeitsverhältnis könnten vertragliche Abweichungsmöglichkeiten zuungunsten der Arbeitnehmer die Wirksamkeit der Regelung in der Praxis gefährden, sodass sich der Auftrag des Gesetzgeber durch das strukturelle Ungleichgewicht und die Schutzpflichten aus Art. 20 Abs. 1, Art. 28 Abs. 1 GG und Art. 2 Abs. 1 GG konkretisieren kann.[276] Im Einzelfall könnte der Gesetzgeber dann nicht nur berechtigt, sondern auch verpflichtet sein, seine Regelungen abweichungsfest auszugestalten.[277]

cc) Grundsätzlich kein konkretes Untermaß

Eine Verpflichtung arbeitsrechtliche Regelungen unabdingbar auszugestalten, setzt aber grundsätzlich die Feststellung voraus, dass geringere Leistungen oder weitere Anspruchsvoraussetzungen den Handlungsauftrag des Gesetzgebers verfehlen würden,[278] wofür die Angemessenheit der einschlägigen Regelungen bewertet werden müsste[279]. Eine solche Bewertung dürfte in Anbetracht des Spielraums des Gesetzgebers kaum möglich sein,[280] zumal auch die Grundrechte der Arbeitsvertragsparteien zu beachten sind, weshalb sich die Verpflichtung des Gesetzgebers allein auf die Herstellung praktischer Konkordanz zwischen den beteiligten Interessen bezieht[281]. Ferner ist der Gesetzgeber zur Erfüllung seiner Aufträge nicht auf Regelungen des Arbeits(vertrags-)rechts beschränkt, soweit er seine Regelungsaufträge auch mit anderen Mitteln verwirklichen kann[282].

---

[276] Vgl. BVerfG v. 18.07.1972 – 1 BvL 32/70 (u. a.), BVerfGE 33, 303; BVerfG v. 19.12.2017 – 1 BvL 3/14 (u. a.), BVerfGE 147, 253 Rn. 103 f.; DHS-GG/*Grzeszick*, GG Art. 20 Rn. 20; Huber/Voßkuhle/*Sommermann*, GG Art. 20 Rn. 131; *Ulber*, Tarifdispositives Gesetzesrecht, S. 177 f., zur Berücksichtigung des Sozialstaats bei der Auslegung der Grundrechte. Kritisch zu dieser Konkretisierung, BeckOK-GG/*Ruffert*, GG Art. 12 Rn. 20.

[277] Zum sozialstaatlich begründeten Arbeitnehmerschutz im Rahmen der Tarifautonomie, *Heinze*, NZA 1991, 329, 335; zum Ausgleich struktureller Unterlegenheit *Möslein*, Dispositives Recht, S. 397 f.

[278] Vgl. *Möslein*, Dispositives Recht, S. 398.

[279] *C. Schubert*, Arbeitnehmerähnliche Personen, S. 135.

[280] BVerfG v. 29.05.1990 – 1 BvL 20/84 (u. a.), BVerfGE 82, 60 [unter C. II. 2. b)]; *Burkiczak*, RdA 2007, 17, 19; *Kühling*, FS Dieterich, 325, 331 f.; *C. Schubert*, Arbeitnehmerähnliche Personen, S. 114 f.

[281] BVerfG v. 27.01.1998 – 1 BvL 15/87, BVerfGE 97, 169 [unter B. I. 3. a)]; *Möslein*, Dispositives Recht, S. 398.

[282] *Annuß*, RdA 2024, 193, 197 f.; vgl. auch *Burkiczak*, RdA 2007, 17, 19 sowie *Heinze*, NZA 1991, 329, 335.

Der Spielraum des Gesetzgebers, der sich bildlich zwischen dem Untermaß- und dem Übermaßverbot bewegt, darf dabei auch nicht zu sehr eingeengt werden, wobei die Decke des abwehrrechtlichen Schutzes infolge des sich aus dem Übermaßverbot ergebenden Optimierungsgebots[283] niedrig hängt,[284] weshalb das Untermaßverbot tendenziell auch niedrig anzusetzen[285] und daher mit Konkretisierungen zurückhaltend umzugehen ist.[286] Dies gilt umso mehr für Regelungen, die ein sich stetig wandelndes gesellschaftliches Umfeld betreffen,[287] wie es für die Gewährleistung angemessener Arbeitsbedingungen angenommen werden kann, weshalb die Bestimmung eines konkreten Untermaßes des materiellen Rechts grundsätzlich Schwierigkeiten bereitet[288]. Angesichts der Unbestimmtheit der Arbeitsvertragsfreiheit des Art. 2 Abs. 1 GG und des Sozialstaatsauftrags des Art. 20 Abs. 1 GG ist auch nicht ersichtlich, dass sich diese durch das strukturelle Ungleichgewicht zu einem allgemeinen Untermaß des Arbeitnehmerschutzes verdichten und daher dispositive Regelungen im Arbeitsverhältnis prinzipiell das Untermaßverbot verletzen.[289]

dd) Effektivität als abstraktes Untermaß im Einzelfall

Selbst wenn kein konkretes Untermaß bestimmt werden kann, sind die Handlungspflichten des Gesetzgebers teilweise aber konkret genug, um daraus ein abstraktes verfassungsrechtliches Minimum abzuleiten. Beispielsweise lässt sich aus der Pflicht zur Gewährleistung des Existenzminimums ableiten, dass ein Anspruch zu gewähren und dessen Wirksamkeit sicherzustellen ist, auch wenn eine gerichtliche Kontrolle der Höhe der Leistungen nur zurückhaltend stattfindet.[290] Eine Form dieser Konkretisierung der Schutzpflichten spiegelt sich im Aufrechnungsverbot des § 394 BGB, das verhindert, dass die

---

283 Dieses kann aber allein auf den abwehrrechtlichen Schutz und nur in Relation zum Zweck einer angenommen werden, vgl. *Burkiczak*, Deregulierung, S. 211 ff.

284 Vgl. BeckOK-GG/*Rux*, GG Art. 20 Rn. 189.1; *C. Schmitt*, Verfassungslehre, S. 126.

285 Unzutreffend daher *Ulber*, Tarifdispositives Gesetzesrecht, S. 406 f., mit einem Optimierungsgebot der Ausgestaltung.

286 Vgl. BVerfG v. 23.07.2014 – 1 BvL 10/12, BVerfGE 137, 34 Rn. 74 ff. u. Rn. 80; ausführlich dazu Huber/Voßkuhle/*Kemper*, GG Art. 20 Rn. 107 ff.

287 Vgl. BVerfG v. 09.02.2010 – 1 BvL 1/09 (u. a.), BVerfGE 125, 175 Rn. 138.

288 Statt aller *Kühling*, FS Dieterich, 325, 329; *Lee*, FS Starck, 297, 303.

289 Zur Konkretisierung des Sozialstaatsprinzips, BVerfG v. 19.10.1983 – 2 BvR 465/80 (u. a.), BVerfGE 65, 182 [unter B. II. 3. a)]; DHS-GG/*Grzeszick*, GG Art. 20 Rn. 19; *C. Schubert*, Arbeitnehmerähnliche Personen, S. 134 ff.; Huber/Voßkuhle/*Sommermann*, GG Art. 20 Rn. 120 f.

290 BVerfG v. 23.07.2014 – 1 BvL 10/12, BVerfGE 137, 34 Rn. 74 ff. u. Rn. 116.

Anerkennung privatrechtlicher Vereinbarungen mittelbar zu einer staatlichen Beeinträchtigung des Existenzminimums führt.[291]

Das Untermaß der gesetzlichen Pfändungsfreigrenzen beruht wie bei den gesetzlichen Arbeitsbedingungen allein auf der gesetzgeberischen Festlegung und mithin wird nicht der Inhalt der Schutzpflichten insgesamt konkretisiert. Dafür besteht angesichts der Regelung durch den Gesetzgeber und dessen vorrangiger Rolle bei der Ausgestaltung der Schutzpflichten[292] sowie der Schwierigkeiten bei der Bestimmung eines Untermaßes kein Raum.[293] Ohne jede Form des Abweichungsschutzes könnte der Arbeitgeber aber seine Interessen einseitig zur Geltung bringen, womit die Regelung keinen angemessenen Ausgleich zwischen den Grundrechtsträgen und mithin die Verletzung der Schutzpflicht bewirken würde.[294] Auch abseits der Bestimmung eines materiellen verfassungsrechtlichen Untermaßes lässt sich daher für einschlägige gesetzliche Regelungen davon ausgehen, dass ein Abweichungsschutz im Sinn einer effektiven Wirksamkeit der materiellen Regelungen verfassungsrechtlich vorgezeichnet wird, wenn die Anforderungen des verfassungsrechtlichen Verpflichtung hinreichend konkretisiert werden können.[295] Das Niveau der Absicherung kann der Gesetzgeber innerhalb seines Einschätzungs- und Gestaltungsspielraums dabei jedoch selbst bestimmen, sodass die gesetzliche Interessenabwägung nicht ersetzt, sondern respektiert und als Orientierungsmarke herangezogen wird[296].

ee) Unabdingbarkeit nicht der alleinige Ausdruck der effektiven Absicherung gesetzlicher Ansprüche

Dass ein effektiver Abweichungsschutz bestehen muss, ist jedoch nicht gleichbedeutend mit der absoluten einseitigen Unabdingbarkeit im Sinn des Günstigkeitsprinzips. Insoweit ist zu berücksichtigen, dass sowohl eine Berechtigung des Gesetzgebers zum Einsatz von Generalklauseln und unbe-

---

[291] Ausführlich MüKo-BGB/*Schlüter*, BGB § 394 Rn. 1.

[292] BAG v. 28.02.2006 – 1 AZR 460/04, BAGE 117, 137 Rn. 42.

[293] Instruktiv dazu BAG v. 28.02.2006 – 1 AZR 460/04, BAGE 117, 137 Rn. 42 [m. w. N.].

[294] Vgl. BVerfG v. 27.01.1998 – 1 BvL 15/87, BVerfGE 97, 169 [unter B. I. 3. a)]; BVerfG v. 07.02.1990 – 1 BvR 26/84, BVerfGE 81, 242 [unter I. 3.].

[295] Vgl. BVerfG v. 26.07.2005 – 1 BvR 782/94 (u. a.), BVerfGE 114, 1 [unter C. I. 2. b) aa)]; Isensee/Kirchhof/HdB-StaatsR/*Isensee*, § 191 Rn. 306; *Ulber*, Tarifdispositives Gesetzesrecht, S. 351 f.

[296] In dem Sinn *Kühling*, FS Dieterich, 325, 328 f., unter Bezug auf BVerfG v. 21.02.1995 – 1 BvR 1397/93, BVerfGE 92, 140.

stimmten Rechtsbegriffen[297] als auch eine Verpflichtung der Gerichte, die staatlichen Schutzpflichten bei der Anwendung dieser Vorschriften zu verwirklichen, besteht[298]. Dies zeigt sich beispielsweise, wenn die Rechtsprechung die Kompetenz der Tarifvertragsparteien zur Abweichung von den tarifdispositiven Vorschriften im Arbeitsvertragsrecht im Licht der grundrechtlichen Schutzpflichten beschränkt und ihnen mithin keine vollständige Dispositionsbefugnis einräumt.[299] Ferner bilden im individuellen Arbeitsvertragsrecht neben den §§ 138 und 242 BGB vor allem die §§ 305 ff. BGB einen Schutz gegen einseitige Vertragsgestaltungen in formularmäßigen Vereinbarungen.[300]

Eine weitergehende Verpflichtung des Gesetzgebers ließe sich nur begründen, wenn man den Einsatz der Generalklauseln für unzulässig oder unzureichend zur Erfüllung der verfassungsrechtlichen Schutzpflichten hält und daher aus der Pflicht zur Effektivierung einen Vorrang für die Verwendung einseitig zwingender Vorschriften ableitet.[301] Dafür wird im Zusammenhang mit den tarifdispositiven Vorschriften des Arbeitsvertragsrechts insbesondere auf den Vorrang des Gesetzes und den Wesentlichkeitsgrundsatz und mithin auf das Demokratie- und das Rechtsstaatsprinzip hingewiesen.[302] Diese führten zu einer Verpflichtung des Gesetzgebers, die damit verbundenen Grundrechtskollisionen selbst aufzulösen und die konkrete Abwägung nicht den Gerichten zu überlassen,[303] zumal diese dafür auch nicht die notwendigen Ressourcen

---

297 Dazu und zu den Grenzen, BVerfG v. 09.02.2010 – 1 BvL 1/09 (u.a.), BVerfGE 125, 175 Rn. 136ff.; BAG v. 29.07.2009 – 7 ABR 27/08, BAGE 131, 277 Rn. 22, zu § 3 Abs. 1 Nr. 1 BetrVG; BVerfG v. 19.10.1993 – 1 BvR 567/89 (u.a.), BVerfGE 89, 214 [unter C. II. 2. c)] zur Vertragskontrolle über § 138 BGB und § 242 BGB; BVerfG v. 24.04.1991 – 1 BvR 1341/90, BVerfGE 84, 133 [unter C. III. 3. b)]; BVerfG v. 08.08.1978 – 2 BvL 8/77, BVerfGE 49, 89 [unter B. II. 3. b)] detailliert für einzelne Begriffe; DHS-GG/*Grzeszick*, GG Art. 20 Rn. 62; *Neuner*, ZfPW 2022, 257, 262ff. u. 268f.; restriktiv, *Ulber*, Tarifdispositives Gesetzesrecht, S. 348.

298 BVerfG v. 26.09.1991 – 1 BvR 779/85, BVerfGE 84, 212 [unter C. I. 2. a)]; BVerfG v. 07.02.1990 – 1 BvR 26/84, BVerfGE 81, 242 [unter C. I. 3.]; BAG v. 28.02.2006 – 1 AZR 460/04, BAGE 117, 137 Rn. 42 [m.w.N.]; *Burkiczak*, RdA 2007, 17, 19, in engen Grenzen; *Käppler*, Tarifdispositives Richterrecht, S. 22f.; *Neuner*, ZfPW 2022, 257, 268; ErfK/*Schmidt*, GG vor Art. 1 Rn. 44.

299 Ausführlich zur Rechtsprechung des BAG, Kempen/TVG/*Jacobs*, Einl. Rn. 265ff.; insgesamt dazu, *Seiwerth*, Gestaltungsfreiheit in Tarifverträgen, S. 143ff. Vgl. auch Teil 2 § 8 Abschnitt IV. 1. c).

300 Vgl. auch *Seiwerth*, Gestaltungsfreiheit in Tarifverträgen, S. 141ff. u. S. 153.

301 *Ulber*, Tarifdispositives Gesetzesrecht, S. 401ff. u. S. 406, zum tarifdispositiven Recht.

302 *Ulber*, Tarifdispositives Gesetzesrecht, S. 365ff. u. S. 401ff.

303 *Ulber*, Tarifdispositives Gesetzesrecht, S. 390.

hätten[304]. Dabei wird der Wesentlichkeitsgrundsatz durch eine an das Bestimmtheitsgebot erinnernde Transparenzvorgabe ergänzt[305] und zusammen ergäben sich daraus Anforderungen an die Ausgestaltung der Schutzpflichten, die der Verwendung von Generalklauseln entgegenstünden.[306] Ferner führe die erweiterte Dispositionsbefugnis dazu, dass der gesetzliche Schutz Teil der Vertragsgestaltung und damit zur Verhandlungsmasse werde und sich daher die schwächere Vertragspartei den gesetzlichen Schutz erst wieder heraushandeln müsse.[307] Eine effektive Umsetzung der Schutzpflicht könne darin nicht gesehen werden.

Zutreffend daran ist, dass das Demokratieprinzip gerade darauf gerichtet ist, den gesetzlichen Regelungen die notwendige Legitimation zu verleihen, um die Beeinträchtigung oder die Gestaltung der Freiheit der Betroffenen zu legitimieren.[308] Dementsprechend ist es auch zutreffend, dass es einen Vorrang des Gesetzgebers bei der Setzung entsprechender Regelungen gibt[309] und dass die Regelung durch den Gesetzgeber vorzugswürdig erscheint, weil das Gesetzgebungsverfahren die Abwägung aller relevanter Interessen eher ermöglicht als eine gerichtliche Entscheidung.[310] Demgegenüber stehen aber die Vorteile der sachverhaltsbezogenen Entscheidung durch Gerichte, die statt generalisierter Interessenlagen die tatsächlichen Interessenlagen berücksichtigen können.[311] Vor allem kann das Demokratieprinzip nur in Grenzen Anforderungen an den Gesetzgeber stellen, die sich dann aber auch auf dessen Kern beziehen und mithin Entscheidungen des Gesetzgebers betreffen, die zukünftige Verwirklichungen des Demokratieprinzips verhindern.[312] Darüber hinaus ist es aber vor allem eine Legitimationsgrundlage für die Handlungen und das Unterlassen des demokratisch legitimierten Gesetzgebers, das insofern die geringe Wirkung der Kompetenzzuordnung der grundgesetzlich angeordneten Gewaltenteilungen (Art. 20 Abs. 2 S. 2 GG)[313] nicht überwinden kann, zumal auch die anderen Staatsorgane demokratisch legitimiert sind[314]. Insoweit stehen die grundrechtlichen Schutzpflichten gerade im Widerspruch zum Demo-

304 *Ulber*, Tarifdispositives Gesetzesrecht, S. 395 f.

305 *Ulber*, Tarifdispositives Gesetzesrecht, S. 393 ff.

306 *Ulber*, Tarifdispositives Gesetzesrecht, S. 401 ff.

307 Vgl. *Ulber*, Tarifdispositives Gesetzesrecht, S. 299 ff.

308 Vgl. Jarass/Pieroth/*Jarass*, GG Art. 20 Rn. 7.

309 *C. Schubert*, Arbeitnehmerähnliche Personen, S. 118 f.; *Seiwerth*, Gestaltungsfreiheit in Tarifverträgen, S. 94 f.

310 Insoweit zutreffend, *Ulber*, Tarifdispositives Gesetzesrecht, S. 395 f.

311 *Neuner*, ZfPW 2022, 257, 269.

312 BVerfG v. 18.03.2014 – 2 BvR 1390/12 (u. a.), BVerfGE 135, 317 Rn. 159 ff.; BVerfG v. 30.06.2009 – 2 BvE 2/08 (u. a.), BVerfGE 123, 267 Rn. 246.

313 Dazu DHS-GG/*Grzeszick*, GG Art. 20 Rn. 106 ff.

314 Zu den Formen der Legitimation, Jarass/Pieroth/*Jarass*, GG Art. 20 Rn. 8 ff.

kratieprinzip und den sich daraus ergebenden Bewertungs- und Gestaltungsspielräumen des Gesetzgebers, welche der Konkretisierung der Schutzpflichten gerade entgegenwirken.[315]

Zutreffend ist ferner auch, dass der Einsatz von Generalklauseln und unbestimmten Rechtsbegriffen tendenziell die Rechtsklarheit und damit auch die Rechtssicherheit reduziert.[316] Dabei besteht eine Wechselwirkung mit der Intensität des Grundrechtseingriffs, weshalb gerade für strafrechtliche Regelungen hohe Anforderungen aus dem Bestimmtheitsgebot abgeleitet werden.[317] Eine Konkretisierung dieser Vorgaben ist abseits des Strafrechts jedoch ebenso problematisch, wie die Konkretisierung der Grundrechte. Vielmehr ist der Gesetzgeber zur Typisierung und Generalisierung berechtigt[318] und ihm steht auch bei der konkreten Ausgestaltung der Bestimmtheit eines Rechts ein großer Spielraum zu.[319] Auch hierbei schützt das Demokratieprinzip den Gestaltungsspielraum des Gesetzgebers, der auf ein breites Spektrum verschiedener Ausformungen der Rechtsklarheit und -bestimmtheit zurückgreifen kann.[320] Dazu zählt auch die Verwendung von Generalklauseln, für die ihm das Bestimmtheitsgebot[321] und der Wesentlichkeitsgrundsatz[322] einen großen Spielraum lassen[323] und im Rahmen der Rechtsanwendung sind die Fachgerichte verpflichtet verfassungsrechtlichen Schutzpflichten zu entsprechen[324].

Die Anforderungen an den Gesetzgeber bei der Gestaltung der Schutzpflichten sind daher auch gering und es genügt, wenn der Sachverhalt erfasst und den Anforderungen der Schutzpflicht durch geeignete Maßstäbe genügt wird,[325] sodass sich daraus keine Anforderungen entnehmen lassen, die über das grundrechtliche Untermaß selbst hinausgehen. Ferner werden gerade die

---

315 Vgl. BeckOK-GG/*Rux*, GG Art. 20 Rn. 115.

316 *Ulber*, Tarifdispositives Gesetzesrecht, S. 393 ff.; vgl. auch zu Reformvorschlägen im AGB-Recht, *v. Westphalen*, BB 2021, 1410, 1415.

317 BeckOK-GG/*Rux*, GG Art. 20 Rn. 182.1.

318 Vgl. auch im Zusammenhang einer Rechtssetzungslehre des Privatrechts, *Bechtold*, Zwingendes Privatrecht, S. 340 ff.

319 St. Rspr., dazu jeweils m. w. N. BVerfG v. 08.02.2001 – 2 BvF 1/00, BVerfGE 103, 111 [unter C. I. 2. b)]; BVerfG v. 24.06.1993 – 1 BvR 689/92, BVerfGE 89, 69 [unter C. I. 3. a)].

320 Vgl. *Seiwerth*, Gestaltungsfreiheit in Tarifverträgen, S. 81.

321 Dazu BVerfG v. 08.08.1978 – 2 BvL 8/77, BVerfGE 49, 89 [unter B. II. 3.]; DHS-GG/*Grzeszick*, GG Art. 20 Rn. 58 ff.; BeckOK-GG/*Rux*, GG Art. 20 Rn. 182; BeckOK-GG/*Uhle*, GG Art. 80 Rn. 20 f.

322 Dazu BVerfG v. 26.09.1991 – 1 BvR 779/85, BVerfGE 84, 212 [unter C. I. 2. a)]; BVerfG v. 08.08.1978 – 2 BvL 8/77, BVerfGE 49, 89 [unter B. II. 2. m. w. N.].

323 Dazu die Nachweise in Teil 2, Fn. 297.

324 Dazu die Nachweise in Teil 2, Fn. 298.

325 BVerfGE v. 26.01.1988 – 1 BvR 1561/82, NVwZ 1988, 427 [unter B. I. 2. b) aa)].

allgemeinen Wertungsmaßstäbe teilweise unter Rückgriff auf die Rechtsprechung und in der Folge durch die Rechtsprechung konkretisiert.[326] Das spricht gerade dafür, dass im Privatrechtsverkehr die insoweit anerkannten Generalklauseln eine hinreichende Regelung bieten,[327] sofern ihre Anwendung die zutreffenden Maßstäbe beachtet[328]. Die Konkretisierung der staatlichen Schutzpflichten ist mithin auch vielmehr eine Frage des Zusammenspiels zwischen den Gewalten, an der neben der Legislative und der Judikative auch die Exekutive Anteil hat.[329] Dem Rechtsstaatsgebot lässt sich hingegen nicht entnehmen, dass dies allein die Pflicht des Gesetzgebers sei oder dass er dies nicht generalklauselartig machen könne.[330]

Ferner kann die sich daraus ergebende Rechtsunsicherheit zwar einerseits der Vertragsfreiheit entgegenwirken,[331] andererseits kann mit der Verwendung unbestimmter Rechtsbegriffe aber auch ein Freiheitsgewinn verbunden sein,[332] der insbesondere im Privatrecht nicht unbedeutend ist. Außerdem dienen die Generalklauseln auch einer besseren Verwirklichung staatlicher Schutzpflichten im Sinn einer Einzelfallgerechtigkeit und sind mithin kein nachrangiges Mittel zu ihrer Verwirklichung.[333] Vielmehr ist dem Gesetzgeber auch bei der Auswahl der geltenden Meta-Normen ein identischer Spielraum wie bei der Setzung des materiellen Rechts zuzugestehen.[334]

ff) Bedeutung des Demokratie- und des Rechtsstaatsprinzips für die Unabdingbarkeit

Sofern der Gesetzgeber konkrete Regelungen getroffen hat, wirken sich das Demokratieprinzip und die Rechtstaatlichkeit aber auf dessen Anwendung aus. Insbesondere ist der Gestaltungsspielraum des Gesetzgebers auch bei der Rechtsanwendung zu respektieren und dessen Wertungen sind nicht zu ersetzen. Sofern von den konkreten Vorgaben des Gesetzgebers aufgrund ergänzender Erwägungen abgewichen wird, besteht die Gefahr, dass bei der Be-

---

326 *Cziupka*, Dispositives Vertragsrecht, S. 234 zum AGB-Recht.

327 Vgl. *Neuner*, ZfPW 2022, 257, 262, zur Anerkennung dieses Regelungsmodells durch den Verfassungsgeber.

328 Vgl. *Neuner*, ZfPW 2022, 257, 277.

329 Jeweils mit unterschiedlichen Vorgaben, ErfK/*Schmidt*, GG Einl. Rn. 43 f.; vgl. auch BeckOK-GG/*Uhle*, GG Art. 80 Rn. 20 f., zur identischen Wirkung gegenüber des Bestimmtheitsgebots bei Art. 80 GG.

330 Auch historisch argumentierend, *Neuner*, ZfPW 2022, 257, 262 f.

331 Zur Beziehung *Cziupka*, Dispositives Vertragsrecht, S. 32 ff.; *Schmidt-Rimpler*, AcP 147 (1941), 130, 133.

332 *Lepsius*, ZRP 2024, 162, 165.

333 *Neuner*, ZfPW 2022, 257, 269.

334 Kritisch zu diesem Spielraum, *Ulber*, Tarifdispositives Gesetzesrecht, S. 414 ff.

stimmung eines Untermaßes die Wertung des Gesetzgebers ersetzt und dessen Einschätzungsspielraum nicht hinreichend beachtet wird.[335] Dementsprechend ist nicht nur die gerichtliche Kontrolle dieser einfachgesetzlichen Ausgestaltungen zurückhaltend vorzunehmen,[336] sondern auch bei der Rechtsanwendung ist diesen Wertungen weitgehend Geltung zu verschaffen. Ein Verständnis der Innenschranke oder die Auslegung einer Meta-Norm, die trotz struktureller Unterlegenheit Abweichungsbefugnisse zur Unterschreitung der konkreten Standards begründet,[337] ist daher eher rechtfertigungsbedürftig als ein Verständnis, das die Regelungen des Gesetzgebers als Mindestmaß versteht.[338] Entsprechend gibt auch das Rechtstaatsgebot die Verwirklichung der Wertungen des Gesetzgebers vor und erlaubt ergänzende Wertungen nur in dem Maß, indem seine Regelungen dafür methodisch zulässig geöffnet werden können.[339] Soweit hingegen weiterer Bedarf für ergänzende Wertungen erkannt wird, sind die Grenzen der Fachgerichtsbarkeit überschritten.[340] Mithin geben diese Prinzipien die einseitige Unabdingbarkeit zwar nicht vor, sprechen aber dafür, konkrete gesetzliche Standards abseits weiterer Besonderheiten im Sinne des Günstigkeitsprinzips auszulegen.

II. Zwischenergebnis – Bedeutung des Verhältnismäßigkeitsprinzips

1. Grundsatz der Günstigkeit

Im Ergebnis zeigt sich somit allein eine Pflicht den Grundsatz der Günstigkeit zu beachten und günstigeren sowie gleichwertigen Abweichungen nicht die Wirksamkeit zu versagen. Grundlage ist die Wirkung der Grundrechte als negative Kompetenznormen, die den Gesetzgeber verpflichten, die Arbeitsvertragsfreiheit nur durch verhältnismäßige Eingriffe zu beschränken, wodurch die Regelungskompetenz der Arbeitsvertragsparteien vor Eingriffen geschützt wird, die ungeeignet sind, den Arbeitnehmerschutz zu verwirklichen.[341] Der

---

[335] Dazu Teil 3 § 10 Abschnitt A. II.

[336] BVerfG v. 09.02.2010 – 1 BvL 1/09 (u.a.), BVerfGE 125, 175 Rn. 141 ff.; vgl. zur Kontrolle der Auslegung durch die Fachgerichte, BVerfG v. 19.10.1993 – 1 BvR 567/89 (u.a.), BVerfGE 89, 214 [unter C. I].

[337] So für das gesetzliche Günstigkeitsprinzip, *Versteyl*, Obergrenze, S. 100.

[338] *Kronenberg*, Ausnahmen der Unabdingbarkeit, S. 45 zur TVVO.

[339] Insoweit zutreffend, *Ulber*, Tarifdispositives Gesetzesrecht, S. 372 ff.; hingegen im Ausnahmefall auch bei planmäßigen Lücken, *C. Schubert*, Arbeitnehmerähnliche Personen, S. 119 f., aber nicht abseits des Minimalschutzes der Generalklauseln.

[340] Der zutreffende Weg führt grundsätzlich über das BVerfG, vgl. nur *C. Schubert*, Arbeitnehmerähnliche Personen, S. 119; *Ulber*, Tarifdispositives Gesetzesrecht, S. 374 ff.

[341] Vgl. nur *Belling*, Günstigkeitsprinzip, S. 163; *Schorn*, Günstigkeitsprinzip neuer Art, S. 44 f.

Grundsatz der Günstigkeit ist damit konkreter Ausdruck der Grenzziehung zwischen grundrechtlicher Freiheit und staatlicher Rechtssetzungsmacht, die das Verhältnismäßigkeitsprinzip in seiner Form als Übermaßverbot abstrakt bestimmt.[342] Ebenso wie das allgemeine Verhältnismäßigkeitsprinzip steht der spezielle Grundsatz der Günstigkeit als regulatives Prinzip zwischen der Kompetenz des Normsetzers und der Gestaltungsmacht der Arbeitsvertragsparteien.[343] Seine Berücksichtigung durch den Gesetzgeber stellt – ebenso wie das regulative Prinzip der Verhältnismäßigkeit im Allgemeinen – den Ausgleich zwischen den Zielen des Gesetzgebers und den grundrechtlichen Freiheiten sicher.[344] Der Grundsatz reflektiert damit die besondere Beziehung, die in einer freiheitlichen Rechtsordnung durch die moderierende Wirkung des Verhältnismäßigkeitsprinzips zwischen dem schützenden Normsetzer und dem zu schützenden Normunterworfenen entsteht. Dabei ist die Wirkung des Grundsatzes zwar auch auf das Ziel des Arbeitnehmerschutzes und die grundrechtlich geschützte Arbeitsvertragsfreiheit zurückzuführen, jedoch wird deren Grenze erst durch das Verhältnismäßigkeitsprinzip zum Grundsatz der Günstigkeit geformt.

Das Verhältnismäßigkeitsprinzip selbst entspringt dem Rechtsstaatsgebot des Grundgesetzes und wohnt den Grundrechten inne, wodurch es selbst Verfassungsrang hat.[345] Als Konkretisierung dieses Prinzips wird die Abweichungsbefugnis daher durch höherrangiges Recht vorgezeichnet. Das Verhältnismäßigkeitsprinzip ist aber keine absolute Schranke der Kompetenz des Gesetzgebers, sondern seine Wirkung lässt sich nur in Relation zum Zweck einer Regelung bestimmen. Auch wenn die Anwendung des Verhältnismäßigkeitsprinzips selbst nicht beschränkt werden kann, kann der Gesetzgeber im Rahmen der Auswahl legitimer Ziele mittelbar darüber entscheiden, inwieweit die eingesetzten Mittel verhältnismäßig sind.[346] Diese verfassungsrechtliche Begründung des Grundsatzes der Günstigkeit führt daher nicht zur Begründung eines höherrangigen Prinzips, sondern begründet allein einen Grundsatz.[347]

---

[342] *Möslein*, Dispositives Recht, S. 396 f., allgemein für dispositives Recht; *Schorn*, Günstigkeitsprinzip neuer Art, S. 45.

[343] Vgl. BeckOK-GG/*Rux*, GG, Art. 20 Rn. 190.

[344] *Belling*, Günstigkeitsprinzip, S. 24; wohl auch *Heinze*, NZA 1991, 329, 330; *Löwisch*, BB 1991, 59, 60; *Schorn*, Günstigkeitsprinzip neuer Art, S. 45; *Wensing/Hesse*, NZA 2009, 1309, 1310.

[345] BVerfG v. 15. 12. 1965 – 1 BvR 513/65, BVerfGE 19, 342 [unter III. 2.]; DHS-GG/*Grzeszick*, GG Art. 20 Rn. 110 ff., differenzierend; BeckOK-GG/*Rux*, GG, Art. 20 Rn. 189; Isensee/Kirchhof/HdB-StaatsR/*Schmidt-Aßmann*, § 26 Rn. 87.

[346] Vgl. DHS-GG/*Grzeszick*, GG Art. 20 Rn. 113.

[347] *Hueck/Nipperdey*, Arbeitsrecht, I S. 146 Fn 3. Vgl. auch, *Blomeyer*, NZA 1996, 337, 341; *Krauss*, Günstigkeitsprinzip und Autonomie, S. 61 Fn. 312; Kempen/Zachert/TVG/*Schubert/Zachert*, § 4 Rn. 349 ff.

Dessen Geltung kann ferner nur angenommen werden, wenn Normen die Interessen des Arbeitnehmers im Arbeitsverhältnis verwirklichen, sie ist im Einzelnen aber abhängig vom Zweck der gesetzlichen Regelung. Seine höherrangige Verankerung ist daher nur unter Berücksichtigung des Zwecks der gesetzlichen Regelungen zu bestimmen und sie kann vor allem im Wege der verfassungskonformen Auslegung die Ergebnisse bestätigen, die dem Zweck der Vorschriften zu entnehmen sind.[348] Eine unmittelbare Geltung kann aus dem Grundgesetz aber nicht abgeleitet werden und seine Anwendung ist allein im Rahmen der methodisch zulässigen Rechtsanwendung und -fortbildung möglich.

Beeinträchtigungen der Arbeitsvertragsfreiheit müssen aber nicht dem sozialen Arbeitnehmerschutz dienen, sondern können sich auch auf spezielle Verfassungsgüter stützen, wenn sie beispielsweise den Gesundheitsschutz der Arbeitnehmer aus Art. 2 Abs. 2 S. 1 GG,[349] den Schutz der Mutter aus Art. 6 Abs. 4 GG[350] oder den Schutz gegen Diskriminierung aus Art. 3 Abs. 3 GG betreffen. Soweit solche Ziele mit dem Arbeitsvertragsrecht verfolgt werden, ist der verhältnismäßige Abweichungsspielraum konkret zu überprüfen[351] und es kann sich aus einzelnen Zielen auch eine Rechtfertigung für weitergehende Abweichungsverbote ergeben.[352] Dazu können der Schutz der Sonn- und Feiertagsruhe, der Schutz der Allgemeinheit vor Gesundheitskosten, der Schutz des innerbetrieblichen Friedens[353] oder der betrieblichen Autonomie[354] zählen, soweit die Uneinheitlichkeit von Arbeitsbedingungen diese Ziele gefährdet. Insbesondere könnte im Extremfall auch die Sicherung des gesamtwirtschaftlichen Gleichgewichts[355] Höchstarbeitszeit- und -entgeltregelungen als geeignet, erforderlich und angemessen erscheinen lassen.[356] Es handelt sich mithin vor allem um Regelungen, die auch die Interessen Dritter oder der

---

348 Dazu Teil 2 § 8 Abschnitt A.

349 Allgemein, BVerfG v. 22.01.1997 – 2 BvR 1915/91, BVerfGE 95, 173 [unter C. II. 2. b)]; *Krauss*, Günstigkeitsprinzip und Autonomie, S. 55. Zum Urlaubsrecht, BAG v. 22.01.2002 – 9 AZR 601/00, BAGE 100, 189 [unter A. II. 2. d)].

350 Vgl. für Sonderkündigungstatbestände, BVerfG v. 24.04.1991 – 1 BvR 1341/90, BVerfGE 84, 133 [unter C. III. 4.].

351 Zum Tarifrecht, *Belling*, Günstigkeitsprinzip, S. 76 ff.

352 Vgl. Däubler/TVG/*Deinert/Wenckebach*, § 4 Rn. 622; Kempen/Zachert/TVG/*Schubert/Zachert*, § 4 Rn. 349 f.

353 Vgl. zu Art. 9 Abs. 3 GG Jarass/Pieroth/*Jarass*, GG Art. 9 Rn. 48.

354 *Blomeyer*, NZA 1996, 337, 343.

355 BVerfG v. 27.04.1999 – 1 BvR 2203/93, AP GG Art. 9 Nr. 88 [B. II. 1. c) bb)]; kritisch *Burkiczak*, Deregulierung, S. 273 ff.

356 Vgl. *Belling*, Günstigkeitsprinzip, S. 79, der im Tarifrecht nur solche Gründe gelten lassen will.

Gemeinschaft in den Blick nehmen und die daher zu einer anderen Beziehung zwischen dem Schutznormsetzer und den Normunterworfenen führen.

2. Unabdingbarkeit

Aus dem Verfassungsrecht lässt sich hingegen keine allgemeine Pflicht zur Ausgestaltung unabdingbarer Arbeitnehmerschutzvorschriften ableiten. Dies würde das Bestehen eines konkreten verfassungsrechtlichen Handlungsauftrags für den Gesetzgeber voraussetzen, der angesichts der Unbestimmtheit verfassungsrechtlicher Vorgaben nicht ersichtlich ist. Lediglich wenn spezielle verfassungsrechtliche Handlungsaufträge andernfalls nicht hinreichend verwirklicht werden, besteht eine Pflicht, die gesetzlichen Regelungen effektiv auszugestalten, womit grundsätzlich aber auch nicht die Vorgabe eines einseitigen Abweichungsverbots verbunden ist. Dies wäre lediglich der Fall, wenn einem Handlungsauftrag ein konkretes Untermaß zu entnehmen ist, dem allein und gerade noch mit arbeitsvertraglichen Regelungen entsprochen wird. Es ist jedoch schwer ein verfassungsrechtlich gebotenes Untermaß festzustellen und dies wird noch erschwert, wenn die tatsächlichen Umstände einem starken technologischen und sozio-kulturen Wandel unterworfen sind. Selbst wenn ein Untermaß bestimmt werden kann, steht es dem Gesetzgeber ferner frei, den Handlungsauftrag mit ergänzenden Regelungen abzusichern und ihn damit trotz der Möglichkeit zur Abbedingung der arbeitsrechtlichen Regelungen im Einzelfall zu erfüllen.

Die Annahme, dass der Gesetzgeber verpflichtet sei, bestimmte Regelungen absolut abweichungsfest zu gestalten, ist in einem solchen Umfeld mit der Gefahr verbunden, dass die Wertung des Gesetzgebers durch eine eigene ersetzt wird. Hingegen ist es zu respektieren, wenn der demokratisch legitimierte Gesetzgeber einen Teil der Schutzgewährung im Einzelfall den Gerichten überlässt und dafür Abwägungen mittels Anwendung der Generalklauseln erlaubt. Insofern sind mit dem Untermaßverbot keine Anforderungen an die Ausgestaltung der Meta-Norm verbunden, die gänzlich unabhängig von der Bestimmung des Inhalts der verfassungsrechtlichen Vorgaben für das materielle Recht zu einer Konkretisierung der staatlichen Handlungspflicht führen. Der Verfassung lässt sich jedoch grundsätzlich nicht entnehmen, mit welchem konkreten Inhalt einzelne Arbeitnehmerschutzvorschriften zu erlassen sind.

3. Gemeinsame Betrachtung beider Grundsätze

Dem Günstigkeitsprinzip nahekommende Vorgaben ergeben sich daher erst im Zusammenspiel aus grundrechtlicher Freiheit und dem Schutzzweck des Gesetzes und es ist die moderierende Wirkung des Verhältnismäßigkeitsprinzips, die dieser Grenzziehung zwischen Freiheit und Kompetenz entspricht.[357] Das Günstigkeitsprinzip kann daher als konkreter Ausdruck der Bedeutung des Verhältnismäßigkeitsprinzips bei der Setzung des Privatrechts[358] und insoweit als konkrete Ausprägung dieses regulativen Verfassungsprinzips verstanden werden[359]. In seiner Ausprägung als Übermaßverbot verhindert es die übermäßige Bescheidung grundrechtlicher Freiheiten durch Höchststandards und als Untermaßverbot schränkt es den Spielraum des Gesetzgebers ein, sodass er zumindest zur Gestaltung effektiver Standards verpflichtet sein kann. Es entsteht mithin aus der besonderen Beziehung, die in einer freiheitlich-demokratischen Rechtsordnung zwischen dem schützenden Normsetzer und den zu schützenden Normunterworfenen durch die Vermittlung des Verhältnismäßigkeitsprinzips entsteht.[360] Damit fungiert es als Mittel, das im Arbeitsrecht die praktische Konkordanz zwischen den unterschiedlichen verfassungsrechtlichen Rechten und Pflichten herstellt und die abstrakten verfassungsrechtlichen Anforderungen in einfaches Gesetzesrecht transformiert.[361]

Das bedeutet aber nicht, dass sich die Vorgaben des Verhältnismäßigkeitsprinzips bei der Setzung arbeitsrechtlicher Regelungen in jedem Fall in dieser Form konkretisieren. Stattdessen führt die Relativität des Übermaßverbots im Verhältnis zum Zweck dazu, dass die Abweichungsbefugnis zugunsten des Arbeitnehmers nur unter Berücksichtigung dieses Zwecks bestimmt werden kann. Auf dieser Basis und gemeinsam mit der kompetenzbeschränkenden Wirkung des Prinzips lässt sich die Eignung von Abweichungsverboten aber grundsätzlich unabhängig vom materiellen Inhalt der Regelung eindeutig bestimmen. Daneben führt die Unbestimmtheit der verfassungsrechtlichen Pflichten des Gesetzgebers dazu, dass sich dem Untermaßverbot keine Pflicht entnehmen lässt, arbeitsrechtliche Regelungen absolut abweichungsfest auszugestalten. Weder sind die Handlungsaufträge konkret darauf gerichtet noch lässt sich das Untermaß der materiellen Ausgestaltung hinreichend konkret bestimmen, um daraus zu schließen, dass dieses allein durch absolut abweichungsfeste Regelungen eingehalten wird. Abseits einer Bewertung des mate-

---

357 Vgl. allgemein zur Wirkung des Verhältnismäßigkeitsprinzips in der Rechtssetzung im Privatrecht, *Bechtold*, Zwingendes Vertragsrecht, S. 334 ff.

358 *Belling*, Günstigkeitsprinzip, S. 72 erkennt die Dichotomie von freiheitlichem und sozialem Rechtsstaat.

359 Vergleichbar wird das AGB-Rechts als Konkretisierung des Verhältnismäßigkeitsprinzips verstanden, *Preis*, FS Dieterich, 429, 456. Vgl. auch Möslein/Private Macht/*H. Hanau*, S. 135 zur Wirkung des Verhältnismäßigkeitsprinzips im Rahmen einer Angemessenheitskontrolle.

360 Es geht nicht um die unmittelbare Anwendung des Verhältnismäßigkeitsprinzips in Privatrechtsbeziehungen, dazu *Preis*, FS Dieterich, 429, 436 ff.

361 *Belling*, Günstigkeitsprinzip, S. 24; wohl auch *Heinze*, NZA 1991, 329, 330; *Löwisch*, BB 1991, 59, 60; *Schorn*, Günstigkeitsprinzip neuer Art, S. 45; *Wensing/Hesse*, NZA 2009, 1309, 1310.

riellen Untermaßes ergibt sich aus den Handlungsaufträgen des Gesetzgebers daher regelmäßig nur eine Effektivierungspflicht und auch dies nur dann, wenn die Handlungsaufträge des Gesetzgebers hinreichend konkret sind.

Die Unterschiede zwischen beiden Ausprägungen des Günstigkeitsprinzips spiegeln dabei die grundlegenden Unterschiede zwischen dem abwehrrechtlichen Schutz der Grundrechte und den staatlichen Schutzaufträgen.[362] Zwar werden in beiden Fällen die Grenzen der Kompetenz des Gesetzgebers bestimmt, jedoch bieten das Übermaß- und das Untermaßverbot dafür unterschiedliche Bewertungsmaßstäbe, die den Besonderheiten der jeweiligen Verpflichtungen Rechnung tragen.[363] Ohne diese Unterscheidung bestünde kein Unterschied zwischen der Berechtigung und der Verpflichtung zur Setzung arbeitnehmerschützenden Normen und der Gestaltungsspielraum des Gesetzgebers würde entweder durch das Verfassungsrecht determiniert oder bliebe abseits des Freiheitsschutzes unbestimmt. Ersteres stünde dem Demokratieprinzip entgegen, das einen eigenen Spielraum für den Gesetzgeber verlangt.[364] Dieses wird in Bezug auf einen einzelnen Zweck aber schon durch die Vorgaben des Übermaßverbots strengen Anforderungen unterworfen,[365] sodass der Spielraum des Gesetzgebers durch eine eher tiefhängende Decke begrenzt wird.[366] Um hinreichend Spielraum zu erhalten, ist es daher notwendig, mit dem Untermaßverbot keine übermäßigen Anforderungen zu verbinden.[367] Gleichzeitig kann der Spielraum aber auch nach unten nicht unbegrenzt sein, wenn verfassungsrechtliche Vorgaben praktische Wirksamkeit erlangen sollen.[368]

Soweit es der Sinn und Zweck einer Vorschrift im Licht der Privatautonomie als verhältnismäßig erscheinen lässt, steht es dem Gesetzgeber aber frei, sich innerhalb dieses Spielraums zu bewegen und gesetzliche Regelungen

---

362 Ausführlich *Burkiczak*, Deregulierung, S. 153 ff.; *Rieger*, Tarifeinheitsgesetz, S. 88 ff. [m. w. N.].

363 *Calliess*, FS Starck, 201, 213; Isensee/Kirchhof/HdB-StaatsR/*Isensee*, § 191 Rn. 303 f.

364 Instruktiv, BVerfG v. 13.01.1982 – 1 BvR 848/77 (u. a.), BVerfGE 59, 231 [unter B. II. 2. bb)]; BVerfG v. 05.05.2020 – 2 BvR 859/15 (u. a.), BVerfGE 154, 17 Rn. 104, zu haushaltswirksamen Regelungen; BVerfG v. 27.01.1998 – 1 BvL 15/87, BVerfGE 97, 169 [unter B. I. 3. a)]; *Enders*, Freiheit und Repräsentation, S. 19 ff.; *Neuner*, ZfPW 2022, 257, 268, auch zu den Grenzen; BeckOK-GG/*Rux*, GG Art. 20 Rn. 115 ff.

365 BeckOK-GG/*Rux*, GG Art. 20 Rn. 189.1.

366 Vgl. auch *Calliess*, FS Starck, 201, 213, der aber von einem Korridor spricht.

367 Vgl. *Calliess*, FS Starck, 201, 211 ff.; auch der Gesetzgeber gerät an Grenzen, *Neuner*, ZfPW 2022, 257, 269.

368 In dem Sinn Isensee/Kirchhof/HdB-StaatsR/*Isensee*, § 191 Rn. 300; *Michael/Morlok*, Grundrechte, Rn. 47 sowie *Möslein*, Dispositives Recht, S. 390 f.; *Ulber*, Tarifdispositives Gesetzesrecht, S. 414 ff.

über dem verfassungsrechtlichen Untermaß zu schaffen.[369] Seine Regelungsgewalt wird nicht durch das Untermaß des verfassungsrechtlichen Handlungsauftrags begrenzt, sondern vor allem durch die Notwendigkeit zur Beachtung grundrechtlicher Freiheiten und mithin vornehmlich durch die Auswahl legitimer Zwecke und verhältnismäßiger Mittel. Dementsprechend kann es auf Basis eines entsprechenden Zwecks weitgehend zur Geltung gebracht werden,[370] weshalb nicht jeder arbeitnehmerschützende Mindeststandard als Ausdruck eines verfassungsrechtlichen Untermaßes verstanden werden kann.[371] Welche Abweichungsbefugnis beispielsweise für die Absicherung im Krankheitsfall vorgegeben wird und welche Ausgestaltung gerechtfertigt ist, wird durch das Verhältnismäßigkeitsprinzip nicht vollständig verfassungsrechtlich vorgezeichnet. Dies zeigt auch, dass eine gesetzliche Maßnahme anhand ihrer unterschiedlichen Wirkungen auf verschiedene Grundrechtsträger gemessen werden kann,[372] ohne dass die Verwendung des Verhältnismäßigkeitsprinzips den Spielraum des Gesetzgebers dabei vollständig determiniert.[373]

Die grundsätzliche Zweckabhängigkeit der Bewertung des Übermaßverbots und die Unbestimmtheit des Untermaßverbots in Bezug auf die konkrete Erfüllung eines verfassungsrechtlichen Auftrags verdeutlichen, dass die Geltung des Günstigkeitsprinzips nicht verfassungsrechtlich angeordnet wird. Insbesondere kann die einseitige Unabdingbarkeit nicht verfassungsrechtlich untermauert werden und auch die Abweichungsbefugnis wird durch das Verfassungsrecht selbst nicht absolut vorgegeben, sondern seine verfassungsrechtliche Absicherung lässt sich erst in Relation zum Zweck der Regelung bestimmen. Mithin reicht seine verfassungsrechtliche Begründung auch nicht weiter als die teleologische Ableitung, jedoch können die verfassungsrechtlichen Maßstäbe das teleologische Ergebnis insoweit untermauern.[374] Es ist damit kein das Arbeitsrecht prägendes höherrangiges Prinzip, sondern eher ein Grundsatz, dessen Geltung auf Basis des Zwecks zu ermitteln ist.

---

[369] *C. Schubert*, Arbeitnehmerähnliche Personen, S. 115.

[370] Vgl. Isensee/Kirchhof/HdB-StaatsR/*Isensee*, § 191 Rn. 305.

[371] Vgl. *C. Schubert*, Arbeitnehmerähnliche Personen, S. 115.

[372] Dazu *Bialluch*, Tarifeinheitsgesetz, S. 211; BeckOK-GG/*Cornils*, GG Art. 9 Rn. 79 ff.; *Möslein*, Dispositives Recht, S. 390 f. u. 396 ff.; *Rieger*, Tarifeinheitsgesetz, S. 106 ff.; *C. Schubert*, Arbeitnehmerähnliche Personen, S. 117. Ausführlich zu abweichenden Auffassungen, *Gellermann*, Grundrechte und einfaches Recht, S. 222 ff. [m. w. N.]; im Zweifel für die Eingriffsdogmatik, *Jacobs*, Tarifeinheit, S. 426.

[373] Vgl. auch Isensee/Kirchhof/HdB-StaatsR/*Isensee*, § 191 Rn. 304 f.; *C. Schubert*, Arbeitnehmerähnliche Personen, S. 115.

[374] Vgl. ErfK/*Schmidt*, GG Einl. Rn. 77, spricht von „verfassungsgeleiteter" Auslegung; gemeinsam mit dem Unionsrecht spricht *Seiwerth*, Gestaltungsfreiheit in Tarifverträgen, S. 187 f. von „systemkonformer" Auslegung.

III. Betrachtung der alternativen Ableitungen

1. Ableitung aus der Arbeitsvertragsfreiheit

An den Ableitungen aus der Arbeitsvertragsfreiheit erweist sich als zutreffend, dass die grundrechtliche Freiheit die Grundlage für die Vereinbarung von vertraglichen Abweichungen ist, die zugunsten des Arbeitnehmers vom Gesetzesrecht abweichen.[375] Der Schutz der Vertragsautonomie gilt jedoch dem Gestaltungsspielraum an sich und nur mittelbar dem Ergebnis.[376] Daher werden auch Vereinbarungen zuungunsten der Arbeitnehmer vom Schutzbereich erfasst und die damit verbundene Verkürzung der Gestaltungsmacht der Arbeitsvertragsparteien muss sich ebenfalls als Eingriff in die Vertragsfreiheit rechtfertigen.[377] Mithin begründet die Arbeitsvertragsfreiheit keinen besonderen Schutz für Regelungen zugunsten des Arbeitnehmers, sondern allein für die Gestaltungsmacht der Arbeitsvertragsparteien an sich.[378]

Dem gegenüber steht die Gestaltungsmacht des Gesetzgebers, der den Schutzbereich der Arbeitsvertragsfreiheit in verhältnismäßiger Weise beschränken und sowohl Vereinbarungen zugunsten als auch zuungunsten gleichermaßen die Wirksamkeit versagen kann. Eine spezielle verfassungsrechtliche Verpflichtung zur Bewahrung der Möglichkeit Vereinbarungen zugunsten der Arbeitnehmer zu treffen, ergibt sich daher nicht aus der Arbeitsvertragsfreiheit allein, sondern erst in Relation zum Zweck arbeitnehmerschützender Regelungen, die grundsätzlich keine Rechtfertigung für das Verbot günstigerer Abweichungen bieten. Mithin ist es das Grundrecht, das den Gesetzgeber zur Rechtfertigung seines Eingriffs zwingt, aber erst das Verhältnismäßigkeitsprinzip führt dazu, dass vor allem Vereinbarungen zugunsten des Arbeitnehmers nicht die Wirksamkeit versagt werden darf.[379] Die Anknüpfung an das Verhältnismäßigkeitsprinzip macht daher deutlich, dass der Grundsatz der Günstigkeit nur bedingt höherrangige Wirkung beansprucht und dass die Schutzziele des Gesetzgebers und die Privatautonomie nicht in einem Rangverhältnis stehen, sondern miteinander auszugleichen sind.[380]

---

375 Allgemein zum dispositiven Recht, *Möslein*, Dispositives Recht, S. 46 ff.

376 Anders wohl *Zöllner*, NZA-Beil. 2006, 99, 102.

377 Vgl. statt vieler *Käppler*, NZA 1991, 745, 749; *Krauss*, Günstigkeitsprinzip und Autonomie, S. 59. Vgl. für das Verbraucherschutzrecht *Thüsing*, FS Wiedemann, 559 f. u. S. 564; anders für Regelungen zugunsten von Verbrauchern, *Martinek*, in: Grundmann/Systembildung und Systemlücken, 511, 512. Ausführlich zum Grundrechtseingriff durch dispositives Recht, *Tobisch*, Dispositives Recht, S. 155 ff.

378 *Seiwerth*, Gestaltungsfreiheit in Tarifverträgen, S. 164 f.

379 Im Ergebnis auch Schaub/ArbR-HdB/*Trebber*, § 207 Rn. 20.

380 Vgl. *Belling*, Günstigkeitsprinzip, S. 69 zu individueller und kollektiver Koalitionsfreiheit; a.A. für einen Vorrang der Privatautonomie gegenüber kollektivem Arbeitnehmerschutz, *Heinze*, NZA 1991, 329, 331 f.

Den Grundsatz der Günstigkeit unmittelbar auf die Privatautonomie zurückzuführen, ist daher unzutreffend, sofern daraus ein Vorrang der privatautonomen Vereinbarung gegenüber dem Arbeitnehmerschutz abgeleitet wird.[381] Ein so verstandenes Günstigkeitsprinzip lässt die materiellen Inhalte des Arbeitnehmerschutzes in den Hintergrund treten und die Abweichung wird nicht mehr im Rahmen, sondern entgegen der Unabdingbarkeit gedacht.[382] Die Privatautonomie wird damit nicht allein im Rahmen ihrer mittelbaren Drittwirkung berücksichtigt, sondern sie wird zur Grundlage der Rechtsanwendung gemacht,[383] obwohl das zwingende Recht ihr auch entgegenwirkt und seine Geltung nicht von einer (vertraglich ausgeübten) Entscheidung der Vertragsparteien abhängt.[384] Damit birgt die alleinige Ableitung aus der Privatautonomie die Gefahr, dass die Abweichungsmöglichkeit nicht mehr ausgehend vom Zweck des Normsetzers gedacht und damit die Verwirklichung des jeweiligen Regelungszwecks gefährdet wird. Ferner kann dabei der Eindruck entstehen, dass die Nichtanwendung des Grundsatzes selbst rechtfertigungsbedürftig ist, aber es sind nicht die Anwendung oder die Beschränkung des Günstigkeitsprinzips, die einer Rechtfertigung bedürfen, sondern die Wirkung und der Zweck der materiellen Standards ist in den Kontext der verfassungsrechtlichen Vorgaben einzuordnen.[385] Der Erlass zweiseitig zwingender Regelungen ist dabei nicht an höhere Anforderungen geknüpft, sondern setzt andere Zielsetzungen voraus und sofern das materielle Recht entsprechende Ziele verfolgt, ist die Versagung einer einseitigen Abweichungsbefugnis nicht (zusätzlich) rechtfertigungsbedürftig.[386] Nicht zuletzt entsteht durch den Vorrang der Privatautonomie bei der Anwendung zwingenden Rechts ein Widerspruch, der nur durch eine wertende Betrachtung aufgelöst werden kann und der damit zur Infragestellung genau des normativen Standards führt, der durch das Günstigkeitsprinzip geschützt werden soll.[387] Bei der Anwendung des Günstigkeitsprinzips kann daher der Privatautonomie keine besondere Bedeutung zugesprochen werden.[388]

---

381 So *Bengelsdorf*, ZfA 1990, 563, 598; *Heinze*, NZA 1991, 329, 331 ff.

382 Vgl. *Käppler*, NZA 1991, 745, 750.

383 Besonders deutlich bei, *Versteyl*, Obergrenze, S. 100 u. S. 114 f.

384 Dies gilt generell und auch für dispositives Recht, *Cziupka*, Dispositives Vertragsrecht, S. 220 f.

385 Vgl. *Kähler*, Abdingbares Recht, S. 442. Im Ergebnis auch *Belling*, Günstigkeitsprinzip, S. 75 f., der aber von einer Beschränkung des Günstigkeitsprinzips ausgeht; ebenso *Blomeyer*, NZA 1996, 337, 339.

386 *Möslein*, Dispositives Recht, S. 90 f., auch zu Belastungen durch das dispositive Recht.

387 So unter anderem bei, *Heinze*, NZA 1991, 329, 334 f.

388 Besonders deutlich bei *Emmert*, Betriebsvereinbarungen, S. 292.

Aus der Arbeitsvertragsfreiheit kann auch keine allgemeine Verpflichtung abgeleitet werden, unabdingbare Arbeitnehmerschutzvorschriften zu schaffen. Das Ausmaß der strukturellen Unterlegenheit der Arbeitnehmer zwingt den Gesetzgeber nicht in weite Aspekte der arbeitsvertraglichen Beziehung einzugreifen und insofern ist der Schutz der vertraglichen Freiheit zwar das geistige Fundament der Schutzgesetzgebung und gleichzeitig hat er in einer demokratischen Gesellschaft keinen rechtlichen Vorrang vor anderen Interessen. Ferner wird auch angesichts des bestehenden arbeitsrechtlichen Schutzes für eine einzelne gesetzliche Regelung ein solcher Handlungsbedarf ebenfalls kaum feststellbar sein, ohne konkretisierende verfassungsrechtliche Verpflichtungen heranzuziehen.

2. Ableitung aus dem Sozialstaats- und dem Schutzprinzip

An der Ableitung aus dem Sozialstaatsprinzip ist zutreffend, dass dieses Prinzip den Gesetzgeber unter anderem verpflichtet, den Schutz der abhängig Beschäftigten und insbesondere der Arbeitnehmer sicherzustellen.[389] Insoweit enthält das Sozialstaatsprinzip die Berechtigung des Gesetzgebers bei der Gesetzgebung die damit verbundenen Ziele zulasten der Grundrechte zu beachten.[390] Zutreffend ist ferner, dass (auch) unter Verweis auf das Sozialstaatsprinzip eine Reihe gesetzlicher Vorschriften mit arbeitnehmerschützender Zielrichtung erlassen wurden. Gleichzeitig ist das Sozialstaatsprinzip jedoch in hohem Maß ausgestaltungsfähig und -bedürftig,[391] wobei infolge der Wechselwirkung mit dem Demokratieprinzip der Handlungs- und Beurteilungsspielraum des Gesetzgebers zu beachten ist.[392] Diese Unbestimmtheit steht einer Ableitung des Günstigkeitsprinzips als konkretes, den Gesetzgeber verpflichtendes Regelungsprinzip bereits tendenziell entgegen.[393]

---

389 *Kloepfer*/Verfassungsrecht I, § 11 Rn. 37.

390 *Kloepfer*/Verfassungsrecht I, § 11 Rn. 37.

391 BVerfG v. 29.05.1990 – 1 BvL 20/84 (u.a.), BVerfGE 82, 60 [unter C. II. 1.]; BVerfG v. 19.10.1983 – 2 BvR 465/80 (u.a.), BVerfGE 65, 182 [unter B. II. 3. a)]; BVerfG v. 13.01.1982 – 1 BvR 848/77 (u.a.), BVerfGE 59, 231 [unter B. II. 2. bb)].

392 BVerfG v. 30.06.2009 – 2 BvE 2/08 (u.a.), BVerfGE 123, 267 Rn. 257; BVerfG v. 03.04.2001 – 1 BvL 32/97, BVerfGE 103, 293 [unter B. 3. b)], zur Wirtschafts- und Sozialordnung; BVerfG v. 29.05.1990 – 1 BvL 20/84 (u.a.), BVerfGE 82, 60 [unter C. II. 1.]; BVerfG v. 19.10.1983 – 2 BvR 465/80 (u.a.), BVerfGE 65, 182 [unter B. II. 3. a)]; BVerfG v. 13.01.1982 – 1 BvR 848/77 (u.a.), BVerfGE 59, 231 [unter B. II. 2. bb)]; BVerfG v. 25.02.1960 – 1 BvR 239/52, BVerfGE 10, 354 [unter C. II. 2.]; DHS-GG/*Grzeszick*, GG Art. 20 Rn. 18; *Kloepfer*/Verfassungsrecht I, § 11 Rn. 47; BeckOK-GG/Rux, GG Art. 20 Rn. 209.

393 Vgl. BVerfG v. 19.10.1983 – 2 BvR 465/80 (u.a.), BVerfGE 65, 182 [unter B. II. 3. a)]; *Emmert*, Betriebsvereinbarungen, S. 192; *Käppler*, Tarifdispositives Richterrecht, S. 50.

Hinzu kommt, dass die Zielrichtungen des Sozialstaatsprinzips und des Günstigkeitsprinzips nicht kongruent sind.[394] Das Sozialstaatsprinzip wirkt im Rahmen der Gesetzgebung in vielen Fällen gerade als Grundlage für die Rechtfertigung von Eingriffen in die Arbeitsvertragsfreiheit, womit es als Schranke der Vertragsfreiheit den Gestaltungsspielraum des Gesetzgebers begründet[395] und ihn grundsätzlich auch zur Setzung verhältnismäßiger Höchststandards berechtigen kann. Eine verfassungsrechtlich begründete Beschränkung der Regelungsmacht des Gesetzgebers ist damit nicht verbunden. Gleiches gilt für das Schutzprinzip, dem ebenfalls kein unmittelbares Verbot von Höchststandards oder ein Vorrang der günstigeren im Vergleich zur hinreichenden Regelung zu entnehmen ist[396]. Insoweit stehen sich der Arbeitnehmerschutz und die Abweichungsbefugnis komplementär gegenüber, wobei ihre Grenze vor allem durch das Übermaßverbot bestimmt wird.

Die Ableitung einer höherrangigen Unabdingbarkeit aus dem arbeitsrechtlichen Schutzprinzip ist aber insoweit zutreffend, als dies die allgemeine Grundlage arbeitsrechtlicher Regelungen zum Ausgleich struktureller Ungleichgewichte darstellt. Das Sozialstaatsprinzip aus Art. 20 Abs. 1 GG sowie das daraus abgeleitete Schutzprinzip des Arbeitsrechts verleihen dem Arbeitnehmerschutz als gesetzgeberisches Ziel Verfassungsrang und sie können daher als Rechtfertigung für Grundrechtseingriffe herangezogen werden. Ein Untermaß des verfassungsrechtlich gebotenen Arbeitnehmerschutzes lässt sich daraus allein aber nicht ableiten, sondern dieses konkretisiert sich erst unter Heranziehung weiterer staatlicher Gestaltungsaufträge sowie weiterer staatlicher Schutzpflichten und insoweit kann auch aus dem Sozialstaatsprinzip kein höherrangiger Handlungsauftrag des Gesetzgebers zur Schaffung unabdingbarer Regelungen abgeleitet werden.

3. Ableitung aus dem Leistungsprinzip

Der Verweis auf das Leistungsprinzip weist darauf hin, dass die leistungsgerechte Gestaltung von Arbeitsbedingungen die Existenz einer Abweichungsbefugnis voraussetzt und dass das Günstigkeitsprinzip dabei eine zentrale Funktion hat.[397] Die Wirksamkeit einer Regelung wird jedoch unabhängig von der individuellen Leistung bewertet, weshalb das Günstigkeitsprinzip

---

[394] Vgl. Kempen/Zachert/TVG/*Schubert/Zachert*, § 4 Rn. 346.

[395] Vgl. *Kloepfer*/Verfassungsrecht I, § 11 Rn. 56; *Weitnauer*, Schutz des Schwächeren, S. 40.

[396] In dem Sinn *Schneider*, Entgeltfortzahlung, S. 371.

[397] Statt aller, *Hilgenstock*, Günstigkeitsvergleich, S. 21 f.

nicht auf das Leistungsprinzip zurückgeführt werden kann.[398] Ferner könnte das Leistungsprinzip auch durch Abweichungen zuungunsten der leistungsschwachen Arbeitnehmer verwirklicht werden, sofern nicht gleichzeitig ein Mindestmaß an Arbeitnehmerschutz verwirklicht werden soll.[399] Insoweit verpflichtet auch das Leistungsprinzip den Gesetzgeber nur zusammen mit dem Schutzzweck einer Regelung dazu, abweichende Regelungen zugunsten der Arbeitnehmer zuzulassen.[400] Aus sich selbst heraus ist das Leistungsprinzip hingegen nicht in der Lage, die Existenz der Abweichungsbefugnis zu begründen, zumal auch die weiteren Ziele des Gesetzgebers wie der Gesundheitsschutz oder die Regelung der betrieblichen Ordnung zu berücksichtigen wären.

Ferner setzt das Leistungsprinzip Gestaltungsmöglichkeiten voraus, weshalb es eine andere Zielrichtung als die Unabdingbarkeit hat. Dementsprechend kann das Leistungsprinzip auch die Geltung einer höherrangigen Unabdingbarkeit arbeitsrechtlicher Vorschriften nicht begründen. Nur wenn arbeitsrechtliche Regelungen bereits grundsätzlich nicht abbedungen werden können, ließe sich aus dem Leistungsprinzip die Anpassungsmöglichkeit zugunsten der Arbeitnehmer ableiten. Die Ableitung des Günstigkeitsprinzips aus dem Leistungsprinzip könnte daher allenfalls im Zusammenhang mit bereits bestehenden zwingenden gesetzlichen Regelungen erfolgen, damit aber keine höherrangige Unabdingbarkeit begründen.

4. Ableitung aus dem Subsidiaritätsprinzip

Das Subsidiaritätsprinzip kann einen Teil der Funktionsweise des Günstigkeitsprinzips illustrieren, ist aber eine Kompetenzbestimmung, aus der sich allein Vorgaben für die Regelungsbefugnis einzelner Hierarchieebenen ergeben.[401] Dieses Verständnis setzt daher voraus, dass aus dem Verhältnis der Regelungssetzer eine Kompetenzhierarchie abgeleitet[402] und den Parteien des Arbeitsvertrags die niedrigste Hierarchieebene zugeordnet wird. Dies steht dem Freiheitsverständnis des Grundgesetzes und der Rechtfertigungslast

---

398 Däubler/TVG/*Deinert/Wenckebach*, § 4 Rn. 617, bezeichnen den Leistungsgedanken als „*überholt*"; Kempen/Zachert/TVG/*Schubert/Zachert*, § 4 Rn. 336; so schon *Wlotzke*, Günstigkeitsprinzip, S. 46 f.

399 Tarifrechtliche Betrachtungen setzen die Unabdingbarkeit oft voraus, sodass die Abweichungsbefugnis nur zugunsten des Arbeitnehmers greift, so wie hier aber *Wlotzke*, Günstigkeitsprinzip, S. 23.

400 Diese Verbindung findet sich bei *Wlotzke*, Günstigkeitsprinzip, S. 23.

401 *Ulber*, Tarifdispositives Gesetzesrecht, S. 164. Zur Subsidiarität als Kompetenzschranke im Unionsrecht, *Krimphove*/EU-Arbeitsrecht, Rn. 132; bereits zu Art. 5 Abs. 2 EG *Schmidt*/Arbeitsrecht-EG I, Rn. 42 ff.

402 Calliess/Ruffert/*Calliess*, EUV Art. 5 Rn. 22.

staatlicher Regulierung entgegen und kann daher bereits nicht überzeugen.[403] Ferner wirken auf das Arbeitsverhältnis auch dispositive Regelungen ein, die infolge der Abweichungsmöglichkeiten der Arbeitsvertragsparteien in der Normhierarchie unter den gesetzlichen Regelungen des Arbeitsvertragsrechts einzuordnen sind, was im Widerspruch zu einer dem Subsidiaritätsprinzip unterworfenen Kompetenzhierarchie steht.[404] Die Beziehung der unterschiedlichen Beteiligten ist daher kein Rangverhältnis, in dem unterschiedliche Hierarchieebene bestehen, sondern die Regelungssphären stehen sich gegenüber und die Kompetenzen bestehen gleichzeitig.[405] Dabei ist es nicht das Subsidiaritätsprinzip sondern die grundrechtlichen Freiheiten und die beschränkende Wirkung des Verhältnismäßigkeitsprinzips, die als negative Kompetenzbestimmungen die Freiheit der Arbeitsvertragsparteien und auch der Tarifvertragsparteien vor Eingriffen des Gesetzgebers schützen.

Dies entspricht auch dem Zusammenspiel von Subsidiaritäts- und Verhältnismäßigkeitsprinzip im Rahmen der unionsrechtlichen Kompetenzverteilung gem. Art. 5 Abs. 3 und Abs. 4 EUV.[406] Die Wirkung beider Prinzipien greift dabei ineinander, indem das Subsidiaritätsprinzip eine gemeinsame Kompetenz im Einzelfall einem Gesetzgeber zuordnet,[407] während das Verhältnismäßigkeitsprinzip die Kompetenzausübung beschränkt[408]. Es ist daher auch nicht das Subsidiaritätsprinzips, aus dem sich die Beschränkung der Regelungskompetenz der EU auf die Setzung von Mindeststandard im Bereich des Arbeitsrechts ergibt.[409] Dieses entscheidet vielmehr, wann die Kompetenz für die Setzung der Standards aufgrund der Notwendigkeit der einheitlichen Geltung bei der Union liegt. Beide Prinzipien führen mithin dazu, dass die freiheitliche Ordnung[410] bei der Rechtssetzung berücksichtigt wird, und zutreffend ist ferner, dass das Subsidiaritätsprinzip die Regelung arbeitsrechtlicher Mindeststandards nicht den Arbeitsvertragsparteien, sondern einer übergeord-

---

403 *Käppler*, Tarifdispositives Richterrecht, S. 48; Kempen/Zachert/TVG/*Schubert/Zachert*, § 4 Rn. 373 sprechen von unterschiedlichen Strukturbedingungen; *Ulber*, Tarifdispositives Gesetzesrecht, S. 174.

404 Ausführlich, *Mosing*, Günstigkeitsprinzip, S. 18 ff.

405 Vgl. *Käppler*, Tarifdispositives Richterrecht, S. 48; *Schulze*, Günstigkeitsprinzip, S. 50 f. Auf Basis der Kernbereichslehre für einen Vorrang der Tarifautonomie, *Biedenkopf*, Grenzen, S. 152 ff.

406 Dazu Calliess/Ruffert/*Calliess*, EUV Art. 5 Rn. 24 ff. u. Rn. 44 ff.

407 Vgl. Calliess/Ruffert/*Calliess*, EUV Art. 5 Rn. 24; GKKK-AEUV/EUV/*Geiger/Kirchmair*, EUV Art. 5 Rn. 9.

408 GHN-UnionsR/*Bast*, EUV Art. 5 Rn. 66; Calliess/Ruffert/*Calliess*, EUV Art. 5 Rn. 44.

409 So aber Streinz/EUV/AEUV/*Eichenhofer*, AEUV Art. 153 Rn. 4; GSH-UnionsR/*Langer*, AEUV Art. 153 Rn. 56.

410 Im Unionsrecht sind es die Kompetenzen der Mitgliedstaaten, Calliess/Ruffert/*Calliess*, EUV Art. 5 Rn. 46.

neten Ebene zuordnet. Diese Kompetenzzuweisung sowie der sich daraus nach den Grundsätzen des Subsidiaritätsprinzips ergebende Vorrang[411] würden ihres Sinns beraubt, wenn sie nicht die Kompetenz zur Entscheidung über den Anwendungsbereich und die Ausnahmen beinhalten. Die Kompetenzzuordnung durch das Subsidiaritätsprinzip ist für eine Regelungsmaterie daher grundsätzlich umfassend und erfasst die materiellen Regelungen sowie die Meta-Normen. Ein anderes Verständnis würde zu einer gegenläufigen Wirkung des Prinzips führen, das eine Regelungsmaterie einer Kompetenzebene dann sowohl zuweist als auch entzieht, wodurch Widersprüche und Abgrenzungsprobleme entstehen. Das Günstigkeitsprinzip ist daher auch vielmehr als Folge der Beschränkung der Kompetenzausübung und nicht als korrektiv oder Konkretisierung der Kompetenzzuordnung zu verstehen.[412]

Das Subsidiaritätsprinzip knüpft ferner an die Leistungsfähigkeit der jeweiligen Einheit zur Regelung der fraglichen Materie an,[413] womit jedoch wieder auf das strukturelle Ungleichgewicht der Vertragsparteien verwiesen wird. Im Verhältnis von einzelvertraglichen Regelungen zu kollektiven und gesetzlichen Regelungen, kann es daher als passendes Bild verwendet werden, denn es kann in diesen Konstellationen davon ausgegangen werden, dass Mindeststandards nur auf einer übergeordneten Ebene geregelt werden können.[414] Sofern die Herleitung nicht auf die bloße Sachnähe beschränkt wird,[415] kann die Anknüpfung an die Subsidiarität damit auch klarstellen, dass der Regelungszweck des leistungsfähigen Normsetzers beachtlich und nur in diesem Rahmen die Freiheit zu verwirklichen ist.[416]

Ein Vorrang des zwingenden Rechts zu ungünstigeren Regelungen in kollektivrechtlichen Vereinbarungen lässt sich durch das Subsidiaritätsprinzip hingegen nur begründen, wenn man diese Vereinbarungen für untauglich zur Sicherstellung des Arbeitnehmerschutzes hält.[417] Diesen kommt aber gerade eine arbeitnehmerschützende Funktion zu, die gleichzeitig die grundrechtliche Freiheit verwirklicht und dem Ausgleich der strukturellen Unterlegenheit der

---

411 *T. B. Schmidt*, Günstigkeitsprinzip, S. 73.

412 So aber bei *Emmert*, Betriebsvereinbarungen, S. 231 f.

413 Vgl. Calliess/Ruffert/*Calliess*, EUV Art. 5 Rn. 40 ff.; *Emmert*, Betriebsvereinbarungen, S. 226 ff.; *Heinze*, FS Dieterich, 215, 223.

414 *Papritz*, Günstigkeitsprinzip, S. 74, sieht darin gerade nur den nachrangigen Aspekt.

415 So das Verständnis von *Ulber*, Tarifdispositives Gesetzesrecht, S. 172 f. Anders aber *T. B. Schmidt*, Günstigkeitsprinzip, S. 74 ff.

416 *T. B. Schmidt*, Günstigkeitsprinzip, S. 77 f. Zu Übereinstimmungen vgl. *Möslein*, Dispositives Recht, S. 77 f.

417 Umgekehrt, *Ulber*, Tarifdispositives Gesetzesrecht, S. 174, der nur den Vergleich mit der Tarifautonomie akzeptiert, weil privatautonome Vereinbarungen keine gleiche Zweckverwirklichung ermöglichen.

Arbeitnehmer dient.[418] Das Subsidiaritätsprinzip kann daher den grundsätzlichen Vorrang gesetzlicher Mindeststandards im Verhältnis zu kollektivrechtlichen Regelungen nicht erklären und würde eher für ein umgekehrtes Verhältnis sprechen. Ebenso gerät es daher an seine Grenzen, wenn das Verhältnis der kollektivrechtlichen Regelungen zueinander infragesteht und die Ableitung des Günstigkeitsprinzips aus dem Subsidiaritätsprinzip kann daher nicht überzeugen,[419] weshalb auch seine verfassungsrechtliche Verankerung dahingestellt bleiben kann[420].

IV. Vergleich mit dem kollektiven Arbeitsrecht

Das hier vertretene Verständnis des Günstigkeitsprinzips im einfachen Recht als Konkretisierung des Verhältnismäßigkeitsprinzips entspricht einer für das kollektive Arbeitsrecht vertretenen Auffassung,[421] die insofern mittelbar die obenstehende Ableitung bestätigt. Die weiteren Auffassungen für das kollektive Arbeitsrecht messen dem Verhältnis zwischen Normsetzer und Normunterworfenen aber ebenfalls eine hohe Bedeutung zu, auch wenn sie diese in einer anderen normativen oder dogmatischen Grundlage berücksichtigen. Dies gilt insbesondere für die Auffassungen, die das tarifrechtliche Günstigkeitsprinzip unmittelbar in Art. 9 Abs. 3 GG einordnen.[422] Um die Einheitlichkeit der Geltungsgrundlagen des Günstigkeitsprinzips zu betrachten, ist es mithin notwendig zu untersuchen, inwieweit die Beziehung zum Zweck auch für das kollektivrechtliche Günstigkeitsprinzip und seine verfassungsrechtliche Bewertung relevant ist.

1. Günstigkeitsprinzip im Tarifrecht

a) Günstigkeitsprinzip als Innenschranke des Art. 9 Abs. 3 GG

Sofern das Prinzip als Innenschranke der Koalitionsfreiheit angesehen wird, wird vor allem auf den Arbeitnehmerschutz als zentralen Aspekt der tarifrechtlichen Normsetzung abgestellt und daraus bereits eine Beschränkung der Koalitionsfreiheit des Art. 9 Abs. 3 GG auf die Setzung von Mindeststandards

---

[418] *Höpfner*, NZA 2024, 1081, 1084; *Käppler*, Tarifdispositives Richterrecht, S. 62 ff.; Möslein/Private Macht/*Kocher*, S. 253 ff.

[419] *Blomeyer*, NZA 1996, 337, 339; *Höland/Reim/Brecht*, Flächentarifvertrag, S. 90 f.; *Zachert*, AuR 1995, 363, 364.

[420] Jeweils m. w. N., dafür *Emmert*, Betriebsvereinbarungen, S. 230; dagegen *Ulber*, Tarifdispositives Gesetzesrecht, S. 163 ff.

[421] Teil 2 § 7 Abschnitt B. V.

[422] Deren Vertreter teilweise aber auch auf das Verhältnismäßigkeitsprinzip verweisen, vgl. nur *Schorn*, Günstigkeitsprinzip neuer Art, S. 41 ff. sowie S. 44 f.

entnommen.[423] Infolge der fehlenden Eignung von Höchstarbeitsbedingungen für den Arbeitnehmerschutz könne die Regelungsmacht der Koalitionen diese nicht erfassen.[424] Die Koalitionsfreiheit wird mithin allein als Werkzeug zur Verwirklichung der Privatautonomie verstanden und maßgeblich die dienende Funktion des Günstigkeitsprinzips für die Privatautonomie betont.[425] Mithin unterscheidet sich diese Auffassung vor allem darin, dass sie die Begrenzung des Zwecks der tarifrechtlichen Normsetzung bereits in der grundrechtlich geschützten Normsetzungskompetenz und nicht erst in deren Ausgestaltung durch das geltende Tarifrecht sieht. Dies führt vor allem zu einer eigenständigen Bindung des Gesetzgebers, der nicht berechtigt wäre, das Günstigkeitsprinzip im Tarifrecht abzuschaffen.[426]

Es ist mithin aber auch nach dieser Auffassung die aus dem Arbeitnehmerschutz abgeleitete funktionellen Grenze der Normsetzungskompetenz, in der das Günstigkeitsprinzip seine Begründung findet.[427] Das Verhältnis des Zwecks der Normsetzung zu den Rechten der Normunterworfenen ist mithin auch Basis dieser Auffassung und auch eine sich aus Art. 9 Abs. 3 GG ergebende funktionelle Grenze wäre weiter zu fassen, wenn man den Regelungen der Koalitionen weitere Zwecke als den reinen Arbeitnehmerschutz zuspricht.[428] Ferner könnte man berücksichtigen, dass tarifvertragliche Normen mitgliedschaftlich legitimiert sind,[429] dass ihr Inhalt tendenziell eher auf die Interessen der Mitglieder zugeschnitten ist,[430] dass sie auf diesen jedenfalls keinen geringeren Einfluss haben als auf die staatliche Gesetzgebung[431] und sich seiner Wirkung durch Koalitionsaustritt entziehen können.[432]

[423] *Emmert*, Betriebsvereinbarungen, S. 171 f.; *Heinze*, NZA 1991, 329, 332; wohl auch *Kamanabrou*/ArbR, Rn. 1812; *Papritz*, Günstigkeitsprinzip, S. 50 f.

[424] Wiedemann/TVG/*Bayreuther*, § 4 Rn. 324 f.; *Heinze*, NZA 1991, 329, 331 f. der dies aus der Funktion der Koalitionsfreiheit ableitet, dafür aber auch auf den Grundrechtsschutz und die Verhältnismäßigkeit rekurriert; ebenso *Schorn*, Günstigkeitsprinzip neuer Art, S. 42 f.

[425] *Heinze*, NZA 1991, 329, 330 ff.; *Krauss*, Günstigkeitsprinzip und Autonomie, S. 111 f.; *Papritz*, Günstigkeitsprinzip, S. 51; *Schorn*, Günstigkeitsprinzip neuer Art, S. 89.

[426] In dem Sinn MüHdB-ArbR/*Fischinger*, § 216 Rn. 7.

[427] MüHdB-ArbR/*Fischinger*, § 216 Rn. 7; ebenso MüHdB-ArbR/*Klumpp*, § 236 Rn. 46.

[428] Vgl. BVerfG v. 11.07.2017 – 1 BvR 1571/15, BVerfGE 146, 71; Jarass/Pieroth/*Jarass*, GG Art. 9 Rn. 48; *Schulze*, Günstigkeitsprinzip, S. 52 sowie *Wlotzke*, Günstigkeitsprinzip, S. 108 zu möglichen Aspekten der Tarifautonomie. Dies ablehnend, *Emmert*, Betriebsvereinbarungen, S. 171.

[429] Vgl. BAG v. 31.07.2002 – 7 AZR 140/01, BAGE 102, 65 [unter B. I. 1.]; *Käppler*, NZA 1991, 745, 752 f.; MüHdB-ArbR/*Klumpp*, § 245 Rn. 6 ff.

[430] BAG v. 30.08.2000 – 4 AZR 563/99, BAGE 95, 277 [unter I. 2. g)].

[431] *Seiwerth*, Gestaltungsfreiheit in Tarifverträgen, S. 72, bezweifelt aber den faktischen Einfluss.

Jedenfalls besteht abseits des Tarifrechts diese spezielle Kompetenzbegrenzung nicht, sodass die Privatautonomie als negative Kompetenznorm den Gesetzgeber auf Basis identischer funktioneller Überlegungen verpflichtet, den Grundsatz der Günstigkeit zu berücksichtigen.[433] Mithin knüpft auch diese Auffassung an den Zweck der (kollektiven) Normsetzung an, um die Geltung des Günstigkeitsprinzips zu begründen, weshalb sie der obenstehenden Ableitung für das Gesetzesrecht entspricht.

b) Grundsatz der Günstigkeit bei Annahme einer Grundrechtsbindung der Tarifvertragsparteien

Sofern die Verortung der Begrenzung nicht in Art. 9 Abs. 3 GG gesehen wird, hängt die weitere Betrachtung davon ab, worin man die Grundlage der Regelungsmacht der Tarifvertragsparteien erkennt.[434] Geht man davon aus, dass die Regelungsmacht der Tarifvertragsparteien der verfassungsrechtlichen oder der staatlichen Delegation einer Normsetzungskompetenz entspringt,[435] müsste sich diese Kompetenz an den Grundrechten der betroffenen Arbeitnehmer messen lassen,[436] wobei es wieder auf die Abwägung des Ziels des (kollektiven) Arbeitnehmerschutzes mit der Privatautonomie ankäme. Es wäre mithin entweder die kollektive Normsetzung oder die Anerkennung der nor-

---

432 BAG v. 19.12.2019 – 6 AZR 563/18, NZA 2020, 734 Rn. 26; BAG v. 30.08.2000 – 4 AZR 563/99, BAGE 95, 277 [unter I. 2. e)]; kritisch zu dieser Argumentation, *Seiwerth*, Gestaltungsfreiheit in Tarifverträgen, S. 99; *Ulber/Klocke*, RdA 2021, 178, 183 u. 185 f.

433 *Belling*, Günstigkeitsprinzip, S. 163 f., der daher zwischen einer Schranke der Normsetzung und einer Selbstbeschränkung der Norm unterscheidet, daraus aber keine unmittelbaren Unterschiede ableitet.

434 Vgl. zur Grundrechtsbindung, *Loritz*, ZfA 1990, 133, 140 f. Zu den Auffassungen, *Kamanabrou*/ArbR, Rn. 310 ff.; *Käppler*, NZA 1991, 745, 748 ff.

435 So noch BAG v. 13.05.1997 – 3 AZR 66/96, NZA 1997, 1294 [unter II. 2. a)]. Grundlegend, BAG v. 23.03.1957 – 1 AZR 326/56, BAGE 4, 240; BAG v. 23.03.1957 – 1 AZR 64/56, BAGE 4, 133; BAG v. 15.01.1955 – 1 AZR 305/54, BAG 1, 258; *Biedenkopf*, Grenzen, S. 30; *Papritz*, Günstigkeitsprinzip, S. 56 f.; bereits früh kritisch, *Ramm*, JZ 1996, 214, 218. Zur Entwicklung *Burkiczak*, RdA 2007, 17 ff. Zur besonderen Bedeutung des Rechts auf Gleichbehandlung dabei, *Lobinger*, RdA 2024, 69 ff.

436 Für eine unmittelbare Grundrechtsbindung, aus der früheren Rechtsprechung BAG v. 23.03.1957 – 1 AZR 326/56, BAGE 4, 240; BAG v. 23.03.1957 – 1 AZR 64/56, BAGE 4, 133; BAG v. 15.01.1955 – 1 AZR 305/54, BAG 1, 258; *Bengelsdorf*, ZfA 1990, 563, 568; mit Hinweis auf die soziale Macht, *Biedenkopf*, Grenzen, S. 71; differenzierend nach Grundrechten ErfK/*Franzen*, TVG § 1 Rn. 11; *Krauss*, Günstigkeitsprinzip und Autonomie, S. 47; differenzierend unter Verweis auf die Wesensverschiedenheit kollektiver Normsetzung, *Käppler*, NZA 1991, 745, 749 f.; situationsbezogen *Loritz*, ZfA 1990, 133, 140 f.; die Fremdbestimmung betonend, *Ulber/Klocke*, RdA 2021, 178, 185 f.

mativen Wirkung tarifvertraglicher Regelungen durch den Gesetzgeber, die die Grundrechte und insbesondere die Privatautonomie der Arbeitnehmer beachten müsste.[437] Unabhängig davon an welcher Stelle die Grundrechtsbindung greift, wirkt das Verhältnismäßigkeitsprinzip dabei in identischer Weise und es käme erneut darauf an, welche Abweichungsbefugnisse durch den Zweck der Regelungen im Einzelfall gerechtfertigt werden.[438]

c) Grundsatz der Günstigkeit abseits der Grundrechtsbindung der Tarifvertragsparteien

Soweit man mit der mittlerweile wohl überwiegende Auffassung[439] die Grundlage der kollektivrechtlichen Normsetzungsbefugnis in der mitgliedschaftlich begründeten Übertragung der Regelungsmacht der Arbeitsvertrags- auf die Tarifvertragsparteien sieht,[440] ist sie eine gebündelte Form der Privatautonomie und dient der Ausübung aber nicht der Beschränkung der Vertragsfreiheit.[441] Die Setzung von tarifrechtlichen Regelungen ist demnach kein Eingriff, sondern vergleichbar einer mitgliedschaftlich begründeten Selbstbindung[442] als Ausdruck der Privatautonomie zu verstehen.[443] Nach der Recht-

---

437 *Biedenkopf*, Grenzen, S. 73; Däubler/TVG/*Ulber*, Einl C. Rn. 362; *Löwisch*, BB 1991, 59, 60; *Ulber/Klocke*, RdA 2021, 178, 185 f.; Isensee/Kirchhof/HdB-StaatsR/*Scholz*, § 175 Rn. 118.

438 Anschaulich im Vergleich zur hiesigen Vorgehensweise, *Papritz*, Günstigkeitsprinzip, S. 53 ff. Vgl. auch Däubler/TVG/*Deinert*/*Wenckebach*, § 4 Rn. 622.

439 Zum Wandel des Verständnisses, *Lobinger*, FS I. Schmidt, 319 f.

440 BAG v. 26.04.2017 – 10 AZR 856/15, AP TVG § 1 Tarifverträge: Bewachungsgewerbe Nr. 29, Rn. 28; BAG v. 27.05.2004 – 6 AZR 129/03, BAGE 111, 8; BAG v. 31.07.2002 – 7 AZR 140/01, BAGE 102, 65 [unter B. I. 1.]; BAG v. 25.02.1998 – 7 AZR 641/96, BAGE 88, 118 [unter 3. a)]; BeckOK-GG/*Cornils*, GG Art. 9 Rn. 62; MüAnwHdB-ArbR/*Hamacher/van Laak*, § 70 Rn. 18; *Höfling/Burkiczak*, NJW 2005, 469, 470; ähnlich aber einen bewusst gelassenen Freiraum sehend, *Käppler*, NZA 1991, 745, 749; ErfK/*Linsenmaier*, GG Art. 9 Rn. 57 f.; *Richardi*, ZfA 1990, 211, 219 f.; *ders.*, DB 1990, 1613, 1620; *Saeidy-Nory/Wank*, RdA 2022, 1, 3; ErfK/*Schmidt*, GG vor Art. 1 Rn. 46; Kempen/Zachert/TVG/*Schubert/Zachert*, § 4 Rn. 341. Zum Meinungsstand, Kempen/TVG/*Jacobs*, Einl. Rn. 262. Bereits früh und mit weiteren Nachweisen zur damaligen Diskussion, *Kronenberg*, Ausnahmen der Unabdingbarkeit, S. 3.

441 *Wlotzke*, Günstigkeitsprinzip, S. 16 f.

442 So insbesondere das Verständnis von *Käppler*, NZA 1991, 745, 752 f. In dem Sinn auch BAG v. 19.12.2019 – 6 AZR 563/18, NZA 2020, 734 Rn. 26; BAG v. 27.05.2004 – 6 AZR 129/03, BAGE 111, 8 [unter B. II. 1. d)]; BAG v. 31.07.2002 – 7 AZR 140/01, BAGE 102, 65 [unter B. I. 1.]; BAG v. 25.02.1998 – 7 AZR 641/96, BAGE 88, 118 [unter 3. a)]. Ausführlich kritisch zu diesem Verständnis, *Biedenkopf*, Grenzen, S. 36 ff.; ebenso *Ulber*, Tarifdispositives Gesetzesrecht, S. 440 ff.

443 BAG v. 31.07.2002 – 7 AZR 140/01, BAGE 102, 65 [unter B. I. 1.]; MüAnwHdB-ArbR/*Hamacher/van Laak*, § 70 Rn. 18; *Höfling/Burkiczak*, NJW 2005, 469,

sprechung des BAG sind daher die Koalitionen auch nicht an die Grundrechte der Arbeitsvertragsparteien gebunden,[444] jedoch wird den grundrechtlichen Schutzpflichten in diesem Verständnis eine zentrale Bedeutung zugesprochen,[445] wobei solche auch zugunsten der Grundrechte Dritter und der Vertragsfreiheit bestehen können.[446] Teilweise wird dies aber als Fortsetzung der Grundrechtsbindung der Tarifvertragsparteien in anderer Form angesehen und daher abgelehnt.[447]

Der Grundsatz der Günstigkeit kann in der Folge zwar nicht unmittelbar aus der Privatautonomie abgeleitet werden,[448] aber er kann als Schutzinstrument fungieren, das das Individuum vor der kollektiven Regelungsmacht schützt, soweit diese durch den besonderen Zweck der kollektiven Normsetzung nicht gerechtfertigt wird.[449] Dem Günstigkeitsprinzip kommt auch dabei

470; *Jacobs*, RdA 2023, 9, 12 f.; *Lobinger*, RdA 2024, 69, 74; differenzierend, *Käppler*, NZA 1991, 745, 750; *Richardi*, ZfA 1990, 211, 219 f.; Kempen/Zachert/TVG/*Schubert/Zachert*, § 4 Rn. 340; kritisch wg. der Fremdbestimmung, Däubler/TVG/*Ulber*, Einl. Rn. 340; *Ulber/Klocke*, RdA 2021, 178, 185 f.

444 BAG v. 19.12.2019 – 6 AZR 563/18, NZA 2020, 734 Rn. 19 ff.; BAG v. 03.07.2019 – 10 AZR 300/18, AP BGB § 611 Gratifikation Nr. 317; BAG v. 27.06.2018 – 10 AZR 290/17, BAGE 163, 144 Rn. 33; BAG v. 26.04.2017 – 10 AZR 856/15, AP TVG § 1 Tarifverträge: Bewachungsgewerbe Nr. 29, Rn. 28; BAG v. 22.09.2016 – 6 AZR 432/15, NZA-RR 2017, 42 Rn. 22; BAG v. 14.09.2016 – 4 AZR 456/14, AP TVöD § 17 Nr. 4, Rn. 48; BAG v. 19.01.2016 – 9 AZR 564/14, AP TVG § 1 Altersteilzeit Nr. 67, Rn. 21; BAG v. 27.05.2004 – 6 AZR 129/03, BAGE 111, 8 [unter B. II. 1. d)]. Zur Literatur, vgl. die Nachweise in Teil 2, Fn. 443.

445 BAG v. 19.12.2019 – 6 AZR 563/18, NZA 2020, 734 Rn. 19 ff.; BAG v. 03.07.2019 – 10 AZR 300/18, AP BGB § 611 Gratifikation Nr. 317; BAG v. 26.04.2017 – 10 AZR 856/15, AP TVG § 1 Tarifverträge: Bewachungsgewerbe Nr. 29, Rn. 28; BAG v. 22.09.2016 – 6 AZR 432/15, NZA-RR 2017, 42 Rn. 22; BAG v. 14.09.2016 – 4 AZR 456/14, AP TVöD § 17 Nr. 4, Rn. 48; BAG v. 19.01.2016 – 9 AZR 564/14, AP TVG § 1 Altersteilzeit Nr. 67, Rn. 21; BAG v. 27.05.2004 – 6 AZR 129/03, BAGE 111, 8 [unter B. II. 1. d)]; MüAnwHdB-ArbR/*Hamacher/van Laak*, § 70 Rn. 18; Kempen/TVG/*Jacobs*, Einl. Rn. 265 ff. zur Rechtsprechung des BAG; *ders.*, RdA 2023, 9, 15 f., kritisch in Bezug auf den Gleichheitssatz; Jarass/Pieroth/*Jarass*, GG Art. 1 Rn. 51; ErfK/*Schmidt*, GG vor Art. 1 Rn. 48; *Seiwerth*, Gestaltungsfreiheit in Tarifverträgen, S. 105 ff.; *Ulber/Klocke*, NZA 2021, 178, 180 f. mit kritischer Darstellung der Rechtsprechung des 6. Senats.

446 Vgl. BAG v. 27.06.2018 – 10 AZR 290/17, BAGE 163, 144 Rn. 35; BAG v. 25.02.1998 – 7 AZR 641/96, BAGE 88, 118 [unter 3. b)]; MüHdB-ArbR/*Klumpp*, § 226 Rn. 10 ff.

447 Zur Kritik, *Burkiczak*, RdA 2007, 17, 20 ff.; Kempen/TVG/*Jacobs*, Einl. Rn. 301 u. Rn. 347 ff.; *Lobinger*, RdA 2024, 69, 70 ff.; *ders.*, FS I. Schmidt, 319, 320 f. Vgl. aber auch *Ulber/Klocke*, NZA 2021, 178, 181 ff., für eine weitergehende Bindung.

448 Vgl. Kempen/Zachert/TVG/*Schubert/Zachert*, § 4 Rn. 340 ff. sowie *Wlotzke*, Günstigkeitsprinzip, S. 17.

449 BAG v. 27.05.2004 – 6 AZR 129/03, BAGE 111, 8 [unter B. II. 2.]; MüHdB-ArbR/*Fischinger*, § 216 Rn. 7; *Löwisch/Rieble*, TVG § 4 Rn. 531 ff., aber unter Rück-

vor allem eine moderierende Funktion zu, die einen (gesetzlich vorgegebenen)[450] Ausgleich zwischen Normsetzungsmacht und Schutz der Normunterworfenen bewirkt und damit die praktische Konkordanz der Grundrechte sicherstellt. Die Geltungsgründe können daher verglichen werden, auch wenn die staatliche Rechtssetzungskompetenz anders zu verorten und nicht grundrechtlich geschützt ist, sodass die Tarifautonomie tendenziell stärkeren Schutz beansprucht[451].

d) Unabdingbarkeit tarifrechtlicher Regelungen

Für die Herleitung eines verfassungsrechtlich begründeten Günstigkeitsprinzips im Tarifrecht ist ferner zu hinterfragen, inwieweit diese Unabdingbarkeit als Erfüllung eines staatlichen Handlungsauftrags verstanden werden kann.[452] Die Grundlage für einen solchen Handlungsauftrag kann im Grundrecht der Koalitionsfreiheit des Art. 9 Abs. 3 GG gesehen werden, welches weit überwiegend als ausgestaltungsbedürftiges Grundrecht verstanden wird.[453] Aus diesem ergebe sich der Auftrag ein Tarifvertragssystem bereitzustellen, das den Koalitionen ein Mindestmaß an Möglichkeiten bietet, kollektive Regelungen für ihre Mitglieder zu erlassen, und diese vor einzelvertraglichen Abweichungen zu schützen[454]. Dabei ist der Gesetzgeber zwar nicht auf das bestehende System festgelegt, jedoch kann er dieses auch nicht ersatzlos abschaffen, sondern er müsste es durch ein alternatives System ersetzen.[455]

---

griff auf die Vertragsfreiheit; Kempen/Zachert/TVG/*Schubert/Zachert*, § 4 Rn. 343; *Wlotzke*, Günstigkeitsprinzip, S. 18 u. S. 47.

450 Gemeint ist nicht die unmittelbare Anwendung auf Tarifnormen, dazu BAG v. 19.12.2019 – 6 AZR 563/18, NZA 2020, 734, 738 Rn. 19; *Kamanabrou*/ArbR, Rn. 315; *Ulber/Klocke*, RdA 2021, 178, 186.

451 Vgl. ErfK/*Schmidt*, GG vor Art. 1 Rn. 46.

452 Vgl. *Belling*, Günstigkeitsprinzip, S. 72.

453 BVerfG v. 11.07.2017 – 1 BvR 1571/15, BVerfGE 146, 71 Rn. 144; BVerfG v. 01.03.1979 – 1 BvR 532/77 (u.a.), BVerfGE 50, 290 [unter C. IV. 1.]; *Bialluch*, Tarifeinheitsgesetz, S. 43 f.; BeckOK-GG/*Cornils*, GG Art. 9 Rn. 62; NK-GArbR/*H. Hanau*, GG Art. 9 Rn. 45; *Hufen*/StaatsR II, § 37 Rn. 19; *Jacobs*, Tarifeinheit, S. 427; *Käppler*, Tarifdispositives Richterrecht, S. 32; Huber/Voßkuhle/*Kemper*, GG Art. 9 Rn. 162 ff.; *Kingreen*, NZA 2021, 1, 5; ErfK/*Linsenmaier*, GG Art. 9 Rn. 50 u. R. 85; *Möslein*, Dispositives Recht, S. 390; ErfK/*Schmidt*, GG vor Art. 1 Rn. 82; *Schorn*, Günstigkeitsprinzip neuer Art, S. 40 f.; a.A. *Burkiczak*, Deregulierung, S. 332; *T. B. Schmidt*, Günstigkeitsprinzip, S. 62 ff.

454 Vgl. BAG v. 28.02.2006 – 1 AZR 460/04, BAGE 117, 137 Rn. 36 ff.; BAG v. 27.05.2004 – 6 AZR 129/03, BAGE 111, 8 [unter B. II. 1. d)]; *Bialluch*, Tarifeinheitsgesetz, S. 43; BeckOK-GG/*Cornils*, GG Art. 9 Rn. 62.1; Jarass/Pieroth/*Jarass*, GG Art. 9 Rn. 47; *Käppler*, Tarifdispositives Richterrecht, S. 32.

455 BVerfG v. 04.07.1995 – 1 BvF 2/83 [u.a.], BVerfGE 92, 365 [unter C I. 1. c)]; vgl. zum Meinungsstand, *Burkiczak*, Deregulierung, S. 87 ff.

Ob die Unabdingbarkeit tarifvertraglicher Regelungen – beispielsweise durch ein Recht auf Teilhabe am Koalitionsergebnis[456] – verfassungsrechtlich vorgegeben wird oder abgeschafft werden könnte, hängt dabei erneut davon ab, ob ein Untermaß der Ausgestaltung eines Grundrechts festgelegt werden kann. Konkretisiert für das Tarifrecht stellt sich mithin die Frage, ob die einseitig zwingende Wirkung des § 4 Abs. 2 Alt. 2 TVG dieses Untermaß bildet.

In Übereinstimmung mit den für den gesetzlichen Arbeitnehmerschutz gefundenen Ergebnissen wird dabei auch für die Tarifautonomie vertreten, dass der Gesetzgeber allein die effektive Verwirklichung der Regelungen der Koalitionen aber nicht deren normative Wirkung sicherstellen muss.[457] Dafür spreche, dass dem Gesetzgeber gerade auf dem Gebiet der Wirtschafts- und Sozialordnung ein weiter Spielraum zustehe.[458] Ferner lässt sich auf die historische Entwicklung verwiesen, denn als die Unabdingbarkeit als Eigenschaft kollektiver Regelungen anerkannt wurde, waren diese bereits weit verbreitet,[459] was dafür spricht, dass es sich gerade nicht um eine essentielle Funktionsbedingung dieser Regelungen handelt. Dem wird jedoch entgegengehalten, dass eine verfassungsrechtliche Anerkennung bereits in der Weimarer Republik erfolgt[460] und dass die Unabdingbarkeit tarifvertraglicher Regelungen bereits davor als Funktionsbedingung kollektiver Ordnungen erkannt worden sei.[461] Ein etwaiger Schadenersatzanspruch könne nicht verhindern, dass der Arbeitnehmer zu abweichenden Bedingungen arbeitet,[462] weshalb kollektive Rege-

---

[456] Vgl. BVerfG v. 11.07.2017 – 1 BvR 1571/15, BVerfGE 146, 71 Rn. 187; *Bialluch*, Tarifeinheitsgesetz, S. 52 ff.; *Jacobs*, Tarifeinheit, S. 412 f. u. S. 441. Zur Entscheidung mit Blick auf die Tarifeinheit, *Rieger*, Rechtsunsicherheit, S. 17 ff.

[457] NK-GArbR/*H. Hanau*, GG Art. 9 Rn. 47 f.; MüHdB-ArbR/*Klumpp*, § 226 Rn. 6; ErfK/*Linsenmaier*, GG Art. 9 Rn. 61; wohl auch *Papritz*, Günstigkeitsprinzip, S. 44.

[458] In dem Sinn, *Papritz*, Günstigkeitsprinzip, S. 43 f.

[459] Vgl. *Federlin*, Kollektiver Günstigkeitsvergleich, S. 44 f.; *Yurtsev*, Günstigkeitsprinzip, S. 35 ff.; siehe auch Teil 1 § 2 Abschnitt B. und Abschnitt C. A.A. *Ulber*, Tarifdispositives Gesetzesrecht, S. 207 f., der von einer historischen Anerkennung der Unabdingbarkeit ausgeht, deren Umsetzung allein an der fehlenden Unmittelbarkeit der Bestimmungen von Tarifverträgen scheiterte. Zur Beziehung siehe auch *Cohn*, Rechtsnatur der Unabdingbarkeit, S. 3; *Kronenberg*, Ausnahmen der Unabdingbarkeit, S. 6 f.

[460] *Ulber*, Tarifdispositives Gesetzesrecht, S. 230 f. unter Verweis auf RAG v. 12.11.1932, RAGE 12, 63, 72. Siehe aber zu den Auffassungen der zeitgenössischen Literatur *Cohn*, Rechtsnatur der Unabdingbarkeit, S. 33 u. S. 45 ff. mit ablehnender Auffassung; *Potthoff*, Die Reichsverfassung und das Arbeitsrecht, S. 34 ff. für eine Ableitung aus der Verfassung.

[461] *Romatka*, Unabdingbarkeit im Urlaubsrecht, S. 7 f.; *Ulber*, Tarifdispositives Gesetzesrecht, S. 207 f.

[462] Vgl. *Balz*, Grenzen der Unabdingbarkeit, S. 12 f.; siehe aber *Firnhaber*, Günstigkeitsprinzip, S. 10 zu einem Anspruch auf Beseitigung tarifwidriger Arbeitsverträge; dazu auch *Ulber*, Tarifdispositives Gesetzesrecht, S. 221.

lungen leichter umgangen werden könnten, wenn ihnen einzelvertragliche Vereinbarungen wirksam entgegengesetzt werden können, während die unabdingbare Wirkung die effektive Verwirklichung der Ordnungen der Koalitionen sicherstelle[463]. Es finden sich mithin auch Stimmen in der Literatur, die aus der Koalitionsfreiheit ableiten, dass tarifvertraglichen Regelungen unabdingbare Wirkung zukommen müsse.[464] Unabhängig davon, wie die Antwort auf diese Frage ausfällt,[465] zeigt sich damit zwischen der Unabdingbarkeit tarifrechtlicher Normen und dem Untermaßverbot eine vergleichbare Beziehung, wie sie auch im einfachen Gesetzesrecht besteht. Der Unterschied besteht lediglich darin, dass im Tarifrecht das Untermaß der Koalitionsfreiheit aus Art. 9 Abs. 3 GG und mithin einer funktionsfähigen Tarifautonomie und nicht das des Arbeitnehmerschutzes zu bestimmen ist, sodass sich der Bezugspunkt der Betrachtung nicht aber der Wirkmechanismus unterscheidet.

Nichts anderes gilt, wenn man die Anordnung der einseitigen Unabdingbarkeit als Eingriff in die Tarifautonomie versteht,[466] der die Regelungsmacht der tarifrechtlichen Akteure begrenzt,[467] wobei allerdings der Schutz der Vertragsfreiheit als Ziel wohl zu undefiniert ist, um irgendeine daraus folgende Begrenzung der Tarifautonomie als ungeeignet anzusehen. Die Bewertung würde dann neben der Erforderlichkeit wohl vor allem von der Angemessenheit des Eingriffs abhängen. Eine abschließende Bewertung kann hier nicht vorgenommen werden, jedoch würde die Privatautonomie als Rechtfertigung des

---

463 In dem Sinn *Jacobs*, Tarifeinheit, S. 419 f. für die gesamte normative Wirkung; *Ulber*, Tarifdispositives Gesetzesrecht, S. 281 f. Vgl. auch zur Bedeutung der Unabdingbarkeit unter Geltung des AOG, *Büker*, Ausnahmen der Unabdingbarkeit, S. 10 f.

464 *Jacobs*, Tarifeinheit, S. 419 f. u. S. 461 f.; *Schorn*, Günstigkeitsprinzip neuer Art, S. 41 f., aber ohne Begründung; *Romatka*, Unabdingbarkeit im Urlaubsrecht, S. 29; *Ulber*, Tarifdispositives Gesetzesrecht, S. 285 f., mit historischen Argumenten.

465 Ein solches Untermaß ablehnend, *Burkiczak*, Deregulierung, S. 283 u. S. 332, besonders weitgehend und eine Verankerung der Tarifautonomie allein in Art. 12 GG annehmend; BeckOK-GG/*Cornils*, GG Art. 9 Rn. 62 f., § 4 Abs. 3 Alt. 2 TVG aber als Eingriff bewertend; vgl. *Käppler*, Tarifdispositives Richterrecht, S. 54 f.; Huber/Voßkuhle/*Kemper*, GG Art. 9 Rn. 166 f.; *Schulze*, Günstigkeitsprinzip, S. 50 f.; *Picker*, FS 50 Jahre BAG, 795, 805 f. Für ein solches Untermaß, Däubler/TVG/*Deinert/Wenckebach*, § 4 Rn. 563; wohl auch MüHdB-ArbR/*Fischinger*, § 216 Rn. 5 sowie *Kamanabrou*/ArbR, Rn. 1812; Kempen/Zachert/TVG/*Schubert/Zachert*, § 4 Rn. 325; *Ulber*, Tarifdispositives Gesetzesrecht, S. 281. Differenzierend, NK-GArbR/*H. Hanau*, GG Art. 9 Rn. 47 f.; MüHdB-ArbR/*Klumpp*, § 226 Rn. 6; ErfK/*Linsenmaier*, GG Art. 9 Rn. 61.

466 Vgl. BAG v. 27.05.2004 – 6 AZR 129/03, BAGE 111, 8 [unter B. II. 2. b)]; *Belling*, Günstigkeitsprinzip, S. 86 f.; Vgl. BeckOK-GG/*Cornils*, GG Art. 9 Rn. 62.1; *Wensing/Hesse*, NZA 2009, 1309, 1310. Für Betriebsvereinbarungen, *Belling*, Günstigkeitsprinzip, S. 111 ff. A.A. *Burkiczak*, Deregulierung, S. 332.

467 *Belling*, Günstigkeitsprinzip, S. 75 ff.; *Schulze*, Günstigkeitsprinzip, S. 51.

Eingriffs[468] im Verhältnis zur besonderen Richtigkeitsgewähr der Tarifverträge[469] und dem besonderen Schutz der Tarifautonomie[470] andere Abwägungen verlangen als der gesetzliche Arbeitnehmerschutz im Verhältnis zur Privatautonomie.[471] Das Ergebnis der Bewertung dürfte dabei weniger auf die Anwendung des Verfassungsrechts als auf Wertungsentscheidungen zurückzuführen sein. Insoweit dürften sich die Maßstäbe zwar auch nicht von denen der Ableitung der Unabdingbarkeit aus dem Untermaßverbot unterscheiden, jedoch macht die Bewertung im Rahmen der Angemessenheit deutlicher, dass es eine der Wertungsfragen ist, die in den weiten Einschätzungs- und Gestaltungsspielraums des Gesetzgebers fällt. Damit macht die Bewertung als Eingriff aber auch deutlicher, dass die Antwort auf solche mit dem Gestaltungsauftrag des Gesetzgebers immanent verbundenen Wertungsfragen vor allem im einfachen Recht zu suchen sind und dass für die ergänzende Heranziehung abstrakter verfassungsrechtlicher Maßstäbe nur Raum ist, soweit sich diese nicht bereits im Recht selbst konkretisieren.

2. Günstigkeitsprinzip im sonstigen kollektiven Arbeitsrecht

Das Verhältnis zwischen Arbeitsvertrag und Betriebsvereinbarung oder Sprecherausschussvereinbarungen unterscheidet sich vor allem durch das Fehlen eines speziellen grundrechtlichen Schutzes für diese Vereinbarungen.[472] Soweit den Akteuren die Regelungskompetenz aber auch zum Schutz der Arbeitnehmer zugestanden wird, handelt es sich um eine andere Form der Schutzgesetzgebung und für die höherrangige Geltung der Abweichungsbefugnis lässt sich daher die entwickelte Argumentation grundsätzlich übertragen. Dies gilt im Grundsatz auch gegenüber der Tarifautonomie, die durch diese Kollektivvereinbarungen grundsätzlich ebenfalls in rechtmäßiger Weise beeinträchtigt werden kann,[473] jedoch erfordert die Normsetzungsprärogative der Tarifvertragsparteien eine spezielle Betrachtung der Angemessenheit der

---

468 Zu den Schranken des Art. 9 Abs. 3 GG, BVerfG v. 24.04.1996 – 1 BvR 712/86, BVerfGE 94, 268 [unter C. II. 1.].

469 Höfer/BetrAVG/*Höfer*, I BetrAVG § 19 Rn. 7.

470 Vgl. BVerfG v. 11.07.2017 – 1 BvR 1571/15, BVerfGE 146, 71; Jarass/Pieroth/*Jarass*, GG Art. 9 Rn. 48.

471 Zum entsprechenden Problem beim tarifdispositiven Recht, Teil 6 § 28 Abschnitt A. I. 2. b).

472 Statt vieler, MüHdB-ArbR/*Boemke*, § 283 Rn. 2; a.A. und für einen verfassungsrechtlichen Schutz, *Emmert*, Betriebsvereinbarungen, S. 213.

473 BAG v. 29.07.2009 – 7 ABR 27/08, BAGE 131, 277 Rn. 15, für zweiseitig zwingenden Regelungen. BAG v. 10.02.1988 – 1 ABR 70/86, BAGE 57, 317 [unter II. 2. B], für einseitig zwingende Regelungen.

Beschränkung, die auch historische Kompetenzverteilungen berücksichtigt.[474]

Für die Unabdingbarkeit dieser kollektivrechtlichen Vereinbarung ist in Ermangelung einer verfassungsrechtlichen Verankerung der Betriebsautonomie[475] auch kein konkreter Handlungsauftrag ersichtlich und es ist nicht ersichtlich, wie sich das Sozialstaats- oder das Demokratieprinzip zur Vorgabe der Unabdingbarkeit betrieblicher Regelungen konkretisieren könnten.[476] Dementsprechend ist die zwingende Wirkung kein Ausdruck eines verfassungsrechtlichen Verschlechterungsverbots,[477] sondern allein des Schutzzwecks der Regelungen. Auch in diesem Fall gilt das jedoch nur so weit, wie mit der Regelungskompetenz der Betriebsparteien durch den Gesetzgeber keine weiteren Ziele verfolgt werden. Sofern aber beispielsweise die Ordnung der innerbetrieblichen Verhältnisse oder andere Ziele im Raum stehen, können auch zweiseitig zwingende Betriebsvereinbarungen den Vorgaben des höheren Rechts entsprechen.[478]

3. Zusammenfassung

Im Ergebnis kann somit das kollektive Günstigkeitsprinzip als Ausdruck der Beziehung zwischen Schutzzweck und Grundrechtsschutz verstanden werden. Der Wirkmechanismus und der Geltungsgrund des Prinzips sind daher identisch und unabhängig davon, wo man es normativ verankert, ist es auch im kollektiven Arbeitsrecht ein regulatives Prinzip dessen höherrangige Geltung sich in Abhängigkeit vom Zweck einer Regelung und den Rechten der Normunterworfenen bestimmt.[479] Dabei gilt auch hier, dass ausgehend vom Ziel des Arbeitnehmerschutzes eine kollektivrechtliche Kompetenz zur Setzung von Höchstarbeitsstandards nicht zu rechtfertigen wäre und daher der Grundsatz der Günstigkeit zum Tragen kommt.[480] Auch wenn diese Zwecksetzung nach einigen Auffassungen so eng mit der kollektiven Normsetzung

---

[474] Vgl. BVerfG v. 03.04.2001 – 1 BvL 32/97, BVerfGE 103, 293 [unter B. 3. d)]; BVerfG v. 24.04.1996 – 1 BvR 712/86, BVerfGE 94, 268 [unter C. II. 1.]; *Emmert*, Betriebsvereinbarungen, S. 224.

[475] MüHdB-ArbR/*Boemke*, § 283 Rn. 2; *Rolfs*, Gutachten B zum 74. DJT, S. 42; für einen verfassungsrechtlichen Schutz, *Emmert*, Betriebsvereinbarungen, S. 213.

[476] Dazu und m. w. N. zur vereinzelten Gegenauffassung, MüHdB-ArbR/*Boemke*, § 283 Rn. 3.

[477] In dem Sinn, *Belling*, Günstigkeitsprinzip, S. 111.

[478] Vgl. BAG v. 29.07.2009 – 7 ABR 27/08, BAGE 131, 277 Rn. 15. Zu einseitig zwingenden Regelungen des BetrVG, BAG v. 10.02.1988 – 1 ABR 70/86, BAGE 57, 317 [unter II. 2. B].

[479] In dem Sinn für das Tarifrecht, *Wlotzke*, Günstigkeitsprinzip, S. 22 f.

[480] In dem Sinn *Heinze*, NZA 1991, 329, 335.

verbunden ist, dass der Grundsatz der Günstigkeit demnach ein Teil der Tarifautonomie ist, der nicht zur Disposition des Gesetzgebers steht, ergibt sich daraus kein Widerspruch zur oben entwickelten Auffassung. Vielmehr fußt damit auch nach dieser Auffassung der Grundsatz der Günstigkeit auf dem Zweck der Regelungen und bezeichnet den Regelungsspielraum der Arbeitsvertragsparteien, dessen Beschränkung nicht funktionell gerechtfertigt ist.[481]

Anders als teilweise angenommen, ist die einseitige Unabdingbarkeit der Regelungen des Arbeitsvertragsrechts daher Ausprägung derselben Wirkmechanismen, die zur Geltung des kollektiven Günstigkeitsprinzips führen. Um diese Gemeinsamkeiten zu erfassen, ist es vorzugswürdig diese Regelungen als spezielle Ausprägung des Günstigkeitsprinzips zu verstehen,[482] während für die Abgrenzung eines Dispositionsprinzips[483] oder eines Ungünstigkeitsverbots[484] keine Notwenigkeit besteht. Ebenso wie im einfachen Recht besteht damit aber auch im kollektiven Arbeitsrecht die Möglichkeit, dass die jeweiligen Besonderheiten auch andere Abweichungskompetenzen begründen können.

C. Unionsrechtliche Verankerung des Günstigkeitsprinzips

Auch das Unionsrecht kann den nationalen Gesetzgeber zur Schaffung spezifischer Regelungen verpflichten, sodass auch dieses das Potenzial zur Begründung eines höherrangigen Günstigkeitsprinzips im Arbeitsrecht beinhaltet.[485] Insbesondere bieten die Grundrechte des Unionsrechts und die unionsrechtlichen Richtlinien mit arbeitsrechtlichem Bezug dafür eine Grundlage. Für die Auslegung des nationalen Rechts sind diese Vorgaben jedenfalls beachtlich und auch vorrangig, sofern sie mit den anderen Auslegungsergebnissen vereinbar sind.[486] Ferner ist das Unionsrecht infolge seines Anwendungsvorrangs vor dem nationalen Recht[487] grundsätzlich auch in der Lage, ein unmittelbar wirkendes Günstigkeitsprinzip zu begründen, sofern sich dieses

---

481 Vgl. *Wlotzke*, Günstigkeitsprinzip, S. 47.

482 Insbesondere NK-GArbR/*Düwell*, BUrlG § 13 Rn. 14. Vgl. auch BeckOK-ArbR/*Besgen*, NachwG § 6 Rn. 1; ErfK/*Gallner*, BUrlG § 13 Rn. 4; Höfer/BetrAVG/*Höfer*, I BetrAVG § 19 Rn. 10; BeckOK-ArbR/*Lampe*, BUrlG § 13 Rn. 5; MüKo-BGB/*Matiny*, Rom I-VO Art. 6 Rn. 74; BeckOK-ArbR/*Ricken*, EntgFG § 12 Rn. 15.

483 Wiedemann/TVG/*Bayreuther*, § 4 Rn. 321.

484 Wohlgemuth/Pepping/BBiG/*Pepping*, BBiG § 25 Rn. 6 Fn. 14.

485 Vgl. zu unionsrechtlichen Vorgaben für dispositives Recht, *Möslein*, Dispositives Recht, S. 373 f.

486 Däubler/Beck/*Däubler*, Einl. Rn. 84 u. Rn. 89; *Schürnbrand*, JZ 2007, 910, 911.

487 *Biltgen*, RdA 2024, 257, 258, auch zur Entwicklung; *Krimphove*/EU-Arbeitsrecht, Rn. 133 f.; *Schmidt*/Arbeitsrecht-EG I, Rn. 49.

aus unmittelbar anwendbaren Regelungen des Primärrechts oder des Sekundärrechts ergibt.

I. Ableitung aus dem Primärrecht

Bei der Betrachtung des unionsrechtlichen Primärrechts werden vor allem Regelungen in den Blick genommen, die für den nationalen Gesetzgeber Verpflichtungen enthalten. Die Bindungen des Unionsgesetzgebers werden hingegen nur bei der Betrachtung des Sekundärrechts berücksichtigt, soweit sie darauf Einfluss haben. Im Zentrum der Betrachtung steht damit vor allem die EU-GrCh und insbesondere ist zu fragen, inwieweit der nationale Gesetzgeber zur Schaffung unabdingbarer Arbeitnehmerschutzregelungen durch die Unionsgrundrechte berechtigt und verpflichtet wird.

1. Berechtigung zur Schaffung unabdingbaren Arbeitsvertragsrechts

a) Bindung der Mitgliedstaaten

Die Unionsgrundrechte kodifiziert insbesondere[488] die EU-GrCh[489], die gem. Art. 6 Abs. 1 S. 1 EUV dem Primärrecht der Union gleichrangig ist.[490] Die Charta wirkt daher unmittelbar und zwingend gegenüber den Mitgliedstaaten und genießt Anwendungsvorrang vor dem nationalen Recht. Wie die nationalen Grundrechte enthält sie vor allem Abwehrrechte, die den jeweiligen Gesetzgebern die Pflicht zur Rechtfertigung ihrer Maßnahmen auferlegen und die abseits einer hinreichenden Rechtfertigung als Kompetenzbeschränkung fungieren.[491] Diese Funktion entfalten sie gegenüber dem Unionsgesetzgeber bei der Setzung des sekundären Unionsrechts, aber gem. Art. 51 Abs. 1 EU-GrCh sind auch die Mitgliedstaaten an die Rechte der Charta gebunden, sofern sie Unionsrecht durchführen.[492] Der nationale Gesetzgeber muss daher gegebenenfalls die Bestimmungen der Charta respektieren und privatrechtliche Vorschriften sind unter Berücksichtigung der Vorgaben der Unions-

---

[488] Zu den Rechtsgrundsätzen des Unionsrechts, Calliess/Ruffert/*Kingreen*, EUV Art. 6 Rn. 3 ff. u. Rn. 15 ff.; EuArbRK/*C. Schubert*, EUV Art. 6 Rn. 17 u. Rn. 25 f. auch zur Abgrenzung zu den Grundsätzen der EU-GrCh.

[489] Zur Entstehung, Calliess/Ruffert/*Kingreen*, EUV Art. 6 Rn. 9 ff.; *Schmidt*/Arbeitsrecht-EG I, Rn. 82 ff.

[490] Calliess/Ruffert/*Kingreen*, EUV Art. 6 Rn. 12; EuArbRK/*C. Schubert*, EUV Art. 6 Rn. 6 u. Rn. 9 f.

[491] Vgl. Däubler/Beck/*Däubler*, Einl. Rn. 123.

[492] Grundlegend EuGH v. 13.07.1989 – C-5/88, Slg. 1989, 2609 Rn. 19; Calliess/Ruffert/*Kingreen*, EU-GrCh Art. 51 Rn. 8 ff.; zur Entwicklung, *Skouris*, DÖV 2006, 89, 91 f.

grundrechte auszulegen oder nicht anzuwenden, wenn eine solche Auslegung nicht möglich ist.[493] Insbesondere bei der Umsetzung von Richtlinien im Sinn des Art. 288 UAbs. 3 AEUV sind sie daher an die Unionsgrundrechte gebunden und müssen diese wie der Unionsgesetzgeber beachten.[494]

Diese Bindung greift jedenfalls, wenn das nationale Recht allein der Sicherstellung der vorgegebenen Mindeststandards und nicht der Ausschöpfung etwaiger Spielräume dient.[495] Dieses unionsrechtlich determinierte Recht unterliegt auch nicht der Kontrolle an den Maßstäben des Grundgesetzes, sondern ist allein am Unionsrecht zu messen, solange der unionsrechtliche Schutz dem Niveau des Grundgesetzes entspricht sowie den Wesensgehalt der Grundrechte wahrt[496] und die Akte der Union die aus Art. 79 Abs. 3 GG abgeleitete Verfassungsidentität nicht beeinträchtigen.[497] Inwieweit diese Bindung der Mitgliedstaaten bei der Ausschöpfung von Regelungsspielräumen des Unionsrechts ebenfalls greift, ist zwischen dem EuGH und dem BVerfG nicht vollständig geklärt.[498] Auf Basis der bisherigen Entscheidungen ist aber davon auszugehen, dass sowohl der unionsrechtliche als auch der nationale Grundrechtsschutz anzuwenden sind, wenn die Regelungen eine Beziehung zum Unionsrecht aufweisen, ohne von diesem determiniert zu werden.[499] Beide Regelungen beinhalten damit Vorgaben für das nationale Recht, wobei aus Sicht des BVerfG kein Rangverhältnis besteht.[500] Um Abgrenzungs-

---

[493] EuGH v. 20.02.2024 – C-715/20 [KL], AP Richtlinie 99/70/EG Nr. 38, Rn. 80 f.; Däubler/Beck/*Däubler*, Einl. Rn. 143 ff.; *Hilbrandt*, NZA 2019, 1168, 1169; vgl. auch *Jaras*/EU-GrCh, Art. 31 Rn. 3.

[494] Vgl. aus der Rechtsprechung, EuGH v. 17.04.2018 – C-414/16 [Egenberger], NZA 2018, 569 Rn. 49; EuGH v. 20.12.2017 – C 664/15 [Protect], EuZW 2018, 158 Rn. 44; EuGH v. 08.11.2016 – C-243/15 [Lesoochranárske zoskupenie], EuZW 2017, 275 Rn. 52; aus der Literatur *Jarass*/EU-GrCh, Art. 51 Rn. 29; Calliess/Ruffert/*Kingreen*, EU-GrCh Art. 51 Rn. 8; EuArbRK/*C. Schubert*, EU-GrCh Art. 51 Rn. 19.

[495] EuGH v. 14.04.2005 – C-6/03 [Eiterköpfe], Slg. 2005, I-2753 Rn. 63 f., für das Verhältnismäßigkeitsprinzip; ausführlich dazu Calliess/Ruffert/*Kingreen*, EU-GrCh Art. 51 Rn. 7 ff.; *Jarass*/EU-GrCh, Art. 51 Rn. 24 u. Rn. 28 sowie Fn. 102; *Krebber*, EuZA 2016, 3, 7; EuArbRK/*C. Schubert*, EU-GrCh Art. 51 Rn. 19 f.

[496] Instruktiv BVerfG v. 06.11.2019 – 1 BvR 276/17, BVerfGE 152, 216; BVerfG v. 15.12.2015 – 2 BvR 2735/14, BVerfGE 140, 317 Rn. 36; BVerfG v. 02.03.2010 – 1 BvR 256/08, (u. a.), BVerfGE 125, 260, 306; BVerfG v. 07.06.2000 – 2 BvL 1/97, BVerfGE 102, 147, 162 f.; BVerfG v. 22.10.1986 – 2 BvR 197/83, BVerfGE 73, 339, 387; ausführlich, Calliess/Ruffert/*Kingreen*, EU-GrCh Art. 51 Rn. 11 ff.; *Voßkuhle*, NVwZ 2013, 1, 3.

[497] Zu letzterem, BVerfG v. 15.12.2015 – 2 BvR 2735/14, BVerfGE 140, 317 Rn. 40 ff.

[498] Calliess/Ruffert/*Kingreen*, Art. 51 EU-GrCh Rn. 8 ff.

[499] BVerfG v. 06.11.2019 – 1 BvR 16/13, BVerfGE 152, 152 Rn. 43 f.; Calliess/Ruffert/*Kingreen*, Art. 51 EU-GrCh Rn. 10 u. Rn. 12.

[500] Vgl. BVerfG v. 11.07.2006 – 1 BvL 4/00, BVerfGE 116, 202 Rn. 52.

schwierigkeiten zu vermeiden, wird daher der primärrechtliche Maßstab in jedem Fall herangezogen, wenn sekundäres Unionsrecht für das Rechtsgebiet erlassen wurde.

b) Eingriff in die Arbeitsvertragsfreiheit

Der Grundrechtekatalog der EU-GrCh beinhaltet neben einem ausgeprägten Teil mit sozialen Grundrechten auch einen abwehrrechtlichen Schutz für unternehmerische Freiheiten.[501] Bei Betrachtung dieser abwehrrechtlichen Funktion kann die für das nationale Recht entwickelte Prüfung mit der Unterteilung in Schutzbereich, Eingriff und Rechtfertigung auch für die Grundrechte aus der EU-GrCh verwendet werden.[502] Maßstab für ein Verbot nachteiliger vertraglicher Abweichungen von gesetzlichen Regelungen ist daher wie im nationalen Verfassungsrecht der abwehrrechtliche Schutzbereich der Arbeitsvertragsfreiheit. Für Arbeitgeber kann dieser Schutz in der unternehmerischen Freiheit des Art. 16 EU-GrCh verortet werden, der mit dem Schutz der unternehmerischen Tätigkeit für privatrechtlich organisierte Unternehmen[503] ein Recht zur freien Gestaltung des Inhalts privatrechtlicher Verträge[504] und damit ein Abwehrrecht gegen Eingriffe in die Vertragsfreiheit beinhaltet,[505] dessen persönlicher Schutzbereich aber auf selbstständige Tätigkeiten beschränkt wird[506]. Arbeitnehmer werden daher von Art. 16 EU-GrCh nicht erfasst, jedoch lässt sich aus Art. 15 Abs. 1 EU-GrCh für diese ein vergleichbares Recht ableiten.[507] Dieses enthält zwar nicht den in Art. 16 EU-GrCh enthaltenen Vorbehalt für einzelstaatliche Rechtsvorschriften und Gepflogen-

---

[501] *C. Schubert*, RdA 2024, 282, 293.

[502] Vgl. Meyer/Hölscheidt/*Schwerdtfeger*, EU-GrCh Art. 52 Rn. 96. Der EuGH hat allerdings keine stringente Dogmatik entwickelt, vgl. Streinz/EUV/AEUV/*Streinz/Michl*, EU-GrCh Art. 52 Rn. 3 sowie GSH-UnionsR/*Terhechte*, EU-GrCh Vorb. Rn. 20.

[503] Zum persönlichen Schutzbereich des Art. 16 EU-GrCh, vgl. *Jarass*/EU-GrCh, Art. 16 Rn. 11 f.; Calliess/Ruffert/*Ruffert*, EU-GrCh Art. 16 Rn. 4 u. Rn. 7; EuArbRK/*C. Schubert*, EU-GrCh Art. 16 Rn. 6 f.; GSH-UnionsR/*Wollenschläger*, EU-GrCh vor Art. 15 f. Rn. 3 ff. u. Art. 16 Rn. 6.

[504] *Jarass*/EU-GrCh, Art. 16 Rn. 10; EuArbRK/*C. Schubert*, EU-GrCh Art. 16 Rn. 10.

[505] EuGH v. 18.07.2013 – C-426/11 [Alemo-Herron], NZA 2013, 835 Rn. 32; Meyer/Hölscheidt/*Bernsdorff*, EU-GrCh Art. 16 Rn. 13; EuArbRK/*C. Schubert*, EU-GrCh Art. 16 Rn. 10; Zur nachrangigen Rolle der Vertragsfreiheit in der Rechtsprechung des EuGH Däubler/Beck/*Däubler*, Einl. Rn. 125.

[506] Calliess/Ruffert/*Ruffert*, EU-GrCh Art. 15 Rn. 7 Art. 16 Rn. 4; ähnlich *GA Bobek* v. 16.03.2016 – C-134/15 [Lidl], BeckRS 2016, 80481 Rn. 27.

[507] EuArbRK/*C. Schubert*, EU-GrCh Art. 16 Rn. 10; Calliess/Ruffert/*Ruffert*, EU-GrCh Art. 15 Rn. 2.

heiten, der die Möglichkeit zur Rechtfertigung von Grundrechtsbeschränkungen tendenziell erweitert,[508] jedoch ist dessen Bedeutung angesichts der Vorgaben des Art. 52 Abs. 1 EU-GrCh nachrangig.[509] Auf die genaue Abgrenzung des persönlichen Schutzbereichs der Art. 15 Abs. 1 EU-GrCh und Art. 16 EU-GrCh kann daher für die folgende Maßstabsbildung verzichtet werden und jedenfalls greift die Setzung unabdingbaren Rechts in die Gestaltungsmacht der Arbeitsvertragsparteien und mithin in deren Arbeitsvertragsfreiheit ein.[510]

Beschränkungen der Rechte der Charta sind gem. Art. 52 Abs. 1 EU-GrCh rechtmäßig, wenn sie den Zielen der Union oder dem Schutz der Rechte und Freiheiten anderer dienen und den Grundsatz der Verhältnismäßigkeit wahren.[511] In den Erläuterungen zu Art. 52 EU-GrCh wird dafür beschrieben, dass sich diese aus Art. 3 EUV und aus anderen Vorschriften der Verträge, aber nicht dem Sekundärrecht ergeben können.[512] Als Rechte Dritter können ferner andere Grundrechte sowie der Ausgleich und die Schaffung des notwendigen Gleichgewichtes mit anderen Grundrechten einen legitimen Zweck bei der Beeinträchtigung eines Grundrechts darstellen.[513] Zusätzlich verlangt Art. 52 Abs. 1 EU-GrCh, dass der Eingriff das Verhältnismäßigkeitsprinzip[514] sowie den ausdrücklich normierten Gesetzesvorbehalt[515] beachtet und den Wesensgehalt des Grundrechts respektiert[516].

---

508 Ausdrücklich EuGH v. 22.01.2013 – C-283/11 [Sky Österreich] ZUM 2013, 202 Rn. 46 f.; *GA Bobek* v. 16.03.2016 – C-134/15 [Lidl], BeckRS 2016, 80481 Rn. 25; dazu Meyer/Hölscheidt/*Bernsdorff*, EU-GrCh Art. 16 Rn. 16; dem EuGH zustimmend *Jarass*/EU-GrCh, Art. 16 Rn. 20; nur eine begrenzte Ausdehnung sehend Calliess/Ruffert/*Ruffert*, EU-GrCh Art. 16 Rn. 6; kritisch EuArbRK/*C. Schubert*, EU-GrCh Art. 16 Rn. 14; ebenso *Wollenschläger*, EuZW 2015, 285, 286 f., der darauf hinweist, dass die Aussage folgenlos blieb.

509 *Jarass*/EU-GrCh, Art. 15 Rn. 4 u. Art. 16 Rn. 20 sowie Calliess/Ruffert/*Ruffert*, EU-GrCh Art. 16 Rn. 6; vgl. auch EuArbRK/*C. Schubert*, EU-GrCh Art. 16 Rn. 14 f.

510 Zum Eingriffsbegriff im Zusammenhang mit der EU-GrCh, EuArbRK/*C. Schubert*, EU-GrCh Art. 52 Rn. 36.

511 Dazu nur *Jarass*/EU-GrCh, Art. 15 Rn. 13 ff.

512 EuArbRK/*C. Schubert*, EU-GrCh Art. 52 Rn. 5 f.; GSH-UnionsR/*Terhechte*, EU-GrCh Art. 52 Rn. 9.

513 Vgl. EuGH v. 15.07.2021 – C-804/18 (u. a.) [WABE und MH Müller Handel], AP R 2000/78/EG Nr. 58 Rn. 83 f. (m. Anm. Kempny); EuGH v. 31.01.2013 – C-12/11 [McDonagh], EuZW 2013, 223 Rn. 62, 64; *Jarass*/EU-GrCh, Art. 52 Rn. 32; EuArbRK/*C. Schubert*, EU-GrCh Art. 52 Rn. 37; GSH-UnionsR/*Terhechte*, EU-GrCh Art. 52 Rn. 10.

514 Dazu *Jarass*/EU-GrCh, Art. 52 Rn. 34 ff.; EuArbRK/*C. Schubert*, EU-GrCh Art. 52 Rn. 48 ff.

515 Ausführlich *Jarass*/EU-GrCh, Art. 52 Rn. 23 ff.; Calliess/Ruffert/*Kingreen*, EU-GrCh Art. 52 Rn. 61 ff.

516 Dazu EuArbRK/*C. Schubert*, EU-GrCh Art. 52 Rn. 44 ff.

c) Rechtfertigung des Eingriffs

Als Rechtfertigung von Maßnahmen für den hier relevanten Arbeitnehmerschutz kann auf die sozialen Grundrechte in Art. 27 bis 33 EU-GrCh und insbesondere auf das Recht auf gesunde, sichere und würdige Arbeitsbedingungen in Art. 31 Abs. 1 EU-GrCh verwiesen werden. Anders als im Grundgesetz wird durch diesen Grundrechtekatalog der Arbeitnehmerschutz ausdrücklich als staatliche Verpflichtung benannt, was angesichts der Ableitung des Arbeitnehmerschutzes aus dem Sozialstaatsprinzip des Art. 20 Abs. 1 GG aber keine Auswirkungen auf dessen höherrangigen Verankerung hat. Ferner können im arbeitsrechtlichen Kontext das Recht auf Gesundheit aus Art. 3 Abs. 1 EU-GrCh, das Recht auf berufliche Aus- und Weiterbildung aus Art. 14 Abs. 1 EU-GrCh, die Berufsfreiheit aus Art. 15 Abs. 1 EU-GrCh, der Schutz gegen Diskriminierung aus Art. 20, 21 EU-GrCh, das Recht auf einen wirksamen Rechtsbehelf aus Art. 47 Abs. 1 EU-GrCh[517] und im Ausnahmefall wohl auch die Menschenwürde gem. Art. 1 Abs. 1 S. 2 EU-GrCh Bedeutung erlangen. Darüber hinaus zählt nach Art. 151, 153 Abs. 1 AEUV der Schutz der Arbeitnehmer zu den Aufgaben der Union und ihr kommt unter anderem eine Kompetenz für die Gesundheit und Sicherheit der Arbeitnehmer (Art. 153 Abs. 1 lit. a AEUV) sowie für deren Arbeitsbedingungen (Art. 153 Abs. 1 lit. b AEUV) zu,[518] weshalb arbeitnehmerschützende Maßnahmen insgesamt auf ein legitimes Ziel im Sinn des Art. 52 Abs. 1 S. 2 Alt. 1 EU-GrCh gestützt werden können.[519]

Insbesondere aufgrund der Verankerung der Vertragsfreiheit und der Geltung des Verhältnismäßigkeitsprinzips bei der Einschränkung von Unionsgrundrechten gem. Art. 52 Abs. 1 S. 2 EU-GrCh[520] ergibt sich im Folgenden kein anderes Bild als für das Grundgesetz. Sofern es der Zweck einer Regelung nicht rechtfertigt, stellt es eine unverhältnismäßige Beschränkung der Unionsgrundrechte dar, wenn Regelungen zugunsten des Arbeitnehmers die Wirksamkeit versagt wird. Auch die unionsrechtliche Arbeitsvertragsfreiheit steht mithin Höchstarbeitsstandards entgegen, sofern die jeweilige Regelung allein dem Arbeitnehmerschutz dienen soll. Die konkrete Beziehung zwischen dem Arbeitnehmerschutz und der Eignung eines Abweichungsverbots kann sich auch im Anwendungsbereich der EU-GrCh als Konkretisierung des Verhältnismäßigkeitsprinzips ergeben.

---

[517] EuGH v. 20.02.2024 – C-715/20 [KL], AP Richtlinie 99/70/EG Nr. 38, Rn. 77 ff.; kritisch dazu *Gundel*, Anm. zu EuGH v. 20.02.2024, NJW 2024, 949, 955.

[518] Die Vorschrift bildet den Kern der arbeitsrechtlichen Kompetenzen der Union, EuArbRK/*Franzen*, AEUV Art. 153 Rn. 1; NK-GArbR/*Maul-Sartori*, AEUV Art. 153 Rn. 2.

[519] EuArbRK/*C. Schubert*, EU-GrCh Art. 16 Rn. 20.

[520] Zur Anwendung im Unionsrecht, EuArbRK/*C. Schubert*, Art. 52 Rn. 48 ff.

2. Verpflichtung zur Schaffung unabdingbarer Regelungen

a) Unterscheidung von Grundrechten und Grundsätzen

Inwieweit die Unabdingbarkeit arbeitsrechtlicher Regelungen durch das Primärrecht vorgegeben wird, hängt ebenfalls davon ab, ob eine Schutzpflicht besteht, deren effektive Umsetzung die Schaffung abweichungsfester Regelungen voraussetzt. Im Rahmen der EU-GrCh ist dabei zu unterscheiden, ob die jeweilige Regelung ein Grundrecht oder einen Grundsatz der Charta beinhaltet.[521] Für Grundrechte kann insbesondere aufgrund der Rechtsprechung des EGMR sowie der Verfassungsüberlieferungen der Mitgliedstaaten davon ausgegangen werden, dass diesen auch Handlungspflichten innewohnen können.[522] Die ausdrückliche Anerkennung eines status positivus erfolgte durch den EuGH bisher zwar nur für Grundfreiheiten,[523] jedoch wurden auch grundrechtliche Schutzpflichten bereits zur Grundlage von Entscheidungen gemacht[524]. In der Literatur wird ebenfalls davon ausgegangen, dass die Grundrechte der EU-GrCh Gewährleistungs- und Schutzfunktionen und mithin Handlungsaufträge der gesetzgebenden Organe beinhalten können.[525] In welchem Umfang einzelnen Grundrechten solche Dimensionen zukommen, ist durch Auslegung zu bestimmen, wobei sowohl Schutz- als auch Leistungspflichten durch die Reichweite der Kompetenz des jeweiligen Normsetzers beschränkt werden.[526] Sofern eine Handlungspflicht besteht, muss der jewei-

---

[521] Dazu nur Meyer/Hölscheidt/*Hüpers/Reese*, EU-GrCh Vorb. Art. 27 Rn. 43 ff., die aber die abwehrrechtliche Komponente der Regelungen des Titel IV der EU-GrCh betonen.

[522] Ausführlich *Suerbaum*, EuR 2003, 390, 403 ff., der auch darauf hinweist, dass ein anderes Verständnis der Unionsgrundrechte nicht mit Art. 23 Abs. 1 S. 1 GG vereinbar wäre; insb. für Schutzpflichten EuArbRK/*C. Schubert*, EU-GrCh Art. 51 Rn. 65 ff.; Streinz/EUV/AEUV/*Streinz/Michl*, EU-GrCh Art. 52 Rn. 9.

[523] EuGH v. 09.12.1997 – C-265/95 [Kommission/Frankreich], Slg. 1997, I-6959 Rn. 32; Calliess/Ruffert/*Kingreen*, EU-GrCh Art. 51 Rn. 35; EuArbRK/*C. Schubert*, EU-GrCh Art. 51 Rn. 68; *Suerbaum*, EuR 2003, 390, 394 ff.

[524] So zu Art. 31 Abs. 2 EU-GrCh, EuGH v. 14.05.2019 – C-55/18 [CCOO], NZA 2019, 683 Rn. 43 f., Rn. 56 und Rn. 60; dazu auch EuArbRK/*C. Schubert*, EU-GrCh Art. 31 Rn. 16a.

[525] *Jarass*/EU-GrCh, Art. 51 Rn. 6; Calliess/Ruffert/*Kingreen*, EU-GrCh Art. 51 Rn. 31; EuArbRK/*C. Schubert*, EU-GrCh Art. 51 Rn. 68; Meyer/Hölscheidt/*Schwerdtfeger*, EU-GrCh Art. 51 Rn. 76; Streinz/EUV/AEUV/*Streinz/Michl*, EU-GrCh Art. 52 Rn. 9; GSH-UnionsR/*Terhechte*, EU-GrCh Vorb. Rn. 18.

[526] Meyer/Hölscheidt/*Hüpers/Reese*, EU-GrCh Vorb. Art. 27 Rn. 36 ff.; *Jarass*/EU-GrCh, Art. 51 Rn. 13; Calliess/Ruffert/*Kingreen*, EU-GrCh Art. 51 Rn. 31; EuArbRK/*C. Schubert*, EU-GrCh Art. 51 Rn. 66; Streinz/EUV/AEUV/*Streinz/Michl*, EU-GrCh Art. 51 Rn. 33.

lige Gesetzgeber ferner lediglich einen Mindestschutz sicherstellen,[527] wobei ihm auch im Unionsrecht generell ein weiter Einschätzungs- und Prognosespielraum zukommt[528]. Auch die Handlungspflichten, die sich aus den Unionsgrundrechten ergeben, dürften sich daher nur in Ausnahmefällen zu einem Anspruch auf eine bestimmte Leistung konkretisieren.[529]

Im Gegensatz zu den Grundrechten begründen Grundsätze der Charta keine subjektiven Rechte.[530] Ihre Verwirklichung bleibt den Organen der Union und den Mitgliedstaaten überlassen, denen dabei ein erheblicher Handlungsspielraum zukommt, sodass die Grundsätze vor allem als Rechtfertigung für Eingriffe in andere Rechte wirken.[531] Trotzdem sind sie als objektive Prinzipien verbindliche Bestandteile des Primärrechts der EU[532], die eine konkrete Wirkung jedoch nur entfalten, wenn man der Umsetzungsbedürftigkeit auch eine begrenzte Umsetzungsverpflichtung entgegensetzt. Jedenfalls wenn ein Grundsatz hinreichend konkret ist, um einen Begünstigten und einen konkreten Inhalt zu bestimmen, ergibt sich daher auch eine objektive Handlungsverpflichtung zur Verwirklichung der enthaltenen Garantien.[533] Subjektive Rechte ergeben sich daraus nicht, allerdings besteht eine objektiv-rechtliche Obliegenheit auf einem Mindestniveau Umsetzungsakte zu schaffen und zu bewahren.[534] Die Qualifikation als Grundsatz oder Grundrecht hat mithin zwar Auswirkungen auf den rechtlichen Gehalt der Verpflichtung des Gesetzgebers, je-

---

527 Calliess/Ruffert/*Kingreen*, EU-GrCh Art. 51 Rn. 32, spricht vom Wesentlichkeitsschutz.

528 EuGH v. 21.12.2016 – C-201/15 [AGET Iraklis], NZA 2017, 167 Rn. 81, auch zu den Grenzen; *Jarass*/EU-GrCh, Art. 52 Rn. 46 f., differenzierend; EuArbRK/*C. Schubert*, EU-GrCh Art. 52 Rn. 54.

529 Vgl. auch zu Schutzrechten Calliess/Ruffert/*Kingreen*, EU-GrCh Art. 51 Rn. 32; EuArbRK/*C. Schubert*, EU-GrCh Art. 51 Rn. 65.

530 Zu Art. 26 EuGH v. 22.05.2014 – C-356/12 [Glatzel], BeckRS 2014, 80909 Rn. 78; zu Art. 27 EuGH v. 15.01.2014 – C-176/12 [médiation sociale], NZA 2014, 193 Rn. 45; allgemein *Jarass*/EU-GrCh, Art. 52 Rn. 74; Calliess/Ruffert/*Kingreen*, EU-GrCh Art. 52 Rn. 14; EuArbRK/*C. Schubert*, EU-GrCh Art. 52 Rn. 55; GSH-UnionsR/*Terhechte*, Art. 52 Rn. 12.

531 *Jarass*/EU-GrCh, Art. 52 Rn. 78; Calliess/Ruffert/*Kingreen*, EU-GrCh Art. 52 Rn. 14.

532 *Jarass*/EU-GrCh, Art. 52 Rn. 69; Calliess/Ruffert/*Kingreen*, EU-GrCh Art. 52 Rn. 14; EuArbRK/*C. Schubert*, EU-GrCh Art. 52 Rn. 55.

533 *Jarass*/EU-GrCh, Art. 52 Rn. 69a, 74, sieht u. U. eine Handlungsverpflichtung, aber kein subjektives Recht auf Erlass einer Maßnahme; ebenso wohl Calliess/Ruffert/*Kingreen*, EU-GrCh Art. 51 Rn. 38, Art. 52 Rn. 14; a.A. wohl GKKK-AEUV/EUV/*Kotzur*, EU-GrCh Art. 52 Rn. 9; Streinz/EUV/AEUV/*Streinz/Michl*, EU-GrCh Art. 52 Rn. 34.

534 *Jarass*/EU-GrCh, Art. 52 Rn. 77 ff.; EuArbRK/*C. Schubert*, EU-GrCh Art. 52 Rn. 60; a.A. für das Urlaubsrecht, *Rudkowski*, NJW 2019, 476, 480.

doch können in beiden Fällen Verpflichtungen bestehen, wenn für eine konkrete Vorgabe eine Handlungskompetenz besteht.

b) Handlungspflichten des Gesetzgebers auf Basis der EU-GrCh

Für den allgemeinen Arbeitnehmerschutz kommen als Grundlage einzelner Schutzpflichten vor allem die Regelungen in Betracht, die auch als Rechtfertigung für den Grundrechtseingriff in die Arbeitsvertragsfreiheit herangezogen wurden, soweit sie im Einzelfall Schutzpflichten begründen. Auch im Zusammenhang mit den Rechten der Charta kommt es aber maßgeblich darauf an, inwieweit den jeweiligen Vorgaben konkrete Anforderungen entnommen werden können und inwieweit für diese ein Mindestmaß bestimmt werden kann. Weder die Vorgaben zur Vertragsfreiheit noch das in Art. 31 Abs. 1 EU-GrCh enthaltene Recht auf gerechte und angemessene Arbeitsbedingungen sind jedoch konkret genug, um allgemeine Handlungsaufträge zum Erlass einseitig unabdingbaren Arbeitnehmerschutzrechts zu begründen. Die spezifischen Grundrechte wie der Schutz personenbezogener Daten in Art. 8 EU-GrCh,[535] der Schutz vor ungerechtfertigter Entlassung gem. Art. 30 EU-GrCh[536] und das spezielle Recht zum Schutz der Vereinbarkeit von Familien- und Berufsleben gem. Art. 33 Abs. 2 EU-GrCh[537] sind zwar ebenfalls in der Lage Schutzpflichten zu aktivieren, aber auch für diese Grundrechte ist davon auszugehen, dass sie lediglich im Einzelfall hinreichend konkret sind, um ein Schutzniveau der Handlungsaufträge zu definieren. Gleiches gilt für Art. 31 Abs. 2 EU-GrCh, jedoch wird in diesem Zusammenhang die Verpflichtung zur Schaffung eines Urlaubsanspruchs grundsätzlich anerkannt,[538] auch wenn die Einzelheiten nicht einheitlich bewertet werden. Vor allem angesichts des auch im Unionsrecht bestehenden Gestaltungsspielraums des Gesetzgebers lässt sich mithin aus den Grundrechten der EU-GrCh kein grundsätzliches Untermaß des Arbeitnehmerschutzes ableiten, dem der Gesetzgeber durch spezifische und mithin abweichungsfeste Regelungen entsprechen muss.

Der EuGH hat allerdings einzelnen Grundrechten bereits konkrete Inhalte zugesprochen, das Schutzniveau dabei aber nicht immer autonom, sondern

---

[535] Vgl. Meyer/Hölscheidt/*Bernsdorff*, EU-GrCh Art. 8 Rn. 15 ff. u. Rn. 23.

[536] Differenzierend Meyer/Hölscheidt/*Hüpers/Reese*, EU-GrCh Art. 30 Rn. 17 ff.; *Jarass*/EU-GrCh, Art. 30 Rn. 9.

[537] Ausführlich Meyer/Hölscheidt/*Hüpers/Reese*, EU-GrCh Art. 30 Rn. 17 ff.; *Jarass*/EU-GrCh, Art. 52 Rn. 20.

[538] EuGH v. 08. 09. 2020 – C-119/19 P (u. a.) [Kommission/Carreras Sequeros u. a.], BeckRS 2020, 21912 Rn. 111; EuGH v. 06. 11. 2018 – C-569/16, 570/16 [Bauer], NZA 2018, 1467 Rn. 85; EuArbRK/*C. Schubert*, EU-GrCh Art. 31 Rn. 21a; a. A. *Rudkowski*, NJW 2019, 476, 480.

auch unter Rückgriff auf einschlägiges Sekundärrecht bestimmt,[539] wovon er in folgenden Entscheidungen jedoch abgerückt ist[540]. Ferner hat er unter Heranziehung von Art. 47 EU-GrCh und im Zusammenhang mit anderen grundrechtlichen Gewährleistungen eine Pflicht zur Gewährung effektiven Rechtsschutzes begründet[541] sowie ein Mindestmaß von Begründungspflichten im Arbeitsverhältnis erkannt[542] und daraus die Verpflichtung der Mitgliedstaaten abgeleitet, einen wirksamen Rechtsbehelf im Fall von ordentlichen Kündigungen befristet beschäftigter Arbeitnehmer zu schaffen.[543] Vergleichbar mit der hier vertretenen Auffassung hat er ferner aus den Grundrechten der EU-GrCh eine Pflicht zur effektiven Verwirklichung ihrer Inhalte im Sekundärrecht abgeleitet.[544] Abseits der Kritik am methodischen Vorgehen des EuGH bei der Bestimmung des Untermaßes[545] zeigt dies, dass die Unionsgrundrechte sich zu einer Verpflichtung konkretisieren, einschlägige Regelungen zu ihrer Verwirklichung effektiv auszugestalten,[546] wobei auch der effet utile beachtlich ist (vgl. Art. 4 Abs. 3 EUV), der der praktischen Wirksamkeit einer Regelung im Unionsrecht eine besondere rechtliche Qualität verleiht[547]. Soweit dem Unionsrecht konkrete Aufträge entnommen werden können, kann diese besondere Vorgabe an deren effektive Verwirklichung den Gestaltungsspielraum des nationalen Gesetzgebers weiter einengen und ihn verpflichten, die Wirksamkeit des Unionsrechts im Einzelfall sicherzustellen.

---

539 EuGH v. 08.09.2020 – C-119/19 P & C-126/19 P [Kommission/Carreras Sequeros u.a.], BeckRS 2020, 21912 Rn. 110 u. Rn. 115; EuGH v. 19.01.2010 – C-55/07 [Kücükdeveci], Slg. 2010, I-393 Rn. 21 ff.; EuGH v. 22.11.2005 – C-144/04 [Mangold], Slg. 2005, I-10013 Rn. 74 f.

540 EuGH v. 09.11.2023 – C-272/22 (u.a.) [Keolis Agen], AP Richtlinie 2003/88/EG Nr. 54, Rn. 23.

541 EuGH v. 17.04.2018 – C-414/16 [Egenberger], NZA 2018, 569 Rn. 78 f.

542 EuGH v. 20.02.2024 – C-715/20 [KL], AP Richtlinie 99/70/EG Nr. 38. Kritisch *Gundel*, Anm. zu EuGH v. 20.02.2024, NJW 2024, 949, 955; zustimmend für den Rückgriff auf Art. 47 EU-GrCh, *C. Schubert*, RdA 2024, 282, 290; *Unseld*, EuZW 2024, 556, 558 ff., zu möglichen Folgen der Rechtsprechung.

543 Zu weiteren Schutzpflichten Streinz/EUV/AEUV/*Streinz*, EU-GrCh Art. 47 Rn. 6 [m.w.N.].

544 Zu Art. 31 Abs. 2 EU-GrCh, EuGH v. 14.05.2019 – C-55/18 [CCOO], AP Richtlinie 2003/88/EG Nr. 30.

545 Dazu *Bayreuther*, NZA 2019, 945, 950; *Rudkowski*, NJW 2019, 476, 480; *C. Schubert*, RdA 2024, 282, 291 f.; *dies.*, EuZA 2020, 302, 311; *Wutte*, EuZA 2019, 222, 230; eher zustimmend, *Waltermann*, EuZA 2010, 541, 549 f.

546 Vgl. EuGH v. 14.05.2019 – C-55/18 [CCOO], AP Richtlinie 2003/88/EG Nr. 30, Rn. 60.

547 EuGH v. 11.07.2002 – C-62/00 [Marks & Spencer], Slg. 2002, I-6325 Rn. 27; EuGH v. 09.09.1999 – C-217/97 [Kommission/Deutschland], Slg. 1999, I-5087 Rn. 31; ausführlich Calliess/Ruffert/*Kahl*, EUV Art. 4 Rn. 118 ff.

Die unionsrechtlichen Vorgaben können daher auch der Verwendung von Generalklauseln tendenziell eher entgegenstehen als die nationalen Grundrechte und eine Verpflichtung zur Schaffung unabdingbarer Regelungen ergeben, was aber auch der Bereitschaft des EuGH geschuldet ist, den Grundrechten konkrete Inhalte zuzuschreiben. Die Inhalte der Grundrechte können nach Ansicht des EuGH vor allem durch das Sekundärrecht weiter konkretisiert werden,[548] was mittelbar für die Wirkung des Richtlinienrechts relevant ist.[549] Weil in dieser Arbeit eine teilweise Konkretisierung der Schutzpflichten zumindest für möglich gehalten wird, ist darauf hinzuweisen, dass das höherrangige Recht in jedem Fall einen eigenständigen Maßstab für das nachrangige Recht begründet[550]. Dabei können die Maßstäbe des höherrangigen Rechts zwar auch unter Berücksichtigung überkommener Regelungen bestimmt werden, jedoch können sie den Inhalt des Primärrechts nicht determinieren[551] oder an seiner Wirkung teilnehmen[552]. Dem nachrangigen Recht steht es nicht zu, die Wertungen des höherrangigen Rechts zu bestimmen,[553] und daran kann auch der Einschätzungsspielraum des Gesetzgebers bei der Umsetzung von Handlungsaufträge nichts ändern.[554] Die Handlungsaufträge beinhalten aber die Pflicht zur effektiven Verwirklichung des Auftrags, die sich bei hinreichend konkreten Aufträgen innerhalb des unionsrechtlichen Rahmens zur Vorgabe der Unabdingbarkeit der Regelungen konkretisieren kann.

---

548 Vgl. EuGH v. 08.09.2020 – C-119/19 P & C-126/19 P [Kommission/Carreras Sequeros u. a.], BeckRS 2020, 21912 Rn. 110 u. Rn. 115; EuGH v. 19.01.2010 – C-55/07 [Kücükdeveci], Slg. 2010, I-393 Rn. 46 ff.; zur Kritik daran *Bayreuther*, NZA 2019, 945, 950; *Unseld*, EuZW 2024, 556 f.

549 Zur Verbindung, *Bayreuther*, NZA 2019, 945, 950; *Biltgen*, RdA 2024, 257, 266 ff.; *Gundel*, Anm. zu EuGH v. 20.02.2024, NJW 2024, 949, 955; NK-GArbR/*Maul-Sartori*, AEUV Art. 153 Rn. 83 ff.; *Rudkowski*, NJW 2019, 476, 480; *C. Schubert*, RdA 2024, 282, 291 f.; wohl anders das Verständnis von *Waltermann*, EuZA 2010, 541, 549 f.

550 *C. Schubert*, EuZA 2020, 302, 311. Wohl in dem Sinn auch das Verständnis der Rechtsprechung des EuGH bei, *Waltermann*, EuZA 2010, 541, 549 f.

551 So EuGH v. 08.09.2020 – C-119/19 P & C-126/19 P [Kommission/Carreras Sequeros u. a.], BeckRS 2020, 21912 Rn. 110 u. Rn. 115.

552 So aber, EuGH v. 19.01.2010 – C-55/07 [Kücükdeveci], Slg. 2010, I-393 Rn. 21 ff.; EuGH v. 22.11.2005 – C-144/04 [Mangold], Slg. 2005, I-10013 Rn. 74 f.

553 Im konkreten Zusammenhang, *Roloff*, NZA 2024, 1098, 1099; *C. Schubert*, RdA 2024, 282, 292. Hingegen Meyer/Hölscheidt/*Hüpers/Reese*, Art. 31 Rn. 55, die dies im Urlaubsrecht nicht problematisch finden. Allgemein, *Burkiczak*, Deregulierung, S. 177 ff.

554 EuArbRK/*C. Schubert*, EU-GrCh Art. 31 Rn. 33; *Wutte*, EuZA 2019, 222, 230.

c) Handlungspflichten des Gesetzgebers auf Basis des sonstigen Primärrechts

Neben den Rechten der EU-GrCh sind die Regelungen des EUV/AEUV in der Lage, Handlungspflichten zu begründen. Diese richten sich jedoch grundsätzlich an den Unionsgesetzgeber und sie beinhalten nur im Ausnahmefall eine Verpflichtung für die Mitgliedstaaten bestimmte Regelungen zu schaffen. Eine solche Ausnahmeregelung beinhaltet Art. 157 Abs. 1 AEUV, der sich allein an die Mitgliedstaaten richtet und diese zur Sicherstellung der Entgeltgleichheit verpflichtet,[555] dabei aber vor allem als Diskriminierungsverbot und nicht als Gestaltungsauftrag verstanden wird[556]. Ferner konkretisiert Art. 151 AEUV die Ziele der Sozialpolitik der Union[557] und benennt dabei auch die Mitgliedstaaten als deren Träger,[558] jedoch werden diese Regelungen als Programmsätze angesehen und die in ihnen enthaltenen Bestimmungen sind grundsätzlich nicht konkret genug, um daraus allgemeine Handlungsaufträge abzuleiten.[559]

II. Ableitung aus dem Sekundärrecht

Das Sekundärrecht[560] wird hier zuerst auf Basis seiner allgemeinen Wirkungsweise betrachtet,[561] während materielle Inhalte zusammen mit den einzelnen Regelungen betrachtet werden. Vornehmlich ist dabei der Charakter des Richtlinienrechts relevant,[562] das gem. Art. 288 UAbs. 3 AEUV die Mitgliedstaaten zur Umsetzung der jeweiligen Ziele verpflichtet[563]. Diese Ziele

---

555 Calliess/Ruffert/*Krebber*, AEUV Art. 157 Rn. 12; NK-GArbR/*Maul-Sartori*, AEUV Art. 151 Rn. 11. Zu den Hintergründen und zur praktischen Wirksamkeit, *Biltgen*, RdA 2024, 257, 258 f.; *Schuster/Jacobsohn*, RdA 2024, 270 ff.

556 Calliess/Ruffert/*Krebber*, AEUV Art. 157 Rn. 33.

557 Streinz/EUV/AEUV/*Eichenhofer*, AEUV Art. 151 Rn. 4 f.; GSH-UnionsR/*Langer*, AEUV Art. 151 Rn. 54.

558 Streinz/EUV/AEUV/*Eichenhofer*, AEUV Art. 151 Rn. 1 ff. auch zur Entwicklung.

559 NK-GArbR/*Maul-Sartori*, AEUV Art. 151 Rn. 17 u. Art. 158 Rn. 1 zu Art. 158 AEUV.

560 Zu den Formen, vgl. *Krimphove*/EU-Arbeitsrecht, Rn. 92 ff.; *Schmidt*/Arbeitsrecht-EG I, Rn. 50.

561 Zu den Grundsätzen, Däubler/Beck/*Däubler*, Einl. Rn. 81 ff.

562 EuArbRK/*Höpfner*, AEUV Art. 288 Rn. 16; *Krimphove*/EU-Arbeitsrecht, Rn. 95 f.

563 Zur Umsetzungsverpflichtung allgemein, EuArbRK/*Höpfner*, AEUV Art. 288 Rn. 22; GHN-UnionsR/*Nettesheim*, AEUV Art. 288 Rn. 114; Calliess/Ruffert/*Ruffert*, AEUV Art. 288 Rn. 24 ff. Bereits vor Geltung des AEUV, vgl. *Schmidt*/Arbeitsrecht-EG I, Rn. 52 ff.

sind – auch durch die nationalen Gerichte im Rahmen der Auslegung[564] – durch die Mitgliedstaaten zu verwirklichen und dabei alle Maßnahmen zu unterlassen, die den Zielen der Richtlinie entgegenstehen. Die Umsetzung muss den Grundsatz des effet utile beachten und mithin die praktische Wirksamkeit der Vorgaben sicherstellen.[565]

Dem Unionsgesetzgeber kommt gem. Art. 153 Abs. 2 lit. b) AEUV sowie Art. 153 Abs. 4 AEUV eine ausdrückliche Regelungskompetenz im Bereich des Arbeitsrechts zu,[566] wobei einschlägige Regelungen nicht nur der Angemessenheit der Arbeitsbedingungen und mithin den sozialen Komponenten des europäischen Arbeitsrechts dienen,[567] sondern auch der Vereinheitlichung des Binnenmarktes[568] und der Verhinderung des Sozialdumpings zwischen den Mitgliedstaaten[569]. Für das Verständnis dieser Kompetenz ist der Grundsatz der beschränkten Einzelermächtigung (Art. 5 Abs. 1 EUV) zu beachten, nach dem der Union allein die ihr ausdrücklich übertragenen Kompetenzen aber keine allgemeine Kompetenz-Kompetenz zukommt.[570] Sie ist daher bei speziellen arbeitsrechtlichen Regelungen auf die Setzung von Mindeststandards gegenüber den Mitgliedstaaten beschränkt, während darüber hinausgehende Kompetenzen bei den Mitgliedstaaten verbleiben.[571] Die Union kann es daher den Mitgliedstaaten regelmäßig nicht verbieten, zugunsten des Arbeitnehmers von den einschlägigen Vorgaben abzuweichen.[572] In den einschlägi-

---

564 Dazu Calliess/Ruffert/*Kahl*, EUV Art. 4 Rn. 119; Calliess/Ruffert/*Ruffert*, AEUV Art. 288 Rn. 81 u. Rn. 83 ff.; *Sagan/Sollfrank*, RdA 2021, 287, 292.

565 EuGH v. 11.07.2002 – C-62/00 [Marks & Spencer], Slg. 2002, I-6325 Rn. 27; EuGH v. 09.09.1999 – C-217/97 [Kommission/Deutschland], Slg. 1999, I-5087 Rn. 31; Calliess/Ruffert/*Kahl*, EUV Art. 4 Rn. 119.

566 Zur Entwicklung arbeitsrechtlicher Kompetenzen und des Arbeitsrechts in den Europäischen Gemeinschaften, Streinz/EUV/AEUV/*Eichenhofer*, AEUV Art. 151 Rn. 11 ff.; EuArbRK/*Franzen*, AEUV Art. 153 Rn. 2 ff.; *Krimphove*/EU-Arbeitsrecht, Rn. 23 ff.; *C. Schubert*, RdA 2024, 282 f.

567 Calliess/Ruffert/*Krebber*, AEUV Art. 153 Rn. 1; zur Entwicklung *C. Schubert*, RdA 2024, 282, 288 ff.

568 Zum Begriff und dessen Bedeutung für die Union, Streinz/EUV/AEUV/*Pechstein*, EUV Art. 3 Rn. 7.

569 Zu diesen Säulen des europäischen Arbeitsrechts, Streinz/EUV/AEUV/*Eichenhofer*, AEUV Art. 151 Rn. 4 f.; *C. Schubert*, RdA 2024, 282, 283 ff.; vgl. auch *Schuster/Jacobsohn*, RdA 2024, 270 zur Entstehung.

570 EuGH v. 28.03.1996 – Gutachten 2/94 [Beitritt MRK], Slg. 1996, I-1759 Rn. 23 ff.; Calliess/Ruffert/*Calliess*, EUV Art. 5 Rn. 7 ff.; *Schmidt*/Arbeitsrecht-EG I, Rn. 1.

571 GHN-UnionsR/*Benecke*, AEUV Art. 153 Rn. 5 u. Rn. 7; Streinz/EUV/AEUV/*Eichenhofer*, AEUV Art. 153 Rn. 4; EuArbRK/*Franzen*, AEUV Art. 153 Rn. 55 ff.; Calliess/Ruffert/*Krebber*, AEUV Art. 153 Rn. 1.

572 Calliess/Ruffert/*Krebber*, AEUV Art. 153 Rn. 30; EuArbRK/*ders.*, RL 1999/70/EG Anhang § 8 Rn. 10; NK-GArbR/*Maul-Sartori*, AEUV Art. 153 Rn. 12 f.

gen Richtlinien kommt dies regelmäßig zum Ausdruck, indem die Regelung günstigerer Vorschriften ermöglicht wird, jedoch werden die Mitgliedstaaten zu deren Setzung auch nicht verpflichtet. Vielmehr werden die Mitgliedstaaten durch Art. 288 Abs. 3 AEUV allein auf das Ziel einer Richtlinie und nicht auf die Mittel oder die Form der Umsetzung festlegt[573] und die Kompetenzausübung der Union wird gegenüber den Mitgliedstaaten durch das Verhältnismäßigkeitsprinzip begrenzt,[574] das dabei ähnlich wie im grundrechtlichen Zusammenhang wirkt.

Den Mitgliedstaaten ist es aber vollständig untersagt das Schutzniveau der sekundärrechtlichen Standards zu unterschreiten.[575] Abweichungsmöglichkeiten zuungunsten der Arbeitnehmer sind daher unabhängig von der Angemessenheit grundsätzlich nicht mit dem Zweck des Sekundärrechts vereinbar.[576] Dabei ist nach der Rechtsprechung des EuGH die Bewertung der Günstigkeit einer Abweichung allein an den Zielen des jeweiligen Sekundärrechtsaktes zu orientieren[577] und dementsprechend können als günstiger im Sinn der Richtlinien nur solche Regelungen gelten, die den Zielen der Richtlinie nicht entgegenwirken. Beispielsweise kann die Religionsfreiheit im Zusammenhang mit dem Diskriminierungsrecht berücksichtigt werden,[578] während das Grundrecht im Zusammenhang mit einer tierschützenden Richtlinie unberücksichtigt bleiben kann,[579] wenn dadurch dem Ziel der Richtlinie entsprochen wird und es sich daher um eine günstigere Regelung handelt.[580]

Die Günstigkeit einer Abweichung ist mithin allein auf Basis des jeweiligen Maßstabs des Sekundärrechts zu bestimmen, weshalb beispielsweise die Berücksichtigung der Umstände des Einzelfalls oder anderer Aspekte nur dann eine Abweichung zum Nachteil des Arbeitnehmers rechtfertigen kann, wenn dies im Sekundärrecht vorgesehen ist.[581] Abseits davon verstoßen Abwä-

---

573 Vgl. GHN-UnionsR/*Nettesheim*, AEUV Art. 288 Rn. 112.

574 *Schmidt*/Arbeitsrecht-EG I, Rn. 47.

575 Vgl. EuGH v. 11.07.2002 – C-62/00 [Marks & Spencer], Slg. 2002, I-6325 Rn. 27; EuGH v. 09.09.1999 – C-217/97 [Kommission/Deutschland], Slg. 1999, I-5087 Rn. 31; Calliess/Ruffert/*Kahl*, EUV Art. 4 Rn. 119.

576 Hingegen NK-GArbR/*Maul-Sartori*, AEUV Art. 153 Rn. 50 zur Unterschreitung durch Tarifnormen.

577 *Walter/Tremml*, NZA 2021, 1453, 1455 f.

578 EuGH v. 15.07.2021 – C-804/18 (u. a.) [WABE und MH Müller Handel], AP R 2000/78/EG Nr. 58 Rn. 85 (m. Anm. Kempny).

579 EuGH v. 17.12.2020 – C-336/19 [Centraal Israëlitisch Consistorie van België u. a.], NVwZ 2021, 219 Rn. 55.

580 *Walter/Tremml*, NZA 2021, 1453, 1456.

581 Vgl. *Schubert/Rieger*, JR 2022, 559, 565 f. zur Anwendung des § 242 BGB entgegen RL 93/13/EWG des Rates vom 5. April 1993 über missbräuchliche Klauseln in Verbraucherverträgen, ABl. 1993, L 95, S. 29.

gungsmöglichkeiten gegen die Verpflichtung, den Nutzen und die Wirksamkeit der unionsrechtlichen Regelungen sicherzustellen und mithin gegen den Grundsatz des effet utile[582].

Das Unionsrecht beinhaltet daher in den sekundärrechtlichen Regelungen einen Handlungsauftrag für den nationalen Gesetzgeber und gleichzeitig ein konkretes Untermaß, sodass sich für die Mitgliedsstaaten daraus regelmäßig die Pflicht ergibt, die unionrechtlichen Vorgaben zuungunsten der Arbeitnehmer unabdingbar auszugestalten. Sofern die nationale Regelung nicht ausdrücklich unabdingbar ist, muss dies im Rahmen der unionsrechtskonformen Rechtsauslegung und -fortbildung bis zur contra legem Grenze berücksichtigt werden.[583] Aus den arbeitsrechtlichen Sekundärrechtsakten lässt sich daher regelmäßig ein Verschlechterungsverbot ableiten und auch ohne ausdrückliche Kodifikation sind die transformierenden Regelungen als einseitig zwingendes Recht anzusehen.

§ 9 Zusammenfassung

Die Betrachtung des nationalen Rechts zeigt, dass der Grundsatz der Günstigkeit und das Verschlechterungsverbot ihre Grundlage vor allem im Schutzzweck einer Regelung finden, der als unmittelbar arbeitnehmerschützender Zweck entweder selbst dem Ausgleich des strukturellen Ungleichgewichts oder aber mittelbar zumindest persönlichen Interessen des Arbeitnehmers dient und daher diesem Ungleichgewicht entzogen werden soll. Diese materiellen Normen können ihre Funktion nur erfüllen, wenn Abweichungen zuungunsten des Arbeitnehmers die Wirkung versagt wird, während sie grundsätzlich keinen Anlass dafür bieten, Abweichungen zugunsten des Arbeitnehmers nicht zuzulassen. Auf Basis der Annahme dieser strukturellen Unterlegenheit erweist es sich als zweckmäßig Regelungen als Mindeststandards auszugestalten, wobei das Günstigkeitsprinzip als Innenschranke oder in Form einer Meta-Norm wirkt.

Diese Wirkungsweise wird teilweise verfassungsrechtlich untermauert, wenn das Zusammenspiel der Ziele des Gesetzgebers mit dem freiheitsrecht-

---

582 Vgl. *Bauer/Krieger/Günther*/AGG, AGG § 31 Rn. 2; Däubler/Beck/*Däubler*, Einl. Rn. 140, zur Bedeutung des effet utile für die Auslegung.

583 Vgl. zur richtlinienkonformen Auslegung, EuGH v. 04.07.2006 – C-212/04 [Adeneler], Slg. 2006, I-6091 Rn. 108 ff.; EuGH v. 05.10.2004 – C-397/01 (u.a.) [Pfeiffer], AP EWG-Richtlinie Nr. 93/104 Nr. 12; BAG v. 05.12.2012 – 7 AZR 698/11, BAGE 144, 85 Rn. 37; BGH v. 26.11.2008 – VIII ZR 200/05, BGHZ 179, 27 Rn. 21; NK-GArbR/*Maul-Sartori*, AEUV Art. 153 Rn. 57 ff.; Calliess/Ruffert/*Ruffert*, AEUV Art. 288 Rn. 78 u. Rn. 84; *Sagan/Sollfrank*, RdA 2021, 287, 292; HWK-ArbR/*Tillmanns*, AEUV Einl. Rn. 19.

lichen Schutz der Arbeitsvertragsfreiheit die Gewährung einer Abweichungskompetenz zugunsten des Arbeitnehmers aus grundrechtlicher Sicht erforderlich macht. Die sich aus dem Übermaßverbot ergebenden Einschränkungen des Gesetzgebers können dann die Anwendung des Grundsatzes der Günstigkeit vorgeben und es lässt sich somit als Anwendung dieses Prinzips im Rahmen der Gesetzgebung verstehen. Ein Verschlechterungsverbot lässt sich aus dem Verfassungsrecht jedoch nur im Sinn einer Effektivierung des gesetzlichen Schutzes grundrechtlicher Freiheit ableiten und das auch nur in den Fällen, in denen den Grundrechten hinreichend konkrete Inhalte entnommen werden können. Auch dies gilt aber nur in Abhängigkeit zum sonstigen regulativen Umfeld und es lässt sich aufgrund des weitgehenden Spielraums des Gesetzgebers nicht zur Vorgabe einer einseitig zwingenden Unabdingbarkeit verdichten, sondern grundsätzlich wird dem Untermaßverbot auch durch generalklauselartige Abweichungsverbote entsprochen.

Das Verhältnismäßigkeitsprinzip ist somit keine Rechtsgrundlage, aus der sich die Geltung des Günstigkeitsprinzips prinzipiell ergibt, weshalb der einfache Gesetzgeber auch nicht prinzipiell verpflichtet ist, das Günstigkeitsprinzip im Rahmen seiner Gesetzgebung zu berücksichtigen. Vielmehr lässt sich die Geltung der Abweichungsbefugnis erst in Relation zum Zweck einer Regelung bestimmen, während das Abweichungsverbot angesichts der Relevanz alternativer Absicherungen und der Unbestimmtheit verfassungsrechtlicher Vorgaben regelmäßig nicht vorgezeichnet wird. Die Einschränkung der Wirksamkeit der Regelungen zuungunsten der Arbeitnehmer wird dann zwar trotzdem durch die Verfolgung entsprechender legitimer Zwecke gerechtfertigt, aber nicht durch höherrangiges Recht vorgegeben. Hingegen wird der Grundsatz der Günstigkeit bei allen den Interessen des Arbeitnehmers dienenden Regelungen verfassungsrechtlich vorgezeichnet. Insofern lässt sich das Günstigkeitsprinzip als verfassungsrechtlich partiell und bedingt vorgegeben bezeichnen. Sein tatsächlicher verfassungsrechtlicher Bezug ist aber im Einzelfall zu bestimmen und abhängig vom Zweck der Regelung, sodass es sich nicht um eine höherrangige Geltung handelt, sondern um zusätzliche Argumente einer verfassungskonformen Auslegung, die zur Bestätigung der teleologischen Ergebnisse herangezogen werden kann.

Gleiches gilt im Anwendungsbereich des unionsrechtlich geprägten Arbeitsrechts. Auch hier kann der Grundsatz der Günstigkeit freiheitsrechtlich untermauert werden, denn sofern es sich um Rechtsakte im Anwendungsbereich des Unionsrechts handelt, kommen auch gegenüber den nationalen Regelungen die Unionsgrundrechte zur Anwendung. Darüber hinaus wirkt auch die Kompetenzbeschränkung des Unionsgesetzgebers mittelbar auf die Ausgestaltung des materiellen Rechts ein, weil das sekundäre Unionsrecht dadurch Mindeststandards enthält, die selbst zwar eine Berechtigung aber keine Rechtfertigung zur Setzung von Höchststandards beinhalten.

Ferner kann auch die Wirkung unionsrechtlicher Gestaltungsaufträge dazu führen, dass der Gesetzgeber zur Schaffung effektiver Normen verpflichtet ist. Es ist dabei vor allem das Sekundärrecht der Union, das ein konkretes Untermaß der Ausgestaltung des nationalen Rechts beinhaltet und das aufgrund der konkretisierenden Wirkung des effet utile auch die Schaffung unabdingbarer Normen vorgeben kann. Aufgrund des in den Richtlinien konkretisierten Untermaßes des nationalstaatlichen Handlungsauftrags und des Schutzes der grundrechtlichen Freiheit kann sich eine unionsrechtliche Verpflichtung zur Beachtung des gesamten Günstigkeitsprinzips ergeben.

Maßgeblich für die Geltung des Günstigkeitsprinzips ist mithin der Zweck des materiellen Rechts und soweit das Verhältnis von Abweichungen zugunsten oder zuungunsten des Arbeitnehmers nicht ausdrücklich geregelt wird, ist die Geltung des Günstigkeitsprinzips daher vor allem vom Sinn und Zweck des zwingenden Rechts aus zu bestimmen. Für Vorschriften, die den persönlichen Interessen des Arbeitnehmers dienen, kann dabei auch ohne eine ausdrückliche Kodifikation und innerhalb der methodischen Grenzen davon ausgegangen werden, dass sie dem strukturellen Ungleichgewicht entzogen werden und als Mindeststandards wirken sollen. Infolge der Ausgestaltung des Arbeitsrechts als Schutzrecht des Arbeitnehmers, kann das Prinzip so in weiten Teilen des individuellen Arbeitsrechts Geltung beanspruchen. Es gilt jedoch nicht absolut, sondern in Abhängigkeit vom Zweck einer Regelung. Die verfassungsrechtliche Auslegung wird dieses Ergebnis grundsätzlich in Bezug auf die Abweichungsbefugnis der Parteien bestätigen und die Berücksichtigung des Unionsrechts kann darüber hinaus für die Ausgestaltung als absolut abweichungsfester Standard sprechen.

Teil 3

Maßstab der Günstigkeit

Nach der Erörterung der Grundlagen des Günstigkeitsprinzips und seines Geltungsgrundes ist im Folgenden zu betrachten, welchen Abweichungsspielraum der Begriff der *Günstigkeit* bezeichnet und wie die Einhaltung dieses Abweichungsspielraums sicherzustellen ist.[1] Mithin geht es um die Konkretisierung des Maßstabs der Günstigkeit, wobei vornehmlich die Grenzziehung zum normativen Recht infrage steht.[2] Dafür ist zu erörtern, wie Günstigkeit im Sinn des Prinzips zu verstehen ist und welche Bedeutung die materiellen Regelungen dafür haben. In einem zweiten Schritt ist zu betrachten, wie im Rahmen der Rechtsanwendung die Einhaltung des Spielraums sichergestellt wird, womit die Kriterien des Günstigkeitsvergleichs bestimmt werden.

§ 10 Auslegung des Günstigkeitsbegriffs

Bisher wurde festgestellt, dass den Arbeitsvertragsparteien im Licht des Günstigkeitsprinzips ein Regelungsspielraum verbleibt, der sich durch eine Bewertung der Wirkung der vertraglichen Vereinbarungen im Verhältnis zur gesetzlichen Regelung bestimmt. Ausgehend von der Wortbedeutung – die mangels einer Kodifikation hier jedoch nicht im Vordergrund steht[3] – ist dabei zu bewerten, inwieweit mit der Abweichung Vorteile für den Arbeitnehmer verbunden sind. Unterschiedlich bewertet wird jedoch unter welchen Voraussetzungen eine Vereinbarung als vorteilhaft anzusehen ist.[4] Um dies zu bewerten, ist die Grenze des Regelungsbereichs der Arbeitsvertragsparteien zur Einflusssphäre des Gesetzesrechts zu bestimmen, die durch den Begriff der Günstigkeit beschrieben wird. Dabei ist einerseits zu berücksichtigen, dass der Regelungsspielraum der Arbeitsvertragsparteien durch das Günstigkeitsprinzip erhalten werden soll und dass die Grenze der Günstigkeit andererseits den Rand des Anwendungsbereichs des materiellen Rechts beschreibt, das beim Vorliegen der entsprechenden Voraussetzungen zurücktritt. Sie markiert

---

[1] Vgl. *Möslein*, Dispositives Recht, S. 203 f.

[2] Ausführlich historisch u. rechtsvergleichend, *Hilgenstock*, Günstigkeitsvergleich, S. 43 ff., S. 84 ff. u. S. 147 f.

[3] Dazu die jeweiligen Betrachtungen in Teil 5.

[4] Im Einzelnen dazu Teil 4 § 14.

mithin gleichzeitig die Voraussetzungen und die Grenzen privatrechtlicher Gestaltungen.[5]

A. Verständnis der Günstigkeit auf Basis des Zwecks

Ausgehend vom Zweck und der dienenden Funktion des Günstigkeitsprinzips wird das Verständnis der Günstigkeit durch die Erfordernisse des Schutzzwecks einerseits und durch den grundrechtlich geschützten Gestaltungsspielraum andererseits bestimmt.[6] Das Verständnis der Günstigkeit ist mithin am (arbeitnehmer-)schützenden Zweck der Regelungen auszurichten und kann nicht weiter reichen als dieser Zweck es erfordert.[7] Die Absicht eine Vertragspartei durch eine gesetzliche Regelung zu schützen, führt allein jedoch nicht dazu, dass alle für die geschützte Vertragspartei nachteiligen Abweichungen als unzulässig angesehen werden müssen. Vielmehr erlaubt dieser Zweck auch ein Abweichungsverbot, das allein besonders qualifizierten Benachteiligungen im Weg steht oder den Grad der Abweichung und mithin die Angemessenheit der Benachteiligung berücksichtigt.[8] Die Abweichungsbefugnis würde dann einzelnen Benachteiligung nicht entgegenstehen, solange das jeweilige Qualifikationsmerkmal nicht verwirklicht wird. Etwas anderes würde aber gelten, wenn das Günstigkeitsprinzip allein der Verwirklichung des normativen Standards dient. Fraglich ist mithin, ob die Günstigkeit ein Begriff ist, der sich auf die Angemessenheit der Arbeitsbedingungen bezieht oder ob der gesetzliche Standard den Fixpunkt der Günstigkeit darstellt.[9]

---

[5] Däubler/TVG/*Deinert/Wenckebach*, § 4 Rn. 773; vgl. auch *Möslein*, Dispositives Recht, S. 86. Grundsätzlich bereits zur TVVO, *Kronenberg*, Ausnahmen der Unabdingbarkeit, S. 45 f.

[6] Vgl. für das dogmatische Verständnis im Tarifrecht, MüHdB-ArbR/*Klumpp*, § 253 Rn. 5; *Löwisch/Rieble*, TVG § 4 Rn. 534 sowie *T. B. Schmidt*, Günstigkeitsprinzip, S. 53.

[7] In dem Sinn für § 622 BGB, BAG v. 29.01.2015 – 2 AZR 280/14, BAGE 150, 337 Rn. 20. Vgl. für das Arbeitsvertragsrecht DHSW-ArbR/*Holthaus*, BUrlG § 13 Rn. 10; MüHdB-ArbR/*Klumpp*, § 253 Rn. 5. Allgemein für dispositives Recht, *Möslein*, Dispositives Recht, S. 179; kritisch dazu, soweit pauschal auf den Schutzzweck verwiesen wird, *Cziupka*, Dispositives Vertragsrecht, S. 237 f.

[8] Für das tarifrechtliche Günstigkeitsprinzip, *Buchner*, NZA 1999, 897, 898 sowie *Schorn*, Günstigkeitsprinzip neuer Art, S. 76. In dem Sinn wohl auch für das EntgFG, BAG v. 06.12.2017 – 5 AZR 118/17, BAGE 161, 132 [1. LS].

[9] Zur Unterscheidung absoluter und relativer Schranken auch *Möslein*, Dispositives Recht, S. 186 f.

I. Kein Mittel im Dienst der Angemessenheit der Arbeitsbedingungen

Durch einige Autoren wird das tarifrechtliche Günstigkeitsprinzip als Mittel zur Sicherung der inhaltlichen Angemessenheit der materiellen Arbeitsbedingungen verstanden.[10] Auch für das Betriebsverfassungsrecht finden sich vergleichbare Auffassungen[11] und auch das gesetzliche Günstigkeitsprinzip wird in dieser Weise als wertungsoffen angesehen[12]. Ferner soll das Abweichungsverbot im Verbraucherschutz nach einer Literaturstimme in dieser Weise zu verstehen sein[13]. Der Begriff der Günstigkeit stellt nach dieser Auffassung einen unbestimmten Rechtsbegriff dar, der Abweichungen von den gesetzlichen Standards unter Berücksichtigung der Umstände des Einzelfalls ermöglichen soll. Neben dem Umfang der Abweichung sollen so teilweise die Wirkungen auf den Arbeitnehmer abseits der unmittelbaren vertraglichen Auswirkungen berücksichtigt werden.[14] Begründet wird diese Auffassung vor allem mit der Bedeutung der Privatautonomie, die dazu führe, dass die Interessen der Vertragsparteien im Rahmen der Anwendung des Günstigkeitsprinzips nicht vernachlässigt werden dürften und die deren Vereinbarungen einen grundsätzlichen Vorrang vor dem normativen Recht einräume.[15]

1. Angemessenheitskontrolle im Arbeitsrecht

Zutreffend daran ist, dass Gefahr einer Benachteiligung infolge eines vertraglichen Ungleichgewichts grundsätzlich durch ein relatives, am Umfang der Benachteiligung, der Bedeutung der Regelung und sonstiger Umstände des Einzelfalls ausgerichteten Abweichungsverbots begegnet werden kann.[16] Auch im Arbeitsrecht kann mithin im Rahmen einer auf eine Generalklausel gestützten Vertragskontrolle ein Ausgleich der gestörten Verhandlungsparität vorgenommen werden.[17] Insbesondere entziehen die Regelungen der §§ 305 ff.

---

[10] *Buchner*, NZA 1999, 897, 898; *Heinze*, NZA 1991, 329, 335; wohl auch *Laskawy/Lomb*, DB 2018, 1348; *Melms/Kentner*, NZA 2014, 127, 133; *Nebeling/Arntzen*, NZA 2011, 1215, 1217; *T. B. Schmidt*, Günstigkeitsprinzip, S. 132 f. sowie *Schorn*, Günstigkeitsprinzip neuer Art, S. 76; *Schulze*, Günstigkeitsprinzip, S. 223, mit umfangreicher Abwägung der Umstände des Einzelfalls.

[11] *Emmert*, Betriebsvereinbarungen, S. 269 u. im Ergebnis auch S. 284 ff.

[12] *Versteyl*, Obergrenze, S. 100 u. S. 114 f.

[13] *Nobbe*, Günstigkeitsprinzip im Verbrauchervertragsrecht, S. 151 f.

[14] Dazu nur *Emmert*, Betriebsvereinbarungen, S. 284 ff.; *Schulze*, Günstigkeitsprinzip, S. 223.

[15] Ausführlich, *Heinze*, NZA 1991, 329 ff.; *Versteyl*, Obergrenze, S. 105 ff.

[16] Dazu nur *Kähler*, Abdingbares Recht, S. 39.

[17] Vgl. BAG v. 18.07.2012 – 7 AZR 443/09, BAGE 142, 308 Rn. 38 ff.; BAG v. 31.10.1969 – 3 AZR 119/69, BAGE 22, 189. Vgl. auch die Wertung von *Rüthers*, NJW 2002, 1601, 1602 zum Kündigungsschutzrecht. Kritisch dazu und die Korrektur

BGB auch im Verhältnis zwischen Arbeitgebern und Arbeitnehmern[18] bestimmte vertragliche Aspekte dem vertraglichen Ungleichgewicht und schaffen damit einen arbeitnehmerschützenden Standard,[19] ohne dass für alle Abweichungen ein absoluter Benachteiligungsschutz besteht. Vielmehr wird den Vertragsparteien teilweise die Möglichkeit zur Vereinbarung angemessener Benachteiligungen belassen, wobei die Grenzen des zulässigen Regelungsbereichs im Einzelfall durch eine Interessenabwägung bestimmt werden können. Noch deutlicher ist dieser Effekt bei den allgemeinen Generalklauseln der Vertragskontrolle in § 242 BGB und § 138 BGB, deren Inhalt weitgehend unbestimmt ist und damit der Ausfüllung durch eine Interessenabwägung bedarf, die insbesondere unter Berücksichtigung der objektiven Werteordnung des Grundgesetzes auszuführen ist[20]. Im Rahmen der AGB-Kontrolle wird dieser Standard konkretisiert und gleichzeitig der Gestaltungsspielraum der Vertragsparteien durch die Berücksichtigung der Umstände des Einzelfalls im Rahmen einer wertenden Betrachtung an die Besonderheiten der jeweiligen Vertragsbeziehung angepasst. Es wird so sichergestellt, dass Verträge nicht gegen die Werteordnung des Grundgesetzes verstoßen und dass die Grundrechte der Arbeitsvertragsparteien wertend berücksichtigt werden können.[21]

2. Keine Notwendigkeit für eine Angemessenheitskontrolle bei Geltung spezialgesetzlicher Standards

Die Verwendung von Generalklauseln ist jedoch auch mit Nachteilen verbunden. Insbesondere werden dadurch die Ergebnisse der Rechtsanwendung sowohl für die Parteien als auch für den Gesetzgeber weniger vorhersehbar.[22] Der Rückgriff darauf wird daher vor allem vorgenommen, wenn die jeweilige Regelung für eine Vielzahl unterschiedlicher Situationen anwendbar ist oder auch für neue Gestaltungen anwendbar sein soll und eine generalisierende gesetzliche Abwägung zwischen den unterschiedlichen Interessen der beteiligten Akteure nicht vorgenommen werden kann.[23] Die spezielle arbeitneh-

---

allein auf Basis des Ergebnisses für sinnvoll erachtend, *Zöllner*, NZA-Beil. 2006, 99, 102.

[18] Dazu *Sagan/Sollfrank*, RdA 2021, 287, 296 f.

[19] Vgl. *Höpfner*, NZA 2024, 1081, 1083.

[20] BVerfG v. 19.10.1993 – 1 BvR 567/89 (u.a.), BVerfGE 89, 214; BVerfG v. 07.02.1990 – 1 BvR 26/84, BVerfGE 81, 242 [unter C. I. 3.].

[21] Vgl. BVerfG v. 19.10.1993 – 1 BvR 567/89 (u.a.), BVerfGE 89, 214 [unter C. II. 2. c)].

[22] *Kähler*, Abdingbares Recht, S. 39 ff.

[23] Zur Funktion unbestimmter Rechtsbegriffe, BVerfG v. 08.08.1978 – 2 BvL 8/77, BVerfGE 49, 89 [unter B. II. 3. b)]; BAG v. 29.07.2009 – 7 ABR 27/08, BAGE 131, 277 Rn. 22; *Kähler*, Abdingbares Recht, S. 41; *Kolbe*, EuZA 2023, 3, 18, zu einem

merschützende Gesetzgebung ist grundsätzlich jedoch auf arbeitsrechtliche Beziehungen zugeschnitten und die Vorgaben tragen den besonderen Interessen der Vertragsparteien insoweit Rechnung, wie es der Gesetzgeber für erforderlich hält. Soweit die generalisierenden Annahmen den besonderen Bedürfnissen einzelner Vertragsbeziehungen nicht gerecht werden, werden dafür meist Sondergesetze erlassen[24] und teilweise besteht eine entsprechende Verpflichtung[25]. Im Gegensatz zum AGB-Recht besteht daher keine grundlegende Notwendigkeit durch ein generalklauselartiges Verständnis der Günstigkeit Spielraum für atypische Gestaltungen zu lassen[26] und so gleichzeitig Rechtsunsicherheit zu schaffen[27] sowie die Unterschreitung des Standards zu ermöglichen.[28] Die Notwendigkeit zur Anwendung von Generalklauseln besteht vielmehr, wenn der Gesetzgeber keine Spezialgesetzgebung erlassen hat.[29]

3. Keine dienende Funktion im Sinn der Vertragsgerechtigkeit

Ferner steht die doppelt dienende Funktion des Günstigkeitsprinzips einen solchen Verständnis entgegen. Diese bezieht sich auf die Verwirklichung des arbeitnehmerschützenden Standards, mithin auf die Einhaltung zwingend geltenden Rechts. Es dient mithin selbst nicht der Sicherstellung angemessener Vertragsverhältnisse, sondern dies ist Aufgabe der Regelungen, die vom Günstigkeitsprinzip erfasst werden und ggf. der Generalklauseln[30]. Das Günstigkeitsprinzip selbst beschreibt hingegen die Wirkung dieser normativen Vorgaben und grenzt sie von der vertraglichen Freiheit ab,[31] wobei sich aus der dienenden Funktion des Günstigkeitsprinzips für den jeweiligen gesetzlichen Standard ergibt, dass es sich um einen Maßstab zur Überprüfung der

Beispiel im TzBfG; *Ulber*, Tarifdispositives Gesetzesrecht, S. 348 f., sieht die Unmöglichkeit zur Konkretisierung als Voraussetzung an.

[24] Im Kündigungsrecht BeckOK-ArbR/*Gotthardt*, BGB § 622 Rn. 68 ff.; im Urlaubsrecht, Schaub/ArbR-HdB/*Linck*, § 104 Rn. 135; vgl. auch ErfK/*Schmidt*, GG Art. 2 Rn. 17.

[25] DHS-GG/*Remmert*, GG Art. 12 Rn. 242.

[26] Vgl. BAG v. 18.07.2012 – 7 AZR 443/09, BAGE 142, 308, für einen institutionellen Rechtsmissbrauch; Noch vor der AGB-Kontrolle im Arbeitsrecht, BAG v. 06.12.1963 – 5 AZR 169/63, BAGE 15, 153 [unter II. 2.]; BAG v. 10.03.1972 – 3 AZR 278/71, BAGE 24, 177 [unter III. 3. b)].

[27] Zu dieser Wirkung einer Angemessenheitskontrolle, BAG v. 18.07.2012 – 7 AZR 443/09, BAGE 142, 308 Rn. 38 ff.; *Neumann*, NZA 1990, 961, 965; *Rüthers*, NJW 2002, 1601, 1603,

[28] Vgl. Feichtinger/Malkmus/*Malkmus*, EntgFG § 12 Rn. 6.

[29] BVerfG v. 27.01.1998 – 1 BvL 15/87, BVerfGE 97, 169 [unter B. I. 3. b) cc)].

[30] MüKo-BGB/C. *Schubert*, BGB, § 242 Rn. 16; *Roloff*, NZA 2024, 1098, 1101 f. zur ausgleichenden Wirkung.

[31] *Löwisch/Rieble*, TVG § 4 Rn. 534.

Einhaltung der materiellen Vorgaben handelt,[32] der sich daher auch auf diese beziehen muss.[33] Anders als der allgemeine Grundsatz des § 242 BGB und seine speziellen Ausprägungen[34] ist das Günstigkeitsprinzip gerade nicht auf die Sicherstellung der allgemeinen Vertragsgerechtigkeit gerichtet.[35] Daher ist es auch kein Mittel zur Berücksichtigung sozialer Gebote und Schranken oder ethischer Vorstellungen[36] im Sinn einer Einzelfallgerechtigkeit[37].

II. Mittel zur Verwirklichung normativer Standards

1. Maßgeblichkeit der gesetzlichen Interessen für die Anwendung der Sekundärnorm

Das Günstigkeitsprinzip entspricht mithin nach seinem Zweck und seiner Funktion einer Meta- oder Sekundärnorm,[38] die den Anwendungsbereich der materiellen Regelungen beschreibt. Der Maßstab seiner Anwendung sind daher die vom materiellen Recht erfassten und im Rahmen der Auslegung ermittelten Interessen und deren Abwägung zueinander,[39] denen als gesetzliche Regelung grundsätzlich die Vermutung eines angemessenen Interessenausgleichs innewohnt[40]. Dieser Interessenausgleich und die dahinter stehende Regelungsmacht sollen durch die einseitige Wirkung des Rechts geschützt werden,[41] weshalb das Günstigkeitsprinzip keinen Raum für die Bestimmung

[32] Allgemein *Möslein*, Dispositives Recht, S. 187 sowie S. 202 zum Günstigkeitsprinzip.

[33] Vgl. DHSW-ArbR/*Holthaus*, BUrlG § 13 Rn. 10; Feichtinger/Malkmus/*Malkmus*, EntgFG § 12 Rn. 6.

[34] Zum Verhältnis der AGB-Kontrolle zu § 242 BGB, *C. Schubert/Rieger*, JR 2022, 559, 561 f.

[35] Dazu ausführlich, *Zöllner*, NZA-Beil. 2006, 99, 101 f.; a.A. *T. B. Schmidt*, Günstigkeitsprinzip, S. 70 u. S. 125.

[36] Vgl. zu § 242 BGB, BeckOK-BGB/*Sutschet*, BGB § 242 Rn. 1 sowie *Höpfner*, NZA 2024, 1081, 1084.

[37] Zu § 242 BGB, MüKo-BGB/*C. Schubert*, BGB, § 242 Rn. 17 f.

[38] Zum Begriff *Kähler*, Abdingbares Recht, S. 18; *Möslein*, Dispositives Recht, S. 70 f.

[39] Vgl. für das Tarifrecht, Däubler/TVG/*Deinert/Wenckebach*, § 4 Rn. 720. Für das BUrlG, DHSW-ArbR/*Holthaus*, BUrlG § 13 Rn. 10. Allgemein auch *Neuner*, ZfPW 2022, 257, 266.

[40] In dem Sinn EuGH v. 20.09.2018 – C-51/17 [OTP Bank], NJW 2019, 207 Rn. 53; EuGH v. 07.08.2018 – C-96/16 (u.a.) [Banco Santander], NZM 2018, 1029 Rn. 43; insoweit wohl zustimmend *Sagan/Sollfrank*, RdA 2021, 287, 292. Dies gilt auch für tarifliche Normen, BAG v. 14.09.2016 – 4 AZR 456/14, AP TVöD § 17 Nr. 4, Rn. 49; *Saeidy-Nory/Wank*, RdA 2022, 1, 2.

[41] Grundsätzlich auch *T. B. Schmidt*, Günstigkeitsprinzip, S. 113.

eines alternativen Schutzniveaus im Wege einer Billigkeitskontrolle belässt.[42] Dafür besteht grundsätzlich nur Raum, wenn der Gesetzgeber kein (hinreichendes) zwingendes Recht erlässt,[43] während andernfalls die Gefahr besteht, dass die konkreten Vorgaben und Wertungen des Gesetzgebers durch abweichende Wertungen ersetzt werden,[44] obwohl die Ausfüllung grundrechtlicher Schutzpflichten und die Gestaltung der Wirtschafts-, Arbeitsmarkt- und Sozialpolitik die Aufgabe des Gesetzgebers ist[45].

Dies wird im Vergleich deutlich, wenn der Mindeststandard durch unbestimmte Rechtsbegriffe die Interessenabwägung dem Rechtsanwender überlässt und ihm bei der Verwirklichung des Arbeitnehmerschutzes einen eigenen Einschätzungsspielraum zubilligt[46]. Zwar ist auch dabei die Wertung des Gesetzgebers nicht zu vernachlässigen,[47] aber der Mindeststandard kann dann durch Abwägung der gesetzlich geschützten Interessen unter Berücksichtigung der tangierten Grundrechte konkretisiert werden[48]. Eine weitere Abwägung im Rahmen des Günstigkeitsvergleichs läuft damit entweder ins Leere oder sie fügt der Auslegung des Begriffs eine zweite Bedeutungsebene

---

[42] Vgl. BAG v. 29.01.2015 – 2 AZR 280/14, BAGE 150, 337 Rn. 20; im Ergebnis ebenso BAG v. 20.04.1999 – 1 ABR 72/98, BAGE 91, 210 [unter B. III. 1. b) aa)]; besonders klar bei *Federlin*, Kollektiver Günstigkeitsvergleich, S. 104; vgl. auch für konjunkturabhängige Auslegungen, *Höpfner*, NZA 2024, 1081, 1083, der auch auf die Bedeutung der Generalklauseln hinweist.

[43] Dazu BVerfG v. 07.02.1990 – 1 BvR 26/84, BVerfGE 81, 242 [unter C. I. 3.]; BAG v. 18.07.2012 – 7 AZR 443/09, BAGE 142, 308 Rn. 39; *Neuner*, ZfPW 2022, 257, 260 ff.; *C. Schubert*, Arbeitnehmerähnliche Personen, S. 118 f.

[44] Dies ist eine allgemeine Gefahr ergänzender Bewertungsmaßstäbe, vgl. BAG v. 19.12.2019 – 6 AZR 563/18, NZA 2020, 734 Rn. 26; BAG v. 03.07.2019 – 10 AZR 300/18, AP BGB § 611 Gratifikation Nr. 317, Rn. 19; BAG v. 26.04.2017 – 10 AZR 856/15, AP TVG § 1 Tarifverträge: Bewachungsgewerbe Nr. 29, Rn. 29, zur Kontrolle von Tarifverträgen; daher für zurückhaltende Angemessenheitskontrolle, *Lobinger*, RdA 2024, 69, 72 f.; vgl. auch *Rüthers*, NJW 2002, 1601, 1603; *Ulber/Klocke*, RdA 2021, 178, 185 f.

[45] BVerfG v. 14.01.2015 – 1 BvR 931/12, BVerfGE 138, 261 Rn. 59; BVerfG v. 11.07.2006 – 1 BvL 4/00, BVerfGE 116, 202 Rn. 92; BVerfG v. 03.04.2001 – 1 BvL 32/97, BVerfGE 103, 293 [unter B. 3. b)]; BVerfG v. 07.02.1990 – 1 BvR 26/84, BVerfGE 81, 242 [unter C. I. 3.]. In dem Sinn auch BVerfG v. 09.02.2010 – 1 BvL 1/09 (u.a.), BVerfGE 125, 175 Rn. 212; Isensee/Kirchhof/HdB-StaatsR/*Kirchhof*, § 273 Rn. 77; *C. Schubert*, Arbeitnehmerähnliche Personen, S. 119.

[46] Vgl. *Rüthers*, NJW 2002, 1601, 1602; *Preis*, FS Dieterich, 429, 434 zu offenen Formulierungen.

[47] BeckOK-BGB/*Sutschet*, BGB § 242, Rn. 2; vgl. *C. Schubert*, Arbeitnehmerähnliche Personen, S. 119.

[48] Vgl. BVerfG v. 19.10.1993 – 1 BvR 567/89 (u.a.), BVerfGE 89, 214; BVerfG v. 07.02.1990 – 1 BvR 26/84, BVerfGE 81, 242 [unter C. I. 3.]; DHS-GG/*Remmert*, GG Art. 12 Rn. 243.

hinzu,[49] die die Umgehungen der Wertungen des Normsetzers ermöglicht[50]. Richtigerweise ist bei der Anwendung des Günstigkeitsvergleichs jedoch das durch Auslegung bestimmte Schutzniveau zu verwirklichen, wobei der gesetzliche Interessenausgleich zu respektieren und dem Vergleich zugrunde zu legen ist.[51]

2. Unterschiedliche Wirkung der Angemessenheitskontrolle und des Günstigkeitsprinzips

Der Unterschied zwischen einer Angemessenheitskontrolle und dem Günstigkeitsprinzip zeigt sich dort, wo die Wertungen beider Prinzipien aufeinandertreffen. Ein Beispiel dafür ist die AGB-Kontrolle langer vertraglicher Kündigungsfristen und die Anwendung des § 307 Abs. 1 S. 1 BGB im Vergleich zum Regelungsbeispiel der Abweichung vom gesetzlichen Leitbild gem. § 307 Abs. 2 Nr. 1 BGB.[52] Während die Kontrolle am Maßstab des gesetzlichen Leitbilds nach § 622 Abs. 5 S. 3, Abs. 6 BGB allein auf Basis der Länge der Fristen im Vergleich zur gesetzlichen Regelung erfolgt und damit jede längere Frist vereinbart werden kann,[53] steht der Maßstab der unangemessenen Benachteiligung der Vereinbarung besonders langer Fristen entgegen[54]. Die Anwendung der Generalklauseln führt damit zur Berücksichtigung eines zusätzlichen Wertungsmaßstabs, der eine ergänzende[55] Maßstabsbildung ermöglicht[56] und der

[49] So deutlich bei *Versteyl*, Obergrenze, S. 103, die aus zwingenden Normen abdingbare macht.

[50] *Federlin*, Kollektiver Günstigkeitsvergleich, S. 104; vgl. auch *Käppler*, Tarifdispositives Richterrecht, S. 102 sowie auch *Lobinger*, RdA 2024, 69, 73, zur grundrechtlichen Kontrolle tarifvertraglicher Regelungen; dazu auch ErfK/*Schmidt*, GG vor Art. 1 Rn. 47.

[51] Vgl. BAG v. 29.01.2015 – 2 AZR 280/14, BAGE 150, 337 Rn. 20; dazu auch *Gamillscheg*, Anm. zu BAG v. 27.04.1988, AP BeschFG 1985 § 1 Nr. 4; in dem Sinn BeckOK-ArbR/*Joussen*, PflegeZG § 8 Rn. 1 sowie *Preis*, FS Dieterich, 429, 442 u. 445.

[52] BAG v. 26.10.2017 – 6 AZR 158/16, AP BGB § 622 Nr. 74; BAG v. 25.09.2008 – 8 AZR 717/07, AP BGB § 307 Nr. 39.

[53] BeckOK-ArbR/*Gotthardt*, BGB § 622 Rn. 60 ff. zu den Grenzen; ErfK/*Müller-Glöge*, BGB § 622 Rn. 40 ff.

[54] Vgl. BAG v. 26.10.2017 – 6 AZR 158/16, BAGE 161, 9 Rn. 32 ff. mit Verweis auf die Auswirkungen auf die Berufsfreiheit; dazu *Kaindl/Nickel*, NZA 2022, 1081, 1087 f. Ähnlich wirken Generalklauseln bei Abbedingung tariflicher Überstundenregelungen, dazu *Hümmerich/Rech*, NZA 1999, 1132, 1134.

[55] Auch diese Kontrolle geht vom Zweck aus, BAG v. 18.07.2012 – 7 AZR 443/09, BAGE 142, 308 Rn. 31.

[56] Vgl. *Lobinger*, RdA 2024, 69, 73.

dem gesetzlichen Leitbild entgegenwirken kann[57], während die Bewertung der Länge der Frist andernfalls allein auf Basis der spezialgesetzlichen Interessenabwägung erfolgt[58]. Eine ähnliche Wirkung kann die Angemessenheitskontrolle auch auf andere Interessenabwägungen des Gesetzgebers haben, auch wenn dessen Wertungen nicht so plakativ wie in § 622 Abs. 6 BGB erfolgen,[59] sondern durch Auslegung zu ermitteln und dann als Maßstab heranzuziehen sind. Um dem zu entsprechen, verhindern das Verbot der Tarifzensur[60] und die Ausnahme der Tarifverträge aus der Klauselkontrolle gem. § 310 Abs. 4 S. 3 BGB gerade im Tarifrecht[61], dass neben die Interessenabwägung des Normsetzers eine weitere Wertung tritt, die nicht allein der Überprüfung der Einhaltung der kollektiven Normen dient, sondern ihre Angemessenheit und Billigkeit kontrolliert.[62] Für das Gesetzesrecht kann nichts anderes gelten (vgl. Art. 100 Abs. 1 S. 1 GG sowie § 307 Abs. 3 S. 1 BGB) und in beiden Fällen darf die Ausnahme normativer Regelungen aus der Angemessenheitskontrolle nicht durch den Günstigkeitsvergleich umgangen werden[63].

3. Nachteile der Angemessenheitskontrolle

Ferner verhindert allein der absolute Schutz der gesetzlichen Interessen die schleichende Entwertung des gesetzlichen Standards. So zeigt schon das Beispiel zu den Kündigungsfristen, dass eine Überprüfung im Sinn der Vertragsgerechtigkeit den gesetzlichen Standard der Disposition der Arbeitsvertragsparteien und damit der strukturellen Verhandlungsdisparität nicht vollständig entzieht. Ein offenes Begriffsverständnis der Günstigkeit beinhaltet daher die

---

[57] So auch in anderen Rechtsgebieten, vgl. BGH v. 08.07.2020 – VIII ZR 163/18, BGHZ 226, 208 Rn. 35 ff., zur möglichen Wirkung auf die Instandhaltungspflicht des § 535 Abs. 1 S. 2 BGB; kritisch dazu, *Schubert/Rieger*, JR 2022, 559, 565 f.

[58] BAG v. 26.10.2017 – 6 AZR 158/16, BAGE 161, 9 Rn. 31; BAG v. 25.09.2008 – 8 AZR 717/07, AP BGB § 307 Nr. 39, Rn. 34.

[59] Umgekehrt ist fraglich, ob allein daraus eine Wertung abzuleiten ist, die auch abseits gesetzlicher Kündigungsfristen zu beachten ist, so ErfK/*Müller-Glöge*, BGB § 622 Rn. 38; a.A. *Wensing/Hesse*, NZA 2009, 1309, 1310.

[60] Deswegen auch eine Grundrechtsbindung ablehnend, BAG v. 03.07.2019 – 10 AZR 300/18, AP BGB § 611 Gratifikation Nr. 317, Rn. 17; BAG v. 27.06.2018 – 10 AZR 290/17, BAGE 163, 144 Rn. 33.

[61] BT-Ds. 14/6857, S. 54. Dazu jeweils m.w.N. BAG v. 03.07.2019 – 10 AZR 300/18, AP BGB § 611 Gratifikation Nr. 317, Rn. 14 f.; BAG v. 27.06.2018 – 10 AZR 290/17, BAGE 163, 144 Rn. 28 f.; ferner auch *Diehn*, NZA 2004, 129, 130 f.; *Saeidy-Nory/Wank*, RdA 2022, 1, 2.

[62] Vgl. BAG v. 30.01.1970 – 3 AZR 44/68, BAGE 22, 252 [unter B. IV. 3. B)]; *Lobinger*, RdA 2024, 69, 71.

[63] Vgl. zum Tarifrecht BAG v. 20.04.1999 – 1 ABR 72/98, BAGE 91, 210 [unter B. III. 1. b) aa)].

Gefahr, dass der Arbeitgeber die Grenzen der jeweils noch angemessenen Regelung auslotet,[64] wodurch das gesetzliche Schutzniveau in der betrieblichen Praxis auf dieses Niveau abgesenkt und damit ausgehöhlt werden würde.[65] Gleiches gilt für rein abstrakte Betrachtungen,[66] Anknüpfungen an Wahrscheinlichkeiten oder überwiegende Wirkungen,[67] die ebenfalls den gesetzlichen Standard nicht vollständig absichern.[68] Die Bewertung der Günstigkeit in Abhängigkeit vom Einzelfall müsste ferner zu einer Ausdifferenzierung des Begriffs der Günstigkeit führen und würde damit mehr Konflikte mit sich bringen.[69] Insoweit hat die Angemessenheitsbewertung auf das einseitig zwingende Recht die gegenteilige Wirkung, die sie beim dispositiven Recht entfaltet, denn während sie dort als Reichweitenerweiterung des Sollensanspruchs verstanden werden kann,[70] wirkt sie hier als Beschränkung der zwingenden Wirkung, mit entsprechenden Folgen für den Schutzzweck insgesamt[71]. Hingegen lässt sich auf Basis eines absoluten Abweichungsverbots der gesetzliche Standard nachvollziehen und rechtssicher bestimmen und dessen Einhaltung überprüfen, womit es der dienenden Funktion des Günstigkeitsprinzips für den Arbeitnehmerschutz und der Vertragsfreiheit eher entspricht.[72]

---

64 *Ulber*, Tarifdispositives Gesetzesrecht, S. 57 ff., zur Wirkung des tarifdispositiven Rechts.

65 Vgl. *Belling*, Günstigkeitsprinzip, S. 183 ff., zur Berücksichtigung nicht zusammenhängender Faktoren.

66 Dafür NK-GArbR/*Düwell*, BUrlG § 13 Rn. 18. Dazu Teil 4 § 15 Abschnitt C.

67 So aber für das EntgFG, BAG v. 06.12.2017 – 5 AZR 118/17, BAGE 161, 132 Rn. 29; vgl. auch BAG v. 07.05.2003 – 5 AZR 256/02, AP TVG § 1 Tarifverträge: Deutsche Bahn Nr. 13 [unter II. 4. b)]; LAG v. Hessen v. 24.11.2016 – 5 Sa 590/16, BeckRS 2016, 117271 Rn. 16 ff.; zustimmend, *Arnold*, ArbRAktuell 2018, 234; *Laskawy/Lomb*, DB 2018, 1348; a.A. ArbG Frankfurt a.M. v. 23.02.2016 – 4 Ca 7036/15, BeckRS 2016, 117272 Rn. 11; kritisch auch *Knorr*, NZA 2018, 1449, 1453. Für Abweichungen von gesetzlichen Kündigungsfristen, LAG Hamburg v. 30.03.2000 – 7 Sa 5/00, BeckRS 2009, 67875; *Diller*, NZA 2000, 293, 296 f.; a.A. BAG v. 29.01.2015 – 2 AZR 280/14, BAGE 150, 337 Rn. 20 sowie APS/*Link*, BGB § 622 Rn. 120.

68 Für Kündigungsfristen, BAG v. 29.01.2015 – 2 AZR 280/14, BAGE 150, 337 Rn. 20. Zu pauschalen Überstundenvergütungen, *Hümmerich/Rech*, NZA 1999, 1132, 1134.

69 Vgl. *Hümmerich/Rech*, NZA 1999, 1132, 1134.

70 *Cziupka*, Dispositives Vertragsrecht, S. 223 ff.

71 Vgl. zur Auswirkung auch auf die Verhandlungsposition, *Ulber*, Tarifdispositives Gesetzesrecht, S. 299 ff.

72 Insoweit zutreffend, aber zu weitgehend von einer Ausgestaltungspflicht des Gesetzgebers ausgehend, *Ulber*, Tarifdispositives Gesetzesrecht, S. 351 f. u. S. 401 ff.

4. Keine Vernachlässigung der Privatautonomie

Um der Kritik vorwegzugreifen – damit ist keine Vernachlässigung der Privatautonomie verbunden.[73] Deren Berücksichtigung ist vielmehr Teil der Ausgestaltung des arbeitsrechtlichen Standards selbst und führt zur Anordnung des Günstigkeitsprinzips bzw. der einseitig zwingenden Wirkung. Sie ist als Teil der objektiven Werteordnung des Grundgesetzes regelmäßig Teil der Interessenabwägung des Gesetzgebers und insoweit auch bei der Auslegung zu berücksichtigen[74]. Dabei kann sie die aus dem Zweck abgeleitete einseitige Wirkung der Regelungen bekräftigen, jedoch kommt ihr im Verhältnis zum Zweck keine besondere Bedeutung zu,[75] sondern sie hat nach der Interessenabwägung des Gesetzgebers hinter den Arbeitnehmerschutz zurückzutreten. Die Privatautonomie dem Arbeitnehmerschutz im Rahmen der Rechtsanwendung entgegenzuhalten,[76] würde der gesetzlichen Interessenabwägung entgegenstehen.[77] Nichts anderes gilt für die Tarifautonomie und vermeintliche oder tatsächliche Typisierungsbefugnisse, für deren (zusätzliche) Berücksichtigung durch den Rechtsanwender der Günstigkeitsvergleich keinen Raum belässt.[78]

Sofern man den vorgenommenen Interessenausgleich zwischen Arbeitnehmerschutz und Privatautonomie hinterfragt, müssen daher aber auch die materiellen Regelungen betrachtet werden und nicht die Anwendung des Günstigkeitsprinzips.[79] Auch im Rahmen einer entsprechenden verfassungsrechtlichen Kontrolle wäre jedenfalls darzulegen, warum der einzelne gesetzliche Standard übermäßig in die Privatautonomie eingreift, womit auch deutlich wird, dass mit dem Verweis auf die Privatautonomie weniger die Wirksamkeit und mehr die inhaltliche Ausgestaltung der gesetzlichen Regelungen in Zweifel gezogen wird.[80] Die Möglichkeiten, dabei im Wege der Auslegung einzugreifen, sind jedoch begrenzt[81] und jedenfalls sofern nicht der einzelne gesetzliche

---

[73] Dazu nur *Heinze*, NZA 1991, 329, 334 f.; *Nobbe*, Günstigkeitsprinzip im Verbrauchervertragsrecht, S. 151 f.; *Versteyl*, Obergrenze, 99 ff.

[74] Vgl. BVerfG v. 19. 10. 1993 – 1 BvR 567/89 (u. a.), BVerfGE 89, 214.

[75] *Neuner*, ZfPW 2022, 257, 276 ff. u. 279 zu zwingenden Regelungen.

[76] So *Heinze*, NZA 1991, 329, 334 f.; *Versteyl*, Obergrenze, S. 99 f.

[77] Vgl. *Käppler*, Tarifdispositives Richterrecht, S. 102, zur Tarifautonomie; *Neuner*, ZfPW 2022, 257, 279.

[78] Anders BAG v. 06. 12. 2017 – 5 AZR 118/17, BAGE 161, 132 Rn. 39.

[79] Vgl. *Courth*, Günstigkeitsprinzip, S. 128.

[80] So auch *Ulber*, Tarifdispositives Gesetzesrecht, S. 457, im Verhältnis zur Tarifautonomie.

[81] Vgl. BVerfG v. 16. 12. 2014 – 1 BvR 2124/11, BVerfGE 138, 64; ErfK/*Schmidt*, GG Einl. Rn. 76 f.

Standard, sondern pauschal die Wirkung des gesamten Schutzrechts beeinflusst wird, wohl überschritten.

5. Vergleich mit anderen Rechtsgebieten

Ferner wird abseits des Arbeitsrechts und des Versicherungsrechts[82] nur vereinzelt vertreten, dass bei der Anwendung einseitig zwingenden Rechts die Angemessenheit der Abweichung zu bewerten sei.[83] Beispielweise wird für das Abweichungsverbot für die Vorschriften zu Verbraucherdarlehen gem. § 512 BGB neben der überwiegenden Auffassung[84] nur vereinzelt vertreten, dass von der gesetzlich vorgesehenen Interessenabwägung abgewichen werden darf, wenn Unterschreitungen des gesetzlichen Standards durch zusammenhängende Vereinbarungen kompensiert werden.[85] Die so entstehende Angemessenheitskontrolle wird jedoch vor allem unter Rückgriff auf das Arbeitsrecht vorgenommen und bestätigt dessen Besonderheit.[86] Die Unwirksamkeit nach § 512 BGB lässt sich aber auch durch einen Kompensationswillen nicht umgehen.[87] Es wird beispielsweise für § 499 Abs. 1 BGB auch nicht ersichtlich diskutiert, dass die dort angegebene Mindestkündigungsfrist für Verbraucherdarlehensverträge kürzer ausfallen könnte, wenn damit keine strukturelle Benachteiligung des Verbrauchers verbunden ist, weil andernfalls die Privatautonomie vernachlässigt werden würde.[88] Der Verweis auf die Privatautonomie kann die gesetzlich geregelten Interessen auch bei diesen Regelungen nicht pauschal überwinden.[89]

---

[82] Mit vergleichbaren Argumenten wie im Arbeitsrecht, aber als Gesamtvergleich, jeweils m. w. N. Prölls/Marin/VVG/*Reiff*, VVG § 42 Rn. 2; MüKo-VVG/*Staudinger*, VVG § 42 Rn. 2.

[83] Vgl. die umfangreichen Nachweise bei *Nobbe*, Günstigkeitsprinzip im Verbraucherprivatrecht, S. 127 ff. Die Kritik an der Rechtssetzung ist aber vielstimmig, dazu die Nachweise in Teil 2, Fn. 97.

[84] BeckOK-BGB/*Möller*, BGB § 512 Rn. 3 f.; BeckOGK/*Haertlein/Schultheiß*, BGB § 512 Rn. 7 f.; MüKo-BGB/*Weber*, BGB § 512 Rn. 3 f.

[85] *Nobbe*, Günstigkeitsprinzip im Verbrauchervertragsrecht, S. 215 ff. und S. 236 ff.; a. A. BeckOGK/*Haertlein/Schultheiß*, BGB § 512 Rn. 8.

[86] *Nobbe*, Günstigkeitsprinzip im Verbrauchervertragsrecht, S. 117 f. u. S. 173 ff.

[87] Vgl. BeckOK-BGB/*Möller*, BGB § 512 Rn. 6 [m. w. N.].

[88] BeckOGK/*Knops*, 15.08.2024, BGB § 499 Rn. 9 u. R. 11; MüKo-BGB/*Weber*, BGB § 499 Rn. 5.

[89] *Neuner*, ZfPW 2022, 257, 279.

III. Zusammenfassung

Insgesamt spricht damit die Ableitung des Günstigkeitsprinzips aus dem Schutzzweck einer Norm dafür, das mit dem Vergleich der Regelungen verbundene Werturteil über die Günstigkeit[90] als Entscheidung über die Einhaltung der gesetzlichen Vorgaben zu verstehen.[91] Insoweit ist die Günstigkeit kein graduell zu bestimmender Begriff,[92] sondern die binäre Zuordnung einer abweichenden Regelung, die den gesetzlichen Standard entweder einhält oder ihn unterschreitet. Die Wirkung des Günstigkeitsprinzips ist somit absolut und lässt nur Abweichungen zu, die den gesetzlichen Anspruch zumindest erfüllen. Dies kann je nach der Schutzrichtung des Anspruchs unterschiedlich und sowohl erfüllt sein, wenn das Leistungsniveau erhöht, ein Anspruch unter erleichterten Voraussetzungen oder strengere Schutzvorschriften gewährt wird[93]. Sofern der gesetzliche Anspruch hingegen nicht gleichwertig erfüllt wird, steht der Schutzzweck der Regelung der Vereinbarung entgegen.[94]

Dieser Auffassung schien bis zur Entscheidung vom 06.12.2017 auch das BAG zu folgen, weitgehend unabhängig davon, welcher Anwendungsbereich betroffen war. Zwar werden die gesetzlichen Formulierungen in den Entscheidungen aufgegriffen und dementsprechend bei gesetzlichen Ansprüchen formuliert, dass die Ansprüche nicht zuungunsten der Arbeitnehmer abbedungen werden können,[95] während Abweichungen von Tarif- und Betriebsvereinbarungen für den Arbeitnehmer ausdrücklich günstiger sein müssen.[96] Für den verbleibenden Regelungsbereich der Arbeitsvertragsparteien hatten sich da-

[90] Zum Günstigkeitsvergleich als Werturteil, *Belling*, Günstigkeitsprinzip, S. 169; *Wlotzke*, Günstigkeitsprinzip, S. 72.

[91] So ausdrücklich zum tarifrechtlichen Günstigkeitsprinzip, LAG München v. 04.05.1990 – 2 Sa 128/90, LAGE Günstigkeitsprinzip Nr. 3, dem entgegengesetzt aber eine eigene Interessenabwägung durchführend; a.A. *Buchner*, NZA 1999, 897, 898; *Heinze*, NZA 1991, 329, 334 f.

[92] So aber *Buchner*, NZA 1999, 897, 898; ebenso *Schorn*, Günstigkeitsprinzip neuer Art, S. 76, die beide einen offenen Rechtsbegriff sehen.

[93] Jeweils mit Beispielen, BAG v. 15.03.1989 – 7 AZR 449/88, AP BeschFG 1985 § 1 Nr. 7, zu Befristungen; MüAnwHdB-ArbR/*Glaser*, § 24 Rn. 181, zum EntgFG; NK-GArbR/*S. Müller*, PflegeZG § 8 Rn. 1, zum PflegeZG; ebenso *Schauß*, Vereinbarkeit von Pflege und Beruf, S. 165 f. u. S. 222.

[94] Vgl. BAG v. 29.01.2015 – 2 AZR 280/14, BAGE 150, 337 Rn. 20; dazu auch *Wiedemann*, FS Wißmann, 185, 187, der aus § 4 Abs. 3 Alt. 2 TVG ableitet, dass auch kleinste Unterschreitungen unzulässig sein sollen. Für § 8 PflegeZG eine Überschreitung des Schutzniveaus fordernd, BeckOK-ArbR/*Joussen*, PflegeZG § 8 Rn. 3.

[95] Vgl. BAG v. 23.02.1961 – 5 AZR 110/60, AP BGB § 611 Akkordkolonne Nr. 2 [unter 2. b)].

[96] BAG v. 15.04.2015 – 4 AZR 587/13, BAGE 151, 221 Rn. 31; BAG v. 10.12.2014 – 4 AZR 503/12, BAGE 150, 184 Rn. 42; BAG v. 30.03.2004 – 1 AZR 85/03, AP BetrVG 1972 § 112 Nr. 170 [unter II. 4. b) bb)].

raus jedoch keine Unterschiede ergeben. Insbesondere wurden Abweichungen nur als wirksam angesehen, wenn im Vorhinein eindeutig erkennbar ist bzw. zweifelsfrei feststeht, dass die abweichende Regelung den gesetzlich vorgesehenen Anspruch erfüllt[97] oder günstiger als dieser ist[98].

B. Verständnis der Günstigkeit auf Basis verfassungsrechtlicher Vorgaben

Auf Basis des Verständnisses des Grundsatzes der Günstigkeit als Konkretisierung des Übermaßverbots, lässt sich die Grenzziehung zwischen günstigeren und ungünstigeren Regelungen als Ausdruck der Grenzziehung zwischen geeigneten und ungeeigneten Eingriffen in die Vertragsfreiheit verstehen. Abweichungen darf daher nicht als ungünstigeren Vereinbarungen die Wirksamkeit versagt werden, wenn sie geeignet sind, den Zweck der gesetzlichen Regelung zu verwirklichen. Dies gilt mithin sowohl für Klauseln, die das gesetzliche Leistungsniveau übertreffen oder eine Leistung an geringere Voraussetzung knüpfen, als auch für solche Vereinbarungen, die den gesetzlichen Anspruch gleichwertig vermitteln, sofern die formale Ausgestaltung des Anspruchs nicht selbst der Verwirklichung des Ziels des Gesetzgebers dient.[99] Davon ist grundsätzlich jedoch nicht auszugehen, weshalb vorbehaltlich einer Betrachtung im Einzelfall die verfassungskonforme Auslegung ebenfalls für Günstigkeit gleichwertiger Vereinbarungen spricht.[100]

Gleichzeitig findet das Abweichungsverbot seine Rechtfertigung in der Ausgestaltung des materiellen Rechts, weshalb die freiheitsrechtliche Bedeutung nicht dazu führt, dass im Verhältnis zum Gesetzesrecht weitere Gestaltungen zu ermöglichen sind. Das Verfassungsrecht verlangt keine weitere

[97] Für das Kündigungsrecht, BAG v. 29.01.2015 – 2 AZR 280/14, BAGE 150, 337 Rn. 15. Für das Feiertagsentgelt, BAG v. 28.02.1984 – 3 AZR 103/83, AP FeiertagslohnzahlungsG § 1 Nr. 43 [unter I. 2. b)]; BAG v. 22.10.1973 – 3 AZR 83/73, AP FeiertagslohnzahlungsG § 1 Nr. 31 [unter II. 1.]; ähnlich bereits BAG v. 25.03.1966 – 3 AZR 358/65, AP FeiertagslohnzahlungsG § 1 Nr. 19. Für das BUrlG im Ergebnis BAG v. 28.11.1989 – 1 ABR 94/88, BAGE 63, 274 [unter B. II. 3. b)]. Für § 15 Abs. 2 S. 6 BEEG wurden ebenfalls ein vergleichbarer Maßstab entwickelt, BAG v. 12.04.2016 – 6 AZR 731/13, BAGE 155, 16.

[98] Für das Tarifrecht, BAG v. 15.04.2015 – 4 AZR 587/13, BAGE 151, 221 Rn. 31; BAG v. 10.12.2014 – 4 AZR 503/12, BAGE 150, 184 Rn. 42; BAG v. 12.04.1972 – 4 AZR 211/71, BAGE 24, 228. Für das Betriebsverfassungsrecht, BAG v. 30.03.2004 – 1 AZR 85/03, AP BetrVG 1972 § 112 Nr. 170 [unter II. 4. b) bb)]; BAG v. 27.01.2004 – 1 AZR 148/03, BAGE 109, 244 [unter II. 2. b) aa)].

[99] Ähnlich *Mosing*, Günstigkeitsprinzip, S. 70, der jedoch davon ausgeht, dass die Verwirklichung des Anspruchs durch die rangniedrigere Norm regelmäßig genügt.

[100] *Mosing*, Günstigkeitsprinzip, S. 55, 70; vgl. auch *Wlotzke*, Günstigkeitsprinzip, S. 103.

Flexibilität des arbeitsrechtlichen Standards, sodass auch aus den verfassungsrechtlichen Vorgaben heraus kein generalklauselartiges Verständnis des Begriffs der Günstigkeit begründet, sondern das gesetzliche Niveau als absoluter Maßstab der Günstigkeit herangezogen werden kann. Dabei bietet das Ziel des Ausgleichs der strukturellen Unterlegenheit auch eine Rechtfertigung dafür, zweifelhaften Regelungen und Abweichungen im Einzelfall die Wirksamkeit zu versagen, um die einheitliche Geltung und Anwendung des gesetzlichen Standards sicherzustellen.

Soweit der Gesetzgeber verfassungsrechtlich verpflichtet ist, zur Absicherung des grundrechtlichen Untermaßes die Wirksamkeit der gesetzlichen Regelungen sicherzustellen, besteht ferner allein eine Notwendigkeit, Regelungen die Wirksamkeit zu versagen, die das gesetzlich vorgesehene Leistungsniveau unterschreiten. Der Gesetzgeber wird durch diese Gestaltungsaufträge aber keinesfalls verpflichtet gleichwertigen Regelungen die Wirksamkeit zu versagen. Darüber hinaus lässt sich einer verfassungsrechtlich vorgegebenen Effektivierungspflicht angesichts des Spielraums des Gesetzgebers jedoch keine Vorgabe entnehmen und insbesondere muss er seinen gesetzlichen Standard nicht absolut abweichungsfest ausgestalten.

Die höherrangigen Wirkungen entsprechen daher dem aus dem Zweck erarbeiteten Verständnis der Günstigkeit nicht vollständig, stehen ihm aber auch nicht entgegen. Infolge des Übermaßverbots kann solchen Abweichungen die Wirksamkeit versagt werden, die das gesetzliche Niveau nicht einhalten und das Untermaßverbot verpflichtet den Gesetzgeber nicht Abweichung zu verbieten, die das vorgegebene Sicherungsniveau noch einhalten. Dementsprechend ergibt auch die verfassungskonforme Auslegung, dass die Wirkung solchen Abweichungen nicht entgegensteht, die den vorgegebenen Standard einhalten oder überschreiten.

C. Verständnis der Günstigkeit auf Basis unionsrechtlicher Vorgaben

Aus der Ableitung des Günstigkeitsprinzips aus der EU-GrCh ergibt sich ebenfalls die bereits für das Verfassungsrecht dargestellte Beziehung zum Zweck der Regelungen. Insoweit ist nicht nur die Ableitung vergleichbar, sondern auch die sich ergebende Wirkungsweise lässt sich vergleichen und ist ebenso auf den Zweck der Regelungen ausgerichtet. Daneben wird die strikt auf den Zweck bezogene Bestimmung der Abweichungskompetenzen vor allem durch das sekundäre Unionsrecht vorgegeben, das zum Erlass von nationalen Regelungen zur Verwirklichung dieses Zwecks verpflichtet und für die Gewährung von Abweichungskompetenzen nur die Berücksichtigung von Aspekten ermöglicht, die das Ziel der Richtlinie (hier: Schutz der Person des

Arbeitnehmers bzw. Arbeitnehmerschutz) unterstützen[101] oder deren Berücksichtigung durch das materielle Recht vorgegeben wird[102]. Das sekundäre Recht kann daher nicht durch einen vermeintlichen Vorrang der Freiheit untergraben werden.[103] Ferner müssen Abweichungsbefugnisse transparent und nachvollziehbar gestaltet sein[104] und dürfen nicht in einer Weise genutzt werden, die dem Zweck der Richtlinie widerspricht[105]. Ein Verständnis der Günstigkeit, das Unterschreitungen gesetzlicher Standards auf Basis der Bewertung der Angemessenheit der Benachteiligung ermöglicht, ist daher mit den Vorgaben des Unionsrechts nicht vereinbar. Mithin lässt sich auch für das Unionsrecht davon ausgehen, dass die Günstigkeit durch die Einhaltung des gesetzlichen Standards bestimmt wird. Ferner ist zu beachten, dass die Mitgliedstaaten allein auf das Ziel und nicht die Umsetzung konkreter Inhalte verpflichtet sind,[106] sodass die unionsrechtskonforme Auslegung allein für die Unwirksamkeit von Unterschreitungen des Standards spricht, während es gleichwertigen und vorteilhaften Abweichungen nicht entgegensteht.

Die zwingende Wirkung und der Anwendungsvorrang des Primärrechts der Union sowie der EU-GrCh führen ferner dazu, dass diese Ergebnisse auch über die Auslegung des nationalen Rechts hinaus Bedeutung erlangen können. Diese Rechtsquellen wirken in doppelter Beziehung anders als die nationalen Grundrechte und ein Verstoß führt allein zur Nichtanwendung des nationalen Rechts im Einzelfall, berührt aber nicht dessen Geltung.[107] Verfassungswidriges Recht wird hingegen grundsätzlich für nichtig erklärt, was jedoch nur durch das BVerfG erfolgen kann (vgl. Art. 100 Abs. 1 S. 1 GG). Fachgerichte haben hingegen allein die Möglichkeit einer Richtervorlage gem. Art. 100 Abs. 1 GG,[108] sind ansonsten aber an das einfache Recht gebunden. Der Anwendungsvorrang führt hingegen dazu, dass dem Primärrecht entgegenstehendes Recht bereits durch die Fachgerichte nicht anzuwenden ist.[109]

---

101 Dazu EuArbRK/*Franzen*, AEUV Art. 153 Rn. 57; *Walter/Tremml*, NZA 2021, 1453, 1456.

102 EuGH v. 26.01.2012 – C-586/10 [Kücük], NZA 2012, 135 Rn. 27 u. Rn. 32.

103 *Neuner*, ZfPW 2022, 257, 266 u. 279.

104 EuGH v. 26.01.2012 – C-586/10 [Kücük], NZA 2012, 135 Rn. 34.

105 EuGH v. 26.01.2012 – C-586/10 [Kücük], NZA 2012, 135 Rn. 40f.

106 Dazu bereits Teil 2 § 8 Abschnitt C. II.

107 Calliess/Ruffert/*Ruffert*, AEUV Art. 1 Rn. 18.

108 Zu Voraussetzungen und Grenzen Huber/Voßkuhle/*Kessal-Wulf*, GG Art. 76ff.; ErfK/*Schmidt*, GG Einl. Rn. 78ff.

109 EuGH v. 20.02.2024 – C-715/20 [KL], AP Richtlinie 99/70/EG Nr. 38, Rn. 80f.; *Jarass*/EU-GrCh, Art. 31 Rn. 3; Däubler/Beck/*Däubler*, Einl. Rn. 143ff.

Sofern eine gesetzlich gewährte Regelungskompetenz der Arbeitsvertragsparteien gegen eine direkt vollziehbare primärrechtliche Regelung verstößt,[110] ist sie daher nicht anzuwenden.[111] Sofern eine Kodifikation des Günstigkeitsprinzips nur in einer Weise ausgelegt werden kann, die Abweichungen im Einzel- oder Zweifelsfall nicht entgegensteht, ist diese im einzelnen Rechtsverhältnis nicht anzuwenden. Vergleichbares gilt in umgekehrter Weise, wenn das Abweichungsverbot übermäßig in die Arbeitsvertragsfreiheit des Unionsrechts eingreift. Mit Wegfall der jeweiligen nationalen Regelungen wäre die Wirksamkeit der vertraglichen Regelung anzuerkennen oder dieser die Wirksamkeit gerade zu versagen, womit die Wirkung des Primärrechts mittelbar dazu führen kann, dass das Günstigkeitsprinzip im Arbeitsverhältnis Geltung erlangt. Aus der einer Kompetenzbeschränkung vergleichbaren Wirkung des Anwendungsvorrangs des Primärrechts der Union[112] kann sich daher eine unmittelbare negative Drittwirkung[113] des Günstigkeitsprinzips ergeben. Bisher sind aber keine Unterschiede zwischen dem nationalen und dem unionsrechtlichen Verständnis ersichtlich, die zur Verdrängung einer der Regelungen des Günstigkeitsprinzips führen könnten.

Die unterschiedlich wirkenden Verpflichtungen der Mitgliedstaaten lassen aber ein Spannungsfeld aus konkreten und speziellen sekundärrechtlichen Pflichten und abstrakten höherrangigen Vorgaben entstehen, indem die unterschiedlichen Wirkungen nicht immer widerspruchsfrei miteinander in Einklang zu bringen sind.[114] So stellen es die arbeitsrechtlichen Richtlinien den Mitgliedstaaten grundsätzlich frei, ob sie die arbeitsrechtlichen Standards für günstigere Abweichungen öffnen, während das Unionsrecht Höchststandards gleichzeitig an der freiheitsrechtlichen Kompetenzbeschränkung der Mitgliedstaaten scheitern lässt, sofern keine ergänzenden Rechtfertigungen herangezogen werden.[115] Ebenso wie der Gleichheitssatz sich auf die Definitionsmacht

---

[110] Dies kann nach der Rechtsprechung des EuGH auch für (die Inhalte von) Richtlinien gelten, sofern diese das Primärrecht determinieren, vgl. EuGH v. 19.01.2010 – C-55/07 [Kücükdeveci], Slg. 2010, I-393 Rn. 21 ff.; EuGH v. 22.11.2005 – C-144/04 [Mangold], Slg. 2005, I-10013 Rn. 74 f. Zur Kritik, *Bayreuther*, NZA 2019, 945, 950; *C. Schubert*, EuZA 2020, 302, 308 ff.

[111] *Kamanabrou*/ArbR, Rn. 273; EuArbRK/*C. Schubert*, EUV Art. 6 Rn. 41; *dies.*, RdA 2024, 282, 291.

[112] *C. Schubert*, EuZA 2020, 302, 308 spricht von einer Verbotsnorm für das nationale Recht.

[113] Zu dieser Wirkung primärrechtlicher Vorgaben, *C. Schubert*, RdA 2024, 282, 291.

[114] Insoweit ist die Ausgangslage für den EuGH wegen dieser doppelten Verpflichtung mit unterschiedlichen Wirkungen auch schwieriger als im nationalen Verfassungsrecht.

[115] Wenn man die Wirkung der Öffnungsklauseln auf unmittelbare Regelungen der Mitgliedstaaten beschränkt, könnte etwas anderes gelten, vgl. *Annuß*, BB 2006, 1629, 1634 im Zusammenhang mit positiven Maßnahmen im Gleichbehandlungsrecht.

der Mitgliedstaaten auswirken kann,[116] können daher auch die Spielräume des sekundären Unionsrechts durch die Unionsgrundrechte weiter begrenzt werden. Dies verdeutlicht auch, dass für das Arbeitsvertragsrecht die unionsrechtliche Arbeitsvertragsfreiheit vor allem Wirkung gegenüber den Mitgliedstaaten entfaltet, während die Kompetenz der Union bereits auf Mindeststandards beschränkt ist. Solange die Grundrechte aber vor allem abwehrrechtlich und abseits sekundärrechtlicher Bestimmungen gelten, ist ihre Wirkung im Ergebnis nicht ungewöhnlich, auch wenn den Fachgerichten in acte claire[117] oder acte eclaire[118] Situationen eine ungewohnte Nichtanwendungskompetenz für nationales Recht wegen Grundrechtsverstößen zukommt,[119] die aber an strenge Anforderungen geknüpft ist[120].

Der Ableitung von Begründungspflichten aus Art. 47 EU-GrCh[121] im Fall von ordentlichen Kündigungen befristet beschäftigter Arbeitnehmer durch den EuGH[122] und die Verdrängung entgegenstehenden nationalen Rechts[123] verdeutlichen aber, dass die Konkretisierung von grundrechtlichen Aufträgen im Unionsrecht wegen möglicher Widersprüche zum Sekundärecht besonders problematisch wird, wenn Leistungsfunktionen der Grundrechte im Bereich des bestehenden Sekundärrechts aktiviert werden. Der EuGH entschied dabei, dass Art. 47 EU-GrCh insbesondere Begründungspflichten des Arbeitgebers beinhalten könne, wenn solche Pflichten auch in unbefristeten Arbeitsverhältnissen bestehen und dabei sind zwar sowohl die Überlegungen des EuGH zur Gleichbehandlung[124] als auch zu Art. 47 EU-GrCh[125] nicht grundsätzlich angreifbar, jedoch passen sie nicht zusammen. Während die Erwägungen zur

---

116 EuArbRK/*C. Schubert*, EUV Art. 6 Rn. 37.

117 Zum Begriff NK-GArbR/*Diller*, AEUV Art. 267, Rn. 19; GHN-UnionsR/*Karpenstein*, AEUV Art. 267 Rn. 60; Calliess/Ruffert/*Wegener*, AEUV Art. 267 Rn. 33.

118 GHN-UnionsR/*Karpenstein*, AEUV Art. 267 Rn. 59; Calliess/Ruffert/*Wegener*, AEUV Art. 267 Rn. 33.

119 Die Nichtigkeit einer gesetzlichen Regelung kann auch im nationalen Recht folgen für die privatrechtliche Beziehung haben, wenn die Grundrechte als Kontrollmaßstab des nationalen Rechts zu seiner Nichtanwendung führen. Ferner erfolgt auch die Rechtsanwendung durch den EuGH vertikal, wenn bspw. in EuGH v. 20.02.2024 – C-715/20 [KL], AP Richtlinie 99/70/EG Nr. 38 keine Begründungspflicht konstruiert, sondern Regelungen für unanwendbar erklärt werden.

120 Dazu, NK-GArbR/*Diller*, AEUV Art. 267, Rn. 20.

121 Zu weiteren Schutzpflichten Streinz/EUV/AEUV/*Streinz*, EU-GrCh Art. 47 Rn. 6 [m.w.N.].

122 EuGH v. 20.02.2024 – C-715/20 [KL], AP Richtlinie 99/70/EG Nr. 38; kritisch dazu *Gundel*, Anm. zu EuGH v. 20.02.2024, NJW 2024, 949, 955.

123 EuGH v. 20.02.2024 – C-715/20 [KL], AP Richtlinie 99/70/EG Nr. 38, Rn. 78.

124 EuGH v. 20.02.2024 – C-715/20 [KL], AP Richtlinie 99/70/EG Nr. 38, Rn. 61 ff.

125 EuGH v. 20.02.2024 – C-715/20 [KL], AP Richtlinie 99/70/EG Nr. 38, Rn. 53 f. u. Rn. 78 f.; dem EuGH insoweit zustimmend, *C. Schubert*, RdA 2024, 282, 290.

Gleichbehandlung auch die Abschaffung der Begründungspflicht für alle ordentlichen Kündigungen als europarechtskonforme Gestaltung ermöglichen würde, ist nicht ersichtlich, wie dies mit dem materiellen Gehalt des Art. 47 EU-GrCh vereinbar sein sollte. Dessen Reichweite geht über Gleichbehandlungsaspekte hinaus.[126] Deshalb ist zu vermuten, dass der EuGH über den Verweis auf Art. 47 EU-GrCh zum Ausdruck bringen will, dass die Abschaffung der Begründungspflicht hier kein gangbarer Weg ist, womit er aber mittelbar den Inhalt der Richtlinie – die nur die Gleichbehandlung vorsieht – als unzureichend bewertet.

Gleichzeitig beschränkt sich die Entscheidung auf die Verpflichtung zur Gleichbehandlung im Rahmen der Begründungspflichten, obwohl das Erfordernis des wirksamen Rechtsbehelfs grundsätzlich auch abseits von Begründungspflichten des Arbeitgebers umgesetzt werden kann.[127] Es sind jedoch auch die Kompetenzordnung der Union und der weitgehende Ausschluss der Justiz[128] sowie die begrenzte Wirkung des Schutzes bei ungerechtfertigter Entlassung aus Art. 30 EU-GrCh[129], die dem EuGH eine Reihe denkbarer Lösungen verwehrt. Trotz dieser begrenzten Reichweite hätte es aber nahegelegen, zur Konkretisierung des Art. 47 EU-GrCh ergänzend den Grundsatz aus Art. 30 EU-GrCh heranzuziehen, um die Ableitung spezifischer Begründungspflichten im Arbeitsverhältnis deutlicher zu untermauern.[130] Die Entscheidung zeigt ferner auch exemplarisch, dass das Vorabentscheidungsverfahren des Art. 267 AEUV mit seinen Limitierungen es dem EuGH erschwert, seine Doppelrolle als Gericht mit fachlicher und grundrechtlicher Prüfungskompetenz zu finden[131] und die doppelten Verpflichtungen der Mitgliedstaaten und die Bindungen des Unionsgesetzgebers unter Beachtung der beschränkten Kompetenzen auszugleichen oder zu hierarchisieren.[132]

Gleichzeitig zeigt dies, dass die Konkretisierung leistungsrechtlicher Dimensionen der Grundrechte insbesondere bei weitreichenden Grundrechten mit der Gefahr verbunden ist, dass die eigenständige Natur der unionsrechtlichen Richtlinie entwertet wird.[133] Trotzdem kann die Existenz von Sekun-

---

[126] Streinz/EUV/AEUV/*Streinz*, EU-GrCh Art. 47 Rn. 6.

[127] Vgl. *GA Pitruzzella* v. 30.03.2023 – C-715/20, BeckRS 2023, 5644 Rn. 51.

[128] Vgl. GSH-UnionsR/*Lenzing*, AEUV Art. 81 Rn. 4.

[129] Dazu Calliess/Ruffert/*Krebber*, EU-GrCh Art. 30 Rn. 2 ff.

[130] Vgl. Meyer/Hölscheidt/*Hüpers/Reese*, EU-GrCh Art. 30 Rn. 8a.

[131] Zur Bedeutung des Vorabentscheidungsverfahrens für die Grundrechtskontrolle, Calliess/Ruffert/*Kingreen*, EUV Art. 6 Rn. 34; Calliess/Ruffert/*Wegener*, AEUV Art. 267 Rn. 9.

[132] Vgl. auch zu den Aufgaben nationaler Gerichte, *C. Schubert*, RdA 2024, 282, 294 f.

[133] Dazu die kritische Stellungnahme von *Gundel*, Anm. zu EuGH v. 20.02.2024, NJW 2024, 949, 955.

därrecht die Grundrechtskontrolle auch nicht verdrängen[134] und sofern ein Grundrecht konkretisiert werden kann, muss sich auch das nationale Recht daran messen lassen. Sofern die maßgebliche primärrechtliche Rechtsquelle hinreichend konkret ist und sich das nationale Recht nicht als auslegungsfähig erweist, ist es nur folgerichtig, dass die unterschiedliche Qualität der Rechtsquellen zu unterschiedlichen Auswirkungen führt.

§ 11 Kriterien des Günstigkeitsvergleichs

Die Anwendung des Günstigkeitsprinzips führt dazu, dass die Wirksamkeit arbeitsrechtlicher Vereinbarungen von einem Werturteil über ihre Auswirkungen auf den Arbeitnehmer abhängt.[135] Dabei lässt sich dem Günstigkeitsprinzip jedoch nicht unmittelbar entnehmen, wie dieses Werturteil zu treffen ist, und trotz früher Forderungen aus der Literatur hat der Gesetzgeber dafür keine Leitlinien geschaffen,[136] sondern die Form der Anwendung des Günstigkeitsprinzips ist durch Auslegung der maßgeblichen Vorschriften zu bestimmen.[137] Als sog. Günstigkeitsvergleich haben sich dabei verschiedene Kriterien herausgebildet, die die Beurteilung der Günstigkeit zwischen der maßgeblichen und der abweichenden Regelung systematisieren. Durch diese wird festgelegt, welche Regelungen miteinander zu vergleichen sind (Vergleichsgegenstand), für wen die Regelung günstiger sein muss (Bezugsobjekt des Vergleichs), wie die Auswirkungen zu bewerten sind (Vergleichsmaßstab) und zu welchem Zeitpunkt die Günstigkeit der Vereinbarung ermittelt wird (Vergleichszeitpunkt).[138] Dabei sind für alle Kriterien unterschiedliche Anknüpfungspunkte denkbar, deren Auswahl Auswirkungen auf das Ergebnis des Günstigkeitsvergleichs hat.[139]

Für die folgende Auswahl der Kriterien verdeutlicht aber bereits das Verständnis des Günstigkeitsprinzips als Innenschranke des normativen Rechts,

---

[134] *Jarass*, EuR 2013, 29, 35; EuArbRK/*C. Schubert*, EUV Art. 6 Rn. 50; a.A. *Höpfner*, RdA 2023, 16, 20f.; *Krebber*, EuZA 2013, 188, 197.

[135] *Wlotzke*, Günstigkeitsprinzip, S. 72.

[136] Dazu und zu den Gründen, *Kronenberg*, Ausnahmen der Unabdingbarkeit, S. 19.

[137] Vgl. *Krauss*, Günstigkeitsprinzip und Autonomie, S. 84; Kempen/Zachert/TVG/*Schubert/Zachert*, § 4 Rn. 387; *Wlotzke*, Günstigkeitsprinzip, S. 72 auch mit Hinweis auf frühe Forderungen. In Österreich geltend seit dem 01.07.1974 Vorgaben für den Vergleich im kollektiven Arbeitsrecht, *Mosing*, Günstigkeitsprinzip, S. 39, während für die das Gesetzesrecht keine Regelungen bestehen, *ders.*, Günstigkeitsprinzip, S. 71.

[138] Nach ErfK/*Franzen*, TVG § 4 Rn. 35. Ähnlich *Wlotzke*, Günstigkeitsprinzip, S. 76ff.

[139] Anschaulich für den Vergleich zwischen einem Einzelvergleich und einem Sachgruppenvergleich bei Kündigungsfristen, *Diller*, NZA 2000, 293, 295.

dass die Funktion des Günstigkeitsvergleichs darin besteht, über die Anwendung der jeweiligen Schutzvorschriften und mithin über die Eröffnung des Anwendungsbereichs dieser Regelungen zu entscheiden. Das Ziel der Bewertung ist die Verwirklichung der normativ abgewogenen und austarierten Interessen und es handelt sich mithin um eine Form der Rechtsanwendung,[140] deren Kriterien sicherstellen müssen, dass der durch Auslegung bestimmte Anwendungsbereich des maßgeblichen Rechts verwirklicht wird.[141] Der Günstigkeitsvergleich hat sich daher an dieser Verwirklichung des Schutzzwecks zu orientieren und dementsprechend sind auch dessen Kriterien zu bestimmen.[142]

A. Vergleichsgegenstand

I. Bedeutung des Vergleichsgegenstands

Der Vergleichsgegenstand bestimmt darüber, welche vertraglichen Regelungen mit welchen gesetzlichen Vorschriften im Rahmen der Ermittlung von Vor- bzw. Nachteilen miteinander verglichen werden.[143] Mithin geht es um die Frage, was verglichen wird.[144] Dabei können alle Regelungen (Gesamtvergleich),[145] die in Zusammenhang stehenden Regelungsgegenstände (Sachgruppenvergleich)[146] und die einzelne Vereinbarung mit der jeweils normativ geltenden Regelung verglichen werden (Einzelvergleich).[147]

---

[140] Das BAG spricht vom Normvollzug, BAG v. 20.04.1999 – 1 ABR 72/98, BAGE 91, 210 [unter B. III. 1. b) aa)].

[141] So bereits zur TVVO, *A. Schmidt*, Grenzen der Unabdingbarkeit, S. 23.

[142] In dem Sinn für das Tarifrecht, *Belling*, Günstigkeitsprinzip, S. 182. Für gesetzliche Kündigungsfristen, BAG v. 04.07.2001 – 2 AZR 469/00, AP BGB § 622 Nr. 59 verweist ausdrücklich auf die gemeinsame Zielrichtung von Frist und Termin; *Diller*, NZA 2000, 293, 295 f.; BeckOK-ArbR/*Gotthardt*, BGB § 622 Rn. 48 u. Rn. 68. Im Zusammenhang mit dem österreichischen Recht auf Basis allgemeiner Überlegungen auch *Mosing*, Günstigkeitsprinzip, S. 34 u. S. 75. Gleiches gilt grundsätzlich, wenn Regelungen verglichen werden, vgl. BVerfG v. 30.05.1990 – 1 BvL 2/83 (u.a.), BVerfGE 82, 126 [unter C. I. 3.].

[143] Zu den verschiedenen Vergleichsgegenständen, *Krauss*, Günstigkeitsprinzip und Autonomie, S. 84 ff.; *Mosing*, Günstigkeitsprinzip, S. 31 ff.; *Nebeling/Arntzen*, NZA 2011, 1215; *Nobbe*, Günstigkeitsprinzip im Verbraucherprivatrecht, S. 84 ff.; *Schorn*, Günstigkeitsprinzip neuer Art, S. 65 ff.

[144] MüHdB-ArbR/*Klumpp*, § 253 Rn. 38.

[145] Dazu und zum Generalvergleich MüHdB-ArbR/*Klumpp*, § 253 Rn. 39 f. sowie *Wlotzke*, Günstigkeitsprinzip, S. 83 f.

[146] MüHdB-ArbR/*Klumpp*, § 253 Rn. 42; *Wlotzke*, Günstigkeitsprinzip, S. 84.

[147] MüHdB-ArbR/*Klumpp*, § 253 Rn. 41; teilweise auch als isolierter Vergleich bezeichnet, *Wlotzke*, Günstigkeitsprinzip, S. 83.

Die Betrachtung einer Sachgruppe führt dabei dazu, dass einzelne Unterschreitungen des vorrangigen Rechts durch Regelungen zugunsten des Arbeitnehmers ausgeglichen werden können, sofern die jeweiligen Abweichungen in einem überwiegend sachlich bestimmten Zusammenhang stehen.[148] Gleiches gilt für den Gesamtvergleich, der die gesamte Vereinbarung und damit auch sachfremde Regelungen zugunsten des Arbeitnehmers berücksichtigt, wobei die arbeitsrechtliche Literatur einen solchen Vergleich als praktisch nur schwer möglich und im Widerspruch zu den Parteiinteressen stehen sieht.[149] Beiden Vergleichsformen ist damit gemein, dass sie es den Parteien erlauben durch Kompensationen die Vorgaben des normativen Rechts partiell zu unterschreiten,[150] was ihnen gleichzeitig die Möglichkeit gibt einzelne Regelungskomplexe an ihre Bedürfnisse anzupassen. Hingegen stellt der Einzelvergleich sicher, dass das normative Recht insgesamt eingehalten wird und dass jede einzelne ungünstigere Vereinbarung durch das vorrangige Recht ersetzt wird.[151] Kompensationsgeschäfte werden ausgeschlossen und durch die singuläre Anwendung der jeweils günstigeren Regelung gleichzeitig die sachlich zusammenhängenden Regelungskomplexe getrennt.[152] Damit macht der Einzelvergleich aber auch die Bewertung der Angemessenheit einer Kompensation entbehrlich, was die Komplexität der Bewertung reduziert und damit die Rechtssicherheit erhöht.[153]

Der Vergleichsgegenstand bestimmt mithin darüber, inwieweit einzelne Unterschreitungen des vorgegebenen Standards durch Überschreitungen des Standards an anderer Stelle kompensiert werden können.[154] Er hat dadurch erhebliche Rückwirkung auf die Natur des normativen Anspruchs, der entwe-

---

148 *Belling*, Günstigkeitsprinzip, S. 179; *Krauss*, Günstigkeitsprinzip und Autonomie, S. 86; *Mosing*, Günstigkeitsprinzip, S. 74; *Wlotzke*, Günstigkeitsprinzip, S. 82.

149 *Bengelsdorf*, ZfA 1990, 563, 593; *Courth*, Günstigkeitsprinzip, S. 121; *Emmert*, Betriebsvereinbarungen, S. 280 Fn. 6; ErfK/*Franzen*, TVG § 4 Rn. 36; MüHdB-ArbR/*Klumpp*, § 253 Rn. 41; *Krauss*, Günstigkeitsprinzip und Autonomie, S. 85 f., 104 f.; *Löwisch/Rieble*, TVG § 4 Rn. 597; *Mosing*, Günstigkeitsprinzip, S. 33 f.; *T. B. Schmidt*, Günstigkeitsprinzip, S. 124; *Schorn*, Günstigkeitsprinzip neuer Art, S. 66 f.; *Wlotzke*, Günstigkeitsprinzip, S. 83 f. Vertreten wird er aber insbesondere von, *Heinze*, NZA 1991, 329, 335; *Melms/Kentner*, NZA 2014, 127, 133; *Nebeling/Arntzen*, NZA 2011, 1215, 1217.

150 *Emmert*, Betriebsvereinbarungen, S. 266 ff.; *Hilgenstock*, Günstigkeitsvergleich, S. 32 ff.; *Mosing*, Günstigkeitsprinzip, S. 74 f.; *Wiedemann*, FS Wißmann, 185, 189 ff.

151 Vgl. MüHdB-ArbR/*Klumpp*, § 253 Rn. 41.

152 Häufig als „Rosinentheorie" bezeichnet, *Courth*, Günstigkeitsprinzip, S. 120; *Krauss*, Günstigkeitsprinzip und Autonomie, S. 104; *Mosing*, Günstigkeitsprinzip, S. 31; *Schorn*, Günstigkeitsprinzip neuer Art, S. 68.

153 *Mosing*, Günstigkeitsprinzip, S. 74.

154 Vgl. BAG v. 06.12.2017 – 5 AZR 118/17, BAGE 161, 132 Rn. 27; Däubler/TVG/*Deinert/Wenckebach*, § 4 Rn. 720; *Helml*/EntgFG, § 12 Rn. 2 f.; NFK-BUrlG/*Kühn*, § 13 Rn. 37; *Mosing*, Günstigkeitsprinzip, S. 74 f.

der mit jeder einzelnen Bestimmung als einzelner Regelungskomplex oder in seiner Gesamtheit einen normativ wirkenden Mindeststandard bildet,[155] weshalb die Auswahl des Vergleichsgegenstandes zentrale Bedeutung für die Wirkung des Günstigkeitsprinzips hat.

II. Vergleichsgegenstand im kollektiven Arbeitsrecht

Im Rahmen der Anwendung des kollektivrechtlichen Günstigkeitsprinzips und insbesondere für den Günstigkeitsvergleich bei Anwendung des § 4 Abs. 3 Alt. 2 TVG[156] aber auch im Verhältnis von Arbeitsverträgen zu Betriebsvereinbarungen[157] sowie Sprecherausschussvereinbarungen[158] wird überwiegend[159] die einschlägige Sachgruppe für den Vergleich herangezogen. Die Bildung von Sachgruppen wird damit begründet, dass Kollektivvereinbarungen und Arbeitsverträge die Bestandteile einer solchen Sachgruppe nicht losgelöst voneinander betrachteten, sondern diese im Rahmen der (Vertrags-)

---

155 Vgl. *Krauss*, Günstigkeitsprinzip und Autonomie, S. 86.

156 BAG v. 20.09.2017 – 6 AZR 474/16, BAGE 160, 205 Rn. 49; BAG v. 15.04.2015 – 4 AZR 587/13, BAGE 151, 221 Rn. 28; BAG v. 10.12.2014 – 4 AZR 503/12, BAGE 150, 184 Rn. 42; BAG v. 01.07.2009 – 4 AZR 261/08, BAGE 131, 176 Rn. 60; BAG v. 20.04.1999 – 1 ABR 72/98, BAGE 91, 210 [unter B. III. 1. a) aa)]; LAG Niedersachsen v. 08.02.2000 – 7 Sa 781/99, NZA-RR 2000, 428, 429; LAG Baden-Württemberg v. 14.06.1989 – 9 Sa 145/88, DB 1989, 2028 (mit. Anm. *Buchner*); Wiedemann/TVG/*Bayreuther*, § 4 Rn. 350; NK-GArbR/*Bepler*, TVG § 4 Rn. 106 f.; *Firnhaber*, Günstigkeitsprinzip, S. 59 f.; BeckOK-ArbR/*Giesen*, TVG § 4 Rn. 31; HWK-ArbR/*Henssler*, TVG § 4 Rn. 36; *Hueck/Nipperdey*, Arbeitsrecht, II/1 S. 610 f.; *Kamanabrou*/ArbR, Rn. 1836; MüHdB-ArbR/*Klumpp*, § 253 Rn. 42; *Krauss*, Günstigkeit und Autonomie, S. 2 f.; Küttner/Personalbuch/*Kreitner*, Günstigkeitsprinzip Rn. 10; *Löwisch/Rieble*, TVG § 4 Rn. 598; *Nikisch*, Arbeitsrecht, II S. 434 f.; *T. B. Schmidt*, Günstigkeitsprinzip, S. 123; Kempen/Zachert/TVG/*Schubert/Zachert*, § 4 Rn. 408 ff.; Schaub/ArbR-HdB/*Trebber*, § 207 Rn. 25; *Wensing/Hesse*, NZA 2009, 1309, 1310; *Wlotzke*, Günstigkeitsprinzip, S. 82 f.; *Zöllner/Loritz/Hergenröder*/Arbeitsrecht, § 39 Rn. 10. Zur Kritik, *Buchner*, NZA 1999, 897, 901 f.

157 BAG v. 21.04.2010 – 4 AZR 768/08, BAGE 134, 130 Rn. 39; BAG v. 30.03.2004 – 1 AZR 85/03, AP BetrVG 1972 § 112 Nr. 170 [unter II. 4. b) bb)]; BAG v. 27.01.2004 – 1 AZR 148/03, BAGE 109, 244 [unter II. 2. b) aa)]; HWK-ArbR/*Gaul*, BetrVG § 77 Rn. 60; *Löwisch*, BB 1991, 59, 61; Richardi/BetrVG/*Richardi/Picker*, BetrVG § 77 Rn. 159; NK-GArbR/*Schwarze*, BetrVG § 77 Rn. 47; *ders.*, Anm. zu BAG v. 16.12.2008, AP BUrlG § 7 Nr. 40; differenzierend *Belling*, Günstigkeitsprinzip, S. 188.

158 HWK-ArbR/*Annuß*, SprAuG § 28 Rn. 12; MüHdB-ArbR/*Franke*, § 312 Rn. 35; Küttner/Personalbuch/*Kreitner*, Günstigkeitsprinzip Rn. 10 u. Rn. 15; *Löwisch*, BB 1991, 59, 61; wohl auch ErfK/*Oetker*, SprAuG § 28 Rn. 11.

159 Auch in historischer Hinsicht, vgl. *Schorn*, Günstigkeitsprinzip neuer Art, S. 65 mit Nachweisen zur TVVO.

Verhandlungen in Beziehung zueinander setzten.[160] Dabei komme es zu Kompensationsgeschäften, bei denen beispielsweise eine geringeres Urlaubsentgelt durch eine längere Urlaubsdauer ausgeglichen werde.[161] Um diesen Kompensationsgeschäften Rechnung zu tragen und um zu verhindern, dass durch die Anwendung einzelner Aspekte der Sachgruppe das wirtschaftliche Ergebnis der Vertragsverhandlungen beeinflusst wird, seien die zusammengehörigen Regelungen nicht einzeln, sondern gemeinsam zu bewerten.[162] Insoweit wird ein Regelungskomplex als Gesamtposition verstanden und es sei zu verhindern, dass durch den Einzelvergleich allein die jeweils günstigeren Vorschriften eines Regelungskomplexes angewendet werden, ohne dass deren sachlicher Zusammenhang berücksichtigt wird.[163] Im Einzelfall ist jedoch umstritten, welche Regelungen in den Vergleich einzubeziehen sind,[164] inwieweit durch die Arbeitsvertragsparteien sachlich nicht zusammenhängende Kompensationsgeschäfte vereinbart werden können[165] und welche Rolle der Wille des Normsetzers bei der Sachgruppenbildung spielt[166]. Ferner werden neben dem Sachgruppenvergleich auch andere Vergleichsformen vertreten[167].

---

160 BAG v. 30.08.2000 – 4 AZR 563/99, BAGE 95, 277 [unter I. 2. g)]; NK-GArbR/*Bepler*, TVG § 4 Rn. 107; *Krauss*, Günstigkeitsprinzip und Autonomie, S. 104; *Wlotzke*, Günstigkeitsprinzip, S. 82. Kritisch *Melms/Kentner*, NZA 2014, 127, 133; *Nebeling/Arntzen*, NZA 2011, 1215, 1216, für die den Tarifvertrag als Gesamtwerk. Ebenso kritisch für einen Einzelvergleich, Däubler/TVG/*Deinert/Wenckebach*, § 4 Rn. 720.

161 Vgl. MüHdB-ArbR/*Klumpp*, § 253 Rn. 41; *Schulze*, Günstigkeitsprinzip, S. 109 ff.

162 MüKo-BGB/*Engshuber*, BGB § 622 Rn. 97; MüAnwHdB-ArbR/*Hamacher/van Laak*, § 70 Rn. 50; *Hueck/Nipperdey*, Arbeitsrecht, II/1 S. 610 f.; MüHdB-ArbR/*Klumpp*, § 253 Rn. 41; *Krauss*, Günstigkeitsprinzip und Autonomie, S. 84 f.; *T. B. Schmidt*, Günstigkeitsprinzip, S. 121; *Schorn*, Günstigkeitsprinzip neuer Art, S. 68; *Wlotzke*, Günstigkeitsprinzip, S. 82 f.

163 *Courth*, Günstigkeitsprinzip, S. 119 f.; MüKo-BGB/*Engshuber*, BGB § 622 Rn. 97; *Firnhaber*, Günstigkeitsprinzip, S. 59; *Krauss*, Günstigkeitsprinzip und Autonomie, S. 85; *Schorn*, Günstigkeitsprinzip neuer Art, S. 68. Vgl. *Mosing*, Günstigkeitsprinzip, S. 31, zum österreichischen Recht.

164 Vgl. *Hilgenstock*, Günstigkeitsvergleich, S. 30 ff.; *Kamanabrou*/ArbR, Rn. 1837; MüHdB-ArbR/*Klumpp*, § 253 Rn. 41; *Krauss*, Günstigkeitsprinzip und Autonomie, S. 106 ff.; *Wlotzke*, Günstigkeitsprinzip, S. 84 ff.

165 Dazu *Krauss*, Günstigkeitsprinzip und Autonomie, S. 87 ff. [m. w. N.].

166 Ausführlich *Schorn*, Günstigkeitsprinzip neuer Art, S. 69 ff.

167 Für einen Einzelvergleich, Däubler/TVG/*Deinert/Wenkebach*, § 4 Rn. 720. Für einen Gesamtvergleich, *Heinze*, NZA 1991, 329, 335; *Melms/Kentner*, NZA 2014, 127, 133; *Nebeling/Arntzen*, NZA 2011, 1215, 1217.

III. Vergleichsgegenstand im Gesetzesrecht

Für das gesetzliche Arbeitsvertragsrecht wird hingegen weit überwiegend die Verwendung eines Einzelvergleichs vertreten[168] und so insbesondere für das EntgFG[169], das BUrlG[170] und das PflegeZG[171]. Für das AGG wird abseits des Einzelvergleichs[172] und entgegen der Rechtsprechung des EuGH[173] vereinzelt allerdings ein partieller Gesamtvergleich befürwortet.[174] Gleiches gilt für das Betriebsrentenrecht, wobei hier nicht nur vereinzelte Stimmen statt des Einzelvergleichs[175] einen Sachgruppenvergleich[176] vornehmen wollen. Im Gegensatz dazu wird der Vergleich von Kündigungsfristen im Rahmen des § 622 Abs. 5 S. 3 BGB auf der Basis eines sog. Ensemblevergleichs[177] durch-

---

[168] Allgemein, *Löwisch/Rieble*, TVG § 1 Rn. 1050 u. § 4 Rn. 596; *Wlotzke*, Günstigkeitsprinzip, S. 82f. Für Abweichungen durch Tarifverträge, *Belling*, Günstigkeitsprinzip, S. 184. Für das österreichische Recht, *Mosing*, Günstigkeitsprinzip, S. 75.

[169] BAG v. 06.12.2017 – 5 AZR 118/17, BAGE 161, 132 Rn. 27 [m.w.N. aus der Rechtsprechung]; *Brecht*/EntgFG, § 12 Rn. 2; *Gola*/EntgFG, § 12 S. 243f.; *Helml*/EntgFG, § 12 Rn. 3; KDHK-EntgFG/*Hold*, § 12 Rn. 6; Schaub/ArbR-HdB/*Linck*, § 98 Rn. 149; Feichtinger/Malkmus/*Malkmus*, EntgFG § 12 Rn. 45; MüKo-BGB/*Müller-Glöge*, EntgFG § 12 Rn. 4; ErfK/*Reinhard*, EntgFG § 12 Rn. 7; BeckOK-ArbR/*Ricken*, EntgFG § 12 Rn. 15; Schmitt/EFZG/*L. Schmitt*, EntgFG § 12 Rn. 37; *dies.*, Anm. zu BAG v. 06.12.2017, AP EntgeltFG § 2 Nr. 18; NK-GArbR/*Sievers*, EntgFG § 12 Rn. 17; *Streckel*, Anm. zu BAG v. 22.08.2001, EzA § 3 EntgFG Nr. 8, S. 13; *Treber*/EFZG, § 12 Rn. 18; ArbR/*Vogelsang*, EntgFG § 12 Rn. 9; *Vossen*, Entgeltfortzahlung, Rn. 607; *Wedde/Kunz*/EFZG, § 12 Rn. 15; a.A. *Diekhoff*, AuR 1957, 297, 299, zum Gesetz zur Verbesserung der wirtschaftlichen Situation der Arbeiter im Krankheitsfall; ebenso *Nikisch*, Arbeitsrecht, I S. 634 zu § 6 LFZG.

[170] BAG v. 22.01.2002 – 9 AZR 601/00, BAGE 100, 189 [unter A. II. 2. d)]; BAG v. 10.02.1966 – 5 AZR 408/65, BAGE 18, 129; GK-BUrlG/*Berscheid*, § 13 Rn. 47; ErfK/*Gallner*, BUrlG § 7 Rn. 6; DKL-ArbR/*Gutzeit*, BUrlG § 13 Rn. 1; HO-BUrlG/*Hohmeister*, BUrlG § 13 Rn. 41ff.; DHSW-ArbR/*Holthaus*, BUrlG § 13 Rn. 5; NFK-BUrlG/*Kühn*, § 13 Rn. 37. Hingegen *Nikisch*, Arbeitsrecht, I S. 523; *Schulze*, Günstigkeitsprinzip, S. 222 für einen Sachgruppenvergleich im Verhältnis zum Tarifrecht.

[171] HWK-ArbR/*Lembke*, PflegeZG § 8 Rn. 3.

[172] *Bauer/Krieger/Günther*/AGG, AGG § 31 Rn. 19; Däubler/Beck/*Däubler*, § 31 Rn. 5; HWK-ArbR/*Kalb*, AGG § 22 Rn. 1; DKL-ArbR/*Kappenhagen*, AGG § 31 Rn. 1; *Meinel/Heyn/Herms*/AGG, § 31 Rn. 10; NK-GArbR/*Schneider*, AGG § 31 Rn. 2.

[173] EuGH v. 26.06.2001 – C-381/99 [Brunnhofer], Slg. 2001, I-4961 Rn. 35f.

[174] *Adomeit/Mohr*/AGG, § 3 Rn. 35.

[175] Höfer/BetrAVG/*Höfer*, I BetrAVG § 19 Rn. 25; NK-GArbR/*Neufeld/Kurtzer*, BetrAVG § 19 Rn. 16.

[176] BeckOK-ArbR/*Clemens*, BetrAVG § 19 Rn. 18; BRO-BetrAVG/*Rolfs*, BetrAVG § 19 Rn. 62.

[177] Ausgehend von BAG v. 04.07.2001 – 2 AZR 469/00, AP BGB § 622 Nr. 59 [unter II. 3. b)]. Ferner in BAG v. 29.01.2015 – 2 AZR 280/14 – 2 AZR 280/14, BAGE 150, 337 Rn. 14; *Diller*, NZA 2000, 293, 295f.; NK-GArbR/*Boecken*, BGB

geführt, bei dem der Kündigungstermin und die Kündigungsfrist gemeinsam betrachtet werden.[178] Ebenso wird die Dauer der Probezeit und die Möglichkeit zur Kündigung während einer Berufsausbildung bei der Anwendung des § 25 BBiG gemeinsam betrachtet,[179] obwohl überwiegend auch für diese Regelung ein Einzelvergleich vertreten wird[180] und keine Kompensationen von Unterschreitungen des Mindeststandards zugelassen werden[181].

Abseits des materiellen Arbeitsrechts wird im internationalen Privatrecht zur Feststellung des anwendbaren Rechts ein Sachgruppenvergleich durchgeführt.[182] Im Gegensatz dazu soll sich die Günstigkeit einer Abweichung des nationalen Rechts vom sekundären Unionsrecht auf Basis eines Einzelvergleichs bestimmen.[183] Im Verbrauchervertragsrecht wurde hingegen ein sog. Äquivalenzvergleich vorgeschlagen, der einem Sachgruppenvergleich entspricht,[184] damit aber von der herrschenden Auffassung in diesem Rechtsgebiet abweicht, die die einzelnen Vorschriften einem Einzelvergleich entsprechend mit der vertraglichen Vereinbarung vergleicht, ohne diesen Vergleichsgegenstand besonders zu thematisieren. Im Kontrast dazu wird im Versicherungsvertragsrecht, soweit ersichtlich, einheitlich ein Gesamtvergleich vertreten, der die Auswirkungen der gesamten Vereinbarung mit den gesetzlichen Regelungen vergleicht.[185]

---

§ 622 Rn. 22 u. Rn. 35; MüKo-BGB/*Engshuber*, BGB § 622 Rn. 97; BeckOK-ArbR/*Gotthardt*, BGB § 622 Rn. 61; *Wensing/Hesse*, NZA 2009, 1309 1311.

[178] BAG v. 29.01.2015 – 2 AZR 280/14, BAGE 150, 337; BAG v. 04.07.2001 – 2 AZR 469/00, AP BGB § 622 Nr. 59; LAG München v. 24.03.2010 – 10 Sa 1024/09, BeckRS 2011, 65172; LAG Hamburg v. 30.03.2000 – 7 Sa 5/00, BeckRS 2009, 67875; ausführlich dazu *Diller*, NZA 2000, 293, 295 f.; BeckOK-ArbR/*Gotthardt*, BGB § 622 Rn. 48; ErfK/*Müller-Glöge*, BGB § 622 Rn. 38; *Wensing/Hesse*, NZA 2009, 1309, 1313.

[179] BAG v. 09.06.2016 – 6 AZR 396/15, AP BBiG § 20 Nr. 3, Rn. 19; MüHdB-ArbR/*Schneider*, § 149 Rn. 5; wohl auch NK-GArbR/*Heiß*, BBiG §§ 24 – 26, Rn. 9.

[180] DHSW-ArbR/*Herrmann*, BBiG § 25 Rn. 1; Wohlgemuth/Pepping/BBiG/*Pepping*, BBiG § 25 Rn. 6; MüHdB-ArbR/*Schneider*, § 149 Rn. 5; wohl auch NK-GArbR/*Heiß*, BBiG §§ 24 – 26, Rn. 9.

[181] HKT-HwO/*Olthaus*, BBiG § 25 Rn. 3.

[182] BAG v. 10.04.2014 – 2 AZR 741/13, NJOZ 2016, 535 Rn. 46; MüKo-BGB/*Mariny*, Rom I-VO Art. 8 Rn. 44 ff.; *Schlachter*, NZA 2000, 57, 60 f.; BeckOK-BGB/*Spickhoff*, Rom I-VO Art. 8 Rn. 19 f.

[183] EuArbRK/*Franzen*, AEUV Art. 153 Rn. 57.

[184] Infolge der begrenzten Regelungsmaterie ist er auch mit einem Gesamtvergleich gleichzusetzen, *Nobbe*, Günstigkeitsprinzip im Verbraucherprivatrecht, S. 214.

[185] Prölls/Marin/VVG/*Reiff*, VVG § 42 Rn. 2; MüKo-VVG/*Staudinger*, VVG § 42 Rn. 2.

1. Einzelvergleich

Anders als bei den kollektiven Regelungen lässt sich für das arbeitnehmerschützende Gesetzesrecht nicht davon ausgehen, dass es sich um ein Verhandlungsergebnis handelt, das vor allem in seiner Summe oder innerhalb der Sachgruppen angemessene Bedingungen sicherstellen will und dessen Abwägungen Teil eines Verhandlungskompromisses sind. Vielmehr sind die einzelnen Vorschriften einer Regelung die gesetzgeberische Wertung für die einzelnen Bestandteile des gesetzlichen Anspruchs.[186] Es fehlt daher eine hinreichende Grundlage, um die für § 4 Abs. 3 Alt. 2 TVG entwickelten Grundsätze auf das einfache Gesetzesrecht zu übertragen und die konkreten Regelungen allein in ihrer Summe oder als Sachgruppe zu betrachten.[187]

Vielmehr ergibt sich aus dem Umkehrschluss, dass in Ermangelung einer Beziehung der Normen zueinander auch nicht angenommen werden kann, dass Unterschreitungen einzelner Vorgaben kompensationsfähig sind.[188] Dies gilt nicht nur im Anwendungsbereich spezieller Umgehungsverbote,[189] sondern auch ansonsten ist keine Rechtfertigung ersichtlich, den einzelnen Normen eines Gesetzes ihre normative Wirkung abzusprechen. Diese Wirkung müsste aber zurücktreten, damit die Vereinbarung von Kompensationen anerkannt werden könnte. Insbesondere aus diesen Unterschieden zum Tarifrecht und der Natur gesetzlicher Vorschriften ergibt sich daher, dass für das Arbeitsvertragsrecht ein Einzelvergleich durchzuführen ist,[190] wobei die abweichende Vereinbarung an jeder einzelnen gesetzlichen Vorgabe zu messen ist[191].

Es ist aber zu beachten, dass hier sinnvolle Wirkungen und nicht allein Rechtsnormen verglichen werden, weshalb gesetzliche Bestimmungen auch im Rahmen des Einzelvergleichs gemeinsam zu betrachten sind, wenn sich ihre Wirkung erst im Zusammenspiel ergibt.[192] Der als Ensemblevergleich bezeichnete gemeinsame Vergleich der Länge einer gesetzlichen Kündigungs-

---

186 *Löwisch/Rieble*, TVG § 4 Rn. 596; *L. Schmitt*, Anm. zu BAG v. 06.12.2017, AP EntgeltFG § 2 Nr. 18; *Wlotzke*, Günstigkeitsprinzip, S. 83.

187 *Löwisch/Rieble*, TVG § 4 Rn. 596; *L. Schmitt*, Anm. zu BAG v. 06.12.2017, AP EntgeltFG § 2 Nr. 18; *Wlotzke*, Günstigkeitsprinzip, S. 83.

188 *L. Schmitt*, Anm. zu BAG v. 06.12.2017, AP EntgeltFG § 2 Nr. 18. Zu § 4 Abs. 3 TVG, Däubler/TVG/*Deinert/Wenckebach*, § 4 Rn. 720; *Wlotzke*, Günstigkeitsprinzip, S. 82 f.

189 Feichtinger/Malkmus/*Malkmus*, EntgFG § 12 Rn. 8; SSP-AGG/*Suckow*, § 31 Rn. 12 zu § 7 Abs. 2 AGG.

190 Vgl. die Nachweise in Teil 3 § 11 Abschnitt A. III.

191 Hingegen für das VVG Prölls/Marin/VVG/*Reiff*, VVG § 42 Rn. 2; MüKo-VVG/*Staudinger*, VVG § 42 Rn. 2.

192 Wohlgemuth/Pepping/BBiG/*Pepping*, BBiG § 25 Rn. 6 spricht von einem erweiterten Einzelvergleich.

frist und des Zeitpunkts ihrer Wirksamkeit,[193] aber auch die gemeinsame Betrachtung der Länge der Probezeit mit den Vorgaben zur Kündigung im Rahmen der Berufsausbildung[194] sind daher kein Gegensatz zum Einzelvergleich. In beiden Fällen geht es zwar um einen sachlichen Zusammenhang, jedoch ergibt sich dieser aus der bezweckten Wirkung der Vorschriften, die sich nicht immer aus der Betrachtung einer einzelnen gesetzlichen Vorgabe ergibt. Damit wird sichergestellt, dass der Einzelvergleich zu sinnhaften Ergebnissen führt und die gesetzlich geschützten Interessen verwirklicht. Die Betrachtung als besondere Vergleichsform ist dabei unschädlich, denn jedenfalls entspricht das Vorgehen dem Zweck des Einzelvergleichs.

Auf Basis des Ausschlusses von Kompensationen kann auch der Gesamtvergleich nicht im Gesetzesrecht angewendet werden, denn diese Vergleichsform erlaubt ebenfalls Unterschreitungen einzelner Aspekte eines gesetzlichen Standards.[195] Außerdem wird der Gesamtvergleich im Arbeitsrecht als kaum anwendbare Vergleichsform angesehen, die die Rechtsanwendung erheblich erschwere[196] und die bei komplexeren Regelwerken nicht anwendbar sei, weshalb ihre Anwendung die Anordnung des Günstigkeitsprinzips ins Leere laufen lasse.[197] Im Versicherungsvertragsrecht werden solche Bedenken nicht erhoben, jedoch steht die Vielzahl der von der arbeitsrechtlichen Schutzgesetzgebung erfassten Interessen wohl gerade der Gesamtbetrachtung entgegen. Eine darauf aufbauende Interessenabwägung wäre zu komplex, um nachvollziehbare Entscheidungen zu gewährleisten. Die Bewertung der Günstigkeit würde damit zu einem bloßen Wertungsbegriff,[198] der seine Funktion nicht erfüllt und der die Rechtssicherheit der Parteien beeinträchtigt. Vor allem aus diesem Grund und weniger wegen der Komplexität des Vergleichs gesamter Regelwerke ist der Gesamtvergleich im Arbeitsrecht abzulehnen.

---

[193] BAG v. 29.01.2015 – 2 AZR 280/14, BAGE 150, 337 Rn. 14; BAG v. 04.07.2001 – 2 AZR 469/00, AP BGB § 622 Nr. 59; NK-GArbR/*Düwell*, BGB § 622 Rn. 34; *Diller*, NZA 2000, 293, 295 f.; BeckOK-ArbR/*Gotthardt*, BGB § 622 Rn. 48 u. Rn. 61. Für den umgekehrten Fall des Einzelvergleichs im Tarifrecht, *T. B. Schmidt*, Günstigkeitsprinzip, S. 118 f.

[194] BAG v. 09.06.2016 – 6 AZR 396/15, AP BBiG § 20 Nr. 3.

[195] *Wlotzke*, Günstigkeitsprinzip, S. 83. Für das Tarifrecht, *Belling*, Günstigkeitsprinzip, S. 181 ff.; für den Gesamtvergleich auch *Schorn*, Günstigkeitsprinzip neuer Art, S. 67.

[196] Vgl. für das Tarifrecht *Wlotzke*, Günstigkeitsprinzip, S. 83 f.; *Schorn*, Günstigkeitsprinzip neuer Art, S. 67; a.A. wohl *Nebeling/Arntzen*, NZA 2011, 1215, 1217. Vgl. auch Prölls/Marin/VVG/*Reiff*, VVG § 42 Rn. 3 zum Gesamtvergleich im VVG.

[197] Hingegen *Krauss*, Günstigkeitsprinzip und Autonomie, S. 104, der auf Basis eines subjektiven Günstigkeitsvergleichs einen Gesamtvergleich in Betracht zieht.

[198] So auch für das VVG, MüKo-VVG/*Staudinger*, VVG § 32 Rn. 14.

Dass die Anwendung des Einzelvergleichs zu einer getrennten Bewertung der vertraglichen Vereinbarungen führt und allein die günstigeren Bestimmungen angewendet werden, ist als Folge der gesetzlichen Vorgaben hinzunehmen.[199] Den Willen des Gesetzgebers konkrete Mindeststandards zu setzen, kann dies nicht überwinden.[200] Darüber hinaus ist es den Arbeitsvertragsparteien möglich, sich auf diese Wirkung der gesetzlichen Normen einzustellen, weshalb die häufig gegen den Einzelvergleich vorgebrachte Störung der Vertragsgerechtigkeit im Sinn der „Rosinentheorie" einem am Zweck der Norm orientierten Vergleich nicht entgegengehalten werden kann.[201] Vielmehr verschleiert der Vergleich mit der sprichwörtlichen Rosinenpickerei, dass es nicht um die Aneignung der besten Stücke eines Naschwerks zulasten eines Mitessers, sondern um die Geltung der gemeinsam getroffenen Vereinbarung in ihren Einzelheiten geht.[202]

Eine andere Vergleichsform kann daher im einfachen Gesetzesrecht nur angewendet werden, wenn der Gesetzgeber verdeutlicht, dass seine Regelungen einen Gesamtstandard schaffen sollen.[203] Den Arbeitsvertragsparteien ist es hingegen nicht möglich, durch besondere Zwecke der vertraglichen Regelung den Vergleichsgegenstand zu verändern.[204] Unabhängig davon ist zu betrachten, ob beim Wegfall der Benachteiligung für den Arbeitnehmer auch die Vergünstigung entfallen soll. Dabei handelt es sich aber nicht um eine Frage der Günstigkeit, sondern der Auslegung und sofern die Parteivereinbarung insoweit auslegungsfähig ist, können die Folgen des Einzelvergleichs für das Austauschverhältnis dadurch begrenzt werden, dass neben der ungünstigeren Regelung auch die günstigere, damit zusammenhängende Regelung als unwirksam angesehen wird.[205]

---

199 Vgl. ErfK/*Gallner*, BUrlG § 13 Rn. 6.

200 So aber *Romatka*, Unabdingbarkeit im Urlaubsrecht, S. 68.

201 *Boldt*, RdA 1962, 129, 130; ErfK/*Gallner*, BUrlG § 13 Rn. 6; DHSW-ArbR/*Holthaus*, BUrlG § 13 Rn. 6. So aber regelmäßig im Tarifrecht, MüHdB-ArbR/*Klumpp*, § 253 Rn. 41; *Schorn*, Günstigkeitsprinzip neuer Art, S. 68, die diese Vergleichsform als die günstigste für den Arbeitnehmer ansieht.

202 DHSW-ArbR/*Holthaus*, BUrlG § 13 Rn. 6, sieht dieses Framing als „verbale Diskriminierung".

203 Allgemein, *Löwisch/Rieble*, TVG § 1 Rn. 1050.

204 In Erwägung ziehend, BAG v. 29.01.2015 – 2 AZR 280/14, BAGE 150, 337 Rn. 14; BAG v. 04.07.2001 – 2 AZR 469/00, AP BGB § 622 Nr. 59 [unter II. 3 a)]. Dazu Teil 4 § 15 Abschnitt D.

205 Vgl. BAG v. 18.10.2018 – 2 AZR 374/18, NZA 2019, 246; Däubler/TVG/*Deinert/Wenckebach*, § 4 Rn. 797; Feichtinger/Malkmus/*Müller*, EntgFG § 12 Rn. 52; APS/*Link*, BGB § 622 Rn. 120 u. Rn. 111; DKL-ArbR/*Vossen*, EntgFG § 12 Rn. 4.

2. Nur unmittelbare rechtliche Wirkungen

Aus der Anwendung des Einzelvergleichs ergibt sich auch ein Rückschluss auf die zu berücksichtigenden Wirkungen der abweichenden Regelungen. Dazu wird in der Literatur und der Rechtsprechung zwar weitgehend einheitlich vertreten, dass allein unmittelbare rechtliche Auswirkungen miteinander zu vergleichen sind und dass die Günstigkeit nicht auf Basis der wirtschaftlichen Verhältnisse des Arbeitnehmers insgesamt zu bewerten ist.[206] Es finden sich jedoch auch Stimmen, die für ein weiteres Verständnis plädieren und die Auswirkungen außerhalb der unmittelbaren rechtlichen Wirkung einer Vereinbarung berücksichtigen wollen.[207] Beispielhaft werden steuerliche Aspekte genannt[208] und insbesondere die Arbeitsplatzsicherheit wird im Tarifrecht als ein Faktor herangezogen, der bei der Bewertung der Günstigkeit nicht außer-acht gelassen werden dürfe.[209]

Der Einzelvergleich dient jedoch gerade dem Ausschluss von Kompensationen und der Sicherung des gesetzlichen Mindeststandards, der nur verwirklicht werden kann, wenn allein die Interessen verglichen werden, die in der Norm miteinander ausgeglichen wurden. Andernfalls würde die gesetzliche Interessenabwägung verändert und mithin eine Billigkeitskontrolle durchgeführt,[210] weshalb auch im Wege einer subjektiv-gewillkürten Sachgruppenbildung solche Wirkungen nicht berücksichtigt werden können.[211] Dies gilt umso mehr, wenn mittelbare Wirkungen in den Blick genommen werden, die schon aufgrund ihrer individuellen Voraussetzungen nicht Teil der gesetzlichen Inte-

206 *Belling*, Günstigkeitsprinzip, S. 170; MüAnwHdB-ArbR/*Hamacher/van Laak*, § 70 Rn. 52; *Hueck/Nipperdey*, Arbeitsrecht, II/1 S. 607 f.; BJ-TzBfG/*Joussen*, TzBfG § 22 Rn. 14; *Kamanabrou*/ArbR, Rn. 1826; *Löwisch/Rieble*, TVG § 4 Rn. 605 ff.; SSP-AGG/*Suckow*, § 31 Rn. 12; *Wedde/Kunz*/EFZG, § 12 Rn. 13; *Wlotzke*, Günstigkeitsprinzip, S. 73 ff. Zum AOG, *Probst*, Günstigkeitsprinzip, S. 4. Vgl. auch die Darstellung bei *Schorn*, Günstigkeitsprinzip neuer Art, S. 123 ff. [m. w. N.].

207 Statt vieler *Emmert*, Betriebsvereinbarungen, S. 284 ff.; ErfK/*Franzen*, TVG § 4 Rn. 38; bereits früh *Kronenberg*, Ausnahmen der Unabdingbarkeit, S. 39 f.; *Schorn*, Günstigkeitsprinzip neuer Art, S. 72 ff. und S. 81 für eine gewillkürte Sachgruppenbildung im Tarifrecht, sowie S. 131 ff. für die Berücksichtigung einer Beschäftigungsgarantie; wohl auch *Schulze*, Günstigkeitsprinzip, S. 211 ff.

208 Beispielhaft bei *Schulze*, Günstigkeitsprinzip, S. 214 f.

209 Dazu die Darstellung der Auffassungen, *Schorn*, Günstigkeitsprinzip neuer Art, S. 115 ff. Dazu auch die Nachweise in Teil 1, Fn. 177.

210 *Firnhaber*, Günstigkeitsprinzip, S. 59 bezeichnet den Sachgruppenvergleich als „beschränkte Gesamtabwägung"; Zu einer gewillkürten Sachgruppenbildung im Tarifrecht, *Belling*, Günstigkeitsprinzip, 184 f. Zur „weiten Kompensationstheorie" des § 42 VVG, MüKo-VVG/*Staudinger*, VVG § 32 Rn. 14.

211 Für eine Sachgruppenbildung durch die Arbeitsvertragsparteien im Tarifrecht, vgl. *Schorn*, Günstigkeitsprinzip neuer Art, S. 72 ff. u. S. 76; kritisch *Belling*, Günstigkeitsprinzip, 184 f.

ressenabwägung sein können.[212] Gerade die Berücksichtigung außerrechtlicher Wirkungen erscheint daher eher als ein Umgehungsversuch des gesetzlichen Standards,[213] der gerade im Fall der Beschäftigungssicherung problematisch ist, wenn die zugesagte Arbeitsplatzsicherheit im Ergebnis wertlos sein kann. Der Verweis auf die damit verbundene Einschränkung der Vertragsfreiheit ist zwar zutreffend,[214] kann die andernfalls möglichen Kompensationen im Licht der mit der Unabdingbarkeit verfolgten Ziele aber nicht rechtfertigen.[215] Andernfalls kann der dienenden Funktion nicht entsprochen werden, die das Günstigkeitsprinzip in Bezug auf die Verwirklichung eines konkreten arbeitnehmerschützenden Standards hat.[216] Sofern der Gesetzgeber aber diesen Standard für solche Kompensationen öffnen möchte, steht ihm dies grundsätzlich zu.[217]

3. Zusammenfassung

Insgesamt ist auf Basis dieser allgemeinen Erwägungen als Vergleichsgegenstand im einfachen Gesetzesrecht jede einzelne Regelung zu betrachten und mit der abweichenden Vereinbarung im Hinblick auf ihre unmittelbaren rechtlichen Auswirkungen zu vergleichen. Vorbehaltlich der weiteren Untersuchung der speziellen Kodifikationen ist daher grundsätzlich ein Einzelvergleich durchzuführen und separat über die Wirksamkeit jeder einzelnen vertraglichen Abweichung zu entscheiden. Die anderen Vergleichsformen sind hingegen aufgrund der entstehenden Möglichkeit zur Kompensation vertraglicher Unterschreitungen einzelner Aspekte des gesetzlichen Regelungsniveaus nicht mit der Rechtsnatur des Arbeitsvertragsrechts vereinbar.

B. Bezugsobjekt des Günstigkeitsvergleichs

I. Bedeutung des Bezugsobjekts

Mit dem Bezugsobjekt des Vergleichs wird in den Blick genommen, für wen die Auswirkungen bewertet werden und ob der Vergleich für einen ein-

---

212 Vgl. Däubler/TVG/*Deinert/Wenckebach*, § 4 Rn. 691.

213 SSP-AGG/*Suckow*, § 31 Rn. 12.

214 *Nobbe*, Günstigkeitsprinzip im Verbraucherprivatrecht, S. 86; *Schorn*, Günstigkeitsprinzip neuer Art, S. 79.

215 So auch *Schorn*, Günstigkeitsprinzip neuer Art, S. 78, die deren Grenzen aber anders bestimmt.

216 In dem Sinn für das Tarifrecht, *Belling*, Günstigkeitsprinzip, S. 170 f.

217 Gleiches gilt im Tarifrecht, *Kamanabrou*/ArbR, Rn. 1826 mit Verweis auf § 4 Abs. 3 Alt. 1 TVG.

zelnen Arbeitnehmer (individueller Günstigkeitsvergleich) oder für ein zu definierendes Kollektiv von Anspruchsinhabern (kollektiver Günstigkeitsvergleich) vorzunehmen ist.[218] Bei diesem kollektiven Günstigkeitsvergleich wird eine Regelung auf Basis der Auswirkungen für die jeweilige Gesamtheit der Arbeitnehmer bewertet. Dabei ist eine Abweichung in diesem Sinn ungünstig, wenn sie für den einzelnen Arbeitnehmer zwar vorteilhaft, aber für das Kollektiv der Arbeitnehmer mit einem Nachteil verbunden ist und umgekehrt kann eine Regelung trotz eines Nachteils für den einzelnen Arbeitnehmer günstiger für das Kollektiv sein.[219] Beim individuellen Günstigkeitsvergleich sind hingegen die Auswirkungen auf den einzelnen Arbeitnehmer maßgeblich und eine Vereinbarung ungünstiger, wenn sie für diesen mit einem Nachteil verbunden ist.

Der kollektive Vergleich beinhaltet mithin ebenfalls die Möglichkeit, Vereinbarungen zum Nachteil einzelner Arbeitnehmer durch Kompensationen auszugleichen, die sich hier aber auf das maßgebliche Kollektiv auswirken müssen.[220] Gegenstand des Abweichungsschutzes ist bei dieser Vergleichsform daher nicht der individuelle Anspruch, sondern ein kollektives Schutzniveau. Auch die Auswahl des Bezugsobjekts hat daher erhebliche Auswirkungen auf das Ergebnis des Vergleichs und mithin ist sicherzustellen, dass das Bezugsobjekt in Übereinstimmung mit dem Zweck und der Rechtsnatur des jeweiligen Rechts bestimmt wird.[221]

II. Bezugsobjekt im kollektiven Arbeitsrecht

Für das kollektive Arbeitsrecht wird überwiegend vertreten, dass bei individuellen Rechten aus Kollektivvereinbarungen ein individueller Günstigkeitsvergleich durchzuführen ist.[222] Ferner stützen die Stimmen, die davon abwei-

---

[218] Zur Unterscheidung vgl. BAG v. 16.09.1986 – GS 1/82, BAGE 53, 42 [unter C. II. 4.]. ErfK/*Franzen*, TVG § 4 Rn. 35; *Löwisch/Rieble*, TVG § 4 Rn. 589 f.; *Schorn*, Günstigkeitsprinzip neuer Art, S. 58 ff., die darin jedoch ein spezielles Problem des Betriebsverfassungsrecht sieht, aber vergleichbare Überlegungen im Rahmen der Unterscheidung von Einzel- oder Gesamtinteressen anstellt, *Schorn*, Günstigkeitsprinzip neuer Art, S. 52 ff.; *Wlotzke*, Günstigkeitsprinzip, S. 76 ff.

[219] Ausführlich zum kollektiven Vergleich, *Löwisch/Rieble*, TVG § 4 Rn. 591 ff.; *Wiedemann*, FS Wißmann, 185, 192 ff.; *Wlotzke*, Günstigkeitsprinzip, S. 76.

[220] *Wiedemann*, FS Wißmann, 185, 193.

[221] Vgl. *Mosing*, Günstigkeitsprinzip, S. 55 sowie *Richardi*, NZA 1987, 185, 188.

[222] LAG Niedersachsen, Urteil vom 08.02.2000 – 7 Sa 781/99, NZA-RR 2000, 428, 429; LAG Baden-Württemberg v. 14.06.1989 – 9 Sa 145/88, DB 1989, 2028 (mit. Anm. *Buchner*); NK-GArbR/*Bepler*, TVG § 4 Rn. 111; Däubler/TVG/*Deinert/Wenckebach*, § 4 Rn. 725; BeckOK-ArbR/*Giesen*, TVG § 4 Rn. 31; HWK-ArbR/*Henssler*, TVG § 4 Rn. 38; *Hueck/Nipperdey*, Arbeitsrecht, II/1, 608; Küttner/Perso-

chend einen kollektiven Günstigkeitsvergleich befürworten,[223] diese Auffassung auch auf die spezielle kollektive Natur tarifrechtlicher Normen[224] und sind daher auf die individuellen Ansprüche des Gesetzesrechts nicht zu übertragen. Ein kollektiver Günstigkeitsvergleich wurde durch die Rechtsprechung nur durchgeführt,[225] wenn inhaltliche Besonderheiten der Ansprüche eine kollektive Eigenart begründeten, was insbesondere bei freiwilligen Sozialleistungen der Fall ist, wenn diese durch kollektive Voraussetzungen und einen Verteilungsplan bestimmt werden.[226] In der Literatur hat diese Rechtsprechung immer Kritik erfahren[227] und eine Betrachtung der Günstigkeit individueller Ansprüche auf kollektiver Ebene wird als Widerspruch zum Zweck

---

nalbuch/*Kreitner*, Günstigkeitsprinzip Rn. 8 u. Rn. 15; *Löwisch/Rieble*, TVG § 4 Rn. 589 mit Ausnahmen für Betriebsnormen; *Nikisch*, Arbeitsrecht, II S. 431; *Richardi*, Kollektivgewalt, S. 381; Richardi/BetrVG/*Richardi/Picker*, BetrVG § 77 Rn. 159; *T. B. Schmidt*, Günstigkeitsprinzip, S. 116 ff.; *Schorn*, Günstigkeitsprinzip neuer Art, S. 58; Kempen/Zachert/TVG/*Schubert/Zachert*, § 4 Rn. 402; *Schulze*, Günstigkeitsprinzip, S. 209 f.; Schaub/ArbR-HdB/*Trebber*, § 207 Rn. 25; differenzierend für das Verhältnis von Betriebsvereinbarung und Tarifvertrag, *Wlotzke*, Günstigkeitsprinzip, S. 77 u. S. 171 ff.; *Zöllner/Loritz/Hergenröder*/Arbeitsrecht, § 39 Rn. 9.

223 BAG v. 07.11.1989 – GS 3/85, BAGE 63, 211 [unter C. II. 2.]; BAG v. 16.09.1986 – GS 1/82, BAGE 53, 42 [unter C. II. 4. f)]; *Buschmann*, NZA 1990, 387, 388; ErfK/*Kania*, BetrVG § 77 Rn. 68, 69. Auf Basis des Zwecks der jeweiligen Norm, *Belling*, Günstigkeitsprinzip, S. 174 f.; *Blomeyer*, NZA 1996, 337, 345; ähnlich, Däubler/TVG/*Deinert/Wenckebach*, § 4 Rn. 727 sowie NK-GArbR/*Schwarze*, BetrVG § 77 Rn. 50; *Wlotzke*, Günstigkeitsprinzip, S. 171 ff. Für krisenbedingte Unterschreitungen tarifrechtlicher Standards, *Adomeit*, NJW 1984, 26, 27. Zur TVVO, *Kronenberg*, Ausnahmen der Unabdingbarkeit, S. 34 f.

224 Vgl. *Belling*, Günstigkeitsprinzip, S. 174 f.; *Hilgenstock*, Günstigkeitsvergleich, S. 23 ff. für das Gesamtinteresse; NK-GArbR/*Schwarze*, BetrVG § 77 Rn. 50; *Wlotzke*, Günstigkeitsprinzip, S. 172 f.

225 Anfänglich bestand eine Tendenz zum kollektiven Günstigkeitsvergleich, BAG v. 30.01.1970 – 3 AZR 44/68, BAGE 22, 252 [unter B. IV. 3.]; BAG v. 26.10.1962 – 1 AZR 8/61, SAE 1963, 105, zweifelnd aber offenlassend; BAG v. 17.04.1959 – 1 AZR 83/58, BAGE 7, 340, 348, für die Wirkung einer Urlaubsregelung; Zur frühen Entwicklung *Belling*, Günstigkeitsprinzip, S. 173 sowie *Schorn*, Günstigkeitsprinzip neuer Art, S. 61.

226 Für Betriebsvereinbarungen, BAG v. 07.11.1989 – GS 3/85, BAGE 63, 211 [unter C. II. 2.]; BAG v. 16.09.1986 – 1/82, BAGE 53, 42 [unter C.]; BAG v. 30.01.1970 – 3 AZR 44/68, BAGE 22, 252 [unter B. IV. 3.]; Richardi/BetrVG/*Richardi/Picker*, BetrVG § 77 Rn. 169. Zur Entwicklung der Rechtsprechung, *Krauss*, Günstigkeitsprinzip und Autonomie, S. 159 ff.; Küttner/Personalbuch/*Kreitner*, Günstigkeitsprinzip Rn. 11 ff. sowie *Schorn*, Günstigkeitsprinzip neuer Art, S. 61 ff.

227 *Belling*, Günstigkeitsprinzip, S. 145 ff.; ErfK/*Franzen*, TVG § 4 Rn. 35; *Kamanabrou*/ArbR, Rn. 2589 f.; offenlassend aber den kollektiven Vergleich ausschließend, *Krauss*, Günstigkeitsprinzip und Autonomie, S. 159; wohl auch *Löwisch/Rieble*, TVG § 4 Rn. 593; *T. B. Schmidt*, Günstigkeitsprinzip, S. 117 f.; Richardi/BetrVG/*Richardi/Picker*, BetrVG § 77 Rn. 168.

des Günstigkeitsprinzips bezeichnet.[228] Das BAG hat seine Rechtsprechung ferner weiter zurückgeführt und abseits umstrukturierender Betriebsvereinbarungen führt es den kollektiven Vergleich nicht durch.[229] Ähnlich wie bei diesem wird teilweise für Betriebsnormen und betriebsverfassungsrechtliche Regelungen in Tarifverträgen an das Interesse der Gesamtbelegschaft angeknüpft, wobei hier aber nicht die Summe der Einzelinteressen gemeint sei.[230] In Ermangelung entsprechender Regelungen im Gesetzesrecht kann dabei offenbleiben, inwieweit aber überhaupt zwischen einem *volonté de tous* und einem *volonté générale* der Belegschaft unterschieden werden kann.[231]

III. Bezugsobjekt im Gesetzesrecht

Ausgehend von der dienenden Funktion des Günstigkeitsprinzips ist auch das Bezugsobjekt auf den Zweck der jeweiligen gesetzlichen Regelung auszurichten. Das hier betrachtete arbeitnehmerschützende Gesetzesrecht vermittelt dabei regelmäßig individuelle arbeitnehmerschützende Ansprüche, was bereits dafürspricht, die Auswirkungen einer Vereinbarung auf den einzelnen Arbeitnehmer und seine Interessen in den Blick zu nehmen.[232] Dies gilt umso mehr, wenn die gesetzlichen Regelungen auf grundrechtlichen Schutzpflichten basieren, da auch deren Bezugsobjekt der einzelne Arbeitnehmer ist[233]. Darüber hinaus würde durch einen kollektiven Günstigkeitsvergleich jedenfalls die Möglichkeit zur Vereinbarung günstigerer Abweichungen auf individueller Ebene beschränkt[234] und womöglich sogar die Verwirklichung der durch das Arbeitsvertragsrecht vermittelten individuellen Ansprüche gefährdet[235]. Ein

---

228 *Belling*, DB 1987, 1888, 1894; *Federlin*, Kollektiver Günstigkeitsvergleich, S. 140 f., sieht darin einen Widerspruch in sich.

229 *Kamanabrou*/ArbR, Rn. 2590.

230 Dazu NK-GArbR/*Bepler*, TVG § 4 Rn. 111; MüHdB-ArbR/*Klumpp*, § 253 Rn. 62; *Löwisch/Rieble*, TVG § 4 Rn. 590 ff.; zur Unterscheidung, *Schorn*, Günstigkeitsprinzip neuer Art, S. 56.

231 Zum Unterschied, *Haymann*, Rousseau's Sozialphilosophie, S. 77. Zur Kritik an der Vorstellung eines volonté générale, *Comtesse*, Der Bürger, S. 271 ff.

232 Schmitt/EFZG/*L. Schmitt*, § 12 Rn. 41. Zum Tarifrecht, *Schorn*, Günstigkeitsprinzip neuer Art, S. 55; *T. B. Schmidt*, Günstigkeitsprinzip, S. 118.

233 BAG v. 27.06.2018 – 10 AZR 290/17, BAGE 163, 144 Rn. 35.

234 *Schorn*, Günstigkeitsprinzip neuer Art, S. 56 zur Begründung der Berücksichtigung der Einzelinteressen, wobei nicht ersichtlich wird, inwieweit auf Basis der Berücksichtigung der Einzelinteressen ein kollektiver Vergleich durchgeführt werden könnte. Jedenfalls ist der Schutz der Interessen des Kollektivs die zentrale Intention der Berücksichtigung der Gesamtinteressen, *Schorn*, Günstigkeitsprinzip neuer Art, S. 57 f. Fn. 242.

235 BAG v. 16.09.1986 – GS 1/82, BAGE 53, 42 [unter C. II. 4. b)]; *Wiedemann*, FS Wißmann, 185, 186.

kollektiver Vergleich würde daher einen intensiveren Eingriff in die Arbeitsvertragsfreiheit bedeuten[236] und mithin einer speziellen auf ein Kollektiv bezogenen Rechtfertigung bedürfen. Ferner würde ein kollektiver Vergleich voraussetzen, dass sich dem Gesetz ein Maßstab für die Gruppenbildung entnehmen lässt. Die individuelle Natur der Ansprüche des Arbeitsvertragsrechts führt aber dazu, dass dem Gesetz solche Maßstäbe gerade nicht zu entnehmen sind und auch die Literatur geht beinahe einheitlich von einem individuellen Vergleich aus.[237]

C. Vergleichszeitpunkt

I. Die zeitliche Komponente des Vergleichs

Ferner sind die zeitlichen Aspekte des Vergleichs zu bestimmen und mithin zu fragen, zu welchem Zeitpunkt und für welchen Zeitraum der Günstigkeitsvergleich durchzuführen ist.[238] Die Günstigkeit einer Abweichung kann dabei rückwirkend zum Zeitpunkt der Entscheidung über ihre Wirksamkeit oder im Rahmen einer ex-ante-Betrachtung zum Zeitpunkt des erstmaligen Aufeinandertreffens der abweichenden Regelungen und auf Basis der abstrakten Auswirkungen der Vereinbarung bewertet werden.[239] Der Wahl des Vergleichszeitpunktes wohnt damit gleichzeitig eine Auswahl über die Art der Betrachtung inne, womit die Bedeutung der Auswahl über den bloßen Zeitpunkt der Betrachtung hinausgeht. Die Unsicherheiten über den Verlauf des Arbeitsver-

---

236 *Federlin*, Kollektiver Günstigkeitsvergleich, S. 142. Vgl. zur Berücksichtigung des Gesamtinteresses im Tarifrecht, *Schorn*, Günstigkeitsprinzip neuer Art, S. 56.

237 Allgemein *Belling*, Günstigkeitsprinzip, S. 175, der im Verhältnis zwischen Tarifvertrag und Gesetzesrecht zwar einen kollektiven Vergleich durchführen möchte, dies aber mit dessen kollektiver Natur begründet. Zum EntgFG, *Dieckhoff*, AuR 1957, 297, 299; Schmitt/EFZG/*L. Schmitt*, § 12 Rn. 38 Rn. 40; *dies.*, Anm. zu BAG v. 06. 12. 2017, AP EntgeltFG § 2 Nr. 18; *Streckel*, Anm. zu BAG v. 22. 08. 2001, EzA § 3 EntgFG Nr. 8, S. 13; ArbR/*Vogelsang*, EntgFG § 12 Rn. 9. Zum BUrlG, NK-GArbR/*Düwell*, BUrlG § 13 Rn. 19; ErfK/*Gallner*, BUrlG § 7 Rn. 6; DKL-ArbR/*Gutzeit*, BUrlG § 13 Rn. 1; HO-BUrlG/*Hohmeister*, BUrlG § 13 Rn. 40; NFK-BUrlG/*Kühn*, § 13 Rn. 37; *Romatka*, Unabdingbarkeit im Urlaubsrecht, S. 68; HWK-ArbR/*Schinz*, BUrlG § 13 Rn. 14; Arnold/Tillmanns/BUrlG/*Zimmermann*, § 13 Rn. 14. Zu Kündigungsfristen, ErfK/*Müller-Glöge*, BGB § 622 Rn. 38. Zum Betriebsrentenrecht, BeckOK-ArbR/*Clemens*, BetrAVG § 19 Rn. 18; Höfer/BetrAVG/*Höfer*, I BetrAVG § 19 Rn. 25; NK-GArbR/*Neufeld/Kurtzer*, BetrAVG § 19 Rn. 16; BRO-BetrAVG/*Rolfs*, BetrAVG § 19 Rn. 62. Zum österreichischen Recht, *Mosing*, Günstigkeitsprinzip, S. 55; a. A. *Nikisch*, Arbeitsrecht, I S. 523 u. S. 634 für einen kollektiven tarifvertraglicher Regelungen zum Urlaub und zur Entgeltfortzahlung.

238 Zum Tarifrecht ErfK/*Franzen*, TVG § 4 Rn. 42; *Nikisch*, Arbeitsrecht, II S. 436; *Schorn*, Günstigkeitsprinzip neuer Art, S. 104 ff.; *Wlotzke*, Günstigkeitsprinzip, S. 92 ff.

239 Vgl. *Löwisch/Rieble*, TVG § 4 Rn. 631.

hältnisses machen eine konkrete ex-ante-Betrachtung aber unmöglich, wenn es um komplexe und langanhaltende Sachverhalte geht. Die ex-ante-Betrachtung ist daher mit einer abstrakten Betrachtung der Auswirkungen verbunden, während die rückwirkende Betrachtung eine Bewertung auf Basis der konkreten Wirkung der abweichenden Vereinbarung (bis) zum Zeitpunkt der Entscheidung ermöglicht.[240]

Während bei einer konkreten Betrachtung die bisherige Dauer des Arbeitsverhältnisses als Vergleichszeitraum zur Verfügung steht, ergibt sich aus der abstrakten Betrachtung ferner die Notwendigkeit den Umfang des Zeitraums zu bestimmen, in dem eintretende Wirkungen relevant sind. Dabei kommen ein punktueller Vergleich und die Bildung eines mehr oder weniger langen Zeitraums in Betracht, der theoretisch die wahrscheinliche Dauer des Arbeitsverhältnisses abdecken könnte. Es können also die denkbaren Wirkungen einer Vereinbarung auf einzelne Ansprüche oder deren kumulierte Wirkungen innerhalb eines bestimmten Zeitraums betrachtet werden.

II. Zeitpunkt der Gegenüberstellung und Art der Betrachtung

1. Bedeutung des Zeitpunkts

Bei der Auswahl des Zeitpunktes der Betrachtung hat die konkrete Bewertung den Vorteil, dass sie die tatsächlichen Auswirkungen der abweichenden Vereinbarung im Einzelfall berücksichtigt. Infolge der Beschränkung der Betrachtung auf die Vergangenheit kann eine solche Bewertung jedoch keine Aussage über die zukünftige Durchführung des Arbeitsverhältnisses beinhalten und damit insoweit auch keine Wirkung entfalten. Darüber hinaus führt die ex-post-Betrachtung dazu, dass die Bewertung einer Vereinbarung vom Zeitpunkt der Geltendmachung eines Anspruchs abhängig wird, was für die Parteien des Arbeitsvertrags die Bestimmung des anzuwendenden Rechts erheblich erschweren kann und damit zur Rechtsunsicherheit beiträgt.[241] Ein ex-post-Günstigkeitsvergleich wäre daher dauerhaft durchzuführen und erst mit Beendigung des Arbeitsverhältnisses wäre eine abschließende Bewertung möglich.[242]

Dem entgegengesetzt ermöglicht die ex-ante-Betrachtung eine abschließende Bewertung für die gesamte Dauer des Arbeitsverhältnisses. Die dafür

---

[240] Zum Zusammenhang zwischen Zeitpunkt und Art der Betrachtung, *Diller*, NZA 2000, 293, 296 f.; *Löwisch/Rieble*, TVG § 4 Rn. 631.

[241] Vgl. *Diller*, NZA 2000, 292, 296 f. sowie *Wlotzke*, Günstigkeitsprinzip, S. 93 f.

[242] *Löwisch/Rieble*, TVG § 4 Rn. 631 sprechen daher von einem „ständigen Günstigkeitsvergleich"; ebenso *Mosing*, Günstigkeitsprinzip, S. 56; *Wiedemann*, Anm. zu BAG v. 12. 04. 1972, AP TVG § 4 Günstigkeitsprinzip Nr. 13.

erforderliche Prognose erlaubt infolge der Variabilität der Umstände, wie beispielsweise der Lage der Feiertage und deren Auswirkungen auf die Arbeitszeit oder des Kündigungstermins und seiner möglichen Auswirkung auf die absolute Dauer der Kündigungsfrist[243], aber nur eine abstrakte Bewertung der abweichenden Vereinbarung.[244] Auf dieser Basis kann nicht immer festgestellt werden, ob eine Vereinbarung während der konkreten Vertragsdurchführung zugunsten oder zuungunsten wirkt und ob der Mindeststandard im Einzelfall eingehalten wird.[245] Dies wird noch erschwert, wenn die kumulierte Wirkung einer Vereinbarung innerhalb eines Zeitraums zu bestimmen ist[246]. Während die rückwirkende Betrachtung mithin eine absolute Bewertung der Günstigkeit auch in zeitlicher Hinsicht ermöglicht, aber erst nach Beendigung des Arbeitsverhältnisses Rechtssicherheit über die Wirksamkeit einer Vereinbarung vermittelt, stellt die ex-ante-Betrachtung eine Vergleichsform dar, die zu jedem Zeitpunkt des Arbeitsverhältnisses abschließende Entscheidungen über die Wirksamkeit einer Vereinbarung ermöglicht und damit auf Kosten der Eindeutigkeit der Bewertung die Rechtssicherheit der Arbeitsvertragsparteien erhöht.

2. Zeitpunkt des Vergleichs im kollektiven Arbeitsrecht

Ebenso wie die bisher betrachteten Kriterien ist dabei auch der Vergleichszeitpunkt so zu bestimmen, dass dem Zweck der erfassten Vorschriften entsprochen wird. Damit ist einerseits die tatsächliche Einhaltung des Mindeststandards während des gesamten Zeitverlaufs verbunden[247] und gleichzeitig soll die Durchführung des Günstigkeitsvergleichs der Vereinbarung abweichender günstigerer Vereinbarungen auch nicht entgegenstehen. Die mit dem dauerhaften Vergleich verbundene Rechtsunsicherheit würde jedoch abweichenden Vereinbarungen entgegenstehen und ist mit diesem Ziel einseitig zwingender Vorschriften nicht vereinbar.[248] Insbesondere mit Verweis auf

---

243 Dazu *Diller*, NZA 2000, 293, 295 ff.

244 Vgl. BAG v. 06.12.2017 – 5 AZR 118/17, BAGE 161, 132; *Diller*, NZA 2000, 293, 296 f.

245 *Mosing*, Günstigkeitsprinzip, S. 57, sieht dies infolge der Freiwilligkeit aber als gerechtfertigt an.

246 Mangels sachlicher Kompensationsmöglichkeit ist die Wirkung anderer vertraglicher Regelungen hingegen unbeachtlich, anders ist es im Tarifrecht, *Schorn*, Günstigkeitsprinzip neuer Art, S. 104 f.; *Wiedemann*, Anm. zu BAG v. 12.04.1972, AP TVG § 4 Günstigkeitsprinzip Nr. 13; *Wlotzke*, Günstigkeitsprinzip, S. 94 f.

247 Vgl. *Wlotzke*, Günstigkeitsprinzip, S. 92; grundsätzlich auch *Schorn*, Günstigkeitsprinzip neuer Art, S. 104.

248 MüHdB-ArbR/*Klumpp*, § 253 Rn. 70; vgl. auch *Schorn*, Günstigkeitsprinzip neuer Art, S. 106, bezeichnet die dauerhafte Konfliktlösung als „klaren Vorteil" der abstrakten Betrachtung. Zum österreichischen Recht *Mosing*, Günstigkeitsprinzip, S. 56 f.

dieses Erfordernis wird daher im Tarifrecht,[249] aber auch im Betriebsverfassungsrecht[250] ein ex-ante-Vergleich durchgeführt und die Günstigkeit einer einzelvertraglichen Regelung wird zu dem Zeitpunkt bestimmt, zu dem die sich widersprechenden Regelungen erstmals – ggf. nach einer Anpassung – kollidieren.[251]

Die abstrakte ex-ante-Betrachtung ist aber mit der Gefahr verbunden, dass abweichende Vereinbarungen im konkreten Einzelfall den gesetzlichen Mindeststandard nicht einhalten. Um diesen Ziel nicht durch die Form des Vergleichs zu konterkarieren und gleichzeitig das Erfordernis der Rechtssicherheit zu berücksichtigen, ist die abstrakte Betrachtung der konkreten Betrachtung weitgehend anzunähern.[252] Im Tarifrecht werden dafür unterschiedliche Maßstäbe angelegt, die einerseits sicherstellen sollen, dass nur die im Zeitverlauf wirksamen Kompensationen berücksichtigt werden und dass andererseits der Gestaltungsspielraum für Kompensationen im Zeitverlauf nicht übermäßig beeinträchtigt wird.[253] Auch das BAG betont im kollektiven Arbeitsrecht das Erfordernis der Einhaltung des tarifvertraglichen Standards und sieht abweichende Regelungen nur als zulässig an, wenn eindeutig und im Vorhinein feststeht, dass sie im zeitlichen Verlauf den Mindeststandard einhalten.[254]

---

249 BAG v. 15.04.2015 – 4 AZR 587/13, BAGE 151, 221 Rn. 29ff.; BAG v. 10.12.2014 – 4 AZR 503/12, BAGE 150, 184 Rn. 42; BAG v. 12.04.1972 – 4 AZR 211/71, BAGE 24, 228; LAG Niedersachsen v. 08.02.2000 – 7 Sa 781/99, NZA-RR 2000, 428, 429; LAG München v. 04.05.1990 – 2 Sa 128/90, LAGE Günstigkeitsprinzip Nr. 3; Wiedemann/TVG/*Bayreuther*, § 4 Rn. 371; NK-GArbR/*Bepler*, TVG § 4 Rn. 113; *Courth*, Günstigkeitsprinzip, S. 130f.; Däubler/TVG/*Deinert/Wenckebach*, § 4 Rn. 750; MüKo-BGB/*Engshuber*, BGB § 622 Rn. 97; ErfK/*Franzen*, TVG § 4 Rn. 42; MüAnwHdB-ArbR/*Hamacher/van Laak*, § 70 Rn. 54; *Kamanabrou*/ArbR, Rn. 1851; MüHdB-ArbR/*Klumpp*, § 253 Rn. 69; *Löwisch/Rieble*, TVG § 4 Rn. 631; *Richardi*, Kollektivgewalt, S. 381; *Schorn*, Günstigkeitsprinzip neuer Art, S. 104; *Schulze*, Günstigkeitsprinzip, S. 221; Schaub/ArbR-HdB/*Trebber*, § 207 Rn. 26; im Ergebnis auch *Wlotzke*, Günstigkeitsprinzip, S. 93 f.

250 BAG v. 27.01.2004 – 1 AZR 148/03, BAGE 109, 244 [unter II. 2. b) aa)].

251 Zur Durchführung, BAG v. 15.04.2015 – 4 AZR 587/13, BAGE 151, 221 Rn. 31; Däubler/TVG/*Deinert/Wenckebach*, § 4 Rn. 751.

252 Vgl. zum Tarifrecht, *Wlotzke*, Günstigkeitsprinzip, S. 95. Zum österreichischen Recht, *Mosing*, Günstigkeitsprinzip, S. 58 f.

253 *Courth*, Günstigkeitsprinzip, S. 131 f.; *Löwisch/Rieble*, TVG § 4 Rn. 631, spricht von eindeutiger Feststellung im Rahmen einer Prognose; *Wiedemann*, Anm. zu BAG v. 12.04.1972, AP TVG § 4 Günstigkeitsprinzip Nr. 13, will daran anknüpfen, ob es allein dem Arbeitnehmer obliegt die Voraussetzungen der Besserstellung zu erfüllen; *Wlotzke*, Günstigkeitsprinzip, S. 95 will eine mit an „Gewißheit grenzende Wahrscheinlichkeit"; ähnlich *Richardi*, Kollektivgewalt, S. 381 f.

254 BAG v. 20.09.2017 – 6 AZR 474/16, BAGE 160, 205 Rn. 49; BAG v. 15.04.2015 – 4 AZR 587/13, BAGE 151, 221 Rn. 31; BAG v. 10.12.2014 – 4 AZR 503/12, BAGE 150, 184 Rn. 42; BAG v. 12.04.1972 – 4 AZR 211/71, BAGE 24, 228; LAG München v. 04.05.1990 – 2 Sa 128/90, LAGE Günstigkeitsprinzip Nr. 3; ähnlich

3. Zeitpunkt des Vergleichs im Gesetzesrecht

Im Gesetzesrecht spricht sich jedenfalls die überwiegende Auffassung ebenfalls für einen ex-ante-Vergleich aus. Dies gilt neben den im Fokus stehenden Regelungen[255] auch für Kündigungsfristen[256] und das Verbrauchervertragsrecht[257]. Lediglich eine Stimme zum BetrAVG spricht von einem konkreten Vergleich, ohne sich dabei jedoch ausdrücklich zum Zeitpunkt des Vergleichs zu äußern[258]. Für die Rechtssicherheit der Arbeitsvertragsparteien ist es auch unerheblich, ob sie durch den Vergleich zu einer kollektiven Vereinbarung oder zu einer gesetzlichen Regelung dauerhaft in Zweifel gezogen wird. Ferner ist der Zweck der Vorschriften[259] und der vertraglichen Vereinbarungen[260] auch die Vermittlung von Rechtssicherheit, weshalb die ex-post-Betrachtung auch im Gesetzesrecht grundsätzlich ausgeschlossen ist.[261] Nicht zuletzt entspricht der ex-ante-Vergleich der allgemeinen Dogmatik für Willenserklärungen, über deren Wirksamkeit grundsätzlich zum Zeitpunkt ihrer Abgabe bzw. ihres Aufeinandertreffens entschieden wird, wobei zu berücksichtigen ist, dass die Wirksamkeit der vertraglichen Regelung zu bewerten ist und nicht die Wirksamkeit der Ausübung der daraus entstehenden Rech-

---

ErfK/*Franzen*, TVG § 4 Rn. 39; so auch bereits *Hueck/Nipperdey*, Arbeitsrecht, II/1 S. 613; Kempen/Zachert/TVG/*Schubert/Zachert*, § 4 Rn. 420; a.A. und im Zweifel für Vereinbarung *Emmert*, Betriebsvereinbarungen, S. 291 f.

[255] Für das EntgFG, BAG v. 06.12.2017 – 5 AZR 118/17, BAGE 161, 132 Rn. 27; *L. Schmitt*, Anm. zu BAG v. 06.12.2017, AP EntgeltFG § 2 Nr. 18. Für das BetrAVG, BeckOK-ArbR/*Clemens*, BetrAVG § 19 Rn. 18; BRO-BetrAVG/*Rolfs*, BetrAVG § 19 Rn. 62. Zum BUrlG, NFK-BUrlG/*Kühn*, § 13 Rn. 37, jeweils am Jahresanfang; ebenso *Romatka*, Unabdingbarkeit im Urlaubsrecht, S. 68. Für das AGG *Bauer/Krieger/Günther*/AGG, AGG § 31 Rn. 19; DKL-ArbR/*Kappenhagen*, AGG § 31 Rn. 1; NK-GArbR/*Schneider*, AGG § 31 Rn. 2; SSP-AGG/*Suckow*, § 31 Rn. 11.

[256] BAG v. 29.01.2015 – 2 AZR 280/14, BAGE 150, 337 Rn. 15; LAG Hamburg v. 30.03.2000 – 7 Sa 5/00, BeckRS 2009, 67875; NK-GArbR/*Boecken*, BGB § 622 Rn. 34; *Diller*, NZA 2000, 293, 296 f.; MüKo-BGB/*Engshuber*, BGB § 622 Rn. 97, hingegen Rn. 90 für Änderungen der Beschäftigtenzahl im Rahmen der Regelung des § 622 Abs. 5 S. 1 Nr. 2 BGB; ebenso APS/*Link*, BGB § 622 Rn. 120 u. Rn. 111 für Änderungen der Beschäftigtenzahl; *Wensing/Hesse*, NZA 2009, 1309, 1310.

[257] *Nobbe*, Günstigkeitsprinzip im Verbraucherprivatrecht, S. 86 u. S. 230 f.

[258] Insoweit unklar bei Höfer/BetrAVG/*Höfer*, I BetrAVG § 19 Rn. 25 und es ist eher zu vermuten, dass damit ein rein objektiver Maßstab auf Basis einer genauen Prognose gemeint ist.

[259] Vgl. BAG v. 17.12.1959 – GS 2/59, BAGE 8, 285 [unter B. VII.].

[260] *Cziupka*, Dispositives Vertragsrecht, S. 32 ff.; *Schmidt-Rimpler*, AcP 147 (1941), 130, 133.

[261] Zum einseitig dispositiven Recht, *Möslein*, Dispositives Recht, S. 204; *GA Poiares Maduro* v. 25.10.2005, C-465/04, Slg. 2006, I-2879 Rn. 30; *L. Schmitt*, Anm. zu BAG v. 06.12.2017, AP EntgeltFG § 2 Nr. 18.

te.[262] Sofern der spezielle Zweck einer gesetzlichen Regelung keine andere Betrachtung erforderlich macht, lässt sich daher wie beim Vergleichsmaßstab bereits aus allgemeinen Erwägungen heraus festhalten, dass grundsätzlich ein abstrakter ex-ante-Vergleich ausgehend von dem Zeitpunkt vorzunehmen ist, zu dem sich die Regelungen erstmals gegenüberstanden.[263]

Gleichzeitig darf die Form des Vergleichs nicht zu einer Unterschreitung des Mindeststandards führen und es ist daher zu berücksichtigen, dass die abstrakte Betrachtung vor allem notwendig ist, weil die Unsicherheiten über die unterschiedlichen äußeren Faktoren eines Arbeitsverhältnisses eine konkrete Bewertung nicht immer möglich machen. Um diese Zweifel nicht zu vergrößern, müssen die Wirkungsmöglichkeiten einer Vereinbarung im Kontext der individuellen vertraglichen Vereinbarung betrachtet werden,[264] über die auch keine Unsicherheit bestehen dürfte[265]. Angesichts des individuellen Charakters des Arbeitsvertragsrechts kann allein auf Basis der insoweit möglichen Auswirkungen eine Betrachtung durchgeführt werden. Es würde ferner dem Sinn des Arbeitnehmerschutzes widersprechen, wenn bereits aufgrund der absehbaren konkreten Auswirkungen die Ungünstigkeit einer Vereinbarung feststeht, deren Wirksamkeit aber unter Verweis auf abstrakte Wirkungen bejaht wird.[266] Die abstrakte Betrachtung ist daher nur durchzuführen, sofern die konkret erkennbare Wirkung nicht bereits für die Unwirksamkeit der Re-

262 BAG v. 29.01.2015 – 2 AZR 280/14, BAGE 150, 337 Rn. 16; vgl. auch NK-GArbR/*Boecken*, BGB § 622 Rn. 34. Insoweit im Zusammenhang mit § 622 Abs. 5 S. 1 Nr. 2 BGB unzutreffend auf den Zeitpunkt der Kündigung abstellend, MüKo-BGB/*Engshuber*, § 622 Rn. 90; APS/*Link*, BGB § 622 Rn. 111. Vgl. auch EuGH v. 23.03.2006 – C-465/04 [Honeyvem Informazioni Commerciali], Slg. 2006, I-2879, Rn. 25, zu Art. 19 Handelsvertreter-RL.

263 Für das EntgFG, BAG v. 06.12.2017 – 5 AZR 118/17, BAGE 161, 132 Rn. 27; *L. Schmitt*, Anm. zu BAG v. 06.12.2017, AP EntgeltFG § 2 Nr. 18. Für das BetrAVG, BeckOK-ArbR/*Clemens*, BetrAVG § 19 Rn. 18; BRO-BetrAVG/*Rolfs*, BetrAVG § 19 Rn. 62; unklar bei Höfer/BetrAVG/*Höfer*, I BetrAVG § 19 Rn. 25, der von einer konkreten Betrachtung spricht, ohne sich zum Zeitpunkt zu äußern. Zum BUrlG, in Anpassung an die Besonderheiten jeweils zum Jahresanfang, NFK-BUrlG/*Kühn*, § 13 Rn. 37. Zu Kündigungsfristen, BAG v. 29.01.2015 – 2 AZR 280/14, BAGE 150, 337 Rn. 15; LAG Hamburg v. 30.03.2000 – 7 Sa 5/00, BeckRS 2009, 67875; *Diller*, NZA 2000, 293, 296f.; MüKo-BGB/*Engshuber*, BGB § 622 Rn. 97, hingegen Rn. 90 für Änderungen der Beschäftigtenzahl im Rahmen der Regelung des § 622 Abs. 5 S. 1 Nr. 2 BGB; ebenso APS/*Link*, BGB § 622 Rn. 120 u. Rn. 111 für Änderungen der Beschäftigtenzahl; *Wensing/Hesse*, NZA 2009, 1309, 1310.

264 Für das Betriebsrentenrecht, Höfer/BetrAVG/*Höfer*, I BetrAVG § 19 Rn. 25. Für das BUrlG, HO-BUrlG/*Hohmeister*, BUrlG § 13 Rn. 42. Für das EntgFG, wohl auch *Klocke*, jurisPR-ArbR 48/2018 Anm. 2; Schmitt/EFZG/*L. Schmitt*, § 12 Rn. 38.

265 So auch *L. Schmitt*, Anm. zu BAG v. 06.12.2017, AP EntgeltFG § 2 Nr. 18.

266 Ausdrücklich a.A. NK-GArbR/*Düwell*, BUrlG § 13 Rn. 18.

gelungen spricht.[267] Andernfalls droht die abstrakte Betrachtung zur fiktiven Betrachtung zu werden. Um diese Form der Betrachtung von weniger genauen Formen der Betrachtung abzugrenzen,[268] kann sie als abstrakt-prognostizierende Betrachtung bezeichnet werden, bei der eine Abweichung in jedem Fall, der sich im Arbeitsverhältnis konkretisieren kann, nicht ungünstiger als die gesetzliche Regelung sein darf.[269] Sofern dabei Zweifel verbleiben, führen die bisher entwickelten Standards zur Unwirksamkeit der Vereinbarung, weil dann nicht eindeutig und im Vorhinein erkennbar ist, dass der Anspruch erfüllt werden wird.[270]

Allerdings darf auch dabei der individuelle Charakter der Ansprüche des Arbeitsvertragsrechts nicht außeracht gelassen werden und es ist zu berücksichtigen, dass der Günstigkeitsvergleich den Schutz der Ansprüche eines individuellen Arbeitnehmers und keine allgemeine Angemessenheitskontrolle des Arbeitsvertrages bezweckt.[271] Es können daher Wirkungen vernachlässigt werden, deren Eintritt gänzlich ausgeschlossen ist[272] und vergleichbares gilt für die Änderung rechtlicher Vorgaben. Sofern sich die anwendbaren Vorschriften bei ordnungsgemäßem Verlauf des Arbeitsverhältnisses ändern werden, ist die Änderung als Teil der Prognosebetrachtung bereits in den Günstig-

---

[267] MüHdB-ArbR/*Klumpp*, § 253 Rn. 70; a.A. NK-GArbR/*Düwell*, BUrlG § 13 Rn. 18; wohl auch ArbR/*Vogelsang*, EntgFG § 12 Rn. 9.

[268] Dazu Tei 4 § 15 Abschnitt C.

[269] Vgl. ErfK/*Franzen*, TVG § 4 Rn. 39; MüHdB-ArbR/*Klumpp*, § 253 Rn. 70.

[270] Für die Entgeltfortzahlung, ArbG Frankfurt a.M. v. 23.02.2016 – 4 Ca 7036/15, BeckRS 2016, 117272 Rn. 11; *Knorr*, NZA 2018, 1449, 1453; differenzierend, Schmitt/EFZG/*L. Schmitt*, § 12 Rn. 41, wenn die Unsicherheit auch dem Gesetz anhaftet. Für das frühere FZG, BAG v. 28.02.1984 – 3 AZR 103/83, AP FeiertagslohnzahlungsG § 1 Nr. 43 [unter I. 2. b)]; BAG v. 22.10.1973 – 3 AZR 83/73, AP FeiertagslohnzahlungsG § 1 Nr. 31 [unter II. 1.]; ähnlich bereits BAG v. 25.03.1966 – 3 AZR 358/65, AP FeiertagslohnzahlungsG § 1 Nr. 19; zustimmend, *Herschel*, Anm. zu BAG v. 22.10.1973, AP FeiertagslohnzahlungsG § 1 Nr. 31; a.A. BAG v. 06.12.2017 – 5 AZR 118/17, BAGE 161, 132; BAG v. 07.05.2003 – 5 AZR 256/02, AP TVG § 1 Tarifverträge: Deutsche Bahn Nr. 13 [unter II. 4. b)]; ebenfalls LAG v. Hessen v. 24.11.2016 – 5 Sa 590/16, BeckRS 2016, 117271 Rn. 16ff. Für das BUrlG, DHSW-ArbR/*Holthaus*, BUrlG § 13 Rn. 6; ausdrücklich a.A. NK-GArbR/*Düwell*, BUrlG § 13 Rn. 14. Für das Betriebsrentenrecht, BRO-BetrAVG/*Rolfs*, BetrAVG § 19 Rn. 64. Zu Art. 19 Handelsvertreter-RL, EuGH v. 23.03.2006 – C-465/04 [Honeyvem Informazioni Commerciali], Slg. 2006, I-2879 Rn. 25. In dem Sinn für gesetzliche Kündigungsfristen BAG v. 29.01.2015 – 2 AZR 280/14, BAGE 150, 337 Rn. 18; APS/*Link*, BGB § 622 Rn. 120; a.A. LAG Hamburg v. 30.03.2000 – 7 Sa 5/00, BeckRS 2009, 67875; *Diller*, NZA 2000, 293, 296f.

[271] Für ein anderes Verständnis im Gesetzesrecht, NK-GArbR/*Düwell*, BUrlG § 13 Rn. 18.

[272] In dem Sinn, BAG v. 27.04.1988 – 7 AZR 593/87, BAGE 58, 183 [unter I. 3. c) cc)].

keitsvergleich einzubeziehen,[273] damit dieser seine dauerhaft befriedende Wirkung erzielen kann. Änderungen des Rechts, die nicht vorhersehbar sind, führen hingegen zu einem neuen Günstigkeitsvergleich und sind mithin zum Zeitpunkt der Änderung des anwendbaren Rechts zu vergleichen.[274] Dementsprechend ist beispielsweise die Verlängerung der Kündigungsfristen nach § 622 Abs. 2 BGB bereits beim erstmaligen Vergleich der Fristen zu berücksichtigen,[275] während der Wegfall der Erleichterung für Kleinunternehmer zur einem neuen Vergleich führt,[276] wofür nicht nur die Unvorhersehbarkeit, sondern auch der Zweck der Vorschrift spricht.

III. Zeitraum der Betrachtung

1. Bedeutung des Zeitraums

Ebenso wie die anderen Kriterien ist auch der Vergleichszeitraum auf Basis des Zwecks und der Zielrichtung des Günstigkeitsprinzips sowie der materiellen Regelung zu bestimmen.[277] Dabei ist vor allem zu berücksichtigen, dass aus der gemeinsamen Betrachtung der zeitlichen Wirkungen einer Vereinbarung erneut Kompensationsmöglichkeiten entstehen.[278] Ferner ist zu beachten, dass insbesondere die mit einem Sachgruppen- oder Gesamtvergleich verbundenen Kompensationsmöglichkeiten von der Länge des Vergleichszeitraums beeinflusst werden.[279] Sofern diese Sachgruppen in einem punktuellen Vergleich zueinander ins Verhältnis gesetzt werden, könnten nur Kompensationen berücksichtigt werden, die gleichzeitig mit der abweichenden Regelung wirken, während später eintretende Wirkungen unbeachtlich wären.[280] Die Möglichkeiten, durch anderweitige oder ergänzende Regelungen Verschlechterungen bei einzelnen Aspekten auszugleichen, würden daher durch diesen Vergleich stark eingeschränkt. Hingegen ermöglicht ein langer Betrachtungszeitraum zwar eine größere Flexibilität bei der Vereinbarung von Kompensationen,

---

[273] *Löwisch/Rieble*, TVG § 4 Rn. 632.

[274] Vgl. zum Tarifrecht, *Löwisch/Rieble*, TVG § 4 Rn. 634.

[275] MüKo-BGB/*Engshuber*, BGB § 622 Rn. 97; APS/*Link*, BGB § 622 Rn. 120. Zweifelnd, BAG v. 29.01.2015 – 2 AZR 280/14, BAGE 150, 337 Rn. 17. Erst bei Geltung der Stufe, *Wensing/Hesse*, NZA 2009, 1309, 1313.

[276] A.A. für den Kündigungstermin, MüKo-BGB/*Engshuber*, BGB § 622 Rn. 90; APS/*Link*, BGB § 622 Rn. 111,

[277] *Mosing*, Günstigkeitsprinzip, S. 58.

[278] *Firnhaber*, Günstigkeitsprinzip, S. 76.

[279] Den Zusammenhang erkennt man auch bei *Schorn*, Günstigkeitsprinzip neuer Art, S. 104 f.; *Wiedemann*, Anm. zu BAG v. 12.04.1972, AP TVG § 4 Günstigkeitsprinzip Nr. 13 sowie *Wlotzke*, Günstigkeitsprinzip, S. 95.

[280] *Wlotzke*, Günstigkeitsprinzip, S. 94 f.

jedoch steigt damit auch die Wahrscheinlichkeit, dass die kompensatorische Wirkung einer Vereinbarung aufgrund von späteren Änderungen nicht eintritt. Ohne diese kompensatorische Wirkung stellt die Vereinbarung jedoch eine Unterschreitung des Mindeststandards dar.

2. Zeitraum des Vergleichs im Tarifrecht

Trotz dieser Gefahr wird der ex-ante-Vergleich im Tarifrecht nicht punktuell, sondern auf Basis eines repräsentativen Zeitraums durchgeführt, bei dessen Bestimmung auch die Besonderheiten der zu vergleichenden Regelungen berücksichtigt werden[281]. Dafür wird insbesondere auf den Zweck des Günstigkeitsvergleichs in der Form des Sachgruppenvergleichs verwiesen, der nur so zu interessengerechten Ergebnissen führe.[282] Allein ein zweckbezogen bestimmter Vergleichszeitraum könne dies sicherstellen, während andere Vergleichsformen keinen Spielraum für die Berücksichtigung der Besonderheiten der jeweiligen Regelung und den damit verbundenen Interessen ließen.

3. Zeitraum des Vergleichs im Gesetzesrecht

Die Literatur zum Arbeitsvertragsrecht setzt sich mit der Frage des Zeitraums der Betrachtung nur vereinzelt auseinander und explizit wird für das AGG ein punktueller Vergleich vertreten.[283] Gleiches gilt für das EntgFG,[284] für das aber auch ein Vergleich auf Basis der Betrachtung eines Jahres vorgeschlagen wird[285]. Auch für das Kündigungsrecht kommt es nicht darauf an, welche Regelung im Zeitverlauf überwiegend günstiger ist, sondern eine Regelung muss sich zu jedem Zeitpunkt als länger erweisen.[286] Ferner wird für das Verbrauchervertragsrecht von der Maßgeblichkeit eines auf die Vertrags-

281 BAG v. 15.04.2015 – 4 AZR 587/13, BAGE 151, 221 Rn. 31; Wiedemann/TVG/*Bayreuther*, § 4 Rn. 372; Kempen/Zachert/TVG/*Schubert/Zachert*, § 4 Rn. 418; Schaub/ArbR-HdB/*Trebber*, § 207 Rn. 26. Allgemein und zum österreichischen Recht, *Mosing*, Günstigkeitsprinzip, S. 58.

282 *Nobbe*, Günstigkeitsprinzip im Verbraucherprivatrecht, S. 112; *Wlotzke*, Günstigkeitsprinzip, S. 94 f.

283 DKL-ArbR/*Kappenhagen*, AGG § 31 Rn. 1.

284 HWK-ArbR/*Vogelsang*, EntgFG § 12 Rn. 9; a.A. für einen jährlichen Vergleich im Feiertagsrecht.

285 *L. Schmitt*, Anm. zu BAG v. 06.12.2017, AP EntgeltFG § 2 Nr. 18.

286 BAG v. 29.01.2015 – 2 AZR 280/14, BAGE 150, 337 Rn. 18; MüKo-BGB/*Engshuber*, BGB § 622 Rn. 97; APS/*Link*, BGB § 622 Rn. 120; wohl auch *Wensing/Hesse*, NZA 2009, 1309, 1313; a.A. und für tendenzielle Günstigkeit, LAG Hamburg v. 30.03.2000 – 7 Sa 5/00, BeckRS 2009, 67875; wohl auch *Arnold*, ArbRAktuell 2018, 324; *Diller*, NZA 2000, 293, 296 f.; *Laskawy/Lomb*, DB 2018, 1348.

durchführung bezogenen Zeitraums ausgegangen.[287] Darüber hinaus finden sich keine Stellungnahmen in der Literatur, jedoch werden sachliche Kompensationen überwiegend ausgeschlossen und insofern ergibt sich aus den vertretenen Ansichten zumindest keine Notwendigkeit, den zeitlichen Spielraum der Parteien zu erweitern.[288]

Der Ausschluss von Kompensationsmöglichkeiten ist auch der maßgebliche Anknüpfungspunkt für die Auswahl des Zeitraums. Dieser Ausschluss dient der Verwirklichung der arbeitnehmerschützenden Ansprüche, deren Wirksamkeit sicherzustellen ist, wenn ihre Voraussetzungen verwirklicht werden. Daher ist jeder einzelne Anspruch auch als Maßstab der Günstigkeit heranzuziehen und mit dem Vergleich die Wirksamkeit des einzelnen Anspruchs sicherzustellen. Dementsprechend spricht die Natur und der Zweck der gesetzlichen Ansprüche dafür, einen punktuellen Günstigkeitsvergleich durchzuführen, bei dem abstrakt bestimmt wird, ob die vertragliche Regelung die einzelnen Ansprüche erfüllen kann. Unterschreitungen des gesetzlichen Standards sind damit allenfalls dann vereinbar, wenn der spätere Ausgleich unter allen Umständen verwirklicht wird und der späteren Verwirklichung keine besonderen Regelungen entgegenstehen.

Damit soll aber keine Veränderung des Vergleichszeitpunktes verbunden sein, sondern die Einhaltung der einzelnen Ansprüche des Arbeitnehmers ist im Vorhinein zu überprüfen. Dabei kommt es nur darauf an, ob die Vereinbarung zu einer Benachteiligung führen kann und sofern dies der Fall ist, führt dies zu ihrer Unwirksamkeit. Abseits gänzlich ausgeschlossener Wirkungen ist es auch unerheblich, mit welcher Wahrscheinlichkeit die Wirkung zuungunsten des Arbeitnehmers in absehbarer Zeit überhaupt eintreten kann. Anders als teilweise angenommen wird, ist daher mit der punktuellen Betrachtung kein dauerhafter Vergleich verbunden,[289] sondern die Wirkung ist auf Basis abstrakt denkbarer Konstellationen mit der gesetzlichen Regelung zu vergleichen. Zutreffend ist aber, dass der Sachverhalt vorhersehbarer und der Vergleich so erleichtert wird, wenn nur einzelne Ansprüche in den Blick genommen werden und nur festzustellen ist, ob ein einzelner Anspruch nicht vollständig erfüllt wird. Insofern ermöglicht der punktuelle Vergleich eine weitere Annäherung der abstrakten Betrachtung an die konkrete Betrachtung und gleichzeitig eine prognostische Basis für die Entscheidung über die zukünftige Wirkung der Vereinbarung.

---

[287] *Nobbe*, Günstigkeitsprinzip im Verbrauchervertragsrecht, S. 235.

[288] Hingegen *L. Schmitt*, Anm. zu BAG v. 06.12.2017, AP EntgeltFG § 2 Nr. 18, mit einem Einzelvergleich und einem Vergleichszeitraum.

[289] So aber *Löwisch/Rieble*, TVG § 4 Rn. 631; *L. Schmitt*, Anm. zu BAG v. 06.12.2017, AP EntgeltFG § 2 Nr. 18.

D. Vergleichsmaßstab

I. Bedeutung des Vergleichsmaßstabs

Abschließend ist der Vergleichsmaßstab zu bestimmen, der zur Bewertung der Wirkungen herangezogen wird. Mithin ist zu klären, wie die Auswirkungen zu bewerten sind und inwieweit dabei ergänzende Wertungen und Wirkungen abseits der normativ erfassten Aspekte berücksichtigt werden können. Denkbar ist dabei zwischen den Extremen einer rein objektiven Betrachtung anhand der Maßstäbe des Normsetzers und einer subjektiven Betrachtung anhand der Interessen des jeweils betroffenen Arbeitnehmers auch der Mittelweg der objektivierten Betrachtung anhand des Maßstabs eines verständigen Arbeitnehmers unter Berücksichtigung der Umstände des Einzelfalls.[290]

II. Vergleichsmaßstab im kollektiven Arbeitsrecht

Für Tarifverträge[291] wird als Vergleichsmaßstab mittlerweile[292] überwiegend die Anwendung einer Form der objektivierten Betrachtung anhand des Maßstabs des verständigen Arbeitnehmers vertreten[293] und vor allem mit der besseren Verwirklichung aller beteiligten Interessen sowie mit der Ablehnung subjektiver Vergleichsformen begründet. Häufig mit Verweis auf das Tarif-

290 Ausführlich zu den einzelnen Auffassungen, *Krauss*, Günstigkeitsprinzip und Autonomie, S. 88 ff. Vgl. auch ErfK/*Franzen*, TVG § 4 Rn. 39; *Mosing*, Günstigkeitsprinzip, S. 59; *Wlotzke*, Günstigkeitsprinzip, S. 78 ff.;

291 BAG v. 10.12.2014 – 4 AZR 503/12, BAGE 150, 184 Rn. 43; BAG v. 27.01.2004 – 1 AZR 148/03, BAGE 109, 244 [unter II. 2. b) aa)]; LAG Niedersachsen v. 08.02.2000 – 7 Sa 781/99, NZA-RR 2000, 428, 429; LAG Baden-Württemberg v. 14.06.1989 – 9 Sa 145/88, DB 1989, 2028 (mit. Anm. *Buchner*); *Courth*, Günstigkeitsprinzip, S. 118; *Belling*, Günstigkeitsprinzip, S. 175; NK-GArbR/*Bepler*, TVG § 4 Rn. 112; *Firnhaber*, Günstigkeitsprinzip, S. 70; ErfK/*Franzen*, TVG § 4 Rn. 39; MüAnwHdB-ArbR/*Hamacher/van Laak*, § 70 Rn. 49, jedenfalls im Ergebnis; *Höland/Reim/Brecht*, Flächentarifvertrag, S. 94 f.; *Hueck/Nipperdey*, Arbeitsrecht, II/1 S, 613; *Joost*, ZfA 1984, 173, 178 u. 183; MüHdB-ArbR/*Klumpp*, § 253 Rn. 56; Küttner/Personalbuch/*Kreitner*, Günstigkeitsprinzip Rn. 9; *Löwisch/Rieble*, TVG § 4 Rn. 626; *Nikisch*, Arbeitsrecht, II S. 432; *Richardi*, Kollektivgewalt, S. 380; Kempen/Zachert/TVG/*Schubert/Zachert*, § 4 Rn. 405; *Wensing/Hesse*, NZA 2009, 1309, 1312; *Wiedemann*, FS Wißmann, 185, 191; ähnlich, *Wlotzke*, Günstigkeitsprinzip, S. 79 ff., spricht von einem objektiven Vergleich anhand der Verkehrsanschauung; für einen rein objektiven Vergleich, *Zöllner/Loritz/Hergenröder*/Arbeitsrecht, § 39 Rn. 9. Zum AOG, *Probst*, Günstigkeitsprinzip, S. 5. Im Einzelnen zu den Auffassungen, *Krauss*, Günstigkeitsprinzip und Autonomie, S. 89 ff.

292 Zu den Auffassungen während der Geltung der TVVO, *Schorn*, Günstigkeitsprinzip neuer Art, S. 82 f.

293 Zu weiteren Aspekten, *Hilgenstock*, Günstigkeitsvergleich, S. 28.

recht wird dieser Maßstab auch auf Betriebsvereinbarungen übertragen.[294] Daneben wird die Anwendung eines subjektiven Maßstabs[295] und eines objektiv-hypothetischen Maßstabs vertreten[296], der Aspekte abseits der unmittelbaren Vertragsbeziehung berücksichtigt und sich damit einer Einzelfallabwägung annähert. Nach der überwiegenden Auffassung sei aber die Objektivierung der Interessen erforderlich, um eine nachvollziehbare Entscheidungsfindung zu ermöglichen und damit dem Bedürfnis der Parteien nach Rechtssicherheit zu entsprechen.[297] Indem die Interessen des Arbeitnehmers zumindest insoweit berücksichtigt werden, wie sie den Interessen eines üblichen Arbeitnehmers entsprechen, werde auch dem freiheitsschützenden Charakter des Günstigkeitsprinzips Rechnung getragen.[298] Ferner wird vor allem der subjektive Vergleich abgelehnt, denn er sei mit einer unparteiischen Entscheidungsfindung nicht zu vereinbaren[299] und könne auch nicht sicherstellen, dass die normative Regelung nicht den subjektiven Präferenzen des Arbeitnehmers preisgebe, damit der Mindeststandard ausgehöhlt und mithin das Günstigkeitsprinzip seiner Funktion beraubt werde.[300]

---

294 HWK-ArbR/*Gaul*, BetrVG § 77 Rn. 60; *Richardi*, NZA 1987, 185, 188; Richardi/BetrVG/*Richardi/Picker*, BetrVG § 77 Rn. 159; NK-GArbR/*Schwarze*, BetrVG § 77 Rn. 47 mit einem objektiv-normativen Maßstab. Zu § 28 SprAuG HWK-ArbR/*Annuß*, SprAuG § 28 Rn. 12; Küttner/Personalbuch/*Kreitner*, Günstigkeitsprinzip Rn. 9 u. Rn. 15.

295 *Adomeit*, NJW 1984, 27; *Bengelsdorf*, ZfA 1990, 563, 596 f., für Arbeitszeiten; *Blomeyer*, NZA 1996, 337, 344; *Buchner*, DB 1989, 2028, 2029 f.; *Heinze*, NZA 1991, 329, 333; *Kamanabrou*/ArbR, Rn. 1844; *Krauss*, Günstigkeitsprinzip und Autonomie, S. 111; *Löwisch*, NZA 1989, 959, 960; *Schorn*, Günstigkeitsprinzip neuer Art, S. 99; *Zöllner*, DB 1989, 2121, 2125.

296 *Emmert*, Betriebsvereinbarungen, S. 281 ff.; wohl auch *Hilgenstock*, Günstigkeitsvergleich, S. 28 f.; *Schulze*, Günstigkeitsprinzip, S. 211 ff., der selbst steuerliche Aspekte berücksichtigt.

297 *Belling*, Günstigkeitsprinzip, S. 176; *Firnhaber*, Günstigkeitsprinzip, S. 70 ff.; *Hilgenstock*, Günstigkeitsvergleich, S. 28 f.; *Wlotzke*, Günstigkeitsprinzip, S. 79; *Krauss*, Günstigkeitsprinzip und Autonomie, S. 112 f., lehnt die Rechtssicherheit als Argument ab. *Mosing*, Günstigkeitsprinzip, S. 59 f. für Österreich.

298 Vgl. *Belling*, Günstigkeitsprinzip, S. 176 zur Berücksichtigung der Branchenüblichkeit einer Regelung.

299 *Belling*, Günstigkeitsprinzip, S. 176; *Neumann*, NZA 1990, 961, 962, für die Anknüpfung an den Willen des Arbeitnehmers; *Schulze*, Günstigkeitsprinzip, S. 211, der aber diverse Interessen berücksichtigen will; *Wlotzke*, Günstigkeitsprinzip, S. 79.

300 In dem Sinn, *Courth*, Günstigkeitsprinzip, S. 118; *Belling*, Günstigkeitsprinzip, S. 175; Däubler/TVG/*Deinert/Wenckebach*, § 4 Rn. 745; *Emmert*, Betriebsvereinbarungen, S. 280; *Höland/Reim/Brecht*, Flächentarifvertrag, S. 94 f.; auf Basis einer mitgliedschaftlichen Selbstbindung, *Käppler*, NZA 1991, 745, 753; *T. B. Schmidt*, Günstigkeitsprinzip, S. 125; *Wiedemann*, FS Wißmann, 185, 191; *Wlotzke*, Günstigkeitsprinzip, S. 78 f. Kritisch, *Krauss*, Günstigkeitsprinzip und Autonomie, S. 108 sowie S. 111 f.; *Schorn*, Günstigkeitsprinzip neuer Art, S. 88 f.

Neben dieser grundlegenden Übereinstimmung unterscheiden sich die Auffassungen jedoch im Detail. Unter anderem ist dabei umstritten, inwieweit die Wertung der jeweiligen Normsetzer,[301] Verkehrsanschauungen[302] oder subjektive Wertungen (ergänzend) zu berücksichtigen sind[303]. Während teilweise vertreten wird, dass der subjektive Maßstab herangezogen werden könne, wenn die Günstigkeit nicht feststellbar sei,[304] soll nach einer anderen Auffassung die subjektive Präferenz allein dann über die Anwendung der abweichenden Vereinbarung entscheiden, wenn die Einhaltung des Mindeststandards objektiv sichergestellt ist.[305]

III. Vergleichsmaßstab im Gesetzesrecht

In der Literatur zum Gesetzesrecht wird weit überwiegend von einem objektiven Vergleichsmaßstab ausgegangen. Dies gilt für das EntgFG[306] sowie das AGG[307] und auch bei der Anwendung des BBiG[308] werden nur vereinzelt subjektive Elemente berücksichtigt[309]. Ebenso wird für das BetrAVG überwiegend ein objektiver Vergleich vertreten,[310] jedoch findet sich auch eine differenziertere Auffassung, die abseits von Kollektivvereinbarungen wohl individuelle Interessen zur Bewertung heranzieht[311]. Ferner sollen Bestands-

---

301 Wohl für eine Berücksichtigung, Kempen/Zachert/TVG/*Schubert/Zachert*, § 4 Rn. 406. Gegen eine Berücksichtigung, MüAnwHdB-ArbR/*Hamacher/van Laak*, § 70 Rn. 18; *Wlotzke*, Günstigkeitsprinzip, S. 79.

302 Dazu die Darstellung bei *Höland/Reim/Brecht*, Flächentarifvertrag, S. 93.

303 Dies erfolgt vor allem beim objektiv-hypothetischen Maßstab, NK-GArbR/*Bepler*, TVG § 4 Rn. 112; *Emmert*, Betriebsvereinbarungen, S. 281 ff.; *Schulze*, Günstigkeitsprinzip, S. 211 ff.

304 *Heinze*, NZA 1991, 329, 334, prüft sonst allein die Einhaltung des sozialstaatlichen Minimums; *Joost*, ZfA 1984, 173, 183, macht die Erforderlichkeit des Schutzes vor sich selbst zum Maßstab; *Krauss*, Günstigkeitsprinzip und Autonomie, S. 111; *Schorn*, Günstigkeitsprinzip neuer Art, S. 99. Allgemein und für das österreichische Urlaubsrecht, *Mosing*, Günstigkeitsprinzip, S. 62 u. S. 378 f. Zur TVVO, *Kronenberg*, Ausnahmen der Unabdingbarkeit, S. 36 ff. Zum AOG, *Probst*, Günstigkeitsprinzip, S. 5.

305 *Wlotzke*, Günstigkeitsprinzip, S. 79 f. u. S. 103; weitergehend ähnlich *Löwisch*, BB 1991, 59, 61.

306 Schmitt/EFZG/*L. Schmitt*, § 12 Rn. 38.

307 SSP-AGG/*Suckow*, § 31 Rn. 11.

308 BAG v. 09.06.2016 – 6 AZR 396/15, AP BBiG § 20 Nr. 3, Rn. 19; BeckOK-ArbR/*Hagen*, BBiG § 25 Rn. 2; NK-GArbR/*Heiß*, BBiG §§ 24 – 26, Rn. 9; HKT-HwO/*Olthaus*, BBiG § 25 Rn. 3; Wohlgemuth/Pepping/BBiG/*Pepping*, BBiG § 25 Rn. 6; ErfK/*Schlachter*, BBiG § 25 Rn. 1.

309 MüHdB-ArbR/*Schneider*, § 149 Rn. 5.

310 BRO-BetrAVG/*Rolfs*, BetrAVG § 19 Rn. 62, spricht von objektiver Würdigung.

311 Höfer/BetrAVG/*Höfer*, I BetrAVG § 19 Rn. 25 f., jedoch mit unklarer Terminologie.

interessen maßgeblich für die Günstigkeit im Sinn des § 22 Abs. 1 TzBfG sein,[312] was angesichts der Wertung des § 1 TzBfG jedenfalls in Bezug auf die Befristung als Anknüpfung an die gesetzliche Wertung verstanden werden kann. Für den Vergleich des nationalen Rechts mit den Vorgaben des Unionsrechts wird ferner vertreten, dass ein rein objektiver Vergleich durchzuführen ist und weder subjektive noch objektivierte Maßstäbe heranzuziehen sind.[313] Allein für das BUrlG wird vor allem ein objektivierter Vergleich vertreten.[314] Abseits dieser Auffassungen wird jedoch auch vereinzelt ein subjektives Verständnis der Günstigkeit vertreten, das in Anlehnung an die tarifrechtlichen Überlegungen eines Günstigkeitsprinzips neuer Art entwickelt wurde.[315] Es finden sich ferner nicht immer Aussagen zum Vergleichsmaßstab, wobei allerdings auch hier eine Abhängigkeit zu den anderen Kriterien besteht und abseits von zugelassenen Kompensationsmöglichkeiten keine Notwendigkeit, besondere Maßstäbe für die Bewertung der Günstigkeit zu entwickeln.

1. Keine Eignung des subjektiven Standards

In Übereinstimmung mit der Argumentation zum kollektiven Günstigkeitsprinzip ist der Vergleichsmaßstab auf Basis des Zwecks und der Schutzrichtung der vorrangigen Regelung zu bestimmen, der regelmäßig die Vermittlung von Rechtssicherheit mit umfasst.[316] Auch bei Abweichungen vom Gesetzesrecht würde ein subjektiver Günstigkeitsvergleich aber keine Rechtssicherheit vermitteln, weshalb die insoweit entwickelten Überlegungen auch im Gesetzesrecht Gültigkeit beanspruchen. Insbesondere könnte sich eine Vereinbarung mal als günstig oder ungünstig erweisen und dies bei wechselnden Präferenzen des Arbeitnehmers sogar im selben Vertragsverhältnis. Die entstehende Rechtsunsicherheit stünde der Verwirklichung der Privatautonomie der Parteien entgegen und wäre eine zusätzliche Belastung der Vertragsfreiheit durch die gesetzliche Regelung.[317] Es ist auch nicht ersichtlich, wie die Entscheidungsfindung anhand subjektiver Präferenzen mit den Grundsätzen kontradiktorischer gerichtlicher Verfahren vereinbart werden kann.[318] Ferner wären

---

[312] NK-GArbR/*Böhm*, TzBfG § 22 Rn. 5; so ausdrücklich auch BJ-TzBfG/*Joussen*, TzBfG § 22 Rn. 14.

[313] EuArbRK/*Franzen*, AEUV Art. 153 Rn. 57.

[314] HO-BUrlG/*Hohmeister*, BUrlG § 13 Rn. 34; NFK-BUrlG/*Kühn*, § 13 Rn. 37; hingegen HWK-ArbR/*Schinz*, BUrlG § 13 Rn. 14 für einen objektiven Vergleich.

[315] *Versteyl*, Obergrenze, S. 100.

[316] Vgl. BAG v. 17.12.1959 – GS 2/59, BAGE 8, 285 [unter B. VII.].

[317] Vgl. *Schmidt-Rimpler*, AcP 147 (1941), 130, 133; *Wensing/Hesse*, NZA 2009, 1309, 1312.

[318] Vgl. zum Tarifrecht, *Belling*, Günstigkeitsprinzip, S. 176; *Schulze*, Günstigkeitsprinzip, S. 211; *Wlotzke*, Günstigkeitsprinzip, S. 79.

die Entscheidungen über die Wirksamkeit einer abweichenden Vereinbarung aufgrund der unterschiedlichen Präferenzen nicht vergleichbar,[319] wobei dieser Aspekt abseits kollektiver Bezüge nur nachrangige Bedeutung hat.

Vor allem aber können die Präferenzen des Arbeitnehmers vom Schutzzweck eines Gesetzes abweichen,[320] weshalb der subjektive Vergleich die Einhaltung normativer Standards nicht sicherstellen kann.[321] Dies gilt umso mehr, wenn bereits aufgrund der Freiwilligkeit der vertraglichen Vereinbarung die subjektive Günstigkeit der abweichenden Regelung vermutet werden soll,[322] weil die Annahme der Freiwilligkeit im Arbeitsverhältnis problematisch ist[323] und der subjektive Vergleich den Ausgleich des strukturellen Defizits dann konterkariert[324]. Würde man – nahezu sinnwidrig – im Streitfall den Arbeitnehmer selbst befragen,[325] käme dies einem Wahlrecht gleich[326] und verdeutlicht damit, dass der subjektive Vergleich zu einer Abbedingungsmöglichkeit des Gesetzesrechts führt, die dem Zweck des Günstigkeitsprinzips

---

[319] Vgl. *Mosing*, Günstigkeitsprinzip, S. 60. Dies vernachlässigt *Krauss*, Günstigkeitsprinzip und Autonomie, S. 113, wenn er auf die Uneinheitlichkeit als Ausdruck des Günstigkeitsprinzips verweist; vgl. auch *Schorn*, Günstigkeitsprinzip neuer Art, S. 94.

[320] Beispielhaft Däubler/TVG/*Deinert/Wenckebach*, § 4 Rn. 643 zu einem betrieblichen Rauchverbot und einer individuell „günstigeren" Erlaubnis zu rauchen; *Wlotzke*, Günstigkeitsprinzip, S. 78.

[321] Für kollektive Normen, nur *Courth*, Günstigkeitsprinzip, S. 118 f.; *Belling*, Günstigkeitsprinzip, S. 175; *Emmert*, Betriebsvereinbarungen, S. 280; *Käppler*, NZA 1991, 745, 753; *T. B. Schmidt*, Günstigkeitsprinzip, S. 125; *Wiedemann*, FS Wißmann, 185, 191 f.; *Wlotzke*, Günstigkeitsprinzip, S. 78 f.; vgl. auch *Mosing*, Günstigkeitsprinzip, S. 61 für den Günstigkeitsvergleich im österreichischen Recht. Kritisch, *Heinze*, NZA 1991, 329, 333 ff.; *Krauss*, Günstigkeitsprinzip und Autonomie, S. 108 sowie S. 111 f.; *Schorn*, Günstigkeitsprinzip neuer Art, S. 88 f., die dies durch die bessere Verwirklichung der Privatautonomie für gerechtfertigt halten.

[322] *Blomeyer*, NZA 1996, 337, 344; *Heinze*, NZA 1991, 329, 333; *Krauss*, Günstigkeitsprinzip und Autonomie, S. 113; *Schorn*, Günstigkeitsprinzip neuer Art, S. 89 sowie S. 143 f.; vgl. auch im Zusammenhang mit den Nachteilen der abstrakten Betrachtung, *Mosing*, Günstigkeitsprinzip, S. 57; *Versteyl*, Obergrenze, S. 111 u. S. 115. Unabhängig vom Günstigkeitsvergleich, *Annuß*, RdA 2024, 193, 203.

[323] *Zöllner*, NZA-Beil. 2006, 99, 102.

[324] Pointiert spricht *Richardi*, NZA 1987, 185, 188 davon, dass „das Günstigkeitsprinzip nicht dazu dient, die Unabdingbarkeit der Betriebsvereinbarung zu beseitigen". Vertreter des subjektiven Günstigkeitsvergleichs im Tarifrecht erkennen dies an, halten es aber durch die Privatautonomie für gerechtfertigt, *Krauss*, Günstigkeitsprinzip und Autonomie, S. 111 f.; ähnlich *Heinze*, NZA 1991, 329, 331 ff.

[325] In dem Sinn wohl *Schorn*, Günstigkeitsprinzip neuer Art, S. 91.

[326] Insbesondere Däubler/TVG/*Deinert/Wenckebach*, § 4 Rn. 771; vgl. auch *Krauss*, Günstigkeitsprinzip und Autonomie, S. 114; *Mosing*, Günstigkeitsprinzip, S. 62; *Schorn*, Günstigkeitsprinzip neuer Art, S. 91 f. sowie S. 93 f.; a.A. wohl *Neumann*, NZA 1990, 961, 962, der zwischen der Anknüpfung an den Willen des Arbeitnehmers und dem subjektiven Vergleich differenziert. Ausführlich zum Wahlrecht, Teil 4 § 15 Abschnitt B.

widerspricht[327]. Die alternative Anknüpfung an die Einschätzung der Mehrheit eines Betriebs[328] oder Unternehmens[329] ändert dies nur graduell und würde gleichzeitig im Widerspruch zur Betrachtung der individuellen Ansprüche des Arbeitnehmers stehen und könnte diese daher ebenfalls unterlaufen.[330] Darüber hinaus stünde es dem ex-ante-Vergleich entgegen, der bei einer subjektiven Bewertung immer problematisch ist.[331]

Ferner begründen die Vertreter eines subjektiven Günstigkeitsvergleichs im Tarifrecht diesen regelmäßig mit den Besonderheiten der Tarifautonomie, aus denen ein Vorrang der Privatautonomie abgeleitet wird.[332] Im Gesetzesrecht stehen sich die Verwirklichung des Arbeitnehmerschutzes und der Privatautonomie aber als gleichwertige Ziele des Günstigkeitsprinzips gegenüber,[333] weshalb die Betonung der Privatautonomie dem zweiseitigen Charakter der Günstigkeit nicht gerecht wird.[334] Das Günstigkeitsprinzip kann vielmehr der Privatautonomie auch entgegenwirken, wenn es zum Schutz des Arbeitnehmers erforderlich ist. Eine subjektive Bewertung kann daher auch nicht aus verfassungsrechtlichen Vorgaben abgeleitet werden.[335] Abseits besonderer gesetzlicher Ziele ist sie im gesetzlichen Arbeitsvertragsrecht daher nicht anzuwenden.[336]

---

327 Besonders deutlich für das Tarifrecht, ArbG Frankfurt a.M. v. 28.10.1996 – 1 Ca 6331/96, NZA 1996, 1340, 1342, „eine Sichtweise nach der jede selbstbestimmte Abweichung vom Tarifvertrag als günstiger angesehen werden könne, ist unzutreffend"; ebenso *Höland/Reim/Brecht*, Flächentarifvertrag, S. 95, die auf den Unterschied zwischen *günstiger* und *gewollt* verweisen; ebenso *T. B. Schmidt*, Günstigkeitsprinzip, S. 125. Für das Betriebsverfassungsrecht *Richardi*, NZA 1987, 185, 188.

328 Vgl. die auch die Vorschläge in BT-Ds. 15/1182 und BT-Ds. 15/1225 mit Entwürfen für entsprechende Anpassungen des TVG; dazu *T. B. Schmidt*, Günstigkeitsprinzip. S. 132.

329 So *Adomeit*, NJW 1984, 26, 27.

330 *Wiedemann*, FS Wißmann, 185, 192.

331 Dazu Teil 4 § 15 Abschnitt B.

332 Instruktiv für diese Auffassung, *Heinze*, NZA 1991, 329, 330 ff.; hingegen *Wensing/Hesse*, NZA 2009, 1309, 1312 zu den negativen Auswirkungen dieser Auffassung auf die Privatautonomie.

333 Vgl. *Richardi*, NZA 1987, 185, 188 sogar für Betriebsvereinbarungen; *Wiedemann*, FS Wißmann, 185, 187 für das Tarifrecht; auch Vertreter eines subjektiven Vergleichs im Tarifrecht rechtfertigen Abweichungen vom Mindeststandard mit der Auffangwirkung des Gesetzesrecht und verweisen auf das BUrlG, *Krauss*, Günstigkeitsprinzip und Autonomie, S. 111 f.; *Schorn*, Günstigkeitsprinzip neuer Art, S. 89. Dies spricht dagegen, dass diese Stimmen den subjektiven Vergleich auch im Gesetzesrecht durchführen wollen. A.A. aber *Versteyl*, Obergrenze, S. 111.

334 *Höland/Reim/Brecht*, Flächentarifvertrag, S. 94 f.; *Richardi*, NZA 1987, 185, 188.

335 So aber *Versteyl*, Obergrenze, S. 111.

336 Zu Kündigungsfristen, ErfK/*Müller-Glöge*, BGB § 622 Rn. 38; *Wensing/Hesse*, NZA 2009, 1309, 1313.

2. Keine Objektivierung

Inwieweit darüber hinaus die Berücksichtigung der Verkehrsanschauung, der Anschauung eines verständigen Arbeitnehmers oder anderer Faktoren zu erfolgen hat, hängt vor allem von den bestehenden Kompensationsmöglichkeiten ab. Diese Kompensationen stellen bereits eine abweichende Interessenabwägung der Arbeitsvertragsparteien dar, die nicht objektiv mit der Interessenabwägung des Normsetzers verglichen werden kann, wenn die Möglichkeit zur Kompensation nicht durch den Vergleichsmaßstab unterlaufen werden soll.[337] Die Verwendung eines objektivierten Vergleichsmaßstabs ist daher auch der Möglichkeit geschuldet zeitliche und sachliche Kompensationen zu vereinbaren.[338]

Infolge des punktuellen Einzelvergleichs sind beim Vergleich mit dem Gesetzesrecht aber keine Kompensationen zu bewerten, sodass es auch keine Notwendigkeit gibt, eine abweichende Interessenabwägung der Arbeitsvertragsparteien zu berücksichtigen und damit von der üblichen Methodik bei der Anwendung privatrechtlicher einseitig-zwingender Vorschriften abzurücken[339]. Ob ein verständiger Arbeitnehmer die partielle Unterschreitung des Regelungsniveaus für sich (noch) als vorteilhaft empfindet, ist im Zusammenhang mit einem gesetzlichen Mindeststandard unerheblich, zumal bereits die Frage im Widerspruch zur Kartellfunktion des Arbeitsrechts[340] steht. Für die Überprüfung der Einhaltung gesetzlicher Interessenabwägungen ist die Einschätzung der Normunterworfenen, mithin einer Arbeitsvertragspartei oder der verständigen Arbeitnehmer, nicht relevant[341] und deren abweichende Bewertung kann die Wirkung eines gesetzlichen Mindeststandards nicht überwinden. Anders als weitgehend für das Tarifrecht vertreten wird, besteht im Rahmen des gesetzlichen Günstigkeitsprinzips mithin kein Raum für eine objektivierte Betrachtung.

3. Objektiv-normativer Maßstab

Für die Bestimmung des Vergleichsmaßstabs kommt es vor allem darauf an, dass es die Aufgabe des Normsetzers ist, den Spielraum der Arbeitsvertragsparteien zu bestimmen und gegebenenfalls für besondere Interessen spe-

---

337 Vgl. *Nobbe*, Günstigkeitsprinzip im Verbrauchervertragsrecht, S. 117 f.

338 Besonders deutlich bei *Schulze*, Günstigkeitsprinzip, S. 211 ff.

339 Gänzlich entgegengesetzt, *Nobbe*, Günstigkeitsprinzip im Verbrauchervertragsrecht, S. 4 u. S. 173 ff.

340 Vgl. zur normativen Wirkung im Tarifrecht, *Burkiczak*, Deregulierung, S. 82; MüHdB-ArbR/*Fischinger*, § 216 Rn. 5 sowie *Löwisch/Rieble*, TVG § 4 Rn. 536 f. zum Kartellverbot.

341 Zum Tarifrecht, *Zöllner/Loritz/Hergenröder*/Arbeitsrecht, § 39 Rn. 9.

zielle materielle Regelungen zu erlassen. Auf dieser Basis ist der materielle Mindeststandard zu bestimmen, der durch die Grenze der Günstigkeit umrandet wird. Es ist mithin der Gesetzgeber, der die Grenze der normativen Geltung zieht und daher sind die Wertungen des Gesetzgebers heranzuziehen, um den zulässigen Abweichungsrahmen zu bestimmen. Die zusätzliche Berücksichtigung weiterer Interessen im Günstigkeitsvergleich würde hingegen die Auslegung der materiellen Vorschrift konterkarieren. Um die daraus entstehenden Widersprüche zu vermeiden und die Einhaltung des Mindeststandards sicherzustellen, ist als Maßstab des gesetzlichen Günstigkeitsvergleichs mithin strikt die gesetzliche Interessenabwägung heranzuziehen, was in Abgrenzung zu wertungsoffenen Verständnissen des objektiven Vergleichs[342] als objektiv-normativer[343] oder formalistischer Vergleich[344] bezeichnet werden kann.[345] Dies wird auch im Tarifrecht anerkannt, wenn bei der Anwendung des Günstigkeitsprinzips auf Betriebsnormen und negative Inhaltsnormen[346] die Günstigkeit an sachlichen Erfordernissen der Regelungsmaterie ausgerichtet wird.[347]

Weitere Interessen, Anschauungen und sonstige Aspekte einer objektivierten Betrachtung werden dadurch nicht aus dem Arbeitsvertragsrecht ausgeschlossen, jedoch werden die Beziehungen nur zutreffend wahrgenommen, wenn dies im Wege der Auslegung des Mindeststandards erfolgt. Hier kann der Spielraum bestehen, der die Berücksichtigung der Besonderheiten bestimmter Vertragsbeziehungen ermöglicht.[348] Andernfalls kann den Annahmen des Gesetzgebers eine andere Bewertung durch bestimmte Verkehrskreise

---

342 Besonders deutlich bei, *Hilgenstock*, Günstigkeitsvergleich, S. 28 f.; wohl auch *Romatka*, Unabdingbarkeit im Urlaubsrecht, S. 68.

343 BJ-TzBfG/*Joussen*, TzBfG § 22 Rn. 14; NK-GArbR/*Schwarze*, BetrVG § 77 Rn. 47, für das Verhältnis von Betriebsvereinbarungen zu vertraglichen Abweichungen.

344 So die Bezeichnung bei SSP-AGG/*Suckow*, § 31 Rn. 11.

345 Zum EntgFG, Schmitt/EFZG/*L. Schmitt*, § 12 Rn. 38. Zum BetrAVG, BRO-BetrAVG/*Rolfs*, BetrAVG § 19 Rn. 62. Zum TzBfG, NK-GArbR/*Böhm*, TzBfG § 22 Rn. 5; BJ-TzBfG/*Joussen*, TzBfG § 22 Rn. 14. Zum AGG, SSP-AGG/*Suckow*, § 31 Rn. 11. Zum BBiG, BAG v. 09.06.2016 – 6 AZR 396/15, AP BBiG § 20 Nr. 3, Rn. 19; BeckOK-ArbR/*Hagen*, BBiG § 25 Rn. 2; NK-GArbR/*Heiß*, BBiG §§ 24 – 26, Rn. 9; HKT-HwO/*Olthaus*, BBiG § 25 Rn. 3; Wohlgemuth/Pepping/BBiG/*Pepping*, BBiG § 25 Rn. 6; ErfK/*Schlachter*, BBiG § 25 Rn. 1. Siehe zur TVVO, *Balz*, Grenzen der Unabdingbarkeit, S. 23 f.

346 Dazu NK-GArbR/*Bepler*, TVG § 4 Rn. 105; Däubler/TVG/*Deinert/Wenckebach*, § 4 Rn. 643 [m. w. N.]; *Emmert*, Betriebsvereinbarungen, S. 240 ff., eine Anwendung des Prinzips überhaupt ablehnend.

347 Vgl. *T. B. Schmidt*, Günstigkeitsprinzip, S. 80 f. u. S. 91 f.; Schaub/ArbR-HdB/*Trebber*, § 207 Rn. 23.

348 Vgl. *Courth*, Günstigkeitsprinzip, S. 128.

nur entgegengehalten werden, wenn diese aufgrund höherrangiger Vorgaben bei der Setzung des Mindeststandards hätte berücksichtigt werden müssen.

§ 12 Zusammenfassung

Der Maßstab der Günstigkeit leitet sich vor allem aus dem Zweck der jeweiligen Schutzregelungen ab, die als arbeitnehmerschützende Regelungen gesetzliche Standards angemessener Arbeitsbedingungen begründen. Aus diesem Bezug und der dienenden Funktion für die konkreten gesetzlichen Standards ergibt sich, dass das Günstigkeitsprinzip als Prüfung des Anwendungsbereichs des materiellen Rechts zu verstehen ist, die darüber entscheidet, ob dieses im Rechtsverhältnis anzuwenden ist oder ob es zurücktritt. Gegenstand der Prüfung sind die gesetzlich geschützten Interessen, deren Einhaltung im Rahmen der Rechtsanwendung zu überprüfen ist. Raum für ergänzende Abwägungen besteht dabei nur insoweit, wie der gesetzliche Standard selbst in dem Sinn flexibel ist. Dies betrifft jedoch die Auslegung der Norm und nicht die Günstigkeit der Abweichung. Für diese kann auf Basis des Zwecks vielmehr angenommen werden, dass sie bei allen Abweichungen erfüllt ist, die den gesetzlichen Mindeststandard erfüllen oder überschreiten.

Das Verfassungsrecht schreibt kein anderes Verständnis der Günstigkeit vor, sondern im Licht des Übermaßverbot kann günstigeren und gleichwertigen Abweichungen ebenfalls nicht die Wirksamkeit versagt werden. Auch das verfassungsrechtliche Untermaßverbot steht gleichwertigen Regelungen nicht entgegen. Diese Beziehung gilt auch im Primärrecht der Union und wird durch das Sekundärrecht und seine Umsetzungsverpflichtung für die darin enthaltene Interessenabwägung und das damit bezweckte Regelungsniveau noch unterstrichen. In Bezug auf die Abweichungskompetenz lassen diese Sekundärrechtsakte nur ein Verständnis zu, das die praktische Verwirklichung des Schutzes im Einzelfall und somit regelmäßig den Erlass von unabdingbarem Recht verlangt.

Ob dem jeweiligen Begriff der Günstigkeit entsprochen wird, ist durch den Günstigkeitsvergleich zu ermitteln, dessen Kriterien abseits konkreter Vorgaben anhand des Zwecks und mithin ebenfalls anhand der dienenden Funktion des Günstigkeitsprinzips zu bestimmen sind. Dabei spricht der Charakter des materiellen Arbeitsvertragsrechts für einen individuellen Einzelvergleich, bei dem die abstrakten Auswirkungen einer Abweichung auf Basis einer ex-ante-Betrachtung objektiv zu bewerten sind. Damit diese Bewertung der Günstigkeit nicht zur Fiktion wird, sind bei der abstrakten Betrachtung aber die bereits erkennbaren konkreten Auswirkungen auf das individuelle Vertragsverhältnis zu berücksichtigen. Ferner ist ein objektiv-normativer Vergleich anhand der gesetzlich erfassten Interessen durchzuführen. Soweit noch Zweifelsfälle entstehen und mithin nicht im Vorhinein eindeutig und zweifelsfrei feststeht, dass die abweichende Regelung zumindest gleichwertig ist, kann diese zur Sicherstellung der Verwirklichung des gesetzlichen Mindeststandards nicht zur Anwendung gelangen.

Metaphorisch lässt sich die Anwendung des Günstigkeitsprinzips mit der Entscheidung eines Schiedsrichters vergleichen, der entscheidet, ob die Auswirkung der abweichenden Regelung innerhalb des Spielfelds der Arbeitsvertragsparteien liegt. Dabei wird die Größe des Spielfelds durch die materiellen Regelungen bestimmt und der gesetzliche Standard durch die Linie der Günstigkeit umrandet, die als Begrenzung in der Form des Günstigkeitsbegriffs unverrückbar ist. Der Günstigkeitsvergleich bildet das Regelwerk, nach dem zu bestimmen ist, ob eine Wirkung außerhalb des Spielfelds liegt. Dabei führt der zweckmäßig bestimmte Günstigkeitsbegriff dazu, dass eine Wirkung innerhalb des Spielfelds der Arbeitsvertragsparteien liegt, wenn sie noch auf der Linie landet. Anders als bei den meisten Ballsportarten[349] muss eine Regelung aber als Außerhalb gewertet werden, wenn sie den Bereich des Gesetzgebers bereits berührt – mithin der gesetzliche Standard auch nur partiell unterschritten wird. Wie bei den meisten Ballsportarten auch, dürften dabei alle Fragen regelmäßig umstritten sein, aber vor den Fragen nach der richtigen Größe des Spielfelds oder dem richtigen Verständnis der Regeln dürfte es vor allem die Tatsachenentscheidung des Schiedsrichters sein, an der sich die Meinungen scheiden. Gerade beim Günstigkeitsprinzip wird eine klare Regelanwendung aber sogar noch erschwert, weil die Entscheidung nicht als Tatsachenentscheidung erfolgen kann, sondern im Vorhinein bewertet werden muss, ob der Ball während des zukünftigen Spiels außerhalb des Spielfelds geraten wird.[350] Umso wichtiger ist es, klare Maßstäbe zu haben und die Bewertung nicht durch die Art des Vergleichs zu erschweren.

---

349 Meist genügt es, dass der Ball die Linie teilweise berührt.

350 Dazu Teil 4 § 15 Abschnitt C.

Teil 4

Vereinbarungen an der Grenze der Günstigkeit

Im Folgenden werden die Vereinbarungen betrachtet, deren Günstigkeit nicht sofort klar zu bewerten ist. Dabei wird vor allem auf ihre bisherige Behandlung einzugehen sein, um danach eine eigene Betrachtung dieser Abweichungen vorzunehmen. Es wird die Natur dieser Regelungen beleuchtet und deren Wirksamkeit im Licht der bisherigen Erkenntnisse zum Günstigkeitsprinzip bewertet. Durch die Beschreibung des zweiten Untersuchungsgegenstands der Arbeit und der Erstellung einer Hypothese zur Vereinbarkeit dieser Abweichungen mit dem gesetzlichen Günstigkeitsprinzip werden auch die weiteren Grundlagen gelegt, um im fünften Teil diese Arten von Vereinbarungen an den einzelnen Kodifikationen zu messen.

§ 13 Bisheriger Umgang mit Vereinbarungen an der Grenze der Günstigkeit

A. Bisherige Beschreibung der Vereinbarungen an der Grenze der Günstigkeit

Die Vereinbarungen an der Grenze der Günstigkeit wurden bisher nicht ausführlich betrachtet und es besteht insofern keine ausdifferenzierte Dogmatik. Entsprechende Regelungen dienen zwar häufig zur Illustration der Auswirkungen verschiedener Formen des Günstigkeitsvergleichs, dabei wird deren Lage im Grenzbereich aber regelmäßig anhand eines konkreten Beispiels dargestellt, ohne dass für diese Vereinbarungen eine ausführliche abstrakte Beschreibung vorgenommen wird. Die Terminologie ist daher auch nicht einheitlich, sondern es werden verschiedene Begriffe mit unterschiedlichem inhaltlichem Gehalt verwendet. Überwiegend wird dabei zwischen ambivalenten und neutralen Vereinbarungen unterschieden, wobei ambivalente Vereinbarungen überwiegend als Abweichungen verstanden werden,[1] deren Günstigkeit aus verschiedenen Gründen nicht feststellbar ist, ohne dass zwischen verschiedenen Gründen differenziert wird. Neutrale Vereinbarungen werden

[1] Anhand von Beispielen, *Firnhaber*, Günstigkeitsprinzip, S. 80; ebenso *Wlotzke*, Günstigkeitsprinzip, S. 96.

dann meist als Abweichungen verstanden, die sich weder negativ noch positiv auf den Anspruch des Arbeitnehmers auswirken.[2] Daneben werden neutrale Vereinbarungen aber auch als Regelungen verstanden, deren Günstigkeit nicht feststellbar ist[3] und teilweise wird das Begriffspaar auch als Sammelbegriff für uneindeutige Regelungen verwendet, ohne dass eine Abgrenzung vorgenommen wird[4].

B. Bisherige Bewertung der Vereinbarungen an der Grenze der Günstigkeit

Die bisherige Behandlung und auch die Anzahl der Untersuchungen unterscheidet sich in Abhängigkeit vom jeweiligen Rechtsgebiet und vor allem zwischen kollektivem und individuellem Arbeitsrecht sind Unterschiede ersichtlich. Aufgrund der Vielzahl der Betrachtungen und der Verwendung dieser Vereinbarungen als Beispiele ist die Anzahl der Stellungnahmen im Kollektivrecht hoch. Im individuellen Arbeitsvertragsrecht erfolgt die Auseinandersetzung hingegen nur selten ausführlich und Wirkungen im Grenzbereich der Günstigkeit werden auch nicht immer ausdrücklich einer dieser Arten von Abweichungen zugeordnet.

I. Bewertung der Vereinbarungen im kollektiven Arbeitsrecht

Insbesondere für das tarifrechtliche Günstigkeitsprinzip wird mehrheitlich vertreten, dass ambivalent[5] und neutral[6] oder jedenfalls zweifelhaft[7] wirkende

---

2 In dem Sinn wohl, ErfK/*Franzen*, TVG § 4 Rn. 40; DKL-ArbR/*Gutzeit*, BUrlG § 13 Rn. 1; HO-BUrlG/*Hohmeister*, BUrlG § 13 Rn. 40; MüHdB-ArbR/*Klumpp*, § 237 Rn. 95; NFK-BUrlG/*Kühn*, § 13 Rn. 39; Schmitt/EFZG/*L. Schmitt*, § 12 Rn. 42. Abseits des Arbeitsrechts, *Nobbe*, Günstigkeitsprinzip im Verbrauchervertragsrecht, S. 221 f.

3 So bei *Löwisch/Rieble*, TVG § 4 Rn. 635 sowie NK-GArbR/*Sievers*, EntgFG § 12 Rn. 17.

4 BAG v. 06.12.2017 – 5 AZR 118/17, BAGE 161, 132 Rn. 34; *Hilgenstock*, Günstigkeitsvergleich, S. 38, eine Differenzierung generell ablehnend.

5 BAG v. 20.09.2017 – 6 AZR 474/16, BAGE 160, 205 Rn. 49; BAG v. 15.04.2015 – 4 AZR 587/13, BAGE 151, 221 Rn. 32; BAG v. 10.12.2014 – 4 AZR 503/12, BAGE 150, 184 Rn. 42 u. 44; BAG v. 17.04.2002 – 5 AZR 644/00, AP BGB § 611 Mehrarbeitsvergütung Nr. 40 [unter II. 4. b)]; vgl. auch BAG v. 12.04.1972 – 4 AZR 211/71, BAGE 24, 228; NK-GArbR/*Bepler*, TVG § 4 Rn. 113; Däubler/TVG/*Deinert/Wenckebach*, § 4 Rn. 747; ErfK/*Franzen*, TVG § 4 Rn. 39; MüAnwHdB-ArbR/*Hamacher/van Laak*, § 70 Rn. 55; *Hueck/Nipperdey*, Arbeitsrecht, II/1 S. 613 f., allerdings nach einer Einzelfallabwägung; *Kamanabrou*/ArbR, Rn. 1855; *dies.*, Anm. zu BAG v. 10.12.2014, AP TVG § 4 Günstigkeitsprinzip Nr. 25; MüHdB-ArbR/*Klumpp*, § 253 Rn. 60, ebenfalls mit Einzelfallabwägung; ebenso *Löwisch/Rieble*,

Vereinbarungen im Verhältnis zu tarifrechtlichen Regelungen keine Anwendung finden. Dies wird vor allem mit dem Wortlaut des § 4 Abs. 3 Alt. 2 TVG begründet, der „nur [...] Regelungen zugunsten des Arbeitnehmers [...]" für zulässig erklärt. Daraus wird geschlossen, dass eine abweichende Vereinbarung stets zugunsten des Arbeitnehmers wirken muss.[8] Ferner wird auf die Bedeutung der Unabdingbarkeit hingewiesen, die als Grundregel der Abweichungsbefugnis vorgehe.[9] Abweichungen mit uneindeutiger Wirkung seien jedoch nicht günstiger als die tarifvertragliche Regelung und als normativer Mindeststandard habe der Tarif im Zweifelsfall den Vorrang.[10] Gleiches gelte für Vereinbarungen deren Günstigkeit nicht bestimmt werden kann und die sich daher nicht als günstiger erweisen.

Teilweise wird aber vertreten, dass im Einzelfall abzuwägen sei, welche Interessen des Arbeitnehmers überwiegen.[11] Beispielsweise werden bei Abweichungen von tarifvertraglichen Kündigungsfristen teilweise das jeweilige

---

TVG § 4 Rn. 635; *Nikisch*, Arbeitsrecht, II S. 437; *Richardi*, Kollektivgewalt, S. 384; Kempen/Zachert/TVG/*Schubert/Zachert*, § 4 Rn. 415; *Schulze*, Günstigkeitsprinzip, S. 223, ebenfalls mit Einzelfallabwägung; Schaub/ArbR-HdB/*Trebber*, § 207 Rn. 26; *Wensing/Hesse*, NZA 2009, 1309, 1310; *Wlotzke*, Günstigkeitsprinzip, S. 102; *Zöllner/Loritz/Hergenröder*/Arbeitsrecht, § 39 Rn. 9. Differenzierend für Betriebsvereinbarungen, *T. B. Schmidt*, Günstigkeitsprinzip, S. 130 f.

6 BAG v. 10.12.2014 – 4 AZR 503/12, BAGE 150, 184 Rn. 42 u. 44; LAG Niedersachsen v. 08.02.2000 – 7 Sa 781/99, NZA-RR 2000, 428, 429 f.; Wiedemann/TVG/*Bayreuther*, § 4 Rn. 368; Däubler/TVG/*Deinert/Wenckebach*, § 4 Rn. 747; ErfK/*Franzen*, TVG § 4 Rn. 40; MüHdB-ArbR/*Klumpp*, § 253 Rn. 60; Kempen/Zachert/TVG/*Schubert/Zachert*, § 4 Rn. 416; Schaub/ArbR-HdB/*Trebber*, § 207 Rn. 26; *Wensing/Hesse*, NZA 2009, 1309, 1310. Differenzierend, NK-GArbR/*Bepler*, TVG § 4 Rn. 114 und Wirksamkeit annehmend, wenn ein Wahlrecht besteht; ebenso *Kamanabrou*/ArbR, Rn. 1855; *dies.*, Anm. zu BAG v. 10.12.2014, AP TVG § 4 Günstigkeitsprinzip Nr. 25; so bereits *Wlotzke*, Günstigkeitsprinzip, S. 79.

7 *Firnhaber*, Günstigkeitsprinzip, S. 82 f. Vgl. auch *Balz*, Grenzen der Unabdingbarkeit, S. 23 f. zur TVVO; grds. auch *Kronenberg*, Ausnahmen der Unabdingbarkeit, S. 45 f. aber mit vorheriger subjektiver Betrachtung.

8 BAG v. 10.12.2014 – 4 AZR 503/12, BAGE 150, 184 Rn. 44.

9 BAG v. 10.12.2014 – 4 AZR 503/12, BAGE 150, 184 Rn. 44; differenzierend für gleichwertige Vereinbarungen, *Firnhaber*, Günstigkeitsprinzip, S. 83; *Kronenberg*, Ausnahmen der Unabdingbarkeit, S. 45 zur TVVO.

10 Bereits zur TVVO, dabei aber den Zweifelsfall erst subjektiv bewertend, *Kronenberg*, Ausnahmen der Unabdingbarkeit, S. 45.

11 Im Ergebnis LAG Niedersachsen v. 08.02.2000 – 7 Sa 781/99, NZA-RR 2000, 429, 430; LAG München v. 04.05.1990 – 2 Sa 128/90, LAGE Günstigkeitsprinzip Nr. 3; Wiedemann/TVG/*Bayreuther*, § 4 Rn. 367, aber im Zweifel für die Unwirksamkeit; im Ergebnis auch MüKo-BGB/*Engshuber*, BGB § 622 Rn. 97; wohl auch MüHdB-ArbR/*Klumpp*, § 253 Rn. 60; zumindest für Kündigunsfristen auch *T. B. Schmidt*, Günstigkeitsprinzip, S. 126; *Schulze*, Günstigkeitsprinzip, S. 223, mit umfangreicher Abwägung; *Zöllner*, DB 1989, 2121, 2126.

Mobilitätsinteresse, der allgemeine Arbeitskräftemangel, die Lebensumstände und andere Faktoren miteinander abgewogen.[12] Auf dieser Basis wird ermittelt, welche Interessen im Einzelfall überwiegen und wie sich die jeweilige Regelung dazu verhält. Es gibt ferner Stimmen, die von der Wirksamkeit neutraler[13] oder auch ambivalenter[14] Vereinbarungen ausgehen. Diese Stimmen betonen regelmäßig den Schutz der Vertragsautonomie durch das Günstigkeitsprinzip und wollen daher generell[15] oder jedenfalls im Zweifelsfall[16] einen subjektiven Günstigkeitsvergleich durchführen. Bereits aufgrund des Vertragsabschlusses sei im Zweifelsfall von der Günstigkeit der Abweichung auszugehen, auch wenn diese sonst nicht feststellbar sei.[17] Die Vereinbarung nicht anzuwenden widerspräche daher den Interessen der Arbeitnehmer. Einige Stimmen gewähren dem Arbeitnehmer zusätzlich ein Wahlrecht und gehen davon aus, dass die damit verbundene Dispositionsmöglichkeit in jedem Fall günstiger ist als der Mindeststandard allein.[18]

Auf das für Betriebsvereinbarungen geltende Günstigkeitsprinzip werden diese Überlegungen meist unter Verweis auf die Übereinstimmungen mit dem Tarifrecht übertragen.[19] Insoweit ist es bemerkenswert, dass die Abweichungen von Sprecherausschussvereinbarungen nach § 28 Abs. 2 SprAuG nach der wohl einheitlichen Auffassung nicht stets zugunsten der leitenden Angestellten wirken müssen und daher auch neutral und ambivalent wirkende Abweichungen vereinbart werden können.[20] Dies wird mit dem Wortlaut der Regelung des § 28 Abs. 2 S. 2 SprAuG begründet, der anders als § 4 Abs. 3 2. Va-

[12] *Schulze*, Günstigkeitsprinzip, S. 109 f.

[13] *Heinze*, NZA 1991, 329, 333; *Schorn*, Günstigkeitsprinzip neuer Art, S. 101 f.; auf Basis eines Wahlrechts des Arbeitnehmers, *Wlotzke*, Günstigkeitsprinzip, S. 79. Zur TVVO, *Kronenberg*, Ausnahmen der Unabdingbarkeit, S. 36 ff.

[14] *Heinze*, NZA 1991, 329, 333; *Schorn*, Günstigkeitsprinzip neuer Art, S. 103. Zur TVVO, *Kronenberg*, Ausnahmen der Unabdingbarkeit, S. 36 ff.

[15] Bei einen subjektiven Günstigkeitsvergleich stellt sich das Problem der Neutralität sowie der Ambivalenz nicht, *Schorn*, Günstigkeitsprinzip neuer Art, S. 101 f.; *Zöllner*, DB 1989, 2121, 2125 f.; a. A. *Kronenberg*, Ausnahmen der Unabdingbarkeit, S. 44 f.

[16] Zumindest als Indiz Wiedemann/TVG/*Bayreuther*, § 4 Rn. 357 u. Rn. 367; *Bengelsdorf*, ZfA 1990, 563, 597 f.; *Joost*, ZfA 1984, 173, 183. Zur TVVO, *Kronenberg*, Ausnahmen der Unabdingbarkeit, S. 45 f.

[17] Instruktiv *Heinze*, NZA 1991, 329, 333 f.; zur TVVO, *Kronenberg*, Ausnahmen der Unabdingbarkeit, S. 36 ff.

[18] *Buchner*, NZA 1999, 897, 901 f.

[19] HWK-ArbR/*Gaul*, BetrVG § 77 Rn. 60; a. A. für einen Vorrang der Autonomie, *Emmert*, Betriebsvereinbarungen, S. 291 f.

[20] MüHdB-ArbR/*Franke*, § 312 Rn. 35; ähnlich HWK-ArbR/*Annuß*, SprAuG § 28 Rn. 12; ErfK/*Oetker*, SprAuG § 28 Rn. 11; NK-GArbR/*v. Steinau-Steinrück/Risse*, SprAuG § 28 Rn. 2.

riante TVG gerade nicht vorsehe, dass *nur* Regelungen mit günstiger Wirkung für den leitenden Angestellten zulässig sind.[21] Darüber hinaus wird darauf verwiesen, dass leitende Angestellte aufgrund ihrer persönlichen Befähigung weniger schutzbedürftig seien und ihnen ein größerer Einschätzungsspielraum für ihre eigenen Angelegenheiten zugestanden werden müsse als Arbeitnehmern im Verhältnis zu Tarifverträgen, um ihrer Vertragsfreiheit zu entsprechen.[22]

II. Bewertung der Vereinbarungen im individuellen Arbeitsvertragsrecht

Für das Arbeitsvertragsrecht wird ebenfalls keine einheitliche Auffassung zum Umgang mit ambivalent und neutral wirkenden Abweichungen vertreten. Zu nennen ist insbesondere die BAG-Entscheidung v. 06.12.2017[23] sowie die Stimmen der Literatur, die dieser Entscheidung zustimmen und ambivalente[24] wie neutrale Vereinbarungen für wirksam erachten.[25] Die Entscheidung wird unter anderem mit Verweis auf frühere Entscheidungen zum FZG[26] aber auch kritisiert.[27] Regelmäßig wird dabei nur von der Wirksamkeit neutraler Vereinbarungen ausgegangen,[28] während ambivalente Vereinbarungen entweder als

[21] Vgl. *L. Schmitt*, Anm. zu BAG v. 06.12.2017, AP EntgeltFG § 2 Nr. 18.

[22] MüHdB-ArbR/*Franke*, § 312 Rn. 35; wohl auch ErfK/*Oetker*, SprAuG § 28 Rn. 11 sowie NK-GArbR/*v. Steinau-Steinrück/Risse*, SprAuG § 28 Rn. 2.

[23] BAG v. 06.12.2017 – 5 AZR 118/17, BAGE 161, 132.

[24] So bereits BAG v. 07.05.2003 – 5 AZR 256/02, AP TVG § 1 Tarifverträge: Deutsche Bahn Nr. 13 [unter II. 4. b)]; ebenfalls LAG v. Hessen v. 24.11.2016 – 5 Sa 590/16, BeckRS 2016, 117271 Rn. 16ff.; *Arnold*, ArbRAktuell 2018, 324; ErfK/*Franzen*, TVG § 4 Rn. 40, für neutrale Regelungen; ebenso MüHdB-ArbR/*Klumpp*, § 237 Rn. 95; *Laskawy/Lomb*, DB 2018, 1348; Schaub/ArbR-HdB/*Linck*, § 98 Rn. 149 u. § 103 Rn. 23; DHSW-ArbR/*Milkau*, EntgFG § 12 Rn. 2; ErfK/*Reinhard*, EntgFG § 12 Rn. 7; NK-GArbR/*Sievers*, EntgFG § 12 Rn. 17, mit entsprechendem Verständnis der Neutralität; HWK-ArbR/*Vogelsang*, EntgFG § 12 Rn. 9; *Zaumseil*, BB 2018, 1527, 1531. Beschränkt für tarifliche Abweichungen, *Ahnefeld*, ArbRAktuell 2023, 375, 377; MüAnwHdB-ArbR/*Glaser*, § 24 Rn. 159; BeckOK-ArbR/*Ricken*, EntgFG § 12 Rn. 15.

[25] ErfK/*Franzen*, TVG § 4 Rn. 40; MüHdB-ArbR/*Klumpp*, § 237 Rn. 95.

[26] BAG v. 28.02.1984 – 3 AZR 103/83, AP FeiertagslohnzahlungsG § 1 Nr. 43 [unter I. 2. b)]; BAG v. 22.10.1973 – 3 AZR 83/73, AP FeiertagslohnzahlungsG § 1 Nr. 31 [unter II. 1.]; ähnlich bereits BAG v. 25.03.1966 – 3 AZR 358/65, AP FeiertagslohnzahlungsG § 1 Nr. 19.

[27] *Klocke*, jurisPR-ArbR 48/2018 Anm. 2; *Knorr*, NZA 2018, 1449, 1453; Schmitt/EFZG/*L. Schmitt*, § 12 Rn. 39ff.; *dies.*, Anm. zu BAG v. 06.12.2017, AP EntgeltFG § 2 Nr. 18.

[28] ErfK/*Franzen*, TVG § 4 Rn. 40; MüHdB-ArbR/*Klumpp*, § 237 Rn. 95; Schmitt/EFZG/*L. Schmitt*, § 12 Rn. 39ff.; *dies.*, Anm. zu BAG v. 06.12.2017, AP EntgeltFG § 2 Nr. 18.

unwirksam angesehen werden[29] oder im Einzelfall über die Wirksamkeit entschieden werden soll[30].

Für das BUrlG wurden Abweichungen mit ambivalenter Wirkung hingegen bereits wegen dieser Wirkung verworfen, ohne dass der Günstigkeitsvergleich thematisiert wurde.[31] Zugelassen wurden sie nur im Rahmen der besonderen Abweichungskompetenz des § 13 Abs. 1 S. 1 BUrlG in Form von pauschalierten Entgeltbestandteilen[32] und veränderten Referenzzeiträumen[33]. In der Literatur zum BUrlG werden wiederum neutrale Vereinbarungen überwiegend als wirksam angesehen,[34] wobei aber teilweise auf Pauschalierungsregelungen verwiesen wird,[35] sodass damit keine Neutralität im Sinn einer Gleichwertigkeit gemeint ist[36]. Ambivalente Vereinbarungen werden nur vereinzelt betrachtet und dann als unwirksam angesehen.[37] Im Zusammenhang mit dem BBiG wird wiederum die Ambivalenz von Vorschriften nicht thematisiert, jedoch werden Abweichungen mit faktisch ambivalenter Wirkung im Zusammenhang mit der Probezeit aus § 20 BBiG als günstiger erachtet.[38]

Soweit sich dazu geäußert wird, wird auch im Betriebsrentenrecht die Vereinbarung ambivalenter Regelungen unter Verweis auf die tarif- und kündigungsrechtlichen Entscheidungen abgelehnt[39]. Für das PflegeZG wird ferner davon ausgegangen, dass nur Abweichungen des Arbeitnehmers möglich sind, die das Schutzniveau zugunsten des Arbeitnehmers übertreffen.[40] Für § 31 AGG wird wiederum vertreten, dass neutrale Abweichungen wirksam vereinbart werden können und die Regelung nur Abweichungen entgegenstehe, die

---

29 *Knorr*, NZA 2018, 1449, 1453.

30 Schmitt/EFZG/*L. Schmitt*, § 12 Rn. 39 ff., zustimmend aber für neutrale Vereinbarungen; *dies.*, Anm. zu BAG v. 06. 12. 2017, AP EntgeltFG § 2 Nr. 18.

31 BAG v. 28. 11. 1989 – 1 ABR 94/88, BAGE 63, 274 [unter B. II. 3. b)]; mit anderer Begründung, MüAnwHdB-ArbR/*Jacobson*, § 27 Rn. 115.

32 BAG v. 15. 12. 2009 – 9 AZR 887/08, AP BUrlG § 11 Nr. 66.

33 BAG v. 03. 12. 2002 – 9 AZR 535/01, AP BUrlG § 11 Nr. 57; BAG v. 03. 12. 2002 – 9 AZR 535/01, AP BUrlG § 11 Nr. 57; BAG v. 15. 12. 2009 – 9 AZR 887/08, AP BUrlG § 11 Nr. 66.

34 GK-BUrlG/*Berscheid*, § 13 Rn. 47; NK-GArbR/*Düwell*, BUrlG § 13 Rn. 14; DKL-ArbR/*Gutzeit*, BUrlG § 13 Rn. 1; HO-BUrlG/*Hohmeister*, BUrlG § 13 Rn. 40; DHSW-ArbR/*Holthaus*, BUrlG § 13 Rn. 7.

35 NK-GArbR/*Düwell*, BUrlG § 13 Rn. 14.

36 Vgl. NK-GArbR/*Düwell*, BUrlG § 13 Rn. 18.

37 DHSW-ArbR/*Holthaus*, BUrlG § 13 Rn. 7.

38 BAG v. 09. 06. 2016 – 6 AZR 396/15, AP BBiG § 20 Nr. 3, Rn. 20; wohl zustimmend, BeckOK-ArbR/*Hagen*, BBiG § 20 Rn. 5; DHSW-ArbR/*Herrmann*, BBiG § 20 Rn. 3; ErfK/*Schlachter*, BBiG § 20 Rn. 1 u. § 25 Rn. 1; zweifelnder HKT-HwO/*Olthaus*, BBiG § 25 Rn. 4.

39 BRO-BetrAVG/*Rolfs*, BetrAVG § 19 Rn. 64.

40 BeckOK-ArbR/*Joussen*, PflegeZG § 8 Rn. 3.

den Standard unterschreiten.[41] Ferner hat das Gericht für gesetzliche Kündigungsfristen festgestellt, dass nur eine eindeutige Wirkung im Sinn der erfassten Interessen eine wirksame Abweichung sein kann.[42] Diese Auffassung erfährt ebenso Zustimmung[43] als auch Ablehnung[44]. Abschließend ist auf eine Stimme zum Verbrauchervertragsrecht zu verweisen, die ebenfalls ausdrücklich davon ausgeht, dass allein neutrale Abweichungen aber keine Abweichungen im Zweifelsfall vereinbart werden können.[45]

Der unsystematischen Betrachtung entsprechend ist auch die Dogmatik der ambivalenten und neutralen Vereinbarungen im Gesetzesrecht weniger entwickelt und nicht immer widerspruchsfrei. Bspw. ist es problematisch, wenn unter Verweis auf das tarifrechtliche Günstigkeitsprinzip die Wirksamkeit gleichwertiger Verlängerungen gesetzlicher Kündigungsfristen verneint aber die Vereinbarung nur tendenziell günstigerer Abweichungen für zulässig erachtet wird.[46]

§ 14 Eigene Betrachtung der Vereinbarungen an der Grenze der Günstigkeit

A. Vorüberlegungen

Vorab ist zu hinterfragen, inwieweit die Vereinbarungen an der Grenze der Günstigkeit gemeinsam betrachtet werden können. Die bisher beschriebenen ambivalenten und neutralen Wirkungen haben insofern zumindest gemein, dass sich ihre Auswirkungen nicht eindeutig in die Unterscheidung günstig und ungünstig einordnen lassen. Die Rechtsfolge des Günstigkeitsprinzips beruht aber auf dieser binären Unterscheidung. Bei beiden Arten von Vereinbarungen ist daher vordergründig zu entscheiden, wie vorzugehen ist, wenn die Günstigkeit einer Vereinbarung nicht bewertet werden kann. Wohl unter dieser Prämisse – und auch wegen der einheitlichen Behandlung im Tarif-

---

[41] *Bauer/Krieger/Günther*/AGG, AGG § 31 Rn. 19; DHSW-ArbR/*Schneider*, AGG § 31 Rn. 2.

[42] BAG v. 29.01.2015 – 2 AZR 280/14, BAGE 150, 337 Rn. 18.

[43] MüKo-BGB/*Engshuber*, BGB § 622 Rn. 97; APS/*Link*, BGB § 622 Rn. 120; wohl auch *Wensing/Hesse*, NZA 2009, 1309, 1313.

[44] LAG Hamburg v. 30.03.2000 – 7 Sa 5/00, BeckRS 2009, 67875; *Arnold*, ArbR-Aktuell 2018, 324; *Diller*, NZA 2000, 293, 296 f.

[45] *Nobbe*, Günstigkeitsprinzip im Verbrauchervertragsrecht, S. 221 f.

[46] So aber LAG Hamburg v. 30.03.2000 – 7 Sa 5/00, BeckRS 2009, 67875; *Diller*, NZA 2000, 293, 296 f.; zur a.A. nur BAG v. 29.01.2015 – 2 AZR 280/14, BAGE 150, 337 Rn. 20; APS/*Link*, BGB § 622 Rn. 120.

recht[47] – werden sie durch die Rechtsprechung und die Literatur regelmäßig gemeinsam betrachtet.

Auf Basis der bisherigen Betrachtung wird aber deutlich, dass das gesetzliche Günstigkeitsprinzip darauf gerichtet ist, den Schutzzweck einer Regelung zu verwirklichen und dass seiner Funktion entsprochen wird, wenn der gesetzliche Standard zumindest erfüllt wird. Dies kann für gleichwertige Vereinbarungen angenommen werden, denn sie liegen auf der Linie des zulässigen Spielfelds, weshalb sie bereits bei erster Betrachtung mit dem gesetzlichen Günstigkeitsprinzip vereinbar sind. Abweichungen, deren Günstigkeit aufgrund verschiedener Gründe nicht feststellbar ist, bedürfen hingegen einer anderen Einordnung. Dafür ist es aber auch notwendig, die Gründe der uneindeutigen Wirkung zu identifizieren, um für diese Vereinbarungen ein besseres Verständnis der Wirkungsweise und mithin eine eindeutigere Grundlage für ihre Bewertung im Licht des Günstigkeitsprinzips zu erarbeiten.

B. Neutrale Vereinbarungen

I. Definition der neutralen Vereinbarungen

Neutrale Vereinbarungen sind im hiesigen Verständnis Regelungen, bei denen zum Vergleichszeitpunkt feststeht, dass sie keine Auswirkungen auf die geschützten Interessen haben und die daher im Vergleich zur normativen Regelung gleichwertig sind.[48] Einer solchen Einordnung ist aber die Bewertbarkeit der Günstigkeit der Vereinbarung immanent, weshalb es sich entgegen dem teilweise auch vertretenen Begriffsverständnis nicht um Regelungen handelt, deren Günstigkeit nicht bewertet werden kann[49]. Ein solches Begriffsverständnis entspräche weder einem naheliegenden Verständnis des Wortes „neutral“ noch liefert es eine hinreichende Unterscheidung zu anderen Regelungen im Grenzbereich. Vorzugswürdig ist es daher darunter Vereinbarungen zu verstehen, deren Beziehung zum Günstigkeitsbegriff klar zu bestimmen ist und die dabei genau auf der Grenze der Günstigkeit liegen, sodass sie weder günstig noch ungünstig und mithin in diesem Sinn neutral sind.

---

[47] Vgl. Teil 4 § 13 Abschnitt B. I.

[48] Insoweit bereits *Hueck/Nipperdey*, Arbeitsrecht, II/1 S. 398, aber mit anderer Fragestellung. In dem Sinn auch ErfK/*Franzen*, TVG § 4 Rn. 40; DKL-ArbR/*Gutzeit*, BUrlG § 13 Rn. 1; HO-BUrlG/*Hohmeister*, BUrlG § 13 Rn. 40; MüHdB-ArbR/*Klumpp*, § 237 Rn. 95; NFK-BUrlG/*Kühn*, § 13 Rn. 39; Schmitt/EFZG/*L. Schmitt*, § 12 Rn. 42. Abseits des Arbeitsrechts, *Nobbe*, Günstigkeitsprinzip im Verbrauchervertragsrecht, S. 221 f.

[49] So bei *Hilgenstock*, Günstigkeitsvergleich, S. 38, *Löwisch/Rieble*, TVG § 4 Rn. 635 sowie NK-GArbR/*Sievers*, EntgFG § 12 Rn. 17. Im Ergebnis wohl auch BAG v. 06.12.2017 – 5 AZR 118/17, BAGE 161, 132 Rn. 34.

II. Erscheinungsformen der neutralen Vereinbarungen

Die möglichen Erscheinungsformen neutraler Vereinbarungen werden allein durch die Anzahl denkbarer Gestaltungsformen mit identischer Wirkung beschränkt. Für eine Vielzahl gesetzlicher Regelungen ist es denkbar, dass alternative Regelungsmodelle gefunden werden, die mit unterschiedlichen Methoden eine identische Wirkung erzielen. Dazu zählt die Variation von Grundlagen für Fristberechnungen und der Dauer von Fristen, wobei deren praktische Relevanz gering sein dürfte. Zur Illustration einer echten neutralen Wirkung kann aber eine (theoretische) Vereinbarung herangezogen werden, die eine gesetzlich auf 4 Wochen bestimmte Frist in Stunden und mithin als 672-stündige Frist bemisst. Ferner unterliegen einzelne arbeitsrechtliche Regelungen zwar einem ausdrücklich angeordneten Günstigkeitsprinzip, aber nicht alle Abweichungen davon sind in der Lage die Interessen der Arbeitnehmer zu berühren. Als Beispiel dafür ist die noch näher zu beschreibende Veränderung der Nachweispflicht aus § 5 Abs. 2 S. 1 EntgFG zu nennen, deren Abwandlung keine Auswirkungen auf die Interessen des Arbeitnehmers hat.[50]

Neben diesen leicht abzugrenzenden Konstellationen stehen Abweichungen von normativen Vorgaben, die zwar die Interessen des Arbeitnehmers berühren, diese aber objektiv in gleicher Weise schützen. Die fraglichen Regeln wirken mithin anders als die gesetzliche Regelung, verwirklichen den jeweils bezweckten Arbeitnehmerschutz dabei aber ebenso effektiv, wie die normative Vorgabe. Wann dies der Fall ist, wird im Einzelfall regelmäßig umstritten sein und gleichzeitig kann nur auf Basis der positiven Feststellung der Gleichwertigkeit von einer neutralen Vereinbarung gesprochen werden.[51]

Zur Verdeutlichung können Formerfordernisse für Erklärungen des Arbeitnehmers herangezogen werden. Deren Erfüllung ist für den Arbeitnehmer mit Aufwand verbunden und Fehler können die Verwirklichung des Anspruchs gefährden, sie dienen aber auch der Dokumentation und dem Übereilungsschutz des Arbeitnehmers[52]. Die normativen Regelungen sollen den Arbeitnehmer mithin nicht übermäßig von der Geltendmachung seiner Ansprüche abhalten und trotzdem einen hinreichenden Schutz gewähren. Geringere oder strengere Anforderungen haben auf diese Interessen gegenläufige Auswirkungen und im Ergebnis weicht ihre Wertung von der gesetzlichen Wertung ab, weshalb sie nicht zur Neutralität im eigentlichen Sinn führen. Eine gleichwertige und mithin neutrale Regelung wäre allein eine vertragliche Formvorgabe, die beide Interessen gleichwertig beachtet. Jedenfalls in Bezug auf den Übereilungsschutz und die Dokumentationsfunktion ließe sich auf Basis der ge-

---

[50] Teil 5 § 17 Abschnitt C. II. 2.

[51] Vgl. nur *Nobbe*, Günstigkeitsprinzip im Verbrauchervertragsrecht, S. 221 f.

[52] Vgl. BT-Ds. 14/4987, S. 16.

setzlichen Wertung des § 126 Abs. 3 BGB begründen, dass die Vereinbarung einer elektronischen Form nach § 126a BGB im Verhältnis zu einem Schriftformerfordernis nach § 126 BGB eine solche gleichwertige Vereinbarung ist. Die gesetzlich vorgesehene Ersetzung einer Formvorgabe, die auf Basis von § 126 Abs. 3 BGB zutreffend für möglich erachtet wird,[53] ist aber etwas anderes als die vertragliche Verdrängung einer bestehenden Formvorschrift.[54] Während im ersten Fall die andere Form als Alternative zur Verfügung steht, führt die vertragliche Vereinbarung einer bestimmten Form zum Ausschluss der ursprünglichen Vorgaben und dabei ist es überzeugender auf die geringe Verbreitung der qualifizierten elektronischen Signatur[55] und das erhöhte Risiko einer fehlerhaften Erklärung abzustellen und mithin keine Gleichwertigkeit zur eigenhändigen Unterschrift anzunehmen.

Unabhängig von der Bewertung verdeutlicht das Beispiel, dass die genaue Betrachtung der Wirkung einer Vereinbarung auf die relevanten Interessen die Grundlage der Feststellung einer neutralen Wirkung ist. Dabei wird in Einzelfällen nicht immer Einigkeit zu erzielen sein, jedoch sollte zumindest Klarheit über den Maßstab bestehen. Als neutral kann dabei nur eine Vereinbarung angesehen werden, bei der bei Betrachtung aller gesetzlich erfassten Interessen eindeutig und im Vorhinein erkennbar ist, dass den gesetzlichen Vorgaben entsprochen wird. Sofern die Parteien die gesetzliche Interessenabwägung teilen, gibt es aber auch keinen Anlass für eine abweichende Regelung und es ist daher davon auszugehen, dass eine echte Gleichwertigkeit praktisch selten vorkommen wird. Die Unterscheidung der neutralen Vereinbarungen verdeutlicht daher vor allem die Grenzen des Günstigkeitsprinzips und sie dienen als Differenzierungsgegenstand zu den anderen Abweichungen an der Grenze der Günstigkeit.

III. Bewertung der neutralen Regelungen

Ausganspunkt der Bewertung ist der Zweck des Günstigkeitsprinzips und seine dienende Funktion für den Arbeitnehmerschutz und die daraus abgeleiteten Ergebnisse für den Günstigkeitsbegriff.[56] Der Funktion des Prinzips wird dabei entsprochen, wenn der gesetzliche Standard durch eine abweichende Regelung zumindest verwirklicht wird. Darüber hinausgehende Beschränkungen sind grundsätzlich nicht zweckmäßig und abseits spezieller Zwecke steht ihre verfassungsrechtliche Rechtfertigung daher in Zweifel. So-

[53] BeckOK-ArbR/*Bayreuther*, TzBfG § 14 Rn. 138 f.; MHH-TzBfG/*Meinel*, § 14 Rn. 336; Schaub/ArbR-HdB/*Rennpferdt*, § 38 Rn. 50; *Richardi*, NZA 2001, 57, 62 f.

[54] Dazu Teil 5 § 20 Abschnitt C. II. 1.

[55] *Eckert*, DStR 2024, 2653.

[56] Vgl. zum Ganzen Teil 3 § 10.

lange die Vereinbarung gleichwertig ist, wird auch der unionsrechtliche Standard nicht gefährdet und mithin ist keine Rechtfertigung dafür ersichtlich, neutralen Vereinbarungen die Wirksamkeit zu versagen. Der Möglichkeit, neutrale Abweichungen zu vereinbaren, steht die Funktion des Günstigkeitsprinzips daher nicht entgegen und es ist grundsätzlich sogar grundrechtlich geboten, die Vereinbarung solcher Abweichungen zuzulassen. Sofern dies im Sinn einer echten Gleichwertigkeit gemeint ist, kann daher den Auffassungen zugestimmt werden, die die Vereinbarung neutraler Abweichungen für zulässig erachten.[57] Dies bedeutet aber nicht, dass auf die Bewertung der Günstigkeit verzichtet werden kann, wie es teilweise in der BAG-Entscheidung vom 06.12.2017 zum Ausdruck kommt.[58]

Dass diese Aussage einer näheren Betrachtung innerhalb des jeweiligen Regelungskontextes bedarf, zeigt der Vergleich mit dem Tarifrecht. Die spezielle Formulierung und die Beschränkung auf Abweichungen nur zugunsten des Arbeitnehmers in § 4 Abs. 3 Alt. 2 TVG steht dem funktionell bestimmten Abweichungsbereich der Arbeitsvertragsparteien entgegen. Eine genaue Betrachtung wird hier nicht vorgenommen jedoch ist bereits darauf hinzuweisen, dass diese Beschränkung nicht in den Kodifikationen des gesetzlichen Günstigkeitsprinzips enthalten ist.[59] Im Rahmen der Arbeit wird auch nicht bewertet, ob dieser abweichende Regelungsspielraum durch die Besonderheiten der Tarifautonomie gerechtfertigt ist, jedoch ist zu bemerken, dass der Wortlaut in frühen Betrachtungen weniger Beachtung gefunden hat und ein vom Zweck aus bestimmter Abweichungsspielraum auch im Tarifrecht gleichwertige Vereinbarungen einschließen kann.[60] Die Abstufung der Abweichungsbefugnis ist aber gleichzeitig auch ein Mittel, mit denen der Gesetzgeber das Verhältnis zwischen (kollektivem) Mindeststandard und privater Autonomie regulieren kann.

Inwieweit dies für Betriebsvereinbarungen und Sprecherausschussvereinbarungen gilt, wird hier ebenfalls dahingestellt, jedoch kann der Formulierung

---

[57] Zutreffend nur die Wirksamkeit neutraler Vereinbarungen bejahend, ErfK/*Franzen*, TVG § 4 Rn. 40; DKL-ArbR/*Gutzeit*, BUrlG § 13 Rn. 1; HO-BUrlG/*Hohmeister*, BUrlG § 13 Rn. 40; MüHdB-ArbR/*Klumpp*, § 237 Rn. 95; NFK-BUrlG/*Kühn*, § 13 Rn. 39; Schmitt/EFZG/*L. Schmitt*, § 12 Rn. 42. Abseits des Arbeitsrechts, *Nobbe*, Günstigkeitsprinzip im Verbrauchervertragsrecht, S. 221 f.

[58] Vgl. *Klocke*, jurisPR-ArbR 48/2018 Anm. 2 mit Bezug auf BAG v. 06.12.2017 – 5 AZR 118/17, BAGE 161, 132 Rn. 34.

[59] Vgl. HO-BUrlG/*Hohmeister*, BUrlG § 13 Rn. 39 f. Dazu die grammatikalischen Auslegungen in Teil 5.

[60] *Firnhaber*, Günstigkeitsprinzip, S. 82. In Form eines Wahlrechts auch bei NK-GArbR/*Bepler*, TVG § 4 Rn. 114; *Buschmann*, NZA 1990, 387, 388; Däubler/TVG/*Deinert/Wenckebach*, § 4 Rn. 748; ErfK/*Franzen*, TVG § 4 Rn. 41; *Kamanabrou*/ArbR, Rn. 1854; DKL-ArbR/*Kolbe*, BetrVG § 77 Rn. 36; *Raab*, ZfA 2004, 371, 389 f.; *Wlotzke*, Günstigkeitsprinzip, S. 79.

des § 28 Abs. 2 S. 2 SprAuG, nach der Abweichungen zugunsten leitender Angestellter zulässig sind, nichts anderes entnommen werden als der Formulierung des § 4 Abs. 3 Alt. 2 TVG. Zwar enthält § 4 Abs. 3 Alt. 2 TVG eine Verstärkung durch die Verwendung des Wortes *nur* und mag so in Zweifelsfällen die Anwendung einer Norm erleichtern,[61] jedoch würde diese Verstärkung an der Bedeutung des § 28 Abs. 2 S. 2 SprAuG ebenso wenig etwas ändern, wie die Streichung des Wortes nur aus § 4 Abs. 3 Alt. 2 TVG.[62] Ferner werden auch diese Vereinbarungen autonom durch die Parteien gesetzt und infolge der Wahl des Sprecherausschusses durch die leitenden Angestellten gem. §§ 1 Abs. 1, 3 Abs. 1 SprAuG ist jedenfalls eine mittelbare Form der Repräsentation vorhanden. Es erscheint daher jedenfalls widersprüchlich, wenn abseits einer ausdrücklichen Regelung für Betriebsvereinbarungen von der Unwirksamkeit ausgegangen und für § 28 Abs. 2 S. 2 SprAuG überwiegend das Gegenteil vertreten wird.[63]

Angesichts der Übereinstimmung der entwickelten Hypothese mit den bisher vertretenen Auffassungen zum gesetzlichen Günstigkeitsprinzip werden neutrale Vereinbarungen in der weiteren Betrachtung in den Hintergrund treten. Es wird zwar darauf eingegangen, inwieweit die Kodifikationen die Vereinbarung gleichwertiger Regelungen zulassen, jedoch erfolgt eine vertiefte Betrachtung nur, wenn sie deren Vereinbarung ausnahmsweise entgegenstehen. Damit soll auch vermieden werden, dass sich die Arbeit in der Diskussion um die Gleichwertigkeit verschiedener Regelungen erschöpft, die einer genauen Betrachtung bedarf, sofern sie nicht allein oberflächliche Feststellungen treffen will. Diese Feststellung der Gleichwertigkeit ist die eigentliche Problematik der neutralen Regelungen, an der sich auch bei Einigkeit über den Maßstab der Bewertung die Auffassungen unterscheiden werden.[64] Dass deren Abgrenzung nur in dem Maß einen Gewinn bedeutet, in dem diese Gleichwertigkeit auch bestimmt werden kann, ist dabei zwar nicht zu verhehlen, aber umso eher muss sie einer vertieften Betrachtung im Kontext des jeweiligen Rechtsgebiets überlassen werden, auf die im Folgenden jedoch verzichtet werden muss, um den Rahmen der Arbeit nicht zu sprengen.

---

61 *Herschel*, Anm. zu BAG v. 22. 10. 1973, AP FeiertagslohnzahlungsG § 1 Nr. 31 zu § 1 FZG.

62 Hingegen *L. Schmitt*, Anm. zu BAG v. 06. 12. 2017, AP EntgeltFG § 2 Nr. 18, die darin eine Öffnung des Wortlautes sieht.

63 Zu den gegenteiligen Auffassungen Teil 4, Fn. 19 u. Fn. 20.

64 Vgl. *Kamanabrou*/ArbR, Rn. 1850; MüHdB-ArbR/*Klumpp*, § 237 Rn. 95.

C. Ambivalente Vereinbarungen

I. Definition der ambivalenten Vereinbarungen

Ambivalente Regelungen sind Vereinbarungen, bei denen zum Vergleichszeitpunkt feststeht, dass sie sich auf die geschützten Interessen der Arbeitnehmer gegenläufig auswirken.[65] Im Verhältnis zur normativen Regelung haben sie mithin sowohl potenziell positive als auch potenziell negative Wirkungen, deren Verhältnis nicht durch das maßgebliche Werturteil bewertet werden kann. Man könnte die Regelungen daher auch als Vereinbarungen mit inkommensurablen Wirkungen[66] beschreiben. Problematisch ist bei diesen nicht die objektive Feststellung der Auswirkungen der jeweiligen Vereinbarung auf das konkrete Arbeitsverhältnis im Verhältnis zur normativen Regelung, sondern die Bewertung dieser Auswirkungen. Diese Auswirkungen haben ausgehend vom abstrakten Vergleich zum Zeitpunkt der Vereinbarung sowohl günstigere als auch als ungünstigere Aspekte und man kann sie verkürzt als Zweifelsfälle der Günstigkeit beschreiben.

Grundlage dieser Wirkung sind die von den jeweils maßgeblichen Vorschriften in den Blick genommenen Interessen des Arbeitnehmers und die fehlende Bewertbarkeit des Verhältnisses dieser Interessen zueinander. Diese gemeinsame Betrachtung der geschützten Interessen wird aber vor allem durch die Berücksichtigung subjektivierter oder objektivierter Elemente möglich, während ein objektiver Vergleich die Interessenabwägung in der gesetzlichen Form zum Maßstab der Betrachtung macht. Die Ambivalenz einer vertraglichen Abweichung ist daher auch das Ergebnis dieser Form des Günstigkeitsvergleichs und im Übrigen nur anzunehmen, wenn die Wirkung unter Berücksichtigung wenigstens einer dieser Maßstäbe ambivalent ist. Eine Bewertung, die unabhängig von solchen Aspekten an der objektiven Wirkung entlang erfolgt, dürfte solche ambivalenten Wirkungen aber bereits erheblich reduzieren.

II. Erscheinungsformen der ambivalenten Vereinbarungen

Ausgangspunkt der Beschreibung ambivalent wirkender Abweichungen sind mithin die von den jeweiligen Vorschriften geschützten Interessen und die Objektivierbarkeit der Auswirkungen einer Vereinbarung auf diese Inter-

---

65 Teilweise wird daher auch von „zweischneidigen Regelungen“ gesprochen, *Firnhaber*, Günstigkeitsprinzip, S. 80; ebenso *Wlotzke*, Günstigkeitsprinzip, S. 96.

66 Vergleichbar mit Abweichungen von tariflichen Regelungen im Gegenzug für eine Arbeitsplatzgarantie werden hier auch Äpfel und Birnen aneinander gemessen, vgl. BAG v. 20.04.1999 – 1 ABR 72/98, BAGE 91, 210 [unter B. III. 1. b) aa)].

essen. Ein typisches Beispiel für ambivalente Vereinbarungen sind daher Abweichungen von tarifvertraglichen Ausschlussfristen,[67] die einerseits dazu führen, dass der Arbeitnehmer seine eigenen Ansprüche gegen den Arbeitgeber länger durchsetzen kann, während die Frist für gegen ihn gerichtete Ansprüche auf ihn die umgekehrte Wirkung hat. Sie betreffen damit das Interesse des Arbeitnehmers an der Durchsetzbarkeit seiner eigenen Forderungen und sein Interesse an Rechtsfrieden. Ausgehend von einer Bewertung zum Zeitpunkt des Vertragsschlusses kann daher höchsten auf Basis der individuellen Einschätzungen und Präferenzen bestimmt werden, welches Interesse überwiegt.

1. Abweichung von Kündigungsfristen

Dies lässt sich auch auf Abweichungen von beidseitigen tarifvertraglichen Kündigungsfristen übertragen. Diese schützen sowohl das Bestandsinteresse der Arbeitnehmer als auch deren Interesse an einer freien Berufswahl[68] und infolge der beiderseitigen Schutzrichtung können sie im Interesse des Arbeitnehmers wirken, oder der Verwirklichung dieser Interessen entgegenstehen. Sie haben damit eine gegenläufige Wirkung, die sich einer eindeutigen Bewertung entzieht.[69] Soweit trotzdem eine objektivierte Betrachtung für möglich erachtet wird, erfolgt dies regelmäßig unter einseitiger Betonung des Interesses einzelner Arbeitnehmer am Bestand des Arbeitsverhältnisses.[70] Teilweise wird eine objektivierte Bewertung auch unter Berücksichtigung des Mobilitätsinteresses zum Zeitpunkt des Vertragsschlusses auf Basis einer Einzelfallbetrachtung für möglich erachtet,[71] jedoch ist selbst die Möglichkeit einer Bewertung auf dieser Basis anzuzweifeln, wenn man nicht auf den Zeit-

---

[67] Vgl. nur *Kamanabrou*/ArbR, Rn. 1851; hingegen v. Westphalen/Thüsing/Pamp Klauselwerke/Arbeitsverträge/*Thüsing*, Rn. 181, der die Abbedingung tariflicher Ausschlussfristen ablehnt.

[68] LAG München v. 04.05.1990 – 2 Sa 128/90, LAGE Günstigkeitsprinzip Nr. 3; *Wensing/Hesse*, NZA 2009, 1309, 1311.

[69] LAG Niedersachsen v. 08.02.2000 – 7 Sa 781/99, NZA-RR 2000, 428, 429 f.; Däubler/TVG/*Deinert/Wenckebach*, § 4 Rn. 797; *Firnhaber*, Günstigkeitsprinzip, S. 80 f.; MüAnwHdB-ArbR/*Hamacher/van Laak*, § 70 Rn. 18; grundsätzlich bereits *Nikisch*, Arbeitsrecht, II S. 435; vgl. auch *Wensing/Hesse*, NZA 2009, 1309, 1311; *Zöllner/Loritz/Hergenröder*/Arbeitsrecht, § 39 Rn. 9.

[70] Vgl. BeckOK-ArbR/*Gotthardt*, BGB § 622 Rn. 47; APS/*Link*, BGB § 622 Rn. 119; unter Verweis auf § 626 Abs. 5 BGB ErfK/*Müller-Glöge*, BGB § 622 Rn. 38.

[71] LAG München v. 04.05.1990 – 2 Sa 128/90, LAGE Günstigkeitsprinzip Nr. 3; *Courth*, Günstigkeitsprinzip, S. 134; MüKo-BGB/*Engshuber*, BGB § 622 Rn. 97; *Hueck/Nipperdey*, Arbeitsrecht, II/1 S. 614; *Nikisch*, Arbeitsrecht, II S. 435 f.; *Schulze*, Günstigkeitsprinzip, S. 223; *Wlotzke*, Günstigkeitsprinzip, S. 98. Entgegen der dortigen h. M. für das österreichische Recht *Mosing*, Günstigkeitsprinzip, S. 62 f. [m. w. N. aus der österreichischen Literatur].

punkt der Kündigung abstellen oder die erfassten Interessen getrennt betrachten will[72].

In diesem Zusammenhang ist es bezeichnend, dass der Gesetzgeber in § 622 Abs. 5 S. 2 BGB nicht den Begriff der Günstigkeit verwendet,[73] sondern für Abweichungen von gesetzlichen Fristen bestimmt, dass allein Fristverlängerungen vereinbart werden können[74] und dass er dabei die Flexibilität der Arbeitnehmer schützt, indem er mit § 626 Abs. 6 BGB verhindert, dass durch längere Fristen allein der Arbeitnehmer gebunden wird[75]. Dabei entspricht der Vergleich der verschiedenen Fristen einem Günstigkeitsvergleich[76] und auf Grundlage dieser Interessenbestimmung kann sich eine Vereinbarung nur als länger und damit günstiger oder als kürzer und mithin ungünstiger erweisen.[77] Die generalisierende Festlegung der geschützten Interessen stellt mithin sicher, dass abweichende Vereinbarungen keine ambivalente Wirkung haben können. Das verdeutlicht, dass eine genaue Anknüpfung an die gesetzlich erfassten Interessen ambivalenten Ergebnissen des Günstigkeitsvergleichs bereits entgegenwirkt.

2. Abweichung von Formvorschriften

Neben Regelungen zu Fristen betreffen auch andere Regelungsgegenstände typischerweise mehrere Interessen des Arbeitnehmers, sodass Abweichungen diese Interessen unterschiedlich beeinflussen und somit ambivalent wirken können. Teilweise wird dies für Verhaltensregeln[78] und auch für Formvorschriften[79] angenommen. Diese dienen mit ihren verschiedenen Funktionen

---

[72] Dazu Teil 4 § 15 Abschnitt A. u. Abschnitt D.

[73] Infolge des anderen Schwerpunktes muss offenbleiben, ob damit eine allgemeine Wertung verbunden ist. Dies nimmt an ErfK/*Müller-Glöge*, BGB § 622 Rn. 38; a.A. *Wensing/Hesse*, NZA 2009, 1309, 1310.

[74] BAG v. 28.05.2009 – 8 AZR 896/07, AP BGB § 306 Nr. 6, Rn. 27; BeckOK-ArbR/*Gotthardt*, BGB § 622 Rn. 60 ff. auch zu Grenzen; ErfK/*Müller-Glöge*, BGB § 622 Rn. 40 ff. Ausführlich zum Vergleich der Fristen *Diller*, NZA 2000, 293 ff. sowie *Wensing/Hesse*, NZA 2009, 1309 ff.

[75] BAG v. 18.10.2018 – 2 AZR 374/18, NZA 2019, 246 Rn. 47.

[76] BAG v. 29.01.2015 – 2 AZR 280/14, BAGE 150, 337 Rn. 13; LAG Hamburg v. 30.03.2000 – 7 Sa 5/00, BeckRS 2009, 67875; LAG Nürnberg v. 13.04.1999 – 6 (5) Sa 182/98, NZA-RR 2000, 80; insoweit zutreffend, *Diller*, NZA 2000, 293, 296 ff.; BeckOK-ArbR/*Gotthardt*, BGB § 622 Rn. 47 f. u. Rn. 61 sowie *Wensing/Hesse*, NZA 2009, 1309, 1312.

[77] Vgl. *Diller*, NZA 2000, 293, 297.

[78] Vgl. *Buschmann*, NZA 1990, 387, 388.

[79] Vgl. *Ventura-Heinrich*, Nachweis wesentlicher Vertragsbedingungen, S. 53; für Abweichungen im österreichischen Recht *Mosing*, Günstigkeitsprinzip, S. 330. Im Tarifrecht wird die Anwendung des Prinzips auf Formvorschriften teilweise bezwei-

auch den Interessen der Arbeitnehmer[80] und gleichzeitig stehen sie deren Interessen entgegen, wenn sie mit höherem Aufwand verbunden sind und dadurch die Geltendmachung der Ansprüche der Arbeitnehmer erschweren.[81] Veränderungen der Formvorschriften wirken sich daher ambivalent aus, wenn sie beide Interessen der geschützten Partei berühren.[82]

Die Bewertung kann aber nicht unabhängig von der Art der Formvorgabe erfolgen. Vorbehaltlich einer näheren Betrachtung der einzelnen Regelungen lässt sich bei einseitigen Erklärungen des Arbeitgebers vielmehr davon ausgehen, dass Formvorgaben gerade den Interessen des Arbeitnehmers dienen.[83] Dieser profitiert von der Beweisfunktion strengerer Anforderungen, ohne dadurch mit einem zusätzlichen Aufwand oder Risiko der Unwirksamkeit der Erklärung belastet zu sein[84]. Weniger strenge Formerfordernisse reduzieren hingegen die Beweisfunktion, bringen aber auch keine Vorteile, sodass Veränderungen objektiv günstig oder ungünstig wirken. Die Abweichungen von Formvorgaben können daher bewertet werden, wenn die Partei die Formvorgabe zu beachten hat, deren Interessen nicht im Fokus des Gesetzes stehen.[85]

Bei einseitigen Erklärungen kommen geringere Anforderungen auch den Interessen des Arbeitnehmers entgegen, denn diese erleichtern die Einhaltung der Vorgaben und damit die Geltendmachung eines Anspruchs.[86] Die Funktionen der Formvorgaben sind aber Teil des Arbeitnehmerschutzes und insbesondere der Übereilungsschutz wird durch eine Reduzierung der Formvorgaben verringert.[87] Umgekehrtes gilt für strengere Formvorschriften,[88] weshalb solche Abweichungen nicht objektiv zugunsten der gesetzlich geschützten Interessen der Arbeitnehmer wirken und es sich mithin um ambivalente Vereinba-

---

felt, dafür *Krauss*, Günstigkeitsprinzip und Autonomie, S. 75 f.; dagegen *Schulze*, Günstigkeitsprinzip, S. 68. Im Gesetzesrecht ergibt sich dies aus der gesetzlichen Anordnung, vgl. für das Tarifrecht NK-GArbR/*Bepler*, TVG § 4 Rn. 105.

[80] Ferner Arbeitgeber- und mittelbar öffentlichen Interessen, vgl. *Rolfs*, Gutachten B zum 74. DJT, S. 49.

[81] Ausführlich und mit Beispiel *Rolfs*, Gutachten B zum 74. DJT, S. 47 f.

[82] Zu Vor- und Nachteilen sowie mit Änderungsvorschlägen, *Rolfs*, Gutachten B zum 74. DJT, S. 46 ff. Vgl. auch Teil 5 § 21 Abschnitt B. I. 5.

[83] Zum Vertragsschluss, *Ventura-Heinrich*, Nachweis wesentlicher Vertragsbedingungen, S. 53. Zu den Interessen des Arbeitgebers, vgl. *Bayreuther*, NZA 2019, 945.

[84] Vgl. DHSW-ArbR/*M. Schubert*, NachwG § 5 Rn. 1. Die absichtliche Nichterfüllung der Formerfordernisse ist hingegen kein Risiko, das hier zu berücksichtigen ist.

[85] Vgl. *Mosing*, Günstigkeitsprinzip, S. 330; DHSW-ArbR/*M. Schubert*, NachwG § 5 Rn. 1.

[86] *Ventura-Heinrich*, Nachweis wesentlicher Vertragsbedingungen, S. 53.

[87] In dem Sinn, *Mosing*, Günstigkeitsprinzip, S. 330.

[88] Zum Vertragsschluss, *Ventura-Heinrich*, Nachweis wesentlicher Vertragsbedingungen, S. 53.

rungen handelt[89]. Auch bei Abweichungen von Formvorgaben für beidseitige Rechtsgeschäfte wird der Arbeitnehmer belastet und gleichzeitig profitiert er auch bei diesen Erklärungen von der Dokumentation und dem mit der Formvorgabe verbundenen Übereilungsschutz,[90] sodass hier nichts anderes gelten kann.

3. Arbeitszeitregelungen

Ein vergleichbares Problem besteht bei Arbeitszeitregelungen, vor allem wenn diese bei der Dauer der Arbeit und/oder der Höhe des Entgelts von den tarifvertraglichen Bestimmungen abweichen.[91] Deren Auswirkungen auf den Arbeitnehmer werden aufgrund der damit regelmäßig verbundenen Entgeltanpassungen unterschiedlich bewertet.[92] Ähnliches gilt, wenn die Lage der Arbeitszeit geändert wird.[93] Fraglich ist aber vor allem, ob das Arbeitsentgelt und die Arbeitszeit gemeinsam zu vergleichen sind und welche Bewertung sich ergibt. Soweit der Sachgruppenvergleich hier abgelehnt wird,[94] wird auf die Unterschiedlichkeit der Entgelt- und Freizeitinteressen des Arbeitnehmers verwiesen, die in keinem Verhältnis zueinander stünden.[95] Umgekehrt wird hingegen in der Arbeitszeit vor allem ein Faktor zur Bestimmung der Höhe der Entlohnung gesehen, sodass sich auf Basis dieses Interesses die Günstigkeit bewerten ließe.[96] Als tarifrechtliches Problem kann dies dahingestellt

---

[89] Vgl. *Rolfs*, Gutachten B zum 74. DJT, S. 47.

[90] *Ventura-Heinrich*, Nachweis wesentlicher Vertragsbedingungen, S. 53; wohl a.A. *Mosing*, Günstigkeitsprinzip, S. 330, der beiderseitige Formvorgaben nicht als Einheit bewertet, im Rahmen eines Gruppenvergleichs aber die gegenseitigen Formvorgaben als Kompensation anerkennt.

[91] Dazu, jeweils m.w.N., *Bengelsdorf*, ZfA 1990, 563, 568ff.; *Kamanabrou*/ArbR, Rn. 1844; *Loritz*, ZfA 1990, 133, 145ff.; *Löwisch*, BB 1991, 59ff.; Kempen/Zachert/TVG/*Schubert/Zachert*, § 4 Rn. 422ff.

[92] Vgl. BAG v. 17.04.2002 – 5 AZR 644/00, AP BGB § 611 Mehrarbeitsvergütung Nr. 40 [unter II. 4. b)]; ausführlich und jeweils m.w.N., *Buchner*, FS Dieterich, 29, 38ff.; *ders.*, DB 1990, 1715ff.; *Joost*, ZfA 1984, 173ff.; *Kraus*, Günstigkeitsprinzip und Autonomie, S. 3, 96ff.; *Neumann*, NZA 1990, 961, 962f.; *Richardi*, DB 1990, 1613ff.

[93] *Buschmann*, NZA 1990, 387, 388.

[94] LAG Baden-Württemberg v. 14.06.1989 – 9 Sa 145/88, DB 1989, 2028 (mit. Anm. *Buchner*).

[95] Vgl. BAG v. 17.04.2002 – 5 AZR 644/00, AP BGB § 611 Mehrarbeitsvergütung Nr. 40 [unter II. 4. b)].

[96] Jeweils anknüpfend an den Stundenlohn *Krauss*, Günstigkeitsprinzip und Autonomie, S. 105 und S. 111; *Wlotzke*, Günstigkeitsprinzip, S. 101ff., der in der Arbeitszeitregelung des Tarifvertrags keine unabdingbare Norm sieht; auf Basis einer subjektiven Bewertung *Buchner*, DB 1989, 2028, 2030, der die objektive Bestimmbarkeit der

bleiben, jedoch verdeutlicht es die Abhängigkeit der Ambivalenz von der Bestimmung der normativ erfassten Interessen.

4. Zusammenfassung

Der Günstigkeitsvergleich kann mithin zu ambivalenten Ergebnissen führen, wenn entgegengesetzte Interessen des Arbeitnehmers in den Blick geraten, deren Beziehung zueinander nicht bestimmt werden kann. Insbesondere die gemeinsame Betrachtung unterschiedlicher Regelungen führt dazu, dass ein Vergleichsgegenstand häufiger gegenläufige Interessen eines Arbeitnehmers erfasst, weshalb ambivalente Regelungen ein Problem sind, dass durch den Sachgruppenvergleich im Tarifrecht vermehrt entsteht. So führt der Sachgruppenvergleich insbesondere dazu, dass Kompensationen vereinbart werden können und die abweichenden Vereinbarungen eine andere Interessenabwägung beinhalten, die nicht an den Maßstäben des Normsetzers gemessen werden kann, wenn man den Sachgruppenvergleich nicht entwerten will. Es ist damit auch diese Vergleichsform, die tendenziell einer objektiven Bewertung entgegensteht, sodass insgesamt viel dafürspricht, dass ambivalente Vereinbarungen in diesem Sinn vor allem ein tarifrechtliches Problem sind.

III. Bewertung der ambivalenten Vereinbarungen

Im Hinblick auf die dienende Funktion des Günstigkeitsprinzips ist für ambivalente Vereinbarungen festzustellen, dass bei diesen Vereinbarungen nicht bestimmt werden kann, ob sie dem gesetzlichen Anspruch zumindest gleichwertig sind.[97] Im Sinn des Verständnisses des Günstigkeitsprinzips als Beschränkung des Anwendungsbereichs des maßgeblichen Rechts kann mithin nicht festgestellt werden, ob die Voraussetzungen erfüllt sind, unter denen das zwingend geltende Recht ausnahmsweise zurücktritt. Der Zweck arbeitsrechtlicher Mindeststandards und das Verständnis des Günstigkeitsprinzips als Innenschranke dieses Rechts führen aber dazu, dass dieses nur zurücktritt, wenn die Voraussetzungen dafür erfüllt sind[98]. Ferner spricht die Annahme der strukturellen Unterlegenheit dafür, dass im Zweifelsfall das normative Recht zur Anwendung zu bringen ist.[99] Die Verwirklichung des gesetzlichen Stan-

---

Günstigkeit aber ebenfalls verneint. *Heinze*, NZA 1991, 329, 335 f., sieht nur das Erfordernis einer privatautonomen Gestaltung und die Beachtung des Sozialstaatsgebots.

[97] Vgl. *Klocke*, jurisPR-ArbR 48/2018 Anm. 2; *Knorr*, NZA 2018, 1449, 1453.

[98] BeckOK-ArbR/*Ricken*, EntgFG § 12 Rn. 1. Zur TVVO, *Kronenberg*, Ausnahmen der Unabdingbarkeit, S. 45 f.

[99] Zum EntgFG, *Klocke*, jurisPR-ArbR 48/2018 Anm. 2; *Knorr*, NZA 2018, 1449, 1453; Schmitt/EFZG/*L. Schmitt*, § 12 Rn. 42; BRO-BetrAVG/*Rolfs*, BetrAVG § 19

dards wäre andernfalls gefährdet,[100] weshalb ein Verbot dieser Vereinbarungen der grundrechtlichen Verankerung der vertraglichen Abweichungsbefugnis nicht entgegensteht. Ein grundrechtliches Untermaß würden diese Regelungen zwar grundsätzlich nicht verletzen, aber mit dem unionsrechtlichen effet utile und der sich daraus ergebenden Pflicht zur effektiven Verwirklichung der unionsrechtlichen Vorgaben sind sie regelmäßig nicht zu vereinbaren.[101] Selbst wenn man die Existenz eines rechtlichen Vorrangs für die Freiheit im Zweifelsfall anerkennen würde,[102] ist auf Basis der bisher erarbeiteten Grundlagen des Günstigkeitsprinzips daher von der Unwirksamkeit entsprechender Vereinbarungen auszugehen.

Die Besonderheiten des Tarifrechts machen bei summarischer Bewertung keine anderen Schlussfolgerungen erforderlich, wofür neben dem Wortlaut auch auf sonst entstehende Wertungswidersprüche zu den gleichwertigen Regelungen zu verweisen ist. Abseits des ausdrücklichen Wortlauts wäre aber zumindest in Erwägung zu ziehen, inwieweit die Ursächlichkeit des objektivierten Sachgruppenvergleichs im Tarifrecht bei ambivalenten Regelungen eine einschränkende Anwendung des § 4 Abs. 3 Alt. 2 TVG rechtfertigen könnte. Der andere Wortlaut des § 28 Abs. 2 S. 2 SprAuG kann aber auch hier nicht als hinreichende Rechtfertigung einer anderen Wertung herangezogen werden, zumal die zutreffende Annahme der Unzulässigkeit solcher Abweichungen gegenüber Betriebsvereinbarungen erneut zu Widersprüchen führt.

Betrachtet man die Vereinbarungen rein objektiv ist ferner festzuhalten, dass bei diesen zum Zeitpunkt des Vergleichs positiv festgestellt werden kann, dass zumindest ein normativ geschütztes Interesse nicht verwirklicht werden wird.[103] Beispielsweise führt eine verlängerte Kündigungsfrist im Verhältnis zu einer bestehenden tariflichen Regelung in jedem Fall zu einer Verkürzung des generalisiert festgelegten und mit dem Bestandsinteresses austarierten Mobilitätsinteresse der Arbeitnehmer. Es ist aufgrund der gleichzeitigen positiven Auswirkungen auf ein anderes geschütztes Interesse nicht klar, ob der Arbeitnehmer oder die Verkehrskreise diese Interessenabwägung nicht als günstiger empfinden, aber das ändert nichts daran, dass der normativen Inter-

---

Rn. 64. Für das Tarifrecht, *T. B. Schmidt*, Günstigkeitsprinzip, S. 131; *Wlotzke*, Günstigkeitsprinzip, S. 102 f.

[100] *Knorr*, NZA 2018, 1449, 1453.

[101] Vgl. EuGH v. 11.07.2002 – C-62/00 [Marks & Spencer], Slg. 2002, I-6325 Rn. 27; EuGH v. 09.09.1999 – C-217/97 [Kommission/Deutschland], Slg. 1999, I-5087 Rn. 31; BeckOGK/*Benecke*, AGG § 31 Rn. 1. Calliess/Ruffert/*Kahl*, EUV Art. 4 Rn. 119.

[102] Dies ist allein eine politische Formel, *Neuner*, ZfPW 2022, 257, 257 f. u. 284 auch zu den Ursprüngen der Formel „*in dubio pro libertate*".

[103] In dem Sinn auch *Knorr*, NZA 2018, 1449, 1453.

essenabwägung nicht entsprochen wird.[104] Im Rahmen eines objektiven Vergleichs sind diese Vereinbarungen daher auch nicht zweifelhaft im Sinn eines Randbereichs der Günstigkeit, sondern aufgrund der Maßgeblichkeit der gesetzlichen Interessenabwägung können sie als partiell ungünstigere Abweichungen betrachtet werden.[105]

Unabhängig davon, ob man diese vertraglichen Regelungen als zweifelhaft oder eindeutig partiell ungünstig bezeichnet, sind etwaige Unklarheiten zwar auch eine Folge des Günstigkeitsvergleichs, aber den Parteien sind dessen Kriterien bekannt und sie können sich darauf einstellen. Es ist es den Parteien aber nicht gelungen, ihre Vereinbarung unter Beachtung der gesetzlichen Vorgaben abzuschließen und insofern sind die Zweifel auf die Parteivereinbarung zurückzuführen. Es wäre widersprüchlich, aus den durch die Parteien geschaffenen Zweifel auf die Wirksamkeit ihrer Vereinbarung zu schließen, denn dass deren Günstigkeit nicht eindeutig feststellbar ist, ist im Licht des Schutzzwecks ein Grund für die Anwendung des normativen Rechts und nicht für dessen Rücknahme. Dies gilt umso mehr als unter den Bedingungen des Arbeitsrechts in Zweifel steht, ob sich der Inhalt der vertraglichen Vereinbarung als Freiheitsausübung verstehen lässt.[106]

D. Günstigkeitsvariable Vereinbarungen

Keine der gebildeten Definitionen erfasst die insbesondere zum Anlass der Betrachtung genommenen Pauschalierungsregelungen für Entgeltersatzleistungen und andere damit zusammenhängende Vereinfachungsregelungen. Anders als bei den bisher betrachteten Vereinbarungen ist bei diesen aber auch nicht eindeutig bestimmbar, wie sie in Summe auf das Entgeltinteresse des Arbeitnehmers wirken werden oder wie ihre Wirkung im Verhältnis zu den tatsächlichen Ansprüchen sein wird. Die Beziehung zur Günstigkeit wird daher nicht durch die Unsicherheit über die Interessen, sondern über die Geschehensabläufe gestört, weshalb sie nicht mit den bisher dargestellten ambivalenten Vereinbarungen, sondern als separate Gruppe der *günstigkeitsvariablen Vereinbarungen* betrachtet werden.

---

104 *Knorr*, NZA 2018, 1449, 1453.

105 *Klocke*, jurisPR-ArbR 48/2018 Anm. 2; im Ergebnis auch *Knorr*, NZA 2018, 1449, 1453.

106 Vgl. *Preis*, FS Dieterich, 429, 439 f.; *Zöllner*, NZA-Beil. 2006, 99, 102.

I. Definition der günstigkeitsvariablen Vereinbarungen

Günstigkeitsvariable Vereinbarungen sind mithin Vereinbarungen, bei denen zum Zeitpunkt ihrer Vereinbarung feststeht, dass sie sich auf den Arbeitnehmer sowohl zugunsten als auch zuungunsten auswirken können. Dabei steht ihre potenzielle Wirkung zum Zeitpunkt der Vereinbarung fest, jedoch kann diese Wirkung mal zugunsten des Arbeitnehmers und mal zuungunsten des Arbeitnehmers ausfallen, wobei dies vom jeweils konkret verwirklichten Sachverhalt abhängt. Nach Verwirklichung des maßgeblichen Sachverhalts lässt sich ihre Wirkung auf den einzelnen Arbeitnehmer aber sowohl objektiv als auch mit einem objektivierten und einem subjektiven Maßstab bewerten. In Abgrenzung zu Abweichungen mit ambivalenter Wirkung können sie daher als Vereinbarungen beschrieben werden, bei denen zwar die Günstigkeit für den Arbeitnehmer eindeutig bewertet werden kann, die Wirkung sich jedoch in Abhängigkeit vom tatsächlichen Sachverhalt unterschiedlich manifestiert. Infolge der fehlenden Möglichkeit zur eindeutigen Bewertung können ambivalente Vereinbarungen daher nicht gleichzeitig günstigkeitsvariable Vereinbarungen sein. Ebenso handelt es sich nicht um günstigkeitsvariable Abweichungen im hier relevanten Sinn, wenn Vereinbarungen zur Durchführung des Arbeitsverhältnisses und ohne unmittelbaren Bezug zum Arbeitnehmerschutzgesetz dazu führen, dass die Voraussetzungen einer Arbeitnehmerschutzregelung mal verwirklicht und mal nicht verwirklicht werden.[107]

Ferner lassen sich Vereinbarungen unterscheiden, bei denen der Eintritt der jeweiligen Wirkung nur punktuell erfolgt und die daher zwar zugunsten oder zuungunsten des Arbeitnehmers wirken können, deren Wirkung sich aber nur einmal verwirklichen wird. Daneben gibt es dauerhaft günstigkeitsvariable Abweichungen, deren Wirkung sich im Arbeitsverhältnis mehrmals verwirklicht und die dabei jeweils zugunsten oder zuungunsten des Arbeitnehmers ausfallen kann. Während bei den einen also allein eine einmalige Unsicherheit der Bewertung besteht, ist es bei den anderen eine dauerhafte Unsicherheit, weshalb punktuell und dauerhaft günstigkeitsvariable Vereinbarungen zu unterscheiden sind. Verkürzt gesprochen handelt es sich dabei um punktuell und dauerhaft mögliche Einzelfälle der Ungünstigkeit.

Einer Bewertung im Rahmen des Günstigkeitsprinzips entziehen sich solche Vereinbarungen, weil die Günstigkeit zu dem Zeitpunkt bewertet wird, zu dem sich die unterschiedlichen Regelungen erstmals gegenüberstanden. Deshalb kann nicht die konkrete Vertragsabwicklung, sondern nur die abstrakte

[107] Vgl. beispielsweise die Betriebsvereinbarung mit wöchentlich wechselnden Arbeitstagen und deren Auswirkung auf die Entgeltfortzahlung an Feiertagen in BAG v. 24.01.2001 – 4 AZR 538/99, AP EntgeltFG § 2 Nr. 5; dazu auch Teil 5 § 17 Abschnitt C. I. 2. a).

Auswirkung einer Abweichung einer Bewertung unterzogen werden. Vereinbarungen, deren Günstigkeit von den konkreten Umständen der Vertragsabwicklung abhängen, lassen sich bei dieser abstrakten Betrachtung nicht (immer) eindeutig bewerten. Würde man die Betrachtung allerdings im Nachhinein und auf Basis der konkreten Auswirkungen durchführen, ließen sich die Auswirkungen der jeweiligen Vereinbarung auf das einzelne Arbeitsverhältnis eindeutig bestimmen. Die variablen Auswirkungen einer Regelung sind daher auch auf die Durchführung des Günstigkeitsvergleichs zurückzuführen.

Infolge der abstrakten Bewertung kann es bei der Einordnung als günstigkeitsvariable Vereinbarung grundsätzlich auch nicht darauf ankommen, in welchem Verhältnis die Auswirkungen zueinanderstehen und mit welcher Wahrscheinlichkeit sie sich verwirklichen. Solange sich beide Wirkungen im Einzelfall realisieren können, ist eine Vereinbarung daher auch günstigkeitsvariabel, wenn die Wirkung zuungunsten nur wenig ausgeprägt und selten jedoch die Wirkung zugunsten sehr ausgeprägt und häufig eintritt.[108] Gleiches gilt im umgekehrten Fall. Wenn allerdings eine der Wirkungen mit so geringer Wahrscheinlichkeit verwirklicht wird, dass sie praktisch ausgeschlossen werden kann, kann man diese bei der Bewertung vernachlässigen und die Vereinbarung auch als günstig oder ungünstig ansehen.[109]

II. Erscheinungsformen der günstigkeitsvariablen Vereinbarungen

Anders als bei den ambivalenten Vereinbarungen setzt die Feststellung der variablen Günstigkeit mithin voraus, dass auf Basis des abstrakten Vergleichs die mögliche Wirkung objektiv bewertet werden kann. Günstigkeitsvariabel kann eine Abweichung daher vor allem sein, wenn nur ein Interesse des Arbeitnehmers in den Blick genommen wird und die Betrachtung der positiven oder negativen Auswirkungen auf einen Faktor begrenzt werden kann[110] oder die geschützten Interessen in ein Verhältnis gesetzt werden können. Eine uneindeutige Vereinbarung kann daher nicht gleichzeitig ambivalent und günstigkeitsvariabel sein. Maßgeblich ist dafür aber nicht der Regelungstyp, sondern die von der maßgeblichen Norm erfassten Interessen, weshalb beispiels-

---

108 Für Abweichungen von gesetzlichen Kündigungsfristen, BAG v. 29.01.2015 – 2 AZR 280/14, BAGE 150, 337 Rn. 20; MüKo-BGB/*Engshuber*, BGB § 622 Rn. 97; APS/*Link*, BGB § 622 Rn. 120; ebenso wohl *Wensing/Hesse*, NZA 2009, 1309, 1313, die aber die jeweils günstigere Frist zum Zeitpunkt der Betrachtung anwenden; a.A. und im Ergebnis jedenfalls Günstigkeit annehmend, LAG Hamburg v. 30.03.2000 – 7 Sa 5/00, BeckRS 2009, 67875; *Diller*, NZA 2000, 293, 296 f.

109 Vgl. den Fall in BAG v. 06.12.2017 – 5 AZR 118/17, BAGE 161, 132.

110 So bei Abweichungen von gesetzlichen Kündigungsfristen aufgrund der gesetzlichen Wertung in § 622 Abs. 5 S. 3 BGB, dazu ErfK/*Müller-Glöge*, BGB § 622 Rn. 38. Zu den Auswirkungen sogleich.

weise eine Fristbestimmung statt einer ambivalenten auch eine günstigkeitsvariable Wirkung haben kann, wenn die Wirkrichtung der Fristveränderung eindeutig ist.

1. Pauschalierungsregelungen

Zu den Vereinbarungen, die in diesem Sinn eben nicht ambivalent, sondern günstigkeitsvariabel sein können, zählen insbesondere Abweichungen von Berechnungsvorgaben für Entgelt(-ersatz)-leistungen. Wenn beispielsweise statt der konkret ausgefallenen Arbeitszeit pauschalierte Annahmen herangezogen werden oder einige Bestandteile des Entgelts gekürzt und andere erhöht werden, kann sich in einigen Situationen die Pauschale und in anderen Situationen die Berechnung auf Basis der normativen Vorgaben als günstiger für den Arbeitnehmer erweisen. Es handelt sich um günstigkeitsvariable Wirkungen, die daraus entstehen, dass eigentlich variable Grundlagen des Anspruchs nur pauschal betrachtet werden und sofern die jeweilige Leistung im Arbeitsverhältnis mehrmals zu erbringen ist, wirkt die Vereinbarung dauerhaft günstigkeitsvariabel. Neben der noch genau zu betrachtenden Pauschalierung des Entgelts für Feiertage[111] zählen dazu auch Pauschalierungen und Kürzungen der Berechnungsvorgaben für das Urlaubsentgelt[112] und ferner können auch Änderungen von Referenzzeiträumen[113] variable Auswirkungen haben.

2. Abweichende Fristbestimmungen

Ferner können Veränderungen von Fristen günstigkeitsvariable Wirkung haben, wenn die normativen Laufzeiten und Grundlagen durch Faktoren ersetzt werden, die sich mal verkürzend und mal verlängernd auf die absolute Dauer der Frist auswirken. Voraussetzung ist aber, dass dabei auf Basis der erfassten Interessen eindeutig zu bewerten ist, wie sich eine Verlängerung oder Verkürzung auf die geschützten Interessen auswirken wird. Abseits der noch zu betrachtenden Regelungsbereiche gerät damit insbesondere die Abweichung von gesetzlichen Kündigungsfristen und die generalisierende Bestimmung der gesetzlich geschützten Interessen[114] in § 622 Abs. 6 BGB in den Blick. Infolge dieser Generalisierung ist die Wirkung einer Fristverlänge-

---

[111] Vgl. BAG v. 06.12.2017 – 5 AZR 118/17, BAGE 161, 132.

[112] Vgl. BAG v. 03.12.2002 – 9 AZR 535/01, AP BUrlG § 11 Nr. 57; BAG v. 15.12.2009 – 9 AZR 887/08, AP BUrlG § 11 Nr. 66.

[113] Vgl. *L. Schmitt*, Anm. zu BAG v. 06.12.2017, AP EntgeltFG § 2 Nr. 18.

[114] Infolge des anderen Schwerpunktes muss hier offenbleiben, ob der Gesetzgeber mit § 622 Abs. 2 u. Abs. 5 BGB eine allgemeingültige Wertung zum Ausdruck bringt. Dies nimmt an ErfK/*Müller-Glöge*, BGB § 622 Rn. 38; a.A. *Wensing/Hesse*, NZA 2009, 1309, 1310.

rung eindeutig zu bewerten, wobei für den Vergleich der Länge der Fristen die Grundsätze des Günstigkeitsvergleichs heranzuziehen sind.[115] Abweichende Fristen können unter Berücksichtigung des Kündigungstermins dabei mal kürzer und mal länger sein und damit den Vorgaben des § 622 Abs. 6 BGB sowohl entsprechen als auch widersprechen. Auf identische Weise können andere Fristvereinbarungen dazu führen, dass eine Frist günstigkeitsvariable Wirkung hat, wenn sie den Berechnungsmechanismus verändert, wobei die punktuelle oder dauerhafte Wirkung davon abhängt, ob die Frist im Verlauf des Arbeitsverhältnisses einmalig oder mehrmals zu beachten ist.

3. Sonstige günstigkeitsvariable Regelungen

Daneben kann die Wirkung von Vereinbarungen günstigkeitsvariabel sein, wenn sie andere Rechtsfolgen und Voraussetzungen als die maßgeblichen Regelungen haben. Dies gilt unter anderem im Verhältnis verschiedener Sonderzahlungen, wenn die Voraussetzungen für eine Sonderzahlung leichter zu verwirklichen sind, die Zahlung selbst aber gekürzt wird.[116] Welche der Regelungen für den Arbeitnehmer günstiger ist, hängt dann davon ab, ob er allein die einfachen Bedingungen erfüllt und deshalb eine zusätzliche Sonderzahlung erhält oder ob er auch die besonderen Bedingungen erfüllt und die Regelung sich daher als Kürzung der Sonderzahlung auswirkt.[117] Sofern der Arbeitnehmer den Eintritt der Voraussetzungen nicht selbst in der Hand hat, überwiegt aber der spekulative Charakter und beispielsweise erweist sich eine Erhöhung der maßgeblichen Betriebszugehörigkeit zusammen mit einer erhöhten Prämie eher als Wette, deren Wirkung nicht eindeutig zu bewerten ist und die daher ambivalente Wirkung entfaltet. Auch diese Wirkungen entstehen aber vor allen aus der gemeinsamen Betrachtung der Höhe und des Zeitpunktes der Sonderzahlung, die im Rahmen des Vergleichs der Günstigkeit mit dem Gesetzesrecht nicht vorzunehmen ist. Der Einzelvergleich sollte vielmehr die mögliche Anzahl günstigkeitsvariabler Vereinbarungen reduzieren, die jedenfalls in dieser Form nur im Tarifrecht anzutreffen sind.

---

[115] BAG v. 29.01.2015 – 2 AZR 280/14, BAGE 150, 337 Rn. 13; LAG Hamburg v. 30.03.2000 – 7 Sa 5/00, BeckRS 2009, 67875; LAG Nürnberg v. 13.04.1999 – 6 (5) Sa 182/98, NZA-RR 2000, 80; insoweit zutreffend, *Diller*, NZA 2000, 293, 296 ff.; BeckOK-ArbR/*Gotthardt*, BGB § 622 Rn. 47 f. u. Rn. 61 sowie *Wensing/Hesse*, NZA 2009, 1309, 1312.

[116] BAG v. 10.12.2014 – 4 AZR 503/12, BAGE 150, 184.

[117] BAG v. 10.12.2014 – 4 AZR 503/12, BAGE 150, 184, Rn. 45 ff.; *Kamanabrou*, Anm. zu BAG v. 10.12.2014, AP TVG § 4 Günstigkeitsprinzip Nr. 25.

III. Bewertung der günstigkeitsvariablen Vereinbarungen

Für die Bewertung der günstigkeitsvariablen Vereinbarungen ist vor allem relevant, dass bei diesen feststeht, dass sie zuungunsten des Arbeitnehmers wirken können, und nur nicht klar ist, ob die Wirkung eintritt. Damit steht gerade nicht eindeutig und im Vorhinein fest, dass der gesetzliche Standard verwirklicht wird, sondern vielmehr ist dieser offensichtlich gefährdet. Es ist dabei im Hinblick auf die Funktion des Günstigkeitsprinzips die notwendige Folge der abstrakten Betrachtung, dass bereits die Möglichkeit einer Wirkung zuungunsten der Arbeitnehmer genügen muss, eine Vereinbarung als ungünstiger im Sinn des Günstigkeitsprinzips anzusehen.[118] Die gilt sowohl für laufend als auch für punktuell günstigkeitsvariable Abweichungen, sofern im Rahmen des Günstigkeitsvergleichs allein ein punktueller Vergleich der Wirkungen vorzunehmen ist. In diesem Fall führt die Vergleichsform dazu, dass es allein auf die möglichen Wirkungen auf einen Anspruch ankommt, weshalb der Vergleich die Unterschiede zwischen den Vereinbarungen nivelliert. Sofern sie nur punktuell wirken oder nur ihre punktuelle Wirkung relevant ist, sind günstigkeitsvariable Vereinbarungen daher im Licht des arbeitnehmerschützenden Gesetzesrechts abseits spezieller Regelungskompetenzen unzulässig.

Lediglich wenn kein punktueller Vergleich durchzuführen ist, sondern die Wirkung einer dauerhaft günstigkeitsvariablen Vereinbarung innerhalb eines repräsentativen Zeitraums relevant ist, können Zweifel über die Wirkung entstehen, wenn diese mehrmals und in ihren unterschiedlichen Ausprägungen auftreten kann. Solange allerdings nicht ausgeschlossen werden kann, dass die Vereinbarung insgesamt zuungunsten des Arbeitnehmers wirkt, kann im Ergebnis nichts anderes gelten als im Rahmen eines punktuellen Vergleichs.[119] Die Zweifel über eine mögliche Wirkung zugunsten des Arbeitnehmers können auch hier nicht genügen, das normative Recht zu verdrängen. Auf Basis einer summarischen Bewertung kann für günstigkeitsvariable Abweichungen vom kollektiven Arbeitsrecht nichts anderes gelten, zumal andernfalls auch ein Wertungswiderspruch zu den neutralen Vereinbarungen entstehen würde.

Es zeigt sich aber auch hier, dass die objektivierte Betrachtung die Bewertung dieser Vereinbarungen eher erschwert als erleichtert, denn im Rahmen einer objektiven Bewertung muss allein entschieden werden, wie damit umzugehen ist, dass eine Verletzung des gesetzlichen Mindestmaßes nicht auszu-

---

[118] So auch *Klocke*, jurisPR-ArbR 48/2018 Anm. 2 sowie *Knorr*, NZA 2018, 1449, 1453, der keinen Vorrang für die günstigere Wirkung sieht.

[119] So aber wohl BAG v. 06. 12. 2017 – 5 AZR 118/17, BAGE 161, 132.

schließen ist.[120] Der objektivierte Vergleich müsste hingegen versuchen, die möglichen Wirkungen in ein Verhältnis zu setzen und dieses aus der objektivierten Sicht zu betrachten. Sofern man nicht davon ausgehen will, dass dabei die gesetzlichen Vorgaben bereits im Zweifel über die Günstigkeit zurücktreten, ist damit aber auch kein erkennbarer Vorteil verbunden.

E. Zusammenfassung

Auf Basis einer differenzierten Betrachtung der Vereinbarungen im vermeintlichen Grenzbereich der Günstigkeit lassen sich mithin insgesamt eindeutige Ergebnisse erzielen. Anders als angenommen existiert insoweit auch kein Grenzbereich der Günstigkeit, in dem sich die Vereinbarungen bewegen könnten und einzig die neutralen Abweichungen verbleiben nach der Betrachtung als Grenzfall. Sie bewegen sich jedoch nicht in einem Bereich, sondern sie liegen als gleichwertige Vereinbarungen genau auf der Grenze der Günstigkeit. Jedenfalls in Anbetracht der für das Gesetzesrecht erarbeiten Grundlagen ist damit nicht fraglich, dass sie als wirksam anzusehen sind.

Ambivalente und günstigkeitsvariable Vereinbarungen lassen sich nach dem hiesigen Verständnis nicht als Grenzfälle ansehen. Soweit bei diesen auch Wirkungen zuungunsten der Arbeitnehmer nicht ausgeschlossen werden können, kann auch nicht eindeutig und im Vorhinein festgestellt werden, dass der Anspruch wenigstens gleichwertig erfüllt werden wird. Die Verwirklichung des normativen Mindeststandards gefährden solche Vereinbarungen, weshalb sie ungünstiger als die normative Regelung sind. Etwas anderes gilt lediglich für dauerhaft günstigkeitsvariable Vereinbarungen, wenn ausgeschlossen werden kann, dass sich die Wirkung im Laufe des maßgeblichen Zeitraums zuungunsten des Arbeitnehmers summiert.

Dass diese vertraglichen Abweichungen bisher gemeinsam mit neutralen Vereinbarungen betrachtet wurden, lässt sich nur mit der gemeinsamen Behandlung im kollektiven Arbeitsrecht erklären. Jedenfalls auf Basis der Wortlaute des § 4 Abs. 3 Alt. 2 TVG und des § 28 Abs. 2 S. 2 SprAuG sind neutrale Vereinbarungen ebenso ausgeschlossen, wie Vereinbarungen, die zuungunsten der Arbeitnehmer wirken, weshalb eine Differenzierung insofern entbehrlich erscheint.[121] Die Ergebnisse zum gesetzlichen Günstigkeitsprinzip verdeutlichen jedoch, dass eine differenzierte Betrachtung auch die Bewertung der Günstigkeit erleichtert, womit sie auch die Bildung der Kategorie der günstigkeitsvariablen Vereinbarungen rechtfertigt.

---

120 Vgl. *Klocke*, jurisPR-ArbR 48/2018 Anm. 2; im Ergebnis auch *Knorr*, NZA 2018, 1449, 1453.

121 Aber auch im Tarifrecht finden sich Differenzierungen, *Wlotzke*, Günstigkeitsprinzip, S. 79 u. S. 102 f.

§ 15 Bewertung der alternativen Auffassungen zum Umgang mit Vereinbarungen an der Grenze der Günstigkeit

Anstatt der Entscheidung über die Rechtsfolgenseite entwickelt eine Reihe von Auffassungen Lösungen im Rahmen der Feststellung der Günstigkeit, um vor allem ambivalente (und damit auch die bisher nicht getrennt betrachteten günstigkeitsvariablen) Vereinbarungen einer Bewertung zuzuführen. Neben einer Einzelfallbetrachtung werden auch Modifikationen einzelner Kriterien des Günstigkeitsvergleichs vorgeschlagen. Angesichts der beschriebenen Abhängigkeiten erscheinen solche Lösungen naheliegend und obwohl sie vor allem für das Tarifrecht vertreten werden und die Kriterien des Günstigkeitsvergleichs bereits bestimmt wurden, sind diese Lösungsmöglichkeiten im konkreten Kontext der Vereinbarungen an der Grenze der Günstigkeit zu bewerten.

A. Einzelfallabwägung

Teilweise wird vorgeschlagen, diese Vereinbarungen an der Grenze der Günstigkeit im Wege einer Einzelfallbetrachtung zu bewerten[122] und im Ergebnis entsprechen dem auch die Auffassungen, die das Günstigkeitsprinzip generell als Angemessenheitskontrolle verstehen[123]. Dabei werden die Umstände des Einzelfalls abgewogen und je nachdem welches Interesse im Einzelfall als überwiegend angesehen wird, soll sich eine Regelung als günstiger oder als ungünstiger erweisen können. Dementsprechend soll beispielsweise eine längere tarifvertragliche Kündigungsfrist mal günstiger und mal ungünstiger für den jeweiligen Arbeitnehmer sein, je nachdem, ob sein Mobilitäts- oder sein Bestandsinteresse überwiegt.[124]

---

[122] Für Betriebsvereinbarungen, *Emmert*, Betriebsvereinbarungen, S. 284 ff. Für tarifliche Kündigungsfristen, *Courth*, Günstigkeitsprinzip, S. 133 f.; MüKo-BGB/*Engshuber*, BGB § 622 Rn. 97; MüHdB-ArbR/*Klumpp*, § 253 Rn. 60; *Löwisch/Rieble*, TVG § 4 Rn. 615; ebenso *T. B. Schmidt*, Günstigkeitsprinzip, S. 126; *L. Schmitt*, Anm. zu BAG v. 06.12.2017, AP EntgeltFG § 2 Nr. 18, mit vorrangiger Berücksichtigung der Unsicherheit.

[123] Für das Tarifrecht, *Buchner*, NZA 1999, 897, 898; *Hueck/Nipperdey*, Arbeitsrecht, II/1 S. 613 f., aber mit vorherigem Hinweis auf die Zweifelsregelung sowie *Schorn*, Günstigkeitsprinzip neuer Art, S. 76. In dem Sinn wohl auch für das EntgFG, BAG v. 06.12.2017 – 5 AZR 118/17, BAGE 161, 132 [1. LS].

[124] MüKo-BGB/*Engshuber*, BGB § 622 Rn. 97. Anders im Rahmen der Angemessenheitskontrolle, BAG v. 26.10.2017 – 6 AZR 158/16, BAGE 161, 9 Rn. 34 ff. [m. w. N.]; BAG v. 25.09.2008 – 8 AZR 717/07, AP BGB § 307 Nr. 39, Rn. 34; *Fuhlrott*, NJW 2018, 1139.

Bei den günstigkeitsvariablen Abweichungen sind aber nicht Interessen abzuwägen, sondern Wirkungen einzuordnen, und wollte man dies im Rahmen einer Einzelfallbetrachtung machen, müssten neben der Wirkung weitere Faktoren berücksichtigt werden, die in Ermangelung gesetzlicher Vorgaben auch erst zu bestimmen wären. So weit ersichtlich wird in diesem Sinn die Berücksichtigung der mit diesen Vereinbarungen verbundenen Unsicherheit für den Arbeitnehmer[125] als ein mögliches Kriterium vorgeschlagen und auch die Berücksichtigung des Eigenwerts der vertraglichen Vereinbarung als Ausdruck der Ausübung grundrechtlicher Freiheit steht als mögliches Kriterium im Raum[126]. Ebenso kann die Berücksichtigung besonderer Fähigkeiten oder eines geringeren Schutzniveaus bestimmter Arbeitnehmergruppen[127] und die Einbeziehung wirtschaftlicher Erwägungen[128] insoweit als weiterer Aspekt im Rahmen der Bewertung der Günstigkeit verstanden werden.

Die genannten Aspekte entziehen sich aber selbst einer eindeutigen Bewertung und können daher nicht in ein Verhältnis zu den materiellen Wirkungen einer Vereinbarung gesetzt werden. Es ist beispielsweise nicht möglich, die besonderen Fähigkeiten bestimmter Arbeitnehmer oder den Eigenwert der Vertragsfreiheit ins Verhältnis zur Verkürzung einer Ausschlussfrist zu setzen. Ein Vergleich der Aspekte erscheint ebenso unmöglich, wie die Berücksichtigung der Arbeitsplatzsicherheit im Rahmen des tarifrechtlichen Günstigkeitsprinzips[129]. Vor allem haben die Aspekte eine ambivalente Wirkung, wenn man sie gemeinsam betrachtet, wie dies anschaulich beim Eigenwert der privatautonomen Regelung und der Unsicherheit über ihre Wirkung der Fall ist. Ferner sind die denkbaren Faktoren nicht abschließend zu bestimmen, was die Rechtunsicherheit für die Parteien erhöhen würde, die selbst nicht bewerten könnten, welche Faktoren über die Wirksamkeit ihrer Vereinbarung entscheiden.[130] Ins-

---

125 In dem Sinn Schmitt/EFZG/*L. Schmitt*, § 12 Rn. 41.

126 Vgl. Wiedemann/TVG/*Bayreuther*, § 4 Rn. 357 u. Rn. 367; *Bengelsdorf*, ZfA 1990, 563, 597 f.; *Joost*, ZfA 1984, 173, 183. Zur TVVO, *Kronenberg*, Ausnahmen der Unabdingbarkeit, S. 45 f.

127 So überwiegend bei leitenden Angestellten, MüHdB-ArbR/*Franke*, § 312 Rn. 35; wohl auch HWK-ArbR/*Annuß*, SprAuG § 28 Rn. 12; ErfK/*Oetker*, SprAuG § 28 Rn. 11; NK-GArbR/*v. Steinau-Steinrück/Risse*, SprAuG § 28 Rn. 2.

128 Dafür *Rüthers*, NJW 2002, 1601, 1604.

129 Dies gilt infolge der Unvergleichbarkeit der Aspekte auch dann, wenn der Arbeitsplatz durch eine Vereinbarung abgesichert wird, denn infolge der unterschiedlichen Zwecksetzung steht eine solche Vereinbarung regelmäßig nicht im rechtlichen Zusammenhang mit anderen Ansprüchen, sodass ihre positive Wirkung nicht zur Kompensation von Abweichungen zuungunsten des Arbeitnehmers herangezogen werden kann, *Mosing*, Günstigkeitsprinzip, S. 53.

130 Vgl. *Belling*, Günstigkeitsprinzip, S. 172 zur Berücksichtigung steuerrechtlicher Auswirkungen.

gesamt wird die Bewertung der Günstigkeit durch diese Aspekte daher nicht vereinfacht.

Nicht zuletzt widerspricht es dem Sinn der gesetzlichen Standards, wenn deren Wertung durch eine andere Wertung ersetzt wird,[131] was umso mehr gelten muss, wenn Interessen herangezogen werden, die der Gesetzgeber selbst bereits mit einer bestimmten Zielrichtung zum Ausgleich gebracht hat. In dem Sinn sind auch laut der Rechtsprechung des EuGH nur solche mitgliedstaatlichen Regelungen als günstigere Regelungen im Sinn der Vorgaben des mindestharmonisierenden Richtlinienrechts anzusehen, die das Ziel der Richtlinie besser verwirklichen und mithin in diesem Sinn günstiger sind.[132] Die Schutzgesetze bezwecken aber gerade eine Einschränkung der Arbeitsvertragsfreiheit zugunsten angemessener Arbeitsbedingungen, was der Berücksichtigung von Aspekten entgegensteht, die sich nicht auf die Verbesserung der Arbeitsbedingungen selbst beziehen. Nach dem Unionsrecht erscheint es damit jedoch möglich Umstände zu berücksichtigen, die angemessenen Arbeitsbedingungen im jeweiligen Regelungsbereich entgegenstehen, was dafürspricht, dass die negativen Aspekte der Vereinbarung der ambivalent und günstigkeitsvariabel wirkenden Vereinbarungen, wie die sich daraus ergebende Unsicherheit, berücksichtigungsfähig sind[133].

Es ist auch nicht abzustreiten, dass die Auswirkungen auf die Privatautonomie und auch die Unsicherheit über die Wirkungen einer abweichenden Regelung entsprechend der dienenden Funktion des Prinzips für den Arbeitnehmerschutz zu berücksichtigen sind. Das ist aber keine Frage des Günstigkeitsvergleichs, sondern eine Frage des Günstigkeitsbegriffs. Im Sinn der oben gebildeten Metapher handelt es sich also nicht um Faktoren, die der Schiedsrichter bei der Entscheidung zu berücksichtigen hat, ob der Ball im Aus oder noch auf der Linie war. Vielmehr wurden diese Faktoren bei der Definition der Regeln berücksichtigt, wobei die Berücksichtigung der Privatautonomie dazu führt, dass auch die Regelungen wirksam sind, die auf der Linie des Spielfelds liegen. Hingegen führt die Berücksichtigung möglicher Unsicherheiten über die Verwirklichung des gesetzlichen Standards im Licht der dienenden Funktion des Günstigkeitsprinzips dazu, dass nur Regelungen gezählt werden, für die festgestellt werden kann, dass sie sich innerhalb des zulässigen Bereichs befinden. Zutreffend ist daher, dass beide Faktoren das Günstigkeitsprinzip beeinflussen und dass die mit ambivalenten und günstigkeitsvariablen Verein-

131 Vgl. *Rüthers*, NJW 2002, 1601, 1603 ff., als Kritik an der Rechtsprechung sowie mit umfangreicher Einbeziehung wirtschaftlicher Überlegungen.

132 EuArbRK/*Franzen*, AEUV Art. 153 Rn. 57; *Walter/Tremml*, NZA 2021, 1453, 1456.

133 Dafür Schmitt/EFZG/*L. Schmitt*, § 12 Rn. 41; *dies.*, Anm. zu BAG v. 06. 12. 2017, AP EntgeltFG § 2 Nr. 18.

barungen verbundene Unsicherheit zu deren Unwirksamkeit führt,[134] jedoch sind beide Faktoren nach der hier entwickelten Auffassung bereits Teil des Günstigkeitsbegriffs.

Die Verwirklichung dieses Günstigkeitsbegriffs kann die Einzelfallabwägung aber nicht sicherstellen und deren Kriterien sind naturgemäß nicht zu verallgemeinern, wodurch sich die Rechtsunsicherheit der Parteien erhöht[135]. Es wird insbesondere für den Arbeitnehmer jedenfalls nicht immer nachvollziehbar sein, warum aus Sicht der richterlichen Abwägung gerade bei ihm das Mobilitätsinteresse überwiegen soll und angesichts der Auswirkungen auf die Möglichkeit zur Verkürzung der Kündigungsfristen ist dies insbesondere problematisch, wenn als Kriterium maßgeblich das Alter herangezogen wird.[136] Ähnliches gilt für die Herkunft des Arbeitnehmers als Kriterium der Günstigkeit.[137] Ferner ist für die Bewertung auf den Zeitpunkt des Vertragsschlusses[138] abzustellen[139] und daher müsste der 65-jährigen Arbeitnehmer nach 40 Dienstjahren die Kürzung seiner Kündigungsfrist unter Verweis auf sein Mobilitätsinteresse bei der Einstellung hinnehmen. Auch der Arbeitgeber könnte diese Vergleichsform als wenig nachvollziehbar empfinden, wenn auf das überwiegende Bestandsinteresse des Arbeitsnehmers aufgrund einer Wirtschaftskrise verwiesen wird, weil die Regelung vor 10 Jahren vereinbart wurde.

Dies mag im Einzelfall auch für die Wertungsmaßstäbe des Gesetzesrechts gelten, jedoch ist dies als Folge generalisierender Normsetzung grundsätzlich hinzunehmen.[140] Der Gesetzgeber hat mit der Rechtsetzung eine demokratisch

---

[134] Insoweit wie hier, Schmitt/EFZG/*L. Schmitt*, § 12 Rn. 41.

[135] Däubler/TVG/*Deinert/Wenckebach*, § 4 Rn. 797; *Wensing/Hesse*, NZA 2009, 1309, 1312. Vgl. auch, *Fuhlrott*, NJW 2018, 1139, 1140; *Hümmerich/Rech*, NZA 1999, 1132, 1134 f.; *Richardi*, Kollektivgewalt, S. 384.

[136] So MüKo-BGB/*Engshuber*, BGB § 622 Rn. 97; *Nikisch*, Arbeitsrecht, II S. 435 f.

[137] So aber *Schulze*, Günstigkeitsprinzip, S. 109 f.

[138] Allein für Kündigungsfristen, BAG v. 29.01.2015 – 2 AZR 280/14, BAGE 150, 337 Rn. 15; LAG Hamburg v. 30.03.2000 – 7 Sa 5/00, BeckRS 2009, 67875; NK-GArbR/*Boecken*, BGB § 622 Rn. 34; *Diller*, NZA 2000, 293, 296 f.; MüKo-BGB/*Engshuber*, BGB § 622 Rn. 97, hingegen Rn. 90 für Änderungen der Beschäftigtenzahl im Rahmen des § 622 Abs. 5 S. 1 Nr. 2 BGB; ebenso APS/*Link*, BGB § 622 Rn. 120 u. Rn. 111; *Nikisch*, Arbeitsrecht, II S. 435; *Wensing/Hesse*, NZA 2009, 1309, 1310.

[139] Vgl. für pauschalierte Überstunden, *Hümmerich/Rech*, NZA 1999, 1132, 1135.

[140] BVerfG v. 19.10.1993 – 1 BvR 567/89, BVerfGE 89, 214 [unter C. II. 2. b)]; BVerfG v. 07.02.1990 – 1 BvR 26/84, BVerfGE 81, 242 [unter C. III. 1.]; BVerfG v. 29.11.1961 – 1 BvR 758/75, BVerfGE 13, 230 [unter II. 2. c)]; *Höpfner*, NZA 2024, 1081, 1083; Möslein/Private Macht/*Kocher*, S. 244 f.; ErfK/*Schmidt*, GG Art. 2 Rn. 17. Für tarifliche Normsetzung, BAG v. 14.09.2016 – 4 AZR 456/14, AP TVöD § 17 Nr. 4, Rn. 49.

legitimierte Interessenabwägung vorgenommen und dieser wohnt die Vermutung der Angemessenheit inne.[141] Diese Interessenabwägung hat er – jedenfalls bei ausdrücklicher Anordnung der Geltung des Günstigkeitsprinzips – insgesamt als Mindeststandard ausgestaltet. Er bringt damit zum Ausdruck, dass alle geschützten Interessen wenigstens auf dem erfassten Niveau zu verwirklichen sind und lässt damit ebenso wenig Raum für Kompensationen zwischen den Interessen, wie zwischen den einzelnen Vorschriften.

Eine Interessenabwägung im Rahmen der Anwendung der Regelungen ist hingegen nur zulässig, wenn der Gesetzgeber die materiellen Vorschriften dafür öffnet[142]. Abwägungsfähig können daher nur solche Regelungen sein, die vor allem durch unbestimmte Rechtsbegriffe ihrerseits Raum für Abwägungen lassen.[143] Auch das bedeutet allerdings nur, dass der Mindeststandard selbst abwägungsfähig ist und dass auch nur im Rahmen der gesetzlich geschützten Interessen. Diese geschützten Interessen sind bei der Auslegung der materiellen Norm sorgfältig abzuwägen und soweit auf Basis eines unbestimmten Rechtsbegriffs ein Mindeststandard geöffnet wurde, lässt dieser auch Raum für die Anpassung des Mindeststandards auf den Einzelfall.[144]

B. Subjektive Bewertung der Günstigkeit

Statt der objektiven Bewertung der Günstigkeit könnte im Zweifelsfall auch eine subjektive Betrachtung herangezogen werden.[145] Auf Basis der subjektiven Interessen des Arbeitnehmers sei eine eindeutige Entscheidung über die Günstigkeit einer Vereinbarung im Einzelfall immer möglich[146] und sofern eine eindeutige objektive Bewertung nicht möglich ist, würde die Anknüpfung an den subjektiven Maßstab eine Möglichkeit zur Entscheidung der Zweifelsfragen bieten[147].

---

141 Vgl. EuGH v. 20.09.2018 – C-51/17 [OTP Bank], NJW 2019, 207 Rn. 53; EuGH v. 07.08.2018 – C-96/16 (u. a.) [Banco Santander], NZM 2018, 1029 Rn. 43; wohl zustimmend *Sagan/Sollfrank*, RdA 2021, 287, 292.

142 So im AGB-Recht BAG v. 26.10.2017 – 6 AZR 158/16, BAGE 161, 9 Rn. 32 ff.; BAG v. 24.09.2015 – 2 AZR 347/14, BAGE 153, 1 Rn. 18.

143 Vgl. zum Begriff „länger“ BAG v. 29.01.2015 – 2 AZR 280/14, BAGE 150, 337 Rn. 20.

144 Insoweit an der Grenze des Möglichen, BAG v. 18.10.2018 – 2 AZR 374/18, NZA 2019, 246 Rn. 44; zustimmend aber *Stöhr*, Anm. zu BAG v. 18.10.2018, AP KSchG 1969 § 2 Nr. 172.

145 Vgl. die Nachweise in Teil 3, Fn. 304.

146 Vgl. nur *Schorn*, Günstigkeitsprinzip neuer Art, S. 101,

147 Für die subjektive Bewertung als Indiz, Wiedemann/TVG/*Bayreuther*, § 4 Rn. 357 u. Rn. 367; *Bengelsdorf*, ZfA 1990, 563, 597 f.; *Joost*, ZfA 1984, 173, 183. Zur TVVO, *Kronenberg*, Ausnahmen der Unabdingbarkeit, S. 45 f.

Wie bereits dargestellt, müssen die Präferenzen des Arbeitnehmers jedoch nicht mit dem Schutzzweck eines Gesetzes übereinstimmen. Die Anknüpfung an die subjektiven Präferenzen des Arbeitnehmers kann daher nicht sicherstellen, dass dieser Schutzzweck tatsächlich verwirklicht wird,[148] jedoch darf der Günstigkeitsvergleich die Unabdingbarkeit der gesetzlichen Regelung nicht unterlaufen.[149] Insbesondere öffnen subjektive Bewertungen den Mindeststandard wieder gegenüber der strukturellen Unterlegenheit[150] des Arbeitnehmers, wenn beispielsweise die Tragweite der Angebote des Arbeitgebers nicht erkannt oder Druck auf den Arbeitnehmer ausgeübt wird.[151] Es ist nicht nachvollziehbar, dass dieser Beteiligtenschutz gerade in Zweifelsfällen zurücktreten soll und aus der unzureichenden vertraglichen Gestaltung auf die Wirksamkeit der Vereinbarung geschlossen wird.

Es erscheint auch kaum vorstellbar, dass der Arbeitnehmer diese Interessen im Streitfall auf der Basis seiner Interessen zum Zeitpunkt des Vertragsschlusses und nicht auf Basis seiner aktuellen Interessenlage bewertet, weshalb auch im Zusammenhang mit einem subjektiven Vergleich die ex-ante-Betrachtung ebenso wenig haltbar wäre, wie im Rahmen der Einzelfallabwägung.[152] Beispielsweise wird die Günstigkeit einer veränderten tariflichen Kündigungsfrist selbst bei Anwendung eines subjektiven Maßstabs häufig nur zum Zeitpunkt der Kündigung eindeutig zu bewerten sein,[153] was auf Basis der oben dargestellten Vorgaben für den Günstigkeitsvergleich grundsätzlich und speziell für das Kündigungsrecht abzulehnen ist[154]. Der Vergleich beachtet somit nicht

---

148 Anders und nur bei Gleichwertigkeit, *Wlotzke*, Günstigkeitsprinzip, S. 79 u. S. 103.

149 Vgl. besonders deutlich, ArbG Frankfurt a. M. v. 28. 10. 1996 – 1 Ca 6331/96, NZA 1996, 1340, 1342; *Höland/Reim/Brecht*, Flächentarifvertrag, S. 95; *Richardi*, NZA 1987, 185, 188.

150 Es wurde bereits dargestellt, dass diese Grundlage der Wirkungsweise des Günstigkeitsprinzips auch für seine Auslegung heranzuziehen ist, selbst wenn diese Einschätzung nicht geteilt wird.

151 In dem Sinn, *Belling*, Günstigkeitsprinzip, S. 175; *Emmert*, Betriebsvereinbarungen, S. 280; grundsätzlich auch *Joost*, ZfA 1984, 173, 178; *T. B. Schmidt*, Günstigkeitsprinzip, S. 125; *Wiedemann*, FS Wißmann, 185, 191 f.; *Wlotzke*, Günstigkeitsprinzip, S. 78 f. Den Gedanken des Schutzes gegen sich selbst ablehnend, *Krauss*, Günstigkeitsprinzip und Autonomie, S. 108 zur subjektiven Sachgruppenbildung sowie S. 111 f.; *Käppler*, NZA 1991, 745, 750 f.; *Schorn*, Günstigkeitsprinzip neuer Art, S. 88 f.

152 So aber *Schorn*, Günstigkeitsprinzip neuer Art, S. 103.

153 Dies wird teilweise übersehen, vgl. *Schorn*, Günstigkeitsprinzip neuer Art, S. 103.

154 BAG v. 29. 01. 2015 – 2 AZR 280/14, BAGE 150, 337 Rn. 16; LAG Hamburg v. 30. 03. 2000 – 7 Sa 5/00, BeckRS 2009, 67875; in Bezug auf die abstrakte Bewertung aber eine tendenzielle Günstigkeit für ausreichend erachtend, MüKo-BGB/*Engshuber*, BGB § 622 Rn. 97, hingegen Rn. 90 für Änderungen der Beschäftigtenzahl im Rah-

hinreichend, dass die damit verbundene Abwägung stark von der individuellen Einschätzung über die Situation abhängt und dass sie keine schlüssigen Ergebnisse nach sich zieht, wenn trotzdem ein ex-ante-Vergleich durchgeführt wird.

Für ein vereinbartes[155] oder fingiertes Wahlrecht[156], das nach Auffassung einiger Autoren die Ambivalenz oder die Neutralität von Vereinbarungen beseitigen können soll, kann nichts anderes gelten.[157] Gleiches gilt, wenn nicht einmal die Einhaltung des Mindeststandards zum Maßstab der Wahl gemacht wird, sondern allein an das Bestehen von Alternativen als solchen angeknüpft wird.[158] Die Betonung der zusätzlichen Dispositionsmöglichkeit und ihrer positiven Wirkung für die Vertragsfreiheit[159] entspricht den zum subjektiven Günstigkeitsvergleich vorgebrachten Argumenten und kann daher ebenso wenig überzeugen, wenn sie in Form eines Wahlrechts wirkt. Der gesetzliche Mindeststandard würde damit wieder der strukturellen Unterlegenheit des Arbeitnehmers preisgegeben und mithin der Sinn des einseitig zwingend geltenden Arbeitsvertragsrechts unterlaufen.[160] Nicht zuletzt ist zu bedenken, dass sich im Rahmen eines solchen Vergleichs eine Abweichung mal als günstig oder ungünstig erweisen würde und dies bei wechselnden Präferenzen des Arbeitnehmers sogar im selben Vertragsverhältnis,[161] weshalb im Sinn der Vertragsfreiheit auch mit solchen Änderungen umgegangen werden müsste. Lässt man hingegen nur eine einzige Ausübung des Wahlrechts zu und gibt man dem Arbeitgeber das Recht die Ausübung des Wahlrechts durch den Arbeitnehmer zum Vertragsschluss zu verlangen,[162] bringt dieses im Verhältnis

---

men der Regelung des § 622 Abs. 5 S. 1 Nr. 2 BGB; ebenso APS/*Link*, BGB § 622 Rn. 120 u. Rn. 111 für Änderungen der Beschäftigtenzahl; *Wensing/Hesse*, NZA 2009, 1309, 1310.

155 HWK-ArbR/*Henssler*, TVG § 4 Rn. 39; MüHdB-ArbR/*Klumpp*, § 253 Rn. 61; *Löwisch*, BB 1991, 59, 61 sowie *ders.*, NZA 1989, 959, 960; *Löwisch/Rieble*, TVG § 4 Rn. 638 ff.; *P. Hanau*, FS Wißmann, 27, 36; *Nobbe*, Günstigkeitsprinzip im Verbraucherprivatrecht, S. 110; *T. B. Schmidt*, Günstigkeitsprinzip, S. 141 f.

156 *Buchner*, NZA 1999, 897, 901 f.; *ders.*, DB 1990, 1715, 1720.

157 NK-GArbR/*Bepler*, TVG § 4 Rn. 114; Däubler/TVG/*Deinert/Wenckebach*, § 4 Rn. 749 u. Rn. 768 ff.; *Raab*, ZfA 2004, 371, 390; Kempen/Zachert/TVG/*Schubert/Zachert*, § 4 Rn. 417.

158 So aber, *Versteyl*, Obergrenze, S. 111 auf Basis von vergleichbaren Vertragsangeboten.

159 *Löwisch/Rieble*, TVG § 4 Rn. 638; *Löwisch*, NZA 1989, 959, 960; *P. Hanau*, FS Wißmann, 27, 35 f.; *Heinze*, NZA 1991, 329, 334 f.; *Neumann*, NZA 1990, 961, 963 u. 965 f.

160 *Buschmann*, NZA 1990, 387, 388; ebenso, aber eine Wahl zulassend, *T. B. Schmidt*, Günstigkeitsprinzip, S. 141; Schaub/ArbR-HdB/*Trebber*, § 207 Rn. 27.

161 Vgl. *Neumann*, NZA 1990, 961, 962.

162 So *Schorn*, Günstigkeitsprinzip neuer Art, S. 94.

zum Vertragsschluss keine zusätzlichen Dispositionsmöglichkeiten[163] – zumal dies in Anbetracht der strukturellen Unterlegenheit für Wahlrechte in Arbeitsverträgen generell zu bezweifeln ist[164].

Im Übrigen handelt es sich auch hierbei um die Berücksichtigung zusätzlicher Aspekte im Rahmen einer Interessenabwägung,[165] die die gesetzliche Interessenabwägung modifiziert und die jedenfalls für den Eigenwert einer vertraglichen Gestaltung im Unionsrecht auch ausgeschlossen ist. Ferner können zusätzliche Dispositionsmöglichkeiten nicht absolut wirken, wenn man nicht selbst ein Wahlrecht zum gänzlichen Verzicht auf einen Anspruch noch als günstiger für die Arbeitnehmer bezeichnen möchte. Es müsste mithin ein Verhältnis zu den materiellen Ansprüchen gebildet werden, jedoch verdeutlicht sich gerade dabei die mangelnde Abwägungsfähigkeit dieser Kriterien zueinander.[166] Welche Unterschreitung durch die zusätzliche Dispositionsbefugnis gerade noch gerechtfertigt ist und welcher Verzicht auf materielle Ansprüche nicht mehr aufgewogen wird, lässt sich nicht durch eine nachvollziehbare Grenzziehung bestimmen, zumal stärkere Abweichungsbefugnisse zuungunsten des Arbeitnehmers auf größeren Dispositionsmöglichkeiten beruhen, weshalb trotz des Verweises auf die Vorzüge der Vertragsfreiheit ein Mehr an Grundrechtsausübung ab einem bestimmten Maß nicht mehr als positiv bewertet werden könnte. Diese Bewertung ist kaum nachvollziehbar und birgt erneut die Gefahr, dass die Wertung des Normsetzers durch die Wertung des Betrachters ersetzt wird.[167]

Etwas anderes kann auch nicht aus der Entscheidung des Großen Senats vom 07.11.1989 zu Altersgrenzen in Arbeitsverträgen[168] entnommen werden.[169] In diesem Fall ging es um die Frage, ob es günstiger ist, dass der Arbeitnehmer die Wahl hat, bis zur Vollendung des 65. Lebensjahrs (Betriebsvereinbarung) selbst zu kündigen, und nur einen bedingten Anspruch auf Weiterbeschäftigung für 6 Monate hat oder ob er auch noch nach Vollendung

---

163 Vgl. ErfK/*Franzen*, TVG § 4 Rn. 41; in dem Sinn auch MüHdB-ArbR/*Klumpp*, § 253 Rn. 62.

164 NK-GArbR/*Bepler*, TVG § 4 Rn. 114.

165 Ausdrücklich MüHdB-ArbR/*Klumpp*, § 253 Rn. 62. Deutlich auch bei, *Heinze*, NZA 1991, 329, 334 f. sowie *Kamanabrou*/ArbR, Rn. 1854.

166 *Löwisch/Rieble*, TVG § 4 Rn. 636, aber selbst für ein Wahlrecht.

167 Deutlich wird dies bei *Löwisch*, BB 1991, 59, 61, zur Abweichung von tariflichen Arbeitszeiten.

168 BAG v. 07.11.1989 – GS 3/85, BAGE 63, 211 [unter C. II. 3. b)].

169 Zutreffend *Kamanabrou*/ArbR, Rn. 1853; *Raab*, ZfA 2004, 371, 390; Kempen/Zachert/TVG/*Schubert/Zachert*, § 4 Rn. 417; Schaub/ArbR-HdB/*Trebber*, § 207 Rn. 27. So aber, HWK-ArbR/*Henssler*, TVG § 4 Rn. 39; *Krauss*, Günstigkeitsprinzip und Autonomie, S. 114; *Löwisch/Rieble*, TVG § 4 Rn. 638; *ders.*, BB 1991, 59, 61; *Neumann*, NZA 1990, 961, 963; *Raab*, ZfA 2004, 371, 390.

des 65. Lebensjahrs die Wahl hat, selbst zu kündigen.[170] Es ging mithin um den Vergleich zweier Wahlrechte[171] und unstreitig ist dabei das umfassendere Recht das günstigere Wahlrecht. Dass die Unterschreitung eines normativen Mindeststandards so gerechtfertigt wird, kann der Entscheidung nicht entnommen werden.

Kann es nicht ausgeschlossen werden, dass es durch die Auswahl des Arbeitnehmers zu einer Unterschreitung zwingend geltender normativer Standards kommt, entspricht die subjektive Bewertung (auch als Wahlrecht) vielmehr einer Abbedingung des Günstigkeitsprinzips.[172] Dies gilt auch dann, wenn man den zwingenden Arbeitnehmerschutz zwar zur Grenze erhebt, dessen Inhalt aber durch eine eigene Wertung bestimmt.[173] Im Ergebnis entspricht dies einem Verzicht auf die gesetzlichen Ansprüche im Vorhinein, jedoch wird gerade diese Form des Verzichts durch die Vorgaben des Günstigkeitsprinzips ausgeschlossen[174] und es kann nichts anderes gelten, bloß weil dem Arbeitnehmer dafür die vermeintliche Wahl bleibt. Auch bei Gewährung eines Wahlrechts kann der materielle Inhalt einer Regelung daher nicht außeracht gelassen werden.[175] Dabei genügt es für eine Unwirksamkeit, wenn sich durch die Ausübung des Wahlrechts die Wirkung zuungunsten des Arbeitnehmers überhaupt verwirklichen kann, sodass es auch nicht darauf ankommt, ob eine Widerrufsmöglichkeit besteht[176] oder wie das Wahlrecht ansonsten gestaltet ist.[177] Ein

---

[170] Das Arbeitsverhältnis endet aufgrund vertraglicher Vereinbarung ohne Kündigung grundsätzlich 6 Monate nach Vollendung des 65. Lebensjahres. Nach der abweichenden BV endet es ohne Kündigung mit Ablauf des Monats, in dem das 65. Lebensjahr vollendet wird, wenn es nicht um höchstens 6 Monate verlängert wird, was nur möglich ist, wenn nicht Gründe, die in der Person oder im Verhalten des Antragstellers liegen, oder dringende betriebliche Erfordernisse einer Weiterbeschäftigung entgegenstehen.

[171] *Raab*, ZfA 2004, 371, 390.

[172] *T. B. Schmidt*, Günstigkeitsprinzip, S. 125. So auch zum subjektiven Vergleich im Tarifrecht, *Belling*, Günstigkeitsprinzip, S. 175; *Wlotzke*, Günstigkeitsprinzip, S. 78.

[173] Vgl. aber *Heinze*, NZA 1991, 329, 334, der allein die Einhaltung des sozialstaatlich gebotenen Minimums prüft; ähnlich *Joost*, ZfA 1984, 173, 183, der die Erforderlichkeit des Schutzes vor sich selbst zum Maßstab macht; vergleichbar auch *Löwisch*, BB 1991, 59, 61; *Löwisch/Rieble*, TVG § 4 Rn. 644, die die Grenze dort ziehen, wo der Schutz „nicht mehr einleuchtet".

[174] Vgl. BAG v. 28.10.2021 – 8 AZR 371/20, BAGE 176, 134 Rn. 41; NK-GArbR/*Düwell*, BUrlG § 13 Rn. 5 ff.; MüKo-BGB/*Müller-Glöge*, EntgFG § 12 Rn. 7 f.; BeckOK-BGB/*Ricken*, EntgFG § 12 Rn. 9 ff.; MüHdB-ArbR/*Schneider*, § 149 Rn. 89; NK-GArbR/*Sievers*, EntgFG § 12 Rn. 4 ff.

[175] *Raab*, ZfA 2004, 371, 389 f. So aber allgemein unter Verweis auf § 305 Abs. 1 S. 3 BGB, *P. Hanau*, FS Wißmann, 27, 36.

[176] So aber *Löwisch/Rieble*, TVG § 4 Rn. 642 ff.; *ders.*, BB 1991, 59, 61.

[177] *Wiedemann*, FS Wißmann, 185, 192.

Wahlrecht kann sich daher nicht grundsätzlich,[178] sondern nur dann als günstiger erweisen, wenn die Einhaltung des zwingenden Mindeststandards in jeder Auswahlvariante sichergestellt ist.[179] Allerdings ist dies der einzige Fall, in dem die Anwendung des jeweiligen Rechts von der Präferenz des Arbeitnehmers abhängig gemacht werden kann[180] und ein solches Wahlrecht müsste vereinbart werden, denn andernfalls tritt gegenüber diesen objektiv gleichwertigen Regelungen das Gesetzesrecht ebenso zurück, wie gegenüber günstigeren Regelungen.

C. Durchführung eines konkreten ex-post-Vergleichs

Durch eine Modifikation des Vergleichszeitpunkts könnte ein ex-post-Vergleich durchgeführt werden, wodurch die Anknüpfung an die konkrete Vertragsdurchführung ermöglicht werden würde. Ersichtlich sind solche Vorschläge in der Literatur nicht, sondern der Rückgriff auf einen ex-post-Vergleich wird weitgehend abgelehnt.[181] Grundsätzlich handelt es sich jedoch um eine Lösungsmöglichkeit, die eine eindeutige Entscheidung über die Wirkung der Vereinbarung ermöglichen würde. Diese Lösungsmöglichkeit steht jedoch nur zur Verfügung, soweit die jeweilige Regelung im Vertragsverhältnis schon angewendet wurde. Dabei ließe angesichts der Natur der Vereinbarungen die Bewertung der Wirkung in der Vergangenheit grundsätzlich keine Rückschlüsse über die zukünftige Wirkung zu und erst bei relativ langen Betrachtungszeiträumen ist eine rückblickende Betrachtung geeignet, ein repräsentatives Abbild der zukünftigen Vertragsdurchführung darzustellen.

Es kann daher auf dieser Basis grundsätzlich nicht ausgeschlossen werden, dass sich die Wirkung zuungunsten des Arbeitnehmers zukünftig doch noch verwirklicht, sodass diese Art des Vergleichs gerade keine dauerhafte Entscheidung über deren Wirksamkeit ermöglicht und noch zur Unwirksamkeit führen kann. Gänzlich widersprüchliche Ergebnisse mag man dabei verhindern können, indem man den Zeitpunkt der Nichtigkeit auf den Zeitpunkt der letzten rechtskräftigen Entscheidung über die Regelung vorverlegt. Damit würde jedoch auch die dauerhafte Rechtsunsicherheit entstehen, die der An-

---

[178] Dazu die Nachweise in Teil 4, Fn. 155 u. Fn. 156.

[179] NK-GArbR/*Bepler*, TVG § 4 Rn. 114; *Buschmann*, NZA 1990, 387, 388; Däubler/TVG/*Deinert/Wenckebach*, § 4 Rn. 748; ErfK/*Franzen*, TVG § 4 Rn. 41; *Kamanabrou*/ArbR, Rn. 1854; DKL-ArbR/*Kolbe*, BetrVG § 77 Rn. 36; *Raab*, ZfA 2004, 371, 389 f.; *Wlotzke*, Günstigkeitsprinzip, S. 79 zum subjektiven Vergleich.

[180] Vgl. *Wlotzke*, Günstigkeitsprinzip, S. 79 f. und S. 103.

[181] Dazu nur Wiedemann/TVG/*Bayreuther*, § 4 Rn. 371; *Löwisch/Rieble*, TVG § 4 Rn. 631; *L. Schmitt*, Anm. zu BAG v. 06. 12. 2017, AP EntgeltFG § 2 Nr. 18.

wendung des ex-post-Vergleichs bereits grundsätzlich entgegensteht,[182] während nur zeitweise die Anwendung der vertraglichen Vereinbarung ermöglicht werden würde, weshalb es keine sinnhafte Möglichkeit zum Umgang mit laufend günstigkeitsvariablen Vereinbarungen ist.[183] Etwas anderes gilt für punktuell günstigkeitsvariable Vereinbarungen, aber auch dem steht das Interesse der Parteien an Rechtssicherheit entgegen. Bei ambivalenten Vereinbarungen bringt die Veränderung des Vergleichszeitpunkts hingegen keine neue Erkenntnis, denn es steht auch bei einem ex-ante-Vergleich bereits fest, dass die gesetzlichen Interessen verletzt werden. Etwas anderes würde lediglich dann gelten, wenn man dies mit Einzelfallbetrachtungen oder subjektiven Bewertungen verbindet, wodurch der Günstigkeitsvergleich aber wieder von einem Mittel zur Überprüfung normativer Standards zu einer Art Wahlrecht abgewandelt werden würde.

Im Vorgriff auf die ausführliche Auseinandersetzung mit der Entscheidung des BAG von 06. 12. 2017 ist ferner daran zu erinnern, dass die abstrakte Betrachtung selbst auch nicht zur Grundlage der Zweifel über die Günstigkeit gemacht werden darf, indem der tatsächlichen Wirkung einer Vereinbarung der Verweis auf abstrakt mögliche Wirkungen gegenübergestellt wird.[184] Die abstrakte Betrachtung soll als Mittel allein den Schwierigkeiten bei der Feststellung komplexer und über lange Zeit andauernder Arbeitsvertragsgestaltungen entgegenwirken und gleichzeitig den Mindeststandard sichern. Individuellen Ansprüchen kann dabei nur entsprochen werden, wenn die abstrakte Betrachtung der Wirkungen die individuelle vertragliche Situation des Arbeitnehmers im Licht denkbarer Geschehensabläufe in den Blick nimmt. Sofern nicht an diese individuellen Umstände angeknüpft wird, gerät der abstrakte Günstigkeitsvergleich vielmehr zu einer fiktiven Betrachtung, die dazu führen muss, dass auch der Arbeitnehmerschutz im Einzelfall zur Fiktion wird.[185] Um sicherzustellen, dass aus der abstrakten Betrachtung keine konkreten Ergebnisse entstehen, die dem Günstigkeitsbegriff widersprechen, sind daher die möglichen Wirkungen einer Abweichung genau zu untersuchen und jede mögliche Wirkung zuungunsten der Arbeitnehmer muss zur Unwirksamkeit der Vereinbarung führen.

---

[182] Vgl. *Mosing*, Günstigkeitsprinzip, S. 57; *Schorn*, Günstigkeitsprinzip neuer Art, S. 106.

[183] *Mosing*, Günstigkeitsprinzip, S. 57.

[184] Vgl. BAG v. 06. 12. 2017 – 5 AZR 118/17, BAGE 161, 132 Rn. 27.

[185] Ausführlich zu so einer Konstellation Teil 5 § 17 Abschnitt C. I. 2 a).

D. Veränderung des Vergleichsgegenstandes

Die Günstigkeit könnte bei beiden Arten von Vereinbarungen ferner durch die Veränderung der Vergleichsbasis zumindest theoretisch besser zu bewerten sein. So könnte statt eines Einzelvergleichs ein Sachgruppenvergleich oder ein Gesamtvergleich statt eines Sachgruppenvergleichs durchgeführt werden und durch die Einbeziehung weiterer Regelungen einer Vereinbarung unter Umständen eine eindeutige Entscheidung über die Günstigkeit der ansonsten ambivalenten oder günstigkeitsvariablen Abweichung getroffen werden. Die Durchführung eines Gesamtvergleichs ist jedoch bereits aufgrund der damit generell verbundenen Bewertungsprobleme nicht aussichtsreich.[186] Bei der Anwendung eines Sachgruppenvergleichs wäre ferner fraglich, welche weiteren Regelungen mit in die Betrachtung aufzunehmen wären[187] und eine Veränderung der vorgegebenen Vergleichsgegenstände würde ferner nicht vorgesehene Kompensationen ermöglichen.[188] Damit wäre wieder nicht sichergestellt, dass der vorgegebene Mindeststandard vollumfänglich eingehalten wird und die Änderung der Vergleichsbasis würde sich als Umgehung des Ziels der maßgeblichen Regelung darstellen. Selbst wenn bereits im Ausgangspunkt ein Sachgruppenvergleich vorzunehmen ist, würde die Vergrößerung des Vergleichsgegenstandes den sachlichen Zusammenhang der Regelungen und damit gegebenenfalls auch den Willen des Normsetzers ignorieren.[189]

Ebenso darf der Sinn und die Wirkung der Vorschriften nicht durch eine Verkleinerung des Vergleichsgegenstandes verändert werden.[190] Sofern sich deren Sinn nur insgesamt ergibt, wie bei Kündigungsterminen und -fristen,[191] können sie auch nur gemeinsam betrachtet werden und es ist daher nicht ver-

---

186 Zu den Bewertungsproblemen, *Mosing*, Günstigkeitsprinzip, S. 33 f.; *Wlotzke*, Günstigkeitsprinzip, S. 83 f. Für eine Anwendung, *Heinze*, NZA 1991, 329, 335; *Nebeling/Arntzen*, NZA 2011, 1215, 1217.

187 Zur Gruppenbildung im Tarifrecht, *Wlotzke*, Günstigkeitsprinzip, S. 84 ff. Vgl. auch die eine Erschwerung der Ermittlung der Günstigkeit im Sachgruppenvergleich allgemein sieht, *Romatka*, Unabdingbarkeit im Urlaubsrecht, S. 68.

188 Vgl. zur Sachgruppenbildung, *Mosing*, Günstigkeitsprinzip, S. 74; *Wlotzke*, Günstigkeitsprinzip, S. 82 f.

189 I. d. S. für das Tarifrecht *Belling*, Günstigkeitsprinzip, S. 187, speziell zur Möglichkeit der vertraglichen Bestimmung der Sachgruppe; *Wlotzke*, Günstigkeitsprinzip, S. 86.

190 Nicht untersucht wurde aber, inwieweit der Sachgruppenvergleich im Tarifrecht gerechtfertigt ist. Zur Kritik daran, vgl. nur Däubler/TVG/*Deinert/Wenckebach*, § 4 Rn. 720.

191 BAG v. 29.01.2015 – 2 AZR 280/14, BAGE 150, 337 Rn. 14; grundsätzlich auch BAG v. 04.07.2001 – 2 AZR 469/00, AP BGB § 622 Nr. 59 [unter II. 3 b)]; *Diller*, NZA 2000, 293, 295 f.; *Wensing/Hesse*, NZA 2009, 1309, 1313.

ständlich, warum teilweise eine separate Betrachtung von Kündigungsterminen und -fristen auf Basis einer Parteivereinbarung für möglich gehalten wird[192]. Die Parteien können die Kriterien des Günstigkeitsprinzips nicht beeinflussen[193] und es ist auch fraglich, wie die Länge der Zeitspanne vom Ausspruch der Kündigung bis zur ihrer effektiven Wirksamkeit ohne Betrachtung des Termins bewertet werden kann.[194] Dies ist jedenfalls der Zeitraum,[195] den die Interessenabwägung des Gesetzes betrifft und erst gemeinsam mit diesem lässt sich die Beeinträchtigung der geschützten Interessen bestimmen.[196] In Übereinstimmung damit sieht auch § 622 Abs. 6 BGB keine separate Vorgabe für den Kündigungstermin vor und sofern man allein die abstrakte Länge der Frist in den Blick nimmt, läuft § 622 Abs. 6 BGB ins Leere, wenn identische Kündigungsfristen aber vierteljährliche Kündigungstermine für den Arbeitgeber jedoch nur ein Kündigungstermin für den Arbeitnehmer bestimmt werden. Die Berücksichtigung eines besonderen Zwecks des Kündigungstermins könnte in diesem Vergleich nicht fortgesetzt werden, weshalb auch in § 622 Abs. 5 S. 3 BGB kein Anlass besteht, die gemeinsame Wirkung beider Aspekte getrennt zu betrachten. Vielmehr bestätigt die Betrachtung, dass nur ein Vergleich der Wirkungen zu schlüssigen Ergebnissen führt. Einer eindeutigen Bewertung lassen sich die Regelungen nur unterziehen, wenn die einzelnen Interessen getrennt bewertet werden,[197] jedoch widerspricht es dem normativen Interessenausgleich und läuft der Vertragsgerechtigkeit zuwider, wenn diese beispielsweise beidseitige Kündigungsfristen vereinbart haben,

---

192 Für möglich hält dies BAG v. 29.01.2015 – 2 AZR 280/14, BAGE 150, 337 Rn. 14; BAG v. 04.07.2001 – 2 AZR 469/00, AP BGB § 622 Nr. 59 [unter II. 3 a)]; dafür auch im Tarifrecht, *Wlotzke*, Günstigkeitsprinzip, S. 86; ablehnend im Tarifrecht, *Belling*, Günstigkeitsprinzip, 184 f. der eine bloße Billigkeitskontrolle befürchtet.

193 Für das Tarifrecht, Schaub/ArbR-HdB/*Trebber*, § 207 Rn. 25.

194 BAG v. 18.04.1985 – 2 AZR 197/84, AP BGB § 622 Nr. 20 [unter II. 1. a)] spricht von Nebenwirkung des Termins; vgl. zur Auswirkung des Termins auf die effektive Länge der Fristen, Däubler/TVG/*Deinert/Wenckebach*, § 4 Rn. 799; *Diller*, NZA 2000, 293, 297.

195 Der Termin kann einen eigenen Zweck haben, BAG v. 18.04.1985 – 2 AZR 197/84, AP BGB § 622 Nr. 20 [unter II. 1. a)]; *Diller*, NZA 2000, 293, 294. Dies könnte bei § 4 Abs. 3 TVG relevant sein. Für eine Unabdingbarkeit der Termine, BAG v. 21.08.2008 – 8 AZR 201/07, AP, BGB § 613a 353 Rn. 29.

196 So auch die Wertung in BVerfG v. 30.05.1990 – 1 BvL 2/83, BVerfGE Band 82, 126 [unter C. I. 3.]; BAG v. 29.01.2015 – 2 AZR 280/14, BAGE 150, 337 Rn. 14; grundsätzlich auch BAG v. 04.07.2001 – 2 AZR 469/00, AP BGB § 622 Nr. 59 [unter II. 3 b)]; *Diller*, NZA 2000, 293, 295 f.

197 Vgl. Däubler/TVG/*Deinert/Wenckebach*, § 4 Rn. 791, dies aber ablehnend; *Mosing*, Günstigkeitsprinzip, S. 62 u. 323 f. der entgegen der h.M. in Österreich eine Aufteilung für möglich hält [m. W. N. aus der österreichischen Literatur und Rspr.]; *Proebsting*, NZfA 1924, Sp. 79, 80.

diese aber wie getrennte Fristen für Arbeitnehmer und Arbeitgeber bewertet werden.[198]

Davon ist jedoch die Frage zu unterscheiden, welche Reichweite die Nichtigkeit der Vereinbarung entfaltet. Dies zeigt sich auch am Beispiel des § 622 Abs. 6 BGB, der zum Ausdruck bringt, dass der Arbeitgeber das Mobilitätsinteresse des Arbeitnehmers nur beeinträchtigen kann, wenn er sein eigenes Mobilitätsinteresse zumindest in gleicher Weise zurückstellt.[199] Ist nicht ersichtlich, dass für Arbeitgeber und für Arbeitnehmer unterschiedliche Fristen gelten sollen und vielmehr nur den Vorgaben des § 622 Abs. 6 BGB entsprochen wurde, würde eine einseitige Unwirksamkeit der zu kurzen Kündigungsfrist dazu führen, dass das Mobilitätsinteresse des Arbeitnehmers nicht mit dem entsprechenden Interesse des Arbeitgebers abgewogen wird, obwohl die vertragliche Vereinbarung beide Interessen entsprechend der gesetzlichen Vorgabe ausgleichen wollte.[200] Die einseitige Nichtigkeit für beidseitige Regelungen würde mithin die einseitige Betonung von Interessen nach sich ziehen, die die Vertreter des Sachgruppenvergleichs im Tarifrecht als „Rosinentheorie" bezeichnen.[201] Die Trennung der Fristen mag dabei zwar für den Arbeitnehmer die günstigste Lösung sein, jedoch handelt es sich nicht um eine Frage der Günstigkeit, sondern um die Auslegung der Parteivereinbarung im Hinblick auf die beabsichtigten Folgen der Nichtigkeit eines Teils ihrer Regelungen und soweit gemeinsame Kündigungsfristen vereinbart wurden und die Vereinbarung auslegungsfähig ist, erscheint grundsätzlich die beidseitige Unwirksamkeit beidseitiger Regeln interessengerecht.[202]

E. Exkurs: Kritik der Modifikationsversuche des Günstigkeitsvergleichs

Insgesamt sind Modifikationen des Günstigkeitsvergleichs jedenfalls im Gesetzesrecht abzulehnen. Soweit sich die Modifikation nicht aus der jeweiligen Regelung selbst ergibt, stellen solche Abwandlungen eine Abweichung von der normativ vorgegebenen Interessenabwägung dar. Diese Interessenabwägung definiert jedoch den Mindeststandard, der im Rahmen des Günstigkeitsprinzips abweichungsfest ausgestaltet wurde, und der Günstigkeitsver-

---

198 So auch Däubler/TVG/*Deinert/Wenckebach*, § 4 Rn. 797.

199 BAG v. 18.10.2018 – 2 AZR 374/18, NZA 2019, 246 Rn. 47.

200 *Courth*, Günstigkeitsprinzip, S. 133 f.

201 I. d. S. BAG v. 18.10.2018 – 2 AZR 374/18, NZA 2019, 246 Rn. 49 f.

202 Vgl. BAG v. 18.10.2018 – 2 AZR 374/18, NZA 2019, 246; *Courth*, Günstigkeitsprinzip, S. 133 f.; Däubler/TVG/*Deinert/Wenckebach*, § 4 Rn. 797; APS/*Link*, BGB § 622 Rn. 120 u. Rn. 111. So aber *Mosing*, Günstigkeitsprinzip, S. 62 f. [m. w. N. aus der österreichischen Literatur] sowie *Proebsting*, NZfA 1924, Sp. 79, 80.

gleich ist kein Mittel, um diese Abwägung zu verändern, sondern um ihre Einhaltung zu überprüfen. Der Günstigkeitsvergleich kann daher auch im Einzel- oder Zweifelsfall nicht zu einer alternativen Interessenabwägung führen. Vielmehr sind die gesetzlich geschützten Interessen und deren Abwägung bei der Rechtsanwendung maßgeblich und es wurde bereits darauf hingewiesen, dass die Nichterfüllung dieser Maßstäbe durch die Parteivereinbarung kein Grund ist, die Maßstäbe infrage zu stellen.

Der Verweis auf die Privatautonomie verkennt, dass diese dabei ebenfalls Teil der gesetzlichen Interessenabwägung ist. Bereits bei der Setzung der arbeitsrechtlichen Mindeststandards selbst ist diese zu beachten und gerade in den Fällen, in denen das Günstigkeitsprinzip nicht kodifiziert wurde und im Rahmen der Auslegung des Rechts neben teleologischen auf verfassungsrechtliche Erwägungen zurückzugreifen ist, wird deutlich, dass das Verständnis einer Regelung als Mindeststandard selbst Ergebnis einer Abwägung mit der Privatautonomie ist. Etwaige Unzulänglichkeiten dieser Abwägung können daher auch nicht im Wege der Günstigkeitsbetrachtung adressiert werden, sondern nur bei der Auslegung oder rechtmäßigen Rechtsfortbildung des materiellen Rechts[203]. Ist dies nicht möglich, kann die Verfassungsmäßigkeit der einzelnen Standards hinterfragt werden, jedoch bietet diese andere Abwägung zwischen der Vertragsfreiheit und dem Schutzzweck keinen Anlass, die generelle Wirksamkeit eines Mindeststandards zu untergraben.[204] Insbesondere die Berücksichtigung wirtschaftlicher Faktoren kann dabei ein Einfallstor für den Wettbewerb nach unten sein, dem das Günstigkeitsprinzip gerade entgegenwirkt.[205] Gleiches gilt auch umgekehrt und wenn der Gesetzgeber keine Mindeststandards geschaffen hat, kann dies ebenfalls nicht durch ergänzende Erwägungen konterkariert werden.[206] Die Korrektur vermeintlich wirtschaftlich oder in sonstiger Weise ungeeigneter Standards kann nicht auf Basis der individuellen Vereinbarungen, sondern nur auf der gesetzlichen Ebene erfolgen.[207]

Die Anwendung einer Modifikation des Günstigkeitsvergleichs wird aber häufig gefordert, wenn die Ergebnisse der überkommenen Kriterien der vertraglichen Praxis widersprechen oder andere Gründe vorgebracht werden,

---

[203] In dem Sinn für tarifrechtliche Normen, *Lobinger*, RdA 2024, 69, 73.

[204] Zur Kontrolle tariflicher Regelungen, BAG v. 14.09.2016 – 4 AZR 456/14, AP TVöD § 17 Nr. 4, Rn. 49; *Lobinger*, RdA 2024, 69, 73.

[205] *Belling*, Günstigkeitsprinzip, S. 183; *Wlotzke*, Günstigkeitsprinzip, S. 74. Dem die Arbeitsvertragsfreiheit entgegenzuhalten, verkürzt den Sinn des Günstigkeitsprinzips, so aber *Schorn*, Günstigkeitsprinzip neuer Art, S. 79.

[206] BAG v. 18.12.1959 – GS 8/58, BAGE 8, 314 [unter II. 3.], zur Abbedingung des § 616 Abs. 1 BGB.

[207] Für kollektivrechtliche Standards, *Belling*, Günstigkeitsprinzip, S. 171; ebenso *Wlotzke*, Günstigkeitsprinzip, S. 74.

warum die Ergebnisse nicht den Interessen der Parteien entsprechen[208]. Eine Entmündigung kann in der konsequenten Anwendung des Schutzrechts aber nicht gesehen werden, selbst wenn vereinzelt gegen den Willen des Normunterworfenen am Schutzrecht festgehalten wird.[209] Einerseits geht es gerade um die Vermeidung wirtschaftlicher und sozialer Zwänge, die nach der Einschätzung des Gesetzgebers bestehen und die Zweifel an einer hinreichend frei erfolgenden Willensbildung entstehen lassen[210]. Andererseits sind die Wertungen des Gesetzgebers durch dessen Einschätzungs- und Gestaltungsspielraum geschützt.[211] Sofern die vertragliche Praxis aufrechterhalten werden oder die partielle Abweichung von Mindeststandards ermöglicht werden soll, ist daher nicht der Günstigkeitsvergleich (im Rahmen der Rechtsanwendung) anzupassen,[212] sondern eine Änderung des jeweilige Mindeststandards müsste angestrebt werden.[213] Das ist jedoch die Aufgabe des Gesetzgebers und auch dessen Untätigkeit führt nicht zur Berechtigung des Rechtsanwenders seine eigenen Interessen zum Maßstab zu machen[214]. Dieser hat den Inhalt der Regeln zu ermitteln und ihn anzuwenden, darf dabei seine eigene Wertung aber nicht an die Stelle des Gesetzgebers setzen. Andernfalls wird die Rechtsfindung kaum noch nachvollziehbar. Die Modifikationsversuche des Günstigkeitsvergleichs und insbesondere die Versuche, wirtschaftliche Erwägungen

---

[208] So beispielsweise im Zusammenhang mit der Arbeitsplatzsicherheit, *Adomeit*, NJW 1984, 26, 27; *Buchner*, NZA 1999, 897, 901; *Schorn*, Günstigkeitsprinzip neuer Art, S. 86ff. Zu Arbeitszeitbestimmungen, *Krauss*, Günstigkeitsprinzip und Autonomie, S. 110ff. Vgl. auch *Höfling/Burkiczak*, NJW 2005, 469.

[209] Vgl. für das Tarifrecht *Wiedemann*, FS Wißmann, 185, 191; *Höland/Reim/Brecht*, Flächentarifvertrag, S. 94; zur a.A. nur, *Löwisch*, NZA 1989, 959, 960.

[210] Zu Zweifeln an der Freiwilligkeit, *Preis*, FS Dieterich, 429, 439f.; *Zöllner*, NZA-Beil. 2006, 99, 102.

[211] Vgl. EuGH v. 20.09.2018 – C-51/17 [OTP Bank], NJW 2019, 207 Rn. 53; EuGH v. 07.08.2018 – C-96/16 (u.a.) [Banco Santander], NZM 2018, 1029 Rn. 43; BAG v. 08.12.1988 – 2 AZR 308/88, BAGE 60, 282 [unter 1. B) cc)]; *Gamillscheg*, Anm. zu BAG v. 27.04.1988, AP BeschFG 1985 § 1 Nr. 4; *Sagan/Sollfrank*, RdA 2021, 287, 292. Dies gilt auch für tarifliche Normen, BAG v. 14.09.2016 – 4 AZR 456/14, AP TVöD § 17 Nr. 4, Rn. 49; *Saeidy-Nory/Wank*, RdA 2022, 1, 2. BAG v. 14.09.2016 – 4 AZR 456/14, AP TVöD § 17 Nr. 4, Rn. 49; *Lobinger*, RdA 2024, 69, 73 u. 75.

[212] *Adomeit*, NJW 1984, 26, 27 bezeichnet dies selbst als „List"; Däubler/TVG/*Deinert/Wenckebach*, § 4 Rn. 613, sehen Kern der Betrachtung nicht das Günstigkeitsprinzip; *Käppler*, NZA 1991, 745, 746 sieht einen Versuch der Zurückdrängung der Tarifautonomie und ein Ventil zur Umgehung des Gesetzgebers.

[213] Vgl. *Belling*, Günstigkeitsprinzip, S. 169; *Buschmann*, NZA 1990, 387, 388; *Käppler*, NZA 1991, 745, 753. Zur Angemessenheitskontrolle tarifrechtlicher Regelungen, *Lobinger*, RdA 2024, 69, 73. Vgl. auch *Seiwerth*, Gestaltungsfreiheit in Tarifverträgen, S. 325 zur umgekehrten Frage beim tarifdispositiven Recht.

[214] Regelmäßig wird in den Betrachtungen eine Beziehung hergestellt, vgl. nur *Preis*, FS Wißmann, 45, 54ff.; *Rolfs*, Gutachten B zum 74. DJT, S. 14.

oder die Privatautonomie stärker zu berücksichtigen, bestätigen insofern in der Gesamtschau die Aussage Webers, nach der „die juristische Präzision der Arbeit […] ziemlich stark herabgesetzt [wird], wenn soziologische, und ökonomische oder ethische Räsonnements an die Stelle juristischer Begriffe treten“[215].

F. Vertragliche Auffangregelungen

Infolge der Verneinung einer anderer Bewertungsmöglichkeit ist noch zu untersuchen, inwiefern vertraglich die Wirkung der ambivalenten oder günstigkeitsvariablen Vereinbarung im Sinn der Günstigkeit angepasst werden kann, ohne ihren Sinn zu verändern. Sofern eine Vereinbarung jedoch unterschiedliche Auswirkungen auf die geschützten Interessen hat, kann diese Wirkung nicht verändert werden, ohne den Sinn der vertraglichen Abweichung zu entkernen. So müssten zur Vermeidung der ambivalenten Wirkung einer abweichenden Kündigungsfrist vereinbart werden, dass jedenfalls die Einhaltung der normativen Kündigungsfristen genügt, wodurch die separate Vereinbarung wertlos wird. Nichts anderes gilt für ambivalente Formvorschriften oder günstigkeitsvariable Fristen[216].

Bei günstigkeitsvariablen Entgeltpauschalierungen erscheint aber grundsätzlich eine Möglichkeit zu bestehen, eine wirksame nicht eindeutig wirkende Vereinbarung zu treffen, die immer noch einen Zweck erfüllt. Einerseits steht den Arbeitsvertragsparteien die Möglichkeit zu, die Pauschalierung so hoch ausfallen zu lassen, dass kein Zweifel an der Erfüllung des gesetzlichen Anspruchs besteht. Im Verhältnis zur gesetzlichen Regelung ist damit jedoch eine wirtschaftliche Mehrbelastung verbunden, die die mit der Pauschalierung verbundenen Vorteile bei der Berechnung des Entgeltsanspruchs überwiegen dürften. Andererseits kann die Pauschalierung mit einer Auffangregelung kombiniert werden, die die Einhaltung des gesetzlichen Anspruchs jederzeit sicherstellt.

Dafür müssten die Parteien vereinbaren, dass im Fall einer Minderleistung im Vergleich zum gesetzlichen Anspruch ein Ausgleichsanspruch besteht, der zum Ende einer bestimmten Abrechnungsperiode erbracht wird.[217] Damit würde im Vorhinein eindeutig feststehen, dass der gesetzliche Anspruch erfüllt werden wird, es ist nur nicht klar, welcher Teil nach den üblichen Vorga-

---

[215] *M. Weber*, Rechtssoziologie, 289.

[216] Dazu das Beispiel in Teil 5 Abschnitt § 17 C. I. 2 c).

[217] Vgl. BAG v. 15.01.2002 – 1 AZR 165/01, BeckRS 2002, 41099 [unter B. III. 3.] für eine pauschalierte Abgeltung der Arbeitsleistung und Erfassung der Differenz in einem Zeitkonto innerhalb eines einjährigen Abrechnungszeitraum auf Basis einer Betriebsvereinbarung. Dazu das Beispiel in Teil 5 § 17 Abschnitt C. I. 2. a).

ben fällig wird und welcher Teil erst zum Ende der Abrechnungsperiode. Zweifel über die Wirksamkeit dürften sich daher nicht grundsätzlich ergeben[218] und insbesondere sind § 614 BGB sowie § 271 Abs. 1 BGB vollständig disponibel,[219] sodass diese Abweichung abseits spezieller Vorgaben keiner Günstigkeitskontrolle unterliegt. Ferner kann der Arbeitnehmer nach Fälligkeit über seinen Entgeltanspruch und auch über unabdingbare gesetzliche Ansprüche grundsätzlich verfügen,[220] sodass die Arbeitsvertragsparteien in diesen Fällen auch eine Aufrechnung mit Mehrleistungen vorsehen können. Mithin können die Arbeitgeber auf diese Weise eine Pauschalierung der Auszahlung von Entgeltansprüchen erreichen, ohne dass Mehrbelastungen im Vergleich zur gesetzlichen Regelung entstehen und sie können die entstehende Differenz auch auf einem Arbeitszeitkonto erfassen.[221] Abseits des Günstigkeitsprinzips ist aber zu untersuchen, welche Vorgaben sich für die Verschiebung der Fälligkeit aus den §§ 305 ff. BGB und insbesondere aus § 308 Nr. 1a BGB sowie aus § 271a Abs. 1 BGB[222] und den Vorgaben für Arbeitgebervorschüsse[223] ergeben.

Die mit dieser Vereinbarung verbundene Pflicht zur Abrechnung nach Ablauf des maßgeblichen Zeitraums ermöglicht es allerdings nicht, die individuellen Voraussetzungen der einzelnen Arbeitnehmer unberücksichtigt zu lassen, sodass der betriebswirtschaftliche Sinn der Pauschalierung stark reduziert wird. Der vermehrte Einsatz von Lohnbuchhaltungssoftware und elektronischen Zeiterfassungssystem dürfte aber per se dazu führen, dass die Vorteile einer Pauschalierung begrenzt sind. Sofern aber allein die Kurzfristigkeit der Festlegung der variablen Arbeitszeiten die genaue Abrechnung nicht möglich erscheinen lässt, kann auf Basis einer solchen Auffangregelung eine Pauschalierung vereinbart werden.

---

218 So aber BAG v. 22.10.1973 – 3 AZR 83/73, AP FeiertagslohnzahlungsG § 1 Nr. 31 [unter II. 1.].

219 Zu § 614 BGB BeckOK-ArbR/*Joussen*, BGB § 614 Rn. 8 ff. auch zur tatsächlichen Häufigkeit der Abbedingung.; MüHdB-ArbR/*Krause*, § 69 Rn. 6. Zu § 271 Abs. 1 BGB MüKo-BGB/*Krüger*, BGB § 271 Rn. 7.

220 Zu § 31 AGG, BAG v. 28.10.2021 – 8 AZR 371/20, BAGE 176, 134 Rn. 42; allgemein sowie zu Grenzen, *Kamanabrou*/ArbR, Rn. 913; v. Westphalen/Thüsing/Pamp Klauselwerke/Arbeitsverträge/*Thüsing*, Rn. 181 ff.

221 Zu einer Betriebsvereinbarung BAG v. 15.01.2002 – 1 AZR 165/01, BeckRS 2002, 41099 [unter B. III. 3.].

222 Dazu MüHdB-ArbR/*Krause*, § 69 Rn. 7 ff.

223 Ausführlich ErfK/*Preis/Greiner*, BGB § 614 Rn. 19 ff.

§ 16 Zusammenfassung

Vereinbarungen mit neutraler und mit ambivalenter Wirkung können aufgrund ihrer unterschiedlichen Beziehung zum gesetzlichen Anspruch nicht gemeinsam betrachtet werden, sondern sie erfordern eine differenzierte Bewertung. Darüber hinaus sind von den ambivalenten Vereinbarungen solche Vereinbarungen abzugrenzen, deren Wirkung dauerhaft oder punktuell günstigkeitsvariabel ist. Die Beziehung zur Günstigkeit ist bei diesen günstigkeitsvariablen Vereinbarungen anders als bei den ambivalenten Vereinbarungen, weshalb eine getrennte Betrachtung von ambivalenten und günstigkeitsvariablen Vereinbarungen die Bewertung beider Arten von Abweichungen erleichtert.

Neutrale Vereinbarungen sind gleichwertig zu den normativen Vorgaben. Sie sind mithin im Sinn einer positiven Feststellung weder günstiger noch ungünstiger. Jedenfalls im gesetzlichen Arbeitsvertragsrecht ist dabei von der Wirksamkeit der neutralen Vereinbarungen auszugehen, denn sie stellen keine Gefährdung für den gesetzlichen Standard da. Sie liegen mithin genau auf der Linie des zulässigen Regelungsspielraums der Arbeitsvertragsparteien.

Ambivalente Vereinbarungen sind hingegen Abweichungen, die sich im Fall ihrer Verwirklichung gleichzeitig zugunsten und zuungunsten auf die geschützten Interessen der betroffenen Arbeitnehmer auswirken. Sie treten vor allem auf, wenn im Rahmen des Günstigkeitsvergleichs unterschiedliche Interessen in den Blick genommen werden und die Vereinbarungen auf diese gegenläufig wirken. Insbesondere Abweichungen von gesetzlichen Vorschriften, die selbst verschiedene Interessen des Arbeitnehmers in Einklang bringen, können ambivalente Wirkung entfalten. Im Sinn des Bildes eines Spielfelds sind es aber keine Wirkungen, bei denen nicht klar ist, wo sie landen, sondern sie landen gleichzeitig an zwei verschiedenen Positionen und wirken sowohl innerhalb als auch außerhalb des Spielfeldes.

Günstigkeitsvariable Vereinbarungen entstehen, wenn die Wirkung einer Abweichung im Zeitverlauf nicht bestimmt werden kann. Es ist bei diesen zwar klar, wie sie wirken können, aber nicht zu bestimmen, wie sie wirken werden. Die Auswirkungen hängen von den konkreten Geschehnissen ab und können daher auf Basis eines abstrakten Vergleichs mal zugunsten und mal zuungunsten des Arbeitnehmers ausfallen, wobei die Wirkung in Abhängigkeit vom betroffenen Regelungsgebiet dauerhaft oder einmalig auftreten kann. Bei punktuell günstigkeitsvariablen Vereinbarungen ist nicht klar, ob ihre Auswirkungen im Spielfeld landen werden, und bei dauerhaft günstigkeitsvariablen Abweichungen ist klar, dass sie im Verlauf des Spiels sowohl innerhalb als auch außerhalb des Spielfeldes landen können.

Die bisher durchgeführte allgemeine Betrachtung spricht dafür, im gesetzlichen Arbeitsvertragsrecht von der Unwirksamkeit der ambivalenten und günstigkeitsvariablen Vereinbarungen auszugehen. Bei ambivalent wirkenden Abweichungen steht bereits im Vorhinein fest, dass diese im Fall ihrer Verwirklichung nicht der gesetzlich vorgesehenen Interessenabwägung entsprechen. In Bezug auf dieses geschützte Interesse sind sie mithin in jedem Fall ungünstiger als die maßgebliche Bestimmung. Bei günstigkeitsvariablen Vereinbarungen steht diese Ungünstigkeit zwar nicht fest, jedoch kann sie auf Basis ihrer Wirkungsweise auch nicht ausgeschlossen werden. Es ist daher ebenfalls nicht eindeutig und im Vorhinein erkennbar, dass diese dem Maßstab des materiellen Rechts entsprechen werden.

Die Modifikation des Günstigkeitsvergleichs bietet keine alternative Möglichkeit mit diesen Vereinbarungen umzugehen. Keiner der vorgeschlagenen Ansätze wird der Interessenabwägung des Gesetzgebers gerecht und diese bieten selbst keine dauerhafte und rechtssichere Lösung, weshalb die Abweichung von den gesetzlichen Vorgaben auch nicht mit Vorteilen verbunden ist. Vielmehr hat sich gezeigt, dass den gesetzlichen Interessen am ehesten entsprochen wird, wenn im Zweifelsfall von der Unwirksamkeit der Regelung ausgegangen wird. Lediglich vertragliche Auffangregelungen können vergleichbaren Vereinbarungen zur Wirksamkeit verhelfen, ihren Sinn dabei aber auch nur teilweise verwirklichen.

Teil 5

Spezielle Betrachtungen einzelner Kodifikationen des Günstigkeitsprinzips

Die erarbeitete Hypothese zur Wirkung des Günstigkeitsprinzips und der Behandlung der Vereinbarungen an der Grenze der Günstigkeit wird im Folgenden im Licht der einzelnen Kodifikationen untersucht. Dafür werden die einzelnen Kodifikationen in ihrem Kontext dargestellt und mit Hilfe der überkommenen Auslegungskriterien ermittelt, inwieweit die erarbeitete Hypothese auch für konkrete Regelungen des gesetzlichen Günstigkeitsprinzips Geltung beansprucht. Fraglich ist mithin, welcher Abweichungsspielraum den Arbeitsvertragsparteien verbleibt und insbesondere ob gleichwertige Regelungen und Abweichungen im Einzel- und Zweifelsfall damit vereinbart werden können. Daran anschließend werden die Kriterien des Günstigkeitsvergleichs im konkreten Regelungskontext betrachtet und abschließend die Ergebnisse vor allem auf ambivalente und günstigkeitsvariable Vereinbarungen angewendet.

Die Reihenfolge der Darstellung orientiert sich dabei an praktischen Erwägungen und dem Inhalt der gesetzlichen Ansprüche, ist aber auch ihren jeweiligen Besonderheiten und höherrangigen Vorgaben geschuldet. Aufgrund der einschlägigen BAG-Entscheidung wird zuerst das Entgeltfortzahlungsrecht betrachtet. Anschließend folgt mit dem Urlaubsrecht ein weiterer bezahlter Freistellungsanspruch, der gleichzeitig dazu dient, die konkreten unionsrechtlichen Aspekte in den Blick zu nehmen. Nachfolgend werden mit dem PflegeZG Ansprüche auf unbezahlte Freistellung und Arbeitsreduzierungen betrachtet, die auch im darauffolgenden TzBfG enthalten sind, das darüber hinaus Regelungen zur Befristung beinhaltet. Mit dem BBiG gerät eine Regelung mit einem speziellen persönlichen Anwendungsbereich in den Blick, deren Querschnittsregelungen zum Ausbildungsvertragsverhältnis der Sicherung der Arbeitsbedingungen dienen, die aber auch darüber hinausgehende Schutzzwecke verfolgen. Dies gilt auch für das NachwG, mit dem ein arbeitnehmerschützendes Gesetz abseits der materiellen Arbeitsbedingungen in den Blick genommen wird. Abschließend werden das BetrAVG und das AGG betrachtet und mithin Regelungen, die abseits des reinen Arbeitnehmerschutzes vor allem wirtschaftlichen Interessen, der Berufsfreiheit und dem allgemeinen Persönlichkeitsrecht dienen.

§ 17 Betrachtung des Günstigkeitsprinzips im Entgeltfortzahlungsgesetz

Mit der gesetzlichen Entgeltfortzahlung und § 12 EntgFG wird die Kodifikation des gesetzlichen Günstigkeitsprinzips betrachtet, bei der nach Ansicht des BAG neutrale und ambivalente (im hiesigen Sinn: dauerhaft günstigkeitsvariable) Pauschalierungen der Entgeltfortzahlung durch die Parteien vereinbart werden können.[1] Aus Sicht des BAG verstoßen nur solche Abweichungen gegen den zwingenden Charakter der Regelungen des EntgFG, die zu einer strukturellen Benachteiligung der Arbeitnehmer führen oder darauf ausgerichtet sind. Die bisher erarbeitete Hypothese steht dazu in Widerspruch, weshalb die Betrachtung dieser Hypothese im Rahmen der Entgeltfortzahlung auch der Überprüfung und Bewertung dieser Rechtsprechung des BAG dient.

A. Überblick über die gesetzliche Entgeltfortzahlung

Das Entgeltfortzahlungsgesetz enthält in seinem Kern Bestimmungen, die den Arbeitgeber in den gesetzlich vorgegebenen Fällen verpflichten, das vereinbarte Entgelt zu zahlen, obwohl die Arbeitsleistung nicht erbracht wurde und auch nicht nachgeholt werden kann. Trotz der daraus resultierenden Unmöglichkeit gem. § 275 Abs. 1 bzw. Abs. 3 BGB wird der Anspruch auf das Arbeitsentgelt entgegen § 326 Abs. 1 BGB unter den jeweiligen Voraussetzungen nach § 3 Abs. 1 EntgFG im Fall der Krankheit aufrechterhalten bzw. nach § 2 Abs. 1 EntgFG im Fall des Arbeitsausfalls wegen eines Feiertags begründet.[2] Es handelt sich mithin um eine Durchbrechung des Grundsatzes „Ohne Arbeit, kein Lohn" und somit um eine Ausnahme vom Äquivalenzprinzip.[3] Abseits der sonst gültigen schuldrechtlichen Grundsätze[4] wird die synallagmatische Leistungsbeziehung durch die Entgeltfortzahlung modifiziert.[5]

---

[1] Vgl. BAG v. 06.12.2017 – 5 AZR 118/17, BAGE 161, 132; im Ergebnis auch BAG v. 07.05.2003 – 5 AZR 256/02, AP TVG § 1 Tarifverträge: Deutsche Bahn Nr. 13 [unter II. 4. b)].

[2] Feichtinger/Malkmus/*Müller*, EntgFG § 2 Rn. 3.

[3] Feichtinger/Malkmus/*P. Feichtinger*, EntgFG § 3 Rn. 1; MüHdB-ArbR/*Greiner*, § 79 Rn. 9; Feichtinger/Malkmus/*Malkmus*, EntgFG Einl. Rn. 3; zu § 616 BGB, BAG v. 18.12.1959 – GS 8/58, BAGE 8, 314 [unter II. 3.]; MüKo-BGB/*Henssler*, BGB § 616 Rn. 1.

[4] *Fornasier/Wilkens*, JURA 2020, 549, 549 f.; *Sprenger*, AuA 2015, 428.

[5] MüHdB-ArbR/*Greiner*, § 79 Rn. 9.

I. Sinn und Zweck der Entgeltfortzahlung

Diese Regelungen sind vor allem sozialpolitisch motiviert und auf die Sicherung des Lebensunterhalts der Arbeitnehmer gerichtet,[6] der regelmäßig durch das Arbeitsentgelt bestritten wird[7]. Gerade eine Krankheit stellt dabei ein erhebliches Risiko dar, das neben dem Wegfall des Lebensunterhalts häufig zusätzliche Kosten für die Betroffenen beinhaltet.[8] Durch den temporären Erhalt des Arbeitseinkommens schützen die Regelungen zur Entgeltfortzahlung den Arbeitnehmer zumindest zweitweise vor diesen Folgen der krankheitsbedingten Arbeitsunfähigkeit.[9] Die Ansprüche der Arbeitnehmer treten dabei neben etwaige Ansprüche aus einer Krankenversicherung nach dem SGB V, weshalb sie auch als „privatisierte Sozialversicherung im arbeitsrechtlichen Gewand“[10] zur Absicherung des Lebensrisikos Krankheit verstanden werden.[11] Infolge der Existenzgefährdung, die mit den wirtschaftlichen Risiken eines Krankheitsfalls verbunden sein kann, ist die Entgeltfortzahlung im Krankheitsfall sogar ein Mittel, das nicht nur wirtschaftliche Risiken abfedert, sondern die Existenz der Arbeitnehmer sichert.[12]

Die Entgeltfortzahlung für Feiertage dient dem Ausgleich des sonst aus den gesetzlichen Beschäftigungsverboten an Feiertagen[13] entstehenden Lohnausfalls der Anspruchsberechtigten[14]. Diese Funktion zeigt sich bei der Berechnung des Entgelts, bei der die im Krankheitsfall geltenden Beschränkungen aus § 4 Abs. 1, 1a EntgFG nicht zu beachten sind[15] und bei der Anknüpfung an die tatsächliche statt an die regelmäßige Arbeitszeit der Arbeitnehmer[16]. Der Arbeitgeber wird mithin verpflichtet, „[...], den Arbeitnehmer so zu stellen, wie dieser gestanden hätte, wenn die Arbeit nicht infolge des Feiertages ausgefallen wäre“[17]. Damit stellt die Kompensation des Entgeltausfalls auch

---

[6] BT-Ds. 12/5263 S. 10; BAG v. 26.10.2016 – 5 AZR 167/16, AP EntgeltFG § 3 Nr. 33 Rn. 37; ArbG Limburg v. 01.03.2000 – 1 Ca 831/99, AiB 709, 710; *Backmeister*, AiB 2000, 711 f.; *Fornasier/Wilkens*, JURA 2020, 549; MüHdB-ArbR/*Greiner*, § 79 Rn. 5.

[7] Feichtinger/Malkmus/*Malkmus*, EntgFG Einl. Rn. 1.

[8] *Viethen*/EntgFG, S. 2.

[9] Zum Begriff, Feichtinger/Malkmus/*P. Feichtinger*, EntgFG § 3 Rn. 24 ff.; *Helml*/EntgFG, § 3 Rn. 24 ff.

[10] MüHdB-ArbR/*Greiner*, § 79 Rn. 7.

[11] Statt vieler, *L. Schmitt*, RdA 2024, 373, 375.

[12] Feichtinger/Malkmus/*Malkmus*, EntgFG § 12 Rn. 2.

[13] Dazu *Ahnefeld*, ArbRAktuell 2023, 375, 375 f.

[14] Feichtinger/Malkmus/*Müller*, EntgFG § 2 Rn. 2.

[15] Feichtinger/Malkmus/*Müller*, EntgFG § 2 Rn. 59.

[16] Feichtinger/Malkmus/*Müller*, EntgFG § 2 Rn. 62.

[17] BAG v. 27.09.1983 – 3 AZR 159/81, BAGE 44, 160 [unter I. 1.].

sicher, dass die Arbeitnehmer während des Feiertags keiner anderen Tätigkeit zur Erzielung eines Einkommens nachgehen müssen, sodass die Entgeltfortzahlung an Feiertagen mittelbar auch der staatlichen Feiertagsruhe dient (vgl. § 1 Nr. 2 ArbZG)[18].

Die Entgeltfortzahlung für Feiertage dient damit zwar nicht der Absicherung eines unberechenbaren Lebensrisikos, aber trotzdem der Sicherung des Lebensunterhalts der Anspruchsberechtigten. Die Lohnausfälle würden ohne diesen Ausgleich bei Annahme einer 5-Tage-Woche 10% des Arbeitsentgelts einzelner Monate betragen[19] und bei einer kürzeren Arbeitswoche und einer für den Arbeitnehmer ungünstigen Lage der Feiertage, könnten sich die Einkommenseinbußen sogar deutlich erhöhen.[20] Bei Personen mit geringem Einkommen würden solche Einbußen den Lebensunterhalt erheblichen schmälern und zumindest die sozio-kulturelle Existenz beeinträchtigen. Vergleichbares gilt bei Bezug eines Festgehalts und Führung eines Arbeitszeitkontos, wenn entstehende Zeitdefizite durch Gehaltsrückzahlungen ausgeglichen werden müssten.[21] Insofern steht die Entgeltfortzahlung für Feiertage zumindest in einer mittelbaren Beziehung zur Existenzsicherung der Arbeitnehmer.[22]

Der Zweck des Anspruchs auf Entgeltfortzahlung im Krankheitsfall ist ferner im Zusammenhang mit dem Krankengeldanspruch gem. § 44 Abs. 1 SGB V zu sehen und er dient dabei – ebenso wie die Vorgängervorschriften §§ 616 BGB, 63 HGB und 133c GewO[23] – auch der Lastenverteilung zwischen Arbeitgebern und der Allgemeinheit der Beitragszahler bzw. den Krankenkassen[24]. Grundsätzlich bestehen diese Ansprüche nebeneinander, jedoch stellt die Entgeltfortzahlung nach dem EntgFG beitragspflichtiges Arbeitsentgelt im Sinn des § 49 Abs. 1 Nr. 1 SGB V dar[25] und führt daher zum Ruhen

---

[18] Feichtinger/Malkmus/*Malkmus*, EntgFG § 12 Rn. 3; Feichtinger/Malkmus/*Müller*, EntgFG § 2 Rn. 2.

[19] Bei 2 Feiertagen im Monat und 20 Arbeitstagen, mithin insbesondere zu Ostern und Weihnachten.

[20] Vgl. auch das Beispiel des LAG Hamm v. 20.06.1969 – 8 Sa 208/69 DB 1969, 1610.

[21] ArbG Frankfurt a. M. v. 23.02.2016 – 4 Ca 7036/15, BeckRS 2016, 117272.

[22] Vgl. BAG v. 22.10.1973 – 3 AZR 83/73, AP FeiertagslohnzahlungsG § 1 Nr. 31 [unter II. 1.].

[23] BAG v. 14.10.1954 – 2 AZR 30/53, BAGE 1, 140.

[24] BAG v. 18.03.2015 – 10 AZR 99/14, BAGE 151, 159 Rn. 15; BAG v. 12.12.2001 – 5 AZR 255/00, BAGE 100, 130 [unter B. II. 2. b)]; MüHdB-ArbR/*Greiner*, § 79 Rn. 5; Feichtinger/Malkmus/*Malkmus*, EntgFG § 12 Rn. 2. Vgl. auch BAG v. 28.11.1963 – 2 AZR 117/63, BAGE 15, 121 [unter 4. b)]; BAG v. 14.10.1954 – 2 AZR 30/53, BAGE 1, 140; BGH v. 19.06.1952 – III ZR 295/51, BGHZ 7, 30 [unter 2. c)], zu früheren Normen.

[25] Feichtinger/Malkmus/*Malkmus*, EntgFG, § 1 Rn. 3.

des Krankengeldanspruchs. Der Lebensunterhalt des Arbeitnehmers wird während der ersten sechs Wochen einer Krankheit daher durch den Arbeitgeber und nicht durch die Krankenkassen finanziert, wodurch diese von diesen Kosten entlastet werden. Eine Kostentragung durch die Krankenkassen müssten sonst die Beitragszahler finanzieren, sodass das EntgFG auch die Interessen der Allgemeinheit der Beitragszahler schützt[26] und daher nicht nur individuellen Interessen der Anspruchsberechtigten, sondern auch öffentlichen Interessen dient[27].

Eine mit dem Krankengeld vergleichbare sozialrechtliche Entgeltersatzleistung für den Entgeltausfall an Feiertagen wurde hingegen nicht gesetzlich verankert. Die insoweit einzig in Betracht kommende Möglichkeit zum Bezug von Leistungen nach dem SGB II ist nicht in einem mit § 49 Abs. 1 Nr. 1 SGB V vergleichbaren Maß mit der Entgeltfortzahlung verbunden. Die Entgeltfortzahlung unterstützt die mit der Feiertagsruhe verbundenen öffentlichen Interessen auch lediglich mittelbar, weshalb § 2 EntgFG insgesamt nicht unmittelbar der Verwirklichung öffentlicher Interessen dient[28].

II. Historie der Entgeltfortzahlung

Die Grundlage der Entgeltfortzahlung ist das Entgeltfortzahlungsgesetz vom 01.06.1994.[29] Ziel des Gesetzes war es insbesondere die Entgeltfortzahlung für alle Arbeitnehmer einheitlich zu gestalten.[30] Außerdem wurde aufgrund europarechtlicher Vorgaben damit ein Entgeltfortzahlungsanspruch für kurzzeitig und geringfügig Beschäftigte geschaffen.[31] Gleichzeitig sollte das Gesetz zu einer finanziellen Entlastung der Arbeitgeber führen, um die finanzielle Belastung durch die Arbeitgeberbeiträge zur neu geschaffenen sozialen Pflegeversicherung ausgleichen.[32] Dieses Ziel wurde im Lauf des Gesetzgebungsverfahrens jedoch aus dem Gesetz ausgeklammert und die finanzielle Entlastung nicht mit Kürzungen bei der Entgeltfortzahlung, sondern durch die Abschaffung eines Feiertags (weitgehend)[33] umgesetzt.[34]

---

[26] BAG v. 18.03.2015 – 10 AZR 99/14, BAGE 151, 159 Rn. 15.

[27] Feichtinger/Malkmus/*Malkmus*, EntgFG, § 1 Rn. 93.

[28] BAG v. 18.04.2012 – 10 AZR 200/11, BAGE 141, 129 Rn. 16f.; *Franzen*, Anm. zu BAG v. 18.04.2012, AP EntgeltFG § 2 Nr. 14; Feichtinger/Malkmus/*Malkmus*, EntgFG § 1 Rn. 94.

[29] BGBl. I 1994, S. 1014, 1065.

[30] *Kleinsorge*, NZA 1994, 640, 641 f.

[31] *Hennige*, DStR 1994, 1203.

[32] BT-Ds. 12/5263 S. 10.

[33] Vgl. zur Ausnahme in Sachsen, MüKo-BGB/*Grothe*, BGB § 193 Rn. 11.

[34] Zu Ablauf und Gründen, *Kleinsorge*, NZA 1994, 640f.; *Raab*, NZA 1997, 1144, 1147f.; *Schliemann*, AuR 1994, 317, 318f.

Im Ergebnis wurde erstmals ein einheitlicher Anspruch auf Entgeltfortzahlung bei Krankheit für alle Arbeitnehmer geschaffen. Dieser Anspruch war vorher für verschiedene Arbeitnehmergruppen in unterschiedlichen Gesetzen geregelt und in Einzelfragen unterschiedlich ausgestaltet.[35] In den neuen Bundesländern galt bis dahin noch § 115a ff. AGB-DDR und in den alten Bundesländern waren die Ansprüche für Arbeiter im Lohnfortzahlungsgesetz, jedoch die Ansprüche für kaufmännische (§ 63 HGB), technische (§ 133c GewO) und sonstige Angestellte (§ 616 Abs. 2 BGB) sowie für Seeleute auf Kauffahrteischiffen (§ 48 SeemG) und zur ihrer Berufsausbildung Beschäftigte (§ 12 BBiG) in unterschiedlichen Gesetzen geregelt.[36] Diese zersplitterte Rechtslage war Resultat der historischen Entwicklung der Entgeltfortzahlung[37], die etappenweise auf einzelne Arbeitnehmergruppen erstreckt wurde[38].

Der Anspruch auf Entgeltfortzahlung an Feiertagen war vorher im Gesetz zur Regelung der Lohnzahlung an Feiertagen vom 02.08.1951[39] geregelt,[40] das allen Arbeitnehmern einen Anspruch auf Zahlung des Arbeitsverdienstes einräumte, den sie ohne den Arbeitsausfall erhalten hätten. Dieses vereinheitlichte die bis dahin auf Landesebene geregelten Ansprüche auf Lohnfortzahlung für Feiertage für Arbeitnehmer und für Heimarbeiter. Der Anspruch selbst geht zurück auf das Gesetz über Lohnzahlung am Nationalen Feiertag des Deutschen Volkes vom 26.04.1934[41] und die Anordnung des Beauftragten für den Vierteljahresplan über die Lohnzahlung an Feiertagen vom 03.12.1937[42] mit denen ein solcher Anspruch erstmals für einen und dann für weitere Tage geschaffen wurde[43].

Seit Schaffung des EntgFG wurden verschiedene Aspekte des Gesetzes reformiert[44], jedoch blieb die Struktur und die Wirkung weitgehend unverändert. Gleiches gilt für die Regelungen zur Entgeltfortzahlung an Feiertagen, die im Zuge der Schaffung des EntgFG in dieses integriert wurden und die seitdem ebenfalls weitgehend unverändert blieben. Als relevante Änderungen sind aber insbesondere die Schaffung der vierwöchigen Wartezeit vor der erstmaligen Entstehung des Anspruchs auf Entgeltfortzahlung im Krankheitsfall

---

35 Zu den Gründen der Differenzierung, *Helml*/EntgFG, Einl. Rn. 2 ff. und zu den Unterschieden im Einzelnen, *Helml*/EntgFG, Einl. Rn. 3 ff.

36 BT-Ds. 12/5263 S. 9.

37 Schmitt/EFZG/*Küfner-Schmitt*, Einl. Rn. 21.

38 Schmitt/EFZG/*Küfner-Schmitt*, Einl. Rn. 23–27 und 29 f.

39 BGBl. I 1951, S. 479.

40 Zu den Ursprüngen vor 1945, Schmitt/EFZG/*Küfner-Schmitt*, Einl. Rn. 10 ff.

41 RABl. I 1934, S. 373.

42 RABl. I 1937, S. 320.

43 Schmitt/EFZG/*Küfner-Schmitt*, Einl. Rn. 10 f.

44 Ausführlich, Schmitt/EFZG/*Küfner-Schmitt*, Einl. Rn. 86 ff.

gem. § 3 Abs. 3 EntgFG durch das Arbeitsrechtliche Beschäftigungsförderungsgesetz vom 25.09.1996[45] und der Ausschluss der Überstundenvergütung aus der Entgeltfortzahlung durch das Gesetz zu Korrekturen in der Sozialversicherung und zur Sicherung der Arbeitnehmerrechte vom 19.12.1998[46] zu nennen. Ferner wurde die Beschränkung der Entgeltfortzahlung auf stationäre Maßnahmen der Vorsorge und Rehabilitation in § 9 Abs. 1 EntgFG gestrichen[47] und redaktionelle Änderungen vorgenommen.[48] Außerdem wurde ein Anspruch auf Entgeltfortzahlung bei Organ- und Gewebespenden in § 3a EntgFG geschaffen[49] und später auf die Spende von Blutstammzellen erweitert[50] sowie die Pflicht zum Nachweis der Arbeitsunfähigkeit an die elektronische Arbeitsunfähigkeitsbescheinigung angepasst.[51]

B. Unabdingbarkeit nach § 12 EntgFG

I. Auslegung des § 12 EntgFG im Hinblick auf den verbleibenden Regelungsbereich der Arbeitsvertragsparteien

Maßgebend für die Abweichungsmöglichkeiten der Arbeitsvertragsparteien vom EntgFG ist die in § 12 EntgFG enthaltene Kodifikation des Günstigkeitsprinzips. Die Wirksamkeit einer Vereinbarung an der Grenze der Günstigkeit hängt davon ab, welchen Abweichungsspielraum die Norm den Arbeitsvertragsparteien belässt und ob dieser der bisherigen Hypothese entspricht. Es ist mithin durch Auslegung der Vorschrift zu ermitteln, ob sich der verbleibende Abweichungsspielraum mit dem bisher bestimmten Günstigkeitsbegriff deckt.[52] Fraglich ist dabei insbesondere, ob sich die Hypothese zum Umgang mit den neutralen Vereinbarungen sowie den Einzel- und Zweifelsfällen bestätig[53]. Um die Rechtsprechung des BAG zu berücksichtigen, ist insbeson-

---

45 BGBl. I 1996, S. 1476.

46 BGBl. I 1998, S. 3843.

47 Sozialgesetzbuch – Neuntes Buch – (SGB IX) Rehabilitation und Teilhabe behinderter Menschen vom 19.06.2001, BGBl. I 2001, S. 1046.

48 Drittes Gesetz für moderne Dienstleistungen am Arbeitsmarkt vom 23.12.2003, BGBl. I 2003, S. 2848.

49 Gesetz zur Änderung des Transplantationsgesetzes vom 21.07.2012, BGBl. I 2012, S. 1601.

50 Gesetz zur Stärkung der Versorgung in der gesetzlichen Krankenversicherung vom 16.07.2015, BGBl. I 2015, S. 1211.

51 Drittes Gesetz zur Entlastung insbesondere der mittelständischen Wirtschaft von Bürokratie vom 22.11.2019, BGBl. I 2019, S. 1746.

52 Vgl. zur Auslegung von Statusnormen, *Seiwerth*, Gestaltungsfreiheit in Tarifverträgen, S. 154 ff.

53 Dazu Teil 4 § 14.

dere im Rahmen des § 12 EntgFG darauf einzugehen, welche Bedeutung dem Merkmal der strukturellen Schlechterstellung dabei zukommen kann.

1. Grammatikalische Auslegung

Der Wortlaut des § 12 EntgFG lautet: „Abgesehen von § 4 Abs. 4 [EntgFG] kann von den Vorschriften dieses Gesetzes nicht zuungunsten des Arbeitnehmers oder der nach § 10 berechtigten Personen abgewichen werden.“ Ausdrücklich bezeichnet die Regelung daher nur das Abweichungsverbot, das sich auf alle Abweichungen erstreckt, die *zuungunsten* der Anspruchsberechtigten[54] wirken. Ferner bezieht sich der Wortlaut auf die „Abweichungen von den Vorschriften dieses Gesetzes“, womit er einen Referenzpunkt für die Bewertung der Vor- und Nachteile der Arbeitnehmer benennt, die sich demnach auf die Abweichungen von den Vorschriften und nicht auf die Angemessenheit der Arbeitsbedingungen bezieht[55]. Darüber hinaus enthält die Regelung auch keine unbestimmten Rechtsbegriffe zur Qualifizierung der unzulässigen Abweichungen. Insbesondere wird die Abweichung weder als *unangemessene* oder *strukturelle* Benachteiligung noch in anderer Form weiter eingegrenzt. Anders als beispielsweise § 307 Abs. 1 BGB enthält § 12 EntgFG damit keinen sprachlichen Hinweis darauf, dass nur besonders einseitige Vertragsgestaltungen unzulässig sein sollen. Daraus eine Qualifikation abzuleiten und allein strukturelle Benachteiligungen als erfasst anzusehen,[56] bedeutet im Ergebnis, dem Schweigen der Norm eine Bedeutung beizumessen, die den eigentlichen Wortsinn konterkariert.[57] Vielmehr ist dieser ebenso absolut zu verstehen wie der Begriff „länger“ in § 622 Abs. 6 BGB, dem in Ermangelung einer weiteren Qualifikation auch zu entnehmen ist, dass eine Frist stets länger sein muss.[58] Insoweit spricht der Wortlaut dafür, dass die Abweichungen anhand des konkreten Inhalts der gesetzlichen Regelungen zu bewerten sind und dass jede Abweichung unwirksam ist, die diesen Mindeststandard nicht verwirklichen kann.

---

[54] Zum persönlichen Geltungsbereich des EntgFG, Feichtinger/Malkmus/*Malkmus*, EntgFG § 1 Rn. 5 ff.

[55] Dies wird häufig übersehen, vgl. *Schorn*, Günstigkeitsprinzip neuer Art, S. 192 f. für den Begriff im Allgemeinen sowie *Versteyl*, Obergrenze, S. 97 im Zusammenhang mit dem Gesetzesrecht.

[56] So BAG v. 06.12.2017 – 5 AZR 118/17, BAGE 161, 132 Rn. 29; *Arnold*, ArbRAktuell 2018, 234; Schaub/ArbR-HdB/*Linck*, § 98 Rn. 149 u. § 103 Rn. 23; *Laskawy/Lomb*, DB 2018, 1348; im Ergebnis auch *Versteyl*, Obergrenze, S. 103.

[57] *Klocke*, jurisPR-ArbR 45/2018 Anm. 2; dazu auch Teil 5 § 17 Abschnitt C. 3. a).

[58] Vgl. BAG v. 29.01.2015 – 2 AZR 280/14, BAGE 150, 337 Rn. 20; kritisch *Arnold*, ArbRAktuell 2018, 234.

In Bezug auf die Abweichungsbefugnis ist der Gesetzeswortlaut aber auslegungsbedürftig und der verbleibende Regelungsspielraum ergibt sich erst im Umkehrschluss aus dieser doppelten Verneinung. Daraus lässt sich die Schlussfolgerung ziehen, dass alle Abweichungen, die nicht zum Nachteil der Anspruchsberechtigten und damit nicht zu deren Ungunsten wirken, zulässige Abweichungen von den Regelungen des EntgFG darstellen.[59] Ausgehend vom Wortlaut liegen damit alle Vereinbarungen im zulässigen Regelungsbereich, die ohne negative Auswirkungen für den Anspruchsberechtigen sind und es ist nicht erforderlich, dass diese Vereinbarungen auch positive Auswirkungen für den Anspruchsberechtigten haben. Mithin deutet der Wortlaut darauf hin, dass auch Vereinbarungen, die lediglich einen gleichwertigen Anspruch vermitteln, wirksam vereinbart werden können,[60] jedoch keine Vereinbarungen mit nachteiligen Auswirkungen für den Arbeitnehmer getroffen werden dürfen.

Ein anderes Ergebnis würde sich aus dem Umkehrschluss des Begriffs *zuungunsten* nur ergeben, wenn eine entsprechende juristische oder eine durch andere fachliche Bezüge geprägte Wortbedeutung der Auslegung zugrunde zu legen wäre.[61] Eine solche spezielle Wortbedeutung ist jedoch weder für das Wort *zuungunsten* noch dessen Antonym *zugunsten* ersichtlich. Auch die Rechtsprechung zu § 4 Abs. 3 Alt. 2 TVG thematisiert die Wortbedeutung nur vereinzelt und folgt dabei einem allgemeinen Sprachverständnis[62]. Gleiches gilt für die meisten anderen arbeitsrechtlichen Normen, die den Begriff „zugunsten" oder „zuungunsten" enthalten und auch Normen außerhalb des Arbeitsrechts greifen für das Verständnis auf den allgemeinen Sprachgebrauch zurück[63].

Insgesamt deutet der Wortlaut somit darauf hin, dass § 12 EntgFG ein absolutes Abweichungsverbot begründet, das jeglichen Wirkungen zum Nachteil des Arbeitnehmers entgegensteht. Eine Beschränkung auf strukturelle Schlechterstellungen lässt sich dem Wortlaut hingegen nicht entnehmen.[64] Der Wortlaut enthält auch keinen Hinweis darauf, dass im Zweifelsfall von der Wirksamkeit einer abweichenden Vereinbarung auszugehen ist oder auf die Feststellung etwaiger Nachteile verzichtet werden kann. Der verbleibende Rege-

---

59 Grundsätzlich BAG v. 06.12.2017 – 5 AZR 118/17, BAGE 161, 132 Rn. 29; *Arnold*, ArbRAktuell 2018, 234; Schaub/ArbR-HdB/*Linck*, § 98 Rn. 149.

60 Zutreffend eine Günstigkeit nur für neutrale Vereinbarungen annehmend Schmitt/EFZG/*L. Schmitt*, § 12 Rn. 42. Insoweit zutreffend, aber zu weit, BAG v. 06.12.2017 – 5 AZR 118/17, BAGE 161, 132 Rn. 29; *Arnold*, ArbRAktuell 2018, 234; Schaub/ArbR-HdB/*Linck*, § 98 Rn. 149 u. § 103 Rn. 23.

61 BAG v. 18.03.2003 – 9 AZR 691/01, BAGE 105, 159 [unter I. 2. b) (1)].

62 Vgl. *Schon*, Günstigkeitsprinzip neuer Art, S. 192 zu § 4 Abs. 3 TVG.

63 Dazu die Nachweise bei *Schorn*, Günstigkeitsprinzip neuer Art, S. 192 Rn. 648.

64 *Klocke*, jurisPR-ArbR 45/2018 Anm. 2; *Knorr*, NZA 2018, 1449, 1453; *L. Schmitt*, Anm. zu BAG v. 06.12.2017, AP EntgeltFG § 2 Nr. 18.

lungsbereich der Arbeitsvertragsparteien erstreckt sich demnach auf alle Vereinbarungen, bei denen feststeht, dass sie nicht zu Nachteilen der Anspruchsberechtigten führen.[65] Neben den Abweichungen, die den Anspruchsberechtigten begünstigen, können daher auch Regelungen wirksam vereinbart werden, die einen gleichwertigen Anspruch auf Entgeltfortzahlung vermitteln.

2. Systematische Auslegung

Im Hinblick auf den Aufbau der Norm ist beachtlich, dass die Überschrift des § 12 EntgFG die Unabdingbarkeit der Regelungen des EntgFG betont. Ferner ist dem ausdrücklichen Verweis auf § 4 Abs. 4 EntgFG zu entnehmen, dass § 12 EntgFG als Grundregel die Unabdingbarkeit der Normen des EntgFG anordnet und dass die Anwendung anderer Bestimmungen die begründungsbedürftige Ausnahme von dieser Grundregel darstellt. Für den Inhalt der Abweichungsbefugnis ergibt sich daraus eine größere Rechtfertigungslast, um Ausnahmen von der Grundregel zu begründen, die nicht ausdrücklich vorgesehen sind,[66] was auch gegen die nicht im Wortlaut angelegte Begrenzung des Abweichungsverbots auf besonders qualifizierte Benachteiligungen spricht. Gleichzeitig spricht dies dafür, die Grundregel und mithin das Abweichungsverbots auch im Zweifelsfall anzuwenden.[67] Ferner spricht dies auch für das Verständnis des Günstigkeitsprinzips als Innenschranke des normativen Rechts, das erst zurücktritt, wenn die Voraussetzungen für die Anwendung dieser Ausnahme positiv festgestellt werden können.

Ebenso wird für § 622 Abs. 6 BGB von der überwiegenden Literatur und dem BAG vertreten, dass eine abweichend bestimmte Kündigungsfrist stets länger für den Arbeitnehmer sein muss und dass es nicht genügt, wenn sie die meiste Zeit innerhalb des Kalenderjahres den besseren Schutz gewährt.[68] Die Bewertung der Länge erfolgt dabei ebenfalls anhand der Kriterien des Günstigkeitsvergleichs und entgegen einer Mindermeinung[69] werden auf Basis einer teleologischen Auslegung auch keine Vereinbarungen als wirksam anerkannt, die sich lediglich tendenziell als länger, damit aber auch teilweise als

---

[65] Schmitt/EFZG/*L. Schmitt*, § 12 Rn. 40.

[66] So bereits *Kronenberg*, Ausnahmen der Unabdingbarkeit, S. 45 zur TVVO.

[67] Vgl. zum Tarifrecht BAG v. 10.12.2014 – 4 AZR 503/12, BAGE 150, 184 Rn. 44; *Firnhaber*, Günstigkeitsprinzip, S. 83; *Kronenberg*, Ausnahmen der Unabdingbarkeit, S. 45 zur TVVO.

[68] BAG v. 29.01.2015 – 2 AZR 280/14, BAGE 150, 337 Rn. 20; MüKo-BGB/*Engshuber*, BGB § 622 Rn. 97; APS/*Link*, BGB § 622 Rn. 120; *Wensing/Hesse*, NZA 2009, 1309, 1313., aber mit abweichendem Zeitpunkt.

[69] LAG Hamburg v. 30.03.2000 – 7 Sa 5/00, BeckRS 2009, 67875; *Diller*, NZA 2000, 293, 296f.

kürzer erweisen.[70] Der Vergleich mit dieser Auffassung[71] spricht auch dafür, dass die Unterschreitung des gesetzlichen Schutzniveaus im Einzelfall ausgeschlossen ist.

Dass für § 4 Abs. 3 Alt. 2 TVG insbesondere die Vereinbarung von gleichwertigen Regelungen nicht für möglich erachtet wird, steht im Widerspruch zum bisherigen Verständnis des § 12 EntgFG. Auch hier sind aber die bereits thematisierten Besonderheiten des Wortlauts zu berücksichtigen, die durch die Verwendung des Wortes *nur* die Begrenzung des Regelungsbereichs der Arbeitsvertragsparteien betont und so die Anwendung der Norm auf Zweifelsfälle vereinfacht.[72] Vor allem enthält § 4 Abs. 3 Alt. 2 TVG – anders als § 12 EntgFG und die anderen Kodifikationen des gesetzlichen Günstigkeitsprinzips – aber die ausdrückliche Bestimmung des zulässigen Abweichungsbereichs. Während § 4 Abs. 3 Alt. 2 TVG einen Regelungsbereich der Arbeitsvertragsparteien für günstigere Vereinbarungen herstellt, sperrt § 12 EntgFG diesen Regelungsbereich für ungünstigere Vereinbarungen. Diese Unterschiede sind in der Lage unterschiedliche Ergebnisse für gleichwertige Vereinbarungen zu rechtfertigen.

Darüber hinaus betrifft § 12 EntgFG Abweichungsmöglichkeit von Ansprüchen, die aufgrund der Fremdbestimmung durch den Gesetzgeber gelten, währen die von § 4 Abs. 3 Alt. 2 TVG erfassten Regelungen auf autonomer grundrechtlich geschützter Freiheitsbetätigung basieren und deren normative Geltung auf Seiten der Arbeitnehmer eine freiwillige Selbstunterwerfung voraussetzt.[73] Diese Unterschiede sowie die besondere Sachnähe der Tarifvertragsparteien können eine weitergehende Beschränkungen der Privatautonomie rechtfertigen, als es für gesetzliche Regelungen erforderlich ist.[74] Es entspricht daher nicht nur den Unterschieden im Wortlaut, sondern auch den unterschiedlichen Regelungsgegenständen, diese auf gleichwertige Regelungen unterschiedlich anzuwenden,[75] womit auch der Vergleich mit § 4 TVG für die bisher getroffene Feststellung spricht.

---

[70] BAG v. 29.01.2015 – 2 AZR 280/14, BAGE 150, 337 Rn. 19f.

[71] Um Zirkelschlüsse und Vorwegnahmen zu vermeiden, werden die hier noch zu betrachtenden Ausprägungen nicht in den systematischen Vergleich einbezogen. Vgl. auch *Seiwerth*, Gestaltungsfreiheit in Tarifverträgen, S. 155ff. der Vergleichsmöglichkeiten generell bezweifelt.

[72] Weitergehend, *L. Schmitt*, Anm. zu BAG v. 06.12.2017, AP EntgeltFG § 2 Nr. 18; *Herschel*, AP FeiertagslohnzahlungsG § 1 Nr. 31.

[73] Allg. kritisch zu dieser Bewertung tarifvertraglicher Vereinbarungen, *Papritz*, Günstigkeitsprinzip, S. 72f.; *Ulber/Klocke*, RdA 2021, 178, 185f.

[74] Jedenfalls im Ergebnis wohl auch, *Ulber/Klocke*, RdA 2021, 178, 185f.

[75] Vgl. *L. Schmitt*, Anm. zu BAG v. 06.12.2017, AP EntgeltFG § 2 Nr. 18, die dies im Ergebnis aber ablehnt.

Hingegen kann der Vergleich mit den für § 28 Abs. 2 S. 2 SprAuG vertretenen Auffassungen, nach denen Abweichungen nicht stets zugunsten leitender Angestellter wirken müssen,[76] das bisherige Ergebnis für § 12 EntgFG nicht unmittelbar bestätigen. Einerseits wurde aber schon darauf hingewiesen, dass diese Auffassung nicht überzeugend erscheint[77] und ferner wird sie auch mit dem reduzierten Schutzbedürfnis leitender Angestellter begründet,[78] weshalb sie auf eine allgemeine arbeitnehmerschützende Regelung nicht übertragen werden kann. Mithin stehen diese Auffassungen den bisherigen Ergebnissen für § 12 EntgFG auch nicht entgegen.

Der systematische Vergleich bestätigt somit das auf Basis des Wortlautes bereits gefundene Ergebnis. Auch vergleichbar wirkende Bestimmungen werden als absolute Abweichungsverbote verstanden, die Abweichungen im Einzel- und Zweifelsfall und nicht allein in besonders qualifizierten Fällen entgegenstehen. Soweit der Abweichungsspielraum für das kollektive Günstigkeitsprinzip abweichend bestimmt wird, lässt sich dies jedenfalls durch die Besonderheiten der jeweiligen Regelungsgegenstände rechtfertigen.

3. Historische Auslegung

§ 12 EntgFG wurde am 01.06.1994 im Rahmen der Schaffung des EntgFG[79] in Kraft gesetzt. Die Regelung war bereits im Gesetzesentwurf der damaligen Regierungsfraktionen enthalten[80] und wurde seitdem nicht verändert.[81] Im Zuge der Vereinheitlichung der Entgeltfortzahlung führte § 12 EntgFG zu einer Vereinheitlichung der Möglichkeiten zur Abbedingung der gesetzlichen Ansprüche, in denen sich bis dahin die unterschiedlichen Entwicklungen der Entgeltfortzahlung für Arbeiter und Angestellte spiegelten. So war seit den Verordnungen des Reichspräsidenten zur Sicherung der Wirtschaft und Finanzen vom 01.12.1930[82] und vom 05.06.1931[83] allein die vertragliche Abbedingung der Ansprüche der Angestellten ausgeschlossen, während die Ansprüche von Arbeitern bis zum Gesetz zur Verbesserung der wirtschaftlichen Sicherung der Arbeiter im Krankheitsfall vom 26.06.1957[84] vertraglich abbedungen werden

---

76 MüHdB-ArbR/*Franke*, § 312 Rn. 35; wohl auch HWK-ArbR/*Annuß*, SprAuG § 28 Rn. 12; ErfK/*Oetker*, SprAuG § 28 Rn. 11; NK-GArbR/*v. Steinau-Steinrück/Risse*, SprAuG § 28 Rn. 2.

77 Teil 4 § 14 Abschnitt B. III.

78 Statt vieler MüHdB-ArbR/*Franke*, § 312 Rn. 35.

79 BGBl. I 1994, S. 1014, 1065.

80 BT-Ds. 12/5263 S. 16.

81 ErfK/*Reinhard*, EntgFG § 12 Rn. 1.

82 RGBl. I 1930, S. 517.

83 RGBl. I 1931, S. 279.

84 BGBl. I 1957, S. 649.

konnten. Erst mit § 6 dieses Gesetzes wurde ein Zuschuss zum Krankengeld als unabdingbarer Bestandteil der Existenzsicherung der Arbeiter im Krankheitsfall neben die sozialrechtliche Absicherung gestellt. Ein unabdingbarer Anspruch auf volle Entgeltfortzahlung im Krankheitsfall wurde für Arbeiter hingegen erst mit dem Gesetz über die Fortzahlung des Arbeitsentgelts im Krankheitsfalle und über Änderungen des Rechts der gesetzlichen Krankenversicherung vom 27. 06. 1969[85] geschaffen. Seit Inkrafttreten des damit erlassenen Lohnfortzahlungsgesetzes am 01. 01. 1970 besteht die Grundstruktur der Entgeltfortzahlung im Krankheitsfall als unabdingbarer Anspruch auf 6-wöchige Fortzahlung des Entgelts für alle Arbeitnehmergruppen.

In der Begründung der Vorschrift stellt der Gesetzgeber fest, dass § 12 EntgFG einen auch im vorherigen Recht geltenden Grundsatz zum Ausdruck bringt, nachdem Ansprüche „nach diesem Gesetz […] zu deren [der Arbeitnehmer] Ungunsten grundsätzlich unabdingbar sind“.[86] Damit lässt sich der Begründung entnehmen, dass die für die Vorgängerregelungen entwickelten Grundsätze auf das neu geschaffene EntgFG übertragen werden können.[87] Bei der Auslegung des § 12 EntgFG ist daher in den Blick zu nehmen, welchen Regelungsspielraum die bisherigen Vorschriften den Arbeitsvertragsparteien belassen hatten.

§ 9 LFZG regelte mit nahezu identischem Wortlaut die Unabdingbarkeit der Ansprüche aus dem Gesetz über die Fortzahlung des Arbeitsentgelts im Krankheitsfalle[88] zuungunsten der Arbeiter und Heimarbeiter. Da diese Vorschrift bis zu ihrer Aufhebung[89] ebenfalls nicht geändert wurde, besteht der sich aus § 12 EntgFG ergebende Regelungsgehalt inhaltlich bereits seit 1969. Trotz seiner langen Geltungsdauer haben sich Rechtsprechung und Literatur aber nicht eingehend mit dem verbleibenden Regelungsspielraum der Vertragsparteien auseinandergesetzt. Im Zentrum der Rechtsprechung standen hingegen die Möglichkeiten zum Verzicht auf Ansprüche aus dem LFZG während und nach Beendigung des Arbeitsverhältnisses. Für die hier untersuchte Frage enthielt § 9 LFZG daher keine Grundsätze, die auf § 12 EntgFG übertragen werden könnten.

Neben § 9 LFZG sind auch die § 616 Abs. 2 S. 1, 2 BGB, § 133c GewO und § 63 HGB (jeweils in der Fassung bis zum 31. 05. 1994) als Vorgänger-

---

[85] BGBl. I 1969, S. 946.

[86] BT-Ds. 12/5263 S. 16.

[87] Vgl. Feichtinger/Malkmus/*Müller*, EntgFG § 2 Rn. 1 für das Feiertagsrecht; *Schliemann*, AuR 1994, 317 f.

[88] BGBl. I 1969, S. 946.

[89] Zeitgleich mit Inkraftsetzung des EntgFG zum 01. 06. 1994, BGBl. I 1994, S. 1014, 1069.

vorschriften des § 12 EntgFG anzusehen. Diese regelten die Entgeltfortzahlung im Krankheitsfall für Angestellte im Allgemeinen (§ 616 BGB) sowie für Handlungsgehilfen (§ 63 HGB) und technischen Angestellten (§ 133c GewO) im Speziellen[90]. Die Zulässigkeit von Abweichungen von der gesetzlichen Regelung der Lohnfortzahlung im Krankheitsfall war in diesen Normen beinahe einheitlich geregelt. Alle drei Regelungen sahen vor, dass der Anspruch auf Vergütung im Krankheitsfall durch Vertrag weder ausgeschlossen noch beschränkt werden konnte. Anders als die beiden anderen Vorschriften, enthielt § 616 Abs. 2 S. 2 BGB jedoch die Möglichkeit, die Dauer der Entgeltfortzahlung durch Tarifvertrag zu beschränken.[91]

Der Wortlaut dieser Normen schloss somit nur Verkürzungen des Anspruchs aus und deutete damit bereits darauf hin, dass gleichwertige Abweichungen durch die Arbeitsvertragsparteien vereinbart werden können. So hat auch das BAG regelmäßig formuliert, dass Vereinbarungen, die auf eine sachliche oder zeitliche Beschränkung des Anspruchs hinauslaufen oder die den Anspruch an eine weitere Voraussetzung knüpfen, nicht mit diesen Vorgaben vereinbar sind.[92] In den Entscheidungen war das aus den Formulierungen abgeleitete Normverständnis jedoch nicht tragend. Ferner wurde in einzelnen Entscheidungen darauf hingewiesen, dass tarifvertragliche Abweichungen den gesetzlichen Anspruch für den Angestellten erweitern müssten,[93] was für ein entgegengesetztes Normverständnis spricht. Insgesamt bietet die Rechtsprechung zu § 616 Abs. 2 S. 1, 2 BGB, § 133c GewO und § 63 HGB somit in Bezug auf diese Frage kein einheitliches Bild, sodass daraus keine Grundsätze für die Anwendung des § 12 EntgFG abgeleitet werden können.

§ 12 EntgFG gilt auch für die in § 2 EntgFG enthaltene Entgeltfortzahlung für Feiertage, die vor der Schaffung des EntgFG im Gesetz zur Regelung der Lohnzahlung an Feiertagen[94] geregelt war. Eine ausdrückliche Regelung des Günstigkeitsprinzips war dem Gesetz nicht zu entnehmen, sodass es an einer Vorgängervorschrift des § 12 EntgFG insofern fehlt[95]. Trotz dessen wurde die Entgeltfortzahlung für Feiertage als einseitig zwingendes Recht angesehen, von dem nicht zuungunsten des Arbeitnehmers durch vertragliche Regelungen

---

[90] Zur Historie dieser Gesetze sowie zur Fortgeltung als Bundesrecht nach Art. 123 GG, BAG v. 28.11.1963 – 2 AZR 117/63, BAGE 15, 121 [unter 4. a)] zu § 133c GewO; *Zuleger*, AuR 1992, 231.

[91] *Feichtinger*, Lohn- und Gehaltsfortzahlung, S. 181.

[92] BAG v. 07.11.1984 – 5 AZR 379/82, BAGE 47, 165 [unter I. 2.]; BAG v. 09.04.1960 – 2 AZR 457/57, BAGE 9, 163 zu § 63 HGB.

[93] BAG v. 25.03.1987 – 5 AZR 414/84, BAGE 54, 308 [unter I. 3.] zu § 616 BGB; BAG v. 19.10.1983 – 5 AZR 195/81, BAGE 43, 348 [unter 2. b)] zu § 616 BGB.

[94] BGBl. I 1951, S. 479.

[95] MüKo-BGB/*Müller-Glöge*, EntgFG § 12 Rn. 1.

abgewichen werden durfte.[96] Vertraglich geregelte Abweichungen von den gesetzlichen Vorgaben zuungunsten des Arbeitnehmers führten daher zur (Teil-)Nichtigkeit der jeweiligen Vereinbarung.[97] Dabei hat das BAG den Abweichungsspielraum der (Tarif-)Vertragsparteien insbesondere mit Bezug zu günstigkeitsvariablen Vereinbarungen konkretisiert. Der Anspruch auf Feiertagsvergütung konnte demnach in pauschaler Form abgegolten werden,[98] so lange von vornherein erkennbar war, dass die gezahlte Pauschale eindeutig geeignet war, den Anspruch auf Lohnfortzahlung für den Feiertag zu erfüllen.[99] Soweit aufgrund der günstigkeitsvariablen Wirkung einer Abweichung nicht eindeutig und im Voraus erkennbar war, dass der Anspruch erfüllt werden würde, war die Vereinbarung unwirksam.[100] Eine strukturelle Benachteiligung war dafür nicht erforderlich, sondern es genügte bereits die Möglichkeit der Wirkung zuungunsten eines Arbeitnehmers.

Insgesamt entspricht die zum FZG entwickelte Rechtsprechung daher den bisherigen Ergebnissen der Auslegung des Abweichungsbereichs der Arbeitsvertragsparteien. Infolge der ausdrücklichen Bezugnahme der Gesetzesbegründung auf die vorher bestehenden Grundsätze ist diese Rechtsprechung zur Pauschalierung der Ansprüche auf § 12 EntgFG zu übertragen.[101] In Ermangelung anderer Grundsätze spricht die historische Auslegung damit dafür, dass abweichende Vereinbarungen wirksam sind, wenn sie als gleichwertige Vereinbarungen den Anspruch zumindest erfüllen, während Abweichungen im Einzel- und Zweifelsfall auch abseits einer strukturellen Benachteiligung nicht mit § 12 EntgFG vereinbar sind.

---

[96] BAG v. 23.09.1960 – 1 AZR 508/59, BAGE 10, 29 [unter I. 1)]; BAG v. 23.02.1961 – 5 AZR 110/60, AP BGB § 611 Akkordkolonne Nr. 2 [unter 2. b)]; BAG v. 06.04.1982 – 3 AZR 1079/79, AP FeiertagslohnzahlungsG § 1 Nr. 36 [unter 2.].

[97] Vgl. BAG v. 06.04.1982 – 3 AZR 1079/79, AP FeiertagslohnzahlungsG § 1 Nr. 36; *Treber*/EFZG, § 12 Rn. 2.

[98] BAG v. 28.02.1984 – 3 AZR 103/83, AP FeiertagslohnzahlungsG § 1 Nr. 43 [unter I. 2. a)]; instruktiv BAG v. 22.10.1973 – 3 AZR 83/73, AP FeiertagslohnzahlungsG § 1 Nr. 31 [unter I. 2.]; BAG v. 25.03.1966 – 3 AZR 358/65, AP FeiertagslohnzahlungsG § 1 Nr. 19; LAG Hamm v. 20.07.1972 – 4 Sa 344/72, DB 1973, 484; a.A. noch LAG Hamm v. 20.06.1969 – 8 Sa 208/69, DB 1969, 1610; zweifelnd *Herschel*, Anm. zu BAG v. 22.10.1973, AP FeiertagslohnzahlungsG § 1 Nr. 31.

[99] BAG v. 28.02.1984 – 3 AZR 103/83, AP FeiertagslohnzahlungsG § 1 Nr. 43 [unter I. 2. b)]; BAG v. 22.10.1973 – 3 AZR 83/73, AP FeiertagslohnzahlungsG § 1 Nr. 31 [unter II. 1.]; ähnlich bereits BAG v. 25.03.1966 – 3 AZR 358/65, AP FeiertagslohnzahlungsG § 1 Nr. 19.

[100] Vgl. *L. Schmitt*, Anm. zu BAG v. 06.12.2017, AP EntgeltFG § 2 Nr. 18.

[101] Vgl. *Marburger*/EntgFG, S. 11; Feichtinger/Malkmus/*Müller*, EntgFG § 2 Rn. 81; Schmitt/EFZG/*L. Schmitt*, § 12 Rn. 41.

4. Teleologische Auslegung

Der Sinn und Zweck des § 12 EntgFG steht in einem engen Zusammenhang mit den Zwecken der Entgeltfortzahlung selbst und vor allem macht er die Regelungen des EntgFG zu einem Mindeststandard der Entgeltfortzahlung für Feiertage sowie im Krankheitsfall[102]. Indem der strukturellen Überlegenheit der Arbeitgeber in Vertragsverhandlungen ein Abweichungsverberbot entgegengesetzt wird,[103] wird die gesetzliche Absicherung der Arbeitnehmer vor abweichenden Parteivereinbarungen geschützt. § 12 EntgFG erfüllt damit im Verhältnis zu den sonstigen Regelungen des EntgFG eine dienende Funktion und stellt die Verwirklichung des damit verbundenen Arbeitnehmerschutzes sowie mittelbar den Lebensunterhalt der Arbeitnehmer sicher[104]. Gleichzeitig ist die Anordnung der einseitig zwingenden Wirkungen der Regelungen der gesetzlichen Entgeltfortzahlung durch § 12 EntgFG darauf ausgerichtet der Vertragsfreiheit neben der gesetzlichen Regelung hinreichend Raum zu belassen[105] und diese im Rahmen des gesetzlichen Schutzzwecks zu verwirklichen[106]. § 12 EntgFG stellt sicher, dass die Regelungen der gesetzlichen Entgeltfortzahlung nicht als Höchststandard wirken und die Regelungsmacht der Vertragsparteien nicht über das zur Zweckerreichung erforderliche Maß hinaus beschränkt wird. Insoweit entspricht sein Zweck damit den Annahmen der abstrakten Betrachtung, weshalb deren Ergebnisse auch übernommen werden können.

Darüber hinaus hat § 12 EntgFG für die Entlastung der Allgemeinheit von den Krankheitskosten der Arbeitnehmer eine dienende Funktion. Der einseitig zwingende Charakter der Regelungen der Entgeltfortzahlung verhindert, dass eine Regelung der Arbeitsvertragsparteien die gesetzlich vorgesehene Kostenverteilung zulasten der Beitragszahler verschiebt[107]. Andernfalls könnten die Arbeitsvertragsparteien die Entgeltfortzahlung im Krankheitsfall abbedingen

---

[102] Vgl. BAG v. 26.09.2001 – 5 AZR 539/00, BAGE 99, 112 [unter II. 2. a)]; Feichtinger/Malkmus/*Malkmus*, EntgFG § 12 Rn. 4; MüKo-BGB/*Müller-Glöge*, EntgFG § 12 Rn. 1; BeckOK-ArbR/*Ricken*, EntgFG § 12 vor Rn. 1; NK-GArbR/*Sievers*, EntgFG § 12, Rn. 1; *Viethen*/EntgFG, S. 10f.

[103] Vgl. allgemein, *Belling*, Günstigkeitsprinzip, S. 33, S. 106 und S. 163. Zu § 19 Abs. 2 BetrAVG, BT-Ds. 7/1281, S. 30f.; BGH v. 23.05.2017 – II ZR 6/16, NZG 2017, 948 Rn. 13f.; BAG v. 19.04.2011 – 3 AZR 154/09, BAGE 137, 357 Rn. 19; *Koch*, NZA 2018, 1035, 1036.

[104] BAG v. 26.09.2001 – 5 AZR 539/00, BAGE 99, 112 [unter II. 2. a)].

[105] Zum Günstigkeitsprinzip allgemein, *Belling*, DB 1987, 1888.

[106] Gerade in tarifrechtlichen Betrachtungen tritt die Sicherung des Mindeststandards teilweise in den Hintergrund, vgl. *Schorn*, Günstigkeitsprinzip neuer Art, S. 195f.

[107] Bereits zu § 616 Abs. 2 BGB, BGH v. 19.06.1952 – III ZR 295/51, BGHZ 7, 30 [unter 2. c)].

und mithin die Kosten des Lebensunterhalts sofort nach Krankheitsbeginn der Allgemeinheit aufbürden. Damit dient § 12 EntgFG nicht nur dem Arbeitnehmerschutz, sondern auch dem Schutz der Beitragszahler zur Krankenversicherung.[108]

Der Schutz der Interessen der Allgemeinheit führt aber dazu, dass es bei der Bewertung der Günstigkeit nicht darauf ankommen kann, inwieweit die Vereinbarung angemessene Arbeitsbedingungen beinhaltet. Dies spricht ebenfalls dafür, dass § 12 EntgFG einen konkreten gesetzlichen Mindeststandard mit absoluter Wirkung begründet, der von den Arbeitsvertragsparteien in keinem Fall unterschritten werden darf. Solange keine Auswirkungen auf den Krankengeldanspruch entstehen und die Vereinbarungen auch in diesem Sinn gleichwertig sind, ist es ferner nicht notwendig, gleichwertige Abweichungen zu verbieten. Dass aber allein strukturelle Benachteiligungen der Arbeitnehmer außerhalb des Regelungsbereichs der Arbeitsvertragsparteien liegen,[109] ist dem Zweck nicht zu entnehmen, sondern jede Regelung, die geeignet ist den Mindeststandard zu unterschreiten oder die Lastenverteilung zu verschieben, stellt im Rahmen des § 12 EntgFG eine unzulässige Vereinbarung dar.

Der Sinn und Zweck des § 12 EntgFG spricht somit ebenfalls dafür, den verbleibenden Regelungsbereich auf alle vertraglichen Vereinbarungen zu erstrecken, die für die Anspruchsberechtigten nicht mit Nachteilen verbunden sind. Damit können günstigere oder gleichwertige Vereinbarungen getroffen werden, aber keine Vereinbarungen, die zum Nachteil der Arbeitnehmer von den Ansprüchen des EntgFG abweichen. Dies gilt infolge der absoluten Wirkung des Abweichungsverbots unabhängig von einer strukturellen Wirkung auch im Einzel- und Zweifelsfall, womit insgesamt die bisher gefundenen Ergebnisse bestätigt werden.

5. Verfassungskonforme Auslegung

Die bisherigen Auslegungsergebnisse werden im Folgenden durch die Betrachtung der Maßstäbe des Verfassungsrechts ergänzt, wobei es sich infolge der einheitlichen Ergebnisse der anderen Methoden nicht um eine verfassungskonforme Auslegung im engeren Sinn handelt[110]. Die Betrachtung der Vorgaben des höherrangigen Rechts dient mithin weniger der Klärung einer Zwei-

---

108 Vgl. zur Verzichtswirkung gegenüber Krankenkassen, Schmitt/EFZG/*L. Schmitt*, EntgFG § 12 Rn. 58 ff.

109 Für die Unterschreitung des Mindeststandards, *Klocke*, jurisPR-ArbR 45/2018 Anm. 2.

110 Vgl. *Herschel*, Anm. zu BAG v. 20.06.1979, AP BGB § 616 Nr. 49; ErfK/*Schmidt*, GG Einl. Rn. 76.

felsfrage, sondern der Berücksichtigung der sich aus dem Verfassungsrecht ergebenden Limitierungen des Gesetzgebers im Rahmen der Auslegung[111]. Insofern lässt sich von einer verfassungsgeleiteten Auslegung sprechen,[112] die der Überprüfung des abstrakt entwickelten Ergebnisses dient.

a) Berechtigung zur Schaffung unabdingbarer Normen

Ausgangspunkt der Betrachtung ist die Wirkung der Regelungen auf die Arbeitsvertragsfreiheit aus Art. 2 Abs. 1 GG. Die Vorgaben des EntgFG begrenzen die Gestaltungsmöglichkeiten der Arbeitsvertragsparteien und mithin konkretisiert sich die abstrakt angenommene beschränkende Wirkung des Abweichungsverbots für die Arbeitsvertragsfreiheit aus Art. 2 Abs. 1 GG und die Tarifautonomie aus Art. 9 Abs. 3 GG.[113] Ferner modifiziert die Entgeltfortzahlung ebenso wie der Zuschuss zum Mutterschaftsgeld nach § 14 MuSchG die synallagmatische Leistungsbeziehung[114] und begründet außerhalb der schuldrechtlichen Grundsätze[115] eine Geldleistungspflicht, die der Beschäftigung von Arbeitnehmern folgt[116]. Solche Geldleistungspflichten sind unabhängig von einer besonderen berufsregelnden Tendenz Eingriffe in die Freiheit der Berufsausübung aus Art. 12 Abs. 1 GG[117] und als solche rechtfertigungsbedürftig.

Das EntgFG bezweckt den Schutz wirtschaftlicher Interessen der Anspruchsberechtigten[118] und ist damit Ausdruck des Sozialstaatsprinzips aus Art. 20 Abs. 1 GG, das den Gesetzgeber verpflichtet, durch die Sozialordnung eine angemessene Existenzsicherung zu gewährleisten.[119] Darüber hinaus bieten der bezweckte Arbeitnehmerschutz und die zugrunde liegende Annahme der strukturellen Unterlegenheit der Arbeitnehmer eine Rechtfertigung dafür, die Vorschriften der Entgeltfortzahlung vor Abweichungen zu schützen

---

111 Vgl. BVerfG v. 23.01.1990 – 1 BvL 44/86, 1 BvL 48/87, BVerfGE 81, 156 [unter C. II. 1. d) ee)] sowie BAG v. 24.06.1960 – 1 AZR 96/58, BAGE 9, 300 [unter 2. b)].

112 Vgl. ErfK/*Schmidt*, GG Einl. Rn. 77; *Seiwerth*, Gestaltungsfreiheit in Tarifverträgen, S. 187 f., sieht eine systemkonformer Auslegung.

113 *Gola*/EntgFG, § 12 S. 242.

114 MüHdB-ArbR/*Greiner*, § 79 Rn. 9.

115 *Fornasier/Wilkens*, JURA 2020, 549, 549 f.; *Sprenger*, AuA 2015, 428.

116 Vgl. BVerfG v. 18.11.2003 – 1 BvR 302/96, BVerfGE 109, 64 [unter C. 1.].

117 BVerfG v. 18.11.2003 – 1 BvR 302/96, BVerfGE 109, 64 [unter C. 1.]; anders noch BVerfG v. 23.04.1974 – 1 BvL 19/73, BVerfGE 37, 121 [unter C. III. 1.].

118 Für § 2 EntgFG, BAG, Urt. v. 16.10.2019 – 5 AZR 352/18, AP EntgeltFG § 2 Nr. 19 Rn. 25; BAG v. 26.09.2001 – 5 AZR 539/00, BAGE 99, 112 [unter II. 2. a)].

119 Feichtinger/Malkmus/*Malkmus*, EntgFG Einl. Rn. 1 f.

und sie einseitig zwingend auszugestalten.[120] In Übereinstimmung mit der abstrakten Annahme zu arbeitnehmerschützenden Regelungen verfolgt damit auch die konkrete Regelung des § 12 EntgFG legitime Ziele, die im Rahmen der Verhältnismäßigkeit zur Rechtfertigung der Eingriffe in § 2 Abs. 1 GG und § 12 Abs. 1 GG herangezogen werden können.

Mit der Verteilung der Last der Finanzierung des Einkommens der Arbeitnehmer während der Krankheit zielt das EntgFG auch auf den Erhalt der Finanzierungsfähigkeit der Sozialsysteme und mithin ebenfalls auf ein Interesse des Gemeinwohls von hoher Bedeutung,[121] das den Eingriff in die Berufsausübungs- und die Arbeitsvertragsfreiheit rechtfertigen kann und für die Rechtfertigung der Belastung der Arbeitgeber auch zentral ist.[122] Darüber hinaus vervollständigt die Entgeltfortzahlung für Feiertage die mit den Beschäftigungsverboten verbundenen Ziele, indem sie die damit verbundenen Nachteile der Anspruchsberechtigten ausgleicht.[123] Hingegen kann die Fürsorgepflicht des Arbeitgebers lediglich ergänzend herangezogen werden[124] und diese kann auch begrenzend auf die Entgeltfortzahlung wirken[125].

Die Entgeltfortzahlung ist grundsätzlich geeignet diesen Zielen zu dienen. Als mildere Mittel kommen ferner nur solche Mittel in Betracht, die die gesetzlich vorgesehene Finanzierungslast einer Maßnahme nicht verschieben,[126] weshalb auch die Erforderlichkeit der Maßnahme zu bejahen ist. Für die Angemessenheit ist entscheidend, dass der Eingriff nicht mit übermäßigen, unzu-

---

[120] Zum Einschätzungsspielraum des Gesetzgebers bei allgemeinen Kostenlasten, BVerfG v. 18.11.2003 – 1 BvR 302/96, BVerfGE 109, 64 [unter C. 2. a)]; BVerfG v. 23.01.1990 – 1 BvL 44/86, 1 BvL 48/87, BVerfGE 81, 156 [unter C. II. 1. a)]; BVerfG v. 15.12.1987 – 1 BvR 563 (u.a.), BVerfGE 77, 308 [unter C. II. 2.].

[121] BVerfG v. 11.07.2006 – 1 BvL 4/00, BVerfGE 116, 202 Rn. 78; BVerfG v. 03.04.2001 – 1 BvL 32/97, BVerfGE 103, 293 [unter B. 3. a)]; BVerfG v. 06.10.1987 – 1 BvR 1086/82 (u.a.), BVerfGE 77, 84 [unter C. III. 2. a)]; BVerfG v. 14.05.1985 – 1 BvR 449/82 (u.a.), BVerfGE 70, 1 [unter C. II. 2.].

[122] *L. Schmitt*, RdA 2024, 373, 375.

[123] In dem Sinn BVerfG v. 28.03.2006 – 1 BvL 10/01, BVerfGE 115, 259 [unter B. I.]; ferner BAG v. 06.05.1963 – AZR 114/62, BAGE 14, 190.

[124] BAG v. 06.08.1986 – 5 AZR 607/85, BAGE 52, 313 [unter I.] zu § 1 Abs. 1 S. 1 LFZG; BAG v. 17.12.1959 – GS 2/59, BAGE 8, 285 [unter B. IV.]; BAG v. 14.10.1954 – 2 AZR 30/53, BAGE 1, 140; MüHdB-ArbR/*Greiner*, § 79 Rn. 5 f., auch zur Veränderung der Bewertung; Feichtinger/Malkmus/*Malkmus*, EntgFG Einl. Rn. 3; *L. Schmitt*, RdA 2024, 373, 375. Vgl. zur früheren Bedeutung, BVerfG v. 10.05.1960 – 1 BvR 190/58 (u.a.), BVerfGE 11, 105 [unter B. I. 2. c) & II. 2.]; BAG v. 14.04.1972 – 3 AZR 395/71, AP MuSchG 1968 § 11 Nr. 6 [unter I. 2.] sowie BAG v. 09.09.1971 – 3 AZR 261/70, BAGE 23, 416 [unter III. 1. a)].

[125] Vgl. BAG v. 06.08.1986 – 5 AZR 607/85, BAGE 52, 313 [unter I.] zu § 1 Abs. 1 S. 1 LFZG; vgl. zum Urlaubsrecht, *C. Schubert*, RdA 2024, 282, 295.

[126] BVerfG v. 11.07.2006 – 1 BvL 4/00, BVerfGE 116, 202 Rn. 92; BVerfG v. 18.11.2003 – 1 BvR 302/96, BVerfGE 109, 64 [unter C. 2. b) bb)].

mutbaren und außer Verhältnis zum verfolgten Ziel stehenden Belastungen verbunden ist.[127] Dass der Gesetzgeber zur Wahrung von Gemeinwohlbelangen private Dritte einsetzt, genügt für eine Unangemessenheit nicht,[128] zumal Arbeitgeber bei der Übertragung arbeitsschutzrechtlicher Kostenlasten infolge ihrer Fürsorgepflicht keine beliebigen Dritten sind[129]. Ferner ist bei der Bewertung der Angemessenheit einerseits die hohe Bedeutung der verfolgten Ziele[130] sowie die persönliche Prägung des Arbeitsverhältnisses und andererseits die gesetzlich vorgesehene Berücksichtigung des Verschuldens, die Begrenzung des Anspruchszeitraums und nicht zuletzt die Abweichungsmöglichkeit zugunsten des Arbeitnehmers zu berücksichtigen. Insgesamt erweist sich damit die Entgeltfortzahlung selbst als verhältnismäßig, wobei diese Bewertung der materiellen Regelungen hier nicht im Fokus steht und daher für die folgenden Gesetze weitgehend unterstellt wird.

Speziell das Abweichungsverbot des § 12 EntgFG verhindert aber, dass sich die Arbeitsvertragsparteien durch die Abbedingung der gesetzlichen Ansprüche Wettbewerbsvorteile verschaffen oder die strukturelle Unterlegenheit die Verwirklichung der Ansprüche im einzelnen Arbeitsverhältnis gefährdet. Die Existenzsicherung der Arbeitnehmer und die gesetzlich vorgesehene Lastenverteilung könnten andernfalls unterlaufen werden, weshalb ein Verbot abweichender ungünstiger Regelungen grundsätzlich geeignet ist, diese Ziele zu verfolgen. Dies gilt jedoch nicht für ein gänzliches Abweichungsverbot und auch ein Verbot von gleichwertigen Abweichungen wäre in Anbetracht dieser Ziele ungeeignet und mithin unverhältnismäßig[131].

Damit bestätigt diese konkrete Betrachtung die abstrakten Überlegungen aus Teil 2 der Arbeit. Auch die verfassungsgeleitete Auslegung des § 12 EntgFG spricht für die Anwendung des Grundsatzes der Günstigkeit, der durch den grundrechtlichen Schutz im Licht des konkreten Zwecks durch das Übermaßverbot vorgezeichnet wird. Dabei spricht die Ableitung dafür, allein ungünstigen, aber nicht gleichwertigen Vereinbarungen die Wirksamkeit zu versagen.

---

127 BVerfG v. 16.03.1971 – 1 BvR 52/66 (u. a.), BVerfGE 30, 292 [unter C. II. 2. c) cc)].

128 BVerfG v. 02.03.2010 – 1 BvR 256/08 (u. a.), BVerfGE 125, 260 Rn. 301.

129 BVerfG v. 18.11.2003 – 1 BvR 302/96, BVerfGE 109, 64 [unter C. 2. b) cc) (2)].

130 Vgl. *Gitter*, FS Zöllner, 737, 750 zur erheblichen Bedeutung der Finanzierung der Sozialversicherungssysteme.

131 Vgl. MüHdB-ArbR/*Rieble*, § 220 Rn. 39; *v. Hoyningen-Huene*, RdA 2002, 65, 67.

b) *Verpflichtung zur Schaffung unabdingbarer Normen*

Inwieweit die Unabdingbarkeit verfassungsrechtlich vorgegeben wird, hängt davon ab, ob sich die gesetzlichen Regelungen als Untermaß der Entgeltfortzahlung verstehen lassen. Dies würde einen entsprechenden Handlungsauftrag des Gesetzgebers voraussetzen, der sich so konkretisiert, dass die Regelungen der Entgeltfortzahlung als dessen unmittelbare Entsprechung verstanden werden können. Ferner dürfte keine alternative Absicherung des verfassungsrechtlichen Handlungsauftrags dessen Erfüllung sicherstellen. In dem Fall würde ausnahmsweise allein die unabdingbare Ausgestaltung der Entgeltfortzahlung den Verpflichtungen des Gesetzgebers entsprechen.

Dem Sozialstaatsprinzip lässt sich aufgrund seiner Unbestimmtheit insoweit kein Handlungsauftrag entnehmen und es sind auch keine anderen konkret auf die Entgeltfortzahlung gerichteten Pflichten des Gesetzgebers ersichtlich. In Verbindung mit der Menschenwürde aus Art. 1 Abs. 1 GG verdichtet sich dieses Prinzip aber zur Pflicht des Gesetzgebers das sozio-kulturelle Existenzminimum der Grundrechtsträger sicherzustellen.[132] Damit stehen insbesondere die Behandlungskosten einer Krankheit sowie die sich ergebenden Einschränkungen der Erwerbsfähigkeit regelmäßig im Zusammenhang und es lässt sich zumindest davon ausgehen, dass der Gesetzgeber verpflichtet ist, die Kosten der medizinischen Grundversorgung sowie darüber hinausgehende Gefährdungen der Existenz durch ein geeignetes System abzusichern. Das Leistungsniveau und die Ausgestaltung unterliegen aber grundsätzlich den entsprechenden Spielräumen des Gesetzgebers, weshalb sich daraus nur ein abstrakter Auftrag aber kein konkretes Untermaß der Ausgestaltung des Arbeitsvertragsrechts ableiten lässt.[133]

Selbst wenn man ein solches Untermaß unterstellt, ist zu berücksichtigen, dass der Gesetzgeber dieses grundsätzlich durch die Generalklauseln sowie insbesondere durch alternative Mittel erfüllen kann.[134] Dazu zählen auch allgemeine Sozialleistungen und mit dem Krankengeldanspruch steht eine solche alternative Absicherung zur Verfügung, die abseits einer Entgeltfortzahlung das Einkommen der Arbeitnehmer sichert, beispielsweise während der Wartezeit nach § 3 Abs. 3 EntgFG[135] oder in den Fällen des § 3 Abs. 1 S. 2 EntgFG. Auch im laufenden Arbeitsverhältnis kann der Arbeitnehmer daher auf den Krankengeldanspruch verwiesen werden,[136] was bereits verdeutlicht,

---

132 Dazu die Nachweise in Teil 2, Fn. 231.

133 Betrachtet werden hier allein Leistungen, die nicht der medizinischen Behandlung dienen.

134 Vgl. *Heinze*, NZA 1991, 329, 335.

135 Dazu Feichtinger/Malkmus/*P. Feichtinger*, EntgFG § 3 Rn. 179 ff.

136 *Brecht*/EntgFG, § 3 Rn. 68; *Viethen*/EntgFG, S. 4.

dass ein Anspruch auf eine Entgeltfortzahlung nicht immer gewährt werden muss. Ebenso könnte die Höhe der Entgeltfortzahlung abgesenkt werden, wie es temporär mit dem Arbeitsrechtlichen Beschäftigungsförderungsgesetz vom 25. 9. 1996 vorgenommen wurde, ohne dass darin ein Verstoß gegen das sozialstaatliche Untermaßverbot gesehen wurde. Im Zentrum der Kritik standen vielmehr sozialpolitische Aspekte und die fehlende Eignung zur Schaffung von Arbeitsplätzen, mithin die Verfehlung des Ziels des Gesetzgebers.[137]

Ferner resultiert aus Art. 3 Abs. 3 GG eine staatliche Verpflichtung, unterschiedliche Sachverhalte auch unterschiedlich auszugestalten, jedoch ist er bei der Gewährung von Sozialleistungen und insbesondere des Krankengeldanspruchs nicht verpflichtet zwischen Anspruchsberechtigten zu differenzieren, solange ein vernünftiger Grund für die Gleichbehandlung besteht[138]. Hierbei macht sich einerseits erneut der Einschätzungsspielraum des Gesetzgebers bemerkbar und andererseits ist das sozio-kulturelle Existenzminimum der Bürger identisch, sodass auch deren Gleichbehandlung im Rahmen der Absicherung gegen Existenzgefährdungen identisch ausfallen kann. Auch aus dem Differenzierungsgebot des Art. 3 Abs. 1 GG lassen sich daher keine Rückschlüsse auf eine spezielle Form und Höhe der Absicherung im Krankheitsfall und deren Unabdingbarkeit ziehen.

Darüber hinaus ist im Rahmen der Entgeltfortzahlung die Sicherstellung der Finanzierungsfähigkeit der Sozialsysteme als Verpflichtung des Gesetzgebers beachtlich. Es ist jedoch bereits zu bezweifeln, dass sich dieser Auftrag zu einer bestimmten Form der Entgeltfortzahlung im Krankheitsfall konkretisiert. Ausgehend vom Gestaltungsspielraum des Gesetzgebers kann er alternative Finanzierungsformen wählen und insbesondere auf die anfängliche Kostentragung durch die Arbeitgeber verzichten. Dementsprechend könnte der Gesetzgeber die Regelungen zur Entgeltfortzahlung auch als Opt-Out-Möglichkeit ausgestalten und damit einen begrenzten Bereich der Finanzierung der Sozialsysteme der Disposition der Arbeitsvertragsparteien überlassen.[139] Der drohende Unterbietungswettbewerb könnte die Regelungen zwar entwerten[140] und ineffektive Regelungen zu einer Verletzung staatlicher Handlungsaufträge führen,[141] jedoch setzt dies voraus, dass sie sich auch hinreichend konkretisieren lassen, was für die Pflicht zur Sicherung der Finanzierung der Sozialsysteme aber nicht angenommen werden kann.

---

137 Vgl. *Viethen*/EntgFG, S. 2 f.

138 Vgl. BVerfG v. 17.02. 1997 – 1 BvR 1903/96, BeckRS 9998, 32690.

139 A.A. BAG v. 14. 10. 1954 – 2 AZR 30/53, BAGE 1, 140.

140 Vgl. *Herschel*, Anm. zu BAG v. 20.06. 1979, AP BGB § 616 Nr. 49.

141 BVerfG v. 26.07. 2005 – 1 BvR 782/94 (u. a.), BVerfGE 114, 1 [unter C. I. 2. b) aa)]; Isensee/Kirchhof/HdB-StaatsR/*Isensee*, § 191 Rn. 306; *Ulber*, Tarifdispositives Gesetzesrecht, S. 351 f.

Ferner kann der Staat jedenfalls im Zusammenhang mit dem speziellen Auftrag zum Schutz der Mutter aus Art. 6 Abs. 4 GG verpflichtet sein, die Nachteile von Beschäftigungsverboten auszugleichen.[142] Eine Regelung, auf die sich die Pflicht zum Ausgleich der Folgen allgemeiner Beschäftigungsverbote an Feiertagen stützen lässt, ist aber nicht ersichtlich. Ferner wäre der Schutz der (werdenden) Mütter kontraproduktiv, wenn er zu finanziellen Nachteilen führen würde. Für den Entgeltausfall an Feiertagen besteht keine vergleichbare Situation und er trifft alle Arbeitnehmer gleichermaßen, sodass es keine Notwendigkeit gibt, speziell entstehende Nachteile auszugleichen. Verfassungsrechtlich geschützt ist auch allein die Arbeitsruhe an Sonntagen, während weitere Feiertage der staatlichen Anerkennung bedürfen,[143] sodass auch Art. 139 GG keinen Auftrag zur Schaffung bezahlter Feiertage beinhaltet. Vielmehr bestätigt der Vergleich mit den Beschäftigungsverboten an Sonntagen, für die trotz ihres Schutzes und ihrer Häufigkeit kein Ausgleich erfolgt, dass für die geringere Anzahl an Feiertagen auch keine verfassungsrechtliche Verpflichtung zum Ausgleich des Entgeltausfalls besteht.

Es besteht mithin kein verfassungsrechtliches Gebot, einen Anspruch auf Entgeltfortzahlung zu schaffen, auf den sich die Pflicht zur einseitig zwingenden Ausgestaltung der Normen des EntgFG stützen könnte. Das höherrangige Recht stünde daher auch einer Auslegung nicht entgegen, die den Regelungsbereich der Arbeitsvertragsparteien auf Vereinbarungen erstreckt, die Auswirkungen zuungunsten der Arbeitnehmer haben. Das Verfassungsrecht unterstützt die bisher gefundenen Ergebnisse somit nur in Bezug auf die Abweichungsbefugnis, steht den weiteren Ergebnissen aber auch nicht entgegen. Aus den verfassungsrechtlichen Vorgaben ergibt sich ebenfalls, dass § 12 EntgFG nur solchen Vereinbarungen entgegensteht, die sich negativ auf die Arbeitnehmer auswirken, während für ein Verbot gleichwertiger und günstigerer Abweichungen vom Gesetzesrecht auf Basis der verfolgten Ziele keine hinreichende Rechtfertigung bestünde.

6. Zusammenfassung der Auslegungsergebnisse

Alle Auslegungsmethoden sprechen dafür, dass § 12 EntgFG allen Vereinbarungen entgegensteht, die den Anspruch des Arbeitnehmers verkürzen oder beschränken, indem sie die vorgesehene Rechtsfolge abändern oder andere Voraussetzungen an den Anspruch des Arbeitnehmers stellen und insofern zuungunsten des Arbeitnehmers wirken. Aus keiner der Auslegungsmethoden ergab sich aber ein Hinweis darauf, dass das Abweichungsverbot nur solche Vereinbarungen erfasst, die strukturell oder auf andere Weise qualifiziert zu-

[142] BVerfG v. 28.03.2006 – 1 BvL 10/01, BVerfGE 115, 259 [unter B. I.].

[143] Zur Entwicklung der Sonntagsruhe, *Neumann*, NZA 1990, 961, 964.

ungunsten des Arbeitnehmers wirken.[144] Das Abweichungsverbot gilt vielmehr auch im Einzel- und Zweifelsfall. Dementsprechend lässt sich in Übereinstimmung mit der überkommenen Formulierung des BAG[145] zusammenfassen, dass die Vereinbarungen eindeutig und im Vorhinein erkennbar geeignet sein müssen, den Anspruch des Arbeitnehmers zu erfüllen.[146] Damit bestätigt sich für das EntgFG die bisher abstrakt aufgestellte Hypothese, was erneut dafürspricht, dass die Entscheidung des BAG vom 06.12.2017[147] nicht den Vorgaben des Günstigkeitsprinzips entspricht und dass sie daher entgegen der überwiegenden Auffassung[148] abzulehnen ist[149].

II. Auslegung des § 12 EntgFG im Hinblick auf den Günstigkeitsvergleich

Neben dem verbleibenden Regelungsbereich der Arbeitsvertragsparteien sind auch die Kriterien des Günstigkeitsvergleichs im konkreten Regelungszusammenhang zu bestimmen. Dafür sind die oben bereits benannten Krite-

---

144 *Klocke*, jurisPR-ArbR 45/2018 Anm. 2; *L. Schmitt*, Anm. zu BAG v. 06.12.2017, AP EntgeltFG § 2 Nr. 18; so aber BAG v. 06.12.2017 – 5 AZR 118/17, BAGE 161, 132; zustimmend *Arnold*, ArbRAktuell 2018, 234; *Laskawy/Lomb*, DB 2018, 1348.

145 Für das Tarifrecht, BAG v. 15.04.2015 – 4 AZR 587/13, BAGE 151, 221 Rn. 31; BAG v. 10.12.2014 – 4 AZR 503/12, BAGE 150, 184 Rn. 42. Für das Betriebsverfassungsrecht, BAG v. 30.03.2004 – 1 AZR 85/03, AP BetrVG 1972 § 112 Nr. 170 [unter II. 4. b) bb)]; BAG v. 27.01.2004 – 1 AZR 148/03, BAGE 109, 244 [unter II. 2. b) aa)]. Für das Kündigungsrecht, BAG v. 29.01.2015 – 2 AZR 280/14, BAGE 150, 337 Rn. 15.

146 BAG v. 28.02.1984 – 3 AZR 103/83, AP FeiertagslohnzahlungsG § 1 Nr. 43 [unter I. 2. b)]; BAG v. 22.10.1973 – 3 AZR 83/73, AP FeiertagslohnzahlungsG § 1 Nr. 31 [unter II. 1.]; ähnlich bereits BAG v. 25.03.1966 – 3 AZR 358/65, AP FeiertagslohnzahlungsG § 1 Nr. 19. Aus der Literatur vor der Entscheidung am 06.12.2017, *Brecht*/EntgFG, § 12 Rn. 3 f.; *Gola*/EntgFG, § 12 S. 242; *Viethen*/EntgFG, S. 33.

147 BAG v. 06.12.2017 – 5 AZR 118/17, BAGE 161, 132.

148 LAG v. Hessen v. 24.11.2016 – 5 Sa 590/16, BeckRS 2016, 117271 Rn. 16 ff.; *Arnold*, ArbRAktuell 2018, 324; ErfK/*Franzen*, TVG § 4 Rn. 40, für neutrale Regelungen; ebenso MüHdB-ArbR/*Klumpp*, § 237 Rn. 95; *Laskawy/Lomb*, DB 2018, 1348; Schaub/ArbR-HdB/*Linck*, § 98 Rn. 149 u. § 103 Rn. 23; DHSW-ArbR/*Milkau*, EntgFG § 12 Rn. 2; ErfK/*Reinhard*, EntgFG § 12 Rn. 7; NK-GArbR/*Sievers*, EntgFG § 12 Rn. 17, mit entsprechendem Verständnis der Neutralität; HWK-ArbR/*Vogelsang*, EntgFG § 12 Rn. 9; *Zaumseil*, BB 2018, 1527, 1531. Beschränkt für tarifliche Abweichungen, *Ahnefeld*, ArbRAktuell 2023, 375, 377; MüAnwHdB-ArbR/*Glaser*, § 24 Rn. 159; BeckOK-ArbR/*Ricken*, EntgFG § 12 Rn. 15. Grundsätzlich auch, *Versteyl*, Obergrenze, S. 114.

149 *Klocke*, jurisPR-ArbR 48/2018 Anm. 2; *Knorr*, NZA 2018, 1449, 1453; Schmitt/EFZG/*L. Schmitt*, § 12 Rn. 39 ff. differenzierend; *dies.*, Anm. zu BAG v. 06.12.2017, AP EntgeltFG § 2 Nr. 18.

rien des Vergleichsgegenstands, des Bezugsobjekts, des Vergleichsmaßstabs und des Zeitpunkts des Vergleichs zu ermitteln. Ausgehend von den bisherigen Gemeinsamkeiten mit der abstrakten Annahme ist dabei davon auszugehen, dass sich die abstrakt ermittelten Ergebnisse auch auf § 12 EntgFG übertragen lassen, jedoch ist zu untersuchen, inwieweit die speziellen Regelungen der Entgeltfortzahlung eine Modifikation erforderlich machen.

1. Vergleichsgegenstand

Es wurde bereits festgestellt, dass der absolute Schutz der gesetzlichen Interessen grundsätzlich dafürspricht, den Günstigkeitsvergleich als Einzelvergleich durchzuführen und damit sachliche Kompensationen auszuschließen.[150] Darüber hinaus stellt auch der Wortlaut des § 12 EntgFG auf die „Vorschriften dieses Gesetzes" ab und bezeichnet diese als abweichungsfest. Damit wird jede einzelne Vorschrift zum Maßstab der Abweichung gemacht und nicht der durch das gesamte EntgFG gebildete Standard, was für den Einzelvergleich spricht[151]. Ferner könnte die bezweckte Verteilung der Kosten des Lebensunterhalts der Arbeitnehmer durch sachliche Kompensationen verändert werden, wenn sich eine Regelung bspw. als günstiger erweisen würde, wenn sie die Dauer der Entgeltfortzahlung verkürzt, aber ein höheres Entgelt gewährt. Für den Arbeitnehmer könnte eine solche Regelung im Ergebnis günstiger sein, jedoch müsste die Allgemeinheit infolge des früheren Auflebens des Krankengeldanspruchs einen größeren Anteil der Krankheitskosten tragen. Die Kosten können daher nur dann wie vorgesehen den Arbeitgebern übertragen werden, wenn sich abweichende Vereinbarungen an jeder einzelnen gesetzlichen Regelung messen lassen müssen und keine Kompensationen zulässig sind.[152] Ferner war der Einzelvergleich für § 9 LFZG anerkannt[153] und entsprechend der gesetzgeberischen Intention ist dieser Grundsatz auf die Anwendung des § 12 EntgFG zu übertragen. Insgesamt sprechen bereits der Wortlaut, der Zweck und die Historie für die Durchführung eines Einzelvergleichs.

Außerdem wurde bereits herausgearbeitet, dass der gemeinsame Vergleich von Kündigungstermin und Kündigungsfrist im Rahmen des § 622 Abs. 5 S. 3 BGB[154] mit dem Willen des Gesetzgebers und dem Zweck der Regelung be-

---

150 Teil 3 § 11 Abschnitt A. III.

151 *L. Schmitt*, Anm. zu BAG v. 06.12.2017, AP EntgeltFG § 2 Nr. 18. So bereits *Boldt*, RdA 1962, 129, 130, zum BUrlG.

152 *L. Schmitt*, Anm. zu BAG v. 06.12.2017, AP EntgeltFG § 2 Nr. 18.

153 Dazu nur *Feichtinger*, Lohn- und Gehaltsfortzahlung, S. 174; *Oetker*, SGb 1984, 193, 196 [m.w.N.]; a.A. *Diekhoff*, AuR 1957, 297, 299; *Nikisch*, Arbeitsrecht, I S. 634.

154 Dazu BAG v. 29.01.2015 – 2 AZR 280/14, BAGE 150, 337; BAG v. 04.07.2001 – 2 AZR 469/00, AP BGB § 622 Nr. 59; LAG München v. 24.03.2010 –

gründet werden.[155] Die Begründung dieser vermeintlichen Ausnahme vom Einzelvergleich bestätigt daher, dass der Vergleichsgegenstand auf Basis der bezweckten Wirkung einer Regelung zu erfolgen hat. Dass dies im Einzelfall auch die gemeinsame Betrachtung mehrerer Vorschriften erforderlich machen kann, steht dem Einzelvergleich nicht entgegen.

Insgesamt bestätigen somit alle Auslegungsmethoden, dass als Vergleichsgegenstand im Rahmen der Anwendung des § 12 EntgFG die einzelnen Normen des Gesetzes heranzuziehen sind und mithin ein Einzelvergleich durchzuführen ist. Dieser wird auch durch die Literatur[156] einhellig vertreten und das BAG führt ebenfalls einen Einzelvergleich durch[157]. Daher ist bspw. eine tarifvertragliche Verkürzung des Entgeltfortzahlungszeitraums nach § 3 Abs. 1 EntgFG unzulässig, auch wenn der Tarifvertrag die Nicht-Anwendung der Wartezeit nach § 3 Abs. 3 EntgFG bei einer auf einem tarifvertraglichen Anspruch beruhenden Wiedereinstellung vorsieht[158].

2. Bezugsobjekt des Günstigkeitsvergleichs

Als Bezugsobjekt des Günstigkeitsvergleichs ist infolge der dienenden Funktion des Günstigkeitsprinzips für die individuellen gesetzlichen Ansprüche der individuelle Arbeitnehmer zu wählen. Auch die Verwirklichung der

---

10 Sa 1024/09, BeckRS 2011, 65172; LAG Hamburg v. 30.03.2000 – 7 Sa 5/00, BeckRS 2009, 67875; *Diller*, NZA 2000, 293, 295 f.; BeckOK-ArbR/*Gotthardt*, § 622 Rn. 48; ErfK/*Müller-Glöge*, BGB § 622 Rn. 38; *Wensing/Hesse*, NZA 2009, 1309, 1313.

[155] Vgl. die ausführliche Herleitung in BAG v. 29.01.2015 – 2 AZR 280/14, BAGE 150, 337; auch BAG v. 04.07.2001 – 2 AZR 469/00, AP BGB § 622 Nr. 59 verweist ausdrücklich auf die gemeinsame Zielrichtung von Frist und Termin; MüKo-BGB/*Engshuber*, BGB § 622 Rn. 97.

[156] *Brecht*/EntgFG, § 12 Rn. 2; *Gola*/EntgFG, § 12 S. 243 f.; *Helml*/EntgFG, § 12 Rn. 3; KDHK-EntgFG/*Hold*, § 12 Rn. 6; Schaub/ArbR-HdB/*Linck*, § 98 Rn. 149; Feichtinger/Malkmus/*Malkmus*, EntgFG § 12 Rn. 45; MüKo-BGB/*Müller-Glöge*, EntgFG § 12 Rn. 4; ErfK/*Reinhard*, EntgFG § 12 Rn. 7; BeckOK-ArbR/*Ricken*, EntgFG § 12 Rn. 15; Schmitt/EFZG/*L. Schmitt*, EntgFG § 12 Rn. 37; NK-GArbR/*Sievers*, EntgFG § 12 Rn. 18; *Streckel*, Anm. zu BAG v. 22.08.2001, EzA § 3 EntgFG Nr. 8, S. 13; *Treber*/EFZG, § 12 Rn. 18; ArbR/*Vogelsang*, EntgFG § 12 Rn. 9; *Vossen*, Entgeltfortzahlung, Rn. 607; HWK-*Wedde/Kunz*/EFZG, § 12 Rn. 15; a.A. zum Gesetz zur Verbesserung der wirtschaftlichen Situation der Arbeiter im Krankheitsfall, *Diekhoff*, AuR 1957, 297, 299; *Nikisch*, Arbeitsrecht, I S. 634.

[157] Dazu nur BAG v. 06.12.2017 – 5 AZR 118/17, BAGE 161, 132 Rn. 27; BAG v. 22.08.2001 – 5 AZR 699/99, BAGE 98, 375 [unter I. 3. d)].

[158] BAG v. 22.08.2001 – 5 AZR 699/99, BAGE 98, 375. Unabhängig von einer separaten Regelung gilt die Wartezeit in diesem Fall nicht, sodass die Regelung auch keine Verbesserung beinhaltete, die als Kompensation berücksichtigt werden konnte, BAG v. 22.08.2001 – 5 AZR 699/99, BAGE 98, 375 [unter I. 3. d)].

individuellen Ansprüche der Entgeltfortzahlung kann nur sichergestellt werden, wenn die Auswirkungen der Abweichungen auf individueller Ebene betrachtet werden. Dementsprechend spricht auch die Natur der Ansprüche der Entgeltfortzahlung dafür, dass diese auf Basis eines individuellen Vergleichs zu betrachten sind.[159]

Ferner benennt der Wortlaut des § 12 EntgFG das Bezugsobjekt des Vergleichs mit der Formulierung „zuungunsten des Arbeitnehmers" was ebenfalls dafürspricht, dass ein individueller Günstigkeitsvergleich durchzuführen ist.[160] Für die Heimarbeiter wird hingegen auf die „berechtigten Personen" abgestellt, was angesichts des verwendeten Plurals als ein Hinweis für einen Vergleich auf kollektiver Ebene verstanden werden könnte. Auch deren Ansprüche aus dem EntgFG haben jedoch individuelle Natur und ihr Zweck würde durch eine kollektive Bewertung der Günstigkeit ebenfalls nicht verwirklicht.[161] Ferner hat der Gesetzgeber auch keine Maßstäbe für die Gruppenbildung aufgestellt, sodass auf Basis des Wortlauts nicht zu bestimmen wäre, an welches Kollektiv anzuknüpfen ist. Der Wortlaut ist daher nicht als Verweis auf einen kollektiven Vergleich zu verstehen, sondern er dient der Erfassung der in § 1 HAG benannten Personengruppen.

Insgesamt bestätigt die Auslegung des § 12 EntgFG und der damit verbundenen speziellen Vorgaben somit die Ergebnisse, die bereits aus der allgemeinen Beziehung des Günstigkeitsprinzips zum Arbeitnehmerschutz abgeleitet wurden. Die Auswirkungen abweichender Vereinbarungen sind auf individueller Ebene zu bewerten, um die Einhaltung des Mindeststandards für den einzelnen Arbeitnehmer oder Heimarbeiter sicherzustellen. Dies entspricht auch der Auffassung der Literatur,[162] während die BAG-Entscheidung vom 06.12.2017 andere Schlussfolgerungen zulässt[163].

---

[159] *L. Schmitt*, Anm. zu BAG v. 06.12.2017, AP EntgeltFG § 2 Nr. 18; *Streckel*, Anm. zu BAG v. 22.08.2001, EzA § 3 EntgFG Nr. 8, S. 13.

[160] *L. Schmitt*, Anm. zu BAG v. 06.12.2017, AP EntgeltFG § 2 Nr. 18; vgl. auch BAG v. 08.10.1958 – 4 AZR 34/55, BAGE 6, 297 zum Wortlaut des bayerischen Urlaubsgesetzes; ebenso zu § 4 Abs. 3 TVG *Hueck/Nipperdey*, Arbeitsrecht, II/1 S. 608; *Schorn*, Günstigkeitsprinzip neuer Art, S. 54; *Schulze*, Günstigkeitsprinzip, S. 210.

[161] Vgl. zum Tarifrecht, *Schorn*, Günstigkeitsprinzip neuer Art, S. 55.

[162] *Dieckhoff*, AuR 1957, 297, 299; *L. Schmitt*, Anm. zu BAG v. 06.12.2017, AP EntgeltFG § 2 Nr. 18; *Streckel*, Anm. zu BAG v. 22.08.2001, EzA § 3 EntgFG Nr. 8, S. 13; HWK-ArbR/*Vogelsang*, EntgFG § 12 Rn. 9.

[163] Insbesondere BAG v. 06.12.2017 – 5 AZR 118/17, BAGE 161, 132 Rn. 27 benennt zwar den Anspruch des Arbeitnehmers als Maßstab, zieht ihn aber im Ergebnis nicht heran. Dazu Teil 5 § 17 Abschnitt C. I. 3. a).

3. Vergleichszeitpunkt

Zum Vergleichszeitpunkt wurde erarbeitet, dass das Erfordernis der Rechtssicherheit dafür spricht, im Arbeitsvertragsrecht grundsätzlich einen ex-ante-Vergleich durchzuführen und dabei eine abstrakte Betrachtung der Wirkung der vertraglichen Vereinbarungen vorzunehmen. Dabei weist § 12 EntgFG keine Besonderheit auf, die es erforderlich macht, von diesen Vorgaben abzuweichen.[164] Vielmehr soll auch das Abweichungsverbot der Entgeltfortzahlung einen Mindeststandard absichern und gleichzeitig abweichenden vertraglichen Vereinbarungen nicht entgegenstehen, weshalb die auf Rechtssicherheit und die Verwirklichung des Mindeststandards gerichteten Erwägungen auch aus dem Sinn und Zweck des § 12 EntgFG selbst heraus entwickelt werden können.

Für die Durchführung des ex-ante-Vergleichs wurde ferner festgestellt, dass dieser punktuell zu erfolgen hat, um auch in zeitlicher Hinsicht keinen Raum für Unterschreitungen des gesetzlichen Mindeststandards entstehen zu lassen. Auch bei Regelungen zur Entgeltfortzahlung könnten zeitliche Kompensation zur Unterschreitung des gesetzlichen Mindeststandards führen, wenn beispielsweise aufgrund der Beendigung des Vertragsverhältnisses die Kompensation nicht mehr wirken kann. Anders als im Tarifrecht besteht hier auch keine Abhängigkeit von anderen Vergleichskriterien, weshalb allein an die individuelle Natur der im Einzelfall zu erfüllenden Ansprüche der Entgeltfortzahlung angeknüpft werden kann.[165] Mithin ist mit einem punktuellen Vergleich sicherzustellen, dass der gesetzliche Standard jederzeit erfüllt wird.[166]

Damit ist aber kein dauerhafter Vergleich verbunden,[167] sondern es ist die Wirkung der abweichenden Vereinbarung auf Basis der abstrakt denkbaren Konstellationen mit der Wirkung der gesetzlichen Regelung zu vergleichen und zu prüfen, ob das gesetzliche Niveau eingehalten wird. Für das Feiertagsrecht ist dabei zu fragen, ob es zu einer Unterschreitung des gesetzlichen Niveaus kommen kann, wenn ein Feiertag zu einem Beschäftigungsverbot führt. Dabei sind gänzlich unmögliche Konstellationen unbeachtlich, jedoch darf die Grenze nicht zu hoch angesetzt werden und auch hier ist eine abstrakt-prognostizierende Betrachtung auf Basis der individuellen Vertragsgestaltung durchzuführen. Im Rahmen des Feiertagsrechts ist eine Vereinbarung daher

---

164 Vgl. *L. Schmitt*, Anm. zu BAG v. 06.12.2017, AP EntgeltFG § 2 Nr. 18.

165 So aber, BAG v. 06.12.2017 – 5 AZR 118/17, BAGE 161, 132; in Bezug auf den Zeitraum auch *L. Schmitt*, Anm. zu BAG v. 06.12.2017, AP EntgeltFG § 2 Nr. 18.

166 So auch HWK-ArbR/*Vogelsang*, EntgFG § 12 Rn. 9; a.A. für einen jährlichen Vergleich im Feiertagsrecht *L. Schmitt*, Anm. zu BAG v. 06.12.2017, AP EntgeltFG § 2 Nr. 18.

167 Deswegen einen punktuellen Vergleich ablehnend, *L. Schmitt*, Anm. zu BAG v. 06.12.2017, AP EntgeltFG § 2 Nr. 18. Allgemein *Löwisch/Rieble*, TVG § 4 Rn. 631.

auch unwirksam, wenn sie sich nur mittwochs zuungunsten eines Arbeitnehmers auswirkt, in den verbleibenden Arbeitsjahren des Arbeitnehmers jedoch kein Feiertag auf einen Mittwoch fällt. Die bloße Möglichkeit, dass ein weiterer Feiertag geschaffen wird,[168] der in Ermangelung einer Änderung der anwendbaren Regelungen der Entgeltfortzahlung nicht zu einem neuen Günstigkeitsvergleich und daher zu einer Unterschreitung des Mindeststandards führen würde, genügt jedoch, um im Rahmen eines abstrakten Vergleichs die Unwirksamkeit der Vereinbarung festzustellen. Nichts anderes gilt im Fall der krankheitsbedingten Entgeltfortzahlung und sofern es im Fall einer speziellen Konstellation von Langzeit- oder Kurzzeiterkrankungen zu einer Wirkung zuungunsten des Arbeitnehmers kommen kann, ist die abweichende Vereinbarung unabhängig vom Eintritt des Krankheitsfalls unwirksam.

Insgesamt ist somit der Günstigkeitsvergleich nach § 12 EntgFG als ex-ante-Vergleich durchzuführen und daher die Vereinbarung zu dem Zeitpunkt mit dem Gesetzesrecht zu vergleichen, zu dem sich die kollidierenden Regelungen erstmalig gegenüberstanden. Die Wirkung der vertraglichen Abweichung ist dabei abstrakt zu betrachten und es sind die einzelnen Ansprüche der Entgeltfortzahlung in den Blick zu nehmen. Der Vergleichszeitpunkt entspricht damit der Auffassung des BAG[169] sowie der Literatur[170], die ansonsten aber überwiegend ein Kalenderjahr als Vergleichszeitraum wählen[171].

4. Vergleichsmaßstab

Im Rahmen der allgemeinen Betrachtung hat sich gezeigt, dass weder der subjektive Vergleich noch objektivierte Betrachtungen mit einem gesetzlichen Mindeststandard vereinbar sind und dass durch den Ausschluss der sachlichen und zeitlichen Kompensationen keine Notwendigkeit für eine Abweichung von der gesetzlichen Interessenbewertung besteht. Auf Basis der Betrachtung des Zwecks der Vorschriften ist mithin von einem rein objektiven Maßstab auszugehen, der allein die Auswirkungen auf die gesetzlich generalisierten Interessen zum Gegenstand der Betrachtung macht.

Der dienenden Funktion des § 12 EntgFG und seiner Zielrichtung für den Arbeitnehmerschutz kann ebenfalls nur durch einen Vergleich entsprochen werden, der die Verwirklichung dieses Schutzes sicherstellt. Dies gelingt aber

---

168 So bspw. zum 500. Jahrestag der Reformation am 31.10.2017, dazu MüKo-BGB/*Grothe*, BGB § 193 Rn. 12.

169 BAG v. 06.12.2017 – 5 AZR 118/17, BAGE 161, 132 Rn. 27.

170 *L. Schmitt*, Anm. zu BAG v. 06.12.2017, AP EntgeltFG § 2 Nr. 18.

171 BAG v. 06.12.2017 – 5 AZR 118/17, BAGE 161, 132 Rn. 34; *L. Schmitt*, Anm. zu BAG v. 06.12.2017, AP EntgeltFG § 2 Nr. 18; wie hier aber HWK-ArbR/*Vogelsang*, EntgFG § 12 Rn. 9.

nur, wenn der gesetzliche Mindeststandard der Entgeltfortzahlung nicht aufgrund persönlicher Präferenzen des Arbeitnehmers, der Interessen der Vertragsparteien oder der Ansicht eines verständigen Arbeitnehmers der beteiligten Verkehrskreise abbedungen werden kann. Die Berücksichtigung solcher Wertungen würde vor allem zu den öffentlichen Zielen im Widerspruch stehen und erschiene gegenüber diesen als verfehlt. Ferner sind auch im Entgeltfortzahlungsrecht sachliche und zeitliche Kompensationen ausgeschlossen, weshalb keine Notwendigkeit zur Berücksichtigung der Wertungen der Parteien besteht. Ebenso kann die Rechtssicherheit als universelle Anforderung auch im Entgeltfortzahlungsrecht nicht außeracht gelassen werden,[172] sodass die daraus entwickelten Argumente ebenfalls übertragen werden können.

Um sicherzustellen, dass der gesetzliche Mindeststandard zur Geltung kommt, ist mithin auch für den Günstigkeitsvergleich im Rahmen der Entgeltfortzahlung ein objektiv-normativer Maßstab heranzuziehen, der die Günstigkeit auf Basis der Auswirkungen auf die gesetzlich geschützten Interessen bewertet. Die Ergebnisse des Günstigkeitsvergleichs sind so auch besser nachvollziehbar und in Ermangelung von Kompensationsmöglichkeiten besteht keine Notwendigkeit, die Rechtssicherheit der Parteien durch ergänzende Wertungen zu reduzieren. In Übereinstimmung mit den Auffassungen der Literatur ist mithin ein rein objektiver Vergleichsmaßstab heranzuziehen.[173]

5. Zusammenfassung der Auslegungsergebnisse

Die Auslegung des § 12 EntgFG hat ergeben, dass als Vergleichsgegenstand die einzelnen Vorschriften des EntgFG und die jeweils abweichende Vereinbarung (Einzelvergleich) heranzuziehen sind und kein Sachgruppen- oder Gesamtvergleich vorzunehmen ist. Ferner spricht insbesondere der Charakter der Normen des EntgFG als Mindeststandard der Entgeltfortzahlung dafür, als Bezugsobjekt des Vergleichs den einzelnen Arbeitnehmer oder Heimarbeiter zu verwenden, was durch die systematische und historische Auslegung unterstützt wird. Für den Vergleichszeitpunkt ist ein ex-ante-Vergleich unter Betrachtung der abstrakten Wirkung der Norm auf einzelne Ansprüche vorzunehmen, wodurch den Interessen der Vertragsparteien nach Rechtssicherheit und gleichzeitig dem arbeitnehmerschützenden Zweck der Regelungen des EntgFG entsprochen wird. Der objektive Bewertungsmaßstab der Günstigkeit ergibt sich ebenfalls aus dem Interesse der Parteien nach Rechtssicherheit sowie dem Zweck der Normen. Deren Charakter als Mindeststandard und als

---

[172] Vgl. BAG v. 17. 12. 1959 – GS 2/59, BAGE 8, 285 [unter B. VII.].

[173] Schmitt/EFZG/*L. Schmitt*, EntgFG § 12 Rn. 31; nicht alle Stellungnahmen enthalten auch Aussagen, vgl. MüKo-BGB/*Müller-Glöge*, EntgFG § 12 Rn. 2 ff.; BeckOK ArbR/*Ricken*, EntgFG § 12 Rn. 15 ff.

Beitrag zur Finanzierung der Entgeltfortzahlung durch die Arbeitgeber ist nicht mit einer Bewertung der Günstigkeit auf Basis von Interessen vereinbar, die nicht den generalisierten Annahmen des Gesetzgebers entsprechen.

III. Einheitlicher Anwendungsbereich des § 12 EntgFG

Es wurde bereits darauf hingewiesen, dass das BAG seine Entscheidung zur Pauschalierung von Entgeltregelungen ausdrücklich auf tarifvertragliche Regelungen begrenzt und dass es dafür seine Wortlautauslegung mit teleologischen Argumenten untermauert.[174] Es ist daher im Zusammenhang mit § 12 EntgFG besonders darauf hinzuweisen, dass das EntgFG und der Wortlaut des § 12 EntgFG – mit Ausnahme des Verweises auf § 4 Abs. 4 EntgFG und der speziellen Regelungskompetenz der Tarifvertragsparteien in § 10 Abs. 4 EntgFG[175] – keine Unterscheidung für einzelvertragliche und tarifvertragliche Abweichungen enthalten. Ebenso wie aus § 616 Abs. 2 S. 2 BGB (in der Fassung bis zum 31.05.1994) und aus dem in § 9 LFZG enthaltenen Verweis auf § 2 Abs. 3 LFZG der Umkehrschluss gezogen wurden, dass den Tarifvertragsparteien abseits dieser Verweise keine erweiterten Abweichungsspielräume von den früheren Regelungen der Entgeltfortzahlung zustehen sollten[176], gilt dies auch für § 12 EntgFG. Den Tarifvertragsparteien kommt auch bei der Anwendung des § 12 EntgFG lediglich innerhalb des ausdrücklich gesetzten Rahmens ein eigener Regelungsspielraum zuungunsten des Arbeitnehmers zu.[177] Abseits davon gibt es keinen Hinweis darauf, dass § 12 EntgFG für Tarifverträge[178] andere Vorgaben als für arbeitsvertragliche Regelungen enthält.[179] Ferner dürfen diese

---

[174] Vgl. BAG v. 06.12.2017 – 5 AZR 118/17, BAGE 161, 132 Rn. 35.

[175] Schaub/ArbR-HdB/*Linck*, § 98 Rn. 147.

[176] BAG v. 16.06.1998 – 5 AZR 67/97, BAGE 89, 95 [unter B. I.]; BAG v. 03.03.1993 – 5 AZR 132/92, BAGE 72, 297 [unter II. 2. a)] zu § 9 LFZG; BAG v. 25.03.1987 – 5 AZR 414/84, BAGE 54, 308 [unter I. 1. a)] zu § 616 BGB; BAG v. 19.10.1983 – 5 AZR 195/81, BAGE 43, 348 [unter 2. b)] zu § 616 BGB; vgl. auch BAG v. 07.11.1984 – 5 AZR 379/82, AP HGB § 63 Nr. 38 [unter I. 2.] zu § 63 Abs. 1 HGB; BAG v. 01.02.1973 – 5 AZR 383/72, AP HGB § 63 Nr. 33 zu § 63 Abs. 1 HGB; BAG v. 28.11.1963 – 2 AZR 117/63, BAGE 15, 121 [unter 6.] zu § 133c GewO; im Allgemeinen, *Gola*, Entgelt ohne Arbeit, S. 35 f.; zu § 616 Abs. 1 BGB *Brill*, NZA 1984, 281; zu § 9 LFZG, *Oetker*, SGb 1984, 193, 194 f.

[177] *Knorr*, NZA 2018, 1449, 1450; ErfK/*Reinhard*, EntgFG § 12 Rn. 1; BeckOK-ArbR/*Ricken*, EntgFG § 12 Rn. 4; Schmitt/EntgFG/*L. Schmitt*, § 12 Rn. 18 ff. NK-GArbR/*Sievers*, EntgFG § 12 Rn. 2. Für Arbeitsvertragsrichtlinien des sog. Dritten-Weg, BAG v. 05.10.2023 – 6 AZR 210/22, AP EntgeltFG § 4 Nr. 76, Rn. 23 ff.

[178] Der Spielraum der Arbeitsvertragsparteien kann aber infolge der §§ 307 ff. BGB trotzdem geringer ausfallen, *Klocke*, jurisPR-ArbR 45/2018 Anm. 2.

[179] *Klocke*, jurisPR-ArbR 48/2018 Anm. 2; *L. Schmitt*, Anm. zu BAG v. 06.12.2017, AP EntgeltFG § 2 Nr. 18.

trotz der Ausnahmevorschrift den Anspruch selbst und den Grundsatz der vollen Entgeltzahlung im Krankheitsfall nicht zuungunsten der Arbeitnehmer abbedingen.[180]

Neben der hier zentralen Frage des verbleibenden Regelungsspielraums der Vertragsparteien fällt ferner auf, dass der Wortlaut des § 12 EntgFG nur die Ansprüche aus dem Entgeltfortzahlungsgesetz benennt und dass Entgeltfortzahlungsansprüche aus anderen gesetzlichen Regelungen und mithin insbesondere der Anspruch aus § 616 BGB nicht erfasst werden[181]. Der Wortlaut nimmt ferner keine Unterscheidung in Bezug auf die unterschiedlichen Entgeltfortzahlungsansprüche aus dem EntgFG vor, weshalb die erarbeiteten Auslegungsergebnisse einheitlich für den Anspruch auf Entgeltfortzahlung im Krankheitsfall und für Feiertage anzuwenden sind.[182]

C. Behandlung günstigkeitsvariabler und ambivalenter Vereinbarungen

Die Ergebnisse der Auslegung haben die aus dem Zweck abgeleitete Hypothese zum Abweichungsspielraum der Arbeitsvertragsparteien und mittelbar auch bereits die Hypothese zum Umgang mit Vereinbarungen an der Grenze der Günstigkeit bestätigt. Vereinbarungen zur Entgeltfortzahlung, die im Einzel- oder Zweifelsfall zum Nachteil des Arbeitnehmers wirken, sind mit diesem Standard nicht vereinbar. Dies spricht bereits gegen die Zulässigkeit günstigkeitsvariabler und ambivalenter Vereinbarungen, die im Folgenden noch näher betrachtet werden.

Gleichwertige Vereinbarungen sind aber mit § 12 EntgFG vereinbar, solange sie alle geschützten Interessen verwirklichen und nicht nur nicht festgestellt werden kann, wie sie sich zu den gesetzlichen Interessen verhalten. Problematisch dürfte aber auch im EntgFG vor allem die Frage sein, wann eine Regelung vollständig gleichwertig ist. Auch wenn auf die neutralen Vereinbarungen im Folgenden nicht weiter eingegangen wird, lässt sich zur Veranschaulichung der Problematik im Zusammenhang mit dem EntgFG auf

---

[180] BAG v. 24.03.2004 – 5 AZR 346/03, AP EntgeltFG § 4 Nr. 66 [unter II 3. b)]; ArbG Limburg v. 01.03.2000 – 1 Ca 831/99, AiB 709, 710 f.; *Backmeister*, AiB 2000, 711; *Brecht*/EntgFG, § 12 Rn. 1; *Gola*/EntgFG, Einl. S. 26; KDHK-EntgFG/*Hold*, § 12 Rn. 1; Feichtinger/Malkmus/*Malkmus*, EntgFG § 12 Rn. 5; *Sprenger*, AuA 2015, 428, 429; *Viethen*/EntgFG, S. 11 u. S. 33.

[181] *Gola*/EntgFG, § 12 S. 241; Feichtinger/Malkmus/*Malkmus*, EntgFG § 12 Rn. 9; BeckOK-ArbR/*Ricken*, EntgFG § 12 vor Rn. 1; NK-GArbR/*Sievers*, EntgFG § 12 Rn. 3. Zur Abbedingung des Anspruchs aus § 616 BGB, ErfK/*Preis/Greiner*, BGB § 616 Rn. 13.

[182] KDHK-EntgFG/*Hold*, § 12 Rn. 3; *Wedde/Kunz*/EFZG, § 12 Rn. 3.

Abweichungen von den Anzeige- und Nachweispflichten des § 5 Abs. 2 S. 1 EntgFG verweisen.

Wird abweichend von dieser gesetzlichen Regelung bestimmt, dass der Arbeitnehmer für die Übermittlung der Arbeitsunfähigkeitsbescheinigung aus dem Ausland nicht den schnellstmöglichen, sondern einen anderen Weg zu wählen hat, kommt es bereits infolge der Kostentragung durch den Arbeitgeber[183] nicht zu einer Berührung der Interessen des Arbeitnehmers. Sofern konkrete Übermittlungswege vorgegeben werden, stellt sich dies für den Arbeitnehmer mithin als gleichwertige Regelung dar, die wirksam vereinbart werden kann.[184] Gleiches gilt für gänzliche Abbedingungen der Mitteilungspflicht des § 5 Abs. 2 S. 1 EntgFG, wobei es sich dabei jedoch um eine günstigere Regelung handelt.[185] Etwas anderes könnte aber gelten, wenn statt des schnellsten der günstigste Weg zu wählen ist, sofern man davon ausgeht, dass Fehleinschätzungen zulasten des Arbeitnehmers gehen. Der Arbeitnehmer ist aber bereits aus § 242 Abs. 2 BGB verpflichtet, aus mehreren Übermittlungswegen den günstigsten zu wählen,[186] sodass sich auch aus dieser Bestimmung kein zusätzliches Kostenrisiko für den Arbeitnehmer ergibt. Die Vereinbarung kann daher sogar als günstigere Abweichung eingeordnet werden, weil sie den Arbeitnehmer von der zusätzlichen Auswahl des schnellsten Wegs entlastet. Eine andere Verteilung der Kostenlast im gesetzlichen Regelfall würde jedoch mittelbar auch die Gleichwertigkeit der Abweichungen betreffen, was erneut verdeutlicht, dass die Bewertung der Gleichwertigkeit nur unter genauer Beachtung der gesetzlich vorgesehenen Interessenabwägung erfolgen kann.

I. Günstigkeitsvariable Vereinbarungen

1. Abstrakte Betrachtung günstigkeitsvariabler Vereinbarungen

Auf Basis des oben bestimmten Regelungsbereichs steht § 12 EntgFG Vereinbarungen entgegen, die im Einzelfall zuungunsten des Arbeitnehmers wirken, weshalb günstigkeitsvariable Auswirkungen auch mit den konkreten Vorgaben des § 12 EntgFG nicht vereinbar sind. Insbesondere erweisen sich solche Vereinbarungen als Widerspruch zum Sinn und Zweck der Entgeltfortzahlung, die für alle Anspruchsberechtigten einen Mindeststandard der Ent-

---

[183] Schmitt/EFZG/*Küfner-Schmitt*, EntgFG § 5 Rn. 210 ff.

[184] Ohne Einordnung als neutrale Vereinbarungen aber die Festlegung bestimmter Übermittlungswege für möglich haltend, Schmitt/EFZG/*Schmitt*/*Küfner-Schmitt*, 8. Auflage 2018, EntgFG § 5 Rn. 146.

[185] BeckOK-ArbR/*Ricken*, EntgFG § 5 Rn. 64; Schmitt/EFZG/*Küfner-Schmitt*, EntgFG § 5 Rn. 212.

[186] Schmitt/EFZG/*Küfner-Schmitt*, EntgFG § 5 Rn. 211. Vgl. zur Auswahl von Reisemitteln, BAG v. 17. 10. 2018 – 5 AZR 553/17, BAGE 164, 57 Rn. 24.

geltfortzahlung im Krankheitsfall bildet und damit gleichzeitig die Krankenkassen vor übermäßigen Belastungen schützt. Dieser Zweck wird verfehlt, wenn sich im Einzelfall die abstrakte Möglichkeit einer Wirkung zuungunsten der Anspruchsberechtigten konkretisiert. In diesem Fall wird jedenfalls der gesetzliche Mindeststandard unterschritten, was auch mit dem Wortlaut der Regelung und der beabsichtigten Fortgeltung der Grundsätze des vorher bestehenden Feiertagsrechts nicht vereinbar ist.

Entgegengesetzt zu diesem Ergebnis hat das BAG in seiner Entscheidung vom 06.12.2017 festgestellt, dass Vereinbarungen zur Pauschalierung der Entgeltfortzahlung mit günstigkeitsvariabler Wirkung vereinbart werden können[187] und dies zwar auch mit tarifrechtlichen Typisierungsbefugnissen begründet,[188] aber vor allem auf Basis des Wortlauts ein alternatives Verständnis zum Prüfmaßstab des § 12 EntgFG entwickelt[189]. Im Vergleich mit § 4 Abs. 3 Alt. 2 TVG hat es dabei festgestellt, dass abweichende Regelungen von den Vorschriften des EntgFG gem. § 12 EntgFG nicht *stets* zugunsten wirken müssen, was die Vereinbarung von neutralen und ambivalenten Vereinbarungen und mithin die Pauschalierung der Entgeltfortzahlung ermögliche[190]. Selbst wenn es auf Basis einer zeitlich kumulierten Betrachtung zu Wirkungen zuungunsten des Arbeitnehmers komme, sei dies eine Folge der zufälligen Verteilung der Feiertage[191] und daher im Rahmen einer abstrakten Betrachtung hinzunehmen,[192] zumal entsprechende Ergebnisse der Entgeltfortzahlung immanent seien[193]. In ihrem Kern weist die Argumentation daher keine tarifrechtlichen Besonderheiten auf und ausgehend vom einheitlichen Anwendungsbereich des § 12 EntgFG und dem Ablauf bei früheren Gesetzen ist anzunehmen, dass diese Rechtsprechung auch auf Arbeitsverträge Anwendung finden wird[194]. Dem ist auf Basis der gefundenen Ergebnisse zu widersprechen, aber vor einer ausführlichen Auseinandersetzung mit der Entscheidung ist darzustellen, welche Vereinbarungen günstigkeitsvariable Wirkung

---

187 BAG v. 06.12.2017 – 5 AZR 118/17, BAGE 161, 132. Im Ergebnis so schon in BAG v. 07.05.2003 – 5 AZR 256/02, AP TVG § 1 Tarifverträge: Deutsche Bahn Nr. 13 [unter II. 4. b)]; ebenfalls LAG v. Hessen v. 24.11.2016 – 5 Sa 590/16, BeckRS 2016, 117271 Rn. 16 ff.; a.A. aus der Rechtsprechung ArbG Frankfurt a.M. v. 23.02.2016 – 4 Ca 7036/15, BeckRS 2016, 117272 Rn. 11 f.

188 BAG v. 06.12.2017 – 5 AZR 118/17, BAGE 161, 132 Rn. 35.

189 BAG v. 06.12.2017 – 5 AZR 118/17, BAGE 161, 132 Rn. 29.

190 BAG v. 06.12.2017 – 5 AZR 118/17, BAGE 161, 132 Rn. 29.

191 BAG v. 06.12.2017 – 5 AZR 118/17, BAGE 161, 132 Rn. 33.

192 BAG v. 06.12.2017 – 5 AZR 118/17, BAGE 161, 132 Rn. 34.

193 BAG v. 06.12.2017 – 5 AZR 118/17, BAGE 161, 132 Rn. 36.

194 So bereits beim BeschFG 1985, BAG v. 24.02.1988 – 7 AZR 454/87, AP BeschFG 1985 § 1 Nr. 3 [unter I. 2.]. Die ebenfalls für möglich erachtend, *L. Schmitt*, Anm. zu BAG v. 06.12.2017, AP EntgeltFG § 2 Nr. 18.

haben können und welche Auswirkungen die BAG-Entscheidung auf diese arbeitsvertraglichen Gestaltungen hat.

2. Konkrete Betrachtung günstigkeitsvariabler Vereinbarungen

a) Abwandlung der Berechnung des zu zahlenden Entgelts

Denkbare Vereinbarungen mit günstigkeitsvariabler Wirkung sind vor allem Abwandlungen der Berechnung der Höhe der Entgeltfortzahlung (§ 2 Abs. 1 EntgFG, § 4 Abs. 1 u. Abs. 1a EntgFG, § 10 Abs. 1 S. 2 EntgFG, § 11 Abs. 2 EntgFG) sowie der Kürzungsvorgaben des § 4a S. 2 EntgFG. Beispielsweise wurde im Rahmen der betrachteten BAG-Entscheidung eine vertragliche Regelung als wirksam angesehen, die eine Pauschalierung des Entgeltanspruchs für Feiertage nach § 2 Abs. 1 EntgFG vorsah. Denkbar ist dabei, dass Entgeltbestandteile nur pauschal berücksichtigt werden oder die Vergütung auf Basis der durchschnittlich und nicht der tatsächlich ausgefallenen Arbeitszeit abgegolten wird.

Vereinbarung zu § 2 EntgFG

§ XX Anstatt des tatsächlich ausfallenden Entgelts erhält der Arbeitnehmer für Feiertage eine Vergütung auf Basis seiner durchschnittlichen täglichen Arbeitszeit.

Ausgangspunkt der Bewertung ist der gesetzliche Mindeststandard, nach dem der Arbeitnehmer so zu stellen ist, als hätte er am Feiertag im geschuldeten Umfang gearbeitet.[195] Er ist insbesondere nicht zur unentgeltlichen Nacharbeit verpflichtet.[196] Je nachdem, wie sich die ausgefallene Arbeitszeit zur maßgeblichen individuellen Arbeitszeit verhält, kann sich eine solche Regelung im Vergleich zu § 2 Abs. 1 EntgFG aber mal als günstiger und mal als ungünstiger für den Arbeitnehmer erweisen. Es kann sich mithin um eine laufend günstigkeitsvariable Vereinbarung im hier entwickelten Sinn handeln. Unklar ist die Wirkung daher nur, wenn die Ansprüche im zeitlichen Verlauf betrachtet werden, jedoch ist richtigerweise der einzelne Anspruch als Maßstab heranzuziehen, weshalb der Verweis auf die zufällige Verteilung der Feiertage[197] ins Leere läuft. Maßgeblich ist allein, dass der individuelle Anspruch bei abstrakter Betrachtung beschnitten werden kann, was unabhängig von den konkreten Verhältnissen möglich ist, sobald die Arbeitszeit unregelmäßig ver-

---

[195] St. Rspr., dazu jeweils. m. w. N., BAG v. 16. 10. 2019 – 5 AZR 352/18, BAGE 168, 122 Rn. 13; BAG v. 06. 12. 2017 – 5 AZR 118/17, BAGE 161, 132 Rn. 22.

[196] St. Rspr., dazu jeweils. m. w. N., BAG v. 16. 10. 2019 – 5 AZR 352/18, BAGE 168, 122 Rn. 13; BAG v. 14. 08. 2002 – 5 AZR 417/01, AP EntgeltFG § 2 Nr. 10 [unter II. 1.].

[197] BAG v. 06. 12. 2017 – 5 AZR 118/17, BAGE 161, 132 Rn. 33.

teilt ist und daher an einem Feiertag über dem relevanten Durchschnitt liegen kann.

Die zufällige Verteilung der Feiertage wird daher einerseits erst durch die Betrachtung des BAG selbst zum Problem und trifft andererseits nur auf deren überwiegende Anzahl zu, während die festen kirchlichen Feiertage dafür sorgen, dass die neun bundeseinheitlichen Feiertage[198] überwiegend auf die Tage Montag, Donnerstag und Freitag entfallen,[199] sodass sich auf spezielle Arbeitszeitmodelle erhebliche Auswirkungen ergeben können. Wenn an den genannten Wochentagen regelmäßig mehr als im Durchschnitt gearbeitet wird, können sich die Differenzen zum Durchschnitt im Laufe der Zeit erheblich summieren und in einzelnen Jahren der Lohn für 10 Arbeitsstunden entfallen.[200] Mit dem Maßstab, dass der Arbeitnehmer so zu stellen ist, als ob er gearbeitet hätte, ist dieses Ergebnis nicht vereinbar. Besonders problematisch wird es aber, wenn entsprechende Pauschalierungen und variable Arbeitszeiten zusammen mit flexiblen Gestaltungsmöglichkeiten der Arbeitgeber bei der Lage der Arbeitszeit vereinbart werden[201] und daher das Ergebnis der Anwendung der Vereinbarung durch den Arbeitgeber beeinflusst werden kann.

Darüber hinaus werden die Auswirkungen umso erheblicher sein, je geringer die durchschnittliche tägliche Arbeitszeit und umso mehr Spielraum dementsprechend bis zur gesetzlichen Höchstarbeitszeit vorhanden ist. Die Effekte sind daher besonders groß, wenn kurze Arbeitszeiten vereinbart werden und bereits bei der verbreiteten 30-Stunden Woche mit 5 Arbeitstagen kann eine Differenz von 4 Stunden für einzelne Feiertage entstehen, wenn die Arbeitszeit sich für den Arbeitnehmer unglücklich verteilt. Der negative Effekt der Vereinbarung trifft daher eher Mitarbeiter mit einer variablen Verteilung kur-

198 Neujahr, Karfreitag, Ostermontag, der Tag der Arbeit, Christi Himmelfahrt, Pfingstmontag, sowie der 1. und 2. Weihnachtstag durch einheitliche Landesgesetze und der Tag der Deutschen Einheit am 3. Oktober durch das Einigungsvertragsgesetz, *Ahnefeld*, ArbRAktuell 2023, 375.

199 Für 2022–2026 Jahren für die bundeseinheitlichen Feiertage, 45 bundeseinheitliche Feiertage: 36 Tage Montag, Donnerstag oder Freitag (2022: 8 Tage; 2023: 6 Tage; 2024: 7 Tage; 2025: 8 Tage; 2026: 7 Tage).

200 Bei einer 5-Tage Woche mit jeweils 10 Stunden montags, donnerstags und freitags und 5 Stunden dienstags und mittwochs kommt es in den Jahren 2022–2026 zu einer Differenz von 25 Stunden (ein Ausfall von 72 Stunden und eine Gutschrift von 47 Stunden). Der Arbeitnehmer hat in daher in 5 Jahren eine Differenz von über einem halben wöchentlichen Arbeitslohn. Für 2022 entfällt allein der Stundenlohn für 10 Stunden und selbst beim günstigsten Verhältnis 2026 noch für 2 Stunden.

201 Vgl. § 3 Nr. 1 i. V. m. § 4 Nr. 3 Bundesrahmentarifvertrag für Apothekenmitarbeiter, gültig ab 1. August 2024 (abrufbar unter: https://www.adexa-online.de/fileadmin/media/pdf/Tarifvertraege/ADEXA_BRTV_ab_1.8.2024_web.pdf, zuletzt abgerufen am 17.02.2025).

zer Arbeitszeiten und damit vor allem Arbeitnehmer in Teilzeit.[202] Selbst, wenn man kompensatorische Wirkungen im Zeitverlauf anerkennt, muss daher eine ausführliche Auseinandersetzung mit der abstrakten Wirkung der Vereinbarung erfolgen. Angesichts der Funktion des Günstigkeitsprinzips kann sich eine solche Betrachtung nicht darauf zurückziehen selbst möglichen Wirkungen zuungunsten des Arbeitnehmers im Zeitverlauf die Wirksamkeit zuzusprechen.[203]

Vereinbarung zu § 2 EntgFG – Abwandlung 1

§ XX Anstatt des tatsächlich ausfallenden Entgelts erhält der Arbeitnehmer für Feiertage eine Vergütung auf Basis seiner durchschnittlichen wöchentlichen Arbeitszeit.[204]

Die Bewertung der Vereinbarung in der BAG-Entscheidung hätte in Bezug auf ihre Günstigkeit aber noch deutlicher ausfallen müssen, denn die fragliche Regelung knüpft gerade nicht an den individuellen Durchschnitt der Arbeitsstunden pro tatsächlichen Arbeitstag an, sondern bezog sich auf den wöchentlichen Durchschnitt. Dieser stellte sich für die Arbeitnehmerin, die statt fünf nur drei Tage die Woche arbeitete, aber als Fiktion dar und durch die Loslösung der Durchschnittsbildung vom Arbeitsverhältnis gab es keine Konstellation, in der die Klägerin nicht wenigstens 1 Stunde und 6 Minuten und bis zu 3 Stunden und 6 Minuten Differenz durch einen Feiertag entstanden sind, an dem sie hätte arbeiten müssen. Ein Feiertag an einem Montag konnte mithin dazu führen, dass die Arbeitnehmerin 80 % eines durchschnittlichen Arbeitstags nacharbeiten musste. Selbst auf Basis der kumulierten Betrachtung des BAG ist die Vereinbarung für die Klägerin im Jahr 2019 deutlich ungünstiger als die gesetzliche Regelung[205] und in den anderen Jahren sind es vor allem die arbeitsfreien Montage, die die Gesamtwirkung beeinflussen. Damit zeigt sich gerade die Abhängigkeit der Wirksamkeit der Gestaltung vom jeweiligen Arbeitszeitmodell. Selbst bei regelmäßigen Verteilungen der Arbeitszeit führen solche Vereinbarungen zu erheblichen Nachteilen für den Arbeitnehmer und bei einer Arbeitszeit von 30 Stunden an 3 Tagen wären es 4 Stunden, die

---

[202] Schmitt/EFZG/*L. Schmitt*, § 12 Rn. 50; *Zaumseil*, BB 2018, 1527, 1531.

[203] BAG v. 06.12.2017 – 5 AZR 118/17, BAGE 161, 132 Rn. 34.

[204] Vgl. § 4 Abs. 3 i. V. m. § 4 Abs. 2 Bundesrahmentarifvertrag für Apothekenmitarbeiter, gültig ab 1. August 2024 (abrufbar unter: Teil 5, Fn. 201); ferner § 3 Anlage 33 zu den Richtlinien für Arbeitsverträge in den Einrichtungen des Deutschen Caritasverbandes v. 31.12.2022 (abrufbar unter: https://schiering.org/arhilfen/gesetz/avr/avr-anlage33.htm#3, zuletzt abgerufen am 17.02.2025); im Ergebnis ebenso in BAG v. 06.12.2017 – 5 AZR 118/17, BAGE 161, 132 als 1/261 Pauschalierung.

[205] Von den 9 Feiertage fielen 3 auf Donnerstage, 2 auf Montage und Mittwoche, je einer auf einen Dienstag und einen Freitag. Aufgrund der Abfolge konnte nur ein Montag für die Klägerin arbeitsfrei sein. Daraus ergibt sich eine Gutschrift von 7:08 Stunden und eine Differenz von 12:42 Stunden. Daher führte die Regelungen zu einer Differenz, die einen durchschnittlichen Arbeitstag übersteigt.

als Differenz an jedem Feiertag, der auf einen Arbeitstag fällt, nachgearbeitet werden müssen.[206] Auch wenn das BAG zutreffend darauf hinweist, dass eine abstrakte Betrachtung durchzuführen ist, darf der Sinn des normativen Rechts nicht für eine Vielzahl von Fallkonstellationen entkernt werden, ohne dass dafür eine hinreichende normative Grundlage vorhanden ist.

Vereinbarung zu § 2 EntgFG – Abwandlung 2

§ XX Der Arbeitnehmer arbeitet in geraden Kalenderwochen von Montag bis Freitag und in ungeraden Kalenderwochen von Dienstag bis Samstag.

Ob die sich aus der Pauschalierung ergebende unterschiedliche Behandlung der Teilzeitbeschäftigten im Licht des § 4 Abs. 1 TzBfG gerechtfertigt ist, sei hier dahingestellt. Widerspruch weckt aber in jedem Fall die Aussage, dass dieser Effekt mit der Wirkung der gesetzlichen Entgeltfortzahlung auf Teilzeitbeschäftigte zu vergleichen ist.[207] Insoweit führt die Abwandlung 2 zwar dazu, dass der Anspruch an einen Feiertag mal entstehen kann und mal nicht entstehen kann und damit wirkt die Vereinbarung in gewisser – aber nicht in der hier untersuchten Weise – auch variabel auf den Anspruch. Solange die abweichende Regelung nicht darauf gerichtet ist, das Entstehen des Anspruchs zu verhindern, handelt sich dabei aber nur um eine mittelbare Folgewirkung einer Regelung zur Durchführung des Arbeitsverhältnisses, die dazu führt, dass die Voraussetzungen der Entgeltfortzahlung in bestimmten Wochen für Feiertage an Montagen entsteht und in anderen nicht. Einen unmittelbaren Bezug zur Entgeltfortzahlung weist die Regelungen nicht auf und sie muss sich daher auch nicht an § 12 EntgFG messen lassen.[208] Dies gilt aber nur, wenn sich die Arbeitspflicht unabhängig vom Feiertag bemisst[209] und die Vereinbarung darf nicht dazu führen, dass wegen eines Feiertags keine Arbeitspflicht besteht.[210]

Das BAG zieht in seiner Entscheidung eine Parallele zwischen den Fällen, in denen ein Anspruch in Ermangelung des Vorliegens der Voraussetzungen nicht entsteht, und der Kürzung eines Anspruchs entgegen seinen Vorausset-

---

206 Bei einer 3 Tage Woche mit jeweils 10 Stunden montags, donnerstags und freitags kommt es in den Jahren 2022–2026 zu einer Differenz von 90 Stunden (ein Ausfall von 144 Stunden und eine Gutschrift von 54 Stunden). Der Arbeitnehmer hat in daher in 5 Jahren eine Differenz von mehr als einem zwei wöchentlichen Arbeitslöhnen. Für 2022 und 2025 entfällt allein der Stundenlohn für 26 Stunden und selbst beim günstigsten Verhältnis 2026 noch für 6 Stunden.

207 BAG v. 06.12.2017 – 5 AZR 118/17, BAGE 161, 132 Rn. 36.

208 Vgl. BAG v. 16.10.2019 – 5 AZR 352/18, BAGE 168, 122 Rn. 11; BAG v. 24.01.2001 – 4 AZR 538/99, AP EntgeltFG § 2 Nr. 5 für eine entsprechende Regelung in einer Betriebsvereinbarung.

209 *Ahnefeld*, ArbRAktuell 2023, 375, 375 f.

210 Vgl. BAG v. 16.10.2019 – 5 AZR 352/18, BAGE 168, 122 Rn. 11 ff.; Schaub/ArbR-HdB/*Linck*, § 103 Rn. 23.

zungen.[211] Die Wirkungen sind aber nicht vergleichbar, weil diese Vereinbarung unter keinen Umständen dazu führt, dass der Arbeitnehmer wegen des Feiertags Arbeitszeit nachholen muss. Gänzlich verfehlt ist aber die Aussage, dass es nicht möglich sei eine Entgeltfortzahlung zu schaffen, die für einzelne Beschäftigte oder Beschäftigtengruppen nicht nachteilig sei.[212] Die Entscheidung verkennt damit, dass der individuelle Nachteil im Vergleich zur gesetzlichen Regelung festzustellen ist und sich ein Nachteil im Sinn des Günstigkeitsprinzips durch die Anwendung der gesetzlichen Regelungen vermeiden lässt. Das verdeutlicht, dass der Senat die Angemessenheit möglicher Gestaltungen der Entgeltfortzahlung im Allgemeinen und für verschiedene Arbeitnehmergruppen aber nicht die Auswirkungen auf einen individuellen Anspruch im Blick hat.

Vereinbarung zu § 2 EntgFG – Abwandlung 3

§ XX Anstatt des tatsächlich ausfallenden Entgelts erhält der Arbeitnehmer für Feiertage eine Vergütung auf Basis seiner durchschnittlichen täglichen Arbeitszeit/seiner durchschnittlichen wöchentlichen Arbeitszeit. Abweichungen vom gesetzlichen Anspruch werden miteinander verrechnet und Differenzen zuungunsten des Arbeitnehmers nach 30 Tagen/nach 60 Tagen/zum 01.02. eines Jahres/zum Ende des Arbeitsverhältnisses abgegolten. [Überzahlungen des Arbeitgebers werden nicht zurückgefordert].

Im Rahmen einer ex-ante-Betrachtung ist für Abwandlung 3 zu jedem Zeitpunkt des Arbeitsverhältnisses festzustellen, dass der Anspruch auf dem gesetzlichen Niveau erfüllt werden wird,[213] sodass aus dieser Perspektive eine gleichwertige Vereinbarung vorliegt. Die damit verbundene Verschiebung der Fälligkeit der Ansprüche bis zum Zeitpunkt einer möglichen Aufrechnung und längstens bis zum Ablauf des vorgegebenen Zeitraums begegnet im Rahmen des hier relevanten Günstigkeitsvergleichs keinen Bedenken.[214] Die Fälligkeit der Entgeltfortzahlung ist grundsätzlich an den Zeitpunkt der Fälligkeit der Lohnforderung geknüpft[215] und unterliegt damit abseits spezieller Sachverhalte[216] der Disposition der Arbeitsvertragsparteien[217]. Die Annahmen des § 614 BGB un-

---

[211] BAG v. 06.12.2017 – 5 AZR 118/17, BAGE 161, 132 Rn. 36.

[212] BAG v. 06.12.2017 – 5 AZR 118/17, BAGE 161, 132 Rn. 36.

[213] Gemeinsam mit dem Klammerzusatz ist sogar eine Übererfüllung möglich, aber abstrakt nicht sicher feststellbar.

[214] Vgl. für eine Betriebsvereinbarung, BAG v. 15.01.2002 – 1 AZR 165/01, BeckRS 2002, 41099 [unter B. III. 3].

[215] MüHdB-ArbR/*Krause*, § 69 Rn. 4; Feichtinger/Malkmus/*Malkmus*, EntgFG § 3 Rn. 253; BeckOK-ArbR/*Ricken*, EntgFG § 12 Rn. 10.

[216] Zu Sonderregelungen für spezielle Arbeitnehmer MüHdB-ArbR/*Krause*, § 69 Rn. 5.

[217] BeckOK-ArbR/*Joussen*, BGB § 614 Rn. 8 ff. auch zur tatsächlichen Häufigkeit der Abbedingung; MüHdB-ArbR/*Krause*, § 69 Rn. 6; a.A. wohl aber MüAnwHdB-

terliegen im Hinblick auf abweichende Parteivereinbarungen auch keiner allgemeinen Günstigkeitskontrolle oder der Anwendung des § 12 EntgFG. Auch aus dem EntgFG ergibt sich nicht, dass die tatsächliche Verfügbarkeit des Entgelts zu einem bestimmten Zeitpunkt sichergestellt sein muss. Ein besonderer dem § 12 EntgFG unterliegender Schutz vor Rückzahlungsverpflichtungen[218] ist ebenfalls nicht ersichtlich, sodass die Vereinbarung auch ohne den Klammerzusatz nicht anders zu bewerten wäre. Im Licht des Günstigkeitsprinzips können solche Abweichungen daher vereinbart werden, jedoch ist darauf hinzuweisen, dass solche Vereinbarungen in der Praxis auch § 308 Abs. 1a BGB und § 271a Abs. 1 BGB beachten müssten[219] und dass die Problematik des MiLoG[220] und die Wirkung auf Ausschlussfristen[221] sowie die Zulässigkeit der Vereinbarung des damit verbundenen Vorschusses[222] nicht betrachtet wurden.

b) Abwandlung der Berechnung des Entgelts durch pauschalierte Zeitgutschriften

Ebenso wie Entgeltvereinbarungen können Regelungen günstigkeitsvariabel sein, wenn sie den Zeitausgleich für nicht erbrachte Arbeitszeit an Feiertagen auf Basis der durchschnittlichen Arbeitszeit pauschalisieren. Ausgangspunkt ist die Funktion des Arbeitszeitkontos, dass bei monatlich gleichbleibenden Zahlungen ein Äquivalent zum Entgeltanspruch ist, weshalb ein Feiertag darauf keine negativen Auswirkungen haben darf.[223] Um dies zu

---

ArbR/*Glaser*, § 24 Rn. 177. Zur Abweichung durch Betriebsvereinbarungen MüHdB-ArbR/*Krause*, § 69 Rn. 12.

218 Diese richtet sich grds. nach § 271 Abs. 1 BGB und kann ebenfalls abbedungen werden, dazu BAG v. 10.03.2005 – 6 AZR 217/04, NZA 2005, 812, 813; MüKo-BGB/*Krüger*, BGB § 271 Rn. 7; v. Westphalen/Thüsing/Pamp Klauselwerke/Arbeitsverträge/*Thüsing*, Rn. 392. Zum Sonderfall des Erstattungsanspruchs wegen überzahlter Lohnsteuer, BAG v. 14.11.2018 – 5 AZR 301/17, BAGE 164, 159 Rn. 18.

219 Zum Entgeltanspruch selbst, MüHdB-ArbR/*Krause*, § 69 Rn. 7 ff., der von einer maximalen Verschiebung der Fälligkeit von 60 Tagen ausgeht. Inwieweit dies auch für die eher kleinen Zahlungen in diesem Zusammenhang gilt, muss dahingestellt werden, vgl. aber BAG v. 15.01.2002 – 1 AZR 165/01, BeckRS 2002, 41099 [unter B. III. 3.] für eine pauschalierte Abgeltung der Arbeitsleistung und Erfassung der Differenz in einem Zeitkonto innerhalb eines einjährigen Abrechnungszeitraum auf Basis einer Betriebsvereinbarung.

220 Dazu NK-GArbR/*Frost*, MiLoG § 2 Rn. 2 ff.; MüHdB-ArbR/*Krause*, § 69 Rn. 9 ff.; *Lakies*/MiLoG, § 2 Rn. 2 ff.; *P. Müller*, Mindestlohn, S. 117 f.

221 Dazu BAG v. 27.03.1996 – 5 AZR 336/94, BAGE 82, 327; kritisch zur Rechtsprechung, *Krause*, RdA 2004, 106; *Weigert*, NZA-RR 2021, 225, 227 ff.

222 Ausführlich ErfK/*Preis/Greiner*, BGB § 614 Rn. 19 ff.

223 Vgl. zu einer tarifvertraglichen Regelung BAG v. 13.02.2002 – 5 AZR 470/00, BAGE 100, 256 [unter I. 2. b) bb), m. W. N. aus Rechtsprechung und Literatur];

verhindern, ist dem Arbeitszeitkonto grundsätzlich die gesetzlich maßgebliche Arbeitszeit gutzuschreiben.[224] Wird stattdessen nur die durchschnittliche tägliche Arbeitszeit des Arbeitsnehmers dem Arbeitszeitkonto gutgeschrieben,[225] so hängt die Wirkung dieser Vereinbarungen wie bei Entgeltvorgaben vom Verhältnis der täglichen Arbeitszeit des Arbeitsnehmers zu seiner durchschnittlichen Arbeitszeit ab. Entspricht die tägliche Arbeitszeit der durchschnittlichen täglichen Arbeitszeit, erweist sich die vertragliche Vereinbarung im Verhältnis zur gesetzlichen Regelung als gleichwertig und daher als zulässig. Schwankt jedoch die tägliche Arbeitszeit, hängt die Wirkung davon ab, ob der Feiertag auf einen Wochentag fällt, an dem mehr oder weniger als die durchschnittliche tägliche Arbeitszeit gearbeitet worden wäre. Hätte der Arbeitnehmer mehr gearbeitet als im Durchschnitt des Monats, führt dies zu einer negativen Differenz, die sogar eine Rückzahlungsverpflichtung begründen kann,[226] wobei aufgrund der Vergleichbarkeit mit dem Entgeltanspruch hier nichts anderes gelten kann als bei unmittelbaren Regelungen der Entgeltfortzahlung.[227] Vielmehr ist es gerade die Betrachtung der nicht berücksichtigten Arbeitszeiten, die transparent machen, dass diese vertraglichen Abweichungen mit einem Maßstab, der unentgeltliche Arbeitspflichten wegen eines Feiertags entgegensteht,[228] nicht vereinbar sind.[229]

c) Abwandlung der Berechnung der Wartezeit nach § 3 Abs. 3 EntgFG

Ferner wurde bereits darauf hingewiesen, dass Abweichungen von Fristen und anderen zeitlichen Bestimmungen günstigkeitsvariable Wirkung haben können, wenn die Vorgabe lediglich einem Interesse dient und sich die Verlängerung oder Verkürzung dadurch objektiv bewerten lässt. Veränderungen der vorgesehenen gesetzlichen Wartezeit des § 3 Abs. 3 EntgFG wirken in diesem Sinn eindeutig günstiger oder ungünstiger auf die Interessen des Arbeitnehmers und Abweichungen kann daher eine günstigkeitsvariable Wirkung zu-

---

Schmitt/EFZG/*Küfner-Schmitt*, EntgFG § 4 Rn. 68 sowie *L. Schmitt*, Anm. zu BAG v. 06.12.2017, AP EntgeltFG § 2 Nr. 18.

[224] BAG v. 05.10.2023 – 6 AZR 210/22, AP EntgeltFG § 4 Nr. 76 Schmitt/EFZG/*L. Schmitt*, EntgFG § 12 Rn. 50.

[225] Vgl. § 4 Nr. 3 Bundesrahmentarifvertrag für Apothekenmitarbeiter, gültig ab 1. August 2024 (abrufbar unter: Teil 5, Fn. 201).

[226] BAG v. 13.12.2000 – 5 AZR 334/99, AP BGB § 394 Nr. 31; *L. Schmitt*, Anm. zu BAG v. 06.12.2017, AP EntgeltFG § 2 Nr. 18.

[227] Schmitt/EFZG/*L. Schmitt*, § 12 Rn. 50.

[228] BAG v. 16.10.2019 – 5 AZR 352/18, BAGE 168, 122 Rn. 13; BAG v. 14.08.2002 – 5 AZR 417/01, AP EntgeltFG § 2 Nr. 10 [unter II. 1.].

[229] Vgl. *Knorr*, NZA 2018, 1449, 1453; *L. Schmitt*, Anm. zu BAG v. 06.12.2017, AP EntgeltFG § 2 Nr. 18.

kommen. Dabei kann sich die Wirkung nur einmalig verwirklichen und es handelt sich daher um eine punktuell günstigkeitsvariable Vereinbarung im hiesigen Sinn. Abseits gänzlich willkürlicher Faktoren ist dies insbesondere der Fall, wenn statt an die Zeiteinheit des Monats an eine Zeiteinheit angeknüpft wird, die im Arbeitsverhältnis variabel ausgestaltet ist, wie beispielsweise die tatsächliche Arbeitszeit.

§ XX Die Wartezeit der gesetzlichen Entgeltfortzahlung wird nach 160 Arbeitsstunden erfüllt.

In Abhängigkeit der Anzahl der Arbeitsstunden ist diese Vereinbarung grundsätzlich geeignet, den gesetzlichen Anspruch zu erfüllen oder zu übertreffen, wenn der Arbeitnehmer 40 Stunden oder mehr in der Woche arbeitet. Wenn der Arbeitnehmer jedoch weniger als 40 Stunden in der Woche arbeitet, ist die Wartezeit länger als 4 Wochen und es liegt eine Abweichung zuungunsten des Arbeitnehmers vor. Allein auf Basis der vertraglichen Arbeitszeit ließe sich daher die Günstigkeit bereits zum Zeitpunkt des Vertragsschlusses eindeutig bewerten. Bezieht man aber mit ein, dass die gesetzliche Wartezeit normalerweise auch während der Krankheit des Arbeitnehmers läuft,[230] wird auch der Arbeitnehmer mit 40 oder mehr Wochenstunden durch die Vereinbarung schlechter gestellt, wenn er während des Arbeitsverhältnisses erkrankt. Die vertragliche Regelung kann mithin günstigere, gleichwertige und ungünstigere Auswirkungen haben, wobei die tatsächliche Wirkung abhängig vom jeweiligen Sachverhalt ist, weshalb sie als günstigkeitsvariable Abweichung vom Gesetzesrecht nicht wirksam vereinbart werden kann. Entsprechend der obenstehenden Annahme ist auch keine Auffangregelung denkbar, denn durch die Ergänzung „spätestens jedoch nach 4 Wochen“ würde die abweichende Fristbestimmung ihren Sinn verlieren.

d) Abwandlung der Regelung zur Zahlung des Feiertagsentgelts bei Krankheit nach § 4 Abs. 2 EntgFG

Einer besonderen Betrachtung bedürfen Abwandlungen des § 4 Abs. 2 EntgFG. Diese Regelung legt fest, dass sich im Fall der Verpflichtung zur Entgeltfortzahlung im Krankheitsfall die Höhe der Entgeltfortzahlung nach § 2 EntgFG und mithin nach den für Feiertage geltenden Vorgaben bemisst, wenn die Arbeitszeit auch wegen eines Feiertages ausfällt. Die Regelung führt dazu, dass bei der Berechnung des Entgelts auch ausgefallene Überstunden

---

[230] BAG v. 16.01.2002 – 5 AZR 430/00, AP EntgeltFG § 3 Nr. 13; MüKo-BGB/*Müller-Glöge*, EntgFG § 3 Rn. 48; ErfK/*Reinhard*, EntgFG § 3 Rn. 34; BeckOK-ArbR/*Ricken*, EntgFG § 3 Rn. 59 f.; a.A. für den Fall der Kündigung in der Wartezeit *Gaumann/Schafft*, NZA 2000, 811 ff. [m. w. N.].

und Feiertagszuschläge zu berücksichtigen sind.[231] Mittelbar steht die Regelung auch im öffentlichen Interesse,[232] jedoch dient sie unmittelbar den Entgeltinteressen der Arbeitnehmer. Dementsprechend lassen sich Veränderungen dieser Vorgaben auch nicht bewerten, ohne die Regelungen zur Entgeltberechnung in den Blick zu nehmen, weshalb bei einem Einzelvergleich der Wirkungen auch die Berechnungsvorgaben selbst zu betrachten sind. Eine Vereinbarung, die für diesen Fall statt der gesetzlichen Entgeltfortzahlung für Feiertage auf eine andere Berechnungsregelung verweist, müsste daher gemeinsam mit dieser Regelung und wie sonstigen Abweichungen von Berechnungsvorgaben bewertet werden.

3. Betrachtung der BAG-Rechtsprechung für ambivalente im Sinn von günstigkeitsvariablen Vereinbarungen

a) Bewertung der Rechtsprechung

Die Rechtsprechung des BAG müsste allen betrachteten Vereinbarungen zur Wirksamkeit verhelfen können, ist damit aber mit den Auslegungsergebnissen für den sich aus § 12 EntgFG ergebenden Gestaltungsspielraum nicht vereinbar und insbesondere ist die Beschränkung auf strukturelle Schlechterstellungen der Norm nicht zu entnehmen. Die Argumentation des BAG beschränkt sich auch weitgehend darauf, die im Wortlaut der Norm vorgenommene negative Abgrenzung des Regelungsbereichs durch eine eigene Formulierung zu ersetzen[233]. Diese leitet es aus dem Vergleich mit § 4 Abs. 3 Alt. 2 TVG ab, jedoch erweist sich die daraus entwickelte Formulierung, nach der Abweichungen „nicht stets zugunsten“ der Anspruchsberechtigten wirken müssen, im Verhältnis zur bestehenden Formulierung nicht als Erkenntnisgewinn.

Ferner ergibt sich daraus auch nicht der vom BAG gezogene Umkehrschluss, sondern das BAG schenkt den Unterschieden zwischen gleichwertigen, ambivalenten und günstigkeitsvariablen Abweichungen bei der Anwendung dieser Auslegung keine hinreichende Bedeutung[234]. Zwar sind alle diese Vereinbarungen nicht *stets* günstiger, jedoch wirken neutrale Abweichungen nicht zuungunsten des Arbeitnehmers, während ambivalente und günstigkeits-

---

[231] BAG v. 01.12.2004 – 5 AZR 68/04, AP EntgeltFG § 4 Nr. 68; Feichtinger/Malkmus/*Müller*, EntgFG § 2 Rn. 27; MüKo-BGB/*Müller-Glöge*, EntgFG § 4 Rn. 24; ErfK/*Reinhard*, EntgFG § 2 Rn. 10.

[232] Vgl. BAG v. 16.07.1980 – 5 AZR 989/78, AP FeiertagslohnzahlungsG § 1 Nr. 35 [unter 1. c)] auch zu den weiteren Zwecken.

[233] BAG v. 06.12.2017 – 5 AZR 118/17, BAGE 161, 132 Rn. 29.

[234] Kurz erwähnt werden neutrale bzw. gleichwertige Abweichungen in BAG v. 06.12.2017 – 5 AZR 118/17, BAGE 161, 132 Rn. 29 u. Rn. 35.

variable Abweichungen in einem erheblichen Umfang zuungunsten der Arbeitnehmer wirken können. Angesichts der mangelnden Auseinandersetzung mit diesen Unterschieden ist zu vermuten, dass das BAG den Begriff der Neutralität nicht im Sinn einer Gleichwertigkeit versteht.[235] Auf dieser Basis kommt das BAG in der Folge zu einem Verständnis der Abweichungsbefugnis, das dem Wortlaut des § 12 EntgFG gerade entgegengesetzt und daher abzulehnen ist.[236] Der Wortlaut erlaubt allein die Vereinbarung von günstigeren oder gleichwertigen Abweichungen, steht ungünstigen Vereinbarungen aber entgegen.[237]

Daneben beachtet die vom BAG gewählte Vergleichsmethodik nicht, dass § 12 EntgFG individuelle Ansprüche im konkreten Einzelfall vor Abweichungen schützt und dass auch abseits einer strukturellen Benachteiligung die Gefahr besteht, dass der Anspruch nicht auf dem gesetzlichen Niveau erfüllt wird.[238] Dass das BAG selbst die bei Heranziehung einer jährlichen Betrachtungsweise entstehenden ungünstigeren Auswirkungen nicht zum Anlass nehmen will, eine Vereinbarung als unwirksam anzusehen,[239] ist mit der Funktion des Günstigkeitsvergleichs als Mittel zur Sicherung individueller gesetzlicher Ansprüche nicht vereinbar. Gleiches gilt für die Verwendung eines Zeitraums für den Günstigkeitsvergleich, zumal es angesichts der identischen Wirkung auf den Mindeststandard auch nicht schlüssig ist, Kompensationen in sachlicher Hinsicht durch den Einzelvergleich auszuschließen, diese aber in zeitlicher Hinsicht zuzulassen.

Das BAG setzt sich so in einen Widerspruch zu seiner früheren Rechtsprechung zum FZG,[240] in der es Pauschalierungen nur zugelassen hatte, wenn diese eindeutig geeignet waren, den Anspruch zu erfüllen.[241] Auch für das BUrlG wurde entschieden, dass Zeiten der Freistellung immer voll auf die

---

235 *Klocke*, jurisPR-ArbR 48/2018 Anm. 2.

236 *Klocke*, jurisPR-ArbR 48/2018 Anm. 2; *Knorr*, NZA 2018, 1449, 1453 hat jedenfalls Bedenken angesichts des Wortlauts; Schmitt/EFZG/*L. Schmitt*, § 12 Rn. 40, sieht kein zwingendes Argument; *dies.*, Anm. zu BAG v. 06. 12. 2017, AP EntgeltFG § 2 Nr. 18. A.A. *Arnold*, ArbRAktuell 2018, 324 der eine feinsinnige Auslegung sieht; dem BAG zustimmend auch Schaub/ArbR-HdB/*Linck*, § 98 Rn. 149 u. § 103 Rn. 23; MüAnwHdB-ArbR/*Glaser*, § 24 Rn. 159 für tarifliche Regelungen und, soweit ersichtlich, nur im Anwendungsbereich des § 4 Abs. 3 EntgFG.

237 *Klocke*, jurisPR-ArbR 48/2018 Anm. 2; MüHdB-ArbR/*Klumpp*, § 237 Rn. 95.

238 *Klocke*, jurisPR-ArbR 48/2018 Anm. 2; *Knorr*, NZA 2018, 1449, 1453; *L. Schmitt*, Anm. zu BAG v. 06. 12. 2017, AP EntgeltFG § 2 Nr. 18.

239 Dazu Teil 4 § 15 Abschnitt C.

240 *L. Schmitt*, Anm. zu BAG v. 06. 12. 2017, AP EntgeltFG § 2 Nr. 18.

241 Vgl. BAG v. 28. 02. 1984 – 3 AZR 103/83, AP FeiertagslohnzahlungsG § 1 Nr. 43 [unter I. 2. b)]; BAG v. 22. 10. 1973 – 3 AZR 83/73, AP FeiertagslohnzahlungsG § 1 Nr. 31 [unter II. 1.]; ähnlich bereits BAG v. 25. 03. 1966 – 3 AZR 358/65, AP FeiertagslohnzahlungsG § 1 Nr. 19.

Soll-Arbeitszeit anzurechnen sind.[242] Ebenso hatte das BAG eine tarifvertragliche Regelung nicht zugelassen, die eine pauschale Kürzung des Arbeitszeitkontos für jeden Krankheitstag von 1,5 Stunden vorgesehen hatte.[243] Eine solche Regelung sei selbst durch die Tariföffnung des § 4 Abs. 4 EntgFG nicht gedeckt, weil sie dem Arbeitgeber das Recht einräume unentgeltliche Arbeitsleistung vom Arbeitnehmer zu verlangen[244]. Warum dies abseits einer Tariföffnungsregel möglich ist, obwohl die Kürzungen 1,5 Stunden deutlich übersteigen und in einigen Konstellationen absehbar ist, dass selbst im Zeitverlauf keine Kompensation erfolgt, bleibt in der Entscheidung offen.

Dass das BAG diese Rechtsprechung auf tarifvertragliche Abweichungen beschränkt, könnte die Folgen begrenzen, jedoch begründet es dies nur am Rande mit speziellen teleologischen Überlegungen zur Tarifautonomie. Ausgangspunkt der Argumente ist vielmehr der Wortlaut des § 12 EntgFG und nur zur Rechtfertigung der Folgen der Wortlautauslegung wird auf die spezielle Typisierungskompetenz der Tarifvertragsparteien verwiesen.[245] Indem aber vorausgesetzt wird, dass der Wortlaut des EntgFG diesen Regelungsspielraum eröffnet, werden diese Überlegungen und die unter Umständen damit zu begründenden Wirkungen im Ausnahmefall bereits der Grundregel immanent gemacht, wodurch sie ihren Ausnahmecharakter verlieren. Das BAG verkennt damit das Regel-Ausnahme-Verhältnis des Abweichungsverbots zur Abweichungsbefugnis und in Ermangelung eines normativen Ansatzpunkts für eine gespaltene Auslegung in § 12 EntgFG[246] erscheint damit auch die Beschränkung auf Tarifverträge nicht haltbar.

Angesichts des Fehlens einer Tariföffnungsregel wäre auch nicht zu erklären, warum eine arbeitsvertragliche Pauschalierung im Licht des § 12 EntgFG unwirksam sein soll, wenn sie sich als günstigere Regelung gegen eine tarifliche Pauschalierung durchsetzen würde.[247] Das wird noch widersprüchlicher, wenn für die Kürzung sogar eine Kompensation in Form eines zusätzlichen freien Arbeitstages vereinbart wird, die im Rahmen des gesetzlichen Günstigkeitsvergleichs nicht zu berücksichtigen ist, beim tariflichen Sachgruppenvergleich aber relevant wird. Das System der Günstigkeitsbeziehungen würde daher unschlüssig werden, wenn nicht auch den Arbeitsvertrags- und den Be-

---

[242] BAG v. 28. 11. 1989 – 1 ABR 94/88, BAGE 63, 274 [unter B. II. 3. b)].

[243] BAG v. 26. 09. 2001 – 5 AZR 539/00, BAGE 99, 122.

[244] BAG v. 26. 09. 2001 – 5 AZR 539/00, BAGE 99, 122 [unter IV. 2. b)]; zu den Grenzen der Tariföffnungsklausel, *Knorr*, NZA 2018, 1449, 1450 f.

[245] BAG v. 06. 12. 2017 – 5 AZR 118/17, BAGE 161, 132 Rn. 35.

[246] *Klocke*, jurisPR-ArbR 48/2018 Anm. 2; *L. Schmitt*, Anm. zu BAG v. 06. 12. 2017, AP EntgeltFG § 2 Nr. 18.

[247] Im Anwendungsbereich des § 4 Abs. 4 EntgFG, genügt hingegen nicht nur die Günstigkeit im Verhältnis zum Tarifvertrag, sondern es muss auf das Gesetz abgestellt werden, vgl. *Kalmbach/J. Koch*, NZA 2018, 1594, 1596.

triebsparteien sowie Regelungen in Vereinbarungen des Dritten Wegs die Pauschalierung zugestanden wird. Es ist daher nur konsequent, dass ein Teil der dem BAG zustimmenden Literatur keine Differenzierung bei der Rezeption der Rechtsprechung vornimmt[248] und teilweise ausdrücklich eine Übertragbarkeit auf vertragliche Regelungen und andere Sachverhalte befürwortet[249].

Anstatt die problematische Wortlautauslegung[250] durch teleologische Überlegungen zu ergänzen und damit den vorher erkannten Regelungsspielraum zu bestätigen,[251] wäre die teleologische Auslegung der Normen des EntgFG im Hinblick auf eine besondere Abweichungskompetenz für Tarifverträge zumindest ein methodisch zutreffender Anknüpfungspunkt für die Überlegungen des Gerichts gewesen.[252] Insoweit ist die vom BAG angenommene Kompetenz zur Typisierung der Entgeltberechnung keine Frage der Günstigkeit, sondern eine Frage der teleologischen Auslegung und Rechtsfortbildung der Anwendung der Vorschriften des EntgFG auf verschiedene Regelungstypen.[253] Entweder für § 2 oder für § 12 EntgFG ist die Frage zu stellen, ob der Wortlaut die Berücksichtigung dieser teleologischen Erwägungen noch zulässt, oder ob zumindest die Grundlagen für eine analoge Anwendung des § 4 Abs. 4 EntgFG oder des § 13 Abs. 1 BUrlG bestehen bzw. ob der Anwendungsbereich des § 12 EntgFG teleologisch um tarifrechtliche Vorgaben zur Berechnung des Entgelts an Feiertagen reduziert werden kann.[254] Im Gegensatz zu einer vermeintlichen Wortlautauslegung macht diese Herangehensweise nachvollziehbar, dass die Wertungen des Gesetzgebers ergänzt werden.[255] Ferner kann bei diesem Ansatz auf die Bildung der strukturellen Schlechterstellung als neue und wertungsbedürftige Kategorie der Benachteiligung abseits einer normativen Grundlage verzichtet werden, wodurch auch kein weiteres Abgrenzungskriterium zu Arbeitsverträgen gebildet werden muss, um sicherzustellen, dass

---

248 Vgl. Schaub/ArbR-HdB/*Linck*, § 98 Rn. 149 u. § 103 Rn. 23; hingegen *Ahnefeld*, ArbRAktuell 2023, 375, 377; MüAnwHdB-ArbR/*Glaser*, § 24 Rn. 159.

249 *Arnold*, ArbRAktuell 2018, 324; *Zaumseil*, BB 2018, 1527, 1531. Hingegen kritisch wegen der fehlenden Differenzierung, *Klocke*, jurisPR-ArbR 48/2018 Anm. 2; *L. Schmitt*, Anm. zu BAG v. 06.12.2017, AP EntgeltFG § 2 Nr. 18.

250 BAG v. 06.12.2017 – 5 AZR 118/17, BAGE 161, 132 Rn. 29.

251 BAG v. 06.12.2017 – 5 AZR 118/17, BAGE 161, 132 Rn. 35.

252 Wohl auch *Knorr*, NZA 2018, 1449, 1453. Vgl. zu Pauschalierungsbefugnissen im FZG *Herschel*, Anm. zu BAG v. 22.10.1973, AP FeiertagslohnzahlungsG § 1 Nr. 31.

253 Vgl. *Herschel*, Anm. zu BAG v. 22.10.1973, AP FeiertagslohnzahlungsG § 1 Nr. 31.

254 Vgl. zu den Möglichkeiten und Grenzen, *Käppler*, Tarifdispositives Richterrecht, S. 95 ff.; *Seiwerth*, Gestaltungsfreiheit in Tarifverträgen, S. 326 ff.

255 In dem Sinn bereits *Herschel*, Anm. zu BAG v. 22.10.1973, AP FeiertagslohnzahlungsG § 1 Nr. 31.

diesen trotz des Fehlens einer entsprechenden Grundlage keine Typisierungskompetenz für die einzelnen Arbeitsverträge zukommt. Ob die Voraussetzungen für eine solche Rechtsfortbildung im Einzelfall gegeben sind, kann angesichts der ausdrücklichen Nennung des § 4 Abs. 4 EntgFG in § 12 EntgFG bezweifelt werden,[256] aber auch dahingestellt bleiben,[257] denn jedenfalls sind die Grenzen der Rechtsfortbildung zu respektieren.[258]

b) Versuch der Konkretisierung und Anwendung des Merkmals der strukturellen Benachteiligung

Das BAG wird die Bedeutung des Merkmals der strukturellen Benachteiligung für den Günstigkeitsvergleich konkretisieren und so das (neue) Untermaß des gesetzlichen Anspruchs bestimmen müssen, um der arbeitsvertraglichen Praxis Entscheidungsmaßstäbe zu geben.[259] Bisher hat es dessen Inhalt nicht vertieft erläutert, weshalb die damit verbundenen Voraussetzungen auch nicht klar sind. Auch dies ist ein Grund die Entscheidung zu hinterfragen, denn bis zu einer Definition des Merkmals leistet die Entscheidung keinen Beitrag zur Rechtsicherheit. Statt der Unsicherheit über die Möglichkeit zur Vereinbarung günstigkeitsvariabler Abweichungen an sich, besteht nun die Unsicherheit, welche günstigkeitsvariablen Abweichungen vereinbart werden können.

Denkbar wäre, dass auf Basis der Typisierungsbefugnis für Massenerscheinungen die Günstigkeit nicht auf Basis der Auswirkungen für den einzelnen Arbeitnehmer zu bestimmen ist,[260] sondern ein Kollektiv maßgeblich ist.[261] So deutet es die Entscheidung jedenfalls an, indem sie abstrakte Überlegungen zu Arbeitnehmergruppen anstellt, die nicht mit dem individuellen Anspruch verbunden sind. Bei einem solchen Verständnis wäre eine Abweichung

---

256 *Knorr*, NZA 2018, 1449, 1452, betont, dass sich darin ein Wille des Gesetzgebers manifestiert; vgl. auch *Seiwerth*, Gestaltungsfreiheit in Tarifverträgen, S. 379. Zur richterlichen Rechtsfortbildung in diesem Zusammenhang, *Käppler*, Tarifdispositives Richterrecht, S. 101 ff.

257 Allgemein, Teil 2 § 8 Abschnitt B. I. 3. b) ff).

258 Jedenfalls skeptisch gegenüber solchen Rechtsfortbildungen, *Käppler*, Tarifdispositives Richterrecht, S. 101 ff.; *Seiwerth*, Gestaltungsfreiheit in Tarifverträgen, S. 377 ff.; *Ulber*, Tarifdispositives Gesetzesrecht, S. 365.

259 Vgl. für pauschalierte Überstundenregelungen, *Hümmerich/Rech*, NZA 1999, 1132, 1134 f.

260 Zumal im Folgenden auch die Auswirkungen für Beschäftigtengruppen erwähnt werden, BAG v. 06.12.2017 – 5 AZR 118/17, BAGE 161, 132 Rn. 35 f.

261 So die Einschätzung der Rechtsprechung bei *Klocke*, jurisPR-ArbR 48/2018 Anm. 2; Schmitt/EFZG/*L. Schmitt*, § 12 Rn. 38; *dies.*, Anm. zu BAG v. 06.12.2017, AP EntgeltFG § 2 Nr. 18.

keine strukturelle Benachteiligung, wenn sie nur für eine Minderheit der Arbeitnehmer mit nachteiligen Wirkungen verbunden ist, und die Pauschalierungsregelungen sind nicht unwirksam, wenn ein Großteil der Arbeitnehmer keine unregelmäßige Arbeitszeit hat. Insofern ließe sich das Kriterium als Wechsel des Bezugsobjektes verstehen, jedoch ist der individuelle Vergleich im Entgeltfortzahlungsrecht unumstritten und wurde durch das BAG nie in Zweifel gezogen, weshalb anzunehmen ist, dass das BAG eine Rechtsprechungsänderung deutlich zum Ausdruck gebracht hätte. Außerdem hat es auch keine Überlegungen zur Auswahl und zur Situation des Vergleichskollektivs angestellt.

Ausgehend von einem individuellen Bezugsobjekt ließe sich das Kriterium der strukturellen Benachteiligung auch als Anknüpfung an die Wahrscheinlichkeit der ungünstigeren Wirkung und mithin als eine Form der objektivierten Bewertung verstehen. Eine strukturelle Benachteiligung könnte demnach vorliegen, wenn sich die Wirkungen zuungunsten des Arbeitnehmers mit großer Wahrscheinlichkeit verwirklichen können, die Wirkungen zugunsten des Arbeitnehmers jedoch nur in seltenen oder unwahrscheinlichen Konstellationen auftreten.[262] Neben der Eintrittswahrscheinlichkeit wäre auch der Umfang der möglichen Wirkungen zu bestimmen und diese ins Verhältnis zur Eintrittswahrscheinlichkeit zu setzen und dieses insgesamt zu bewerten. Sofern dafür eine Methodik entwickelt werden könnte, wäre anders als beim kollektiven Günstigkeitsvergleich damit zumindest sichergestellt, dass nur solche Vereinbarungen wirksam sind, bei denen der Arbeitnehmer zumindest die Chance einer Wirkung zu seinen Gunsten erhält, was eher der individuellen Natur der Ansprüche entspricht. Dass das BAG auf die vermeintliche Zufälligkeit der Verteilung der Feiertage innerhalb einer Woche verweist, könnte für einen solchen Anknüpfungspunkt sprechen, allerdings wäre es wenig überzeugend, wenn aus dieser Aussage bereits auf die Wahrscheinlichkeiten einzelner Wirkungen der betrachteten Vereinbarungen geschlossen worden wäre.[263]

Denkbar wäre auch ein Verständnis der strukturellen Schlechterstellung im Sinn eines tatsächlichen oder vermeintlichen Benachteiligungswillens der überlegenen Vertragspartei, wie es in der bereits benannten Entscheidung zur Kürzung des Arbeitszeitsaldos in Höhe von 1,5 Stunden im Krankheitsfall herangezogen wurde[264] und sich auch hier andeutet, wenn das BAG davon

---

[262] Vgl. zu einem tendenziellen Günstigkeitsbegriff, in Erwägung ziehend, BAG v. 04.07.2001 – 2 AZR 469/00, AP BGB § 622 Nr. 59 [unter II. 3. e)]; LAG Hamburg v. 30.03.2000 – 7 Sa 5/00, BeckRS 2009, 67875; *Diller*, NZA 2000, 293, 296f.; *Wensing/Hesse*, NZA 2009, 1309, 1310; deutlich dagegen im Kündigungsrecht, BAG v. 29.01.2015 – 2 AZR 280/14, BAGE 150, 337 Rn. 15.

[263] Dazu Teil 5 § 17 Abschnitt C. I. 2. a).

[264] BAG v. 26.09.2001 – 5 AZR 539/00, BAGE 99, 122 [unter IV. 2. b)] zu einer tarifvertraglichen Kürzung der Entgeltfortzahlung im Krankheitsfall. BAG v.

spricht, dass die Vereinbarungen „strukturell nicht auf eine Benachteiligung der Arbeitnehmer ausgerichtet sind“[265]. Eine Anknüpfung an einen Benachteiligungswillen oder eine besondere Zielrichtung der abweichenden Vereinbarung ist aber dem Ziel der Schaffung eines Mindeststandards nicht immanent[266] und in der Vorschrift nicht angelegt. Dass unbeabsichtigt oder zufällig zuungunsten der Arbeitnehmer wirkenden Abweichungen nicht unwirksam sind, lässt sich der Norm daher nicht entnehmen. Die bisherigen Überlegungen zum Günstigkeitsvergleich werden ferner auf den Kopf gestellt, wenn zufällig eintretende Wirkungen zuungunsten der Arbeitnehmer vereinbart werden können, die gleiche Wirkung jedoch zur Unwirksamkeit der Vereinbarung führen soll, wenn sie absichtlich herbeigeführt wird und der Arbeitnehmer dafür eine sachliche Kompensation erhält. Nicht zuletzt könnte der Wille regelmäßig wohl nur anhand der Wirkung festgestellt werden, sodass damit erheblicher Wertungsspielraum gegenüber dem gesetzlichen Mindeststandard geschaffen werden würde.

Keiner der aufgeworfenen Maßstäbe erscheint hinreichend praktikabel und das Merkmal ist auch nicht konturiert genug, um die aufgeworfenen Regelungen am Maßstab der strukturellen Benachteiligung zu messen. Auf Basis der vergleichsweise geringeren Abweichungen lässt sich aber für abweichende Entgeltregelungen ableiten, dass diese zulässig sind, solange sie an den individuellen Durchschnitt des Entgelts oder der Arbeitszeit des Arbeitnehmers anknüpfen. Die pauschalisierten Annahmen können auf Basis der Rechtsprechung des BAG aber auch losgelöst vom individuellen Arbeitsverhältnis gebildet werden. Weitere Grenzen ergibt der Vergleich mit der konkreten Vereinbarung aus dem Sachverhalt des BAG und solange kein größeres Maß an günstigkeitsvariablen Wirkungen möglich ist, können auch alle dargestellten Vereinbarungen im Licht der BAG-Rechtsprechung wirksam sein.

Angesichts der möglichen Wirkung besteht für Arbeitgeber auch ein wirtschaftliches Interesse die Grenzen zulässiger Ambivalenzen auszuloten und entsprechende arbeitsvertragliche Regelungen könnten daher häufiger werden. Im Konkreten zeigt sich damit, dass bereits partielle Abweichungsmöglichkeiten zuungunsten des Arbeitnehmers zur Aufweichung des gesetzlichen Standards führen können, wenn – wie hier die Typisierungsbefugnis – zusätzliche Wertungskriterien in die Rechtsanwendung eingeführt werden. Dies gilt umso mehr, wenn damit allein Interessen des Arbeitgebers berücksichtigt werden, wie es ebenfalls bei der Typisierung und den möglichen Rationalisie-

---

22.01.2002 – 9 AZR 601/00, BAGE 100, 189 [unter A. II. 2. c)] spricht von systematischen Unterschreitungen und der bewussten und gewollten Minderung des Urlaubsentgelts.

[265] BAG v. 06.12.2017 – 5 AZR 118/17, BAGE 161, 132 Rn. 35.

[266] *Courth*, Günstigkeitsprinzip, S. 128.

rungsgewinnen der Fall ist. Es ist nicht interessengerecht, wenn der Arbeitnehmer sich mit 2 Wochen Vorlauf auf seine wöchentlichen Dienstzeiten einzurichten hat und diese teils minutengenau, die tatsächliche Arbeitszeit an einem Feiertag aber nur pauschaliert abgerechnet wird. Angesichts des verbreiteten Einsatzes von informationstechnischen Systemen bei der Personalbuchhaltung erscheint der praktische Bedarf für solche Regelungen auch eher gering.[267] Es ist unverständlich, dass das BAG diese Praxis gebilligt hat und dabei noch auf einen methodischen Weg zurückgegriffen hat, der diese Praxis auch für arbeitsvertragliche Regelung öffnet.

Die Bewertung der abweichenden Wartezeiten[268] ist noch schwieriger zu konkretisieren. Ausgehend von einer Wahrscheinlichkeitsbetrachtung auf Basis des Krankenstandes aller Arbeitnehmer dürfte die Vereinbarung nicht mit einer überwiegenden Wahrscheinlichkeit zuungunsten des Arbeitnehmers wirken. Der Krankenstand der Arbeitnehmer liegt jedenfalls im mittleren bis hohen einstelligen Prozentbereich,[269] sodass die Wahrscheinlichkeit sehr gering ist, während der ersten vier Wochen einer neuen Tätigkeit zu erkranken. Auf Basis dieser Wirkung dürfte die vertragliche Abweichung auch nicht als absichtliche oder gezielte Benachteiligung zu werten sein. Gleiches gilt auf Basis eines kollektiven Vergleichs, wenn der regelmäßige Krankenstand der Mitarbeiter im Betrieb nicht außergewöhnlich hoch ist. Es könnte allerdings auch sein, dass ein anderes Kollektiv heranzuziehen ist und allein der Durchschnitt des Krankenstandes der Mitarbeiter des Betriebs innerhalb der ersten vier Wochen der Beschäftigung zu betrachten ist. Sofern man an der Rechtsprechung überhaupt festhalten will, müsste auch für diese Fälle das Kriterium der strukturellen Benachteiligung konkretisiert werden, wobei dieser Versuch der Konkretisierung bereits verdeutlicht, dass die damit verbundenen Erwägungen sich vom Arbeitnehmerschutz lösen und weitere Aspekte berücksichtigen müssen, die im Licht des Ziels der Vorschrift weder zweck- noch interessengerecht sind.

4. Zusammenfassung

Für die Behandlung der günstigkeitsvariablen Vereinbarungen im Entgeltfortzahlungsrecht lässt sich im Ergebnis festhalten, dass diesen die Wirksamkeit zu versagen und die entgegenstehende Rechtsprechung des BAG abzu-

---

267 *Zaumseil*, BB 2018, 1527, 1531; a.A. *Laskawy/Lomb*, DB 2018, 1348, die einen praktischen Bedarf erkennen.

268 Teil 5 § 17 Abschnitt C. I. 2. d).

269 BMG, Gesetzliche Krankenversicherung, Mitglieder, mitversicherte Angehörige und Krankenstand, Monatswerte Januar–November 2024 (abrufbar unter: https://tinyurl.com/ekpev728).

lehnen ist. Diese ist nicht mit der Natur der Entgeltfortzahlung als gesetzlichem Mindeststandard vereinbar und ersetzt die vorgenommene Abwägung des Gesetzgebers durch eine eigene Wertung. Darüber hinaus ist nicht ersichtlich, wie das vom BAG gebildete Kriterium der strukturellen Schlechterstellung sinnvoll konkretisiert werden kann. Die Feststellung der Günstigkeit ist in diesen Fällen mit Überlegungen verbunden, die nur wenig mit der Verwirklichung des gesetzlichen Standards im Einzelfall in Berührung stehen. Dies verdeutlich, dass die Wertungen des Gesetzgebers aus dem Blick geraten, wenn die Grenze der Günstigkeit nicht auf Basis der geschützten Interessen bestimmt und nicht als absoluter Abweichungsschutz verstanden wird.

II. Ambivalente Vereinbarungen

1. Abstrakte Betrachtung ambivalenter Vereinbarungen

Auf Basis der Bestätigung der Hypothese zum Günstigkeitsbegriff und aufgrund der mit ihrer Wirkung verbundenen Unterschreitung eines der gesetzlich geschützten Interessen können ambivalente Vereinbarungen im Rahmen der Entgeltfortzahlung auch nicht als günstiger angesehen werden. Vielmehr steht bei diesen eindeutig und im Vorhinein fest, dass dem gesetzlichen Anspruch nicht vollständig entsprochen wird. Im Licht der erarbeiteten Kriterien setzt sich auch bei Vereinbarung dieser Abweichungen die gesetzliche Regelung gegen die vertragliche Regelung durch, weshalb ambivalente Vereinbarungen unwirksam sind.

2. Konkrete Betrachtung ambivalenter Vereinbarungen

Bei der Untersuchung konkreter Vereinbarungen mit ambivalenter Wirkung ist zu berücksichtigen, dass allein der Vergleich einzelner Regelungen in Betracht kommt. Infolge des Ausschlusses der gemeinsamen Betrachtung mehrere Abweichungen wird verhindert, dass bereits die Form des Vergleichs dazu führt, dass sich ambivalente Wirkungen ergeben. Eine Regelung, die beispielsweise zugunsten des Arbeitnehmers die Frist aus § 3 Abs. 1 S. 2 Nr. 1 EntgFG verkürzt, wäre daher unabhängig von der Unwirksamkeit einer zuungunsten des Arbeitnehmers erfolgenden Verkürzung der Frist aus § 3 Abs. 1 S. 2 Nr. 2 EntgFG anzuwenden. Die Häufigkeit des Auftretens ambivalenter Vereinbarungen wird daher durch den Einzelvergleich begrenzt und es sind keine Vorgaben ersichtlich, von denen mit ambivalenter Wirkung abgewichen werden könnte.

3. Zusammenfassung

Ambivalente Abweichungen können im Entgeltfortzahlungsrecht nicht wirksam vereinbart werden, da eindeutig und im Vorhinein feststeht, dass der gesetzliche Anspruch nicht gleichwertig erfüllt werden wird. Es handelt sich aber vor allem um ein theoretisches Problem, dass aufgrund des Regelungsinhalts des EntgFG nicht in der Praxis auftreten kann.

D. Ergebnisse der Betrachtung des Günstigkeitsprinzips im Entgeltfortzahlungsgesetz

Insgesamt hat sich gezeigt, dass die in § 12 EntgFG enthaltene Kodifikation des Günstigkeitsprinzips einen absolut wirkenden Abweichungsschutz beinhaltet, der günstigere und gleichwertige Vereinbarungen ermöglicht, der aber allen Abweichungen zuungunsten des Arbeitnehmers entgegensteht. Insbesondere sprechen der Wortlaut, der Sinn und Zweck und die Gesetzeshistorie dafür, dass auch ungünstige Wirkungen abseits einer strukturellen Schlechterstellung erfasst werden und die Entgeltfortzahlung einen absoluten Mindeststandard darstellt, dessen Einhaltung auch im Zweifelsfall sicherzustellen ist. Für die Feststellung der Günstigkeit ist dabei ein Einzelvergleich durchzuführen und es sind die Auswirkungen auf einen einzelnen Arbeitnehmer zu betrachten. Ausgehend vom Zeitpunkt des erstmaligen Aufeinandertreffens der abweichenden Bestimmungen ist dabei deren Wirkung auf den einzelnen Anspruch des Arbeitnehmers zu bestimmen und anhand eines objektiven Vergleichsmaßstabs zu bewerten.

Günstigkeitsvariable Abweichungen von den Bestimmungen des EntgFG sind infolge dieser Kriterien grundsätzlich denkbar und vor allem Abweichungen von den Vorgaben zur Berechnung des Entgelts nach § 2 EntgFG und § 4 EntgFG können so gestaltet sein, dass sie im Verhältnis zur gesetzlichen Regelung eine günstigkeitsvariable Wirkung entfalten. Mit dem ermittelten Abweichungsspielraum sind Vereinbarungen mit ungünstigerer Wirkung im Einzelfall aber ebenso wenig vereinbar wie ambivalente Wirkungen, die im Zusammenhang mit dem EntgFG aber nur theoretische Bedeutung haben.

Die entgegengesetzte Rechtsprechung des BAG zur Wirksamkeit einer Vereinbarung zur Pauschalierung des Feiertagsentgelts und mithin zur Wirksamkeit günstigkeitsvariabler Vereinbarungen gefährdet die Verwirklichung des gesetzlichen Mindeststandards im Einzelfall und steht damit im Widerspruch zum Sinn und Zweck des Gesetzes. Das dafür herangezogene Kriterium der strukturellen Benachteiligung lässt sich weder dem Gesetz entnehmen noch wird es durch das BAG inhaltlich ausgestaltet. Die methodische Herangehensweise ist dabei auch fragwürdig und es ist nicht ersichtlich, wie diese

Rechtsprechung rund um den eigentlichen Kern ihrer Begründung eingehegt und damit auf tarifvertragliche Regelungen beschränkt werden soll. Ferner hat das Gericht das Kriterium der strukturellen Schlechterstellung nicht definiert, sodass die Vereinbarung günstigkeitsvariabler Abweichungen zwar möglich, aber weiter mit Rechtsunsicherheit verbunden ist.

§ 18 Betrachtung des Günstigkeitsprinzips im Bundesurlaubsgesetz

Beginnend mit dem Urlaubsrecht wird auch für die weiteren Kodifikationen nach einem weitgehend identischen Schema überprüft, inwieweit die aufgestellte Hypothese zum Regelungsbereich der Arbeitsvertragsparteien mit den besonderen Vorgaben des normativen Rechts vereinbar ist und welche Besonderheiten sich daraus ergeben. Gleiches gilt für die Hypothese zur Behandlung der Vereinbarungen an der Grenze der Günstigkeit, wobei auch zu hinterfragen sein wird, inwieweit die Rechtsprechung des BAG zur Zulässigkeit neutraler, ambivalenter und der hier gebildeten günstigkeitsvariablen Regelungen auf das BUrlG übertragen werden kann. Im Zusammenhang mit dem BUrlG geraten ferner erstmals konkrete unionsrechtliche Vorgaben in den Blick.

A. Überblick über das Urlaubsrecht

Die Regelungen des Bundesurlaubsgesetzes enthalten den gesetzlichen Mindesturlaubsanspruch für Arbeitnehmer, der gem. § 3 Abs. 1 BUrlG 24 Werktage pro Kalenderjahr beträgt und als bezahlter Urlaub zu gewähren ist. Ebenso wie die Ansprüche auf Entgeltfortzahlung ist der Urlaubsanspruch eine Durchbrechung des Grundsatzes „ohne Arbeit kein Lohn“[270], die den Arbeitgeber verpflichtet, den individuellen Entgeltanspruch zu erfüllen, obwohl keine Arbeitsleistung erbracht wird. Anders als der Anspruch auf Entgeltfortzahlung beinhaltet der Urlaubsanspruch jedoch nicht nur den Anspruch auf Urlaubsentgelt, sondern auch einen Freistellungsanspruch, der den Arbeitnehmern ein Recht auf Freistellung von der Arbeitsleistung gewährt[271]. Beide Bestandteile werden als Einheit verstanden, die zusammen einen einheitlichen Urlaubsanspruch begründen.[272] Das Günstigkeitsprinzip für das Urlaubsrecht beinhaltet § 13 BUrlG, der in § 13 Abs. 1 S. 3 BUrlG ein Verbot für Abweichungen zuungunsten der Arbeitnehmer abseits der ausdrücklich vorgesehenen Ausnahmen

---

270 BeckOK-ArbR/*Lampe*, BUrlG § 1 Rn. 3.

271 BeckOK-ArbR/*Lampe*, BUrlG § 1 Rn. 4; Schaub/ArbR-HdB/*Linck*, § 104. Rn. 5 u. Rn. 10.

272 BeckOK-ArbR/*Lampe*, BUrlG § 1 Rn. 4; Schaub/ArbR-HdB/*Linck*, § 104. Rn. 5; HWK-ArbR/*Schinz*, BUrlG § 1 Rn. 7.

begründet. Gegenstand der Betrachtung sind auch allein die § 13 BUrlG unterliegenden Ansprüche und mithin allein die Bestimmungen des BUrlG. Die weiteren Urlaubsregelungen in Spezialgesetzen wie § 19 JArbSchG, § 208 SGB IX und §§ 56 ff. SeeArbG und die häufig auch (tarif-)vertraglich begründeten Urlaubsansprüche[273] werden daher im Folgenden nicht betrachtet.

I. Sinn und Zweck des Urlaubsanspruchs des BUrlG

Der Urlaubsanspruch ermöglicht dem Arbeitnehmer die Erholung von der geleisteten Arbeit und gewährt ihm einen Zeitraum der Entspannung und der Freizeit, der auch der Regenerierung der Arbeitskraft und damit mittelbar den Interessen des Arbeitgebers dient.[274] Die Gewährleistung des Lebensunterhalts durch die Zahlung des Urlaubsentgelts während der Freistellung stellt sicher, dass der Arbeitnehmer während dieser Zeit keinen Tätigkeiten zur Sicherung seiner wirtschaftlichen Existenz nachgehen muss. Zumindest aus wirtschaftlicher Sicht ist es dem Arbeitnehmer daher möglich, sich von der geleisteten Arbeit zu erholen und neue Kraft für die zukünftige Tätigkeit zu sammeln.[275] Der Urlaubsanspruch verfolgt damit ein sozialpolitisches Ziel und ist insoweit auch zweckgebunden.[276] Weder die Verwirklichung der Erholung noch ein individuelles oder ein abstraktes Erholungsbedürfnis des Arbeitnehmers sind jedoch Teil der Anspruchsvoraussetzungen,[277] sodass die Zweckbindung sich in diesen Voraussetzungen nicht spiegelt und mithin vor allem abstrakter Natur ist[278]. Der Arbeitnehmer ist während des Urlaubs auch nicht verpflichtet seine Freizeit so zu gestalten, dass er sich tatsächlich körperlich und geistig von der Arbeit erholt.[279] Ein unmittelbarer Zusammenhang zur sozialpolitischen Zielsetzung lässt sich lediglich in ergänzenden Regelungen erkennen, wie insbesondere dem Verbot dem Urlaubszweck widerspre-

---

[273] Dazu BeckOK-ArbR/*Lampe*, BUrlG § 1 Rn. 1.

[274] BT-Ds. IV/207, S. 3; BAG v. 01. 03. 1962 – 5 AZR 191/61, BAGE 12, 311; GK-BUrlG/*Bleistein*, § 1 Rn. 2; ErfK/*Gallner*, BUrlG § 1 Rn. 1; Schaub/ArbR-HdB/*Linck*, § 104. Rn. 6; HWK-ArbR/*Schinz*, BUrlG § 1 Rn. 5.

[275] In dem Sinn, EuGH v. 13. 12. 2018 – C-385/17 [Hein], AP Richtlinie 2003/88/EG Nr. 28, Rn. 33.

[276] BeckOK-ArbR/*Lampe*, BUrlG § 1 Rn. 5.

[277] MüHdB-ArbR/*Klose*, § 86 Rn. 6; von Bedeutung ist dies vor allem für die Entstehung und Erfüllung des Urlaubsanspruchs, BeckOK-ArbR/*Lampe*, BUrlG § 1 Rn. 5 f.

[278] BAG v. 28. 01. 1982 – 6 AZR 571/79, AP BUrlG § 3 Rechtsmissbrauch Nr. 11 [unter II. 2. b)]; GK-BUrlG/*Bleistein*, § 1 Rn. 3; *Heilmann*/BUrlG, § 1 Rn. 8; MüHdB-ArbR/*Klose*, § 86 Rn. 6; HWK-ArbR/*Schinz*, BUrlG § 1 Rn. 5.

[279] BAG v. 28. 01. 1982 – 6 AZR 571/79, AP BUrlG § 3 Rechtsmissbrauch Nr. 11 [unter II. 2. b) dd)].

chender Erwerbstätigkeiten gem. § 8 BUrlG[280] oder der Vorgabe zur zusammenhängenden Gewährung des Urlaubs gem. § 7 Abs. 2 S. 1 BUrlG[281].

II. Historie des Urlaubsanspruchs

Bis zur Gründung der Weimarer Republik war die Gewährung von Erholungsurlaub wenig verbreitet,[282] wurde danach jedoch vermehrt geregelt, beruhte aber vor allem auf tarifvertraglichen Ansprüchen oder war eine freiwillige Leistung der Arbeitgeber.[283] Noch vor der Schaffung einschlägiger gesetzlicher Regelungen war der Anspruch jedoch so verbreitet, dass die Gewährung von Erholungsurlaub als allgemeiner aus dem Gewohnheitsrecht oder der Fürsorgepflicht des Arbeitgebers abgeleiteter Rechtsanspruch verstanden wurde,[284] auch wenn das RAG einen Anspruch nur bejaht hat, wenn dafür eine gesetzliche oder (tarif-)vertragliche Grundlage bestand.[285]

Nach dem 2. Weltkrieg wurden in fast allen Bundesländern gesetzliche Regelungen geschaffen, sodass bis zur Schaffung des BUrlG das Urlaubsrecht der Arbeitnehmer uneinheitlich geregelt war.[286] Erst das BUrlG begründete einen allgemeinen gesetzlichen Urlaubsanspruch[287] und setzte die Vorschriften in den Landesurlaubsgesetzen außer Kraft, sodass erstmals ein einheitlicher Anspruch geschaffen wurde.[288] Dabei wurde jedoch die Bedeutung der Tarifvertragsparteien bei der Entwicklung des Urlaubsrecht berücksichtigt und ihnen auch zuungunsten des Arbeitnehmers erhebliche Abweichungsmöglichkeiten eingeräumt, sodass aufgrund der weiten Verbreitung tarifvertraglicher Ansprüche und der Möglichkeit zur Übernahme dieser Regelung in Arbeitsverträge gem. § 13 Abs. 1 S. 2 BUrlG nicht von einem vereinheitlichten Urlaubsrecht gesprochen werden kann.[289]

---

[280] Vgl. HO-BUrlG/*Hohmeister*, BUrlG § 8 Rn. 1.

[281] HO-BUrlG/*Hohmeister*, BUrlG § 7 Rn. 29.

[282] *Romatka*, Unabdingbarkeit im Urlaubsrecht, S. 1 ff.

[283] Zur Entwicklung insgesamt *Heilmann*/BUrlG, Einf. Rn. 5 ff.; NFK-BUrlG/*Neumann*, Einl. Rn. 1 ff.; *Romatka*, Unabdingbarkeit im Urlaubsrecht, S. 3 ff.

[284] *Romatka*, Unabdingbarkeit im Urlaubsrecht, S. 23 [m. w. N.].

[285] Vgl. jeweils m. w. N. GK-BUrlG/*Bleistein*, Einl. Rn. 2; NFK-BUrlG/*Neumann*, Einl. Rn. 8; *Romatka*, Unabdingbarkeit im Urlaubsrecht, S. 22.

[286] GK-BUrlG/*Bleistein*, Einl. Rn. 7. NFK-BUrlG/*Neumann*, Einl. Rn. 14; *Romatka*, Unabdingbarkeit im Urlaubsrecht, S. 17 f.

[287] Zu vorherigen Regelungen im Bundesrecht, *Romatka*, Unabdingbarkeit im Urlaubsrecht, S. 19 f.

[288] Zum Gesetzgebungsverfahren allgemein und speziell zu diesem Aspekt, GK-BUrlG/*Bleistein*, Einl. Rn. 8 ff.

[289] GK-BUrlG/*Bleistein*, Einl. Rn. 13 ff.

Der Text des am 01.01.1963 in Kraft getretenen BUrlG wurde nur wenig geändert und ein Großteil der enthaltenen Normen besteht seitdem unverändert.[290] Geändert wurden jedoch die Regelungen zur Anrechnung von Schon- und Erholungszeiten in § 10 BUrlG, deren Anrechnung auf den Erholungsurlaub durch das Gesetz über die Fortzahlung des Entgeltes im Krankheitsfalle und über Änderungen des Rechts der gesetzlichen Krankenversicherung vom 27.07.1969[291] gestrichen wurde. Ferner erfolgten Änderungen durch das Heimarbeitsgesetz vom 29.10.1974, das eine einheitliche Mindestdauer des Urlaubs von 18 Tagen für alle Arbeitnehmer vorsah und die Möglichkeiten zur Teilung des Urlaubs einschränkte, indem die Regelung des § 7 Abs. 2 S. 2 BUrlG in das Gesetz aufgenommen wurde, nach der im Fall der Teilung des Urlaubs nach § 7 Abs. 2 S. 1 BUrlG ein zusammenhängender Zeitraum von 12 Tagen verbleiben muss. Ferner wurde die Abgeltungsregelung des § 7 Abs. 4 BUrlG in Vorbereitung auf die Ratifizierung des IAO-Übereinkommens Nr. 12 angepasst, der Wegfall der Abgeltung in bestimmten Fällen aufgehoben[292] sowie die Abgeltung von Sachbezügen während des Urlaubs geregelt. Wesentlich geändert wurde die Dauer des Urlaubsanspruchs und diese mit Wirkung zum 01.01.1995 von 18 auf 24 Werktage erhöht.[293] Damit wurde den Vorgaben der Richtlinie 94/104/EG des Rates über bestimmte Aspekte der Arbeitszeitgestaltung[294] (mittlerweile ersetzt durch Richtlinie 2003/88/EG des Europäischen Parlaments und des Rates vom 4. November 2003 über bestimmte Aspekte der Arbeitszeitgestaltung – Arbeitszeit-RL)[295] Rechnung getragen, die gem. Art. 7 die Mitgliedstaaten verpflichtet, einen Jahresurlaub von mindestens vier Wochen für Arbeitnehmer vorzusehen. Durch eine veränderte Auslegung des nationalen Rechts infolge unionsrechtlicher Vorgaben führte die Richtlinie und ihre Auslegung durch den EuGH mittelbar auch zu weiteren Änderungen des nationalen Urlaubsrechts.[296] Dabei kam es insbesondere zu einer Neubewertung der Natur des Urlaubsanspruchs als Einheitsanspruch[297] sowie zu einer Neubestimmung des Entste-

---

290 *Heilmann*/BUrlG, Einf. Rn. 8.; NFK-BUrlG/*Neumann*, Einl. Rn. 45 ff., zur Änderungshistorie.

291 BGBl. I 1969, S. 946.

292 GK-BUrlG/*Bleistein*, Einl. Rn. 22.

293 BGBl. I 1994, S. 1170.

294 ABl. 1992, L 307, S. 18. Geändert durch Richtlinie 2000/34/EG des Europäischen Parlaments und des Rates v. 22. Juni 2000, ABl. 2000, L 195, S. 41.

295 ABl. 2003, L 299, S. 9.

296 Vgl. *Biltgen*, RdA 2024, 257, 262 f.

297 BAG v. 10.02.2015 – 9 AZR 455/13, BAGE 150, 355 Rn. 21 ff.; HWK-ArbR/*Schinz*, BUrlG § 1 Rn. 7. Zur Richtlinie, EuGH v. 20.01.2009 – C-350/06 u. C-520/06 (Schultz-Hoff), Slg. 2009, I-240 Rn. 60.

hens, der Übertragbarkeit und des Verfalls des Urlaubsanspruchs im Krankheitsfall[298].

Weitere Änderungen erfolgten durch das Pflege-Versicherungsgesetz vom 26.05.1994 bei der Bestimmung des Zeitpunktes des Urlaubs[299] gem. § 7 BUrlG. Ebenfalls und sogar mehrfach geändert wurde § 10 BUrlG, der seit dem Gesetz über die Fortzahlung des Entgeltes im Krankheitsfalle und über Änderungen des Rechts der gesetzlichen Krankenversicherung vom 27.07.1969 vorsah, dass Kuren und Schonzeiten nicht auf den Urlaub angerechnet werden dürfen. Durch das Pflege-Versicherungsgesetz[300] wurde die Regelung redaktionell angepasst und in Folge der Änderungen durch das Arbeitsrechtliche Beschäftigungsförderungsgesetz vom 25.09.1996[301] wurde zwischenzeitlich eine teilweise Anrechnung von Zeiten der medizinischen Vorsorge und Rehabilitation auf den Urlaubsanspruch vorgegeben. Durch das Gesetz zu Korrekturen in der Sozialversicherung und zur Sicherung der Arbeitnehmerrechte vom 19.12.1998[302] wurde diese Anrechnungsmöglichkeit jedoch wieder gestrichen. Weitere Änderungen betrafen die Berücksichtigung von Sachbezügen[303] und des Verdienstes für Überstunden[304] bei der Berechnung des Urlaubsentgelts gem. § 11 BUrlG sowie den Anspruch der in Heimarbeit Beschäftigten gem. § 12 BUrlG, der infolge der Erhöhung des Urlaubsanspruchs zum 01.01.1995 ebenfalls erhöht wurde[305]. Ebenso wurde § 15 BUrlG sowie die Benennung der unabhängig vom BUrlG bestehenden Urlaubsansprüche redaktionell angepasst[306] und ergänzt[307].

§ 13 BUrlG war bereits in der ersten Fassung des Gesetzes enthalten und wurde seitdem nur wenig verändert. Insbesondere wurde mit dem Heimarbeitsänderungsgesetz mit Wirkung zum 01.11.1974 in § 13 Abs. 1 S. 3 BUrlG die Möglichkeit eingeführt, auch zuungunsten des Arbeitsnehmers per

---

298 Grundlegend BAG v. 24.03.2009 – 9 AZR 983/07, BAGE 130, 119; ErfK/*Gallner*, BUrlG § 1 Rn. 4ff. u. § 7 Rn. 49ff. Zur Richtlinie, EuGH v. 20.01.2009 – C-350/06 u. C-520/06 (Schultz-Hoff), Slg. 2009, I-240 Rn. 43.

299 BGBl. I 1994, S. 1014.

300 BGBl. I 1994, S. 1014.

301 BGBl. I 1996, S. 1476.

302 BGBl. I 1998, S. 3843.

303 BGBl. I 1974, S. 2879.

304 BGBl. I 1996, S. 1476. Zum Hintergrund sowie zur Berücksichtigung der Überstunden beim sog. Zeitfaktor des Urlaubsentgelts, BAG v. 09.11.1999 – 9 AZR 771/98, BAGE 92, 343 [unter I. 3. a)]; *Franzen*, NZA 2014, 647, 649; *Vogelsang/Wensing*, RdA 2024, 317, 329f.

305 BGBl. I 1994, S. 1170.

306 BGBl. I 2001, S. 1046.

307 BGBl. I 2013, S. 868.

Arbeitsvertrag von den Vorgaben des § 7 Abs. 2 S. 2 BUrlG abzuweichen.[308] Seitdem blieb § 13 Abs. 1 S. 3 BUrlG vollständig und auch der Rest der Vorschrift inhaltlich unverändert. Änderungen ergaben sich lediglich als Folgeänderungen der Privatisierung der Deutschen Bundesbahn sowie der Deutschen Bundespost und der darauffolgenden Aufnahme der Deutsche Bahn AG[309] und der Nachfolgeunternehmen der Deutschen Bundespost[310] in § 13 Abs. 3 BUrlG.

B. Unabdingbarkeit nach § 13 Abs. 1 S. 3 BUrlG

I. Auslegung des § 13 Abs. 1 S. 3 BUrlG im Hinblick auf den verbleibenden Regelungsspielraum der Arbeitsvertragsparteien

1. Grammatikalische Auslegung

Ebenso wie der bisher betrachtete § 12 EntgFG benennt auch § 13 Abs. 1 S. 3 BUrlG ausdrücklich allein den für die Arbeitsvertragsparteien gesperrten Regelungsbereich, indem er festschreibt, dass „von den Bestimmungen dieses Gesetzes nicht zuungunsten des Arbeitnehmers abgewichen werden“ kann. Ausgeschlossen sind damit alle Vereinbarungen, die für die Anspruchsberechtigten des Bundesurlaubsgesetzes nachteilig und mithin *zuungunsten* wirken. Ausdrücklich ausgenommen wird von diesem Abweichungsverbot die Regelung des § 7 Abs. 2 S. 2 BUrlG,[311] sodass auch in Arbeitsverträgen Vereinbarungen getroffen werden können, die zum Nachteil des Arbeitnehmers die Dauer des wenigstens zusammenhängend zu gewährendem Urlaub auf unter 12 Tage festlegen. Ferner verdeutlicht die Formulierung „im Übrigen“, das insbesondere § 13 Abs. 1 S. 1 u. S. 2 BUrlG auch den Abweichungsspielraum vom BUrlG betreffen und dass sie weitere Ausnahmen vom Abweichungsverbot enthalten, die jedoch auf tarifvertraglichen Regelungen basieren müssen und daher nicht Gegenstand der Arbeit sind. Ferner deutet sich hier ein Regel-Ausnahme-Verhältnis an.[312]

Der verbleibende Regelungsspielraum der Arbeitsvertragsparteien kann auch aus dem Wortlaut des § 13 Abs. 1 S. 3 BUrlG nur mittels eines Umkehrschlusses bestimmt werden.[313] Dabei weist § 13 Abs. 1 S. 3 BUrlG im Ver-

---

[308] BGBl. I 1974, S. 2879.

[309] BGBl. I 1993, S. 2378.

[310] BGBl. I 2002, S. 1529.

[311] HO-BUrlG/*Hohmeister*, BUrlG § 13 Rn. 8.

[312] NK-GArbR/*Düwell*, BUrlG § 13 Rn. 1; HO-BUrlG/*Hohmeister*, BUrlG § 13 Rn. 7; wohl a. A. ErfK/*Gallner*, BUrlG § 13 Rn. 1.

[313] HO-BUrlG/*Hohmeister*, BUrlG § 13 Rn. 9.

gleich mit § 12 EntgFG keine Besonderheiten auf, sodass die oben dargestellten Auslegungsergebnisse auf § 13 Abs. 1 S. 3 BUrlG übertragen werden können. Es ist daher davon auszugehen, dass § 13 Abs. 1 S. 3 BUrlG allen rein arbeitsvertraglichen Regelungen entgegensteht, die zu Nachteilen für den Arbeitnehmer führen, soweit sie nicht § 7 Abs. 2 S. 2 BUrlG betreffen.[314]

Die Auslegung des Wortlauts führt somit zu dem Schluss, dass sich der verbleibende Regelungsbereich der Arbeitsvertragsparteien auf alle Vereinbarungen erstreckt, die nicht zu Nachteilen der Anspruchsberechtigten führen. Dies entspricht der Literaturauffassung, die ebenfalls davon ausgeht, dass begünstigende und gleichwertige Vereinbarungen vereinbart werden können.[315] Vereinbarungen die nicht § 7 Abs. 2 S. 2 BUrlG betreffen und die zum Nachteil der Anspruchsberechtigten wirken, liegen hingegen außerhalb des Abweichungsspielraums der Arbeitsvertragsparteien. Darüber hinaus deutet nichts im Wortlaut daraufhin, dass lediglich strukturelle Benachteiligungen verboten sind oder auf die Einhaltung des Mindeststandards in Einzel- oder Zweifelsfällen verzichtet werden kann.

2. Systematische Auslegung

Bei der Betrachtung der Systematik des § 13 Abs. 1 S. 3 BUrlG ist seine Beziehung zu § 13 Abs. 1 S. 1 und S. 2 zu beachten. § 13 Abs. 1 S. 1 BUrlG bestimmt, dass in Tarifverträgen auch zuungunsten des Arbeitnehmers von den Vorschriften des BUrlG abgewichen werden kann, sofern diese Abweichungen nicht den Urlaubsanspruch selbst (§ 1 BUrlG), die Definition des Arbeitnehmerbegriffs (§ 2 BUrlG) oder die Dauer des Urlaubs (§ 3 Abs. 1 BUrlG) betreffen.[316] § 13 Abs. 1 S. 2 BUrlG erstreckt die Wirkung solcher tarifvertraglichen Abweichungen darüber hinaus auf nichttarifgebundene Arbeitsverhältnisse, wenn die Arbeitsvertragsparteien die Anwendung der tariflichen Urlaubsregelungen vereinbart haben.[317] Im Verhältnis zu diesen Abweichungsmöglichkeiten sowie der Abweichungsmöglichkeit für § 7 Abs. 2 S. 2 BUrlG stellt § 13 Abs. 1 S. 3 BUrlG gerade durch die Formulierung „im Übrigen" klar, dass die einseitige Unabdingbarkeit der Regelungen des BUrlG die Grundregel ist.[318] Dies kommt auch in der Überschrift zum Ausdruck.[319] Die Systematik der Norm entspricht mithin insofern der des § 12 EntgFG und die sich daraus ergebenden Schlussfolgerungen sind mit denen zu § 12

---

314 HO-BUrlG/*Hohmeister*, BUrlG § 13 Rn. 39 f.; NFK-BUrlG/*Kühn*, § 13 Rn. 36 ff.

315 HO-BUrlG/*Hohmeister*, BUrlG § 13 Rn. 40; NFK-BUrlG/*Kühn*, § 13 Rn. 39.

316 Ausführlich, BeckOK-ArbR/*Lampe*, BUrlG § 13 Rn. 2 f.

317 BeckOK-ArbR/*Lampe*, BUrlG § 13 Rn. 6.

318 Dazu die Nachweise in Teil 5, Fn. 312.

319 Vgl. NK-GArbR/*Düwell*, BUrlG § 13 Rn. 1.

EntgFG vergleichbar. Abseits der ausdrücklich vorgesehenen Ausnahmen und insbesondere für eine weitere Qualifizierung der Abweichungsbefugnis ergeben sich aus diesem Regel-Ausnahme-Verhältnis auch hier höhere Begründungslasten.

Auch die weitere Systematik des § 13 Abs. 1 S. 3 BUrlG und insbesondere im Vergleich mit anderen Kodifikationen entspricht § 13 Abs. 1 S. 3 BUrlG weitgehend § 12 EntgFG und liefert somit auch identische Ergebnisse.[320] Damit bestätigt der gesamte systematische Vergleich, dass § 13 Abs. 1 S. 3 BUrlG den Regelungsspielraum der Vertragsparteien für alle erlaubten Ausnahmen und damit insbesondere für gleichwertige und günstigere Vereinbarungen öffnet. Sämtlichen ggf. im Umkehrschluss aus dem Wortlaut zu entnehmenden nicht ausdrücklich vorgesehenen Abweichungen steht er aber als Grundregel entgegen. Daher deutete nichts darauf hin, dass allein strukturelle Schlechterstellungen verboten oder Abweichungen zuungunsten des Arbeitnehmers im Einzel- oder Zweifelsfall erlaubt sind.

3. Historische Auslegung

§ 13 BUrlG sollte seit seiner Schaffung sicherstellen, dass die im BUrlG geregelten Ansprüche „nur zugunsten des Arbeitnehmers abgewandelt werden können“[321] und dass nur günstigere Regelungen zulässig bleiben[322]. Diese Feststellungen im Rahmen des Gesetzgebungsverfahrens gehen über den ausdrücklichen Wortlaut der Vorschrift hinaus, in dem diese Absicht nicht vollständig zum Ausdruck kommt. Anders als dieser deuten diese Aussagen darauf hin, dass der verbleibende Regelungsspielraum der Arbeitsvertragsparteien allein Regelungen erfasst, die für den Arbeitnehmer günstiger als der gesetzliche Urlaubsanspruch sind.

Die historische Auslegung deutet damit auf ein weitergehendes Verständnis, steht damit jedoch nicht gänzlich im Widerspruch zu den bisher gefundenen Ergebnissen. Vielmehr wird bestätigt, dass sämtliche Abweichungen der von § 13 Abs. 1 S. 3 BUrlG erfassten Vorschriften, die zuungunsten des Arbeitnehmers wirken, im Widerspruch zu § 13 Abs. 1 S. 3 BUrlG stehen. Ausgehend von diesem Verständnis sind ferner auch sämtliche Vorschriften unzulässig, die im Einzel- oder Zweifelsfall zuungunsten des Arbeitnehmers wirken können. Anders als die bisher betrachteten Auslegungskriterien deutet die

---

[320] Dazu Teil 5 § 17 Abschnitt B. I. 2).

[321] BT-Ds. 4/785 S. 4.

[322] So die Begründung des Gesetzesentwurfes der CDU/CSU Fraktion, BT-Ds. 4/207 S. 7, der zusammen mit dem Entwurf der SPD-Fraktion (BT-Ds. 4/142) die Grundlage des späteren Bundesurlaubsgesetzes bildet.

historische Auslegung aber darauf hin, dass gleichwertige Abwandlungen ebenso wie nachteilige Abweichungen ausgeschlossen werden sollen.

4. Teleologische Auslegung

§ 13 BUrlG steht teleologisch in engem Zusammenhang zum allgemeinen Zweck des BUrlG als Mindesturlaubsgesetz.[323] Dabei stellt die Unabdingbarkeit sicher, dass der gesetzliche Urlaubsanspruch der einzelnen Arbeitnehmer nicht dem strukturellen Ungleichgewicht der Arbeitsvertragsparteien zum Opfer fällt sondern auch praktisch verwirklicht wird.[324] Dies wird auch durch § 13 Abs. 1 S. 2 BUrlG bekräftigt, der es den Arbeitsvertragsparteien ermöglicht durch die Übernahme vollständiger und einschlägiger tariflicher Regelungen auch benachteiligende Regelungen zu vereinbaren. Damit stellt die Regelung sicher, dass nur Vereinbarungen übernommen werden, denen die tarifvertragliche Richtigkeitsgewähr innewohnt.[325] Diese findet ihre Grundlage in der unterstellten Verhandlungsparität der Tarifvertragsparteien,[326] die grundsätzlich sicherstellt, dass deren Vereinbarungen einen angemessenen Ausgleich der Interessen der Arbeitsvertragsparteien darstellen.[327] Indem das Abweichungsverbot mithin für die Regelungen aufgelockert wird, bei denen die Verhandlungsstärke der beteiligten Parteien ausgeglichen ist, wird gleichzeitig unterstrichen, dass die Grundregel des 13 Abs. 1 S. 3 BUrlG vor allem dem Ausgleich der strukturellen Unterlegenheit der Arbeitnehmer dient. Damit entspricht der Zweck des § 13 Abs. 1 S. 3 BUrlG der abstrakt entwickelten und auch für § 12 EntgFG bereits bestätigten Zielrichtung des Günstigkeitsprinzips im Allgemeinen.

Wie bereits im Allgemeinen und für § 12 EntgFG festgestellt wurde, kann dieses Ziel vor allem durch ein absolutes Abweichungsverbot erreicht werden, während ein relativierendes Verständnis, beispielsweise in Form der Beschränkung auf strukturelle Benachteiligungen, den gesetzlichen Standard in der Praxis gefährdet. Abweichungen, die auch zuungunsten des einzelnen Ar-

---

[323] NK-GArbR/*Düwell*, BUrlG § 13 Rn. 14; DHSW-ArbR/*Holthaus*, BUrlG § 13 Rn. 10.

[324] Vgl. NK-GArbR/*Düwell*, BUrlG § 13 Rn. 2. Vgl. Allgemein, *Belling*, Günstigkeitsprinzip, S. 33, S. 106 und S. 163. Zu § 19 Abs. 2 BetrAVG, BT-Ds. 7/1281, S. 30 f.; BGH v. 23.05.2017 – II ZR 6/16, NZG 2017, 948 Rn. 13 f.; BAG v. 19.04.2011 – 3 AZR 154/09, BAGE 137, 357 Rn. 19; *Koch*, NZA 2018, 1035, 1036.

[325] Vgl. BeckOK-ArbR/*Ricken*, EntgFG § 12 Rn. 4.

[326] Vgl. *Höpfner*, NZA 2024, 1081, 1084; *Käppler*, Tarifdispositives Richterrecht, S. 62 ff.; Möslein/Private Macht/*Kocher*, S. 253 ff.; *Ulber*, Tarifdispositives Gesetzesrecht, S. 51.

[327] Kritisch dazu allgemein *Ulber*, Tarifdispositives Gesetzesrecht, S. 401 f. u. S. 588.

beitnehmers wirken können, sind mit einem absoluten Abweichungsverbot nicht vereinbar, wobei dies auch für ungünstigere Wirkungen in Einzel- sowie in Zweifelsfällen gilt,[328] weil nur so die Unterschreitung des gesetzlichen Leistungsniveaus lückenlos verhindert wird. Hingegen bietet dieser Zweck keine Grundlage dafür, auch gleichwertigen Änderungen die Wirksamkeit zu versagen, sodass er insgesamt die Ergebnisse der grammatikalischen und der systematischen Auslegung bestätigt.

5. Verfassungskonforme Auslegung

Obwohl die bisher betrachteten Auslegungsmethoden beinahe einheitliche Ergebnisse liefern, wird auch hier eine verfassungsgeleitete Auslegung vorgenommen. Die unionsrechtliche Verankerung des Urlaubsrechts führt nach der Rechtsprechung des BVerfG jedoch dazu, dass sich das nationale Umsetzungsgesetz und mithin das BUrlG nicht an den nationalen Grundrechten messen lassen muss, solange ein vergleichbarer Schutz der Freiheitsrechte und die Wahrung der Verfassungsidentität des Grundgesetzes durch das Unionsrecht sichergestellt wird. Diese Vergleichbarkeit wird im Allgemeinen und speziell für Art. 16 EU-GrCh als gegeben angesehen[329] und auch die Verfassungsidentität des Grundgesetzes wird durch die Regelungen zum Urlaubsrecht nicht tangiert. Für die Auslegung des Urlaubsrechts sind daher grundsätzlich die noch zu betrachtenden Regelungen des unionsrechtlichen Grundrechtsschutzes zu berücksichtigen, während der grundrechtliche Schutz des Grundgesetzes zurücktritt.

Etwas anderes könnte lediglich dann gelten, wenn man aufgrund der wenig detaillierten Vorgaben des Art. 7 der Arbeitszeit-RL und dessen ausdrücklichen Verweis auf die Regelungen und Gepflogenheiten der Mitgliedstaaten davon ausgeht, dass lediglich die tatsächlich unionsrechtlich vorgeprägten Teile des BUrlG nicht der grundrechtlichen Kontrolle der Maßstäbe des Grundgesetzes unterliegen.[330] Um die bereits benannten Abgrenzungsschwierigkeiten zu vermeiden und gleichzeitig auf die verfassungsrechtlichen Besonderheiten des Urlaubsanspruchs im Verhältnis zum Entgeltfortzahlungsrecht hinzuweisen, wird mithin im Folgenden auch eine Bewertung an den Maßstäben des Grundgesetzes vorgenommen.

Dabei entspricht die Herleitung des Grundsatzes der Günstigkeit weitgehend der Herleitung, die bereits im Rahmen der abstrakten Betrachtung und der Betrachtung des Entgeltfortzahlungsrechts vorgenommen wurde. Auch

---

[328] Vgl. DHSW-ArbR/*Holthaus*, BUrlG § 13 Rn. 6; a.A. NK-GArbR/*Düwell*, BUrlG § 13 Rn. 14.

[329] Speziell zu Art. 16 EU-GrCh, EuArbRK/*C. Schubert*, EU-GrCh Art. 16 Rn. 18.

[330] Zu den insoweit geltenden Grundsätzen, Teil 2 § 8 Abschnitt C. I. 1. a).

die Regelungen zum Urlaubsrecht stellen einen rechtfertigungsbedürftigen Eingriff in die grundrechtlichen Freiheiten aus Art. 2. Abs. 1 GG und Art. 12 Abs. 1 GG dar, wobei zur Rechtfertigung jedenfalls auf die sozialstaatlich begründete Einkommenssicherung und den aus Art. 2 Abs. 2 S. 1 GG abgeleiteten Gesundheitsschutz verwiesen werden kann.[331] Gleichzeitig ist auch der damit verbundene Eingriff nur soweit verhältnismäßig, wie er zur Erreichung dieser Ziele geeignet ist und auch im Zusammenhang mit dem Urlaubsrecht ergibt sich daraus nur eine Rechtfertigung für ein Verbot von Abweichungen, die für den Arbeitnehmer mit Nachteilen verbunden sind, während ein Verbot weiterer Abweichungen unverhältnismäßig wäre.[332]

In Bezug auf eine verfassungsrechtlich vorgezeichnete Unabdingbarkeit des Urlaubsrechts ist vor allem beachtlich, dass die verfassungsrechtliche Verankerung eines Urlaubsanspruchs im Sozial- bzw. Rechtsstaatsprinzip des Art. 20, 28 GG anders als bei der Entgeltfortzahlung anerkannt ist.[333] Das BAG bezeichnete beide Prinzipien früh als „Wurzeln“[334] eines Rechts auf Urlaub und verwies darüber hinaus auf den Rechtsgestaltungswillen und die Rechtsüberzeugung der Bevölkerung.[335] Ferner wurde auf die Bedeutung der Freistellung für die Persönlichkeitsentfaltung der Arbeitnehmer hingewiesen und auch der Gesundheitsschutz werde durch den Jahresurlaub berührt.[336] Um zu verhindern, dass in einer solchen Situation der Arbeitgeber aufgrund seiner faktischen Übermacht mit der Gewährung oder Verwehrung von Urlaub über die grundrechtlich geschützten Rechte der Arbeitnehmer verfügt und sich die objektive Werteordnung des Grundgesetzes tatsächlich verwirklicht, kann der Gesetzgeber zur Schaffung entsprechender Schutzvorschriften verpflichtet sein.[337] Dabei ist auch beachtlich, dass das in Art. 2 Abs. 2 S. 1 GG enthaltene Grundrecht eine der bedeutendsten Quellen von Schutzpflichten darstellt,[338] das auch bloße Gesundheitsgefährdungen erfasst,[339] wie sie sich aus einer übermäßigen und ununterbrochenen Arbeitsbelastung ergeben können.

---

331 BAG v. 22.01.2002 – 9 AZR 601/00, BAGE 100, 189 [unter A. II. 2. b)]; *Romatka*, Unabdingbarkeit im Urlaubsrecht, S. 38.

332 Vgl. NFK-BUrlG/*Kühn*, § 13 Rn. 36.

333 Offenlassend BVerfG v. 22.04.1958 – 2 BvL 32/56, (u.a.), BVerfGE 7, 342 [unter C. III. 2.]; BAG v. 20.04.1956 – 1 AZR 476/54, BAGE 3, 23.

334 BAG v. 20.04.1956 – 1 AZR 476/54, BAGE 3, 23.

335 BAG v. 20.04.1956 – 1 AZR 476/54, BAGE 3, 23.

336 Für Art. 2 Abs. 2 S. 1 GG, BAG v. 22.01.2002 – 9 AZR 601/00, BAGE 100, 189 [unter A. II. 2. b)]; *Romatka*, Unabdingbarkeit im Urlaubsrecht, S. 39 f.

337 BVerfG v. 07.02.1990 – 1 BvR 26/84, BVerfGE 81, 242 [unter C. I. 3.].

338 BVerfG v. 28.05.1993 – 2 BvF 2/90 (u.a.), BVerfGE 88, 203; BVerfG v. 25.02.1975 – 1 BvF 1 – 6/74, BVerfGE 39, 1; BeckOK-GG/*Lang*, GG Art. 2 Rn. 74; ErfK/*Schmidt*, GG vor Art. 1 Rn. 39.

Das BAG und mit ihm die Literatur sind auf Basis dieser Grundlage davon ausgegangen, dass sich bereits aus der arbeitsvertraglichen Fürsorgepflicht aus §§ 242, 618 BGB und auch ohne eine gesetzliche, tarifvertragliche oder einzelvertragliche Grundlage ein Recht auf Urlaub für jeden Arbeitnehmer ergebe.[340] Eine ausdrückliche Anerkennung wie in den Landesverfassungen Bayerns (Art. 174 Abs. 1 S. 2 BayVerf), Hessens (Art. 34 HessVerf), Nordrhein-Westfalens (Art. 24 Verf NRW), Bremens (Art. 56 BremVerf), des Saarlandes (Art. 48 S. 2 SVerf) und in der rheinland-pfälzischen Landesverfassung (Art. 57 Abs. 4 RhPfVerf) hat ein solches Recht auf Urlaub im Grundgesetz jedoch nicht erfahren.[341] Es erscheint daher jedenfalls zweifelhaft, ob ein solches Recht hinreichend konkret durch das Verfassungsrecht vorgegeben wird, um es auf Basis der Generalklauseln zur Anwendung zu bringen.[342]

Eine solche Verwirklichung der objektiven Werteordnung des Grundgesetzes durch die Generalklauseln ist zwar grundsätzlich möglich und die Gerichte sind verpflichtet der objektiven Werteordnung der Grundrechte auch in Fällen gestörter Vertragsparitäten Geltung zu verschaffen.[343] Die Regelung eines Urlaubsanspruchs ist in seinen Einzelheiten jedoch zu komplex, um ihn allein auf Basis der Wertungen des Verfassungsrechts auszugestalten.[344] Insbesondere muss die Dauer eines solchen Urlaubsanspruchs bestimmt werden.[345] Dazu könnten zwar noch Vergleiche mit anderen kodifizierten Urlaubsansprüchen angestellt werden, jedoch haben diese – anders als im Unionsrecht – keine verbindliche Aussagekraft in Bezug auf das verfassungsrechtlich vorgesehene Mindestmaß.[346] Auch ergibt sich aus den verfassungsrechtlichen Prinzipien nicht, dass der Arbeitgeber die Freistellung von der Arbeit finanzieren muss,[347]

---

339 BVerfG v. 20.03.2013 – 2 BvR 67/11, BVerfGK 20, 249; BVerfG v. 16.12.1983 – 2 BvR 1160/83 (u.a.), BVerfGE 66, 39 [unter C) 2. a)]; BeckOK-GG/*Lang*, GG Art. 2 Rn. 234.

340 BAG v. 07.02.1957 – 2 AZR 440/54, AP BGB § 611 Urlaubsrecht Nr. 18; BAG v. 20.04.1956 – 1 AZR 476/54, BAGE 3, 23; GK-BUrlG/*Bleistein*, § 1 Rn. 5; NFK-BUrlG/*Kühn*, Einl. Rn. 10; *Romatka*, Unabdingbarkeit im Urlaubsrecht, S. 23 f. u. S. 36.

341 Vgl. *Romatka*, Unabdingbarkeit im Urlaubsrecht, S. 16 f.

342 BVerfG v. 22.04.1958 – 2 BvL 32/56, 2 BvL 34/56, 2 BvL 35/56, BVerfGE 7, 342 [unter C. III. 2.].

343 BVerfG v. 07.02.1990 – 1 BvR 26/84, BVerfGE 81, 242 [unter C. I. 3.].

344 Vgl. zu Art. 31 Abs. 2 EU-GrCh, *Rudkowski*, NJW 2019, 476, 480.

345 Im Rahmen von BAG v. 20.04.1956 – 1 AZR 476/54, BAGE 3, 23 war lediglich die Grundlage und nicht die Höhe des Urlaubs streitig, sodass das Gericht keine Aussagen dazu machen musste.

346 Zum Unionsrecht sogleich.

347 Davon geht das BAG hingegen selbstverständlich aus, BAG v. 20.04.1956 – 1 AZR 476/54, BAGE 3, 23; vgl. aber zu Art. 31 Abs. 2 EU-GrCh, Meyer/Hölscheidt/*Hüpers/Reese*, Art. 31 Rn. 55.

sondern auch eine staatliche Leistung zur Kompensation des Lohnausfalls wäre geeignet, die gesetzliche Schutzpflicht zu wahren. Die einzelnen Aspekte des Urlaubs können mithin nicht aus den Grundrechten oder dem Rechts- und Sozialstaatsprinzip abgeleitet werden, sondern es ist die Aufgabe des Gesetzgebers, diesen abstrakten Auftrag der Verfassung durch entsprechende Gesetzgebung auszufüllen. Dies bestätigt auch der Vergleich mit dem Recht auf Urlaub in den Landesverfassungen, dessen Ausgestaltung überwiegend dem Landesgesetzgeber zugewiesen wird (vgl. Art. 174 Abs. 1 S. 3 BayVerf, Art. 34 S. 2 HessVerf, Art. 24 Abs. 3 Verf NRW, Art. 56 Abs. 2 BremVerf und Art. 57 Abs. 4 RhPfVerf).

Auch wenn sich die damalige richterliche Ausfüllung der Generalklauseln daher wohl zumindest an der Grenze zur Rechtssetzung bewegt,[348] ist den Entscheidungen insoweit zuzustimmen, dass das Sozial- und Rechtsstaatsprinzip zusammen mit den Grundrechten als Ausdruck einer objektiven Werteordnung den Gesetzgeber verpflichtet, den Arbeitnehmer ein Recht auf jährliche Erholung und mithin Freistellung von der Arbeit unter Sicherung der wirtschaftlichen Existenz zu gewähren. Auch hierbei besteht wiederum der besonders weite Gestaltungs- und Beurteilungsspielraum des Gesetzgebers[349] und darüber hinaus wird die gesundheitliche Belastung der Arbeitnehmer, der sich daraus ergebende Erholungsbedarf und mithin das erforderliche Schutzniveau durch eine Vielzahl von Faktoren bestimmt, die miteinander in Wechselwirkung stehen. Insbesondere hängt der Erholungsbedarf von der täglichen und wöchentlichen Arbeitsbelastung eines Arbeitnehmers ab, sodass sich das Urlaubsrecht und das Arbeitszeitrecht gegenseitig beeinflussen. Ein konkretes verfassungsrechtliches Untermaß der Ausgestaltung des Urlaubs lässt sich daher nicht bestimmen.

Gleichzeitig ist das BUrlG die einzige Regelung, mit der diesem Auftrag nachgekommen wird und ohne dessen Kernbestandteile würde dem verfassungsrechtlichen Auftrag nicht entsprochen, weshalb diese als Konkretisierung der verfassungsrechtlichen Schutzpflicht verstanden werden können. Sie teilen damit zwar nicht die Wirkung der Grundrechte, jedoch ist der Gesetzgeber bis zur Schaffung eines anderen Regelungssystems verpflichtet, die Wirksamkeit eines grundlegenden Anspruchs sicherzustellen.[350] Als Maßstab lässt sich dabei an die in § 13 Abs. 1 S. 1 BUrlG genannten Regelungen anknüpfen, die als Kernbestandteile eines Urlaubsanspruchs mithin auch effektiv vor Abweichungen zu schützen sind. Wie bereits dargestellt, kann daraus jedoch

---

[348] Vgl. zu den Grenzen der Berücksichtigung der Fürsorgepflicht, BAG v. 18.12.1959 – GS 8/58, BAGE 8, 314 [unter II. 3.]. Allgemein auch BVerfG v. 09.02. 2010 – 1 BvL 1/09 (u.a.), BVerfGE 125, 175 Rn. 212.

[349] BVerfG v. 07.02.1990 – 1 BvR 26/84, BVerfGE 81, 242 [unter C. I. 3.].

[350] Dazu Teil 2 § 7 Abschnitt B. I. 3. b).

nicht auf die einseitige Unabdingbarkeit der Regelungen geschlossen werden, sondern auch ein durch Generalklauseln erweiterter Abweichungsspielraum steht dem grundsätzlichen Schutz des Anspruchs nicht entgegen. Aus der derzeitigen Herausnahme dieser Vorschriften aus der Tarifdisposivität kann ferner auch nur darauf geschlossen werden, dass der Schutz dieser konkreten Mindeststandards für den Gesetzgeber eine besondere Bedeutung hat, aber nicht, dass auch der Verfassungsgeber diesen absolut abweichungsfest schützen wollte. Obwohl die einschlägige Schutzpflicht sich daher deutlich stärker konkretisiert als im Bereich des Entgeltfortzahlungsrechts, lässt sich aus dieser mithin auch nicht die Vorgabe einer einseitig unabdingbaren Ausgestaltung der Kernbestandteile des Urlaubs entnehmen.[351] Dies gilt umso mehr als gerade diese Teile des Urlaubsrechts durch das sekundäre Unionsrecht bestimmt werden und die grundrechtlichen Vorgaben für diese mithin nicht einschlägig sind.

Jedenfalls insoweit das Verfassungsrecht anwendbar ist, bestätigt seine Betrachtung aber die Ergebnisse der abstrakten Überlegungen und damit in Teilen auch der bisherigen Auslegung des BUrlG. Günstigeren und gleichwertigen Abweichungen steht der Schutz der Arbeitsvertragsfreiheit vor unverhältnismäßigen Beschränkungen entgegen, während sich für die konkrete Ausgestaltung des Abweichungsverbots dem Verfassungsrecht keine Vorgaben entnehmen lassen. Damit hat sich ebenfalls bestätigt, dass dies auch bei Geltung relativ konkreter Schutzpflichten gilt.

6. Unionsrechtskonforme Auslegung

Die Regelungen des BUrlG dienen maßgeblich auch der Umsetzung des Art. 7 der Arbeitszeit-RL, weshalb sie als Regelungen zur Durchführung des Unionsrecht jedenfalls teilweise in den Anwendungsbereich der EU-GrCh fallen (vgl. Art. 51 Abs. 1 EU-GrCh). Ferner führt die Umsetzungsverpflichtung aus Art. 288 Abs. 3 AEUV dazu, dass das nationale Recht den Vorgaben einschlägiger unionsrechtlicher Richtline folgen muss und Abweichungen nur zulassen kann, sofern diese in der Richtlinie selbst vorgesehen sind.[352] Um die Einhaltung dieser Verpflichtungen sicherzustellen, sind das Primärrecht sowie die Richtlinie zur unionsrechtskonformen Auslegung des nationalen Rechts heranzuziehen.

---

351 A.A. unter Verweis auf einen verfassungsrechtlichen Schutz der tarifrechtlichen Unabdingbarkeit und die Wurzeln des Urlaubsanspruchs im Tarifrecht, *Romatka*, Unabdingbarkeit im Urlaubsrecht, S. 31.

352 Zur Umsetzungsverpflichtung allgemein, GHN-UnionsR/*Nettesheim*, AEUV Art. 288 Rn. 114; Calliess/Ruffert/*Ruffert*, AEUV Art. 288 Rn. 24.

a) Primärrecht

aa) Berechtigung zur Schaffung unabdingbarer Normen

Infolge der oben dargestellten Relevanz des grundrechtlichen Schutzes im Unionsrecht sind vor allem die EU-GrCh und die darin enthaltenen Rechte für die Auslegung des § 13 Abs. 1 S. 3 BUrlG heranzuziehen.[353] Im Rahmen der Betrachtung der Abweichungsbefugnis ist ebenso wie im nationalen Verfassungsrecht der Schutz der Arbeitsvertragsfreiheit durch Art. 15 Abs. 1 EU-GrCh und Art. 16 EU-GrCh der Ausgangspunkt. Dabei führen Abweichungsverbote zu einer Einschränkung der Gestaltungsmacht der Arbeitsvertragsparteien und mithin zu einem Eingriff in den Schutzbereich, der nur rechtmäßig ist sofern er einem legitimen Ziel im Sinn des Art. 52 Abs. 1 EU-GrCh dient und insbesondere die Grenzen der Verhältnismäßigkeit beachtet.

Für die Regelung des Jahresurlaubs ergibt sich ein legitimer Zweck aus dessen Bedeutung für den Gesundheitsschutz der Arbeitnehmer, der auch für die Begründung der Unionskompetenz beim Erlass der Richtlinie 2003/88/EG herangezogen wurde[354] und in Art. 1 Abs. 1 RL 2003/88/EG ausdrücklich als deren Ziel benannt wird. Damit lässt sich eine entsprechende Maßnahme auf Art. 151 AEUV stützen,[355] denn dieser fungiert insbesondere als Grundlage für arbeitsrechtliche Maßnahmen[356] und mithin auch für eine gesetzliche Urlaubsregelung. Ferner dient die Urlaubsregelung und deren einseitig zwingender Charakter der Verwirklichung des Rechts auf Jahresurlaub als wichtigen Grundsatz des Sozialrechts der Gemeinschaft, der in Art. 31 Abs. 2 EU-GrCh ausdrücklich anerkannt wird.[357] Darüber hinaus wird das Recht auf Urlaub in Art. 2 der Sozialcharta und Nr. 8 der Gemeinschaftscharta der sozialen Grundrechte der Arbeitnehmer[358] anerkannt und stellt nach der ständigen Rechtsprechung des EuGH einen wesentlichen und zwingenden Grundsatz des Sozialrechts der Union dar,[359] der durch die Richtlinie 2003/88/EG und deren Vor-

---

353 Vgl. nur EuArbRK/*C. Schubert*, EUV Art. 6 Rn. 35.

354 EuArbRK/*Gallner*, RL 2003/88/EG Rn. 1; kritisch zu dieser Vorfestlegung der erfassten Interessen, *Annuß*, RdA 2024, 193, 202.

355 NK-GArbR/*Maul-Sartori*, AEUV Art. 151 Rn. 17. Die Richtlinie wurde noch auf Art. 136 EGV gestützt, 2. Erwägungsgrund RL 2003/88/EG.

356 Calliess/Ruffert/*Krebber*, AEUV Art. 151 Rn. 1 f.

357 Jeweils mit weiteren Nachweisen, EuGH v. 13.06.2013 – C-415/12 [Brandes], AP Richtlinie 2003/88/EG Nr. 12, Rn. 28; EuGH v. 08.11.2012 – C-229/11 (u.a.) [Heiman u.a.], AP Richtlinie 2003/88/EG Nr. 10, Rn. 22; vgl. auch *Beckenberger*, EuR 2023, 252, 261 ff., mit einem alternativen Verständnis des Verhältnisses von Grundsatz und Grundrecht.

358 Zu deren Rechtsnatur und Bedeutung, *Krimphove*/EU-Arbeitsrecht, Rn. 44 f.

359 EuGH v. 30.06.2016 – C-178/15 [Sobczyszyn], NZA 2016, 877 Rn. 19; EuGH v. 16.03.2006 – C-131/04 & C-257/04 [Robinson Steele], Slg. 2006, I-2531 Rn. 48,

gängerregelungen konkretisiert wird.[360] Als Recht Dritter kann das Urlaubsrecht daher gem. Art. 52 Abs. 1 S. 2 EU-GrCh ebenfalls als Rechtfertigung eines Eingriffs in die Arbeitsvertragsfreiheit herangezogen werden. Dies gilt auch, wenn man anders als der EuGH in Art. 31 Abs. 2 EU-GrCh kein Grundrecht,[361] sondern nur einen Grundsatz der EU-GrCh[362] erkennt, denn auch diese können Eingriffe in Grundrechte des Unionsrechts rechtfertigen, wofür insbesondere der Umkehrschluss aus Art. 52 Abs. 5 S. 2 EU-GrCh spricht.[363]

Die Verhältnismäßigkeit eines Eingriffs ist auch im Unionsrecht durch die Betrachtung der Auswirkungen auf das Grundrecht im Licht des verfolgten Zwecks zu bestimmen.[364] Im Vergleich zu den bereits vorgenommenen Betrachtungen ergeben sich dabei aus den Zielen des Gesundheitsschutzes und der Verwirklichung des Grundrechts auf Erholungsurlaub keine Besonderheiten. Beide Ziele rechtfertigen Eingriffe in die Arbeitsvertragsfreiheit, die Abweichungen zuungunsten der Arbeitnehmer verhindern, während ein Verbot von Abweichungen zugunsten des Arbeitnehmers nicht geeignet ist, die legitimen Zwecke zu fördern. Wie das nationale Verfassungsrecht gibt somit auch die EU-GrCh den Grundsatz der Günstigkeit im Urlaubsrecht vor und verpflichtet den Gesetzgeber diesen bei der Urlaubsgesetzgebung umzusetzen. Darüber hinaus steht es abweichenden Bestimmungen aber auch unmittelbar entgegen und führt mithin im Zweifelsfall selbst dazu, dass Abweichungsmöglichkeiten für die Arbeitsvertragsparteien bestehen.[365]

68; EuGH v. 18.03.2004 – C-342/01 [Merino Gomez], Slg. 2004, I-2621 Rn. 29; EuGH v. 26.06.2001 – C-173/99 [BECTU], Slg. 2001, I-4881 Rn. 43.

360 EuGH v. 08.09.2020 – C-119/19 P & C-126/19 P [Kommission/Carreras Sequeros u.a.], BeckRS 2020, 21912 Rn. 110 u. Rn. 115. Kritisch *Bayreuther*, NZA 2019, 945, 950; wohl auch Calliess/Ruffert/*Krebber*, EU-GrCh Art. 31 Rn. 4; *C. Schubert*, EuZA 2020, 302, 309 ff.

361 Zur Grundrechtsqualität des Art. 31 Abs. 2 EuGH v. 06.11.2018 – C-569/16, C-570/16 [Bauer und Willmeroth], AP Richtlinie 2003/88/EG Nr. 27 Rn. 54, 85; EuGH v. 06.11.2018 – C-684/16 [Max-Planck-Gesellschaft], AP Richtlinie 2003/88/EG Nr. 26, Rn. 49 ff.; EuArbRK/*C. Schubert*, EU-GrCh Art. 31 Rn. 2; GSH-UnionsR/*Lembke*, EU-GrCh Art. 31 Rn. 8; *Seifert*, EuZA 2013, 299, 309.

362 Für einen Grundsatz *Krebber*, EuZA 2016, 3, 8; *Rudkowski*, NJW 2019, 476, 480.

363 Vgl. EuGH v. 12.05.2011 – C-391/09 [Runevič-Vardy], Slg. 2011, I-3818 Rn. 86 f., für einen Eingriff in Art. 21 AEUV zugunsten von Art. 22 EU-GrCh sowie EuGH v. 01.06.2010 – C-570, 571/07 [Perez], Slg. 2010, I-4653 Rn. 65 f., für einen Eingriff in Art. 49 AEUV zugunsten von Art. 35 EU-GrCh; Calliess/Ruffert/*Kingreen*, EU-GrCh Art. 52 Rn. 14; *Jarass*/EU-GrCh, Art. 52 Rn. 78, EuArbRK/*C. Schubert*, EU-GrCh Art. 52 Rn. 59.

364 *Jarass*/EU-GrCh, Art. 52 Rn. 34.

365 Ausführlich dazu, Teil 3 § 10 Abschnitt C.

bb) Verpflichtung zur Schaffung unabdingbarer Normen

Inwieweit auch die Unabdingbarkeit durch das Primärrecht vorgegeben wird, hängt wie im Verfassungsrecht davon ab, ob insoweit eine Gestaltungsverpflichtung besteht und inwieweit dabei ein Mindestmaß bestimmbar ist. Als Grundlage eines Handlungsauftrages gerät dabei vor allem Art. 31 Abs. 2 EU-GrCh in den Blick. Es wurde allgemein bereits dargestellt, dass dahingestellt bleiben kann, ob die Regelung einen Grundsatz[366] oder ein Grundrecht[367] beinhaltet, sofern die Regelung konkret genug ist und auch eine Handlungskompetenz besteht.[368] Dabei ist Art. 31 Abs. 2 EU-GrCh jedenfalls in der Frage des Jahresurlaubs – insbesondere bei Berücksichtigung der nationalen Traditionen und des europarechtlichen Menschenrechtsschutzes – aus hiesiger Sicht hinreichend konkret, um daraus die Wertung abzuleiten, dass ein Urlaubsanspruch an sich für Arbeitsverhältnisse geschaffen werden soll.[369] Konkrete Vorgaben sind dabei nur zurückhaltend zu bestimmen, aber die besondere Hervorhebung, seine Anerkennung als Grundsatz des Unionsrechts, die vorhandenen Auslegungsunterlagen und die Tradition der Mitgliedstaaten sprechen doch dafür, dass sich dieses Recht gemeinsam mit Art. 31 Abs. 1 EU-GrCh sowie unter Umständen auch Art. 35 S. 2 EU-GrCh so weit konkretisiert, dass zumindest die Effektivität eines geschaffenen Anspruchs sichergestellt werden muss.

Angesichts der Ausgestaltung dieses Rechts durch das Sekundärecht kann ferner offenbelieben, ob für einzelne Aspekte des Urlaubsrechts und insbesondere für dessen Dauer konkrete Vorgaben aus dem Grundrecht des Art. 31 Abs. 2 EU-GrCh abgeleitet werden können.[370] Die Ausgestaltungsbedürftigkeit des Urlaubsrechts sowie der Einschätzungs-, Prognose- und Gestaltungs-

---

366 Calliess/Ruffert/*Krebber*, EU-GrCh Art. 31 Rn. 3; *Krebber*, EuZA 2016, 3, 8; *Rudkowski*, NJW 2019, 476, 480.

367 EuGH v. 06.11.2018 – C-569/16, C-570/16 [Bauer und Willmeroth], AP Richtlinie 2003/88/EG Nr. 27 Rn. 54, 85; EuGH v. 06.11.2018 – C-684/16 [Max-Planck-Gesellschaft], AP Richtlinie 2003/88/EG Nr. 26, Rn. 49ff.; EuArbRK/*C. Schubert*, EU-GrCh Art. 31 Rn. 2; GSH-UnionsR/*Lembke*, EU-GrCh Art. 31 Rn. 8; *Seifert*, EuZA 2013, 299, 309.

368 Teil 2 § 8 Abschnitt C. I. 2.

369 EuGH v. 08.09.2020 – C-119/19 P (u.a.) [Kommission/Carreras Sequeros u.a.], BeckRS 2020, 21912 Rn. 111; EuGH v. 06.11.2018 – C-569/16, 570/16 [Bauer], NZA 2018, 1467 Rn. 85; EuArbRK/*C. Schubert*, EU-GrCh Art. 31 Rn. 21a; a.A. *Rudkowski*, NJW 2019, 476, 480.

370 Weitgehend ablehnend, EuArbRK/*C. Schubert*, EU-GrCh Art. 31 Rn. 19 u. Rn. 33, aber grundrechtliche Anforderungen für den Übertragungszeitraum, den Verfall und das Entgelt annehmend; *dies.*, RdA 2024, 282, 292; für abstrakte Vorgaben zum Entgelt *Vogelsang*, RdA 2018, 110, 112ff. u. S. 116.

spielraum des Gesetzgebers[371] sind dabei in jedem Fall zu respektieren und die sozialen Grundrechte nicht zu sehr aufzublasen, wenn ihre Inhalte nicht unter dem Druck gesellschaftlicher Realitäten zerplatzen sollen. Gleichzeitig kann der insoweit bestehende Einschätzungs- und Prognosespielraum des Gesetzgebers das Verhältnis der Rechtsquellen zueinander nicht umkehren und es ist daher Art. 31 Abs. 2 EU-GrCh der den Inhalt des Sekundärrechts determiniert und der als Maßstab an die Ausgestaltung des Rechts auf Urlaub[372] anzulegen ist.[373] Die Verwirklichung der grundrechtlichen Vorgaben kann daher nicht vollständig in das Belieben des einfachen Gesetzgebers gestellt werden[374] und soweit eine grundrechtliche Verankerung besteht, muss diese auch im einfachen Recht Ausdruck finden.[375] Dies muss jedenfalls für die materiellen Aspekte gelten, die so eng mit dem Zweck eines Rechts verbunden sind, dass deren Verwirklichung allein von der Gestaltung des materiellen Rechts abhängt.[376]

Für die Verwirklichung des Rechts auf Urlaub kommt es vor allem auf die Verwirklichung des Erholungszwecks[377] des Urlaubs an,[378] der wiederum eng mit dessen Dauer verknüpft ist. Die Verwirklichung des Rechts auf Urlaub kann daher nicht ohne Betrachtung der Dauer des Urlaubs bewertet werden und mithin könnte auch nicht jede beliebige Änderung der sekundärrechtlichen Arbeitszeitbestimmung – bzw. des darauf aufbauenden nationale Rechts[379] – als Verwirklichung des Grundrechts auf Urlaub verstanden werden. Es erscheint daher vorzugwürdig, entgegen der wohl absolut überwiegenden Auffassung, in dieser Beziehung die Bestimmung des Inhalts des

---

371 Vgl. *Jarass*/EU-GrCh, Art. 52 Rn. 48; Calliess/Ruffert/*Kingreen*, EU-GrCh Art. 51 Rn. 32; EuArbRK/*C. Schubert*, EU-GrCh Art. 51 Rn. 65.

372 Etwas anderes gilt nur dann, wenn man Art. 31 Abs. 2 EU-GrCh keine bindende Wirkung zuspricht, vgl. *Rudkowski*, NJW 2019, 476, 480.

373 *Roloff*, NZA 2024, 1098, 1099; vgl. auch EuArbRK/*C. Schubert*, EU-GrCh Art. 31 Rn. 33 ff.

374 Allgemein *Michael/Morlok*, Grundrechte, Rn. 47 sowie *Möslein*, Dispositives Recht, S. 390 f.

375 Vgl. EuArbRK/*C. Schubert*, EU-GrCh Art. 31 Rn. 34 ff.; *dies.*, RdA 2024, 282, 292.

376 In dem Sinn zum Übertragungszeitraum, EuArbRK/*C. Schubert*, EU-GrCh Art. 31 Rn. 34.

377 Zum Erholungszweck des Urlaubs, EuGH v. 06.11.2018 – C-569/16 (u.a.) C-570/16 [Bauer u.a.], AP Richtlinie 2003/88/EG Nr. 27 Rn. 41; EuGH v. 22.11.2011 – C-214/10 [KHS], Slg. 2011, I-11794 Rn. 31.

378 Vgl. EuGH v. 09.11.2023 – C-272/22 (u.a.) [Keolis Agen], AP Richtlinie 2003/88/EG Nr. 54, Rn. 47 zur Bedeutung des Erholungszwecks im Fall des Verfalls des Urlaubs; vgl. Meyer/Hölscheidt/*Hüpers/Reese*, Art. 31 Rn. 55.

379 Angesichts des Charakters der Richtlinie als Mindeststandard, müsste sich das nationale Recht jedenfalls auch selbst an den Grundrechten messen lassen.

Grundrechts nicht allein der Konkretisierung durch den Gesetzgeber zu überlassen.[380] Trotz der Schwierigkeiten bei der Konkretisierung erscheint es zur Sicherung des Rechts daher unumgänglich, das Untermaß der Urlaubsdauer zumindest im Sinn einer „jedenfalls wenn"-[381] oder Evidenzfeststellung[382] einzugrenzen.[383] Der Inhalt des Rechts kann unter Berücksichtigung von Art. 35 S. 2 EU-GrCh zumindest verdichtet und zur Bestimmung eines Mindestmaß auch die Erläuterungen zu Art 31 EU-GrCh[384] herangezogen werden, nach der bei der Auslegung des Art. 31 EU-GrCh die in Art. 2 Nr. 3 ESC enthaltenen Vorgabe eines vierwöchigen Urlaubsanspruchs sowie die Verpflichtung zur positiven Angleichung der Urlaubsansprüche aus Nr. 8 der Gemeinschaftscharta der sozialen Grundrechte der Arbeitnehmer zu berücksichtigen sind.[385] Diese können unter Ansehung völkerrechtlicher Vorgaben sowie des Urlaubsniveaus der Mitgliedstaaten vor Erlass der RL 94/104/EG als Grundlage für die Konkretisierung des Mindestmaßes im Sinn des kleinsten gemeinsamen Nenners herangezogen werden[386] oder es könnten zumindest methodische Vorgaben für die Bestimmung der Urlaubsdauer aufgestellt werden,[387] um auch das Grundrecht justiziabel zu gestalten.

Es ist aber nicht anzunehmen, dass damit oder den primärrechtlichen Vorgaben insgesamt Anforderungen verbunden sind, die über die sekundärrecht-

---

380 Im Ansatz auch EuGH v. 08.09.2020 – C-119/19 P (u. a.) [Kommission/Carreras Sequeros u. a.], BeckRS 2020, 21912 Rn. 117 f., im Gegensatz dazu aber Rn. 111. Im Gegensatz zur hiesigen Auffassung, EuGH v. 06.11.2018 – C-569/16, 570/16 [Bauer], NZA 2018, 1467 Rn. 85. So auch die absolut überwiegende Meinung der Literatur, *Kamanabrou*/ArbR, Rn. 627; Calliess/Ruffert/*Krebber*, EU-GrCh Art. 31 Rn. 3; *Rudkowski*, NJW 2019, 476, 480; EuArbRK/*C. Schubert*, EU-GrCh Art. 31 Rn. 21a u. Rn. 33; *Seifert*, EuZA 2015, 500, 506; *Wutte*, EuZA 2019, 222, 230.

381 Vgl. BAG v. 18.07.2012 – 7 AZR 783/10, NZA 2012, 1359; BAG v. 18.07.2012 – 7 AZR 433/09, BAGE 142, 308.

382 Vgl. BVerfG v. 23.07.2014 – 1 BvL 10/12, BVerfGE 137, 34 Rn. 81.

383 Vgl. auch *Wutte*, EuZA 2019, 222, 231, der mit anderer Schlussfolgerung darauf hinweist, dass das Recht aus Art. 31 Abs. 2 EU-GrCh andernfalls unvollständig ist.

384 Diese sind bei der Auslegung zu berücksichtigen, EuGH v. 22.12.2010 – C-279/09 [DEB], Slg. 2010, I-13880 Rn. 32. Ausführlich zu deren Bedeutung, Calliess/Ruffert/*Kingreen*, EU-GrCh Art. 52 Rn. 42 f.; grundsätzlich auch EuArbRK/*C. Schubert*, EU-GrCh Art. 52 Rn. 26 f.

385 Zur Berücksichtigung beider Rechtsquellen im Rahmen der Auslegung, EuGH v. 08.09.2020 – C-119/19 P (u. a.), C-126/19 P [Kommission/Carreras Sequeros u. a.], BeckRS 2020, 21912 Rn. 113 sowie EuGH v. 19.09.2013 – C-579/12 RX II [Überprüfung Kommission/Strack], BeckRS 2013, 81828 Rn. 27; *Krimphove*/EU-Arbeitsrecht, Rn. 47 u. Rn. 66 f. Der Europäischen Säule sozialer Rechte ist hingegen nicht zu berücksichtigen, *C. Schubert*, RdA 2024, 282, 290.

386 Ablehnend, *C. Schubert*, RdA 2024, 282, 292.

387 Vgl. für das Entgelt und unter Berücksichtigung des ILO-Übereinkommens Nr. 132, *Vogelsang*, RdA 2018, 110, 116.

lichen Vorgaben hinausgehen, weshalb die Frage in diesem Kontext nicht weiter thematisiert werden muss. Dass der EuGH den Inhalt des Grundrechts durch die Richtlinie auflädt und dass deren konkreten Vorgaben damit als Ausdruck des Grundrechts verstanden werden können,[388] hat ferner vor allem Auswirkungen auf deren mögliche Wirkungen im Arbeitsverhältnis, ändert aber nichts an den sich daraus ergebenden Umsetzungsverpflichtungen des nationalen Gesetzgebers.[389] Dieser ist unabhängig vom Inhalt des Grundrechts zur Umsetzung des Inhalts der Richtlinie verpflichtet, weshalb die Rechtsprechung des EuGH hier ebenfalls nicht weiter thematisiert werden muss.[390] Inwieweit das Sekundärrecht den Gesetzgeber zur unabdingbaren Ausgestaltung des Urlaubsanspruchs verpflichtet, wird im folgenden Abschnitt dargestellt.

Für das Primärrecht lässt sich damit jedoch insgesamt festhalten, dass aus freiheitsrechtlichen Erwägungen heraus auch im Anwendungsbereich des unionsrechtlichen Grundrechtschutzes lediglich ein Verbot von Abweichungen zuungunsten der Arbeitnehmer vorgesehen werden kann. Nur ein solches Verbot ist im Licht der Ziele gerechtfertigt, während ein Verbot gleichwertiger und günstigerer Vereinbarungen ungeeignet wäre, das Recht auf Urlaub aus Art. 31. Abs. 2 EU-GrCh und den bezweckten Gesundheitsschutz der Arbeitnehmer umzusetzen. Gleichzeitig wird die darin enthaltene Verpflichtung zur Schaffung eines Urlaubsanspruchs verletzt, wenn nicht zumindest ein zweckmäßiger Urlaubsanspruch an sich geschaffen wird, wobei sich ein autonomes Untermaß nur schwer bestimmen lässt.

b) Sekundärrecht

Die Arbeitszeit-RL ergänzt das primärrechtliche Regelwerk, indem sie in Art. 7 Abs. 1 die Schaffung eines Anspruchs auf bezahlten Urlaub für jeden Arbeitnehmer für die Dauer von 4 Wochen vorsieht. Dieser Anspruch wird durch Art. 7 Abs. 2 Arbeitszeit-RL durch ein Abgeltungsverbot ergänzt. Weitere Konkretisierungen des Anspruchs enthält die Richtlinie nicht und insbesondere sind die Ausnahmen und Abweichungsbefugnisse aus Art. 17 ff. Arbeitszeit-RL für den Urlaubsanspruch aus Art. 7 nicht einschlägig, sodass den Mitgliedstaaten keine Möglichkeit zur Abweichung von den Vorgaben der Richtlinie zuungunsten des Arbeitnehmers zusteht.[391]

---

[388] EuGH v. 08.09.2020 – C-119/19 P & C-126/19 P [Kommission/Carreras Sequeros u.a.], BeckRS 2020, 21912 Rn. 110, Rn. 115 u. Rn. 117. In jüngster Zeit jedoch weniger eindeutig, vgl. EuGH v. 09.11.2023 – C-272/22 (u.a.) [Keolis Agen], AP Richtlinie 2003/88/EG Nr. 54, Rn. 23 u. Rn. 27.

[389] Vgl. Teil 3 § 10 Abschnitt C.

[390] Dazu Teil 2 § 8 Abschnitt C. I. 2. b).

[391] EuGH v. 26.06.2001 – C-173/99 [BECTU], NZA 2001, 827 Rn. 41.

Umgekehrt betont Art. 15 der Arbeitszeit-RL die Regelungsbefugnis der Mitgliedstaaten für die Schaffung günstigerer Rechtsvorschriften. Dies bringt zum Ausdruck, dass es sich bei den Vorgaben der Arbeitszeit-RL um Mindeststandards handelt,[392] die bereits aufgrund der beschränkten Kompetenz der Union bei der Gestaltung der Arbeitsbedingungen gem. Art. 153 Abs. 2 lit. b AEUV strengeren Schutzmaßnahmen der Mitgliedstaaten gem. Art. 153 Abs. 4 zweiter Gedankenstrich AEUV nicht entgegenstehen[393]. Dies kann auch eine Abweichungsbefugnis der Arbeitsvertragsparteien sein, sofern diese nicht die Vereinbarung ungünstigerer Regelungen ermöglicht.

Die Richtlinie verpflichtet somit die Mitgliedstaaten zur Schaffung eines bezahlten Urlaubsanspruchs für die Dauer von 4 Wochen, wobei im Rahmen der Umsetzung die effektive Verwirklichung des unionsrechtlichen Mindeststandards sicherzustellen ist. Die dem Arbeitsvertragsrecht zugrunde liegende Annahme der strukturellen Unterlegenheit führt dabei dazu, dass der Anspruch insbesondere vor vertraglichen Abweichungen zuungunsten der Arbeitnehmer zu schützen ist, unabhängig davon, ob diese lediglich vereinzelt auftreten oder beabsichtigt sind. Insoweit ist auch hier der effet utile beachtlich,[394] der die Mitgliedstaaten verpflichtet, die Verwirklichung des Unionsrechts möglichst effektiv sicherzustellen[395]. Dementsprechend ist § 13 Abs. 1 S. 3 BUrlG nur richtlinienkonform, wenn er sämtlichen Abweichungen entgegensteht, die zu einer Beeinträchtigung der sekundärrechtlichen Vorgaben führen. Gleiches gilt für die Abweichungsbefugnis der Tarifvertragsparteien, weshalb § 13 BUrlG insbesondere im Hinblick auf die Abweichungsbefugnis von § 11 BUrlG unionsrechtskonform auszulegen ist, um beispielsweise nicht in Widerspruch zu den Vorgaben zur Kürzung des Urlaubsentgelts für Kurzarbeit[396] zu geraten.[397]

Mithin spricht die richtlinienkonforme Auslegung dafür, dass sowohl eindeutig nachteilige Abweichungen als auch Abweichungen, die im Einzel- oder Zweifelsfall zum Nachteil einzelner Arbeitnehmer wirken, nicht mit § 13 Abs. 1 S. 3 BUrlG vereinbar sind, soweit sie die unionsrechtlichen Aspekte

---

392 EuGH v. 09.11.2021 – C-306/16 [Maio Marques da Rosa], NZA 2017, 1521 Rn. 49; EuArbRK/*Gallner*, RL 2003/88/EG Art. 15 Rn. 1; vgl. *Krimphove*/EU-Arbeitsrecht, Rn. 449 zur vorherigen RL 93/104/EG über bestimmte Aspekte der Arbeitszeitgestaltung, ABl. 1993, L 307, S. 18.

393 Hierzu EuArbRK/*Franzen*, AEUV Art. 153 Rn. 55 ff.

394 Zum AGG, BeckOGK/*Benecke*, AGG § 31 Rn. 1.

395 Zum Inhalt, EuGH v. 11.07.2002 – C-62/00 [Marks & Spencer], Slg. 2002, I-6325 Rn. 27; EuGH v. 09.09.1999 – C-217/97 [Kommission/Deutschland], Slg. 1999, I-5087 Rn. 31; ausführlich Calliess/Ruffert/*Kahl*, EUV Art. 4 Rn. 119.

396 EuGH v. 13.12.2018 – C-385/17 [Hein], AP Richtlinie 2003/88/EG Nr. 28, Rn. 53.

397 Dazu EuArbRK/*C. Schubert*, EU-GrCh Art. 52 Rn. 35.

des Anspruchs betreffen. Solange das Leistungsniveau jedoch gewahrt oder übertroffen wird, steht das Sekundärrecht abweichenden Vereinbarungen nicht entgegen, weshalb die Vereinbarung gleichwertiger Abweichungen durch die Mitgliedstaaten vorgesehen werden kann. Dabei lässt sich grundsätzlich davon ausgehen, dass die nationalen Regelungen zur Umsetzung des Unionsrechts einheitlich anzuwenden sind, auch wenn sie Aspekte erfassen, die vom Unionsrecht nicht vorgegeben werden,[398] weshalb die gefundenen Ergebnisse in Ermangelung einer normativen Grundlage für eine gespaltene Auslegung auch auf die nicht unionsrechtlich geprägten Aspekte übertragen werden können. Infolge der Rechtsprechung der EuGH nehmen diese Vorgaben auch an der Wirkung des Art. 31 Abs. 2 EU-GrCh teil, was auf die Verpflichtung des Gesetzgebers diesen Anspruch unabdingbar auszugestalten aber auch keine Auswirkungen hat. Angesichts der Übereinstimmung dieser Ergebnisse mit den bisherigen Auslegungsergebnissen ist ferner nicht zu erwarten, dass sich eine grundrechtliche Verankerung der Inhalte der Richtlinie im Rahmen der negativen Drittwirkung auf die Anwendung der Abweichungsbefugnis im Privatrecht auswirken würde.

7. Völkerrechtsfreundliche Auslegung

Bei der Auslegung des BUrlG kann im Sinn einer völkerrechtsfreundlichen Auslegung auch auf das Übereinkommen der Internationalen Arbeitsorganisation Nr. 132 über den bezahlten Jahresurlaub zurückgegriffen werden.[399] Dieses verpflichtet die ratifizierenden Staaten einen Mindesturlaubsanspruch vorzusehen (Art. 3 Abs. 1), der mindestens drei Wochen betragen muss (Art. 3 Abs. 3). Vergleichbar mit § 13 Abs. 1 S. 3 BUrlG regelt Art. 12 des ILO-Übereinkommen Nr. 132, dass Abbedingungen des Urlaubsanspruchs oder Vereinbarungen zu dessen Abfindung zu verbieten bzw. für nichtig zu erklären sind.

Dieses völkerrechtliche Abbedingungsverbot ist jedoch nicht konkreter formuliert als die nationale Norm. Die maßgeblichen englischen und französischen Sprachfassungen stellen nur fest, dass der Anspruch nicht abbedungen bzw. darauf verzichtet werden kann (englische Sprachfassung: relinquish/forgo; französische Sprachfassung: l'abandon/renonciation). Auch der einschlägigen ILO-Empfehlung R098 lässt sich zum Abweichungsspielraum kein weiterer Hinweis entnehmen. Auf Basis des Übereinkommens und seiner Auslegungshilfen kann daher lediglich festgehalten werden, dass das Verbot

---

[398] *Bauer/Krieger/Günther*/AGG, AGG § 31 Rn. 2; *Fornasier*, Anm. zu BGH v. 17.10.2012, EuZW 2013, 157, 160; EuArbRK/*Höpfner*, AEUV Art. 288 Rn. 71 ff.; *Sagan/Sollfrank*, RdA 2021, 287, 296.

[399] Dazu Arnold/Tillmanns/BUrlG/*Zimmermann*, § 1 Rn. 6.

des Art. 12 des ILO-Übereinkommens Nr. 132 nicht auf strukturelle Verschlechterungen beschränkt ist und dass es auch keine Ausnahmen für Zweifelsfälle vorsieht. Im Umkehrschluss lässt sich daraus folgern, dass auch Art. 12 des ILO-Übereinkommens Nr. 132 solche Ausnahmen nicht vorsieht, sondern ein absolutes Abweichungsverbot vorschreibt.

Die völkerrechtsfreundliche Auslegung des § 13 Abs. 1 S. 3 BUrlG spricht daher für ein absolutes Abweichungsverbot, während Ausnahmen im Einzelfall oder Abweichungen in Zweifelsfällen nicht mit dem Völkerrecht vereinbar sind, soweit sie den Urlaubsanspruch selbst oder das Abgeltungsverbot berühren. Die Berücksichtigung des Art. 12 des ILO-Übereinkommens Nr. 132 im Rahmen der völkerrechtsfreundlichen Auslegung bestätigt somit die bisher gefundenen Ergebnisse.

8. Zusammenfassung der Auslegungsergebnisse

Die Betrachtung des § 13 Abs. 1 S. 3 BUrlG im Licht des Kanons der Auslegungskriterien spricht dafür, dass die Regelung allen Vereinbarungen entgegensteht, die den Anspruch des Arbeitnehmers auf den gesetzlichen Mindesturlaub verkürzen oder beschränken. Soweit die Rechtsfolge zum Nachteil des Arbeitnehmers abgewandelt oder der Anspruch an weitere Voraussetzungen geknüpft wird, scheitern diese Vereinbarungen an § 13 Abs. 1 S. 3 BUrlG, § 134 BGB.

Der Umkehrschluss aus dem Wortlaut der Vorschrift, ihre Systematik, ihr Zweck sowie ihre höherrangigen Grundlagen machen deutlich, dass nur Vereinbarungen getroffen werden können, die zugunsten des Arbeitnehmers von den Vorgaben des BUrlG abweichen oder die einen gleichwertigen Anspruch vermitteln.[400] Umgekehrt lässt sich festhalten, dass der durch die Vorschrift geschaffene Mindeststandard nur zur Geltung kommt, wenn auch im Einzelfall nicht zuungunsten des Arbeitnehmers von den Vorgaben des BUrlG abgewichen wird. Neben der Natur eines Mindeststandards sprechen dafür ebenfalls die Natur des Abweichungsverbots als Grundregel und der Wortlaut, der lediglich für Tarifverträge und § 7 Abs. 2 S. 2 BUrlG eine Abweichung zuungunsten des Arbeitnehmers ermöglicht. Gleichzeitig würde die Regelung ohne ein solches Abweichungsverbot im Widerspruch zu den unionsrechtlichen Vorgaben stehen. Dies gilt insbesondere für ein Verständnis, bei dem allein strukturelle Benachteiligungen verboten werden oder im Zweifelsfall auf die

[400] So auch GK-BUrlG/*Berscheid*, § 13 Rn. 47; DKL-ArbR/*Gutzeit*, BUrlG § 13 Rn. 1; HO-BUrlG/*Hohmeister*, BUrlG § 13 Rn. 40; DHSW-ArbR/*Holthaus*, BUrlG § 13 Rn. 6; a. A. NK-GArbR/*Düwell*, BUrlG § 13 Rn. 14 für eine Wirksamkeit auch im Zweifelsfall.

Feststellung der Auswirkungen der abweichenden Vereinbarung verzichtet wird.

II. Auslegung des § 13 Abs. 1 S. 3 BUrlG im Hinblick auf den Günstigkeitsvergleich

Ebenso wie bei § 12 EntgFG kann auch bei § 13 Abs. 1 S. 3 BUrlG die Bewertung der günstigkeitsvariablen und der ambivalenten Vereinbarungen nur dann vorgenommen werden, wenn die Kriterien des Günstigkeitsvergleichs[401] geklärt sind. Der Vergleichsgegenstand, das Bezugsobjekt, der Vergleichszeitpunkt und der Vergleichsmaßstab sind dabei wiederum durch Auslegung des § 13 Abs. 1 S. 3 BUrlG zu bestimmen.

1. Vergleichsgegenstand

Mit Bezug zum Vergleichsgegenstand weist die Regelung im Vergleich zu den allgemeinen Überlegungen keine Besonderheiten auf. Insbesondere dient auch § 13 Abs. 1 S. 3 BUrlG der Absicherung eines arbeitnehmerschützenden Standards, wobei sich dem Gesetz abseits der ausdrücklichen Ausnahmen nicht entnehmen lässt, dass lediglich ein Teil der Regelungen ein normativer Standard sein soll. Den Regelungen ist nicht zu entnehmen, dass sie miteinander in Wechselwirkung stehen und dass die Unterschreitung eines Standards durch Kompensationen in anderen Bereichen gerechtfertigt werden kann. Es wäre daher nicht mit der dienenden Funktion der Unabdingbarkeit vereinbar und würde den Zweck des Urlaubsrechts verfehlen, wenn im Rahmen eines Gesamt- oder eines Sachgruppenvergleichs die Unwirksamkeit einer ungünstigeren Regelung durch die Vereinbarung einer günstigeren Regelung verhindert werden könnte.[402]

Der Wortlaut des § 13 Abs. 1 S. 3 BUrlG bestätigt dieses Ergebnis, auch wenn er anders als die Regelung des § 12 EntgFG nicht an die „Vorschriften“, sondern an die „Bestimmungen dieses Gesetzes“ anknüpft. Eine andere Bedeutung lässt sich daraus jedoch nicht ableiten, sondern auch dies spricht dafür, dass jede einzelne Bestimmung des Gesetzes abweichungsfest ist.[403] Hätte der Gesetzgeber ein aus der Gesamtheit der Bestimmungen oder aus einzelnen

[401] *Romatka*, Unabdingbarkeit im Urlaubsrecht, S. 63 ff. zum Günstigkeitsvergleich bei Anwendung der Landesurlaubsgesetze vor Inkrafttreten des BUrlG.

[402] Vgl. BAG v. 10.02.1966 – 5 AZR 408/65, BAGE 18, 129; HWK-ArbR/*Schinz*, BUrlG § 13 Rn. 13.

[403] BAG v. 22.01.2002 – 9 AZR 601/00, BAGE 100, 189 [unter A. II. 2. d)]; BAG v. 10.02.1966 – 5 AZR 408/65, BAGE 18, 129; HO-BUrlG/*Hohmeister*, BUrlG § 13 Rn. 47; NFK-BUrlG/*Kühn*, § 13 Rn. 37.

Sachgruppen bestehendes Leistungsniveau schützen wollen, hätte er dieses Leistungsniveau definieren und daran anknüpfen können. Darüber hinaus spricht auch die Herausnahme des § 7 Abs. 2 S. 2 BUrlG und mithin einer einzelnen Norm aus dem Anwendungsbereich des § 13 Abs. 1 S. 3 BUrlG tendenziell dafür, dass auch die einzelnen Normen der Maßstab der Bewertung der Günstigkeit sein sollen.

Die früheren Landesurlaubsgesetze der Stadt Hamburg und des Landes Bayern hat das BAG allerdings anders ausgelegt und ging dabei davon aus, dass die Günstigkeit der tarifvertraglichen Abweichungen zugunsten des Arbeitnehmers im Rahmen einer Gesamtschau der in einem inneren Zusammenhang stehenden Regelungen durchgeführt und diejenige Regelung zur Anwendung gebracht wird, die insgesamt für den Arbeitnehmer die günstigere Regelung ist.[404] Mithin hat es einen Sachgruppenvergleich vorgenommen, aus dem lediglich die gesetzliche Mindesturlaubslänge und die Sicherung des Lebensstandards durch die Entgeltfortzahlung ausgenommen wurden.[405] Begründet hat das BAG dies vor allem mit der Betrachtungsweise eines Arbeitnehmers, der zu entsprechenden Kompensationen bereit sein könne,[406] womit es allerding die Natur normativ geltenden Rechts vernachlässigt hat. Bereits im Gesetzgebungsverfahren wurde aber darauf hingewiesen, dass die von der CDU/CSU-Fraktion vorgeschlagene Formulierung[407] nur einen Einzelvergleich und keinen Gruppen- oder Gesamtvergleich zulasse.[408] In die vom Ausschuss erarbeitete[409] und vom Bundestag beschlossene Fassung des Gesetzes wurde diese Formulierung in Kenntnis der damit für den Vergleichsgegenstand angenommenen Implikationen aufgenommen und es gibt auch keinen Hinweis, dass die früheren Grundsätze übernommen werden sollten, sodass auch die historische Auslegung für einen Einzelvergleich spricht.[410] Das BAG hat in seinen Entscheidungen zum BUrlG die früheren Grundsätze auch nicht mehr angewendet, sondern selbst einen Einzelvergleich durchgeführt.[411]

---

404 Instruktiv zum hamburgischen Landesurlaubsgesetz, BAG v. 20.07.1961 – 5 AZR 343/60, BAGE 11, 217. Zuvor zum hamburgischen Landesurlaubsgesetz, BAG v. 25.11.1958 – 2 AZR 259/58, BAGE 7, 76, sowie zum bayerischen Landesurlaubsgesetz, BAG v. 08.10.1958 – 4 AZR 34/55, BAGE 6, 297.

405 BAG v. 20.07.1961 – 5 AZR 343/60, BAGE 11, 217.

406 BAG v. 20.07.1961 – 5 AZR 343/60, BAGE 11, 217 [unter 1.].

407 BT-Ds. IV/142 S. 2.

408 *Boldt*, RdA 1962, 129, 130.

409 BT-Ds. IV/785.

410 BAG v. 22.01.2002 – 9 AZR 601/00, BAGE 100, 189 [unter A. II. 2. d)]; NK-GArbR/*Düwell*, BUrlG § 13 Rn. 20; HO-BUrlG/*Hohmeister*, BUrlG § 13 Rn. 47; NFK-BUrlG/*Kühn*, § 13 Rn. 38.

411 BAG v. 22.01.2002 – 9 AZR 601/00, BAGE 100, 189.

Darüber hinaus ist für den Vergleichsgegenstand relevant, dass einzelne Aspekte des Anspruchs durch das Unionsrecht und die IAO-Übereinkunft Nr. 132 erfasst werden. Eine Kompensation mit anderen Aspekten sehen diese Rechtsquellen nicht vor, weshalb Abweichungen zuungunsten des Arbeitnehmers nicht durch andere Abweichungen zugunsten des Arbeitnehmers ausgeglichen werden können.[412] Wenn man diese Aspekte in einen Sachgruppen- oder Gesamtvergleich einbeziehen würde, wäre daher die Einhaltung der unions- und völkerrechtlichen Vorgaben nicht sichergestellt.[413] Darüber hinaus hat der EuGH im Zusammenhang mit dem Betriebsrentenrecht einen Einzelvergleich aus dem Sekundärecht abgeleitet, wobei die entwickelten Argumente zur Transparenz der Vergleichsmethodik übertragbar sind.[414] Zentrale Aspekte des Urlaubsrechts müssten daher aus einer Gruppenbetrachtung ausgeklammert werden, wodurch die Sinnhaftigkeit eines solchen Vergleichs für die restlichen Aspekte auch infrage gestellt wird. Ferner spricht auch hier das Fehlen einer Grundlage für eine gespaltene Auslegung dafür, die unionsrechtlichen abgeleiteten Ergebnisse und mithin die Anwendung des Einzelvergleichs auf die gesamte Vorschrift zu übertragen.

Insgesamt sprechen damit alle Auslegungsmethoden für die Durchführung eines Einzelvergleichs. Im Rahmen des Günstigkeitsvergleichs ist daher jede einzelne Vorschrift des BUrlG mit der abweichenden Vereinbarung zu vergleichen. Ungünstige Abweichungen können dabei nicht mit günstigeren Vereinbarungen kompensiert werden. Dieses Ergebnis stimmt mit der herrschenden Auffassung in der Literatur überein, die im Rahmen der Anwendung des § 13 Abs. 1 S. 3 BUrlG ebenfalls einen Einzelvergleich befürwortet[415].

2. Bezugsobjekt des Günstigkeitsvergleichs

Im Hinblick auf das Bezugsobjekt benennt der Wortlaut des § 13 Abs. 1 S. 3 BUrlG ebenso wie § 12 EntgFG den einzelnen Arbeitnehmer, zu dessen

---

[412] EuArbRK/*Franzen*, AEUV Art. 153 Rn. 57.

[413] Vgl. EuArbRK/*Franzen*, AEUV Art. 153 Rn. 57; *Romatka*, Unabdingbarkeit im Urlaubsrecht, S. 70 f. für das Verhältnis von §§ 1, 2 u. 3 Abs. 1 BurlG zum Tarifrecht; Allgemein *Mosing*, Günstigkeitsprinzip, S. 33 f.

[414] EuGH v. 26.06.2001 – C-381/99 [Brunnhofer], Slg. 2001, I-4961 Rn. 35 f.; EuGH v. 17.05.1990 – C-262/88 [Barber], AP EWG-Vertrag Art. 119 Nr. 20, Rn. 34.

[415] GK-BUrlG/*Berscheid*, § 13 Rn. 47; NK-GArbR/*Düwell*, BUrlG § 13 Rn. 20; ErfK/*Gallner*, BUrlG § 7 Rn. 6; DKL-ArbR/*Gutzeit*, BUrlG § 13 Rn. 1; HO-BUrlG/*Hohmeister*, BUrlG § 13 Rn. 41 ff.; DHSW-ArbR/*Holthaus*, BUrlG § 13 Rn. 5; NFK-BUrlG/*Kühn*, § 13 Rn. 37; HWK-ArbR/*Schinz*, BUrlG § 13 Rn. 13; Arnold/Tillmanns/BUrlG/*Zimmermann*, § 13 Rn. 12 f.; a. A. *Nikisch*, Arbeitsrecht, I S. 523 sowie *Schulze*, Günstigkeitsprinzip, S. 222 für einen Sachgruppenvergleich im Verhältnis zum Tarifrecht. *Romatka*, Unabdingbarkeit im Urlaubsrecht, S. 70 f. grundsätzlich für einen Gruppenvergleich.

Ungunsten nicht von den Vorschriften des BUrlG abgewichen werden darf.[416] Ferner könnte auch der gesetzliche Standard des BUrlG im Einzelfall gefährdet werden, wenn nicht der individuelle Arbeitnehmer als Bezugsobjekt gewählt wird, weshalb der Charakter des Urlaubsanspruchs als subjektives und individuelles Recht ebenfalls für einen individuellen Vergleich spricht. Außerdem begründen die grund- und freiheitsrechtlichen Grundlagen des Urlaubsrechts teilweise subjektive Rechte, deren Verwirklichung nur durch einen individuellen Günstigkeitsvergleich sichergestellt werden kann. Vergleichbar dazu begründen auch Art. 7 der Arbeitszeit-RL und Art. 12 des ILO-Übereinkommens Nr. 132 die Verpflichtung zur Schaffung eines individuellen Anspruchs für den einzelnen Arbeitnehmer und auch um diese Vorgaben in der Praxis zu verwirklichen, ist der Vergleich für jeden Arbeitnehmer individuell durchzuführen.

In Übereinstimmung mit der abstrakten Betrachtung und wie § 12 EntgFG ist daher auch § 13 Abs. 1 S. 3 BUrlG im Sinn eines individuellen Vergleichs auszulegen. Der Wortlaut, der Sinn und Zweck sowie die höherrangigen Rechtsgrundlagen sprechen für einen solchen Vergleich. Nur so kann der gesetzliche, unions- und völkerrechtlich vorgegebene Mindeststandard eingehalten werden, der andernfalls durch die kollektive Betrachtung auf individueller Ebene gefährdet werden würde. Dies entspricht auch der Auffassung des BAG[417] sowie der Literatur[418].

3. Vergleichszeitpunkt

Für die Bestimmung des Vergleichszeitpunkts der Regelungen ist die Rechtssicherheit der Parteien als allgemeines Rechtsprinzip auch im Urlaubsrecht zu beachten und die oben dargestellten Argumente haben gezeigt, dass ein rückblickender und konkreter Vergleich nicht zu dauerhafter Rechtssicherheit führen kann. Diese kann auch im Urlaubsrecht nur durch die Durchführung eines abstrakten ex-ante-Vergleichs gewährleistet werden, was gleichzei-

[416] In dem Sinn für die Landesurlaubsgesetze in Hamburg BAG v. 20.07.1961 – 5 AZR 343/60, BAGE 11, 217 sowie in Bayern BAG v. 08.10.1958 – 4 AZR 34/55, BAGE 6, 297.

[417] So bereits zum hamburgischen Landesurlaubsgesetz BAG v. 20.07.1961 – 5 AZR 343/60, BAGE 11, 217 sowie zum bayerischen Landesurlaubsgesetz BAG v. 08.10.1958 – 4 AZR 34/55, BAGE 6, 297.

[418] NK-GArbR/*Düwell*, BUrlG § 13 Rn. 19; ErfK/*Gallner*, BUrlG § 7 Rn. 6; DKL-ArbR/*Gutzeit*, BUrlG § 13 Rn. 1; HO-BUrlG/*Hohmeister*, BUrlG § 13 Rn. 40; NFK-BUrlG/*Kühn*, § 13 Rn. 37; *Romatka*, Unabdingbarkeit im Urlaubsrecht, S. 68; HWK-ArbR/*Schinz*, BUrlG § 13 Rn. 14; Arnold/Tillmanns/BUrlG/*Zimmermann*, § 13 Rn. 14; a.A. *Nikisch*, Arbeitsrecht, I S. 523, für einen kollektiven Vergleich im Verhältnis zum Tarifrecht.

tig eine abstrakte Betrachtung erforderlich macht[419]. Mithin ist grundsätzlich die abstrakte Wirkung der Normen zum Zeitpunkt ihres erstmaligen Aufeinandertreffens auf Basis der konkreten vertraglichen Verhältnisse zu bewerten.[420]

Es sind jedoch auch die Besonderheiten des Urlaubsanspruchs und insbesondere der Zeitpunkt seines Entstehens zu berücksichtigen.[421] Die Bindung des Urlaubs an das Kalenderjahr[422] sowie dessen jährliches Entstehen nach Ablauf der Wartezeit[423] führen dabei dazu, dass es bei der Bewertung des Freistellungsanspruchs nicht nur auf den Zeitpunkt des Vertragsschlusses, sondern auch auf den jeweiligen Zeitpunkt des Entstehens des Anspruchs ankommt.[424] Dieser Zeitpunkt ist beispielsweise entscheidend, wenn eine vertragliche Regelung entgegen der gesetzlichen Regelung eine jährlich neubeginnende Wartezeit bzw. einen Stichtag für die Entstehung des Urlaubs vorsieht,[425] die dazu führt, dass der Urlaubsanspruch später entsteht und mithin auch erst später in vollem Umfang beansprucht werden kann. Dies könnte sich zwar im Fall der Kündigung des Arbeitgebers immer noch als günstiger für den Arbeitnehmer erweisen, wenn der Urlaub gemäß der vertraglichen Regelung schneller anwächst als es § 5 Abs. 1 lit. c) BUrlG vorsieht.[426] Im Rahmen eines Einzelvergleichs müssten die Wirkungen aber separat verglichen und dementsprechend auf das Entstehen des Anspruchs die gesetzliche Regelung angewendet werden, während insoweit auslegungsfähige vertragliche Regelungen als günstigere Abbedingung von § 5 Abs. 1 lit. c) BUrlG wirksam bleiben können.

Für die Bestimmung des Vergleichszeitraums ist ebenfalls zu berücksichtigen, dass der Mindesturlaubsanspruch von 24 Werktagen nach Ablauf der Wartezeit jeweils zum Beginn eines Jahres vollständig entsteht und nicht über

---

419 BAG v. 22.01.2002 – 9 AZR 601/00, BAGE 100, 189; DHSW-ArbR/*Holthaus*, BUrlG § 13 Rn. 7.

420 HO-BUrlG/*Hohmeister*, BUrlG § 13 Rn. 35 u. Rn. 42; DHSW-ArbR/*Holthaus*, BUrlG § 13 Rn. 7; a.A. und stärker die Abstraktion betonend NK-GArbR/*Düwell*, BUrlG § 13 Rn. 18.

421 Vgl. NFK-BUrlG/*Kühn*, § 13 Rn. 37.

422 GK-BUrlG/*Bachmann*, § 7 Rn. 104 ff.

423 *Bayreuther*, NZA 2019, 945, 949.

424 In dem Sinn für den Jahresanfang, NFK-BUrlG/*Kühn*, § 13 Rn. 37; *Romatka*, Unabdingbarkeit im Urlaubsrecht, S. 68.

425 Vgl. bereits zum hamburgischen Landesurlaubsgesetz, BAG v. 25.11.1958 – 2 AZR 259/58, BAGE 7, 76; zum niedersächsischen Landesurlaubsgesetz BAG v. 04.10.1962 – 5 AZR 456/60, AP UrlaubsG Niedersachsen § 6 Nr. 2.

426 GK-BUrlG/*Bleistein*, § 1 Rn. 22 sowie GK-BUrlG/*Berstein*, § 13 Rn. 47, die zwar auch für einen Einzelvergleich plädieren, solche Vereinbarungen aber als zumindest gleichwertig ansehen. Zu tarifvertraglichen Regelungen, BAG v. 10.02.1966 – 5 AZR 408/65, BAGE 18, 129 [unter 5.].

das Jahr anwächst.[427] Infolge der einheitlichen Natur des Urlaubsanspruchs gilt dies auch für das vorgesehene Urlaubsentgelt und gemeinsam mit dem Grundsatz der zusammenhängenden Urlaubsgewährung gem. § 7 Abs. 2 BUrlG spricht dies dafür, das gesamte Urlaubsentgelt für die 24 Werktage als einheitliche Leistung zu verstehen. Eine Regelung, die für die ersten 12 Urlaubstage ein niedrigeres Urlaubsentgelt gewährt, dieses aber durch erhöhte Zahlungen für die letzten 12 Tage ausgleicht, entfaltet bei zusammenhängender Urlaubsgewährung und Beachtung des § 11 Abs. 2 BUrlG für den Arbeitnehmer im Vergleich zum Gesetz eine gleichwertige Wirkung. Selbst bei der Gewährung von Teilurlaub stellt die Abgeltungspflicht gem. § 7 Abs. 4 BUrlG sicher, dass das gesamte Urlaubsentgelt gezahlt wird, weshalb auch die Möglichkeit zur Aufteilung des Urlaubs gem. § 7 Abs. 2 BUrlG der kumulativen Betrachtung nicht grundsätzlich entgegensteht. Die auch bei Gewährung von Teilurlaub geltende Verpflichtung zur Zahlung des gesamten Urlaubsentgelts vor Urlaubsantritt gem. § 11 Abs. 2 BUrlG und die damit entgegen § 614 BGB eintretende Fälligkeit der Zahlungen[428] spricht aber dafür, dass es sich dabei um separate Ansprüche handelt, die jeweils selbst den Vorgaben des § 13 Abs. 1 S. 3 BUrlG entsprechen müssen. Eine kumulierte Betrachtung der Erfüllung des Anspruchs könnte aber zu einer späteren Fälligkeit führen und wäre aufgrund der späteren Durchsetzbarkeit des Anspruchs eine Vereinbarung zuungunsten des Arbeitnehmers[429]. Um die gesetzliche Vorgabe zur Fälligkeit des Urlaubsentgelts nicht zu unterlaufen, ist daher auch im Urlaubsrecht ein punktueller Vergleich möglicher entstehender Ansprüche vorzunehmen.

Der Günstigkeitsvergleich ist mithin auch bei der Anwendung des § 13 Abs. 1 S. 3 BUrlG als ex-ante-Vergleich durchzuführen, bei dem die einzelnen Regelungen zum Zeitpunkt ihres erstmaligen Aufeinandertreffens zueinander ins Verhältnis gesetzt werden. Dabei sind bei der Betrachtung urlaubsrechtlicher Ansprüche sowohl das Entstehen des Freistellungsanspruchs am Anfang des Jahres als auch die Wirkung auf die unterjährige Erfüllung des Anspruchs in den Blick zu nehmen.[430] Die Betrachtung der unterjährigen Erfüllung hat aber punktuell und jeweils für den einzelnen Urlaubsanspruch zu erfolgen.

---

[427] Anders kann es hingegen bei tarifvertraglichen Regelungen sein, vgl. BAG v. 10.02.1966 – 5 AZR 408/65, BAGE 18, 129 [unter 5.].

[428] BAG v. 18.12.1986 – 8 AZR 481/84, BAGE 54, 59; BAG v. 01.12.1983 – 6 AZR 299/80, BAGE 44, 278; BeckOK-ArbR/*Lampe*, BUrlG, § 11 Rn. 15.

[429] A.A. GK-BUrlG/Berstein, § 13 Rn. 47, der eine Verschiebung der Fälligkeit auf die Fälligkeit der Gehaltszahlungen als gleichwertig erachtet.

[430] Für die Prüfung auf Basis des Jahresanfangs, NK-GArbR/*Düwell*, BUrlG § 13 Rn. 19; HO-BUrlG/*Hohmeister*, BUrlG § 13 Rn. 35; NFK-BUrlG/*Kühn*, § 13 Rn. 37; *Romatka*, Unabdingbarkeit im Urlaubsrecht, S. 68; Arnold/Tillmanns/BUrlG/*Zimmermann*, § 13 Rn. 20.

4. Vergleichsmaßstab

In Bezug auf den Vergleichsmaßstab ist § 13 Abs. 1 S. 3 BUrlG aufgrund seiner dienenden Funktion für den Arbeitnehmerschutz und der identischen Vergleichskriterien weitgehend mit den bisherigen Ergebnissen der abstrakten Betrachtung sowie der Auslegung des § 12 EntgFG vergleichbar. Die Berücksichtigung subjektiver Elemente würde auch im Urlaubsrecht den Sinn der gesetzlichen Regelung verfehlen und damit die Verwirklichung der Zwecke des Urlaubsrechts insgesamt gefährden. Gleiches gilt für objektivierte Betrachtungen, für die infolge des Ausschlusses sachlicher und zeitlicher Kompensationen aber auch kein Bedarf besteht.[431] Auch im Urlaubsrecht hat der Vergleich daher allein unter Berücksichtigung der Auswirkungen auf die gesetzlich geschützten Interessen zu erfolgen, ohne subjektive Präferenzen oder die Anschauung der betroffenen Kreise zu berücksichtigen.[432] Dementsprechend ist im Rahmen des Günstigkeitsvergleichs gem. § 13 Abs. 1 S. 3 BUrlG ebenfalls ein objektiv-normativer Vergleichsmaßstab heranzuziehen. Zum Abgleich dieses Ergebnisses kann aber nur auf wenige ausdrückliche Äußerungen der Literatur zurückgegriffen werden. Vereinzelt wird wie hier ein objektiver Vergleich durchgeführt,[433] während die überwiegenden Auffassungen unter Verweis auf das Tarifrecht einen objektivierten Vergleich befürworten,[434] was angesichts der dargestellten möglichen Folgen aber auch im Urlaubsrecht nicht überzeugen kann.

5. Zusammenfassung der Auslegungsergebnisse

Die Auslegung des § 13 Abs. 1 S. 3 BUrlG zeigt, dass die einzelnen Vorschriften des BUrlG einen Mindeststandard bilden und daher im Rahmen eines Einzelvergleichs mit der abweichenden Vereinbarung zu vergleichen sind. Vor allem der Sinn und Zweck der Regelungen spricht dafür, als Bezugsobjekt des Vergleichs den einzelnen Arbeitnehmer heranzuziehen und die Günstigkeit auf Basis eines objektiven Maßstabs zu bewerten. Als Vergleichszeitpunkt ist ebenso wie beim EntgFG der Zeitpunkt des erstmaligen Aufeinandertreffens der abweichenden Regelungen zu wählen und mithin ein ex-ante-Vergleich unter Betrachtung der abstrakten Wirkung der Vereinbarung auf das individuelle Arbeitsverhältnis durchzuführen. Dabei ist sowohl das Entstehen am Anfang des Jahres als auch die unterjährige Erfüllung des Anspruchs in

---

[431] Vgl. Teil 3 § 11 Abschnitt D. III.

[432] EuArbRK/*Franzen*, AEUV Art. 153 Rn. 57.

[433] *Romatka*, Unabdingbarkeit im Urlaubsrecht, S. 68; HWK-ArbR/*Schinz*, BUrlG § 13 Rn. 14.

[434] HO-BUrlG/*Hohmeister*, BUrlG § 13 Rn. 34; NFK-BUrlG/*Kühn*, § 13 Rn. 37.

den Blick zu nehmen. Auch im Rahmen des Günstigkeitsvergleichs nach § 13 Abs. 1 S. 3 BUrlG sind Ansprüche aber nicht zeitlich kumuliert zu betrachten.

III. Einheitlicher Anwendungsbereich des § 13 Abs. 1 S. 3 BUrlG

Ebenso wie für § 12 EntgFG ist auch für § 13 Abs. 1 S. 3 BUrlG festzustellen, dass er auch auf tarifvertragliche Regelungen Anwendung findet, jedoch gilt gem. § 13 Abs. 1 S. 1 BUrlG dabei die Grundregel, dass grundsätzlich auch tarifvertragliche Abweichungen zuungunsten der Arbeitnehmer vereinbart werden können[435]. § 13 Abs. 1 S. 3 BUrlG findet aufgrund der ausdrücklichen Bestimmung in § 13 Abs. 1 S. 1 BUrlG daher nur für Abweichungen von den Vorgaben der §§ 1, 2 und 3 Abs. 1 BUrlG Anwendung.[436] Die Tarifvertragsparteien können damit in weiten Bereichen von den Bestimmungen des BUrlG zuungunsten des Arbeitnehmers abweichen, wodurch die Bedeutung der Tarifautonomie im Bereich des Urlaubsrechts berücksichtigt wird.[437] Insoweit lässt sich für das Urlaubsrecht von einem tarifvertraglichen Vorrangprinzip sprechen.[438] Bei Beschränkungen der Kernbestandteile des Urlaubsanspruchs und mithin der Regelungen der §§ 1, 2, und 3 Abs. 1 BUrlG sind die Tarifvertragsparteien aber wie die Arbeitsvertragsparteien an § 13 Abs. 1 S. 3 BUrlG gebunden und ihnen sind auch mittelbare Eingriffe untersagt.[439]

C. Behandlung günstigkeitsvariabler und ambivalenter Vereinbarungen

Im Folgenden wird für günstigkeitsvariable und ambivalente Regelungen in Arbeitsverträgen dargestellt, inwieweit sie mit dem bestimmten Regelungsbereich vereinbar sind. Fener wird untersucht, inwieweit solche Vereinbarungen in der Praxis auftreten können. Weil die Ergebnisse gezeigt haben, dass gleichwertige Regelungen auch mit dem BUrlG vereinbar sind und abseits eher fiktiver Gestaltungen die Schwierigkeit gerade in der Bestimmung der

---

435 BAG v. 22.01.2002 – 9 AZR 601/00, BAGE 100, 189 [unter A. II. 2. a)]; ErfK/*Gallner*, BUrlG § 7 Rn. 1; ausführlich *Romatka*, Unabdingbarkeit im Urlaubsrecht, S. 56 ff.

436 Arnold/Tillmanns/BUrlG/*Zimmermann*, § 13 Rn. 56 ff., auch zu Anwendungsfällen; *Ulber*, Tarifdispositives Gesetzesrecht, S. 46.

437 BT-Ds. IV/785, S. 2 u. S. 4; ErfK/*Gallner*, BUrlG § 13 Rn. 1; BeckOK-ArbR/*Lampe*, BUrlG § 13 Rn. 1; *Ulber*, Tarifdispositives Gesetzesrecht, S. 45 f.

438 BAG v. 09.07.1964 – 5 AZR 463/63, BAGE 16, 155 [unter II. 2. b)]; HO-BUrlG/*Hohmeister*, BUrlG § 13 Rn. 10; ausführlich *Romatka*, Unabdingbarkeit im Urlaubsrecht, S. 72 ff.; Arnold/Tillmanns/BUrlG/*Zimmermann*, § 13 Rn. 7.

439 BAG v. 22.01.2002 – 9 AZR 601/00, BAGE 100, 189 [unter A. II. 2. a)]; NK-GArbR/*Düwell*, BUrlG § 9 Rn. 15 ff.; HO-BUrlG/*Hohmeister*, BUrlG § 13 Rn. 12 ff.

Gleichwertigkeit besteht, wird auf neutrale vertragliche Regelungen nicht vertieft eingegangen.

I. Günstigkeitsvariable Vereinbarungen

1. Abstrakte Betrachtung günstigkeitsvariabler Vereinbarungen

Auf Basis des durch Auslegung des § 13 Abs. 1 S. 3 BUrlG bestimmten Regelungsbereichs der Parteien sind mögliche Wirkungen zuungunsten des Arbeitnehmers auch dann nicht mit der Regelung vereinbar, wenn die Abweichungen auch zugunsten des Arbeitnehmers wirken können. Ebenso wie im Anwendungsbereich des Entgeltfortzahlungsgesetzes und wie bereits im Rahmen der abstrakten Betrachtung angenommen, wirkt das Abweichungsverbot absolut und steht allen nachteiligen Wirkungen entgegen, die im Rahmen des Günstigkeitsvergleichs nicht ausgeschlossen werden können. Insofern lässt sich auch hier die frühere Formel des BAG übernehmen, nach der eine Abweichung wirksam vereinbart werden kann, wenn im Vorhinein eindeutig feststellbar ist, dass sie geeignet ist, den Anspruch des Arbeitnehmers zu erfüllen und auch wenn die Rechtsprechung die Formel im Urlaubsrecht nicht ausdrücklich verwendet hat, kam sie zu vergleichbaren Ergebnissen.[440]

Die Unwirksamkeit wird somit nicht allein für strukturelle Benachteiligungen angeordnet und daher kann eine günstigkeitsvariable Vereinbarung, für die bei abstrakter Betrachtung feststeht, dass sie sich zuungunsten des Arbeitnehmers konkretisieren kann, nicht wirksam zwischen den Arbeitsvertragsparteien vereinbart werden. Aufgrund der deutlich weitergehenden Abweichungsmöglichkeiten der Tarifvertragsparteien im Urlaubsrecht, wäre jedoch zu prüfen, ob der Maßstab der strukturellen Benachteiligung hierfür eine Untergrenze bilden kann, was jedoch seine vorherige Konturierung und die Einhaltung des Unionsrechts voraussetzt. Diese Ausnahme von der Grundregel wäre jedenfalls der Ansatzpunkt, um die Typisierungsbefugnis der Tarifvertragsparteien zu berücksichtigen.

Ausgehend von der Argumentation des BAG in der Entscheidung vom 06.12.2017 könnte diese Rechtsprechung auch die frühere Rechtsprechung[441] zum BUrlG ersetzen.[442] Der Wortlaut des § 13 Abs. 1 S. 3 BUrlG lässt sich auch darauf verkürzen, dass Abweichungen nicht „stets zugunsten" wirken müssen, und auch die Systematik sowie der Sinn und Zweck der beiden Normen sind vergleichbar. Ausgehend von dieser fehlerhaften Argumentation gibt

---

440 BAG v. 28.11.1989 – 1 ABR 94/88, BAGE 63, 274 [unter B. II. 3. b)].

441 BAG v. 28.11.1989 – 1 ABR 94/88, BAGE 63, 274 [unter B. II. 3. b)].

442 Vgl. *L. Schmitt*, Anm. zu BAG v. 06.12.2017, AP EntgeltFG § 2 Nr. 18.

es keinen Anlass, die Abweichungskompetenz für ambivalente (hier: günstigkeitsvariable) Regelungen im Urlaubsrecht auf tarifvertragliche Regelungen zu beschränken. Aufgrund der unionsrechtlichen Relevanz stünde dann allerdings bis zu einer Klärung durch den EuGH infrage, ob der Maßstab der strukturellen Benachteiligungen einen hinreichenden Schutz gewährt. Nach der hiesigen Auffassung ist dies zu verneinen, sodass diese Rechtsprechungsänderung zu einer Verletzung der unionsrechtlichen Vorgaben führen würde, sofern § 13 Abs. 1 S. 3 BUrlG nicht doch gespalten ausgelegt werden soll. Welche Regelungen dann im Einzelnen zu erfassen wären und ob beispielsweise die Festlegung der Berechnung des Entgelts weitgehend den Mitgliedstaaten obliegt, hinge dann aber vor allem von der Auslegung der Arbeitszeit-RL durch den EuGH ab[443].

Vorzugswürdig wäre es aber den unionsrechtlichen Schutz des Urlaubsanspruchs als Rechtfertigung heranzuziehen, um diese Rechtsprechung nicht auf das BUrlG zu übertragen und in Übereinstimmung mit den gefundenen Auslegungsergebnissen die Wirksamkeit günstigkeitsvariabler Vereinbarungen zu verneinen. Überträgt man hingegen die für das EntgFG entwickelte Rechtsprechung entsprechend der vereinzelten Forderungen aus der Literatur auch auf andere Vorschriften,[444] würde dies im Urlaubsrecht eine Fragmentierung des Günstigkeitsprinzips bewirken und könnte auch darüber hinaus zu verschiedenen Günstigkeitsbegriffen innerhalb des Arbeitsvertragsrechts führen. Angesichts fehlender normativer Grundlagen sprechen auch diese Folgen gegen die Fortsetzung dieser Rechtsprechung durch das BAG.

2. Konkrete Betrachtung günstigkeitsvariabler Vereinbarungen

Günstigkeitsvariable Wirkung können vor allem Abweichungen von der in § 11 Abs. 1 BUrlG vorgesehenen Berechnung des Urlaubsentgeltes haben. Insbesondere Abweichungen vom dreizehnwöchigen Referenzzeitraum[445] sind in der Lage in vergleichbarer Weise wie die bereits beschriebenen Pauschalierungsregelungen zugunsten und zuungunsten des Arbeitnehmers zu wirken. Daneben können sowohl Abweichungen beim Zeit- oder beim Geldfaktor des Urlaubsentgelts und beim Ansatz der ausgefallenen Arbeitszeit[446] günstigkeitsvariable Wirkung haben. Ob und in welchem Umfang diese Wir-

---

443 Dazu *Vogelsang*, RdA 2018, 110, 116 f., der eine Kompetenz der Mitgliedstaaten bejaht.

444 Vgl. *Arnold*, ArbRAktuell 2018, 324.

445 Dazu BAG v. 22.01.2002 – 9 AZR 601/00, BAGE 100, 189 [unter A. II. 1.]; BAG v. 09.11.1999 – 9 AZR 771/98, BAGE 92, 343 [unter I. 3. a)].

446 Zur Unterscheidung, BAG v. 09.11.1999 – 9 AZR 771/98, BAGE 92, 343 [unter I. 3. a)]; *Franzen*, NZA 2014, 647, 649; kritisch dazu, *Vogelsang*, RdA 2018, 110, 112 ff.

kung eintritt, lässt sich aufgrund der abstrakten Betrachtung im Rahmen des Günstigkeitsvergleichs nicht feststellen, gleichzeitig steht aber fest, dass sich diese Wirkung im Rahmen der Vertragsdurchführung verwirklichen kann. Damit wird der gesetzliche Mindeststandard gefährdet, wobei es infolge des § 11 Abs. 2 BUrlG und der anspruchsbezogenen Betrachtung unerheblich ist, dass es sich um eine dauerhaft günstigkeitsvariable Vereinbarung handelt. Es entscheidet mithin allein die mögliche punktuelle Wirkung und es ist unerheblich, inwieweit die Pauschalierung bei späteren Zahlungen zu einem höheren Urlaubsentgelt führt.

Trotz der Unterschiede der beiden Ansprüche im Detail[447] sind die Wirkungen mit denen von Vereinbarungen im Rahmen des EntgFG vergleichbar. Nimmt man auch für das BUrlG an, dass allein strukturelle Benachteiligungen unwirksam sind, würde sich die Bewertung nicht von der Bewertung von pauschalierenden Entgeltregelungen im Rahmen der Entgeltfortzahlung für Feiertage oder im Krankheitsfall unterscheiden. Dabei erscheint es nicht einmal erforderlich, dass sich aus der Vereinbarung zumindest die Wahrscheinlichkeit ergibt, dass die Wirkung zugunsten des Arbeitnehmers im konkreten Arbeitsverhältnis eintritt, sondern es genügt, wenn dies bei anderen Arbeitnehmergruppen der Fall sein kann. Im Ergebnis würden damit die Abweichungsmöglichkeiten von den Berechnungsgrundsätzen des § 11 BUrlG, die Tarifvertragsparteien bereits jetzt schon zugestanden werden,[448] auf die Arbeitsvertragsparteien erweitert, obwohl die Regelung bereits jetzt aus unionsrechtlicher Sicht kritisch zu sehen ist.[449] Das nationale Recht aber auch das Unionsrecht stehen einem insoweit erweiterten Verständnis des § 11 BUrlG entgegen.[450]

Inwieweit die Wirksamkeit einer solchen Vereinbarung durch eine Auffangregelung erhalten werden kann, ist für das Urlaubsrecht im Licht der gesetzlichen und völkerrechtlichen[451] Vorgabe der Fälligkeit in § 11 Abs. 2 BUrlG zu betrachten. Die grundlegende Anerkennung des vollen gesetzlichen Anspruchs und der Verpflichtung zur Zahlung der Differenz würde ebenso wie der kumulative Vergleich der Zahlungen zu einer Abweichung von der gesetzlich vorgesehenen Fälligkeit der Urlaubsentgeltzahlung führen. Anders als die gesetzliche Vermutung des § 271 Abs. 1 BGB unterliegt diese der einseitigen Unabdingbarkeit des § 13 Abs. 1 S. 3 BUrlG und eine Regelung, die

---

447 Vgl. BAG v. 09.11.1999 – 9 AZR 771/98, BAGE 92, 343 [unter I. 3. a)]; speziell zu Überstunden, *Vogelsang/Wensing*, RdA 2024, 317, 329 f.

448 *Franzen*, NZA 2014, 647, 649.

449 *Bayreuther*, NZA 2019, 945, 949; *Franzen*, NZA 2014, 647, 648; EuArbRK/*C. Schubert*, EU-GrCh Art. 52 Rn. 35; *Sutschet*, EuZA 2012, 399, 406 f.

450 Vgl. auch *Bayreuther*, NZA 2019, 945, 949 ff. zu den Grenzen des Unionsrechts insgesamt.

451 Dazu *Vogelsang*, RdA 2018, 110, 116.

den Anspruch in voller Höhe anerkennt, dessen Fälligkeit jedoch auf einen späteren Zeitpunkt verlegt, weicht von der gesetzlichen Fälligkeit des § 11 Abs. 2 BUrlG zum Nachteil des Arbeitnehmers ab, weshalb sie in Arbeitsverträgen nicht wirksam vereinbart werden kann.[452] Denkbar wäre es allerdings, die Zahlung mit der vorbehaltslosen Zusage zu verbinden, dass das Urlaubsentgelt gezahlt werden wird, wie es teilweise auch für die Gehaltszahlungen auf monatlicher Basis angenommen wird[453]. Die gesetzlich geregelte und dem Günstigkeitsprinzip unterliegende Fälligkeit führt im Urlaubsrecht mithin jedenfalls dazu, dass den Vertragsparteien die Vereinbarung einer Auffangregelung erschwert wird und eine Betrachtung im Einzelfall notwendig ist.

Weitere Regelungen des BUrlG, von denen nicht nur theoretisch[454] mit günstigkeitsvariabler Wirkung abgewichen werden kann, sind nicht ersichtlich. Auch hier führt der Einzelvergleich zu einer Reduzierung der möglichen Abweichungen, sodass beispielsweise eine ungünstige Anrechnung des Urlaubsanspruchs auf Abwesenheiten wegen leichter Krankheiten und ein gleichzeitiger und begünstigender Ausschluss der Kürzung des Urlaubsanspruchs für Zeiten mit Kurzarbeit „null" nicht zusammen zu betrachten sind und daher ihre unterschiedliche Wirkung in Abhängigkeit vom Sachverhalt im Gesetzesrecht nicht gemeinsam als günstigkeitsvariable Wirkung erfasst werden würde. Auch eine Vereinbarung, die zwar die Urlaubsdauer erhöht, dabei aber auch nach Ablauf der Wartezeit nicht den gesamten Urlaubsanspruch am Jahresanfang entstehen, sondern im Laufe des Jahres als Teilurlaub anwachsen lässt, ist nicht in ihrer Gesamtheit zu bewerten. Vielmehr ist in diesem Fall die Abwandlung des Entstehungszeitpunktes des Urlaubs unabhängig von der Verlängerung des Urlaubsanspruchs mit der gesetzlichen Regelung zu vergleichen.

Das Auftreten günstigkeitsvariabler Vereinbarungen ist im Bereich des Urlaubsrechts mithin, soweit ersichtlich, auf einen einzelnen Regelungsgegenstand beschränkt. Aufgrund der Relevanz dieses Regelungsbereiches ist es für die vertragliche Praxis aber nicht unbedeutend. Die Untersuchung hat dabei gezeigt, dass pauschalierende Abweichungen von der gesetzlich vorgesehenen Berechnung des Urlaubsentgelts gegen § 13 Abs. 1 S. 3 BUrlG verstoßen und daher unwirksam sind. Inwieweit dabei Auffangregelungen die Wirksamkeit der Vereinbarung erhalten können, ist im Einzelfall zu betrachten. Damit bestätigt die Untersuchung des BUrlG auch, dass der den Arbeitsvertragsparteien verbleibende Regelungsspielraum nicht allein von der Anwendung des

[452] Schaub/ArbR-HdB/*Linck*, § 104 Rn. 113; a. A. GK-BUrlG/*Berstein*, § 13 Rn. 47, der jedenfalls eine Verschiebung der Fälligkeit auf die Fälligkeit der Gehaltszahlungen als gleichwertig erachtet.

[453] Schaub/ArbR-HdB/*Linck*, § 104 Rn. 113.

[454] Denkbar sind auch hier abweichende Berechnungen für Fristen und Termine, die aber in arbeitsvertraglichen Regelungen praktisch wenig Relevanz haben dürften.

Günstigkeitsprinzips abhängt, sondern auch vom Inhalt der materiellen Regelungen, deren Anwendung durch die Günstigkeit begrenzt wird.

3. Zusammenfassung

Die Betrachtung hat gezeigt, dass im Urlaubsrecht günstigkeitsvariable Vereinbarungen bei Abweichungen von den Vorgaben zur Berechnung des Entgelts entstehen können. Auch diese Kodifikation des Günstigkeitsprinzips erlaubt aber keine Abweichungen von den erfassten Vorschriften, die im Einzelfall zuungunsten des Arbeitnehmers wirken können, womit sich die aufgestellte Hypothese auch hier bestätigt. Aufgrund der speziellen Vorgaben für die Fälligkeit kann selbst die Vereinbarung einer Ausgleichsregelung nicht grundsätzlich zur Wirksamkeit solcher urlaubsbezogenen Regelungen führen.

II. Ambivalente Vereinbarungen

1. Abstrakte Betrachtung ambivalenter Vereinbarungen

Die Möglichkeit zur Vereinbarung von Regelungen, die mit ambivalenter Wirkung von den Bestimmungen des BUrlG abweichen, hängt davon ab, ob § 13 Abs. 1 S. 3 BUrlG den Arbeitsvertragsparteien den Abschluss von Abweichungen zugesteht, deren Wirkung eines der geschützten Interessen objektiv nicht auf dem geschützten Niveau verwirklicht. Der Regelungsbereich, der den Arbeitsvertragsparteien für Abweichungen von den Vorschriften des BUrlG verbleibt, erfasst nach den bisherigen Feststellungen aber nur Abweichungen, bei denen eindeutig und im Vorhinein erkennbar ist, dass sie den gesetzlichen Anspruch zumindest erfüllen werden. Bei ambivalent wirkenden Abweichungen ist dies in Ermangelung einer objektiven Bestimmbarkeit der Auswirkungen jedoch gerade nicht erkennbar, weshalb ihre Vereinbarung nicht mit § 13 Abs. 1 S. 3 BUrlG vereinbar ist.

2. Konkrete Betrachtung ambivalenter Vereinbarungen

Der Regelungsinhalt der gesetzlichen Vorgaben ist nur in wenigen Fällen so gestaltet, dass davon mit ambivalenter Wirkung abgewichen werden kann. Infrage kommt dafür aber die Regelung zur zusammenhängenden Gewährung des Urlaubs gem. § 7 Abs. 2 BUrlG und auch an der Regelung zur Abgeltung des Urlaubs lässt sich die ambivalente Wirkung einer Vereinbarung beschreiben, die allerdings keine praktische Bedeutung hat. Beide Regelungen lassen sich aber insbesondere heranziehen, um die Unterschiede der objektiven zur objektivierten Betrachtung und die Bedeutung der Auslegung einer Vorschrift für das Verständnis der Günstigkeit darzustellen.

a) Abweichung von der zusammenhängenden Urlaubsgewährung gem. § 7 Abs. 2 BUrlG

Nach § 7 Abs. 2 S. 1 BUrlG ist der Urlaub grundsätzlich zusammenhängend zu gewähren. Eine Aufteilung ist nach § 7 Abs. 2 S. 2 BUrlG zwar möglich, jedoch wird auch dann eine Mindestdauer vorgeschrieben. Beide Regelungen unterstreichen den gesundheitspolitischen Zweck der Urlaubsgewährung,[455] indem sie grundsätzlich sicherstellen, dass die Dauer des Urlaubs eine ausreichende Erholung von den Arbeitsbelastungen ermöglicht. Von der Mindestdauer kann infolge der ausdrücklichen Ausnahme in § 13 Abs. 1 S. 3 BUrlG aber zuungunsten des Arbeitnehmers abgewichen werden, weshalb solche Änderungen hier nicht relevant sind.

Die Bewertung der Abbedingung der Aufteilungsmöglichkeit selbst hängt aber von der Art der abweichenden Regelung ab. Sofern dabei allein die Teilungsmöglichkeit wegen in der Person des Arbeitnehmers liegenden Gründen gewährt wird und mithin die im Interesse des Arbeitgebers liegenden Teilungsmöglichkeit entfällt, stellt dies den Arbeitnehmer besser als die gesetzliche Regelung. Umgekehrte Wirkung hat hingegen eine Abbedingung der Teilungsmöglichkeiten aus dringenden persönlichen Gründen, unabhängig davon, ob nur diese Teilungsmöglichkeit oder die gesamte Möglichkeit zur Aufteilung des Urlaubs abbedungen wird. Nach der gesetzlichen Konzeption wird zwar durch die zusammenhängende Urlaubsgewährung dem Erholungszweck des Urlaubs am meisten entsprochen, jedoch entfällt in beiden Fällen die Teilungsmöglichkeit im Interesse des Arbeitnehmers. An der Möglichkeit den Urlaub aufzuteilen besteht jedoch nicht nur in der Praxis ein erhebliches Interesse, wie die Bedeutungslosigkeit der gesetzlichen Regelung belegt,[456] sondern es wird im Rahmen des § 7 Abs. 2 S. 1 BUrlG auch gesetzlich geschützt. Solche Vereinbarungen sind daher Abweichungen zuungunsten des Arbeitnehmers. Selbst wenn man die positive Wirkung der zusammenhängenden Urlaubsgewährung berücksichtigt, kann dies nicht in ein objektives Verhältnis zum Interesse an Flexibilisierung gesetzt werden, weshalb es auch nicht zu einer abweichenden Bewertung führen kann[457].

Die Abschaffung der Pflicht zur zusammenhängenden Urlaubsgewährung oder die voraussetzungslose Möglichkeit zur Aufteilung des Urlaubs dürfte hingegen für viele Arbeitnehmer positiv erscheinen[458] und angesichts der ge-

---

[455] ErfK/*Gallner*, BUrlG § 7 Rn. 25.

[456] Vgl. ErfK/*Gallner*, BUrlG § 7 Rn. 26; BeckOK-ArbR/*Lampe*, BUrlG § 7 Rn. 14.

[457] Zur mangelnden Objektivierbarkeit des Erholungswertes, *Mosing*, Günstigkeitsprinzip, S. 61.

[458] BeckOK-ArbR/*Lampe*, BUrlG § 7 Rn. 14 zieht auf Basis einer subjektiven Betrachtung jedenfalls die Ungünstigkeit in Zweifel; *Latzel*, EuZA 2014, 80, 92 betont den Freiheitsgewinn der Aufteilungsmöglichkeit; *Mosing*, Günstigkeitsprinzip, S. 378 f.

stiegenen Anzahl an Urlaubstagen und der Pflicht zur Berücksichtigung der Wünsche des Arbeitnehmers dürfte regelmäßig auch ein hinreichend langer Urlaubszeitraum für die Erholung verbleiben[459]. Auf Basis dieser subjektiven Bewertung erkennen Teile der Literatur in einer Erweiterung der Aufteilungsmöglichkeit des Urlaubs daher eine für den Arbeitnehmer günstigere Regelung.[460] Die Sicherung des Erholungszwecks könne selbst bei einer stundenweisen Aufteilung bei der Bewertung vernachlässigt werden, denn der Arbeitnehmer könne den Urlaub auch überhaupt nicht beanspruchen, weshalb es ihm freistehen müsse, den Urlaub nach seinem Belieben aufzuteilen.[461] Aufgrund des damit verbundenen Freiheitsgewinns könne eine solche Möglichkeit für den Arbeitnehmer nicht ungünstig sein.[462] Es ist ferner davon auszugehen, dass beinahe alle Arbeitnehmer eine solche Regelung als günstiger empfinden werden und dass daher auch auf Basis des Maßstabs eines verständigen Arbeitnehmers eine solche Regelung als günstiger anzusehen ist.

Hier zeigt sich aber der Unterschied zwischen der objektivierten und der objektiven Betrachtungsweise der Günstigkeit, denn auch der Autor teilt die Einschätzung und das Bedürfnis der wohl weit überwiegenden Anzahl der Arbeitnehmer zur Aufteilung des Urlaubs und die Regelung erscheint angesichts ihrer praktischen Irrelevanz verfehlt. Die Geltung der Norm kann dies aber nicht überwinden und auch ihre Anwendung nicht beeinflussen.[463] Der gesetzliche Standard der zusammenhängenden Urlaubsgewährung und die Voraussetzungen der Aufteilung des Urlaubs stehen nun einmal nur unter dem Vorbehalt der Günstigkeit der Disposition der Vertragsparteien zur Verfügung und die Auslegung hat ergeben, dass den Vertragsparteien nur dort Raum gegeben werden soll, wo die Verwirklichung dieses Standards nicht gefährdet wird. Wie bereits im Rahmen der abstrakten Überlegungen festgestellt, kann die Berücksichtigung des Freiheitsgewinns und spezieller Interessen der Arbeitsvertragsparteien daher nur erfolgen, sofern die Einhaltung des gesetzlichen Standards sichergestellt ist.[464] Vereinfachte Aufteilungsmöglichkeiten gefährden aber den Erholungszweck, der mit der zusammenhängenden Urlaubsgewährung verbunden ist, und selbst wenn die positiven Auswirkungen

---

459 Ähnlich BeckOK-ArbR/*Lampe*, BUrlG § 7 Rn. 14, der jedenfalls von einer Erreichung des Erholungszwecks ausgeht; zwei zusammenhängende Wochen für ausreichend erachtend, Schaub/ArbR-HdB/*Linck*, § 104 Rn. 82.

460 *Latzel*, EuZA 2014, 80, 92; für Österreich, *Mosing*, Günstigkeitsprinzip, S. 379; a. A. NK-GArbR/*Düwell*, BUrlG § 13 Rn. 9.

461 *Latzel*, EuZA 2014, 80, 92.

462 So aber wohl BeckOK-ArbR/*Lampe*, BUrlG § 7 Rn. 14, der die Unwirksamkeit zumindest bezweifelt; *Latzel*, EuZA 2014, 80, 92; für das österreichische Recht, *Mosing*, Günstigkeitsprinzip, S. 378 f.

463 Vgl. NK-GArbR/*Düwell*, BUrlG § 7 Rn. 32; ErfK/*Gallner*, BUrlG § 7 Rn. 26.

464 Dazu Teil 4 § 15 Abschnitt B.

auf die Flexibilität der Arbeitnehmer dies ausgleichen könnten, wäre es nicht möglich, deren Verhältnis zueinander zu bewerten.

Außerdem kann die mangelnde Durchsetzbarkeit einer gesetzlichen Pflicht zwar als Argument für deren Abschaffung herangezogen werden, solange sie jedoch besteht und keiner anderen Auslegung zugänglich ist, wird der arbeitnehmerschützende Aspekt doppelt negiert, wenn die mangelnde Durchsetzbarkeit der Rechte herangezogen wird, um die vertragliche Abbedingung der gesetzlichen Regelungen zu ermöglichen.[465] Ferner verfällt nach der Rechtsprechung des EuGH der Urlaub nur, wenn der Arbeitnehmer durch den Arbeitgeber aufgefordert wurde den Urlaub zu beanspruchen und er auf den Verfall des Urlaubs hingewiesen wurde,[466] wodurch die tatsächliche Beanspruchung des Urlaubs zumindest prozedural abgesichert wird.

Gleichsam kann nicht davon ausgegangen werden, dass der Aufteilungswunsch eines Arbeitnehmers einen in der Person des Arbeitnehmers liegenden Grund im Sinn des § 7 Abs. 2 S. 1 BUrlG darstellt und dass er daher bereits die Voraussetzungen der Urlaubsaufteilung erfüllt.[467] Insbesondere würde dies bewirken, dass der Mindeststandard allein auf Basis der Willkür der Vertragsparteien und nicht auf Basis objektiv nachprüfbarer Voraussetzungen abbedungen werden könnte. Darüber hinaus ist dieses Verständnis der persönlichen Gründe in § 7 Abs. 2 S. 1 BUrlG auch nicht mit der ausdrücklichen Nennung der Wünsche des Arbeitnehmers in § 7 Abs. 1 S. 1 BUrlG[468] und dem sonstigen Verständnis des Begriffs der persönlichen Gründe vereinbar. Dieser wird beispielsweise in § 616 BGB verwendet und, soweit ersichtlich, wird die damit verbundene Aufrechterhaltung der Vergütung für unverschuldete und verhältnismäßig nicht erhebliche Zeiten nicht von einem entsprechenden Wunsch des Arbeitnehmers abhängig gemacht.[469] Zutreffend ist daher davon auszugehen, dass der Arbeitgeber den Urlaub auch entgegen den Wünschen der Arbeitnehmer zusammenhängend gewähren muss.[470]

---

[465] In dem Sinn aber *Latzel*, EuZA 2014, 80, 92.

[466] EuGH v. 06.11.2018 – C-684/16 [Max-Planck-Gesellschaft], NZA 2018, 1474. Dazu ausführlich, *Bayreuther*, NZA 2019, 945ff.; *Kamanabrou*/ArbR, Rn. 626 u. Rn. 1031; Schaub/ArbR-HdB/*Linck*, § 104 Rn. 72ff.

[467] So aber wohl *Latzel*, EuZA 2014, 80, 92.

[468] Zu deren Bedeutung für die Urlaubsgewährung, vgl. den Fall bei *Schwarze*, Anm. zu BAG v. 16.12.2008, AP BUrlG § 7 Nr. 40.

[469] Zu den Voraussetzungen, MüKo-BGB/*Henssler*, BGB § 616 Rn. 19ff.; Schaub/ArbR-HdB/*Linck*, § 97 Rn. 5.

[470] GK-BUrlG/*Bachmann*, § 7 Rn. 96, der jedoch im folgenden Urlaubswünschen, die mit der Erholung zu tun haben, jedenfalls „*eher*“ als Rechtfertigung einer Urlaubsteilung ansieht; ErfK/*Gallner*, BUrlG § 7 Rn. 26.

Insgesamt kann der vertragliche Verzicht auf die zusammenhängende Urlaubsgewährung daher nicht als günstigere, sondern allein als ambivalente und damit als unwirksame Regelung angesehen werden.[471]

Welche Folgen mit einer gesetzwidrigen Gewährung von Teilurlaub verbunden sind und welche Rolle der Wunsch des Arbeitnehmers nach Teilung dabei spielt, wird unterschiedlich bewertet. Überwiegend wird wohl angenommen, dass die nicht ordnungsgemäße Urlaubsgewährung den Urlaubsanspruch nicht erfüllen kann.[472] Grundsätzlich kann der Urlaub damit erneut gefordert werden, jedoch wird dies teilweise als rechtsmissbräuchlich angesehen, wenn der Arbeitnehmer einen Teilungswunsch geäußert hatte.[473] Im Rahmen dieser Arbeit wird jedoch nur die vertragsrechtliche Wirksamkeit der Vereinbarung und nicht die Folge ihrer Unwirksamkeit betrachtet, weshalb diese Frage dahingestellt werden kann.

b) Abgeltung des Urlaubs abseits der Beendigung des Arbeitsverhältnisses

Darüber hinaus sind Abweichungen von der in § 7 Abs. 4 BUrlG enthaltenen Abgeltungsregelung grundsätzlich geeignet eine ambivalente Wirkung zu entfalten. Diese Regelung verbietet die Abgeltung des Urlaubs im laufenden Arbeitsverhältnis[474] und stellt damit sicher, dass der Urlaub grundsätzlich als Freistellung gewährt wird. Abseits eines ausdrücklichen Verbots müsste die Bewertung einer Regelung, die die Abgeltung des Urlaubs auf Wunsch des Arbeitnehmers auch im laufenden Arbeitsverhältnis ermöglicht, aber auch berücksichtigen, dass die Abgeltung des Urlaubs im laufenden Arbeitsverhältnis regelmäßig zur Auszahlung eines zusätzlichen Monatsgehalts führen würde. Diese Erhöhung des Entgelts dürfte in bestimmten persönlichen Situationen im Interesse der Arbeitnehmer liegen und mithin günstiger als die Gewährung der Freizeit erscheinen.[475] Gleichzeitig ist eine solche Vereinbarung mit dem Risiko verbunden, dass der Arbeitnehmer veranlasst wird, seinen Urlaub in Situationen abgelten zu lassen, in denen er selbst kein Interesse daran hat.

---

471 Vgl. NK-GArbR/*Düwell*, BUrlG § 13 Rn. 9; ErfK/*Gallner*, BUrlG § 7 Rn. 26; HWK-ArbR/*Schinz*, BUrlG § 13 Rn. 41.

472 BAG v. 29.07.1965 – 5 AZR 380/64, BAGE 17, 263; GK-BUrlG/*Bachmann*, § 7 Rn. 98; Schaub/ArbR-HdB/*Linck*, § 104 Rn. 82; differenzierend MüHdB-ArbR/*Klose*, § 86 Rn. 95.

473 GK-BUrlG/*Bachmann*, § 7 Rn. 99.

474 BAG v. 16.10.2012 – 9 AZR 234/11, AP BUrlG § 7 Abgeltung Nr. 98; BAG v. 20.04.2012 – 9 AZR 504/10, AP BUrlG § 7 Nr. 58 Rn. 12; BeckOK-ArbR/*Lampe*, BUrlG § 7 Rn. 21 f.; Schaub/ArbR-HdB/*Linck*, § 104 Rn. 123.

475 Vgl. EuGH v. 06.04.2006 – C-124/05 [Federatie Nederlandse Vakbeweging], Slg. 2006, I-3434 Rn. 32; *Courth*, Günstigkeitsprinzip, S. 118.

Unabhängig von der Bewertung der Günstigkeit oder der Auslegung des Regelungsbereichs der Arbeitsvertragsparteien sind solche Vereinbarungen aber ausgeschlossen, weil nach der wohl einhelligen Auffassung § 7 Abs. 4 BUrlG als beidseitig zwingende Norm verstanden wird.[476] Dies kommt im Wortlaut der Norm zwar nur unzureichend zum Ausdruck,[477] ist jedoch die Folge des Erholungszwecks der jährlichen Freistellung[478] und wird auch durch die Gesetzgebungshistorie[479] gerechtfertigt. Ferner gibt Art. 7 Abs. 2 der Arbeitszeit-RL 2003/88/EG[480] vor, dass der nach der Richtlinie vorgesehenen Urlaubsanspruch allein bei Beendigung des Arbeitsverhältnisses abgegolten werden darf, damit der Arbeitnehmer durch die zur Verfügung stehende Freizeit eine Erholungsmöglichkeit hat.[481] Unabhängig von der Günstigkeit einer Abgeltungsregelung ist der Urlaub daher auch nach den unionsrechtlichen Vorgaben während des laufenden Arbeitsverhältnisses nicht abzugelten, sondern in natura zu beanspruchen.[482]

Abseits der Auslegung der Regelung als Abweichungsverbot müssten die subjektive und die objektivierte Bewertung einer solchen Vereinbarung aber gerade berücksichtigen, inwieweit das jeweilige Interesse eher auf die Freizeit oder auf das erhöhte Entgelt gerichtet ist[483] und inwieweit tatsächlich oder üblicherweise Druck durch den Arbeitgeber ausgeübt wird, wodurch die Vereinbarung ambivalente Wirkungen bekommt.[484] Diese Ambivalenz kann auf Basis eines objektiven Vergleichs aber unberücksichtigt bleiben und eine solche Vereinbarung wäre daher unabhängig von einem besonderen Verständnis der Regel als Abweichungsverbot als partiell ungünstigere vertragliche Rege-

---

[476] Jeweils m. w. N., LAG Köln v. 10. 12. 2009 – 9 Ta 399/09, BeckRS 2010, 66886; LAG Schleswig-Holstein v. 09. 05. 2007 – 6 Sa 436/06, BeckRS 2007, 45551; GK-BUrlG/*Bachmann*, § 7 Fn. 194 [sowie die angeführten Nachweise].

[477] GK-BUrlG/*Bachmann*, § 7 Fn. 194.

[478] GK-BUrlG/*Bachmann*, § 7 Fn. 194.

[479] BT-Ds. IV/207, S. 6; BT-Ds. IV/785, S. 3 f.

[480] Richtlinie 2003/88/EG des Europäischen Parlaments und des Rates vom 4. November 2003 über bestimmte Aspekte der Arbeitszeitgestaltung, ABl. L 299, 18. 11. 2003, S. 9 – 19.

[481] St. Rspr., EuGH v. 21. 02. 2013 – C-194/12 [Maestre García], AP Richtlinie 2003/88/EG Nr. 11 Rn. 28; EuGH v. 10. 09. 2009 – C-277/08 [Vicente Pereda], Slg. 2009, I-8407 Rn. 20; dazu BeckOK-ArbR/*Lampe*, BUrlG § 7 Rn. 21b; EuArbRK/*Gallner*, RL 2003/88/EG Art. 7 Rn. 72.

[482] Vgl. EuGH v. 06. 11. 2018 – c-684/16 [Max-Planck-Gesellschaft], NZA 2018, 1474 Rn. 45; EuGH v. 06. 11. 2018 – c-619/16 [Kreutziger], NJW 2019, 36 Rn. 52.

[483] Vgl. *Belling*, Günstigkeitsprinzip, S. 177.

[484] Offenlassend, BAG v. 18. 02. 1997 – 9 AZR 96/96, AP TVG § 1 Tarifverträge: Maler Nr. 10; a. A. wohl ErfK/*Gallner*, BUrlG § 7 Rn. 70, die auf die Möglichkeit der Tarifvertragsparteien zur Vereinbarung von Abgeltungsregelungen zugunsten des Arbeitnehmers hinweist.

lung unwirksam. Dies bestätigt mittelbar, dass allein der objektive Vergleich zu Ergebnissen führt, die der gesetzlichen Wertung entsprechen.

Inwieweit die Rechtsprechung des BAG zur Möglichkeit in Tarifverträgen von der Abgeltung zugunsten des Arbeitnehmers abzuweichen[485] mit diesem beidseitig zwingenden Verständnis vereinbar ist, kann angesichts des abweichenden Schwerpunktes dieser Arbeit offenbleiben. Gleiches gilt für die Grundlage zur Differenzierung zu § 13 Abs. 2 BUrlG, der nach der Rechtsprechung des BAG auch die Schaffung weiterer Abgeltungsmöglichkeiten erlaubt,[486] sowie für die Vereinbarkeit dieser Rechtsprechung mit dem Unionsrecht, das den Mitgliedstaaten gem. Art. 15 der Arbeitszeit-RL 2003/88/EG nur erlaubt günstigere tarifliche Vorschriften zuzulassen.

3. Zusammenfassung

Insgesamt zeigt sich damit, dass in der Praxis nur Abweichungen von § 7 Abs. 2 S. 2 BUrlG auf Basis ihrer Ambivalenz zu bewerten sind. Diese sind im Rahmen eines objektiven Vergleichs als partiell ungünstigere Vereinbarungen unwirksam. In der Praxis sind entsprechende (konkludente) Abweichungen von der Vorgabe zur zusammenhängenden Urlaubsgewährung des § 7 Abs. 2 BUrlG wohl erheblich verbreitet, ohne dass die Auswirkungen ihrer Ambivalenz beachtet werden. Insoweit mag das Ergebnis unbefriedigend erscheinen, jedoch ist es der Natur des Günstigkeitsprinzips geschuldet, die durch die arbeitsvertragliche Praxis nicht überwunden werden kann.

D. Ergebnisse der Betrachtung des Günstigkeitsprinzips im Bundesurlaubsgesetz

Insgesamt ergeben sich somit weitgehende Parallelen zu den bisherigen Ergebnissen. Auch § 13 Abs. 1 S. 3 BUrlG ermöglicht den Arbeitsvertragsparteien allein die Vereinbarung von günstigeren und gleichwertigen Abweichungen, steht aber solchen Vereinbarungen entgegen, die ungünstige Wirkungen für den Arbeitnehmer entfalten können. Dafür sprechen der Wortlaut, der Sinn und Zweck sowie die höherrangigen Vorgaben. Allerdings ergibt sich für das Urlaubsrecht aus den unionsrechtlichen Vorgaben ein zusätzliches Argument, das gegen die Vereinbarung ungünstiger Regelungen im Einzel- oder Zwei-

---

[485] BAG v. 09.08.1994 – 9 AZR 346/92, AP BUrlG § 7 Abgeltung Nr. 65; BAG v. 26.05.1992 – 9 AZR 172/91, AP BUrlG § 7 Abgeltung Nr. 58; BAG v. 08.03.1984 – 6 AZR 560/83, BAGE 45, 203; dazu ErfK/*Gallner*, BUrlG § 7 Rn. 70 sowie BeckOK-ArbR/*Lampe*, BUrlG § 7 Rn. 21a, zu Urlaubsabkommen.

[486] BAG v. 18.02.1997 – 9 AZR 96/96, AP TVG § 1 Tarifverträge: Maler Nr. 10 zur Urlaubsabgeltung bei beruflicher Umschulung.

felsfall spricht. Das Verbot nachteiliger Vereinbarungen gilt daher auch hier nicht nur für strukturelle Schlechterstellungen.

Die Kriterien des Günstigkeitsvergleich sind bei § 13 Abs. 1 S. 3 BUrlG ebenfalls identisch zu denen des § 12 EntgFG. Es ist ebenso ein Einzelvergleich durchzuführen und dabei die Auswirkungen auf einen einzelnen Arbeitnehmer maßgeblich. Im Rahmen eines ex-ante-Vergleichs sind diese Auswirkungen die einzelnen Ansprüche abstrakt zu betrachten und objektiv zu bewerten. Dabei ist der jahresbezogenen Natur des Urlaubsanspruchs Rechnung zu tragen, jedoch ist auch im Urlaubsrecht keine zeitliche kumulierte Betrachtung einzelner Ansprüche vorzunehmen.

Ambivalente und günstigkeitsvariable Abweichungen von den Bestimmungen des BUrlG sind ebenso zu bewerten, wie es die bisherigen Ergebnisse vorgegeben haben. Relevante günstigkeitsvariable Vereinbarungen sind dabei wiederum Abweichungen von den Vorgaben zur Berechnung des Entgelts, während vor allem Abweichungen von der Pflicht zur zusammenhängenden Gewährung des Urlaubs gem. § 7 Abs. 2 BUrlG ambivalente Wirkung haben. Abweichungen vom Abgeltungsverbot des § 7 Abs. 4 BUrlG können ebenfalls ambivalente Wirkung entfalten, jedoch steht diesen bereits die beidseitig zwingende Wirkung des § 7 Abs. 4 BUrlG entgegen.

§ 19 Betrachtung des Günstigkeitsprinzips im Pflegezeitgesetz

A. Überblick über das Pflegezeitgesetz

Das Pflegezeitgesetz soll nach der Definition in § 1 PflegeZG vor allem die Pflege naher Angehöriger ermöglichen und dafür die Vereinbarkeit von familiärer Pflege und Beruf verbessern.[487] Die Arbeitnehmer, die zu ihrer Berufsausbildung Beschäftigten sowie arbeitnehmerähnliche Personen[488] (§ 7 Abs. 1 PflegeZG)[489] erhalten dafür verschiedene Freistellungsansprüche, die ihnen die Pflege der Angehörigen bei gleichzeitiger Aufrechterhaltung des Ar-

---

[487] BR-Ds. 718/07, S. 217; *Kossens*/PflegeZG, PflegeZG § 1 Rn. 1; NK-GArbR/*S. Müller*, PflegeZG § 1 Rn. 1. Ausführlich zum PflegeZG, *Schauß*, Vereinbarkeit von Pflege und Beruf, S. 93 ff.

[488] Zur Kritik daran sowie zur Systematik des Gesetzes insgesamt, *Kossens*/PflegeZG, PflegeZG § 7 Rn. 11 ff. *Preis/A. Weber*, NZA 2008, 82 ff.; *Schauß*, Vereinbarkeit von Pflege und Beruf, S. 107 ff.

[489] Ausführlich zum persönlichen Anwendungsbereich, *Kossens*/PflegeZG, PflegeZG § 7 Rn. 2 ff.; *Schauß*, Vereinbarkeit von Pflege und Beruf, S. 106 ff. u. S. 113 ff. zur Bewertung der Regelung; ebenso *Weinbrenner*, Sonderkündigungsschutz, S. 23 ff.

beitsverhältnisses ermöglichen sollen.[490] So haben diese Personen nach § 2 PflegeZG ein Leistungsverweigerungsrecht[491] für bis zu 10 Tage wegen kurzzeitiger pflegebedingter Arbeitsverhinderung, wobei Entgeltansprüche nur bestehen, wenn sie sich aus anderen Anspruchsgrundlagen ergeben (§ 2 Abs. 3 PflegeZG).[492] Darüber hinaus besteht nach § 3 Abs. 1 PflegeZG ein Anspruch auf teilweise[493] oder vollständige Freistellung[494] von der Arbeitsleistung zur Pflege naher Angehöriger für maximal 6 Monate (§ 4 Abs. 1 S. 1 PflegeZG)[495] sowie spezielle Freistellungsansprüche, wenn ein minderjähriger naher Angehöriger gepflegt werden muss (§ 3 Abs. 5 PflegeZG) oder ein naher Angehöriger palliativmedizinisch versorgt wird und nur noch eine geringe Lebenserwartung besteht (§ 3 Abs. 6 PflegeZG). Die Dauer der möglichen Inanspruchnahme der jeweiligen Rechte wird in § 4 PflegeZG differenziert ausgestaltet und auch das Verhältnis zur Familienpflegezeit nach § 2 FPfZG wird geregelt. Daneben enthält das Gesetz Sonderregelungen für den Kündigungsschutz der Personen, denen ein Anspruch auf die Pflegezeiten zusteht (§ 5 PflegeZG),[496] wobei besonders der sich so ergebende Kündigungsschutz für arbeitnehmerähnliche Personen kritisch gesehen wird[497]. Darüber hinaus finden sich im PflegeZG Bestimmungen für den Abschluss befristeter Verträge zur Vertretung der freigestellten Beschäftigten (§ 6 PflegeZG), die dem Vertretungsbedarf des Arbeitgebers und dem Risiko der Doppelbeschäftigung Rechnung tragen.[498] Die in § 7 PflegeZG enthaltenen Begriffsbestimmungen definieren neben den anspruchsberechtigten Personen auch den Arbeitgeberbegriff im Sinn des Gesetzes (§ 7 Abs. 2 PflegeZG)[499] sowie den Begriff des nahen Angehörigen (§ 7 Abs. 3 PflegeZG)[500] und der Pflegebedürftigkeit (§ 7 Abs. 4

---

490 NK-GArbR/*S. Müller*, PflegeZG § 1 Rn. 3, zu den beiden Säulen des Gesetzes.

491 Zur Rechtsnatur des § 2 PflegeZG, *Kossens*/PflegeZG, PflegeZG § 2 Rn. 47; *Schauß*, Vereinbarkeit von Pflege und Beruf, S. 150 ff.

492 *Kossens*/PflegeZG, PflegeZG § 2 Rn. 1 f.; *Schauß*, Vereinbarkeit von Pflege und Beruf, S. 120 ff.

493 *Kossens*/PflegeZG, PflegeZG § 3 Rn. 49 ff.; *Schauß*, Vereinbarkeit von Pflege und Beruf, S. 226 ff.

494 Ausführlich dazu, *Schauß*, Vereinbarkeit von Pflege und Beruf, S. 167 ff.

495 Zur Dauer der Freistellung, *Kossens*/PflegeZG, PflegeZG § 4 Rn. 1 ff.; *Schauß*, Vereinbarkeit von Pflege und Beruf, S. 190 ff.

496 Vgl. BeckOGK/*A. Schneider*, PflegeZG § 5 Rn. 18; *Weinbrenner*, Sonderkündigungsschutz, S. 33 ff.

497 *Preis*/*A. Weber*, NZA 2008, 82, 83 bezeichnen dies als „rechtspolitisch spektakulär"; dazu auch BeckOGK/*A. Schneider*, PflegeZG § 5 Rn. 13 f. sowie *Weinbrenner*, Sonderkündigungsschutz, S. 27 ff.

498 BeckOGK/*A. Schneider*, PflegeZG § 6 Rn. 6 u. Rn. 18.

499 Dazu *Schauß*, Vereinbarkeit von Pflege und Beruf, S. 115 f.

500 *Schauß*, Vereinbarkeit von Pflege und Beruf, S. 116 f. auch zur Kritik daran.

PflegeZG)[501]. Abschließend bestimmt § 8 PflegeZG, dass von den Normen des PflegeZG nicht zuungunsten der Beschäftigten abgewichen werden darf und enthält damit die Kodifikation des Günstigkeitsprinzips.

Die Regelung des § 8 PflegeZG sind nach § 2 Abs. 3 FPfZG ferner auch im Anwendungsbereich des Familienpflegezeitgesetzes entsprechend anzuwenden. Die entsprechende Anwendung lässt dabei zwar Raum für die Berücksichtigung der Besonderheiten des auf die Norm verweisenden Gesetzes, jedoch entspricht der Ausgestaltung des in § 2 Abs. 1 FPfZG enthaltenen Freistellungsanspruchs weitgehend den im PflegeZG enthaltenen Ansprüchen. Auf die öffentlich-rechtlichen Vorschriften des FPfZG findet § 8 PflegeZG hingegen keine Anwendung, sodass die insoweit bestehenden Unterschiede der beiden Gesetze für die Anwendung des Günstigkeitsprinzips unbedeutend sind. Auf eine separate Auslegung des § 8 PflegeZG im Licht des FPfZG wird daher verzichtet und von der Übertragbarkeit der Ergebnisse auf das Familienpflegezeitgesetz ausgegangen.

I. Sinn und Zweck der Pflegezeit

Das Ziel des Gesetzes wird in § 1 PflegeZG ausdrücklich benannt und die darin enthaltenen Freistellungsansprüche dienen demnach der besseren Vereinbarkeit von Beruf und familiärer Pflege, indem sie den Anspruchsberechtigten die Möglichkeit eröffnen, nahe Angehörige in häuslicher Umgebung zu pflegen.[502] Das Gesetz steht im Zusammenhang mit einer Reform der gesetzlichen Pflegeversicherung, mit der die gesetzlichen Rahmenbedingungen der Pflege besser an die Bedürfnisse der Pflegenden und ihrer Angehörigen angepasst werden sollten und gleichzeitig der Grundsatz „ambulant vor stationär" eingeführt wurde.[503] Insbesondere die mit dem PflegeZG verbundenen Freistellungsansprüche sollen es den Pflegenden ermöglichen, die ambulante Pflege des nahen Angehörigen zu leisten, ohne ihr Arbeitsverhältnis zu verlieren oder dauerhaft in ein Teilzeitarbeitsverhältnis zu wechseln. Neben dem Freistellungsanspruch spielt daher vor allem der in § 5 PflegeZG enthaltene Kündigungsschutz eine zentrale Rolle in der gesetzlichen Konzeption.[504]

Das Gesetz regelt die einschlägigen Freistellungsansprüche aber weder vollständig noch abschließend. Insbesondere ergibt sich ein Entgeltanspruch während der kurzzeitigen Arbeitsverhinderung nur aus anderen Regelungen.

---

501 Ausführlich dazu *Schauß*, Vereinbarkeit von Pflege und Beruf, S. 118 ff.

502 BR-Ds. 718/07, S. 217; NK-GArbR/*S. Müller*, PflegeZG § 1 Rn. 1.

503 BeckOK-ArbR/*Joussen*, PflegeZG § 1 Rn. 4.

504 Vgl. BeckOK-ArbR/*Joussen*, PflegeZG § 1 Rn. 7, der von zwei Prinzipien des Gesetzes spricht.

Als gesetzliche Anspruchsgrundlage kommt für Arbeitnehmer[505] dabei einzig § 616 BGB in Betracht, der jedoch abbedungen werden kann.[506] Ferner besteht während der Freistellunganspruche aus § 3 PflegeZG keine Entgeltfortzahlungspflicht, sodass der Einkommensverlust vor allem durch sozialversicherungsrechtliche Ansprüche ausgeglichen wird.[507] Insoweit enthält das Gesetz nur mit Bezug zur Freistellung einen gesetzlichen Standard, der neben vergleichbare Ansprüche tritt. So lässt sich ein mit der kurzzeitigen Arbeitsverhinderung des § 2 Abs. 1 PflegeZG vergleichbares Leistungsverweigerungsrecht auch aus § 275 Abs. 3 BGB ableiten.[508] Darüber hinaus gewährt § 2 FPfZG einen Freistellungsanspruch zur Pflege eines nahen Angehörigen, der über einen deutlich längeren Zeitraum geltend gemacht werden kann, aber auf eine teilweise Freistellung gerichtet ist.

Im Vergleich zur Familienpflegezeit machen die kurzen und teilweise nicht vorhandenen[509] Ankündigungsfristen deutlich, dass die Ansprüche des PflegeZG speziell darauf gerichtet sind, dem Arbeitnehmer gerade in der Anfangszeit der Pflege eine Möglichkeit zu verschaffen, die privaten Umstände neu zu organisieren.[510] Zu dem sich aus § 275 Abs. 3 BGB ergebenden Leistungsverweigerungsrecht – das jedenfalls bei der Pflege kranker Kinder anerkannt ist[511] – unterscheiden sich diese Freistellungsansprüche hingegen insbesondere durch den Kündigungsschutz des § 5 PflegeZG. Gleichzeitig besteht der Anspruch aus § Abs. 1 PflegeZG bei Pflegebedürftigkeit eines nahen Angehörigen unabhängig vom Leistungsinteresse des Gläubigers. Indem sie bei kurzfristig eintretender Arbeitsverhinderung durch die Pflegebedürftigkeit

---

505 Für Auszubildende ergibt sich ein unabdingbarer Anspruch aus § 19 Abs. 1 Nr. 2 BBiG, *Böhm*/PflegeZG, § 2 Rn. 19.

506 BR-Ds. 718/07, S. 217; NK-GArbR/*S. Müller*, PflegeZG § 2 Rn. 31 f.; *Böhm*/PflegeZG, § 2 Rn. 17 f.; MüKo-BGB/*Ernst*, BGB § 275 Rn. 133.

507 *Böhm*/PflegeZG, § 3 Rn. 33. Ausführlich zu sozialversicherungsrechtlichen Folgen, NK-GArbR/*S. Müller*, PflegeZG § 1 Rn. 6 ff.

508 *Böhm*/PflegeZG, § 3 Rn. 10.

509 Zur Beanspruchung einer Kurzzeitpflege, NK-GArbR/*S. Müller*, PflegeZG § 2 Rn. 16 ff.

510 BT-Ds. 16/7439, S. 91 f.; vgl. auch *Böhm*/PflegeZG, Einl. Rn. 2; für die dauerhafte Pflege ist erwies sich auch der 6-monatige Zeitraum der Pflegezeit des § 3 Abs. 1 PflegeZG als zu kurz, *Böhm*/PflegeZG, Einl. Rn. 3.

511 Der Anwendungsbereich des § 275 Abs. 3 BGB ist nicht Thema dieser Arbeit. Zur Begründung des Leistungsverweigerungsrechts wird jedoch insb. auf die Kollision der Pflichten aus § 611a BGB und § 1627 BGB verwiesen, *Fischinger/Hengstberger*, JA 2020, 561, 563; *Greiner*, NZA 2007, 490; Schaub/ArbR-HdB/*Linck*, § 97 Rn. 19. Insoweit erscheinen jedoch auch die aus § 1353 BGB entstehenden Pflichten grds. geeignet, im Konfliktfall den Pflichten aus § 611a BGB vorzugehen. Ausführlich dazu MüKo-BGB/*Henssler*, BGB § 616 Rn. 30 ff.; *Schauß*, Vereinbarkeit von Pflege und Beruf, S. 23 ff. Vgl. auch Schaub/ArbR-HdB/*Linck*, § 97 Rn. 17 ff. zu weiteren Ansprüchen.

naher Angehörigen einen abwägungsfesten Freistellungsanspruch mit einem weitgehenden Kündigungsschutz gewähren, schaffen die Regelungen des PflegeZG daher trotz der alternativen Regelungen ein eigenständiges Schutzniveau. Sie bilden einen gesetzlichen Mindeststandard, der es den Arbeitnehmern auch bei einer negativen Prognose in Bezug auf die Fähigkeit, die vertraglich geschuldete Tätigkeit neben der Pflege auszuüben und auch außerhalb des Anwendungsbereichs des KSchG ermöglicht, ihren Arbeitsplatz zu behalten und nahe Angehörige zu pflegen.

II. Historie des PflegeZG

Das PflegeZG wurde mit Art. 3 des Pflege-Weiterentwicklungsgesetzes vom 28.05.2008[512] geschaffen und trat am 01.07.2008 in Kraft.[513] Seine Grundstruktur und die darin enthaltenen Ansprüche blieben danach weitgehend unverändert und auch die Regelung des Günstigkeitsprinzips in § 8 PflegeZG befindet sich seit der erstmaligen Schaffung unverändert im PflegeZG. Mit dem Gesetz zur besseren Vereinbarkeit von Familie, Pflege und Beruf[514] vom 23.12.2014 wurde das Gesetz erstmals geändert. Vor allem wurde dabei die Verzahnung mit dem dadurch ebenfalls geschaffenen Rechtsanspruch auf Familienpflegezeit geregelt, in § 3 Abs. 5 PflegeZG ein Anspruch für die Betreuung pflegebedürftiger Kinder geschaffen sowie der Begriff der Angehörigen um Stiefeltern erweitert. Mit dem Zweiten Pflegestärkungsgesetz vom 21.12.2015[515] wurden auch Ehegatten der Geschwister und Geschwister der Ehegatten, Lebenspartner der Geschwister und Geschwister der Lebenspartner in den Kreis der nahen Angehörigen gem. § 7 Abs. 3 PflegeZG mit aufgenommen.

Weitere 11 Änderungen, die das PflegeZG zwischen dem 23.05.2020 und dem 01.05.2023 erfahren hat[516], stehen im Zusammenhang mit der COVID-

---

512 BGBl. I 2008, S. 874.

513 Ausführlich dazu, *Schauß*, Vereinbarkeit von Pflege und Beruf, S. 96 ff.

514 BGBl. I 2014, S. 2462.

515 BGBl. I 2015, S. 2424.

516 Art. 5b und Art. 18 Zweites Gesetz zum Schutz der Bevölkerung bei einer epidemischen Lage von nationaler Tragweite v. 19. Mai 2020, BGBl. I 2020, S. 1018; Art. 10 Krankenhauszukunftsgesetz (KHZG) v. 23. Oktober 2020, BGBl. I 2020, S. 2208; Art. 4c Gesundheitsversorgungs- und Pflegeverbesserungsgesetz v. 22. Dezember 2020, BGBl. I 2020, S. 3299; Art. 5 Gesetz zur Fortgeltung der die epidemische Lage von nationaler Tragweite betreffenden Regelungen v. 29. März 2021, BGBl. I 2021, S. 370; Art. 3 Kitafinanzhilfenänderungsgesetz v. 25. Juni 2021, BGBl. I 2021, S. 2020; Art. 17 Gesetz zur Änderung des Infektionsschutzgesetzes und weiterer Gesetze anlässlich der Aufhebung der Feststellung der epidemischen Lage von nationaler Tragweite v. 22. November 2021, BGBl. I 2021, S. 4906; Art. 2 Gesetz zur Verlängerung von Sonderregelungen im Zusammenhang mit der COVID-19-Pandemie beim Kurzarbeitergeld und anderer Leistungen v. 23. März 2022, BGBl. I 2022, S. 482;

19-Pandemie und betreffen die dafür geschaffenen §§ 9 und 4a PflegeZG. Die Einzelheiten sind dabei für diese Arbeit nicht relevant, zumal § 9 PflegeZG mittlerweile wieder aufgehoben wurde. Die Änderungen sind jedoch symptomatisch für den Handlungsdruck des Gesetzgebers während der COVID-19-Pandemie und sie symbolisieren die vielfältigen gesetzlichen Eingriffe während dieser Zeit.[517]

Eine inhaltliche Ergänzung erfuhr das PflegeZG noch durch Art. 2 des Gesetzes zur weiteren Umsetzung der Richtlinie (EU) 2019/1158 des Europäischen Parlaments und des Rates vom 20. Juni 2019 zur Vereinbarkeit von Beruf und Privatleben für Eltern und pflegende Angehörige und zur Aufhebung der Richtlinie 2010/18/EU des Rates[518]. Damit wurde insbesondere § 3 Absatz 6a PflegeZG eingeführt, der Beschäftigten von Arbeitgebern mit in der Regel 15 oder weniger Beschäftigten ein Antragsrecht für eine Pflegezeit bei ihrem Arbeitgeber und einen Anspruch auf eine begründete Ablehnung gewährt.[519] Die weiteren Änderungen integrieren diese vertragliche Pflegezeit in die Vorschriften des PflegeZG und erstrecken den Kündigungsschutz auf die Beschäftigten von kleinen und mittleren Unternehmen.[520] Zuletzt wurden durch das Vierte Gesetz zur Entlastung der Bürgerinnen und Bürger, der Wirtschaft sowie der Verwaltung von Bürokratie vom 23. 10. 2024[521] die in § 3 PflegeZG enthaltenen Formvorgaben reduziert und die Ankündigung der Pflegezeit in Textform ermöglicht.

B. Unabdingbarkeit des § 8 PflegeZG

I. Auslegung des § 8 PflegeZG im Hinblick auf den verbleibenden Regelungsspielraum der Arbeitsvertragsparteien

1. Grammatikalische Auslegung

Der Wortlaut des § 8 PflegeZG entspricht den bisher betrachteten Vorschriften. Seine Betrachtung bringt daher keine neuen Erkenntnisse und die bisher gefundenen Ergebnisse können auf den Wortlaut des § 8 PflegeZG übertragen werden. Der Wortlaut steht nur Regelungen entgegen, die zuungunsten des

---

Art. 2a Pflegebonusgesetz v. 28. Juni 2022, BGBl. I 2022, S. 938; Art. 3b Gesetz zur Stärkung des Schutzes der Bevölkerung und insbesondere vulnerabler Personengruppen vor COVID-19 v. 16. September 2022, BGBl. I 2022, S. 1454; Art. 11 Krankenhauszukunftsgesetz v. 23. Oktober 2020, BGBl. I 2020, S. 2208.

[517] Vgl. dazu Weber/Rechtswörterbuch/*K. Weber*, COVID-19-Gesetzgebung.

[518] BGBl. I 2022, S. 2510.

[519] BT-Ds. 20/3447, S. 18.

[520] Ausführlich zur Umsetzung *Wietfeld/Hinrichsen*, EuZA 2023, 363, 372 ff.

[521] BGBl. I 2024, Nr. 323.

Arbeitnehmers wirken,[522] aber nicht solchen, die gleichwertig zur gesetzlichen Regelung sind oder die zugunsten des Arbeitnehmers wirken. Anders als die bisher betrachteten Vorschriften sieht § 8 PflegeZG auch keine Ausnahmen für bestimmte Vorschriften oder besondere Vereinbarungen vor. Damit lässt sich dem Wortlaut entnehmen, dass das Abweichungsverbot ausnahmslos und auch für kollektive Vereinbarungen gilt.[523]

2. Systematische Auslegung

In systematischer Hinsicht entspricht § 8 PflegeZG den bisher betrachteten Kodifikationen des Günstigkeitsprinzip. Die bisher gefundenen Ergebnisse können daher ebenfalls auf § 8 PflegeZG übertragen werden. Auch für § 8 PflegeZG lässt sich davon ausgehen, dass eine vertragliche Regelung zulässig ist, wenn eindeutig und im Vorhinein feststellbar ist, dass sie nicht zum Nachteil des Arbeitnehmers wirkt.

3. Historische Auslegung

In Ermangelung von Vorgängerregelungen lässt sich für die historische Auslegung nur auf die Begründung des Gesetzes zurückgreifen. Diese stellt jedoch fest, dass von den Regelungen des PflegeZG „nicht zuungunsten der Beschäftigten abgewichen" werden kann[524] und gibt damit den Wortlaut der Norm wieder. Darüber hinaus bestätigt die Begründung, dass nachteilige Abweichungen von den Vorschriften des PflegeZG auch den Betriebspartnern und den Tarifvertragsparteien untersagt sind.[525] Der Gesetzgeber unterstreicht mithin die sich aus dem Wortlaut ergebenden Ergebnisse, aber der historischen Auslegung lassen sich keine weitergehenden Erkenntnisse entnehmen.

4. Teleologische Auslegung

§ 8 PflegeZG dient der Verwirklichung der Regelungen des PflegeZG als Mindeststandards und trägt dabei der strukturellen Unterlegenheit der Arbeitnehmer Rechnung.[526] Der Zweck der Regelung des § 8 PflegeZG unterschei-

---

[522] NK-GArbR/*S. Müller*, PflegeZG § 8 Rn. 2.

[523] ErfK/*Gallner/Bubach*, PflegeZG § 8 Rn. 1; BeckOK-ArbR/*Joussen*, PflegeZG § 8 Rn. 2; *Kossens*/PflegeZG, PflegeZG § 8 Rn. 1; DKL-ArbR/*Krumbiegel*, PflegeZG § 8 Rn. 1; NK-GArbR/*S. Müller*, PflegeZG § 8 Rn. 1; DHSW-ArbR/*Rühl*, PflegeZG § 8 Rn. 1; *Schauß*, Vereinbarkeit von Pflege und Beruf, S. 165 f. u. S. 222.

[524] BT-Ds. 16/7439, S. 94.

[525] BT-Ds. 16/7439, S. 94.

[526] In dem Sinn *Böhm*/PflegeZG, § 8 Rn. 1; BeckOK-ArbR/*Joussen*, PflegeZG § 8 Rn. 1 u. Rn. 3; NK-GArbR/*S. Müller*, PflegeZG § 8 Rn. 1; *Weinbrenner*, Sonderkündi-

det sich daher nicht vom Zweck der bisher betrachteten Vorschriften, woraus auch auf die identische Wirkung in Bezug auf die Einhaltung des Mindeststandards geschlossen werden kann. Daher steht auch § 8 PflegeZG abweichenden Regelungen nicht entgegen, die den gesetzlichen Standard einhalten, während sämtliche Unterschreitungen des Standards unzulässig sind.

5. Verfassungskonforme Auslegung

Aus abwehrrechtlicher Sicht ergeben sich keine neuen Erkenntnisse, zumal angesichts des unionsrechtlichen Regelungsbestands in Art. 6 Abs. 1 der Vereinbarkeits-RL[527] auch für das PflegeZG fraglich ist, inwieweit der nationale Grundrechtsschutz anwendbar ist. Soweit dies der Fall ist, kann aber das Sozialstaatsprinzip des Art. 20 Abs. 1 GG und mit Bezug zu Kindern und Ehegatten auch Art. 6 Abs. 1 GG als Rechtfertigung des Eingriffs in die Arbeitsvertragsfreiheit herangezogen werden.[528] Der Regelungsspielraum der Arbeitsvertragsparteien darf aber nur in dem Umfang beschränkt werden, der durch den Schutzzweck gerechtfertigt wird, sodass lediglich ein Verbot von Abweichungen zuungunsten des Arbeitnehmers verfassungsrechtlich gerechtfertigt werden kann.

Als denkbare Grundlage verfassungsrechtlicher Handlungsaufträge, die den Gesetzgeber verpflichten das PflegeZG zu schaffen und es abweichungsfest auszugestalten, kommt insbesondere Art. 6 Abs. 1 GG in den Blick, der die Ehe und Familie unter besonderen staatlichen Schutz stellt und entsprechende Schutzpflichten begründen kann.[529] Der Familienbegriff des Art. 6 Abs. 1 GG wird mittlerweile[530] zwar nicht mehr auf die Kleinfamilie beschränkt,[531] er-

---

gungsschutz, S. 133. Vgl. allgemein, *Belling*, Günstigkeitsprinzip, S. 33, S. 106 und S. 163. Zu § 19 Abs. 3 BetrAVG, BT-Ds. 7/1281, S. 30 f.; BGH v. 23.05.2017 – II ZR 6/16, NZG 2017, 948 Rn. 13 f.; BAG v. 19.04.2011 – 3 AZR 154/09, BAGE 137, 357 Rn. 19; BAG v. 21.04.2009 – 3 AZR 285/07, AP BetrAVG § 1 Beamtenversorgung Nr. 20 Rn. 44 ff.; *Koch*, NZA 2018, 1035, 1036.

527 Richtlinie (EU) 2019/1158 des Europäischen Parlaments und des Rates vom 20. Juni 2019 zur Vereinbarkeit von Beruf und Privatleben für Eltern und pflegende Angehörige und zu Aufhebung der Richtlinie 2010/18/EU des Rates, ABl. Nr. L 188 S. 79.

528 Zu Art. 12 Abs. 1 GG BVerfG v. 14.01.2015 – 1 BvR 931/12, BVerfGE 138, 261 Rn. 60.

529 Vgl. BVerfG v. 29.05.1990 – 1 BvL 20/84 (u. a.), BVerfGE 82, 60 [unter C. II. 2. b) m. w. N.]; grundsätzlich auch, DHS-GG/*Badura*, GG Art. 6 Rn. 73 f.; Huber/Voßkuhle/*Robbers*, GG Art. 6 Rn. 278 sowie ErfK/*Schmidt*, GG Art. 6 Rn. 12 ff.

530 Zur Entwicklung *Uhle*, NVwZ 2015, 272 ff.

531 BVerfG v. 24.06.2014 – 1 BvR 2926/13, BVerfGE 136, 382 [1. Ls.]; zustimmend, *Uhle*, NVwZ 2015, 272, 274 ff.

fasst aber trotzdem nicht alle nahen Angehörigen i. S. d. § 7 Abs. 3 PflegeZG[532] und für die Ehegatten der Geschwister und die Geschwister der Ehegatten sind die Vorgaben einer Schutzpflicht daher nur mittelbar im Wege der einheitlichen Auslegung des § 8 PflegeZG von Bedeutung. Allgemein lässt sich Art. 6 Abs. 1 GG auch entnehmen, dass der Staat für die Vereinbarkeit von Familien- und Erwerbstätigkeit Sorge tragen muss,[533] aber daraus ergeben sich keine konkreten Verpflichtungen[534] und mithin auch kein Auftrag Regelungen zu schaffen, die es Arbeitnehmern ermöglichen Angehörige zu pflegen und ihren Arbeitsplatz zu behalten.[535] In Betracht kommt dies höchstens für die speziellen Regelungen zur Minderjährigenbetreuung (§ 3 Abs. 5 PflegeZG) und zur Sterbebegleitung (§ 3 Abs. 6 PflegeZG).

Angesichts der Regelungen des § 275 Abs. 3 BGB, des § 616 BGB und des KSchG kann dies hier aber offenbleiben. Diese schaffen bereits ein alternatives Niveau der Absicherung der Rechte aus Art. 6 Abs. 1 GG und auch wenn dieses Niveau nicht dem Schutz des PflegeZG entspricht, steht es auch nicht offensichtlich im Widerspruch zu grundrechtlichen Vorgaben. Der Mindeststandard des PflegeZG kann daher nicht mit dem verfassungsrechtlich vorgegebenen Mindeststandard gleichgesetzt werden, sodass sich daraus auch keine Ableitungen für den Abweichungsbereich der Vertragsparteien ziehen lassen. Dies gilt umso mehr als das PflegeZG selbst keine finanziellen Ansprüche vorsieht und daher der Rückgriff auf § 616 BGB oder sozialrechtliche Regelungen bei der Anwendung des PflegeZG unvermeidlich ist (vgl. § 3 Abs. 7 PflegeZG).

Die verfassungsrechtliche Betrachtung zeigt somit, dass auch im Anwendungsbereich des PflegeZG nur Abweichungen zuungunsten des Arbeitnehmers gesetzlich verboten werden können. Bereits in Ermangelung eines entsprechenden Gestaltungsauftrags wird die einseitige Unabdingbarkeit der Regelungen des PflegeZG aber auch nicht verfassungsrechtlich vorgegeben. Damit bestätigt die verfassungsrechtliche Betrachtung jedenfalls für die Zulässigkeit gleichwertiger und günstigerer Abweichungen die bisherigen Auslegungsergebnisse.

---

[532] Der Schutzbereich wird aber unterschiedlich bewertet, Jarass/Pieroth/*Jarass*, GG Art. 6 Rn. 8 ff., sieht im Einzelfall die Seitenlinie erfasst; Huber/Voßkuhle/*Robbers*, GG Art. 6 Rn. 278, im Einzelfall auch über die Seitenlinie hinaus; ErfK/*Schmidt*, GG Art. 6 Rn. 6 d sieht nur eine Elternbezogenheit; BeckOK-GG/*Uhle*, GG Art. 6 Rn. 14a ff., auch über die Seitenlinie hinaus.

[533] BVerfG v. 14.01.2015 – 1 BvR 931/12, BVerfGE 138, 261 Rn. 60.

[534] BVerfG v. 21.07.2018 – 1 BvF 2/13, BVerfGE 140, 65 Rn. 39.

[535] Vgl. Jarass/Pieroth/*Jarass*, GG Art. 6 Rn. 52; ausführlich auch BeckOK-GG/*Uhle*, GG Art. 6 Rn. 27 ff.

6. Unionsrechtskonforme Auslegung

a) Primärrecht

Auf Basis der vergleichbaren Ausgangslage lassen sich auch für das Primärrecht die bisher getroffenen Feststellungen übertragen. Als Grundlage der Einschränkung der Arbeitsvertragsfreiheit kann in diesem speziellen Kontext auf Art. 33 Abs. 2 EU-GrCh und den darin enthaltenen Grundsatz mit Bezug zur Vereinbarkeit von Familie und Beruf verwiesen werden.[536] Als Rechtfertigung des Eingriffs kann aber auch dieser Grundsatz nur im Licht des Verhältnismäßigkeitsprinzips herangezogen werden und mithin nur Einschränkungen von ungünstigeren Regelungen, aber nicht von gleichwertigen oder günstigeren Vereinbarungen rechtfertigen.

Art. 33 EU-GrCh ist ebenfalls die Regelung, die im Hinblick auf eine primärrechtlich vorgegebene Unabdingbarkeit der Regelungen des PflegeZG in den Blick gerät. Im Gegensatz zu Art. 6 Abs. 1 GG hat diese einen speziellen Bezug zum Berufsleben und enthält in Art. 33 Abs. 2 EU-GrCh dafür insbesondere ein Grundrecht auf Mutterschafts- und Elternurlaub.[537] Speziell für die Pflegezeit ist aber nur der Grundsatz der Charta mit Bezug zur Vereinbarkeit von Familie und Beruf[538] einschlägig[539] und insbesondere wegen der insoweit wenig konkreten Formulierung des Art. 33 EU-GrCh lassen sich daraus keine Verpflichtungen des Gesetzgebers ableiten. Insbesondere kann auch im Rahmen des Art. 33 EU-GrCh nicht vom einschlägigen Sekundärrecht auf die Vorgaben der Charta geschlossen werden.[540] Mithin ergibt sich daraus keine Pflicht, einen unabdingbaren Anspruch auf eine Pflegezeit im Sinn des PflegeZG zu schaffen, sodass sich daraus auch für die Auslegung des Abweichungsspielraums der Arbeitsvertragsparteien keine Vorgaben entnehmen lassen.

---

536 Vgl. zu diesem Grundsatz, Meyer/Hölscheidt/*Hüpers/Reese/Rohleder*, EU-GrCh Art. 33 Rn. 33; EuArbRK/*C. Schubert*, EU-GrCh Art. 33 Rn. 2 u. Rn. 10 ff.

537 Ausführlich dazu, Meyer/Hölscheidt/*Hüpers/Reese/Rohleder*, EU-GrCh Art. 33 Rn. 36 ff.; EuArbRK/*C. Schubert*, EU-GrCh Art. 33 Rn. 15 ff.

538 Meyer/Hölscheidt/*Hüpers/Reese/Rohleder*, EU-GrCh Art. 33 Rn. 33.

539 Abseits des Mutterschutzes- und des Elternurlaubs wird in § 33 EU-GrCh überwiegend ein Grundsatz gesehen Meyer/Hölscheidt/*Hüpers/Reese/Rohleder*, EU-GrCh Art. 33 Rn. 25; EuArbRK/*C. Schubert*, EU-GrCh Art. 33 Rn. 12; Streinz/EUV/AEUV/*Streinz*, EU-GrCh Art. 33 Rn. 3; a. A. für ein Grundrecht Calliess/Ruffert/*Kingreen*, EUV Art. 33 Rn. 2.

540 EuArbRK/*C. Schubert*, EU-GrCh Art. 33 Rn. 19.

b) Sekundärrecht

Die sekundärrechtliche Vorgabe einer Pflegezeit enthält Art. 6 Abs. 1 Vereinbarkeits-RL.[541] Dieser verpflichtet die Mitgliedstaaten zur Gewährung eines Urlaubs zur Pflege Angehöriger und enthält damit die unionsrechtliche Verpflichtung zur Schaffung eines entsprechenden Anspruchs.[542] Dabei bestimmt Art. 16 Abs. 1 Vereinbarkeits-RL, dass den Mitgliedstaaten der Erlass günstigerer Vorschriften vorbehalten bleibt, sodass die Ausgangslage den bisher betrachteten Regelungen entspricht. Die Vorgabe von 5 Arbeitstagen pro Jahr ist aber so zurückhaltend, dass sich daraus kaum Rückschlüsse für die Abweichungen vom Regelungsniveau der nationalen Pflegezeit ergeben.[543] Teilweise wird die Wirkung der Richtlinie für die Pflegezeit daher vor allem in der verstärkten rechtlichen Anerkennung der Pflege von Angehörigen gesehen, woraus sich im Urlaubsrecht Auswirkungen ergeben können.[544] Es wird aber auch auf die weiteren Verpflichtungen der Richtlinie und insbesondere auf die Begründungspflicht im Fall der Kündigung aus Art. 12 Abs. 2 S. 2 Vereinbarkeits-RL verwiesen, die im PflegeZG (sowie im BEEG) nicht umgesetzt wurde.[545] Mithin ergeben sich aus den geringen Anforderungen des Art. 6 Abs. 1 Vereinbarkeits-RL zwar keine Rückschlüsse auf den Abweichungsspielraum der Arbeitsvertragsparteien an der Grenze der Günstigkeit, jedoch könnte die Vereinbarkeits-RL einen Anlass zur Präzisierung der Rechtsprechung des EuGH zu Begründungspflichten aus Art. 47 EU-GrCh bieten.[546]

7. Zusammenfassung der Auslegungsergebnisse

Auch für § 8 PflegeZG ergibt sich aus sämtlichen Auslegungskriterien, dass den Arbeitsvertragsparteien die Vereinbarung günstigerer und gleichwertiger Regelungen zusteht, während Regelungen zum Nachteil des Arbeitnehmers bzw. des Beschäftigten nicht zulässig sind. Dabei muss eindeutig und im Vorhinein erkennbar sein, dass die Vereinbarungen der Vertragsparteien geeignet sind, den gesetzlichen Anspruch zu erfüllen und somit das gesetzliche Niveau zu erreichen. Ausnahmen für Einzel- oder Zweifelsfälle sind nicht vorgese-

---

541 NK-GArbR/*Eichenhofer*, EU-Richtlinien und Rahmenvereinbarungen, Rn. 21 ff.

542 Ausführlich zur Umsetzung der Richtlinie im PflegeZG EuArbRK/*Sprenger*, RL (EU) 2019/1158 Art. 6 Rn. 2.

543 *Wietfeld/Hinrichsen*, EuZA 2023, 363, 373 f.

544 EuArbRK/*Sprenger*, RL (EU) 2019/1158 Art. 6 Rn. 1 f.

545 *Wietfeld/Hinrichsen*, EuZA 2023, 363, 376 f.

546 Vgl. EuGH v. 20.02.2024 – C-715/20 [KL], AP Richtlinie 99/70/EG Nr. 38; ausführlich dazu Teil 3 § 10 Abschnitt C. sowie Teil 5 § 23 Abschnitt B. I. 6. a).

hen. Die Ergebnisse der Betrachtung des § 8 PflegeZG entsprechen damit weitgehend den Ergebnissen der vorherigen Betrachtungen.

II. Auslegung des § 8 PflegeZG im Hinblick auf den Günstigkeitsvergleich

In Bezug auf die Kriterien des Günstigkeitsvergleichs weist § 8 PflegeZG keine Besonderheiten auf, die es erforderlich machen, die Regelung einer erneuten intensiven Betrachtung im Hinblick auf die Kriterien des Günstigkeitsvergleichs zu unterziehen. Auffällig ist insofern allein, dass § 8 PflegeZG mit der Formulierung, dass nicht „zuungunsten der Beschäftigten abgewichen werden“ kann, ebenfalls den Plural verwendet. Insbesondere die Entsprechungen bei der individuellen Zielrichtung des gesetzlichen Mindeststandards und bei den Interessen der Arbeitsvertragsparteien sprechen aber dafür, die bisherigen Ergebnisse auch auf § 8 PflegeZG zu übertragen. Es ist daher davon auszugehen, dass der Wortlaut des § 8 PflegeZG (ebenso wie teilweise der des § 12 EntgFG) der sprachlichen Erfassung der verschiedenen geschützten Gruppen und nicht der Benennung des Bezugsobjekts des Vergleichs dient.[547] Das Bezugsobjekt bei der Anwendung des § 8 PflegeZG sind somit auch die einzelnen Arbeitnehmer, der Vergleichsgegenstand ist die einzelne Norm,[548] der Maßstab ist objektiv-normativ und der Zeitpunkt des Vergleichs ist der Zeitpunkt des erstmaligen Aufeinandertreffens der abweichenden Regelung mit der gesetzlichen Regelung. Ebenso wie bei den bisher betrachteten Normen ergibt sich somit ein individueller und objektiver ex-ante-Einzelvergleich, bei dem die einzelnen Ansprüche in den Blick zu nehmen sind. Darüber hinaus würde auch der Zweck der Vorschriften des PflegeZG verfehlt, wenn eine Kürzung des Anspruchs auf Pflegezeit im ersten Pflegefall durch eine Verlängerung der Pflegezeit für spätere Pflegefälle kompensiert werden könnte, weshalb auch dieser Vergleich als punktueller Vergleich einzelner denkbarer Ansprüche durchzuführen ist.

C. Behandlung günstigkeitsvariabler und ambivalenter Vereinbarungen

I. Günstigkeitsvariable Vereinbarungen

Auf Basis der identischen Auslegungsergebnisse sind Vereinbarungen mit günstigkeitsvariabler Wirkung ebenso wie bei den vorherigen Gesetzen zu bewerten. Diese lassen nicht eindeutig und im Vorhinein erkennen, dass sie

---

547 Dazu Teil 5 § 17 Abschnitt B. II. 2.

548 HWK-ArbR/*Lembke*, PflegeZG § 8 Rn. 3.

den gesetzlichen Anspruch verwirklichen werden und sie sind daher im Licht des § 8 PflegeZG unzulässig. Es sind auch für § 8 PflegeZG keine Anzeichen dafür ersichtlich, dass allein strukturelle Benachteiligungen außerhalb des zulässigen Regelungsbereichs der Arbeitsvertragsparteien liegen. Dementsprechend ist eine Übertragung der Rechtsprechung zum EntgFG auf § 8 PflegeZG ebenfalls abzulehnen.

Praktisch relevante Beispiele für Vereinbarungen mit günstigkeitsvariabler Wirkung sind allerdings auch für das PflegeZG nicht ersichtlich. Theoretisch wäre es aber auch hier möglich, die im Gesetz enthaltenen Fristen und sonstige Zeitangaben abweichend von den gesetzlichen Regelungen nicht in Arbeitstagen, Wochen oder Monaten zu bemessen, sondern ausgehend von der Arbeitszeit die Zeiträume in Arbeitsstunden zu bestimmen. Erneut würde sich die Regelung in Abhängigkeit von der tatsächlichen Arbeitszeit zugunsten oder zuungunsten auswirken.[549] Insgesamt ist aber nicht ersichtlich, dass solche oder andere Vereinbarungen mit günstigkeitsvariabler Wirkung im Zusammenhang mit der Pflegezeit nach dem PflegeZG in der Praxis auftreten und es handelt sich mithin erneut um ein theoretisches Problem, auch wenn die Kürze der gesetzlichen Fristen kritisch betrachtet wird[550]. Der Verlängerung der Frist steht jedoch ebenso wie den günstigkeitsvariablen Vereinbarungen § 8 PflegeZG entgegen.

II. Ambivalente Vereinbarungen

Für die abstrakte Betrachtung ambivalent wirkender Abweichungen von den Vorgaben des PflegeZG gilt nichts anderes als für günstigkeitsvariable Vereinbarungen und die Ergebnisse unterscheiden sich nicht von den Ergebnissen der bisher untersuchten Normen. Auf Basis der gefundenen Auslegungsergebnisse sind ambivalente vertragliche Regelungen im Anwendungsbereich des § 8 PflegeZG unwirksam. Ferner ist es auch hier der Einzelvergleich, der eine Ambivalenz weitgehend verhindert. Würde beispielsweise die maximale Länge der Pflegezeit nach § 4 Abs. 1 PflegeZG auf zwei Jahre verlängert, aber nicht für jeden Angehörigen ein separater Anspruch gewährt, wäre dies erneut getrennt zu bewerten, weshalb es nicht darauf ankommt, dass eine solche Vereinbarung das Interesse an der Pflege eines Angehörigen besonders schützt, dafür aber das Interesse an der Freistellung zur Pflege weiterer Angehöriger vernachlässigt. Aus diesem Grund wäre sie aber auch im Rahmen eines Sachgruppenvergleichs als ambivalent oder partiell ungünstig anzusehen.

---

549 Dazu Teil 5 § 17 Abschnitt C. I. 2. c).

550 *Schauß*, Vereinbarkeit von Pflege und Beruf, S. 183 f.

Das PflegeZG ermöglicht die Betrachtung der Abwandlung von Formvorschriften als ambivalente Regelung, denn die darin enthaltenen Vorgaben für die Geltendmachung des Anspruchs (vgl. § 3 Abs. 3 S. 1 u. § 3 Abs. 3 S. 6 PflegeZG) und für die gemeinsame Vereinbarung über die Verteilung der Arbeitszeit (§ 3 Abs. 4 S. 1 PflegeZG) betreffen entweder den Arbeitnehmer allein oder er ist zumindest auch beteiligt. Die Geltendmachung oder die Vereinbarung würde durch Reduzierungen der Formvorschriften erleichtert, aber gleichzeitig würde der Übereilungsschutz entfallen. Im Rahmen einer objektivierten oder subjektiven Betrachtung mag die Günstigkeit der Vereinbarung fragwürdig sein, jedoch ist gerade der damit verbundene Schutz vor einer übereilten Inanspruchnahme der Pflegezeit und vor Streitigkeiten über die Verteilung der Arbeitszeit der Zweck dieser Vorschriften.[551] Durch das Bürokratieentlastungsgesetz IV und die damit verbundene Möglichkeit zur Ankündigung des Pflegezeit in Textform,[552] wurde dieser Schutz allerdings reduziert und es dürfte sich für eine weitere Abbedingung kaum praktischer Bedarf ergeben.

Wohl ebenfalls ambivalente aber jedenfalls zweifelhaft Wirkung hätte aber eine Regelung, nach der abweichend von § 3 Abs. 3 S. 3 PflegeZG die unklare Ankündigung einer Abwesenheit im Zusammenhang mit einer Pflege nicht als Beanspruchung einer Pflegezeit, sondern einer Familienpflegezeit gilt.[553] Für den Arbeitnehmer erweist sich diese Regelung dann als günstiger, wenn er nach 6 Monaten der Beanspruchung einer Freistellung in Teilzeit noch eine vollständige Freistellung beanspruchen muss. In diesem Fall wäre sein Anspruch auf eine vollständige Freistellung nach § 3 Abs. 1 PflegeZG nach der gesetzlichen Regelung auch nach 6 Monaten in Teilzeit verbraucht, während die Folgen der vertraglichen Regelung dem Arbeitnehmer die Möglichkeit einer vollständigen Freistellung belassen würde. Besteht für den Arbeitnehmer hingegen nach einer 6-monatigen (teilweisen) Freistellung noch die Notwendigkeit eine weitere Freistellung zur Pflege des Angehörigen zu nehmen, steht ihm nach der gesetzlichen Regelung noch ein 18-monatiger Familienpflegezeitraum zu (vgl. 2 Abs. 2 FPfZG), während er nach der vertraglichen Regelung ohne die Zustimmung des Arbeitgebers nur noch den 6-monatigen Zeitraum des § 4 Abs. 1 S. 1 PflegeZG beanspruchen kann (vgl. § 2a Abs. 3 S. 1 FPfZG). Arbeitgeber könnten mit der Vereinbarung die maximale Dauer des Freistellungsanspruchs nach der ersten Freistellung auf ein halbes Jahr verkürzen, weshalb ausgehend von den wirtschaftlichen Auswirkungen auch ein Anreiz zur Vereinbarung solcher vertraglichen Regelungen besteht. Die Abwicklung der verschiedenen Freistellungen dürften solche Regelungen aber

551 ErfK/*Gallner/Bubach*, PflegeZG § 3 Rn. 2.

552 *Eckert*, DStR 2024, 2653, 2654.

553 Zum Vorrang der Pflegezeit, *Böhm*/PflegeZG, § 3 Rn. 22.

nicht vereinfachen und es ist auch nicht ersichtlich, dass eine solche Vereinbarung bisher in der Literatur oder der Rechtsprechung thematisiert wurde. Unabhängig von ihrer praktischen Relevanz wäre sie aber als ambivalente vertragliche Regelung und infolge der Verfehlung der gesetzlichen Wertung unwirksam. Ob dies aber auch im Licht der BAG-Rechtsprechung so zu bewerten wäre, muss hier offenbleiben, denn es ist nicht ersichtlich, wie das Merkmal der strukturellen Wirkung hier konkretisiert werden könnte.

Insgesamt werden ambivalente Vereinbarungen im PflegeZG zwar ebenfalls durch den Einzelvergleich weitgehend ausgeschlossen, aber es sind Regelungen denkbar, die als ambivalent bewertet werden können. Aus hiesiger Sicht verdeutlichen aber beide Anwendungsfälle erneut, dass die strukturelle Benachteiligung kein geeignetes Unterscheidungsmerkmal darstellt.

D. Ergebnisse der Betrachtung des Günstigkeitsprinzips im Pflegezeitgesetz

Die Kodifikation des Günstigkeitsprinzips in § 8 PflegeZG entspricht in ihrer Wirkung und Anwendung den bisher betrachteten Normen. Alle Auslegungskriterien und neben dem Wortlaut insbesondere der Sinn und Zweck sprechen dafür, dass die Regelung allen vertraglichen Vereinbarungen entgegensteht, die sich nachteilig auf den Arbeitnehmer auswirken können. Eine abweichende Vereinbarung ist daher nur wirksam, wenn eindeutig und im Vorhinein bestimmbar ist, dass die Vereinbarung den Anspruch erfüllen kann. Dies ermöglicht die Vereinbarung gleichwertiger und günstigerer vertraglicher Abweichungen vom Gesetzesrecht. Dabei ist der Günstigkeitsvergleich als individueller und objektiver Einzelvergleich zum Zeitpunkt des erstmaligen Aufeinandertreffens der Regelungen für jeden einzelnen denkbaren Anspruch und mithin ebenfalls wie bei den bereits betrachteten Regelungen durchzuführen.

Auf Basis dieser Auslegungsergebnisse können günstigkeitsvariable und ambivalent wirkende Abweichungen im Anwendungsbereich des § 8 PflegeZG zwar theoretisch vorkommen, aber nicht wirksam vereinbart werden. Vielmehr steht die mögliche nachteilige Wirkung der günstigkeitsvariablen Regelungen sowie die mögliche Verletzung der gesetzlichen Interessen durch ambivalente Abweichungen einer wirksamen Vereinbarung solcher vertraglichen Regelung entgegen. Das Problem hat aber im Rahmen des PflegeZG vor allem theoretische Bedeutung und dient der Überprüfung der dogmatischen Betrachtung, jedoch dürften kaum praktisch relevante Anwendungsfälle vorhanden sein.

§ 20 Betrachtung des Günstigkeitsprinzips im Teilzeit- und Befristungsgesetz

A. Überblick über das Teilzeit- und Befristungsgesetz

Die Bestimmungen des TzBfG betreffen sowohl das Teilzeit- als auch das Befristungsrecht. Dafür beinhaltet der erste Abschnitt des Gesetzes allgemeingültige Regelungen, die auf beide Formen dieser speziellen Arbeitsverhältnisse anzuwenden sind.[554] § 1 TzBfG enthält die Zielsetzung des Gesetzes, das der Förderung der Teilzeit und Regulierung der befristeten Arbeitsverhältnisse dient, wobei die Unterschiede keine materielle Bedeutung haben, aber für die Auslegung der Vorschriften relevant sind.[555] § 2 TzBfG[556] und § 3 TzBfG[557] enthalten die Definitionen der speziellen Beschäftigungsformen und § 4 beinhaltet ein Diskriminierungsverbot, das den in Teilzeit sowie den befristet Beschäftigten die Gleichbehandlung zusichert und gleichzeitig die Kürzung der Ansprüche dieser Arbeitnehmer nach dem „pro-rata-temporis"-Grundsatz ermöglicht.[558] Das Benachteiligungsverbot des § 5 TzBfG soll ferner sicherstellen, dass Arbeitnehmer nicht durch sonstige Nachteile von der Ausübung ihrer Rechte nach diesem Gesetz abgehalten werden, sodass es in seiner Funktion dem Maßregelungsverbot des § 612a BGB entspricht.[559]

Der zweite Abschnitt beinhaltet spezielle Regelungen für die Teilzeitarbeit. § 6 TzBfG verpflichtet Arbeitgeber ihren Arbeitnehmern die Arbeit in Teilzeit zu ermöglichen.[560] § 7 TzBfG konkretisiert diese Verpflichtung und begründet dafür Ausschreibungs-, Erörterungs- und Informationspflichten des Arbeitgebers.[561] Einen Anspruch auf dauerhafte Verringerung der Arbeitszeit sowie Durchführungsbestimmungen – und damit das zentrale Element der Regelungen zur Teilzeit[562] – beinhaltet § 8 TzBfG[563], während § 9 TzBfG den Umgang mit dem Wunsch nach Verlängerung der Arbeitszeit regelt. Das Gesetz

---

554 Vgl. BJ-TzBfG/*Joussen*, TzBfG § 5 Rn. 1.

555 NK-GArbR/*Böhm*, TzBfG § 1 Rn. 1 f.; MHH-TzBfG/*Herms*, § 1 Rn. 11 f.; BJ-TzBfG/*Joussen*, TzBfG § 1 Rn. 3.

556 Zum Inhalt der Definition, BJ-TzBfG/*Joussen*, TzBfG § 2 Rn. 5 ff.

557 Zum Inhalt der Definition, BJ-TzBfG/*Joussen*, TzBfG § 3 Rn. 6 ff.

558 NK-GArbR/*Böhm*, TzBfG § 4 Rn. 21; Schaub/ArbR-HdB/*Linck*, § 43 Rn. 35; BJ-TzBfG/*Joussen*, TzBfG § 4 Rn. 4 ff.

559 NK-GArbR/*Böhm*, TzBfG § 5 Rn. 3; Schaub/ArbR-HdB/*Linck*, § 41 Rn. 1; BJ-TzBfG/*Joussen*, TzBfG § 5 Rn. 1.

560 BJ-TzBfG/*Joussen*, TzBfG § 6 Rn. 1; NK-GArbR/*Michels/Kortmann*, TzBfG § 6 Rn. 1.

561 Vgl. BJ-TzBfG/*Joussen*, TzBfG § 7 Rn. 2.

562 BJ-TzBfG/*Boecken*, TzBfG § 8 Rn. 3.

563 Zu den Voraussetzungen, NK-GArbR/*Michels/Kortmann*, TzBfG § 8 Rn. 4 ff.

steht dem Arbeitnehmer dabei nur einen bedingten Anspruch auf Verlängerung der Arbeitszeit zu,[564] woraus sich für Arbeitnehmer die sog. „Teilzeitfalle" ergeben kann, denn nach der Ausübung des Teilzeitanspruchs nach § 8 TzBfG hängt der erneute Wechsel in ein Vollzeitarbeitsverhältnis von den sonstigen Umständen und mittelbar von der Bereitschaft des Arbeitgebers ab.[565] Diesem Risiko wirkt § 9a TzBfG und der darin enthaltene Anspruch auf eine befristete Arbeitszeitverkürzung entgegen.[566] § 10 TzBfG betrifft die Weiterbildung des Beschäftigten in Teilzeit und § 11 TzBfG ergänzt das Maßregelungsverbot des § 5 TzBfG um die Feststellung, dass die Weigerung des Arbeitnehmers seine Arbeitszeit zu verändern keinen Kündigungsgrund darstellt[567].

Die §§ 12 und 13 TzBfG regeln besondere weitere Arbeitsformen, die nicht einer Vollzeittätigkeit entsprechen. § 12 TzBfG regelt die Arbeit auf Abruf, bei der der Arbeitgeber die Leistung des Arbeitnehmers nur entsprechend dem Arbeitsanfall beansprucht.[568] § 13 TzBfG beinhaltet die Arbeitsplatzteilung, bei der sich mehrere Arbeitnehmer die Arbeit(-szeit) eines Arbeitsplatzes teilen.[569]

Der dritte Abschnitt des TzBfG regelt die befristete Beschäftigung und mit § 14 TzBfG die Zulässigkeit der Befristung, die einen sachlichen Grund oder die Einhaltung der gesetzlichen Fristen voraussetzt, wodurch vor allem der Missbrauch der Befristung verhindert werden soll.[570] Die Beendigung des Arbeitsverhältnisses und die Möglichkeiten zur Kündigung eines befristeten Arbeitsvertrages bestimmt § 15 TzBfG.[571] Die Folgen einer unwirksamen Befristung sowie den zur Klärung einzuhaltenden Verfahrensweg beinhalten die Regelungen des §§ 16 und 17 TzBfG, während die folgenden Regelungen vor allem Informationspflichten (§§ 18 und 20 TzBfG) sowie eine dem § 10 TzBfG vergleichbare Bestimmung zur Fort- und Weiterbildung enthalten (§ 19 TzBfG). Darüber hinaus bestimmt § 21 TzBfG, dass ein Teil der Vorschriften über befristete Arbeitsverträge auch auf Arbeitsverträge anwendbar ist, die unter einer auflösenden Bedingung abgeschlossen wurden.[572]

---

564 Vgl. NK-GArbR/*Michels/Kortmann*, TzBfG § 9 Rn. 6.

565 BJ-TzBfG/*Joussen*, TzBfG § 8 Rn. 4a.

566 BT-Ds. 19/3452, S. 18; BJ-TzBfG/*Boecken*, TzBfG § 9a Rn. 1 ff.; NK-GArbR/*Michels/Kortmann*, TzBfG § 9a Rn. 1.

567 BJ-TzBfG/*Boecken*, TzBfG § 11 Rn. 1.

568 Dazu BJ-TzBfG/*Boecken*, TzBfG § 12 Rn. 3 ff.

569 Zum Inhalt des Jobsharing und zur Abgrenzung, BJ-TzBfG/*Boecken*, TzBfG § 13 Rn. 3 ff.; NK-GArbR/*Worzalla*, TzBfG § 13 Rn. 3

570 NK-GArbR/*Studt*, TzBfG § 14 Rn. 12.

571 BJ-TzBfG/*Boecken*, TzBfG § 15 Rn. 4 ff.

572 Zu den anwendbaren Vorschriften, BJ-TzBfG/*Boecken*, TzBfG § 21 Rn. 7 ff.

Der vierte Abschnitt des Gesetzes enthält abschließende gemeinsame Bestimmungen. Dabei beinhaltet § 22 TzBfG die Kodifikation des Günstigkeitsprinzips und § 23 TzBfG regelt das Verhältnis des TzBfG zu anderen gesetzlichen Regelungen.

I. Sinn und Zweck des Teilzeit- und Befristungsgesetzes

Die Regelungen zur Teilzeit dienen neben der Schaffung eines allgemeinen Rahmens der Teilzeit vor allem beschäftigungspolitischen Zielen und dabei insbesondere der Bekämpfung der Arbeitslosigkeit.[573] Im Zusammenhang mit den Regelungen zur Teilzeit hat der Gesetzgeber dabei unter anderem die gleichmäßigere Verteilung des volkswirtschaftlichen Arbeitsvolumens auf die vorhandenen Arbeitnehmer im Blick gehabt.[574] Ferner habe die Regelung der Teilzeitarbeit gleichstellungspolitische Bedeutung und flexible Arbeitszeitregelungen seien ein Mittel zur Arbeitnehmerbindung und damit auch im Interesse der Arbeitgeber.[575] Im Rahmen der Regelung der befristeten Arbeitsverhältnisse wird hingegen der positive Effekt für die Flexibilität der Unternehmen betont und gleichzeitig sollen die Interessen der Arbeitnehmer geschützt werden.[576] Diese unterschiedliche Wertung findet sich auch in § 1 TzBfG, der nur für die Teilzeit, nicht aber für die Befristung einen Förderungsauftrag enthält.[577] Auch wenn Regelungen zur Befristung geschaffen werden, soll das unbefristete Arbeitsverhältnis weiter das „normale" Beschäftigungsverhältnis sein, von dem nur ausnahmsweise abgewichen werden darf.[578] Die im TzBfG enthaltenen Regelungen sind dabei wie die bisher betrachteten Regelungen Arbeitnehmerschutzvorschriften.

Mit dem TzBfG werden ferner die Vorgaben der Richtlinie 97/81/EG des Rates vom 15. 12. 1997 zur von UNICE, CEEP und EGB geschlossenen Rahmenvereinbarung über Teilzeitarbeit[579] in das nationale Recht transformiert, die die unionsrechtlichen Vorgaben für die Ausgestaltung der Teilzeitarbeit beinhaltet. Gleichzeitig dient es auch der Umsetzung der Richtlinie 1999/70/EG des Rates vom 28. 06. 1999 zur von UNICE, CEEP und EGB geschlossenen Rahmenvereinbarung über befristete Arbeitsverhältnisse[580], mit der Vorgaben für befristete Arbeitsverhältnisse verbunden sind. Beide Rechtsgrundla-

---

573 NK-GArbR/*Böhm*, TzBfG § 1 Rn. 1.

574 BT-Ds. 14/4374, S. 11.

575 Vgl. BT-Ds. 14/4374, S. 11.

576 BJ-TzBfG/*Joussen*, TzBfG § 1 Rn. 11 ff.

577 NK-GArbR/*Böhm*, TzBfG § 1 Rn. 1.

578 BT-Ds. 14/4374, S. 12; BJ-TzBfG/*Joussen*, TzBfG § 1 Rn. 13.

579 ABl. 1998, L 14, S. 9.

580 ABl. 1999, L 175, S. 43.

gen werden bei der Auslegung des nationalen Rechts ebenso zu berücksichtigen sein wie die Implikationen für den anwendbaren grundrechtlichen Schutz.

II. Historie des TzBfG

Das TzBfG ist durch Art. 1 des Gesetzes über Teilzeitarbeit und befristete Arbeitsverträge und zur Änderung und Aufhebung arbeitsrechtlicher Bestimmungen vom 21. 12. 2000[581] verabschiedet worden und am 01.01.2001 in Kraft getreten.[582] Es dient der Umsetzung der Richtlinie 97/81/EG des Rates vom 15. 12. 1997 zur von UNICE, CEEP und EGB geschlossenen Rahmenvereinbarung über Teilzeitarbeit[583] sowie der Richtlinie 1999/70/EG des Rates vom 28. 06. 1999 zur von UNICE, CEEP und EGB geschlossenen Rahmenvereinbarung über befristete Arbeitsverhältnisse[584]. Es ersetzt Teile des Beschäftigungsförderungsgesetzes, das bis zum 31. 12. 2000 die allgemeinen Regelungen über Teilzeitarbeitsverhältnisse und befristete Arbeitsverträge beinhaltete.[585]

Die ersten vier Änderungen des TzBfG betrafen § 14 TzBfG und dabei vor allem sachgrundlose Befristungen. Das erste Gesetz für moderne Dienstleistungen am Arbeitsmarkt vom 23. 12. 2002[586] reduzierte die Altersgrenze für sachgrundlose Befristungen bis zum 31. 12. 2006 vom 58. Lebensjahr auf das 52. Lebensjahr. Durch das Gesetz zu Reformen am Arbeitsmarkt vom 24. 12. 2003[587] wurde für Unternehmen in den ersten vier Jahren nach ihrer Gründung eine spezielle Grundlage für sachgrundlose Befristungen geschaffen. Das Gesetz zur Verbesserung der Beschäftigungschancen älterer Arbeitnehmer vom 19. 04. 2007[588] modifizierte die Voraussetzungen sachgrundloser Befristungen älterer Arbeitnehmer und stellte in Reaktion auf die Mangold-Entscheidung des EuGH[589] einen eindeutigen Zusammenhang zwischen der Befristungsmöglichkeit und der bezweckten Beschäftigungsförderung her. Den vorläufigen Abschluss der Änderungen des § 14 TzBfG bildet das Gesetz zur Verbesserung der Eingliederungschancen am Arbeitsmarkt vom 20. 12. 2011[590], durch

581 BGBl. I 2000, S. 1966.

582 Zur Entwicklung im Unionsrecht Schaub/ArbR-HdB/*Rennpferdt*, § 38 Rn. 3 ff.

583 ABl. 1998, L 14, S. 9.

584 ABl. 1999, L 175, S. 43.

585 Ausführlich dazu *Friedhofen/Weber*, NZA 1985, 337 ff.; *U. Koch*, NZA 1985, 345 ff., zur Rechtslage vor dem BeschFG.

586 BGBl. I 2002, S. 4607.

587 BGBl. I 2003, S. 3002.

588 BGBl. I 2007, S. 538.

589 EuGH v. 22. 11. 2005 – C-144/04 [Mangold], Slg. 2005, I-10013.

590 BGBl. I 2011, S. 2854.

das der Verweis in § 4 Abs. 3 TzBfG zur Definition der Arbeitslosigkeit an eine Änderung des SGB III angepasst wurde.

Mit dem Gesetz zur Weiterentwicklung des Teilzeitrechts – Einführung einer Brückenteilzeit vom 11. 12. 2018[591] wurde ferner vor allem § 9a TzBfG und die darin enthaltene Brückenteilzeit eingeführt. Darüber hinaus wurde in § 7 TzBfG ein Erörterungsrecht geschaffen, für die Anzeige des Wunsches der Änderung der Arbeitszeit die Textform festgeschrieben (§ 8 Abs. 2 S. 1 TzBfG und § 9 S. 1 TzBfG) und die Regelungen zur Arbeit auf Abruf modifiziert (§ 12 TzBfG). Ferner wurden weitere Abweichungsbefugnisse für tarifvertragliche Vereinbarungen in § 22 TzBfG eingefügt sowie die enthaltenen Ausnahmen um § 9a Abs. 6 TzBfG ergänzt.[592] Durch das Dritte Bürokratieentlastungsgesetzes vom 22. 11. 2019[593] wurde ferner das in § 8 Abs. 5 TzBfG enthaltene Schriftformerfordernis durch die Textform ersetzt.

Die bisher letzte Änderung erfuhr das TzBfG durch das Gesetz zur Umsetzung der Richtlinie (EU) 2019/1152 des Europäischen Parlaments und des Rates vom 20. Juni 2019 über transparente und vorhersehbare Arbeitsbedingungen in der Europäischen Union im Bereich des Zivilrechts[594] vom 20. 07. 2022[595]. Es wird unter anderem ein Anspruch auf eine begründete Antwort auf die Anzeige des Wunsches auf Änderung der Arbeitszeit eingeführt (§ 7 Abs. 3 TzBfG und § 18 Abs. 2 TzBfG), die Pflicht zur Festlegung eines Referenzrahmens bei Arbeit auf Abruf geschaffen (§ 12 Abs. 3 TzBfG) und die Vereinbarung einer Probezeit nur zugelassen, wenn sie im Verhältnis zur Dauer der Befristung steht (§ 15 Abs. 3 TzBfG).[596]

B. Unabdingbarkeit des § 22 Abs. 1 TzBfG

I. Auslegung des § 22 Abs. 1 TzBfG im Hinblick auf den verbleibenden Regelungsspielraum der Vertragsparteien

1. Grammatikalische Auslegung

Auch § 22 Abs. 1 TzBfG benennt den verbleibenden Regelungsspielraum der Arbeitsvertragsparteien ebenfalls nicht direkt. Vielmehr ergibt sich auch aus § 22 Abs. 1 TzBfG der verbleibende Regelungsspielraum der Arbeits-

591 BGBl. I 2018, S. 2384.
592 NK-GArbR/*Böhm*, TzBfG § 22 Rn. 1.
593 BGBl. I 2019, S. 1746.
594 ABl. 2019, L 186, S. 105.
595 BGBl. I 2022, S. 1174.
596 Dazu ausführlich *Kolbe*, EuZA 2023, 3, 17 ff.

vertragsparteien aus einem Umkehrschluss, der auch bei dieser Norm dafür spricht, dass Arbeitsvertragsparteien (nur) die Vereinbarung von Abweichungen untersagt ist, die zuungunsten des Arbeitnehmers wirken.[597] Darüber hinaus ergibt sich aus den in § 22 Abs. 1 TzBfG ausdrücklich benannten Ausnahmen, dass allein den Tarifvertragsparteien die Kompetenzen zur Vereinbarung von Verschlechterungen zukommen sollen,[598] während die Arbeitsvertragsparteien diese lediglich übernehmen können. Abseits der darüber hinaus bestehenden Ausnahmen für Tarifverträge des öffentlichen Diensts, sind aber keine besonderen Vorgaben für kollektive Regelungen und insbesondere nicht für den sog. „Dritten Weg“ vorhanden.[599]

Die Ergebnisse der Betrachtung des Wortlauts des § 22 Abs. 1 TzBfG decken sich damit mit den Ergebnissen, die zu den bisherigen Vorschriften gefunden wurden. Der Regelungsbereich der Arbeitsvertragsparteien erstreckt sich demnach auf alle Vereinbarungen, die gleichwertig zur oder günstiger als die gesetzliche Regelung sind.

2. Systematische Auslegung

Die systematische Beziehung des § 22 Abs. 1 TzBfG entspricht im Hinblick auf die äußere Systematik den bisher betrachteten Vorschriften, sodass die Ergebnisse der bisherigen Betrachtung übernommen werden können. Die Betrachtung der inneren Systematik lässt die Abweichungsmöglichkeiten für Tarifverträge und die Übernahmemöglichkeit in § 22 Abs. 2 TzBfG in den Blick geraten. Diese ermöglicht die Übernahme von bestimmten tarifvertraglichen Vereinbarungen zuungunsten des Arbeitnehmers in arbeitsvertraglichen Vereinbarungen, sofern der Arbeitgeber die Kosten des Betriebs überwiegend mit Zuwendungen im Sinn des Haushaltsgrundsätzegesetzes deckt.[600] Ebenso wie der urlaubsrechtliche Tarifvorrang verdeutlichen diese Regelungen,[601] dass der Schutz des Arbeitnehmers vor nachteiligen Abweichungen seine Rechtfertigung aus dem strukturellen Ungleichgewicht der Arbeitsvertragsparteien bezieht und nicht gewährt werden muss, wenn die Abweichungen

---

[597] BBKommentar-TzBfG/*Thüsing*, § 22 Rn. 20.

[598] Zu den Möglichkeiten, DKL-ArbR/*Moskalew*, TzBfG § 22 Rn. 4; ErfK/*Müller-Glöge*, TzBfG § 22 Rn. 4 f.

[599] BAB v. 25.03.2009 – 7 AZR 710/07, BAGE 130, 146; BJ-TzBfG/*Joussen*, TzBfG § 22 Rn. 3, der aber bezweifelt, dass dies verfassungsgemäß ist; ErfK/*Müller-Glöge*, TzBfG § 22 Rn. 3; hingegen, BBKommentar-TzBfG/*Thüsing*, § 22 Rn. 5 f., der von einer Anwendbarkeit ausgeht.

[600] Dazu MHH-TzBfG/*Herms*, § 22 Rn. 12 ff.; ErfK/*Müller-Glöge*, TzBfG § 22 Rn. 2.

[601] Teil 5 § 18 Abschnitt B. I. 2.

potenziell interessengerecht sind, weil sie unabhängig von einem Verhandlungsungleichgewicht zustande gekommen sind. Ferner ergibt sich auch hier das identische Regel-Ausnahme-Verhältnis wie bei den anderen Vorschriften.[602]

Darüber hinaus ist auf § 15 Abs. 4 TzBfG zu verweisen, der in befristeten Arbeitsverträgen die Vereinbarung eines ordentlichen Kündigungsrechts ermöglicht.[603] Ein solches Kündigungsrecht erhöht einerseits die berufliche Flexibilität des Arbeitnehmers und reduziert gleichzeitig seine berufliche Sicherheit. Mithin hängt die Bewertung einer solchen Vereinbarung von der Einschätzung des Arbeitnehmers über seine Chancen am Arbeitsmarkt und seine Bedeutung für den Arbeitgeber ab, sodass sie nicht objektiv zu bewerten ist. Könnten solche Regelungen bereits im Licht des § 22 Abs. 1 TzBfG vereinbart werden, wäre diese Regelung überflüssig, was dafürspricht, dass § 22 Abs. 1 TzBfG solche Regelungen gerade nicht umfasst und Abweichungen nur ermöglicht, wenn deren Günstigkeit bestimmbar ist.

Dieses Ergebnis deckt sich mit den bisherigen Ergebnissen und es lässt sich ableiten, dass eine Abweichung zulässig ist, wenn eindeutig und im Vorhinein erkennbar ist, dass diese geeignet ist, den gesetzlich vorgesehen Anspruch zu erfüllen. Dies deckt sich auch für § 22 Abs. 1 TzBfG mit den Anforderungen des Wortlauts, der seinerseits günstigeren und gleichwertigen Regelungen nicht entgegensteht.

3. Historische Auslegung

Im Rahmen der Verabschiedung des Gesetzes hat der Gesetzgeber festgestellt, dass von dessen Regelungen grundsätzlich nicht zuungunsten des Arbeitnehmers abgewichen werden darf.[604] Darüber hinaus ergibt der Vergleich mit § 6 Abs. 1 BeschFG als Vorgängervorschrift des § 22 Abs. 1 TzBfG für die Abbedingung gesetzlicher Regelungen zur Teilzeitarbeit zwar keine Erkenntnisse in Bezug auf den Regelungsbereich der Arbeitsvertragsparteien, macht infolge der auch darin enthaltenen Ausnahme für tarifvertragliche Vereinbarungen aber deutlich, dass die Abweichungsbefugnis ihre Rechtfertigung in dem mit der kollektiven Vereinbarung verbundenen Ausgleich des Ungleichgewichts zwischen Arbeitgebern und Arbeitnehmern findet.[605] Durch die Rechtsprechung wurde in diesem Zusammenhang vor allem der verbleibende Regelungsspielraum der Tarifvertragsparteien und die Beschränkung

---

602 Vgl. BBKommentar-TzBfG/*Thüsing*, § 22 Rn. 1 u. Rn. 13.

603 BBKommentar-TzBfG/*Maschmann*, § 15 Rn. 10f.

604 BT-Ds. 14/4374, S. 22.

605 BT-Ds. 10/2102, S. 26.

der Abweichungsbefugnis durch höherrangiges Recht betrachtet.[606] Ferner war im Zusammenhang mit § 1 BeschFG fraglich, ob Abweichungen zugunsten des Arbeitnehmers in Tarifverträgen zulässig sind oder das Gesetz zweiseitig-zwingende Vorgaben enthält. Das BAG hat dazu festgestellt, dass die Regelung des § 1 BeschFG eine Arbeitnehmerschutzvorschrift enthält, die in Ermangelung anderer Hinweise als einseitig zwingende Vorschrift auszulegen ist[607] und dies später auch auf Arbeitsverträge angewendet[608]. Damit hat es die Ableitung des Günstigkeitsprinzips aus dem Schutzzweck sowie die Möglichkeit zur Anwendung abseits einer ausdrücklichen Regelung bestätigt. Zur Reichweite der Abweichungsbefugnis hat das Gericht dabei aber keine Feststellungen getroffen, weshalb sich daraus für die Auslegung des § 22 Abs. 1 TzBfG keine Anhaltspunkte entnehmen lassen.

4. Teleologische Auslegung

Der Sinn und Zweck der Regelung des § 22 Abs. 1 TzBfG ist wie bei allen anderen bisher betrachteten Vorschriften eng mit dem Zweck des TzBfG selbst verbunden. Dieser besteht nach § 1 TzBfG einerseits in der Förderung der Teilzeitarbeit. Daraus kann abgeleitet werden, dass die Vorschriften zur Teilzeitarbeit und insbesondere §§ 8–9a TzBfG möglichst weit im Sinn der beschäftigungspolitisch oder persönlich motivierten Flexibilisierung der Arbeitszeit auszulegen sind.[609] Andererseits legt das TzBfG die Voraussetzungen für die Zulässigkeit befristeter Arbeitsverträge fest und soll dabei auch dem Schutz der Arbeitnehmer vor unangemessenen Vertragsgestaltungen sowie vor Diskriminierungen der Arbeitnehmer in atypischen Beschäftigungsverhältnissen dienen. Dadurch wird vor allem der Schutzcharakter dieses Regelungsteils des Gesetzes betont.[610]

§ 22 Abs. 1 TzBfG sichert die Einhaltung dieser Vorgaben und entzieht sie dem strukturellen Ungleichgewicht der Arbeitsvertragsparteien.[611] Er verdeut-

---

606 BAG v. 15.12.1998 – 3 AZR 239/97, AP BeschFG § 2 1985 Nr. 71 [unter I.] [m.w.N.] sowie speziell zum Gleichheitssatz, BAG v. 15.05.1997 – 6 AZR 40/96, BAGE 86, 1 [unter II. 2. a) bb)].

607 BAG v. 25.09.1987 – 7 AZR 315/86, BAGE 56, 155 [unter II. C) 3.].

608 BAG v. 24.02.1988 – 7 AZR 454/87, AP BeschFG 1985 § 1 Nr. 3.

609 Vgl. BAG v. 13.11.2012 – 9 AZR 259/11, BAGE 143, 262 Rn. 31 sowie BAG v. 18.08.2009 – 9 AZR 517/08, AP TzBfG § 8 Nr. 28, Rn. 32; MHH-TzBfG/*Herms*, § 1 Rn. 12 u. 18.

610 Vgl. BeckOGK/*Fischels*, TzBfG § 1 Rn. 4f.

611 Vgl. BBKommentar-TzBfG/*Thüsing*, § 22 Rn. 21. Zu dieser Wirkung des Günstigkeitsprinzips allgemein, *Belling*, Günstigkeitsprinzip, S. 33, S. 106 und S. 163. Zu § 19 Abs. 3 BetrAVG, BT-Ds. 7/1281, S. 30f.; BGH v. 23.05.2017 – II ZR 6/16, NZG 2017, 948 Rn. 13f.; BAG v. 19.04.2011 – 3 AZR 154/09, BAGE 137, 357 Rn. 19;

licht, dass es sich bei den Vorgaben des Gesetzes um Mindeststandards der Ausgestaltung einer rechtmäßigen Teilzeitbeschäftigung oder einer zulässigen befristeten Beschäftigung handelt,[612] und setzt durch die Anwendung auf §§ 8 bis 9a TzBfG Mindeststandards für die Änderung des Arbeitsvertrags in Bezug auf die Arbeitszeit. Entsprechend des Zwecks der Regelung sind dabei aber diejenigen Regelungen ausgenommen, die vor allem öffentliche Interessen und Dritte schützen, weshalb insbesondere § 17 TzBfG nicht von der Wirkung des § 22 TzBfG erfasst wird.[613]

Mithin unterscheidet sich die Zwecksetzung des § 22 TzBfG nicht von den Zielen der bisher betrachteten Vorschriften. Dies erfordert ein Verständnis, das Unterschreitungen des vorgeschriebenen Niveaus effektiv verhindert. Es sind daher erneut alle Abweichungen zuungunsten des Arbeitnehmers auszuschließen, während Abweichungen mit gleichwertiger oder günstiger Wirkung zulässig vereinbart werden können. Gleichzeitig setzt die Einhaltung des gesetzlichen Mindeststandards voraus, dass keine Unterschreitungen im Einzel- oder Zweifelsfall zugelassen werden.

5. Verfassungskonforme Auslegung

Im Rahmen der verfassungsrechtlichen Betrachtung und mit Blick auf die freiheitsrechtlichen Implikationen, die mit den Regelungen des Teilzeit- und Befristungsrechts verbunden sind, lässt sich konstatieren, dass diese Vorschriften ebenfalls die Vertragsfreiheit (Art. 2 Abs. 1 GG) und die Berufsfreiheit (Art. 12 Abs. 1 GG) der Arbeitsvertragsparteien verkürzen. Beispielsweise wird durch die Ansprüche aus §§ 8–9a TzBfG in die Organisationsfreiheit des Arbeitgebers eingegriffen und die Beschränkungen des § 14 TzBfG verkürzen die Möglichkeit der Arbeitsvertragsparteien befristete Arbeitsverträge abzuschließen, womit sie sich auch auf die Freiheitsrechte der Arbeitnehmer auswirken. Dass dafür das Ziel der Reduzierung der Arbeitslosigkeit, die Förderung der Flexibilisierung der Arbeitszeit, der Schutz des Normalarbeitsverhältnisses und mithin das Sozialstaatsprinzip des Art. 20 Abs. 1 GG sowie auch Aspekte der Gleichbehandlung der Geschlechter[614] eine hinreichende Rechtfertigung bieten, kann dabei unterstellt werden.[615]

BAG v. 21.04.2009 – 3 AZR 285/07, AP BetrAVG § 1 Beamtenversorgung Nr. 20 Rn. 44ff.; *Koch*, NZA 2018, 1035, 1036.

612 BJ-TzBfG/*Joussen*, TzBfG § 22 Rn. 1.

613 ErfK/*Müller-Glöge*, TzBfG § 22 Rn. 1.

614 Zur Beziehung zur befristeten Beschäftigung, EuArbRK/*Kietaibl*, RL 97/81/EG Art. 1 Rn. 3.

615 Vgl. für § 14 Abs. 2 S. 2 TzBfG, *Heidl*, RdA 2009, 297, 298.

Für die Auslegung der Vorschrift – im Rahmen einer Kontrollüberlegung und insoweit auch unter Vernachlässigung der nur nachrangigen Bedeutung der nationalen Grundrechte bei der Bewertung des durch das Unionsrecht vorgezeichneten nationalen Rechts[616] – bedeutet dies, dass die aus freiheitsrechtlichen Erwägungen bisher getroffenen Feststellungen übertragbar sind. Zur Sicherung der gesetzgeberischen Absicht, die Regelungen zur Teilzeit und zur Befristung als Mindeststandards auszugestalten, ist es allein verhältnismäßig nachteilige Abweichungen zu untersagen. Ein Normverständnis des § 22 TzBfG, das gleichwertigen oder günstigeren Regelungen entgegensteht, stünden den Zielen des Gesetzes jedoch entgegen. Eine solche Regelung würde mithin die Freiheitsrechte der Arbeitsvertragsparteien verletzen.

Ein Gestaltungsauftrag des Gesetzgebers, der ihn auf Basis spezifischer Rechte verpflichtet einen Rechtsrahmen für die Befristung und die Teilzeitarbeit zu setzten, ist nicht ersichtlich. Es existiert zwar ein Wille des Gesetzgebers,[617] aber keine verfassungsrechtliche Verpflichtung das sog. Normalarbeitsverhältnis als Normalfall arbeitsrechtlicher Beziehungen besonders zu schützen. Es ist ferner nicht ersichtlich, dass sich die Vertragsfreiheit des Art. 2 Abs. 1 GG infolge der strukturellen Unterlegenheit zu einer Schutzpflicht im Hinblick auf die Ausgestaltung der Teilzeit- und Befristungsarbeit verdichtet. Die atypisch Beschäftigten weisen in dieser Hinsicht keine Besonderheiten auf, die die generalisierte Annahme eines spezifischen Schutzbedarfs dieser Arbeitnehmergruppe deckt. Davon könnte nur ausgegangen werden, wenn andernfalls zu befürchten ist, dass Arbeitsverträge den Arbeitnehmern dauerhaft weder eine hinreichende noch eine verlässliche Einkommensquelle bieten. Angesichts des Entscheidungs- und Gestaltungsspielraums des Gesetzgebers ist jedoch nicht anzunehmen, dass er Vorschriften für diesen Bereich setzen muss, zumal angesichts der Interessen der Arbeitgeber an der Bindung ihrer Beschäftigten sowie einer sinnvollen Beschäftigungsdauer die Interessenlage auch nicht gänzlich einseitig ist[618]. Außerdem wurden auch vor der gesetzlichen Regelung insbesondere befristete Arbeitsverträge durch die Rechtsprechung auf Basis von allgemeinen Rechtsgrundlagen kontrolliert.[619] Ferner kann die Einkommenssicherung auch mit staatlichen Leistungen erfolgen und auch für die Reduzierung der Arbeitszeit bestehen alternative Ansprüche, die spezifischen Schutzbedarfen Rechnung tragen[620]. Auch aufgrund dieser bestehenden alternativen Absicherung lässt sich das TzBfG

[616] Zum Verhältnis speziell beim TzBfG, MHH-TzBfG/*Herms*, Einl. Rn. 22 ff.

[617] BT-Ds. 14/4374, S. 12.

[618] *Rolfs*, Gutachten B zum 74. DJT, S. 63.

[619] Grundlegend BAG v. 12. 10. 1960 – GS 1/57, BAGE 10, 65; ausführlich dazu *U. Koch*, NZA 1985, 345 ff.

[620] *Rolfs*, Gutachten B zum 74. DJT, S. 56 f., mit einer Übersicht.

insgesamt nicht als konkreter Ausdruck eines grundrechtlichen Untermaßes verstehen.

Insgesamt sind die Ergebnisse der Auslegung im Licht des Verfassungsrechts daher auf die Feststellung beschränkt, dass ein Verständnis der Regelungen als Mindeststandard freiheitsrechtlich vorgegeben wird und dass damit allein ein Verbot von ungünstigeren Abweichungen von den arbeitnehmerschützenden Vorschriften vereinbar ist. In Ermangelung eines entsprechenden Gestaltungsauftrags wird die Schaffung eines solchen Mindeststandards durch das Verfassungsrecht aber nicht vorgezeichnet. Mithin stünde auch der Verzicht auf spezifische Regelungen oder die einseitig zwingende Wirkung nicht in einem offensichtlichen Widerspruch zu verfassungsrechtlichen Vorgaben.

6. Unionsrechtskonforme Auslegung

a) Primärrecht

Im Hinblick auf die Vorgaben des primärrechtlichen Grundrechtsschutzes führen die Regelungen des Teilzeit- und Befristungsrechts zu einer Beschränkung der Gestaltungsmacht der Arbeitsvertragsparteien, die sich im Rahmen der Durchführung des Unionsrechts vor allem an den in Art. 15 Abs. 1 EU-GrCh und Art. 16 EU-GrCh enthaltenen Rechten der Arbeitnehmer und der Arbeitgeber messen lassen muss (vgl. Art. 51 Abs. 1 S. 1 EU-GrCh). Maßstab ist dabei auch hier die Verhältnismäßigkeit der Maßnahme zum Schutz der Rechte Dritter oder bei der Verfolgung der Ziele der Union.

Dabei stellen sich Regelungen zur Teilzeitarbeit und zur Befristung von Arbeitsverhältnissen als Regelungen dar, die der Verbesserung der Arbeitsbedingungen innerhalb der Union und daher den Zielen der Sozialpolitik der Union gem. Art. 151 AEUV dienen (vgl. nur EG 2 und 3 der Richtlinie zur Rahmenvereinbarung über Teilzeitarbeit 97/81/EG). Art. 151 AEUV ist dabei insbesondere unter Berücksichtigung der in Nr. 7 der Gemeinschaftscharta der sozialen Grundrechte der Arbeitnehmer ausgedrückten Aufgabe zur Angleichung der Arbeitsbedingungen im Bereich der atypischen Arbeitsverhältnisse auszulegen und erfasst daher auch die Regelung des Teilzeit- und Befristungsrechts.[621]

Darüber hinaus könnte auch das Recht auf angemessene Arbeitsbedingungen aus Art. 31 Abs. 1 EU-GrCh einschlägig sein.[622] Über den Verweis auf

---

621 Vgl. DHSW-ArbR/*Maul-Sartori*, AEUV Art. 151 Rn. 21.

622 Dessen Charakter als Grundrecht ist umstritten, dafür mit umfangreichen Nachweisen auch zur Gegenmeinung, EuArbRK/*C. Schubert*, EU-GrCh Art. 31 Rn. 2; dagegen, Calliess/Ruffert/*Krebber*, EU-GrCh Art. 31 Rn. 2. Für die Untersuchung kann dies dahingestellt bleiben, vgl. Teil 2 § 8 Abschnitt C. I. 2. a).

Art. 156 AEUV in den Erläuterungen zur Charta wird dabei der Begriff der Arbeitsbedingungen in Übereinstimmung mit den Vorgaben des AEUV ausgelegt,[623] sodass Nr. 7 der Gemeinschaftscharta der sozialen Grundrechte der Arbeitnehmer auch im Rahmen des Art. 31 Abs. 1 AGG beachtlich ist, weshalb auch die Regelung der befristeten Arbeit darunter subsumiert werden könnte.[624] Nach der wohl überwiegenden Auffassung ist Art. 31 Abs. 1 EU-GrCh aber vor allem auf die physische und psychische Gesundheit und Verletzungen des Persönlichkeitsrechts beschränkt,[625] was einer Einbeziehung der atypischen Arbeitsverhältnisse entgegensteht. Angesichts der Rechtfertigung des Eingriffs durch Art. 151 AEUV kann dies hier auch dahingestellt bleiben.

Als Regelungen zur Verbesserung der Arbeitsbedingungen sind die Vorgaben zum Teilzeit- und Befristungsrecht nur verhältnismäßig, wenn ein Abweichungsverbot auf Regelungen zuungunsten der Arbeitnehmer beschränkt wird. Einem Verbot günstigerer und gleichwertiger Abweichungen steht auch hier das Verhältnismäßigkeitsprinzip und die grundrechtliche Freiheit der Arbeitsvertragsparteien entgegen. Das Teilzeit- und Befristungsrecht unterscheidet sich daher in dieser Beziehung nicht von den bereits betrachteten Regelungen.

Die Vorgabe ein unabdingbares Teilzeit- und Befristungsrecht zu schaffen, könnte sich ebenfalls aus Art. 31 Abs. 1 EU-GrCh ergeben, wenn dessen Inhalt durch Nr. 7 der Gemeinschaftscharta der sozialen Grundrechte der Arbeitnehmer konkretisiert werden kann, sodass doch ein Bezug zur Teilzeitarbeit und zur Befristung von Arbeitsverhältnissen bestünde.[626] Selbst wenn dem so wäre, könnten den Vorgaben des Art. 31 Abs. 1 EU-GrCh aber in dieser Beziehung keine konkreten Inhalte entnommen werden und anders als in Art. 31 Abs. 2 EU-GrCh wird darin nicht die Schaffung eines bestimmten Anspruchs vorgegeben. Vielmehr kann die Verbesserung der Arbeitsbedingungen für atypische Arbeitsverhältnisse durch eine Vielzahl unterschiedlicher Regelungen erfolgen und sie setzt keinen zwingenden Rechtsanspruch voraus. In Ermangelung eines solchen konkreten Auftrags lässt sich jedoch auch nicht ableiten, dass der Gesetzgeber unabdingbare Regelungen schaffen muss, um die Erfüllung des Gestaltungsauftrags sicherzustellen, weshalb es auch nicht darauf ankommt, ob Art. 31 Abs. 1 EU-GrCh einen Grundsatz oder ein Grund-

---

623 EuGH v. 14.10.2020 – C-681/18 [JH], AP Richtlinie 2008/104/EG Nr. 3, Rn. 54; *GA Sharpston* v. 23.04.2020 – C-681/18 [JH], BeckRS 2020, 6648 Rn. 44; *Hilbrandt*, NZA 2019, 1168, 1173; GKKK-AEUV/EUV/*Kotzur*, EU-GrCh Art. 31 Rn. 1; kritisch insoweit damit eine Einengung verbunden ist, EuArbRK/*C. Schubert*, EU-GrCh Art. 31 Rn. 11.

624 Vgl. *Hilbrandt*, NZA 2019, 1168, 1173.

625 *Jarass*/EU-GrCh, Art. 31 Rn. 8; Calliess/Ruffert/*Krebber*, EU-GrCh Art. 31 Rn. 2; EuArbRK/*C. Schubert*, EU-GrCh Art. 31 Rn. 14 f.

626 Vgl. *Hilbrandt*, NZA 2019, 1168, 1173.

recht enthält[627]. Ferner gelten im nationalen Recht für ordentliche Kündigungen befristeter Arbeitnehmer keine besonderen Vorgaben,[628] weshalb auch die bereits erwähnte EuGH-Entscheidung zu Begründungspflichten aus Art. 47 EU-GrCh[629] hier keine entscheidende Rolle spielt.[630] Gleiches gilt für Art. 151 AEUV, zumal auch der Charakter als Zielvorschrift der Ableitung konkreter Ansprüche entgegensteht[631].

Die primärrechtlichen Vorgaben verpflichten den Gesetzgeber mithin nicht ein unabdingbares Teilzeit- und Befristungsrecht zu schaffen. Die darin enthaltenen Bestimmungen sind nicht konkret genug, um einen entsprechenden Handlungsauftrag des Gesetzgebers zu konstituieren. Die Vorgaben des Primärrechts stehen der Schaffung solcher Regelungen aber auch nicht entgegen, sofern die Unabdingbarkeit lediglich die Regelungen zuungunsten der Arbeitnehmer erfasst. Die Regelungen würden jedoch unverhältnismäßig in die Arbeitsvertragsfreiheit eingreifen, wenn sie auch gleichwertigen und günstigeren Vorschriften die Wirksamkeit versagen.

b) Sekundärrecht

Darüber hinaus ist zu untersuchen, welcher Abweichungsspielraum mit dem maßgeblichen Sekundärrecht vereinbar ist. Maßgeblich sind dabei die RL 97/81/EG vom 15.12.1997 zu der von UNICE, CEEP und EGB geschlossenen Rahmenvereinbarung über Teilzeitarbeit sowie die RL 1999/70/EG vom 28.06.1999 zu der EGB-UNICE-CEEP-Rahmenvereinbarung über befristete Arbeitsverträge. Die Richtlinien schaffen dabei nicht selbst die materiellen Standards, sondern verleihen den jeweiligen Vereinbarungen der Sozialpartner Verbindlichkeit, was jedoch keine Auswirkung auf die sich daraus ergebende Umsetzungsverpflichtung und die Wirkung der materiellen Vorgaben hat.[632]

Die Richtlinie 97/81/EG vom 15.12.1997 zur Umsetzung der Rahmenvereinbarung über Teilzeitarbeit[633] macht in Punkt 6 der allgemeinen Erwägun-

---

[627] Zum Streitstand vgl. die Nachweise in Teil 5, Fn. 622.

[628] Vgl. nur APS/*Preis*, Teil 1 E Rn. 4.

[629] EuGH v. 20.02.2024 – C-715/20 [KL], AP Richtlinie 99/70/EG Nr. 38; kritisch dazu *Gundel*, Anm. zu EuGH v. 20.02.2024, NJW 2024, 949, 955.

[630] Dazu bereits Teil 3 § 10 Abschnitt C.

[631] DHSW-ArbR/*Maul-Sartori*, AEUV Art. 151 Rn. 17 u. Rn. 24 f.

[632] Zu den Inhalten NK-GArbR/*Eichenhofer*, EU-Richtlinien und Rahmenvereinbarungen, Rn. 25 ff.; EuArbRK/*Krebber*, RL 1999/70/EG Art. 2 Rn. 1 f.

[633] Zur Entstehungsgeschichte, EuArbRK/*Krebber*, RL 1999/70/EG Art. 2 Rn. 11; a.A. und für eine Umsetzung durch Tarifvertrag EuArbRK/*Kietaibl*, RL 97/81/EG Art. 1 Rn. 4; *Schmidt*/Arbeitsrecht-EG III, Rn. 364 ff.

gen deutlich, dass die Setzung von Mindestvorschriften den Mitgliedstaaten vorbehalten bleibt, während § 6 den Mitgliedstaaten den Erlass günstigerer Regelungen überlässt. Ferner enthält § 5 der Rahmenvereinbarung lediglich Empfehlungen zur Ausgestaltung der Teilzeit[634] und auch wenn der EuGH daraus eine Förderungspflicht herleitet,[635] lassen sich aus dieser abseits des Grundsatzes der Nichtdiskriminierung, der den zentralen Bestandteil der Richtlinie bildet,[636] keine Verpflichtungen zur Gestaltung eines konkreten Mindeststandards der Arbeitsbedingungen ableiten.[637] Regelmäßig gehen die nationalen Regelungen daher auch über das durch die Rahmenvereinbarung geforderte Maß hinaus.[638] Nur der Grundsatz der Nichtdiskriminierung[639] kann daher als Vorgabe zur Schaffung eines Mindeststandard verstanden werden, jedoch wird die darauf aufbauende Vorschrift des § 4 TzBfG ob ihrer Bedeutung für den Arbeitnehmerschutz bereits als unabdingbar angesehen[640]. Es kommt daher nicht darauf an, inwieweit eine bestimmte Auslegung des § 22 Abs. 1 TzBfG und die daraus entstehenden Möglichkeiten zur Vereinbarung abweichender Diskriminierungsregeln mit dem Unionsrecht vereinbar wären.[641]

Ebenso wie die Rahmenvereinbarung zur Teilzeitarbeit stellt auch die durch RL 1999/70/EG umgesetzte Rahmenvereinbarung über befristete Arbeitsverhältnisse[642] im Punkt 10 der Allgemeinen Erwägungen klar, dass die Schaffung von Mindestvorschriften den Mitgliedstaaten vorbehalten bleibt.[643] Gleichzeitig behält § 8 Nr. 1 der Rahmenvereinbarung den Mitgliedstaaten allein den Erlass günstigerer Vorschriften vor. Der EuGH versteht die Rah-

---

634 EuArbRK/*Kietaibl*, RL 97/81/EG Anhang § 5 Rn. 2.

635 EuGH v. 24.04.2008 – C-55/07 (u.a.) [Michaeler u.a.], Slg. 2008, I-3157 Rn. 22f.

636 EuArbRK/*Kietaibl*, RL 97/81/EG Anhang § 4 Rn. 1.

637 *Krimphove*/EU-Arbeitsrecht, Rn. 460.

638 Vgl. MHH-TzBfG/*Heyn*, § 7 Rn. 1, § 8 Rn. 1, sowie § 9 Rn. 1; EuArbRK/*Kietaibl*, RL 97/81/EG Art. 2 Rn. 5.

639 Dazu *Schmidt*/Arbeitsrecht-EG III, Rn. 368ff.

640 MHH-TzBfG/*Herms*, § 4 Rn. 152. Zur besonderen Beziehung der Gleichbehandlungsregelungen zum Günstigkeitsprinzip, Teil 5 § 24 Abschnitt B. I. 2. u. 3.

641 Auf die für § 4 TzBfG ebenfalls relevante RL 2006/54/EG des Rates vom 05.07.2006 zur Verwirklichung des Grundsatzes der Gleichbehandlung von Männern und Frauen hinsichtlich des Zugangs zur Beschäftigung, zur Berufsausbildung und zum beruflichen Aufstieg sowie in Bezug auf die Arbeitsbedingungen (ABl. 2006, L 204, S. 23) wird daher nicht eingegangen, dazu MHH-TzBfG/*Herms*, Einl. Rn. 19.

642 Zu den Inhalten, NK-GArbR/*Eichenhofer*, EU-Richtlinien und Rahmenvereinbarungen, Rn. 32ff. Zur Entstehungsgeschichte, *Schmidt*/Arbeitsrecht-EG III, Rn. 384ff.

643 So auch EuGH v. 04.07.2006 – C-212/04 [Adeneler], Slg. 2006, I-6091 Rn. 68. Zu den Grenzen des Äquivalenzprinzips und des Effektivitätsgrundsatzes, EuArbRK/*Krebber*, RL 1999/70/EG Art. 2 Rn. 14ff.

menvereinbarung daher trotz des ausdrücklich gewährten Spielraums[644] auch als Mindestvorschrift und leitet unter Rückgriff auf die Ziele der Vereinbarung aber auch aus § 5 der Rahmenvereinbarung ein Mindestmaß des Schutzes ab.[645] Ein anderes Verständnis ließe sich weder mit Art. 288 UAbs. 3 AEUV noch mit dem Grundsatz des effet utile vereinbaren.[646] Die Regelungen lassen sich mithin als unionsrechtliche Untergrenze der Informations- und Beschäftigungspflichten verstehen.[647] Damit bestätigt sich, dass die Abweichungsspielräume durch die Mitgliedstaaten nur unter Beachtung der Ziele des Sekundärrechts ausgestaltet werden dürfen, was das nationale Recht in diesem Fall auch für sozial- und arbeitsmarktpolitische Erwägungen öffnet.[648]

Die Vorgabe der diskriminierungsfreien Ausgestaltung des befristeten Arbeitsverhältnisses in § 4 der Rahmenvereinbarung[649] hat als Grundsatz des Sozialrechts der Union zwar in der Rechtsprechung eine große Bedeutung[650], kann infolge der gänzlichen Unabdingbarkeit des § 4 Abs. 2 TzBfG aber auch im Verhältnis zu dieser Rahmenvereinbarung nicht zur Auslegung des Abweichungsspielraums herangezogen werden. Soweit die Vorgaben jedoch abbedungen werden können, wie beispielweise die Informationspflicht sowie die Vorgabe zur Weiterbildung der §§ 18, 19 TzBfG, ist bei der Bestimmung des Abweichungsspielraums die unionsrechtliche Untergrenze zu beachten. Abweichungsmöglichkeiten, die eine Unterschreitung des unionsrechtlichen Standards ermöglichen, lassen sich damit nicht vereinbaren. Dabei besteht insbesondere bei der Informationspflicht nach § 18 Abs. 1 TzBfG weitgehende Übereinstimmung zwischen der nationalen Regelung und den Vorgaben der Richtline, weshalb jede Abweichung von der nationalen Vorgabe auch den unionsrechtlichen Standard unterschreitet.

Ferner ist bei der Auslegung der Regelungen der Arbeit auf Abruf gem. § 12 TzBfG sowie der Dauer der Probezeit nach § 15 Abs. 3 TzBfG die Arbeitsbedingungen-RL zu beachten. Die in Art. 10 Arbeitsbedingungen-RL enthaltenen Vorgaben für die Mindestvorhersehbarkeit der Arbeit betreffen jedoch die Pflicht des Arbeitgebers zur Setzung eines Referenzrahmens gem.

---

644 Vgl. *Kamanabrou*/ArbR, Rn. 606, sieht sehr weitmaschige Vorgaben.

645 EuGH v. 26.01.2012 – C-586/10 [Kücük], NZA 2012, 135 Rn. 25 u. Rn. 42 ff.; EuGH v. 04.07.2006 – C-212/04 [Adeneler], Slg. 2006, I-6091 Rn. 68 ff.; *Kamanabrou*/ArbR, Rn. 607; EuArbRK/*Krebber*, RL 1999/70/EG Art. 2 Rn. 9 f.

646 Vgl. EuGH v. 04.07.2006 – C-212/04 [Adeneler], Slg. 2006, I-6091 Rn. 68.

647 *Schmidt*/Arbeitsrecht-EG III, Rn. 395.

648 EuGH v. 23.04.2009 – C 378/07 (u.a.) [Angelidaki u.a.], AP Richtlinie 99/70/EG Nr. 6, Rn. 96 [m.w.N.]; vgl. auch EuArbRK/*Krebber*, RL 1999/70/EG Anhang § 1 Rn. 4.

649 Zu dessen Bedeutung EuArbRK/*Krebber*, RL 1999/70/EG Anhang § 1 Rn. 7 u. § 4 Rn. 1; insgesamt *Schmidt*/Arbeitsrecht-EG III, Rn. 389 ff.

650 EuArbRK/*Krebber*, RL 1999/70/EG Anhang § 4 Rn. 7.

§ 12 Abs. 3 TzBfG und sind ebenso wenig konkret, wie die das TzBfG betreffenden Vorgaben zur Probezeit gem. Art. 8 Abs. 2 Arbeitsbedingungen-RL sowie deren jeweilige Umsetzung.[651] Konkrete Vorgaben für die Unabdingbarkeit der Regelungen lassen sich daraus nicht entnehmen, aber die Umsetzung der Probezeitvorgabe mittels einer generalklauselartigen Anknüpfung an die Verhältnismäßigkeit in Bezug auf die Art und die Dauer der Tätigkeit verdeutlichen, dass die Besonderheiten des einzelnen Arbeitsverhältnisses ggf. bei der Auslegung des materiellen Standards und nicht im Rahmen der Günstigkeit zu berücksichtigen sind.

Die Betrachtung des Sekundärrechts spricht somit allein für Abweichungen von der Informationspflicht aus § 18 TzBfG dafür, dass den Arbeitsvertragsparteien jegliche vertragliche Vereinbarung zu untersagen ist, die zum Nachteil des Arbeitnehmers vom nationalen Standard abweicht. Abweichungen im Einzel- oder Zweifelsfall sind damit ebenfalls nicht vereinbar, jedoch stehen gleichwertige Regelungen dem Ziel nicht entgegen, wie sich auch aus § 5 Nr. 1 der Rahmenvereinbarung ergibt. Auch wenn hier nur für die Informationspflicht angenommen wird, dass Unterschreitungsmöglichkeiten des nationalen Standards zur Unionsrechtswidrigkeit führen, spricht das Fehlen einer entsprechenden Differenzierung in § 22 Abs. 1 TzBfG dafür, dies auf seinen gesamten Geltungsbereich zu übertragen – zumal es den bisher gefundenen Ergebnissen entspricht. Dementsprechend ist es in diesem Zusammenhang auch unbeachtlich, dass ein Teil der Vorgaben der Rahmenvereinbarung auf aufeinanderfolgende Befristungen beschränkt ist[652] und sich deshalb insoweit keine Vorgaben für die erstmalige Befristung ableiten lassen.[653]

Insoweit bestehen im speziellen Sekundärrecht keine Unterschiede zu den bisher betrachteten Regelungen und dieses steht Unterschreitungen des gesetzlichen Standards auch im Einzel- oder Zweifelsfall entgegen. Gleichwertige Abweichungen sind hingegen damit vereinbar.

7. Zusammenfassung der Auslegungsergebnisse

Zusammenfassend entsprechen die Ergebnisse der Auslegung des § 22 Abs. 1 TzBfG den bisher gefundenen Ergebnissen. Vor allem der Sinn und

[651] Vgl. zur Probezeit, *Kolbe*, EuZA 2023, 3, 18. Der Referenzrahmen wird erst durch seine Verbindung zum Leistungsverweigerungsrecht zum zentralen Element der Regelung, dazu, *Kolbe*, EuZA 2023, 3, 18 f.

[652] EuGH v. 11.02.2021 – C-760/18 [Organismos Topikis Aftodioikisis], AP Richtlinie 99/70/EG Nr. 27, Rn. 38 [m. w. N.].

[653] EuGH v. 11.02.2021 – C-760/18 [Organismos Topikis Aftodioikisis}, AP Richtlinie 99/70/EG Nr. 27, Rn. 38 [m. w. N.]; EuGH v. 23.04.2009 – C 378/07 (u. a.) [Angelidaki u. a.], AP Richtlinie 99/70/EG Nr. 6, Rn. 90; dazu auch MHH-TzBfG/*Meinel*, § 14 Rn. 10.

Zweck der Regelung spricht dafür, dass § 22 Abs. 1 TzBfG den Arbeitsvertragsparteien die Vereinbarungen zugesteht, die im Verhältnis zur gesetzlichen Regelung gleichwertig oder günstiger sind. Dies deckt sich auch mit dem Wortlaut der Regelung sowie deren Systematik, ihrer Historie und den Vorgaben des höherrangigen Rechts, die jeweils für sich dafürsprechen, dass nur Regelungen vereinbart werden dürfen, bei denen sicher ist, dass sie den gesetzlichen Mindeststandard einhalten. Hingegen sind Regelungen, die dieses gesetzliche Niveau nicht einhalten, nicht mit § 22 Abs. 1 TzBfG vereinbar, wobei der Standard auch im Einzel- und im Zweifelsfall beachtlich ist.

II. Auslegung des § 22 Abs. 1 TzBfG im Hinblick auf den Günstigkeitsvergleich

Die Kriterien des Günstigkeitsvergleichs lassen sich auf Basis der bisher betrachteten Argumente weitgehend auf § 22 Abs. 1 TzBfG übertragen. Insbesondere die rechtliche Natur der Vorschriften, die für den einzelnen Arbeitnehmer und für den jeweils geregelten Aspekt das gesetzliche Schutzniveau definieren, spricht dabei für einen individuellen Einzelvergleich,[654] der sich auch aus dem Unionsrecht ergibt[655]. Ferner sind es wiederum allgemeine Erwägungen zur Rechtssicherheit der Parteien, die für einen ex-ante-Vergleich zum erstmaligen Zeitpunkt des Aufeinandertreffens der Normen sprechen. Die Maßgeblichkeit der gesetzlich erfassten Interessen sowie der unionsrechtlichen Vorgaben[656] spricht dabei für den Ausschluss zeitlicher Kompensationen und mithin für eine punktuelle Betrachtung und darüber hinaus vor allem für einen objektiv-normativen Vergleichsmaßstab,[657] der sich an den Zielen des Gesetzes ausrichtet.[658] Insgesamt ist der Vergleich im Rahmen der Anwendung des § 22 Abs. 1 TzBfG damit ebenso wie bei den anderen betrachteten Vorschriften durchzuführen.

---

654 Wohl NK-GArbR/*Böhm*, TzBfG § 22 Rn. 2; BJ-TzBfG/*Joussen*, TzBfG § 22 Rn. 14.

655 EuArbRK/*Franzen*, AEUV Art. 153 Rn. 57.

656 Vgl. EuArbRK/*Franzen*, AEUV Art. 153 Rn. 57.

657 Wohl NK-GArbR/*Böhm*, TzBfG § 22 Rn. 5; BJ-TzBfG/*Joussen*, TzBfG § 22 Rn. 14.

658 NK-GArbR/*Böhm*, TzBfG § 22 Rn. 5.

C. Behandlung günstigkeitsvariabler und ambivalenter Vereinbarungen

I. Günstigkeitsvariable Vereinbarungen

Für die Behandlung günstigkeitsvariabler Vereinbarungen gelten mithin auch die gleichen Maßstäbe wie bei den vorherigen Normen. Bei diesen ist nicht auszuschließen, dass sie zum Nachteil des Arbeitnehmers wirken. Dieser möglichen Abweichung zum Nachteil des Arbeitnehmers ist als Gefährdung des gesetzlichen Standards die Wirksamkeit zu versagen. Günstigkeitsvariable Regelungen sind daher nicht mit § 22 Abs. 2 TzBfG vereinbar, weshalb auch die Rechtsprechung des BAG zu § 12 EntgFG zur Zulässigkeit nicht strukturell benachteiligender Vereinbarungen nicht auf § 22 Abs. 1 TzBfG übertragen werden kann.

Ähnlich wie bei den bisher betrachteten Ergebnissen kann vor allem von den gesetzlich geregelten Fristen mit günstigkeitsvariabler Wirkung abgewichen werden. Dazu zählen unter anderem die in § 7 Abs. 3 S. 1 TzBfG und § 18 Abs. 2 S. 1 TzBfG vorgesehene Monatsfrist für die jeweiligen Informationen des Arbeitgebers sowie die in § 8 Abs. 6 TzBfG und § 9a Abs. 5 TzBfG jeweils angegebenen Fristen. Die möglichen variablen Wirkungen einer solchen Vereinbarung wurden bereits im Zusammenhang mit anderen Regelungen dargestellt und daher wird lediglich darauf hingewiesen, dass entsprechende Abweichungen in Ermangelung von Vorteilen für den Arbeitgeber in der Praxis selten vorkommen dürften.[659]

Ferner kann von den Vorgaben für die Berechnung des Entgelts bei Krankheit oder Feiertagen für Arbeitnehmer auf Abruf von § 12 Abs. 4 und Abs. 5 TzBfG mit günstigkeitsvariabler Wirkung abgewichen werden. Ebenso wie bei den Vorgaben des EntgFG selbst können Abweichungen vom Referenzzeitraum dazu führen, dass der Arbeitnehmer sowohl besser als auch schlechter gestellt werden kann. Die Wirkungsweise und die Bewertung solcher Vereinbarungen unterscheidet sich daher nicht von den bereits beschriebenen vertraglichen Regelungen im Bereich des Entgeltfortzahlungsrechts.[660] Aufgrund dieser Vergleichbarkeit erscheint es jedoch gerade im Bereich des § 22 Abs. 1 TzBfG nicht unwahrscheinlich, dass eine Ausweitung der Rechtsprechung des BAG diese gesetzliche Regelung betrifft, jedoch ist diese Rechtsprechung auch in diesem Zusammenhang abzulehnen.

Insgesamt ergeben sich mithin keine anderen Ergebnisse. Günstigkeitsvariable Fristen können auftreten, sind aber eher ein theoretisches Problem. Darü-

---

[659] Dazu Teil 5 § 17 Abschnitt C. I. 2. c).

[660] Dazu Teil 5 § 17 Abschnitt C. I. 2. a) u. b).

ber hinaus können Vorgaben zur Entgeltberechnung eine variable Günstigkeit aufweisen. Als Abweichungen, die im Einzelfall zuungunsten des Arbeitnehmers wirken, können sie aber nicht wirksam vereinbart werden.

II. Ambivalente Vereinbarungen

Auf Basis der gefundenen Auslegungsergebnisse gelten auch für ambivalente Vereinbarungen die identischen Maßstäbe wie bei den bisherigen Regelungen. Die Vereinbarungen sind nicht eindeutig erkennbar geeignet den gesetzlichen Anspruch zu erfüllen, sondern es steht aufgrund der objektiv ungünstigeren Wirkung in Bezug auf einen Aspekt des gesetzlichen Schutzes fest, dass der gesetzliche Standard unterschritten werden wird. Abweichende vertragliche Regelungen mit ambivalenter Wirkung sind auch im Anwendungsbereich des § 22 Abs. 1 TzBfG unwirksam.

1. Form- und Fristvorgaben

Beispiele für mögliche Abweichungen mit ambivalenter Wirkung betreffen im TzBfG vor allem die Formvorgaben für die Anzeige des Wunsches der Änderung der Arbeitszeit in § 8 Abs. 2 S. 1 TzBfG und § 9 S. 1 TzBfG. Die Bewertung niedrigerer oder höherer Formerfordernisse steht dabei ebenfalls im Spannungsfeld zwischen erleichterter Geltendmachung des Anspruchs und dem gesetzlich vorgesehenen Übereilungsschutz sowie der damit verbundenen Dokumentation.[661] Diese Regelung kann sich damit als günstig und auch als ungünstig erweisen, womit sie ambivalente bzw. partiell ungünstigere Wirkung hat und nicht wirksam vereinbart werden kann. Die Formvorschriften, die sich auf die Mitteilungen des Arbeitgebers beziehen (vgl. § 7 Abs. 2 S. 1, Abs. 3 S. 3 TzBfG sowie § 8 Abs. 5 S. 1 TzBfG), liegen hingegen weitgehend im Interesse des Arbeitnehmers und Veränderungen der Vorgaben führen weder zu einer Be- noch zu einer Entlastung für den Arbeitnehmer. Dementsprechend können höhere und niedrigere Anforderungen auch eindeutig bewertet werden und wirken entweder zugunsten oder zuungunsten des Arbeitnehmers. Abweichungen von diesen Anforderungen können daher wirksam vereinbart werden, sofern sie mit strengeren Anforderungen verbunden sind.

Das Schriftformerfordernis für die Befristungsabrede nach § 14 Abs. 4 TzBfG verdeutlicht den Unterschied zwischen der Frage, ob die Form abbedungen werden kann oder ob eine gesetzliche Ersetzung vorgesehen ist. Die Vereinbarung über eine abweichende Form ist für diese Vereinbarung jeden-

---

[661] Dazu Teil 4 § 14 Abschnitt C. II. 2.

falls so gut wie ausgeschlossen, weil die notwendige zeitliche Abfolge abweichenden Vereinbarungen zur Form in der Praxis entgegensteht.[662] Die elektronische Form des § 126a BGB kann daher nicht anstatt der gesetzlichen Schriftform als alleinige vertraglich vorgesehene Form vereinbart werden, sodass sich auch nicht die Frage nach der Ambivalenz einer solchen Vereinbarung stellt.[663] Die elektronische Form kann aber trotzdem zur Anwendung kommen, wenn sie aufgrund der gesetzlichen Bestimmung des § 126 Abs. 3 BGB als gesetzlich vorgesehene Alternative für das bestehende Schriftformerfordernis des § 14 Abs. 4 TzBfG verwendet wird.[664]

2. Arbeitszeitregelungen nach § 12 TzBfG

Fener ist die in § 12 Abs. 2 TzBfG enthaltene Erhöhungs- und Reduzierungsmöglichkeit des Umfangs der Arbeit auf Abruf in den Blick zu nehmen. Eine Erhöhung der zusätzlichen Abrufmöglichkeit nach § 12 Abs. 2 S. 1 TzBfG stellt für den Arbeitnehmer eine Einschränkung der zeitlichen Flexibilität dar[665] und gleichzeitig eröffnet sie ihm vordergründig bessere Verdienstmöglichkeiten. Dies gilt jedoch nur, solange man von einer ansonsten unveränderten Mindestarbeitszeit ausgeht. Die Möglichkeit, bei Bedarf die Mindestarbeitszeit auch um mehr als die vorgesehenen 25 % zu erhöhen, würde es dem Arbeitgeber aber ermöglichen, das wirtschaftliche Risiko seiner Tätigkeit weiter auf den Arbeitnehmer zu verlagern,[666] da ihm dies die Reduzierung der vergütungspflichtigen Mindestarbeitszeit ermöglicht. Umgekehrt aber mit identischem Ergebnis wirkt eine Erweiterung der Möglichkeit zur Reduzierung der Abrufzeit nach § 12 Abs. 2 S. 2 TzBfG. Gerade der Verlagerung des wirtschaftlichen Risikos steht die Norm aber entgegen,[667] weshalb eine Erhöhung dieser Zeit auch unabhängig von ihren weiteren ambivalenten Wirkungen als ungünstigere Vereinbarung unwirksam wäre.

Vereinbarungen, die in Abweichung von § 12 Abs. 1 S. 2 TzBfG keine wöchentliche oder tägliche Arbeitszeit, sondern eine Jahresarbeitszeit beinhalten, sind differenziert zu bewerten. Dabei sind vor allem die Wirkungen der folgenden Sätze in den Vergleich einzubeziehen. Sofern diese Vorgaben aus § 12

---

[662] Vgl. BeckOK-ArbR/*Bayreuther*, TzBfG § 14 Rn. 142 ff.

[663] Zur Bewertung, Teil 4 § 14 Abschnitt C. II. 2.

[664] So die wohl einhellige Auffassung, BeckOK-ArbR/*Bayreuther*, TzBfG § 14 Rn. 138; MHH-TzBfG/*Meinel*, § 14 Rn. 336; Schaub/ArbR-HdB/*Rennpferdt*, § 38 Rn. 50.

[665] Vgl. ErfK/*Preis*, TzBfG § 12 Rn. 23.

[666] Vgl. BAG v. 07.12.2005 – 5 AZR 535/04, BAGE 116, 267 Rn. 37; ausführlich zur Wirkung auch ErfK/*Preis*, TzBfG § 12 Rn. 23.

[667] MHH-TzBfG/*Heyn*, § 12 Rn. 38b; ErfK/*Preis*, TzBfG § 12 Rn. 23.

Abs. 1 S. 3 und S. 4 TzBfG zur wöchentlichen und täglichen Arbeitszeit nicht gleichzeitig abbedungen werden, wird den gesetzlich geschützten Interessen entsprochen und die Abweichungen können aus hiesiger Sicht als gleichwertig zum gesetzlichen Standard angesehen werden. Inwieweit dies auch die Vereinbarung von durchschnittlichen Arbeitszeiten ermöglicht, erscheint hingegen weniger eine Frage der Abbedingung der Regelung zu sein, sondern ihrer Auslegung und den Anforderungen, die mit der Vereinbarung einer *bestimmten Dauer* im Sinn des § 12 Abs. 1 S. 2 TzBfG verbunden sind. Fraglich ist vor allem, inwieweit die bestimmte Dauer die Bestimmbarkeit des Entgelts ermöglichen soll und inwieweit eine durchschnittliche Betrachtung tatsächlich den Entgeltinteressen des Arbeitnehmers gerecht wird,[668] was jedenfalls umso eher anzunehmen ist, je kleiner die Basis der Durchschnittsbildung ist. Eine jahresweise Betrachtung würde aber große monatliche Schwankungen ermöglichen und die für den Arbeitnehmer meist relevante Summe des monatlichen Entgelts wäre nicht bestimmbar. Ein monatlicher Durchschnitt wäre hingegen anders zu bewerten,[669] jedoch ist dies in beiden Fällen keine Frage der Günstigkeit, sondern der Auslegung des anwendbaren Rechts.[670]

3. Vereinbarung eines ordentlichen Kündigungsrechts für befristete Arbeitnehmer

Ferner könnten Regelungen ambivalente Wirkung haben, mit denen entsprechend § 15 Abs. 4 TzBfG ein ordentliches Kündigungsrecht im befristeten Arbeitsverhältnis vereinbart wird. Eine solche Kündigungsmöglichkeit erhöht einerseits die Flexibilität des Arbeitnehmers und sie vergrößert gleichzeitig dessen Unsicherheit über den Bestand des Arbeitsplatzes.[671] Sofern man nicht allein die gesetzlichen Interessen zum Maßstab macht, hängt die Bewertung eines solchen Kündigungsrechts daher unter anderem davon ab, wie der Arbeitnehmer seine Chancen auf dem Arbeitsmarkt und seine Bedeutung für den Arbeitgeber einschätzt.[672] Subjektive Vergleichsformen und auch Einzelfall-

[668] Vgl. BJ-TzBfG/*Boecken*, TzBfG § 12 Rn. 15 ff.; zu pauschal bejahend, *Busch*, NZA 2001, 593, 594; MHH-TzBfG/*Heyn*, § 12 Rn. 27; DHSW-ArbR/*Worzalla*, TzBfG § 12 Rn. 4; gänzlich ablehnend, BJ-TzBfG/*Boecken*, TzBfG § 12 Rn. 16.

[669] Zutreffend, *Hunold*, NZA 2003, 896, 899; wohl auch BBKommentar-TzBfG/*Jacobs*, § 12 Rn. 22.

[670] Vgl. DHSW-ArbR/*Worzalla*, TzBfG § 12 Rn. 4; MHH-TzBfG/*Heyn*, § 12 Rn. 23 ff.

[671] Vgl. Teil 4 § 14 Abschnitt C. II. 1. im Zusammenhang mit Kündigungsfristen.

[672] Vgl. LAG Niedersachsen v. 08.02.2000 – 7 Sa 781/99, NZA-RR 2000, 428, 429 f.; bereits *Kronenberg*, Ausnahmen der Unabdingbarkeit, S. 42 f zur TVVO; *Ventura-Heinrich*, Nachweis wesentlicher Vertragsbedingungen, S. 53; vgl. auch *Wensing/Hesse*, NZA 2009, 1309, 1311.

betrachtungen müssten dies berücksichtigen,[673] während eine objektive Betrachtung hier infolge der Maßgeblichkeit der Bestandsinteressen erneut zur Ungünstigkeit führt.

§ 15 Abs. 4 TzBfG sieht jedoch ausdrücklich die Möglichkeit zur Vereinbarung eines ordentlichen Kündigungsrechts vor, weshalb es sich bei solchen vertraglichen Abweichungen nicht um Vereinbarungen handelt, die auf Basis ihrer Günstigkeit bewertet werden.[674] Sie können mithin wirksam vereinbart werden, auch wenn sie den Vorgaben des § 22 Abs. 1 TzBfG widersprechen. Die Möglichkeit zur Vereinbarung eines ordentlichen Kündigungsrechts war vor dem TzBfG aber auch anerkannt und sofern sich die Möglichkeit bereits aus § 22 Abs. 1 TzBfG ergeben würde, wäre ihre Regelung nicht notwendig gewesen, weshalb § 15 Abs. 4 TzBfG als Argument für das objektive Verständnis der Günstigkeit auf Basis der Bestandsinteressen und für eine Unwirksamkeit im Zweifelsfall herangezogen werden kann.

4. Zusammenfassung

Insgesamt lässt sich daher festhalten, dass vertragliche Regelungen, die mit ambivalenter Wirkung von den Vorschriften des TzBfG abweichen, nicht mit § 22 Abs. 1 TzBfG vereinbar und daher nichtig sind. Die Abweichungen von den Formvorgaben dürften aber abseits fehlerhafter Erklärungen selten vorkommen und auch die Darstellung der Wirkung der Vereinbarung eins Kündigungsrechts diente allein der Veranschaulichung der Vorzüge des rein objektiven Vergleichs. Hingegen werden die Vereinbarungen zur Veränderung des Arbeitszeitrahmens bei Arbeit auf Abruf in der Literatur ausführlich betrachtet[675] und sie spielen auch in der Rechtsprechung eine erhebliche Rolle,[676] was für eine größere praktische Bedeutung spricht.

---

[673] Vgl. LAG München v. 04.05.1990 – 2 Sa 128/90, LAGE Günstigkeitsprinzip Nr. 3; MüKo-BGB/*Engshuber*, BGB § 622 Rn. 97; *Mosing*, Günstigkeitsprinzip, S. 62 f.; *Wlotzke*, Günstigkeitsprinzip, S. 98.

[674] Ebenso, BJ-TzBfG/*Joussen*, TzBfG § 22 Rn. 6.

[675] Vgl. die Nachweise in Teil 5 § 20 Abschnitt C. II. 2.

[676] Vgl. nur BAG v. 07.12.2005 – 5 AZR 535/04, BAGE 116, 267; LAG Köln v. 07.02.2011 – 5 Sa 1359/10, BeckRS 2011, 70364; LAG Düsseldorf v. 17.04.2012 – 8 Sa 1334/11, NZA-RR 2012, 563; LAG Berlin-Brandenburg v. 15.04.2010 – 25 Sa 2735/09, BeckRS 2010, 73661; LAG Köln v. 25.01.2010 – 2 Sa 963/09, BeckRS 2010, 68165; vgl. auch die Nachweise bei ErfK/*Preis*, TzBfG § 12 Rn. 23.

D. Ergebnis der Betrachtung des Günstigkeitsprinzips im Teilzeit- und Befristungsgesetz

Die Betrachtung des § 22 Abs. 1 TzBfG im Hinblick auf die Wirkung des Günstigkeitsprinzips hat gezeigt, dass der Gestaltungsspielraum der Arbeitsvertragsparteien die abweichenden Vorschriften umfasst, die der gesetzlichen Regelung entsprechen oder günstiger sind als diese. Unzulässig sind Vereinbarungen, die zum Nachteil des Arbeitnehmers von den Vorschriften des TzBfG abweichen. Dieser Regelungsspielraum der Arbeitsvertragsparteien ergibt sich insbesondere aus dem Wortlaut und dem Sinn und Zweck der Vorschriften, wird aber auch durch deren Systematik und teilweise durch das Unionsrecht vorgegeben. Damit entspricht der Regelungsspielraum dem bereits für andere Kodifikationen ermittelten Regelungsspielraum der Arbeitsvertragsparteien. Gleiches gilt für den Günstigkeitsvergleich, der als individueller Einzelvergleich der einzelnen denkbaren Ansprüche zum Zeitpunkt des erstmaligen Aufeinandertreffens der Regelungen anhand eines objektiven Maßstabs durchzuführen ist.

In der Folge können Vereinbarungen neutrale, ambivalente und günstigkeitsvariable Wirkungen haben, jedoch sind außer den neutralen Abweichungen solche Regelungen nicht mit § 22 Abs. 1 TzBfG vereinbar. Als günstigkeitsvariable Vereinbarungen sind vor allem Veränderungen des Referenzzeitraums bei der Berechnung des Entgelts für Arbeitnehmer auf Abruf nach § 12 Abs. 4 und Abs. 5 TzBfG denkbar. Ferner können Abweichungen von den gesetzlich vorgesehenen Abrufzeiträumen des § 12 Abs. 2 TzBfG ambivalente Wirkung haben. Die ermittelten Maßstäbe stehen solchen Vereinbarungen entgegen, womit die Rechtsprechung des BAG zum EntgFG auch nicht auf das TzBfG übertragen werden kann.

§ 21 Betrachtung des Günstigkeitsprinzips im Nachweisgesetz

A. Überblick über das Nachweisgesetz

Das Nachweisgesetz verpflichtet Arbeitgeber ihre Arbeitnehmer über die jeweils geltenden Vertragsbedingungen schriftlich zu unterrichten.[677] Die vollständige Unterrichtung über die in § 2 Abs. 1 S. 2 Nr. 1 – 15 NachwG benannten Informationen ist dem Arbeitnehmer innerhalb der nach § 2 Abs. 1 S. 4 NachwG gestaffelten Fristen auszuhändigen, wobei besondere Vorschriften für

[677] NK-GArbR/*Beckmann*, NachwG Vorb. Rn. 1 ff.; ErfK/*Preis/Greiner*, NachwG § 1 Rn. 1.

Praktikanten gem. § 2 Abs. 1a NachwG sowie nach § 2 Abs. 2 und 3 NachwG für Arbeitnehmer im Ausland bestehen. Daneben werden in § 2 Abs. 4 und 5 NachwG Ausnahmen von der Nachweispflicht begründet, sofern auf zwingendes Recht verwiesen wird oder die Angaben in einem schriftlichen Arbeitsvertrag enthalten sind.[678] Ebenso bestehen Nachweispflichten im Fall der Änderung der einschlägigen vertraglichen Vereinbarungen (§ 3 NachwG). Die Einhaltung der Vorgaben ist dabei teilweise Bußgeld bewährt (§ 4 NachwG). Darüber hinaus wird eine Übergangsfrist für die Aushändigung neu aufgenommener gesetzlich vorgesehener Informationen (§ 5 NachwG) und abschließend die Unabdingbarkeit des Gesetzes (§ 6 NachwG) geregelt. Abseits des Bußgelds können ferner Schadenersatzansprüche entstehen,[679] aber das Gesetz enthält keine Anordnung besonderer Rechtsfolgen für das Arbeitsverhältnis oder den Streitfall über Aspekte des Arbeitsvertrags.[680]

I. Sinn und Zweck des Nachweisgesetzes

Zwar werden schriftliche Nachweise über den Inhalt der Arbeitsbedingungen bereits seit den 1970er Jahren gefordert,[681] jedoch hat erst die sog. Nachweis-Richtlinie 91/533/EWG vom 14. 10. 1991,[682] die mittlerweile durch die Richtlinie (EU) 2019/1152 vom 20. 06. 2019 über transparente und vorhersehbare Arbeitsbedingungen in der Europäischen Union abgelöst wurde, zu Gesetzgebung in dem Bereich geführt.[683] Erstere sollte gem. EG 2 Nachweis-RL die bestehenden einschlägigen Erfordernisse der Mitgliedstaaten angleichen und gleichzeitig eine Pflicht zur Erstellung eines Schriftstücks mit den wesentlichen Bedingungen des Arbeitsverhältnisses begründen, um die Arbeitsbedingungen der Arbeitnehmer zu verbessern (EG 7 Nachweis-RL). Im Rahmen der Neufassung der Nachweispflichten durch die Arbeitsbedingungen-RL wurde darüber hinaus auch auf das Grundrecht des Art. 31 EU-GrCh sowie auf das in Grundsatz Nr. 7 der europäischen Säule sozialer Rechte verankerte

---

[678] *Feldgen*/NachwG, Einf. Rn. 52.

[679] NK-GArbR/*Beckmann*, NachwG Vorb. Rn. 24 ff.; BeckOK-ArbR/*Besgen*, NachwG § 1 Rn. 2 ff. [m. w. N.].

[680] BeckOK-ArbR/*Besgen*, NachwG § 2 Rn. 100; ErfK/*Preis/Greiner*, NachwG § 2 Rn. 52. Zur Beweislastumkehr, NK-GArbR/*Beckmann*, NachwG Vorb. Rn. 45 ff.; ErfK/*Preis/Greiner*, NachwG § 2 Rn. 58 ff.

[681] *Schoden*/NachwG, Vorb. Rn. 4.

[682] Abl. 1991, L 288, S. 32. Zum Inhalt *Feldgen*/NachwG, Einf. Rn. 6 ff.; *Schoden*/NachwG, Vorb. Rn. 15 ff.

[683] NK-GArbR/*Beckmann*, NachwG Vorb. Rn. 4; BeckOK-ArbR/*Besgen*, NachwG § 1 Rn. 1 auch zu den Gründen der Neufassung; *Feldgen*/NachwG, Einf. Rn. 2; *Schoden*/NachwG, Vorb. Rn. 11 ff.

Recht der Arbeitnehmer hingewiesen, schriftlich über wesentliche Arbeitsbedingungen informiert zu werden (EG 1 Arbeitsbedingungen-RL).

Der nationale Gesetzgeber hat im Rahmen der Richtlinientransformation[684] die Pflicht, die Arbeitsvertragsbedingungen schriftlich festzuhalten, vor allem mit der damit verbundenen Rechtsklarheit und Rechtssicherheit im Arbeitsverhältnis begründet, die vor allem denjenigen Arbeitnehmer zugutekommt, die keinen schriftlichen Arbeitsvertrag haben.[685] Insoweit handelt es sich ebenfalls um ein Arbeitnehmerschutzgesetz,[686] das als umfassende Formvorschrift für den Arbeitsvertrag verstanden werden kann,[687] auch wenn seine Einhaltung keine Wirksamkeitsbedingung für den Vertrag ist und dieser daher ohne den vorgeschriebenen Nachweis wirksam geschlossen werden kann[688]. Als weiteres Ziel benennt die Gesetzesbegründung die Bekämpfung der illegalen Beschäftigung, wobei das Fehlen eines Nachweises ein Indiz für eine illegale Beschäftigung darstellen könne.[689]

II. Historie des Nachweisgesetzes

Zur Transformation der Nachweis-RL 91/533/EWG wurde mit Art. 1 des Gesetz zur Anpassung arbeitsrechtlicher Bestimmungen an das EG-Recht das Nachweisgesetz neu geschaffen, das seit dem 28.06.1995 gilt.[690] Seit diesem Zeitpunkt wurde das Gesetz insgesamt 7-mal geändert, wobei die mit dem Gesetz zur Änderung des Bürgerlichen Gesetzbuches und des Arbeitsgerichtsgesetzes vom 29.06.1998[691] verbundene Anpassung eher redaktioneller Natur war und eine mit Art. 7 des Gesetzes zur Neuregelung der geringfügigen Beschäftigungsverhältnisse vom 24.03.1999[692] eingeführte Informationspflicht gegenüber geringfügig Beschäftigten mit dem Gesetz zu Änderungen im Be-

---

684 Zum Gesetzgebungsverfahren, *Feldgen*/NachwG, Einf. Rn. 4f.

685 BT-Ds. 13/668, S. 8; *Feldgen*/NachwG, Einf. Rn. 26ff.; ErfK/*Preis/Greiner*, NachwG § 1 Rn. 1.

686 *Ventura-Heinrich*, Nachweis wesentlicher Vertragsbedingungen, S. 1 u. S. 30ff.

687 *Preis*, FS Wißmann, 45, 49; vgl. *Richardi*, NZA 2001, 57ff., auch zu weiteren Formvorgaben.

688 BeckOK-ArbR/*Besgen*, NachwG § 2 Rn. 4; *Feldgen*/NachwG, Einf. Rn. 27f.; ErfK/*Preis/Greiner*, NachwG § 1 Rn. 2f.; *Schaefer*/NachwG, A Rn. 36.

689 BT-Ds. 13/668, S. 8; *Ventura-Heinrich*, Nachweis wesentlicher Vertragsbedingungen, S. 2. Die Wirkung in dieser Hinsicht eher bezweifelnd, *Feldgen*/NachwG, Einf. Rn. 4f.

690 BGBl. I 1995, S. 946.

691 BGBl. I 1998, S. 1694.

692 BGBl. I 1999, S. 388.

reich der geringfügigen Beschäftigung vom 05.12.2012[693] wieder abgeschafft wurde.

Mit dem Gesetz zur Anpassung der Formvorschriften des Privatrechts und anderer Vorschriften an den modernen Rechtsverkehr vom 13.07.2001[694] wurde ein Verbot der Verwendung der elektronischen Form in das NachwG eingefügt, das durch das Vierte Gesetz zur Entlastung der Bürgerinnen und Bürger, der Wirtschaft sowie der Verwaltung von Bürokratie (Viertes Bürokratieentlastungsgesetz – BEG IV) vom 23.10.2024[695] mit Wirkung zum 01.01.2025 durch eine Möglichkeit zur elektronischen Übersendung des Nachweises in Textform nach § 126b BGB ersetzt wurde. Dies gilt für alle Fälle, in denen die Schriftform bisher maßgeblich war und daher nicht nur für den Nachweis selbst (§ 2 Abs. 1 NachwG), sondern auch für den Nachweis der Änderungen der Bedingungen (§ 3 Abs. 1 und Abs. 2 NachwG) und die Vorgaben an einen den Nachweis ersetzenden Arbeitsvertrag (§ 2 Abs. 5 NachwG). Ferner wurden durch das Gesetz zur Stärkung der Tarifautonomie vom 11.08.2014 Praktikanten in den Anwendungsbereich des Gesetzes aufgenommen und für diese in § 2 Abs. 1a NachwG besondere Nachweispflichten begründet.

Seine umfassendste Änderung hat das NachwG durch das Gesetz zur Umsetzung der Richtlinie (EU) 2019/1152 des Europäischen Parlamentes und des Rates vom 20.06.2019 über transparente und vorhersehbare Arbeitsbedingungen in der Europäischen Union im Bereich des Zivilrechts und zur Übertragung von Aufgaben an die Sozialversicherung für Landwirtschaft, Forsten und Gartenbau vom 20.07.2022 erfahren.[696] Dieses erweitert den Anwendungsbereich des Gesetzes auf kurzfristig eingestellte Aushilfen[697] und hat neben der Anpassung des Katalogs der notwendigen Informationen des § 2 Abs. 1 S. 2 NachwG auch die Fristen für die Aushändigung der Nachweise und die Vorgaben für Mitarbeiter mit Auslandsberührung in § 2 Abs. 2 und 2a NachwG konkretisiert. Ferner wurde die Möglichkeit zum Verweis auf zwingend geltendes Recht weiter ausgestaltet und ebenso wie die Entbehrlichkeit des Nachweises bei Vorliegen eines schriftlichen Arbeitsvertrages redaktionell angepasst. Die Frist zur Information über Änderungen der nachgewiesenen Arbeitsbedingungen in § 3 NachwG wurde deutlich verkürzt und mit der Bußgeldvorschrift in § 4 NachwG erstmals eine Sanktionsmöglichkeit geschaffen. Die davor in § 4 NachwG enthaltene Übergangsvorschrift wurde in der Folge zu § 5 NachwG und gleichzeitig an die Änderungen durch dieses Gesetz an-

693 BGBl. I 2012, S. 2474.

694 BGBl. I 2001, S. 1542.

695 BGBl. I 2024, Nr. 323.

696 Dazu ausführlich *Kolbe*, EuZA 2023, 3, 10 ff.

697 BeckOK-ArbR/*Besgen*, NachwG § 1 Rn. 4.

gepasst. Infolge der veränderten Nummerierung verschob sich auch die Unabdingbarkeit nach § 6 NachwG, ohne dass damit inhaltliche Änderungen verbunden waren.

B. Unabdingbarkeit des § 6 NachwG

I. Auslegung des § 6 NachwG im Hinblick auf den verbleibenden Regelungsbereich der Arbeitsvertragsparteien

1. Grammatikalische Auslegung

Der Wortlaut des § 6 NachwG besagt ausdrücklich, dass „von den Vorschriften dieses Gesetzes nicht zuungunsten des Arbeitnehmers abgewichen werden [kann]". Damit ist der Wortlaut abseits der teilweise vorgesehenen Ausnahmen identisch mit dem der bereits betrachteten Vorschriften. Infolgedessen lassen sich auch die bisher gefundenen Ergebnisse auf § 6 NachwG übertragen. Auf Basis des Wortlautes werden daher alle nachteiligen Vereinbarungen vom Anwendungsbereich des Abweichungsverbotes erfasst. Der Wortlaut spricht damit dafür, dass vorteilhafte und gleichwertige Regelungen durch die Arbeitsvertragsparteien abgeschlossen werden können, während jede Benachteiligung – auch durch die Tarifvertragsparteien[698] – unwirksam ist.

2. Systematische Auslegung

Sowohl im Hinblick auf die innere als auch auf die äußere Systematik ist § 6 NachwG mit den bisher betrachteten Normen vergleichbar. Dementsprechend können auch die bereits gefundenen Ergebnisse übertragen werden. Auch die systematische Auslegung bestätigt somit, dass § 6 NachwG den Vertragsparteien den gesamten Regelungsspielraum abseits nachteiliger Vereinbarungen belässt und nicht verlangt, dass eine Abweichung stets zugunsten des Anspruchsberechtigten wirkt. Gleichzeitig enthält sie keinen Hinweis darauf, dass nachteilige Vereinbarungen in Ausnahmefällen zulässig sein können oder dass im Einzelfall auf die Bewertung der Nachteile verzichtet werden kann.

---

698 BeckOK-ArbR/*Besgen*, NachwG § 6 Rn. 1; ErfK/*Preis/Greiner*, NachwG § 6 Rn. 2; *Schaefer*/NachwG, D Rn. 164; DKL-ArbR/*Wolff*, NachwG § 5 Rn. 1.

3. Historische Auslegung

Die Regelung des § 6 NachwG wurde seit ihrem Bestehen materiell nicht geändert und lediglich die Positionierung innerhalb des Gesetzes angepasst. Ferner verweist die Gesetzesbegründung auf die Vorgaben des Art. 7 Nachweis-RL und auf die im deutschen Arbeitsrecht geltenden Grundsätze, wonach die Vereinbarung von günstigeren einzel- oder kollektivvertraglichen Regelungen möglich bleibt.[699] Insoweit steht der Text der Begründung bereits nicht im vollständigen Einklang mit dem Wortlaut der Norm. Ferner ermöglicht Art. 7 Nachweis-RL bzw. Art. 20 Arbeitsbedingungen-RL die Schaffung günstigerer Rechtsvorschriften, schreibt diese aber nicht vor, weshalb die Begründung in dieser Hinsicht jedenfalls missverständlich ist.[700] Die historische Auslegung erweist sich daher für die hier betrachtete Fragestellung nicht als ergiebig.

4. Teleologische Auslegung

Betrachtet man den Sinn und Zweck der Vorschrift, dient § 6 NachwG ebenso wie die bereits betrachteten Normen dem Schutz der Regelungen des NachwG vor der strukturellen Unterlegenheit der Arbeitnehmer und der damit verbundenen Gefahr von Abweichungen zu seinem Nachteil.[701] Er dient dem Schutzzweck des NachwG, indem die vorgesehenen Informationen als abweichungsfestes Mindestmaß festgelegt[702] und gleichzeitig die zulässigen Informationen nicht auf dieses Maß beschränkt werden. Mit diesem Ziel des Gesetzgebers sind alle gleichwertigen und günstigen Regelungen vereinbar, während Abweichungen zuungunsten des Arbeitnehmers damit weder im Einzel- noch im Zweifelsfall vereinbar sind, womit die teleologische Auslegung die bisherigen Ergebnisse unterstreicht.

Angesichts der Natur der Sache und der Formulierungen des § 2 NachwG bestünde aber auch ohne die Vorschrift des § 6 NachwG kein Zweifel daran, dass gerade die Vorschriften des NachwG weitergehenden oder früheren Informationen des Arbeitnehmers nicht entgegenstehen.[703] Es tritt daher gerade hier deutlich hervor, dass sich das Günstigkeitsprinzip vor allem aus dem Zweck der maßgeblichen Regelungen ergibt und die gesetzliche Anordnung

---

[699] BT-Ds. 13/668, S. 12.

[700] Vgl. zum AGG *Bauer/Krieger/Günther*/AGG, AGG § 31 Rn. 2.

[701] Vgl. NK-GArbR/*Beckmann*, NachwG § 6 Rn. 1; BeckOK-ArbR/*Besgen*, NachwG § 6 Rn. 1; in dem Sinn auch ErfK/*Preis/Greiner*, NachwG § 6 Rn. 1.

[702] NK-GArbR/*Beckmann*, NachwG § 6 Rn. 1 spricht von einer Vervollständigung des Schutzzwecks.

[703] Vgl. nur DKL-ArbR/*Wolff*, NachwG § 5 Rn. 2.

teilweise nur deklaratorischen Charakter hat. Ferner kann § 6 NachwG seine Wirkung als gesetzliches Verbot im Sinn des § 134 BGB nur entfalten, wenn die Informationspflichten des NachwG überhaupt vertraglich modifiziert werden. Ein Zuviel oder ein Zuwenig an Informationen wird häufig aber nicht auf einer vertraglichen Vereinbarung beruhen, sondern auf einer bewussten oder unbewussten Über- oder Untererfüllung der gesetzlichen Informationspflichten. Zur Vermeidung von Unterschreitungen des Mindeststandards dürften daher auch die Bußgeldvorschriften des § 5 NachwG relevanter sein als die Unabdingbarkeit des § 6 NachwG.

5. Verfassungskonforme Auslegung

Im Rahmen der verfassungskonformen Auslegung ist auch für § 6 NachwG festzustellen, dass der nationale Grundrechtsschutz aufgrund der unionsrechtlichen Fundierung des NachwG grundsätzlich zurücktritt und stattdessen der unionsrechtliche Schutz angewendet wird. Um die Untersuchung zu vervollständigen, wird aber auch betrachtet, inwieweit die Abweichungsbefugnis der Parteien sowie die einseitige Unabdingbarkeit der Regelungen des NachwG durch das Grundgesetz vorgezeichnet wird.

Das Verbot von den Vorgaben des NachwG vertraglich nicht zuungunsten des Arbeitnehmers abzuweichen, verkürzt wie die bisherigen Regelungen den Regelungsspielraum der Arbeitsvertragsparteien und mithin wird in ihre Arbeitsvertragsfreiheit aus Art. 2 Abs. 1 GG eingegriffen. Anders als die materiellen Regelungen des NachwG betrifft die Regelung dabei auch unmittelbar die Inhaltsfreiheit der Arbeitsvertragsparteien und stellt sich nicht lediglich als Beeinträchtigung der Privatautonomie dar[704]. Ein Eingriff in die Abschlussfreiheit ist in Ermangelung einer echten Formvorgabe mit dem NachwG aber nicht verbunden.[705]

Die Nachweispflicht selbst kann insbesondere durch die damit verbundene Verbesserung der Rechtssicherheit,[706] daher unter Verweis auf die strukturelle Unterlegenheit der Arbeitnehmer und mithin gleichzeitig durch den Schutz der Vertragsfreiheit gerechtfertigt werden.[707] Dieser Unterlegenheit kann einerseits durch Informationspflichten entgegengewirkt werden[708] und andererseits müssen diese Pflichten vor der Unterlegenheit geschützt werden, sodass

---

[704] Vgl. *Ventura-Heinrich*, Nachweis wesentlicher Vertragsbedingungen, S. 226 f.

[705] *Schaefer*/NachwG, A Rn. 35 ff.

[706] Vgl. BT-Ds. 13/668, S. 8.

[707] *Richardi*, NZA 2001, 57, 58 f.; *Hemming*, Aufklärungspflichten, S. 9; *Ventura-Heinrich*, Nachweis wesentlicher Vertragsbedingungen, S. 226 f. Vgl. zu Formvorgaben, *Di Fabio*, DNotZ 2006, 342, 345 ff.

[708] *Hemming*, Aufklärungspflichten, S. 4 u. S. 9.

sie sowohl die Nachweispflichten selbst als auch das Abweichungsverbot rechtfertigt.[709] Inwieweit die inhaltliche Ausgestaltung der Nachweispflichten infolge dieser doppelten Bedeutung des Art. 2 Abs. 1 GG noch am Verhältnismäßigkeitsprinzip gemessen werden kann, braucht dabei hier nicht betrachtet werden, denn es steht allein das Abweichungsverbot im Fokus. Dafür kann unabhängig von den materiellen Vorgaben festgestellt werden, dass die beschränkende Wirkung des Verhältnismäßigkeitsprinzips auf die Regelungskompetenz des Gesetzgebers dazu führt, dass allein ungünstigeren Vereinbarungen die Wirksamkeit versagt werden kann. Ein Verbot von günstigeren und gleichwertigen Abweichungen wäre hingegen nicht geeignet das arbeitnehmerschützende Ziel des Gesetzgebers zu fördern. Die Ausgestaltung der Abweichungsbefugnis wird daher trotz der besonderen Konstellation auch für das NachwG in gleicher Weise durch das Verfassungsrecht vorgezeichnet.

Mit Hinblick auf eine verfassungsrechtlich vorgezeichnete Unabdingbarkeit und einen entsprechenden Handlungsauftrag verweist die auf Rechtssicherheit gerichtete Zielsetzung des Gesetzes vor allem auf die Vertragsfreiheit des Art. 2 Abs. 1 GG und einen sofern bestehenden Gestaltungsauftrag des Gesetzgebers.[710] Insoweit bestehen aber Wechselwirkungen zu den Freiheitsrechten der Arbeitsvertragsparteien[711] und gleichzeitig sind die Anforderungen der Funktionalität des Rechtsverkehrs zu beachten. Unter anderem ist die Rechtssicherheit mit der Schnelligkeit und der Flexibilität des Rechtsverkehrs abzuwägen und ihr notwendiger Umfang in Ansehung der jeweiligen Regelungsmaterie zu bestimmen. Die konkrete Abwägung muss aber auch dabei weitgehend innerhalb des Einschätzungs- und Gestaltungsspielraums des Gesetzgebers liegen und ist ferner abhängig vom gesamten Regelungsumfeld, sodass sich abseits nicht ersichtlicher eklatanter Missstände oder Fehlentwicklungen kein verfassungsrechtlicher Handlungsauftrag konkretisieren lässt.

In Ermangelung eines solchen Auftrags kann auch die Unabdingbarkeit dieser Regelungen verfassungsrechtlich nicht vorgezeichnet werden. Eine Auslegung des § 6 NachwG, die beispielsweise im Einzelfall benachteiligende Regelungen zulässt und das Abweichungsverbot auf strukturelle Benachteiligungen beschränkt, stünde daher nicht im Widerspruch zu verfassungsrechtlichen Vorgaben. Ein solches Verständnis wird durch die Verfassung aber auch

---

709 So wohl *Richardi*, NZA 2001, 57, 58 f.

710 *Hemming*, Aufklärungspflichten, S. 10 ff. Ausführlich im Zusammenhang mit Formvorschriften, *Di Fabio*, DNotZ 2006, 342, 345 ff.; BeckOGK/*Hecht*, BGB § 125 Rn. 2 u. Rn. 5 ff.

711 Vgl. *Hemming*, Aufklärungspflichten, S. 15 ff. Allgemein dazu *Di Fabio*, DNotZ 2006, 342 347 ff.

nicht vorgegeben, weshalb die verfassungsrechtliche Betrachtung den bisherigen Ergebnissen auch nicht entgegensteht.

6. Unionsrechtskonforme Auslegung

a) Primärrecht

Betrachtet man den unionsrechtlichen Grundrechtsschutz, so ist die Vertragsfreiheit der Arbeitsvertragsparteien aus Art. 15 und Art. 16 AEUV in den Blick zu nehmen. Die Arbeitsbedingungen-RL verpflichtet die Mitgliedstaaten Mindeststandards zu schaffen. Dies kann nur sichergestellt werden, wenn der Regelungsspielraum der Arbeitsvertragsparteien insoweit eingeschränkt wird, weshalb die aus der Richtlinie abgeleiteten Regelungen zu einer Beeinträchtigung dieser Freiheit führen. Mit den unionsrechtlichen Vorgaben aus Art. 52 Abs. 1 EU-GrCh sind sie daher nur vereinbar, wenn sie einem Ziel des Unionsrechts oder der Verwirklichung eines anderen Grundrechts dienen und dem Verhältnismäßigkeitsprinzip entsprechen.

Die Arbeitsbedingungen-RL zielt darauf ab, dass die Arbeitsbedingungen der Arbeitnehmer vorhersehbar und sicherer werden (EG 4 Arbeitsbedingungen-RL) und verknüpft die enthaltenen Nachweispflichten daher mit dem Grundrecht auf angemessene und sichere Arbeitsbedingungen aus Art. 31 Abs. 1 EU-GrCh (EG 1 Arbeitsbedingungen-RL). Ferner kann unter Rückgriff auf Nr. 9 der Gemeinschaftscharta der sozialen Grundrechte der Arbeitnehmer auch die Niederlegung der Arbeitsbedingungen in geeigneten normativen oder vertraglichen Grundlagen als ein Aspekt der Arbeitsbedingungen verstanden werden, deren Regelung gem. Art. 151 AEUV zu den Aufgaben der Union zählt. In Anbetracht dieser Rechtfertigung und der Wirkung des Verhältnismäßigkeitsprinzips unterscheidet sich die Bewertung damit nicht von den vorherigen Ergebnissen. Insbesondere können auch gleichwertige Nachweise die genannten Ziele erfüllen und durch die Vielgestaltigkeit arbeitsrechtlicher Vertragsbeziehungen sind entsprechende Gestaltungsspielräume sogar eher notwendig als in den bisher betrachteten Bereichen.

Als maßgeblicher Anknüpfungspunkt für die Begründung eines primärrechtlichen Verschlechterungsverbots der Nachweispflichten gerät insbesondere Art. 31 Abs. 1 EU-GrCh in den Blick. Selbst wenn dieser den bloßen Nachweis von Arbeitsbedingungen erfasst, wären die sich daraus ergebenden Vorgaben jedoch nicht konkret genug, um daraus schriftliche Nachweispflichten abzuleiten, zumal auch Nr. 9 der Gemeinschaftscharta der sozialen Grundrechte der Arbeitnehmer nicht fordert, dass die vertraglichen Arbeitsbedingungen schriftlich nachgewiesen werden. Ferner ist auch Art. 151 AEUV unabhängig von den Möglichkeiten der Konkretisierung aufgrund seines Charakters als Zielbestimmung der Europäischen Sozialpolitik nicht in der Lage, Handlungsaufträge zu begründen,[712] auch wenn diese Vorschrift ebenfalls die Verbesserung der Arbeitsbedingungen in den Blick nimmt und auch in diesem Zusammenhang der Begriff weit zu verstehen ist[713]. Insofern unterschieden sich die Vorgaben nicht von denen, die für das TzBfG einschlägig sind und mithin lassen sich auch keine besonderen Handlungsaufträge daraus ableiten. Gleiches gilt für die unionsrechtlichen Grundlagen der Vertragsfreiheit in Art. 15, 16 EU-GrCh, die ebenfalls nicht hinreichend konkret sind, um daraus Nachweispflichten abzuleiten, wobei die bereits zum Grundgesetz angestellten Überlegungen übertragen werden können. Im Zusammenhang mit der Aufnahme eines Nachweises zu dem bei der Kündigung einzuhaltenden Verfahren[714] lassen sich ferner auch Art. 31 EU-GrCh und Art. 47 EU-GrCh in den Blick nehmen, jedoch beinhalten diese vor allem Begründungspflichten für den Fall der Kündigung,[715] jedoch lassen sich daraus keine Pflichten für die Ausgestaltung der Begründung des Arbeitsverhältnisses ableiten. Aus dem Primärrecht lässt sich daher insgesamt keine Pflicht des Gesetzgebers zur Schaffung von Nachweispflichten ableiten und mithin steht das Primärrecht der Abschaffung der Nachweisregelungen oder der Anwendung von Vereinbarungen mit ungünstigeren Wirkungen auch nicht entgegen.

b) Sekundärrecht

Die Arbeitsbedingungen-RL hebt im Hinblick auf die zulässigen Abweichungsmöglichkeiten an vielen Stellen hervor, dass es sich bei deren Vorgaben um Mindeststandards handelt, die von den Mitgliedstaaten günstiger ausgestaltet werden können.[716] So wird in Art. 1 Abs. 2 Arbeitsbedingungen-RL zum Ausdruck gebracht, dass es sich bei ihren Regelungen um „Mindestrechte" handelt. Ferner werden in Art. 4 Abs. 2 und Art. 7 Abs. 1 der Richtlinie jeweils die „mindestens" aufzunehmenden Nachweise benannt und die Übergabe des Nachweises muss gem. Art. 5 Abs. 1 und Art. 6 Abs. 1 der Richtlinie ausdrücklich „spätestens" bis zum Ablauf der jeweils genannten Frist erfolgen. Damit macht die Richtline deutlich, dass sie den Katalog der Informationen nicht begrenzt und kürzeren Fristen nicht entgegensteht. Dies wird in Art. 20 Abs. 2 der Richtlinie ausdrücklich bekräftigt, in dem den Mitgliedstaaten die Kompetenz zur Regelung günstigerer Vorschriften gelassen

---

712 GK-ArbR/*Maul-Sartori*, AEUV Art. 151 Rn. 17.

713 Dazu die Nachweise in Teil 5, Fn. 623.

714 Dazu und zu den Folgen im nationalen Recht, *Rolfs/Schmid*, NZA 2022, 945 ff.

715 Siehe die Nachweise in Teil 2, Fn. 541 u. 542.

716 Zu den Inhalten, NK-GArbR/*Eichenhofer*, EU-Richtlinien und Rahmenvereinbarungen, Rn. 14 ff.

wird. Sowohl die ausdrückliche Begrenzung der Regelungsmaterie als auch die Vorschrift des Art. 20 Abs. 2 der Arbeitsbedingungen-RL tragen dabei der begrenzten Unionskompetenz in diesem Regelungsfeld Rechnung, die gem. Art. 153 Abs. 2 lit. b) AEUV auf die Setzung von Mindestvorschriften beschränkt ist.[717]

Infolge der Natur der Regelungen als Mindeststandards und unter Berücksichtigung des effet utile lässt sich der Richtlinie mithin entnehmen, dass keine ungünstigeren Abweichungen durch die Mitgliedstaaten zugelassen werden dürfen.[718] Günstiger und mithin zulässig sind wiederum solche Regelungen, die den arbeitnehmerschützenden Zweck der Richtlinie[719] besser verwirklichen und die daher den Nachweis stärker formalisieren oder umfangreichere Nachweispflichten begründen.[720] Die Natur der Regelungen als Mindeststandards spricht gleichzeitig dafür, dass auch gleichwertige Abweichungen durch die Mitgliedstaaten zugelassen werden können.

Dafür spricht neben der Natur der Regelungen auch die primärrechtliche Grundlage der Richtlinien der Union in Art. 288 Abs. 3 AEUV, der die Mitgliedstaaten allein auf das Ziel einer Richtlinie und nicht auf die Mittel oder die Form der Umsetzung festlegt.[721] Insbesondere Nachweispflichten sind für solche Abweichungen geeignet, weil das angestrebte Ziel der Rechtssicherheit häufig auch durch andere gleichwertige Alternativen erfüllt werden kann. Dies zeigt auch EG 16 der Richtlinie, der Informationen über die Vorkehrungen für Fahrten zum Arbeitsort als Alternative zur Benennung des Arbeitsortes gem. Art. 4 Abs. 2 lit. d) Arbeitsbedingungen-RL benennt, ohne dass diese Möglichkeit ausdrücklich in der Richtlinie vorgesehen ist. Der Richtliniengeber hält diese Form des Nachweises trotzdem für ausreichend und bringt damit jedenfalls für die Angabe zum Arbeitsort zum Ausdruck, dass gleichwertige Nachweise durch die Mitgliedstaaten zugelassen werden können. Es sind keine Gründe ersichtlich, die es rechtfertigen, diese Möglichkeit auf den Ar-

---

[717] Die Vorgängerrichtlinie wurde auf den ehemaligen Art. 94 EG gestützt, zu deren Entstehungsgeschichte, *Ventura-Heinrich*, Nachweis wesentlicher Arbeitsbedingungen, S. 21 f.

[718] Vgl. EuGH v. 11.07.2002 – C-62/00 [Marks & Spencer], Slg. 2002, I-6325 Rn. 27; EuGH v. 09.09.1999 – C-217/97 [Kommission/Deutschland], Slg. 1999, I-5087 Rn. 31; BeckOGK/*Benecke*, AGG § 31 Rn. 1; Calliess/Ruffert/*Kahl*, EUV Art. 4 Rn. 119.

[719] Zur Nachweis-RL 91/533/EWG, *Ventura-Heinrich*, Nachweis wesentlicher Vertragsbedingungen, S. 24 f.

[720] NK-GArbR/*Beckmann*, NachwG § 6 Rn. 2 f. Vgl. auch, *Birk*, NZA 1996, 281, 282; *Schmidt*/Arbeitsrecht-EG III, Rn. 299; *Ventura-Heinrich*, Nachweis wesentlicher Vertragsbedingungen, S. 23.

[721] Vgl. GHN-UnionsR/*Nettesheim*, AEUV Art. 288 Rn. 112. Dazu ausführlich Teil 2 § 8 Abschnitt C. II.

beitsort zu beschränken. Dass Art. 14 Arbeitsbedingungen-RL allein in Tarif- und Kollektivverträgen Abweichungen von den Regelungen der Art. 8 bis 13 der Richtlinie zulässt, sofern der Schutz der Arbeitnehmer insgesamt gewahrt bleibt, ist in diesem Zusammenhang zu verstehen. Adressiert werden damit daher auch nicht gleichwertige Regelungen, sondern vielmehr werden entsprechende Abweichungen zuungunsten des Arbeitnehmers ermöglicht, solange der Schutz in Summe der Regelungen erhalten bleibt.[722]

Die Richtlinie über transparente und vorhersehbare Arbeitsbedingungen spricht somit dafür, dass günstigere und gleichwertige Abweichungen durch die Mitgliedstaaten zugelassen werden können. Abweichungsmöglichkeiten zuungunsten der Arbeitnehmer sind hingegen nicht mit der Richtlinie vereinbar, wobei es keine Anzeichen dafür gibt, dass nur strukturelle oder zweifelsfrei vorliegende Benachteiligungen unzulässig sein sollen.

7. Zusammenfassung der Auslegungsergebnisse

Alle betrachteten Auslegungsmethoden sprechen mithin dafür, dass § 6 NachwG nur solchen Regelungen entgegensteht, die im Vergleich zur gesetzlichen Regelung für den Arbeitnehmer ungünstiger sind. Gleichwertige und günstigere Nachweisregelungen können hingegen vereinbart werden. Dies ergeben insbesondere der Wortlaut und auch der Zweck der Regelung. Darüber hinaus wird dieses Verständnis durch die Unionsrechtsordnung vorgegeben, da diese ebenfalls (nur) die Schaffung eines Mindeststandards fordert und somit gleichwertigen Abweichungen nicht entgegensteht. Das Verfassungsrecht sowie das unionsrechtliche Primärrecht und das ihm gleichgestellte Recht geben ebenfalls vor, dass nur ungünstige Abweichungen untersagt werden können, verpflichten den Gesetzgeber aber nicht zur Schaffung eines abweichungsfesten Mindeststandards. Keine der Auslegungsmethoden hat aber ergeben, dass im Einzelfall Abweichungen zuungunsten des Arbeitnehmers vereinbart werden können oder auf die Feststellung der Günstigkeit im Zweifelsfall verzichtet werden kann.

II. Auslegung des § 6 NachwG im Hinblick auf den Günstigkeitsvergleich

1. Vergleichsgegenstand

Die zum Vergleichsgegenstand aus dem Wortlaut anderer Regelungen abgeleiteten Argumente können aufgrund des insoweit identischen Wortlautes auf

[722] EuArbRK/*Kolbe*, RL (EU) 2019/1152 Art. 14 Rn. 1.

§ 6 NachwG ebenso übertragen werden wie die aus dem Sinn und Zweck eines Mindeststandards abgeleiteten Argumente. Auf Basis des nationalen Rechts ist daher ein Einzelvergleich angezeigt und mithin jede einzelne Abweichung vom Gesetzesrecht als Vergleichsgegenstand heranzuziehen.

Die Richtlinie über transparente und vorhersehbare Arbeitsbedingungen und das Unionsrecht insgesamt enthalten insoweit keine ausdrückliche Regelung. Es ist aber auch nicht ersichtlich, dass es mit der Richtlinie vereinbar ist, die vorgesehenen Fristen beispielsweise zugunsten umfangreicherer Nachweispflichten zu verlängern, wie es bei Durchführung eines Gesamtvergleiches der Fall wäre.[723] Ebenso ist nicht ersichtlich, dass die Informationen nach Art. 4 Abs. 2 lit. a bis e, g, k, l der Richtlinie etwas später, dafür aber die übrigen Informationen nach Art. 4 Abs. 2 der Richtlinie deutlich früher als in Art. 5 Abs. 1 der Richtlinie vorgesehen erteilt werden können, wie es der Sachgruppenvergleich ermöglichen würde. Die kompensatorische Wirkung eines Sachgruppen- oder eines Gesamtvergleichs wäre daher mit den Vorgaben des Unionsrechts nicht vereinbar. Ferner sind die durch den EuGH zum Einzelvergleich im Betriebsrentenrecht entwickelten Argumente zur Transparenz der Vergleichsmethodik auch auf das NachwG übertragbar,[724] weshalb das Unionsrecht ebenso wie das nationale Recht für einen Einzelvergleich spricht.

2. Bezugsobjekt des Günstigkeitsvergleichs

Zur Bestimmung des Bezugsobjekts des Vergleichs lässt sich ebenfalls an die bereits entwickelten Argumente anknüpfen. So benennt § 6 NachwG ausdrücklich den einzelnen Arbeitnehmer als Schutzobjekt und auch aus dem Sinn und Zweck der Vorschriften lässt sich ableiten, dass der einzelne Arbeitnehmer als Schutzobjekt des Gesetzes auch Anknüpfungspunkt der Bewertung der Günstigkeit ist. Darüber hinaus schreibt auch Art. 3 Arbeitsbedingungen-RL vor, dass jedem einzelnen Arbeitnehmer die einschlägigen Informationen bereitzustellen sind, was nur sichergestellt werden kann, wenn der einzelne Arbeitnehmer als Bezugsobjekt herangezogen wird. Ebenso wie bei der abstrakten Betrachtung und der Auslegung der anderen gesetzlichen Normen sprechen daher alle Auslegungsmethoden für die Heranziehung des einzelnen Arbeitnehmers als Bezugsobjekt des Günstigkeitsvergleichs.

---

[723] Vgl. EuArbRK/*Franzen*, AEUV Art. 153 Rn. 57 sowie, *Mosing*, Günstigkeitsprinzip, S. 33 f., zur Wirkung des Gesamtvergleichs auf die Einhaltung einzelner materieller Vorgaben.

[724] EuGH v. 26.06.2001 – C-381/99 [Brunnhofer], Slg. 2001, I-4961 Rn. 35 f.; EuGH v. 17.05.1990 – C-262/88 [Barber], AP EWG-Vertrag Art. 119 Nr. 20, Rn. 34.

3. Vergleichszeitpunkt

Der für den Vergleich maßgebliche Zeitpunkt wurde bisher auf der Basis allgemeingültiger Überlegungen und vor allem unter Rückgriff auf das Interesse der Parteien an Rechtssicherheit begründet. Dabei weist auch das NachwG insoweit keine Besonderheit auf, weshalb der Günstigkeitsvergleich hier ebenfalls als ex-ante-Vergleich im Rahmen einer abstrakten Prognosebetrachtung durchzuführen ist. Ferner würde der Sinn der Nachweispflichten konterkariert, wenn geringere Nachweispflichten bei der Begründung des Arbeitsverhältnisses nach § 2 NachwG durch höhere Nachweispflichten bei späteren Änderungen nach § 3 NachwG kompensiert werden könnten. Der gemeinsamen Betrachtung der Nachweispflichten zu unterschiedlichen Zeitpunkten und Kompensationen im Zeitverlauf steht mithin die Natur der Ansprüche entgegen, weshalb jeder einzelne Anspruch als Gegenstand des Vergleichs heranzuziehen ist. Die Ergebnisse decken sich daher mit den bisherigen Betrachtungen.

4. Vergleichsmaßstab

Bei der Bestimmung des Vergleichsmaßstabs gilt für § 6 NachwG nichts anderes als für die anderen betrachteten Regelungen des Günstigkeitsprinzips. Die Berücksichtigung subjektiver Elemente und auch eine objektivierte Betrachtung stünde erneut dem Sinn des Günstigkeitsvergleichs entgegen und könnte dazu führen, dass der gesetzliche Mindeststandard unterlaufen wird, was auch im Widerspruch zu den unionsrechtlichen Vorgaben stünde[725]. Es besteht auf Basis der Vergleichskriterien auch keine Möglichkeit, kompensatorische Vereinbarungen zu treffen und mithin auch keine Notwendigkeit von der Interessenabwägung des Normsetzers abzuweichen. Insoweit sind bei § 6 NachwG auch keine weiteren Besonderheiten zu beachten, weshalb insgesamt auch der Günstigkeitsvergleich des § 6 NachwG als objektiv-normativer Vergleich durchzuführen ist.

5. Zusammenfassung der Auslegungsergebnisse

Insgesamt ist somit festzustellen, dass der Günstigkeitsvergleich im Rahmen von § 6 NachwG ebenso durchzuführen ist, wie bei den bisher betrachteten Normen. Der Vergleich ist daher als individueller Einzelvergleich zum Zeitpunkt des erstmaligen Aufeinandertreffens der abweichenden Regelungen anhand einer abstrakt-prognostizierenden Betrachtung und mit einer objektiven Bewertung der Auswirkungen auf die einzelnen Ansprüche vorzunehmen.

[725] Vgl. EuArbRK/*Franzen*, AEUV Art. 153 Rn. 57.

In der einschlägigen Literatur und auch in der Rechtsprechung ist aber keine Betrachtung dieser Kriterien ersichtlich, anhand derer die Ergebnisse der Auslegung gemessen werden könnten.[726]

C. Behandlung günstigkeitsvariabler und ambivalenter Vereinbarungen

Vor der Betrachtung der günstigkeitsvariablen und ambivalenten Vereinbarungen ist eine mögliche Form von neutralen Abweichungen in den Blick zu nehmen, die denkbar wäre, wenn die Erfüllung der Nachweise auch in einer anderen Sprache möglich ist. Entsprechende Auffassungen finden sich in der Literatur, insoweit davon ausgegangen wird, dass die Nachweise bei Vorliegen einer sachlichen Rechtfertigung auch allein in einer anderen Sprache als deutsch vereinbart werden können, wenn dies dem Nachweiszweck des Gesetzes dient.[727] Dies setzt allerdings voraus, dass § 6 NachwG einer entsprechenden Vereinbarung der Arbeitsvertragsparteien nicht entgegensteht.

In Ermangelung einer entsprechenden Regelung des Gesetzgebers und infolge der Möglichkeit den Nachweis allein durch den Verweis auf deutschsprachige Normen zu ersetzen,[728] ist dabei davon auszugehen, dass der Nachweis nach der Intention des Gesetzgebers in deutscher Sprache erfolgen soll und dies in jedem Fall den Anforderungen des Gesetzes genügt.[729] Nachweise in andere Sprache mögen aus Sicht der betroffenen Arbeitnehmer zwar verständlicher sein, jedoch ist auf Basis einer objektiv-normativen Betrachtung dieser subjektive Aspekt unbeachtlich und kann nicht zu einer Bewertung als günstigere Vereinbarung führen.[730] Denkbar wäre jedoch, dass die Vereinbarung als neutrale Regelung getroffen werden kann und jedenfalls bei Betrachtung des Informationswerts für den Arbeitnehmer mag es möglich erscheinen, die Vereinbarung als gleichwertig anzusehen. Zu beachten ist aber, dass die Nachweise auch in einem gerichtlichen Verfahren Bedeutung erlangen können und dass sich aus der Verwendung einer anderen als der deutschen Sprache dabei ein zusätzliches Kostenrisiko ergeben kann, das die Geltendmachung der Ansprüche erschweren kann[731]. Berücksichtigt man diese Wirkung, erfüllt die Erbringung der Nachweise allein in einer anderen Sprache die normativ

---

[726] Vgl. BeckOK-ArbR/*Besgen*, NachwG § 6 Rn. 1 sowie ErfK/*Preis/Greiner*, NachwG § 6 Rn. 1 f.

[727] *Riesenhuber*, NZA 1999, 798, 799.

[728] Ausführlich, *Riesenhuber*, NZA 1999, 798 f.

[729] Vgl. BAG v. 19.03.2014 – 5 AZR 252/12 (B), BAGE 147, 342, zum AGB-Recht.

[730] Vgl. BAG v. 19.03.2014 – 5 AZR 252/12 (B), BAGE 147, 342 Rn. 67 f.

[731] Vgl. *Armbrüster*, NJW 2011, 812, 813 f.

erfassten Schutzziele nicht ebenso effektiv und ist daher im Vergleich zur gesetzlichen Regelung nicht gänzlich gleichwertig. Im Ergebnis kann daher die Vereinbarung, die geforderten Nachweise in einer anderen Sprache zu erbringen, weder als günstigere noch als neutrale Vereinbarung eingeordnet werden, sondern es handelt sich um ungünstigere und mithin unwirksame Vereinbarungen.

I. Günstigkeitsvariable Vereinbarungen

1. Abstrakte Betrachtung günstigkeitsvariabler Vereinbarungen

Das im Rahmen der Auslegung ermittelte Ergebnis deckt sich mit den bisherigen Betrachtungen und der Regelungsspielraum der Arbeitsvertragsparteien wird durch § 6 NachwG ebenso ausgeformt, wie es auch die bisher betrachteten Regelungen in ihrem jeweiligen Bereich getan haben. Für die abstrakte Betrachtung günstigkeitsvariabler Vereinbarungen ist daher auch kein anderes Ergebnis festzustellen. Infolge der Möglichkeit, dass sie sich im Einzelfall zuungunsten des Arbeitnehmers auswirken, lässt sich bei diesen Vereinbarungen nicht eindeutig und im Vorhinein feststellen, dass der Mindeststandard nicht unterschritten wird. Damit liegen die vertraglichen Abweichungen außerhalb des Regelungsbereichs, der den Arbeitsvertragsparteien durch § 6 NachwG zugestanden wird. In der Folge sind die Vereinbarungen nach § 134 BGB i.V.m. § 6 NachwG nichtig und es greift stattdessen die gesetzliche Regelung. Die Rechtsprechung des BAG zum EntgFG kann auch auf das NachwG nicht übertragen werden, obwohl auch hier nicht ersichtlich ist, worin der maßgebliche Differenzierungsgrund bestehen sollte.

2. Konkrete Betrachtung günstigkeitsvariabler Vereinbarungen

Bei Betrachtung der Regelungen des Nachweisgesetzes ist fraglich, inwieweit diese Regelungen in der vertraglichen Praxis überhaupt abbedungen werden. Ausdrückliche Regelungen dürften nicht vorkommen und die Untererfüllung der gesetzlichen Nachweispflichten kann mangels Einverständnisses der Parteien auch nicht als konkludente Vertragsänderung verstanden werden. Regelmäßig dürfte die Verletzung der Nachweispflichten noch nicht einmal ein entsprechendes Angebot des Arbeitgebers zur Abbedingung der Nachweispflichten darstellen. Insoweit ist zu bezweifeln, dass Arbeitsverträge Vereinbarungen zur Abbedingung der Nachweispflichten enthalten.

Ferner ist insbesondere die Bewertung alternativer Nachweise nicht abhängig von der Vertragsdurchführung. Ein Nachweis ist entweder besser, ebenso oder schlechter geeignet die geforderte Rechtssicherheit zu erbringen. Verbleibende Zweifelsfragen der Gleichwertigkeit werden durch die Anforderung der positiven Feststellung der Neutralität ebenfalls entschieden, weshalb die materiellen Regelungen des NachwG keinen Spielraum für praxisnahe günstigkeitsvariable Abweichungen lassen.

Infrage kommt einzig das theoretische Beispiel der Abbedingung der Fristen gem. § 2 Abs. 1 S. 4 NachwG. Diese generalisieren das Interesse der Arbeitnehmer an einer möglichst baldigen Erbringung der Nachweise, weshalb eine Verkürzung dazu führt, dass die Ziele des Gesetzes schneller verwirklicht und den Interessen des Arbeitnehmers eher entsprochen wird. Kürzere Fristen sind daher für den Arbeitnehmer günstiger, während eine Verlängerung das Gegenteil bewirkt.[732] Wie bei der Berechnung der Wartezeit im Rahmen des EntgFG können dabei günstigkeitsvariable Gestaltung entstehen, wenn die Länge der Frist auf Basis eines Faktors bestimmt wird, der je nach verwirklichtem Sachverhalt zu einer unterschiedlich langen Frist führt. Beispielsweise könnte die Frist auf Basis der geleisteten Arbeitsstunden bestimmt und so ausgestaltet werden, dass die gesetzlichen Fristen eingehalten werden, wenn man die vereinbarte Arbeitszeit zugrunde legt.

Vereinbarung zu § 2 NachwG

§ XX In Abwandlung zu § 2 Absatz 1 Satz 4 NachwG ist die Niederschrift mit den Angaben nach § 2 Satz 2 Nummer 1, 7 und 8 dem Arbeitnehmer während der ersten 8 Stunden der Arbeitszeit, die Niederschrift mit den Angaben nach Satz 2 Nummer 2 bis 6, 9 und 10 während der ersten 40 Stunden der Arbeitszeit und die Niederschrift mit den übrigen Angaben nach Satz 2 während der ersten 160[733] Arbeitsstunden der Arbeitszeit auszuhändigen.[734]

Sofern der Arbeitnehmer 40 Stunden an 5 Tagen die Woche arbeitet, stellen diese Vorgaben die Einhaltung der Fristen des § 2 Abs. 2 S. 4 NachwG sicher. Sofern die tatsächliche Arbeitszeit des Arbeitnehmers diese Werte infolge von Krankheit oder anderen Unterbrechungen nicht erreicht, erhält er die Nachweise erst nach Ablauf der gesetzlichen Fristen, jedoch könnte er sie sogar früher erhalten, wenn seine tatsächliche Arbeitszeit über der durchschnittlichen Arbeitszeit liegt. Die Vereinbarung wirkt somit je nach tatsächlicher Arbeitszeit unterschiedlich und daher günstigkeitsvariabel. Nach der hiesigen Auffassung kann eine solche Regelung nicht vereinbart werden und sie ist unabhängig von der abstrakten Wirkungsmöglichkeit zugunsten des Arbeitnehmers nach § 6 NachwG i.V.m. § 134 BGB nichtig. Gleiches gilt für eine Anpassung der Vorgabe des § 3 NachwG bei Änderungen wesentlicher Vertragsbedingungen. Sofern man entgegen den hiesigen Ergebnissen versucht,

---

732 Vgl. *Feldgen*/NachwG, Teil B § 5 Rn. 221.

733 Ausgehend von einer 5-Tage-Woche hat ein Monat mindestens 20 Arbeitstage.

734 Es ist noch einmal darauf hinzuweisen, dass das Beispiel vornehmlich der Illustration dient.

die BAG-Rechtsprechung auf diese Gestaltung zu übertragen,[735] ergeben sich die gleichen Fragestellungen wie im Rahmen einer abweichenden Vereinbarung der Wartezeit nach § 3 Abs. 3 EntgFG.[736]

Darüber hinaus sind im NachwG keine weiteren Bestimmungen ersichtlich, von denen mit günstigkeitsvariabler Wirkung abgewichen werden könnte. Angesichts der wohl kaum auftretenden Fälle der Abbedingung des NachwG und der theoretischen Natur des obenstehenden Beispiels gibt es für günstigkeitsvariable abweichende Regelungen im Zusammenhang mit dem NachwG keinen konkreten Anwendungsfall. In der Praxis dürfte diese Art von Vereinbarungen daher keine Relevanz haben.

3. Zusammenfassung

Auf Basis der weitgehend übereinstimmenden Auslegungsergebnisse erfolgt auch die Behandlung günstigkeitsvariabler Vereinbarungen im Anwendungsbereich des NachwG in Übereinstimmung mit den bisher gefundenen Ergebnissen. Günstigkeitsvariable Vereinbarungen können daher im Anwendungsbereich des NachwG nicht wirksam vereinbart werden. Die Nachweispflichten des NachwG dürften jedoch nur selten durch vertragliche Regelungen modifiziert werden und günstigkeitsvariable Abweichungen von den enthaltenen Regelungsgegenständen sind eher theoretischer Natur.

II. Ambivalente Vereinbarungen

1. Abstrakte Betrachtung ambivalenter Vereinbarungen

Die Behandlung ambivalenter Vereinbarungen kann auf Basis der gefundenen Auslegungsergebnisse auch nicht anders erfolgen als bei den bisher betrachteten Regelungen. Für § 6 NachwG gilt ebenfalls, dass die Günstigkeit einer abweichenden Regelung eindeutig und im Vorhinein auf Basis der gesetzlich geschützten Interessen feststellbar sein muss, damit diese wirksam im Arbeitsverhältnis vereinbart werden kann. Nur so kann die praktische Wirksamkeit des gesetzlichen Mindeststandards der Nachweispflichten auch im Einzelfall sichergestellt werden. Regelungen mit ambivalenter Wirkung können diese Voraussetzungen nicht erfüllen und dementsprechend nicht wirksam vereinbart werden.

---

[735] Es ist auch hier kein Differenzierungsmerkmal ersichtlich, vgl. *L. Schmitt*, Anm. zu BAG v. 06.12.2017, AP EntgeltFG § 2 Nr. 18.

[736] Vgl. Teil 5 § 17 Abschnitt C. I. 2. c).

2. Konkrete Betrachtung ambivalenter Vereinbarungen

Die konkrete Betrachtung ambivalenter Vereinbarungen muss ebenso wie die konkrete Betrachtung der günstigkeitsvariablen Vereinbarungen mit der Feststellung beginnen, dass infolge der geringen Anzahl abweichend vereinbarter Nachweispflichten entsprechende Regelungen mit ambivalenter Wirkung höchstens vereinzelt auftreten könnten. Ferner lässt der Inhalt der Regelungen auf Basis eines objektiven Vergleichs kaum Raum für abweichende Vereinbarungen mit ambivalenter Wirkung.

Grundsätzlich wurde bereits festgestellt, dass Abweichungen von gesetzlich vorgesehenen Formerfordernissen ambivalente Wirkung haben können, dies jedoch nur für Erklärungen gilt, an denen der Arbeitnehmer zumindest beteiligt ist. Die mit dem NachwG verbundenen Vorgaben betreffen die Nachweise, die der Arbeitgeber zu erbringen hat und sie sind daher für die Arbeitnehmer nicht mit Belastungen verbunden. Abweichende Vereinbarungen sind daher daran zu messen, inwieweit die vereinbarten Formvorgaben den Anforderungen des § 2 Abs. 1 S. 1 NachwG entsprechen. Durch die Regelung des § 2 Abs. 1 S. 2 NachwG wird die Bewertung abweichender Vereinbarungen dabei erleichtert, weil diese seit dem 01.01.2025 nicht mehr die Schriftform, sondern allein die Textform verlangt und dabei die Anforderungen für eine elektronische Übermittlung beschreibt[737]. Innerhalb dieses Rahmens kann auch die Wirksamkeit elektronischer Übermittlungen unabhängig von ihrer Günstigkeit bewertet werden, weshalb der in der Praxis wohl relevanteste Fall bereits abseits des § 6 NachwG bewertet werden kann. Die verbleibenden Fälle der mündlichen Nachweiserteilung sowie der Verfehlung der Textform des § 126b BGB lassen sich aber eindeutig als ungünstiger einordnen, weshalb Abweichungen von diesen Formvorgaben keine ambivalente Wirkung haben.

3. Zusammenfassung

Auch für das NachwG lässt sich festhalten, dass die Vereinbarung ambivalenter Vereinbarungen nicht innerhalb des Regelungsbereiches liegt, der den Arbeitsvertragsparteien durch § 6 NachwG zugestanden wird. Gleichzeitig sind günstigkeitsvariable und ambivalente Vereinbarungen im Bereich des NachwG nur eine theoretische Frage, da keine praktisch relevanten Fälle mehr ersichtlich sind.

---

737 Dazu *Eckert*, DStR 2024, 2653.

D. Ergebnisse der Betrachtung des Günstigkeitsprinzips im Nachweisgesetz

Die für § 6 NachwG gefundenen Ergebnisse decken sich mit den bisherigen Ergebnissen. Alle Auslegungsmethoden sprechen dafür, dass der Regelungsspielraum der Arbeitsvertragsparteien jede Regelung umfasst, von der eindeutig und im Vorhinein feststellbar ist, dass sie geeignet ist, den Anspruch zu erfüllen. Das schließt alle Regelungen aus, die zuungunsten des Arbeitnehmers wirken können, während gleichwertige Regelungen ebenso wie günstigere Regelungen durch die Arbeitsvertragsparteien vereinbart werden können. Der Günstigkeitsvergleich ist im Rahmen von § 6 NachwG ebenso durchzuführen, wie bei den bisher betrachteten Normen. Der Wortlaut, der Sinn und Zweck eines Mindeststandards und allgemeine Erwägungen zur Rechtssicherheit sprechen dafür, den Vergleich als Einzelvergleich vorzunehmen, bei dem die Günstigkeit einer einzelnen Bestimmung mit der abweichenden Regelung auf Basis der Wirkung für den einzelnen Arbeitnehmer im Rahmen einer abstrakten ex-ante-Betrachtung objektiv für einzelne Ansprüche festgestellt wird. Diesen Ergebnissen entsprechend sind neutrale Vereinbarungen mit dem NachwG vereinbar, günstigkeitsvariable und ambivalente Vereinbarungen hingegen nicht. Praktische Anwendungsfälle sind jedoch nicht ersichtlich.

§ 22 Betrachtung des Günstigkeitsprinzips im Berufsbildungsgesetz

A. Überblick über das Berufsbildungsgesetz

Die Bestimmungen des BBiG regeln weite Aspekte der beruflichen Bildung[738] und dafür definiert § 1 BBiG die vom Gesetz erfassten Formen der Berufsbildung.[739] Dies sind die Berufsausbildungsvorbereitung zur Heranführung an eine anerkannte Ausbildung (§ 1 Abs. 2 BBiG),[740] die Berufsbildung zur Vermittlung der Fähigkeiten und Kenntnisse für eine qualifizierte berufliche Tätigkeit (§ 1 Abs. 3 BBiG)[741] sowie die Fortbildung (§ 1 Abs. 4 BBiG) und die Umschulung (§ 1 Abs. 5 BBiG),[742] die sich beide als „Anpassungs-

---

738 HKT-HwO/*Thiel*, BBiG Einf. Rn. 1.

739 BeckOK-ArbR/*Hagen*, BBiG § 1 Rn. 2; HKT-HwO/*Thiel*, BBiG Einf. Rn. 2.

740 Dazu BeckOK-ArbR/*Hagen*, BBiG § 1 Rn. 4; ErfK/*Schlachter*, BBiG § 1 Rn. 2; MüHdB-ArbR/*Schneider*, § 147 Rn. 26 ff. u. § 148 Rn. 1 ff.

741 BeckOK-ArbR/*Hagen*, BBiG § 1 Rn. 5 ff.; ErfK/*Schlachter*, BBiG § 1 Rn. 4; MüHdB-ArbR/*Schneider*, § 147 Rn. 30 ff.

742 Zur Umschuldung und zur Fortbildung, MüHdB-ArbR/*Schneider*, § 147 Rn. 46 ff.

fortbildung"[743] bezeichnen lassen. § 2 BBiG und § 3 BBiG dienen ebenfalls der Beschreibung des Anwendungsbereichs des Gesetzes, indem sie den Lernort (§ 2 BBiG) und die ausgeschlossenen Bildungsformen (§ 3 BBiG) benennen.[744] Der dritte Teil des Gesetzes befasst sich ferner mit der Organisation der Berufsbildung (§§ 71–83 BBiG), der vierte sowie der fünfte Teil betreffen die Forschung zur Berufsbildung (§§ 84–88 BBiG) sowie das dafür zuständige Bundesinstitut für Berufsbildungsforschung (§§ 89–100 BBiG).[745] Abgeschlossen wird das Gesetz durch Bußgeld- (§ 101 BBiG) sowie Übergangs- und Schlussvorschriften (§§ 102–106 BBiG).

Die zentralen Bestimmungen zur Ausgestaltung des Ausbildungsvertragsverhältnisses enthält der zweite Teil des Gesetzes und mithin die §§ 4–70 BBiG, die für die verschiedenen Formen der Berufsbildung jeweils spezielle Vorgaben definieren.[746] Insbesondere ist dabei der Ausschließlichkeitsgrundsatz des § 4 Abs. 3, 4 BBiG zu nennen, der für bestimmte anerkannte Ausbildungsberufe (vgl. § 90 Abs. 3 Nr. 3 BBiG) die Anwendung der Ausbildungsordnung (vgl. § 5 BBiG)[747] vorschreibt und gleichzeitig die Möglichkeiten zur Berufsbildung Minderjähriger auf die anerkannten Ausbildungsberufe beschränkt.[748] Zentral sind daneben die Vorgaben zum Ausbildungsvertrag in §§ 10–12 BBiG, die Pflichten der Auszubildenden in §§ 13 ff. BBiG, die Regelungen zur Vergütung in §§ 17 ff. BBiG sowie die Vorgaben zum Beginn und zum Ende der Berufsausbildung in §§ 20–22 BBiG.[749] Abgeschlossen wird dieser Teil durch spezielle Schadenersatzregelungen (§ 23 BBiG), Regelungen zu den Folgen der Weiterarbeit nach dem Ende des Ausbildungsverhältnisses (§ 24 BBiG) und der Anordnung der entsprechenden Geltung vieler Vorgaben dieses Teils des BBiG auf andere Vertragsverhältnisse, die weder Arbeits- noch Berufsausbildungsverhältnisse sind (§ 26 BBiG), womit insbesondere Praktika erfasst werden[750]. Die Regelung des Günstigkeitsprinzips für die arbeitsvertraglichen Bestimmungen des Berufsbildungsgesetzes enthält § 25 BBiG.[751]

---

743 MüHdB-ArbR/*Schneider*, § 147 Rn. 46.

744 MüHdB-ArbR/*Schneider*, § 147 Rn. 7 f.

745 MüHdB-ArbR/*Schneider*, § 147 Rn. 9.

746 MüHdB-ArbR/*Schneider*, § 147 Rn. 9; HKT-HwO/*Thiel*, BBiG Einf. Rn. 5.

747 Zu den Inhalten, BeckOK-ArbR/*Hagen*, BBiG § 5 Rn. 2 ff.; ErfK/*Schlachter*, BBiG § 5 Rn. 1 ff.

748 BeckOK-ArbR/*Hagen*, BBiG § 4 Rn. 6 ff.; ErfK/*Schlachter*, BBiG § 4 Rn. 1; MüHdB-ArbR/*Schneider*, § 147 Rn. 10.

749 HKT-HwO/*Thiel*, BBiG Einf. Rn. 5.

750 HKT-HwO/*Olthaus*, BBiG § 26 Rn. 6; ErfK/*Schlachter*, BBiG § 26 Rn. 3.

751 ErfK/*Schlachter*, BBiG § 25 Rn. 1.

I. Sinn und Zweck des Berufsbildungsgesetzes

Das BBiG zielt insbesondere darauf ab, die Regelungen zur Berufsbildung bundesweit zu vereinheitlichen und dabei ein Umfeld zu schaffen, in dem sich die Arbeitnehmer an die sich ändernden technischen und ökonomischen Verhältnisse anpassen und diese zu ihrem Vorteil nutzen können.[752] Es beinhaltet somit Vorschriften zur öffentlich-rechtlichen Gestaltung der Berufsausbildung sowie das Sonderarbeitsrecht für Auszubildende.[753] Dafür werden die wesentlichen Rechte und Pflichten des Vertragsverhältnis bestimmt, während ergänzende Vorgaben aus allgemeinen arbeitsrechtlichen Rechtsgrundsätzen und Regelungen zu entnehmen sind (vgl. § 10 Abs. 2 BBiG).[754] Dadurch soll sichergestellt werden, dass Auszubildende innerhalb des privatrechtlichen Berufsausbildungsvertragsverhältnis[755] wenigstens wie Arbeitnehmer geschützt werden und insbesondere für minderjährige Auszubildende sind darüber hinaus die speziellen Vorgaben des Jugendarbeitsschutzes beachtlich (§ 15 Abs. 3 BBiG).[756] Die Regelungen des BBiG erfassen daher auch nur in wenigen Punkten klassische Aspekte des Arbeitnehmerschutzes (vgl. § 15 BBiG im Sinn einer Arbeitszeitregelung), sondern beinhalten Regelungen, die dem Zweck der Berufsausbildung dienen,[757] wozu insbesondere spezifische Verhaltenspflichten zählen, die den Erfolg der Ausbildung sicherstellen sollen (§§ 13 f. BBiG)[758]. Die Regelungen tragen auch der vermeintlichen Unerfahrenheit von Auszubildenen Rechnung und verhindern, dass die besondere Abhängigkeit, die sich aus dem Fehlen einer Berufsausbildung ergibt, zu missbräuchlichen Vertragsgestaltungen führt (vgl. § 12 Abs. 2 BBiG u. § 17 BBiG)[759]. Ferner wird insbesondere die Berufsfreiheit der Auszubildenden geschützt und ein Beschränkungsverbot der Berufsausübung (vgl. § 12 Abs. 1 BBiG)[760] sowie Vorgaben zur Beendigung des Ausbildungsverhältnisses gemacht (§ 22 BBiG).

---

[752] BT-Ds. V/4260, S. 2.

[753] NK-GArbR/*Heiß*, BBiG §§ 1–3, Rn. 1.

[754] BT-Ds. V/4260, S. 5.

[755] So ausdrücklich, BT-Ds. V/4260, S. 5; MüHdB-ArbR/*Schneider*, § 147 Rn. 50. Die Rechtsnatur des Berufsausbildungsverhältnisses ist aber strittig, jedoch spielt der Streit infolge von § 3 Abs. 2 BBiG in der Praxis keine Rolle, HKT-HwO/*Olthaus*, BBiG § 10 Rn. 8 [m. w. N.]; ErfK/*Schlachter*, BBiG § 10 Rn. 4; MüHdB-ArbR/*Schneider*, § 147 Rn. 33.

[756] BT-Ds. V/4260, S. 5.

[757] MüHdB-ArbR/*Schneider*, § 147 Rn. 34.

[758] Vgl. MüHdB-ArbR/*Schneider*, § 149 Rn. 56.

[759] Vgl. BT-Ds. 19/10815, S. 57.

[760] BeckOK-ArbR/*Hagen*, BBiG § 12 Rn. 1; HKT-HwO/*Olthaus*, BBiG § 12 Rn. 1; ErfK/*Schlachter*, BBiG § 12 Rn. 1.

Das BBiG ist mithin jedenfalls in diesem Teil ein Gesetz zum Schutz des Auszubildenden,[761] das mit seinen Regelungen zum Berufsausbildungsvertrag in Teilen die Angemessenheit der Arbeitsbedingungen an sich absichert, darüber hinaus aber auch weitere Schutzziele verfolgt. Diese auf die Verwirklichung der beruflichen Qualifizierung gerichteten Ziele sind im Ausbildungsvertragsverhältnis jedoch ebenso einer strukturellen Unterlegenheit ausgesetzt, wie die Regelungen zum Arbeitsvertragsrecht, sodass ihre Verwirklichung ebenfalls durch dieses Ungleichgewicht gefährdet wird. Dabei betrifft das BBiG eine Vertragsbeziehung, in der infolge der Unerfahrenheit und auch des Fehlens einer Berufsausbildung eine besondere Abhängigkeit besteht, die tendenziell zu einer Vergrößerung des strukturellen Ungleichgewichts führt.[762]

II. Historie des Berufsbildungsgesetzes

Das BBiG ist am 01.09.1969 in Kraft getreten[763] und diente dabei der Vereinheitlichung der bis dahin lediglich fragmentarisch geregelten und teilweise auf veralteten Vorschriften beruhenden Rechtslage.[764] Mit Wirkung zum 01.04.2005 wurde es selbst erstmals durch das Gesetz zur Reform der beruflichen Bildung vom 23.03.2005[765] grundlegend reformiert und hat seitdem eine Reihe von Änderungen erfahren, die Aufgrund ihrer Anzahl und ihres Umfangs hier nicht umfassend dargestellt werden können. Zu nennen sind aber jedenfalls das Gesetz zur Modernisierung und Stärkung der beruflichen Bildung vom 12.12.2019[766], mit dem vor allem die Ausbildungsvergütung neu geregelt und eine Mindestausbildungsvergütung eingeführt wurde.[767] Mit den letzten Änderungen durch das Berufsbildungsvalidierungs- und -digitalisierungsgesetz vom 19.07.2024 wurden ferner die Vorschriften an die Digitalisierung des Rechtsverkehrs angepasst[768] und eine Möglichkeit zur Anerkennung individuell erworbener beruflicher Handlungsfähigkeit geschaffen[769].

Die Kodifikation des Günstigkeitsprinzips war bereits in der ersten Fassung des Gesetzes enthalten, damals jedoch in § 18 BBiG verankert. Durch das Berufsbildungsreformgesetz vom 20.03.2005 wurde die Vorschrift in § 25 BBiG überführt, ohne dass es dabei zu inhaltlichen Änderungen kam. Ange-

---

761 NK-GArbR/*Heiß*, BBiG §§ 1–3, Rn. 11.

762 NK-GArbR/*Heiß*, BBiG §§ 24–26, Rn. 10.

763 Berufsbildungsgesetz v. 14.08.1969, BGBl. I 1969, S. 1112.

764 BT-Ds. V/4260, S. 2.

765 BGBl. I 2005, S. 931.

766 BGBl. I 2019, S. 2522.

767 Vgl. MüHdB-ArbR/*Schneider*, § 147 Rn. 6.

768 BT-Ds. 20/10857, 31; BeckOK-ArbR/*Hagen*, BBiG § 1 Rn. 3a.

769 BT-Ds. 20/10857, 32.

passt wurde jedoch die Benennung der begünstigten Vertragspartei des Abweichungsverbots, wobei nun das substantivierte Partizip I „Auszubildender" statt „des Auszubildenden" verwendet wird. Damit soll jedoch keine inhaltliche Änderung, sondern nur die sprachliche Gleichstellung von Mann und Frau zum Ausdruck gebracht werden.[770] Die hier relevante Regelung ist mithin seit der Schaffung des BBiG nahezu unverändert Bestandteil der gesetzlichen Regelung.

B. Unabdingbarkeit nach § 25 BBiG

I. Auslegung des § 25 BBiG im Hinblick auf den verbleibenden Regelungsspielraum der Vertragsparteien

Im Hinblick auf den verbleibenden Regelungsspielraum der Arbeitsvertragsparteien ergeben sich aus dem Wortlaut und der Systematik des § 25 BBiG keine Besonderheiten. Beide sind mit den bereits bisher betrachteten Vorschriften weitgehend vergleichbar. Dabei enthält § 25 BBiG ebenfalls keinen Tarifvorbehalt[771] und ferner ist darauf hinzuweisen, dass die Norm nicht nur die speziellen Inhalte des Berufsausbildungsvertrags erfasst, sondern auch die Geltung der nach § 10 Abs. 2 BBiG ebenfalls zu berücksichtigenden Regelungen.[772] Auch im Hinblick auf die Historie der Vorschrift ergeben sich keine weiteren Erkenntnisse und insofern kann lediglich an die Absicht des historischen Gesetzgebers angeknüpft werden, der sich jedoch wie bei den anderen Vorschriften auf die Wiedergabe des Regelungstextes beschränkt.[773]

Im Hinblick auf den Sinn und Zweck der Vorschrift ergeben sich auch keine grundlegenden Besonderheiten. Auch § 25 BBiG ist darauf gerichtet, die von ihm erfassten Vorschriften als Mindeststandards zum Schutz der Auszubildenden auszugestalten und damit deren tatsächliche Verwirklichung im Vertragsverhältnis sicherzustellen.[774] Dabei ist zu berücksichtigen, dass die Regelungen zum Berufsausbildungsverhältnis gerade junge beruflich unerfahrene Personen betreffen, die teilweise sogar minderjährig sind. Dementsprechend ist in dieser vertraglichen Situation sogar von einer besonderen strukturellen Unterlegenheit auszugehen und mithin sogar ein besonderer

---

[770] BT-Ds. 15/3980, S. 47.

[771] BeckOK-ArbR/*Hagen*, BBiG § 25 Rn. 2; HKT-HwO/*Olthaus*, BBiG § 25 Rn. 2; ErfK/*Schlachter*, BBiG § 25 Rn. 1; MüHdB-ArbR/*Schneider*, § 147 Rn. 23.

[772] HKT-HwO/*Olthaus*, BBiG § 25 Rn. 1; ErfK/*Schlachter*, BBiG § 25 Rn. 1.

[773] Vgl. BT-Ds. V/4260, S. 11.

[774] NK-GArbR/*Heiß*, BBiG §§ 24–26, Rn. 9; HKT-HwO/*Olthaus*, BBiG § 25 Rn. 1; ErfK/*Schlachter*, BBiG § 25 Rn. 1; Schaub/ArbR-HdB/*Vogelsang*, § 174 Rn. 94.

Schutzbedarf zu unterstellen, der beispielsweise im Zweifelsfall berücksichtigt werden kann.[775]

Dieser Bedarf kann auch im Rahmen der verfassungsrechtlichen Auslegung berücksichtigt werden und auf Basis dieses höheren Schutzbedarfs sind auch die Regelungen zur Berufsausbildung in den bisher beschriebenen Grenzen des Übermaßverbots als verhältnismäßige Beschränkungen der Vertragsfreiheit anzusehen. Ebenso kann dieser erhöhte Schutzbedarf bei der Betrachtung der Schutzpflichten des Gesetzgebers berücksichtigt werden, die sich im Zusammenhang mit der Berufsausbildung insbesondere aus dem Recht zur freien Berufswahl aus Art. 12 GG ergeben können.[776] Angesichts der Bedeutung des Erwerbs beruflicher Qualifikationen für den Arbeitnehmer besteht jedenfalls ohne Schutz durch den Gesetzgeber die Gefahr, dass das Ausbildungsverhältnis als günstiges Arbeitsverhältnis eingesetzt wird. Ferner hat der Auszubildende eine besondere Konfliktsituation, wenn er mit seinen erworbenen Fähigkeiten in übermäßiger Weise an den Ausbildenden gebunden wird, weil er dann entweder keine formale Qualifikation und mithin nur schwer einen Beruf erlangen kann oder langfristig an den erworbenen Beruf und den jeweiligen Arbeitgeber in einer besonderen Abhängigkeit gebunden ist.

Diese besonderen Umstände treten zu den spezifischen Besonderheiten der arbeitsvertraglich geprägten Rechtsbeziehung hinzu und aus hiesiger Sicht genügt dies, in dieser Beziehung von einer Schutzpflicht auszugehen. Der Gesetzgeber ist mithin zumindest abstrakt verpflichtet Regelungen zu schaffen, die sicherstellen, dass der Erwerb von Qualifikationen für die Berufsausübung nicht die Berufsfreiheit des Art. 12 Abs. 1 GG konterkariert und sofern diese Qualifikationen vornehmlich in einer privatrechtlich geprägten Beziehung erworben werden können, ist dieser Schutzbedarf bei der Gestaltung dieser Rechtsbeziehung zu beachten.[777] Insbesondere für die einschlägigen Regelungen des § 12 BBiG kann daher davon ausgegangen werden, dass diese Ausdruck der Schutzpflicht aus Art. 12 Abs. 1 GG sind[778] und ihre effektive Verwirklichung durch das Verfassungsrecht vorgezeichnet wird, solange der Erwerb beruflicher Qualifikationen vor allem im Rahmen der betrieblichen Berufsausbildung erfolgt. Zur Sicherung der damit verbundenen Schutzpflichten ist die einseitig zwingende Ausgestaltung auch besonders effektiv, aber auch in dieser Konstellation könnte eine entsprechende Anwendung der Generalklauseln durch die Fachgerichte ein hinreichendes Schutzniveau verwirklichen, weshalb nicht davon auszugehen ist, dass sich der Ge-

---

775 NK-GArbR/*Heiß*, BBiG §§ 24 – 26, Rn. 10.

776 Vgl. BAG v. 25.04.2001 – 5 AZR 509/99, BAGE 97, 333 [unter I. 2.]; ErfK/*Schlachter*, BBiG § 12 Rn. 1.

777 Wohlgemuth/Pepping/BBiG/*Pepping*, BBiG § 25 Rn. 6.

778 ErfK/*Schlachter*, BBiG § 12 Rn. 1.

staltungsspielraum des Gesetzgebers zu einer Pflicht konkretisiert, die Regelungen des Berufsbildungsgesetzes einseitig zwingend auszugestalten.

Insgesamt sind mithin die bisherigen Auslegungsergebnisse übertragbar. Auch für § 25 BBiG ist davon auszugehen, dass die Regelung allen Abweichungen entgegensteht, die zuungunsten des Auszubildenen wirken. Dies gilt auch im Einzel- oder Zweifelsfall. Abweichungen mit gleichwertiger Wirkung sind auf Basis dieser Auslegungsergebnisse jedoch ebenso wie günstigere Regelungen mit § 25 BBiG vereinbar.

II. Auslegung des § 25 BBiG im Hinblick auf den Günstigkeitsvergleich

Die Regelung des § 25 BBiG ist auch im Hinblick auf die Kriterien des Günstigkeitsvergleichs mit den bisher betrachteten Regelungen vergleichbar. Der individuelle Einzelvergleich zum Zeitpunkt des erstmaligen Aufeinandertreffens der Regelungen wird auch für § 25 BBiG durch die dienende Funktion für den Mindeststandard vorgegeben. Gerade angesichts der verstärkten strukturellen Unterlegenheit ist davon auszugehen, dass Kompensationen von Unterschreitungen zuungunsten des Auszubildenden weder in zeitlicher noch in sachlicher Hinsicht möglich sein sollen. Ferner ist auch hier für die Maßstabsbildung an die Zielsetzung des Gesetzgebers anzuknüpfen, die neben dem Schutz der Auszubildenden vor allem in der Verwirklichung der Ziele der Ausbildung besteht. Dementsprechend kann weder die subjektive Präferenz des Auszubildenden noch die Einschätzung verständiger Auszubildender für die Bewertung maßgeblich sein und es wäre auch fraglich, worin der Unterschied zur Einschätzung eines verständigen Arbeitnehmers bestehen sollte. Mithin bestätigt auch die Betrachtung des BBiG die Vorteilhaftigkeit des objektiv-normativen Maßstabs, der eine klare Anknüpfung ermöglicht und die Verwirklichung der gesetzlich geschützten Interessen sicherstellt, während insbesondere der objektivierte Maßstab mit Abgrenzungsproblemen verbunden ist.

In der Literatur werden die Kriterien nur selten vollumfänglich betrachtet. Weitgehende Einigkeit besteht aber darüber, dass der Vergleich objektiv-normativ durchzuführen ist.[779] Nur vereinzelt werden ausdrücklich auch subjektive Elemente berücksichtigt.[780] Teilweise wird der objektive Vergleich aber auch von der Betrachtung des individuellen Falls abgegrenzt[781] und deutet damit eher auf die Durchführung eines abstrakten Vergleichs hin. Überwie-

779 BeckOK-ArbR/*Hagen*, BBiG § 25 Rn. 2; NK-GArbR/*Heiß*, BBiG §§ 24–26, Rn. 9; HKT-HwO/*Olthaus*, BBiG § 25 Rn. 3; Wohlgemuth/Pepping/BBiG/*Pepping*, BBiG § 25 Rn. 6; ErfK/*Schlachter*, BBiG § 25 Rn. 1.

780 MüHdB-ArbR/*Schneider*, § 149 Rn. 5.

781 DHSW-ArbR/*Herrmann*, BBiG § 25 Rn. 1.

gend wird ein Einzelvergleich vertreten,[782] durch einzelne Stimmen aber auch eine Gesamtschau, bei der Kompensationen jedoch ausdrücklich nicht zugelassen werden[783].

Auch die Rechtsprechung führt einen objektiven Vergleich durch,[784] ist dabei aber nicht konsequent, wenn sie zur Bewertung einer Probezeitunterbrechung zwar einerseits auf den Zweck der Probezeit[785] andererseits aber auf die Sichtweise des Auszubildenen abstellt,[786] indem sie betont, dass ihm dadurch eine „zweite Chance" ermöglicht wird[787]. Das BAG führt ferner einen gemeinsamen Vergleich der Vorschriften durch, die in einem inneren Zusammenhang stehen.[788] In der Entscheidung wurde die Wirkung einer Probezeitverlängerung betrachtet, wobei insoweit zutreffend davon ausgegangen wurde, dass die Betrachtung der Verlängerung der Probezeit ohne die damit verbundene Kündigungsmöglichkeit nicht zielführend ist[789]. Das Vorgehen entspricht mithin dem Ensemblevergleich, der nach dem hiesigem Verständnis ein Einzelvergleich der Wirkungen ist, weshalb aus den Ausführungen des BAG auch keine grundlegende Ablehnung dieser Vergleichsform herausgelesen werden muss.

C. Behandlung günstigkeitsvariabler und ambivalenter Vereinbarungen

Für die Behandlung der günstigkeitsvariablen und ambivalenten Vereinbarungen ergeben sich auf Basis der vorstehenden Ergebnisse keine anderen Resultate als bei den bereits betrachteten Vorschriften. Ebenso wie bei diesen Vorschriften sind die mit solchen Abweichungen verbundenen Wirkungen auch mit § 25 BBiG nicht vereinbar, weil sie die gesetzlich geschützten Interessen zeitweise oder teilweise unterschreiten. Abseits der günstigeren Abweichungen sind allein gleichwertige und in diesem Sinn neutrale Vereinbarungen

[782] Wohl auch NK-GArbR/*Heiß*, BBiG §§ 24 – 26, Rn. 9; DHSW-ArbR/*Herrmann*, BBiG § 25 Rn. 1; Wohlgemuth/Pepping/BBiG/*Pepping*, BBiG § 25 Rn. 6, Fn. 14, auch zur mangelnden Klarheit einiger Stellungnahmen der Literatur; MüHdB-ArbR/*Schneider*, § 149 Rn. 5.

[783] HKT-HwO/*Olthaus*, BBiG § 25 Rn. 3; zur Gesamtschau auch Schaub/ArbR-HdB/*Vogelsang*, § 174 Rn. 1.

[784] BAG v. 09.06.2016 – 6 AZR 396/15, AP BBiG § 20 Nr. 3, Rn. 19.

[785] BAG v. 09.06.2016 – 6 AZR 396/15, AP BBiG § 20 Nr. 3, Rn. 24 ff.

[786] BAG v. 09.06.2016 – 6 AZR 396/15, AP BBiG § 20 Nr. 3, Rn. 20 ff.

[787] BAG v. 09.06.2016 – 6 AZR 396/15, AP BBiG § 20 Nr. 3, Rn. 22.

[788] BAG v. 09.06.2016 – 6 AZR 396/15, AP BBiG § 20 Nr. 3, Rn. 19.

[789] Insoweit zutreffend, BAG v. 09.06.2016 – 6 AZR 396/15, AP BBiG § 20 Nr. 3, Rn. 20 f.

mit § 25 BBiG vereinbar. Auch auf das BBiG ist die Rechtsprechung des BAG zum EntgFG daher nicht zu übertragen.

Als günstigkeitsvariable Vereinbarungen kommen im Rahmen des BBiG ebenfalls Abweichungen von Fristbestimmungen in Betracht, die zu einem früheren oder späteren Ablauf der jeweiligen gesetzlichen Frist führen.[790] Ambivalente Wirkungen können hingegen Abweichungen von den in § 13 BBiG und § 14 BBiG enthaltenen Handlungspflichten haben, sofern sie nicht klar zugunsten der Berufsbildung wirken. Ambivalent in diesem Sinn und mithin unwirksam wären daher Vereinbarungen, die es Auszubildenden entgegen § 15 Abs. 1 S. 1 BBiG ermöglicht, auf freiwilliger Basis bereits vor der Berufsschule zu arbeiten, wenn der Berufsschulunterricht vor 9 Uhr beginnt. Angesichts der damit verbundenen Möglichkeiten auch früher Feierabend zu machen und ggf. Wegzeiten angerechnet zu bekommen (vgl. § 15 Abs. 2 Nr. 1 BBiG), mag die Möglichkeit jedenfalls für einige Auszubildende günstiger erscheinen. Selbst als Wahlrecht kann eine solche Vereinbarung jedoch den zwingenden Arbeitnehmerschutz und das mit § 15 Abs. 1 S. 1 BBiG verbundene Beschäftigungsverbot[791] nicht unterlaufen, weshalb eine solche Abweichung als ambivalent wirkende Vereinbarung unwirksam ist.

Gleiches gilt für Verlängerungen oder Verkürzungen der Probezeit des § 20 BBiG, deren Wirkung angesichts der beidseitigen Schutzrichtung ebenso ambivalent ist, wie die von Kündigungsfristen.[792] Dies ergibt sich aus dem auch vom BAG durchgeführten Ensemblevergleich beider Vorgaben, denn abseits der sich daraus ergebenden erleichterten Kündigungsmöglichkeit lässt sich die Wirkung einer Probezeitveränderung kaum bewerten.[793] Zutreffend ist auch die Annahme, dass die Probezeit der Erprobung dient[794] und diese nur erfolgen kann, wenn die Tätigkeit nicht unterbrochen wird.[795] Die Vereinbarung der Verlängerung einer vereinfachten Kündigungsmöglichkeit kann aber auch nicht ohne das Bestandsinteresse des Auszubildenden bewertet werden, zumal der Gesetzgeber diesem in § 20 BBiG ein höheres Gewicht beimisst als in § 622 Abs. 3 BGB, indem er den maximalen Zeitraum von sechs auf vier Monate verkürzt. Unzutreffend ist daher die Auffassung des BAG, dass solche Vereinbarungen nicht zuungunsten des Auszubildenden von § 20 BBiG abweichen,[796] sondern vielmehr verletzen sie das Bestandsinteresse, und sofern

---

[790] Dazu Teil 4 § 14 Abschnitt D. II. 2.

[791] So das zutreffende Verständnis bei BeckOK-ArbR/*Hagen*, BBiG § 15 Rn. 5a.

[792] Vgl. BAG v. 09. 06. 2016 – 6 AZR 396/15, AP BBiG § 20 Nr. 3, Rn. 20 f.

[793] Vgl. BeckOK-ArbR/*Hagen*, BBiG § 20 Rn. 4.

[794] BeckOK-ArbR/*Hagen*, BBiG § 20 Rn. 2; HKT-HwO/*Olthaus*, BBiG § 25 Rn. 1.

[795] Vgl. BAG v. 09. 06. 2016 – 6 AZR 396/15, AP BBiG § 20 Nr. 3, Rn. 20 f.

[796] BAG v. 09. 06. 2016 – 6 AZR 396/15, AP BBiG § 20 Nr. 3, Rn. 20; wohl zustimmend, BeckOK-ArbR/*Hagen*, BBiG § 20 Rn. 5; DHSW-ArbR/*Herrmann*, BBiG § 20

man sie im Licht des Günstigkeitsprinzips betrachtet, können sie nicht vereinbart werden.

Anders als das BAG annimmt, handelt es sich dabei jedoch vorrangig auch nicht um eine Frage der Günstigkeit, sondern um die Auslegung des gesetzlichen Mindeststandards und es ist zu fragen, inwieweit die Anknüpfung an die tatsächliche Beschäftigungsdauer in der Probezeit selbst angelegt[797] und mithin bereits Teil des materiellen Standards des § 20 BBiG ist. Abschließend zu klären ist diese Frage hier nicht, jedoch erscheint auf Basis der besonderen Bedeutung der Probezeit im Zusammenhang mit der Berufsausbildung und dem ausdrücklichen Willen des Gesetzgebers, dass die Probezeit durch Unterbrechungen der Ausbildung ebenfalls unterbrochen wird,[798] eher eine entsprechende teleologische Auslegung der Vorschrift angezeigt. Angesichts der Vorgaben des Art. 8 Abs. 1 Arbeitsbedingungen-RL zur maximalen Länge einer Probezeit wäre ein entsprechendes Verständnis für § 622 Abs. 3 BGB und die damit verbundene Verlängerungsmöglichkeit über sechs Monate hinaus aber nicht unionsrechtskonform, weshalb dafür ein Abgrenzungskriterium gefunden werden müsste. Inwieweit der besondere Zweck der Berufsausbildung dafür genügt, kann hier dahingestellt bleiben, aber es verdeutlicht, dass die interessengerechte Bestimmung der gesetzlich erfassten Interessen die notwendige Basis eines Günstigkeitsvergleichs ist. Je nachdem wie diese Bestimmung dabei im Zusammenhang mit der Probezeit konkret erfolgt, würde sich eine vertragliche Verlängerung um Unterbrechungen, die der Erprobung entgegenstehen, entweder als ungünstigere oder als gleichwertige Vereinbarung erweisen. Eine günstigere Wirkung als dem Gesetz kann ihr jedoch ebenso wenig zukommen, wie eine Verkürzung des Erprobungszeitraums[799].

Insgesamt entsprechen die Ergebnisse zur Betrachtung günstigkeitsvariabler und ambivalenter Vereinbarungen damit den bereits getroffenen Feststellungen. Beide Arten von Vereinbarungen können vorkommen, sind aber als teilweise oder zeitweise ungünstigere Abweichungen zu betrachten und mithin unwirksam. Das gilt auch für die von der Rechtsprechung anerkannten vertraglichen Regelungen zur Vereinbarung der Verlängerung von Probezeiten nach § 20 BBiG um Zeiten der Unterbrechung der Ausbildung, sofern man den Begriff der Probezeit nicht bereits entsprechend auslegen kann.

Rn. 3; ErfK/*Schlachter*, BBiG § 20 Rn. 1 u. § 25 Rn. 1; zweifelnder HKT-HwO/*Olthaus*, BBiG § 25 Rn. 4.

797 BAG v. 09.06.2016 – 6 AZR 396/15, AP BBiG § 20 Nr. 3, Rn. 24.

798 BT-Ds V/4260, S. 10.

799 Zu letzterem DHSW-ArbR/*Herrmann*, BBiG § 20 Rn. 2; HKT-HwO/*Olthaus*, BBiG § 20 Rn. 3.

D. Ergebnis der Betrachtung des Günstigkeitsprinzips im Berufsbildungsgesetz

Für das BBiG lässt sich mithin feststellen, dass es trotz seiner besonderen Regelungsmaterie keine Besonderheiten in Bezug auf das Günstigkeitsprinzip aufweist. Auch hierbei handelt es sich um einen absoluten Standard, dessen Einhaltung im Wege eines punktuellen und individuellen ex-ante-Vergleichs für jede einzelne Vorschrift durchzuführen ist. Die Auswirkungen sind dabei für den einzelnen Anspruch objektiv und mithin auf Basis der gesetzlich erfassten Interessen zu bewerten.

Günstigkeitsvariable und ambivalente Abweichungen sind daher mit § 25 BBiG ebenso wenig vereinbar, wie mit den bisher betrachteten Kodifikationen. Als Abweichungen, die teilweise oder zeitweise den gesetzlichen Mindeststandard verletzen, widerspricht ihre Vereinbarung der dienenden Funktion des § 25 BBiG für diesen Standard. Vereinbart werden können daher allein neutrale vertragliche Regelungen, deren Günstigkeit gleichwertig zur gesetzlichen Regelung ist. Abseits von Vereinbarungen zur Probezeit nach § 20 BBiG dürften solche vertraglichen Abweichungen aber auch im Anwendungsbereich des BBiG nicht relevant sein.

§ 23 Betrachtung des Günstigkeitsprinzips im Betriebsrentengesetz

A. Überblick über das Betriebsrentengesetz

Das BetrAVG enthält Vorgaben für die betriebliche Altersversorgung der Arbeitnehmer. Den sachlichen Anwendungsbereich definiert es mit dem Begriff der betrieblichen Altersversorgung in § 1 Abs. 1 BetrAVG[800] und beschreibt die Durchführungswege der betrieblichen Altersversorgung[801]. Darüber hinaus enthält es Bestimmungen zur Finanzierung und Durchführung (§ 1 Abs. 2 BetrAVG sowie § 1b Abs. 2–4 BetrAVG) sowie weitere Modalitäten der betrieblichen Altersversorgung (§§ 2–6 BetrAVG sowie § 16 BetrAVG). Einen weiteren Teil des Gesetzes bildet die Absicherung unmittelbarer Versorgungszusagen gegen eine Insolvenz des Arbeitgebers (§§ 7–15 BetrAVG).[802]

---

800 Zu den Voraussetzungen der betrieblichen Altersversorgung KBHB-BetrAVG/*Kisters-Kölkes*, § 1 Rn. 1 ff.; NK-GArbR/*Vienken*, BetrAVG § 1 Rn. 8 ff.

801 Dazu KBHB-BetrAVG/*Kisters-Kölkes*, § 1 Rn. 77 ff.; NK-GArbR/*Vienken*, BetrAVG § 1 Rn. 45 ff.

802 Zum System der Insolvenzsicherung, KBHB-BetrAVG/*Berenz*, § 7 Rn. 1 ff.; NK-GArbR/*Vienken*, BetrAVG § 7 Rn. 1.

§ 17 Abs. 1 BetrAVG definiert den persönlichen Anwendungsbereich des Gesetzes, der sich grundsätzlich auf Arbeiter, Angestellte sowie die zu ihrer Berufsausbildung Beschäftigten erstreckt, sofern diese in der gesetzlichen Rentenversicherung pflichtversichert sind.[803] Ferner wird angeordnet, dass die Insolvenzsicherung Arbeitgeber des öffentlichen Dienstes nicht erfasst (§ 17 Abs. 2 BetrAVG)[804] und dass andere gesetzliche Regelungen über die Leistungen der betrieblichen Altersversorgung durch einzelne Vorgaben des BetrAVG nicht berührt werden (§ 17 Abs. 3 BetrAVG)[805]. § 18 BetrAVG enthält darüber hinaus umfangreiche Sonderregelungen für den öffentlichen Dienst[806] und § 18a BetrAVG umfassende Vorgaben für Verjährung der Ansprüche auf die betriebliche Altersversorgung[807].

§ 19 BetrAVG regelt unter der Überschrift „Tariföffnungsklausel" vor allem den für Tarifverträge geltenden Abweichungsspielraum (§ 19 Abs. 1 BetrAVG)[808] und ordnet die Geltung abweichender tariflicher Regelungen auch zwischen nicht tarifgebundenen Arbeitsvertragsparteien an, sofern die Geltung des Tarifvertrags zwischen diesen vereinbart wird (§ 19 Abs. 2 BetrAVG)[809]. Abseits der speziellen Regelung des § 19 Abs. 1 BetrAVG gilt gem. § 19 Abs. 3 BetrAVG hingegen als Grundregel ein einseitiges Abweichungsverbot, das vertraglichen Vereinbarungen entgegensteht, die zuungunsten des Arbeitnehmers von den gesetzlichen Regelungen abweichen.[810] Die §§ 20 ff. BetrAVG enthalten vor allem Bestimmungen mit Bezug zu tarifvertraglich vorgesehenen Altersversorgungssystemen und dabei insbesondere die Möglichkeit zur Gewährung reiner Beitragszusagen. Die §§ 26 ff. BetrAVG schließen das Gesetz mit einer Reihe intertemporaler Schlussbestimmungen ab.

---

803 KBHB-BetrAVG/*Huber*, § 17 Rn. 2 ff.; NK-GArbR/*Vienken*, BetrAVG § 17 Rn. 1.

804 KBHB-BetrAVG/*Huber*, § 17 Rn. 21 ff.; NK-GArbR/*Vienken*, BetrAVG § 17 Rn. 14.

805 KBHB-BetrAVG/*Huber*, § 17 Rn. 31 ff.; NK-GArbR/*Vienken*, BetrAVG § 17 Rn. 18.

806 NK-GArbR/*Vienken*, BetrAVG § 18 Rn. 1, zu den Hintergründen.

807 KBHB-BetrAVG/*Huber*, § 18a Rn. 2.

808 Jeweils ausführlich zu den tarifdispositiven Vorschriften, KBHB-BetrAVG/*Huber*, § 18a Rn. 2 ff.; NK-GArbR/*Neufeld/Kurtzer*, BetrAVG § 19 Rn. 2 ff.

809 KBHB-BetrAVG/*Huber*, § 18a Rn. 11; NK-GArbR/*Neufeld/Kurtzer*, BetrAVG § 19 Rn. 13.

810 DKL-ArbR/*Böhm*, BetrAVG § 19 Rn. 2; NK-GArbR/*Neufeld/Kurtzer*, BetrAVG § 19 Rn. 1.

I. Sinn und Zweck des Betriebsrentengesetzes

Das BetrAVG ist darauf gerichtet, Vorgaben für die Durchführung und Ausgestaltung der betrieblichen Altersversorgung selbst sowie zur Absicherung der Anwartschaften im Insolvenzfall zu setzen.[811] Gleichzeitig dient es auch der Förderung der betrieblichen Altersversorgung,[812] wobei im Verlauf seiner Existenz dies ein erheblicher Schwerpunkt der Gesetzgebung zum Betriebsrentenrecht wurde.[813] Infolge des Zusammenhangs der betrieblichen Altersversorgung mit der Sicherung der Alterseinkommen der Arbeitnehmer hat das Gesetz ferner eine allgemeine sozialpolitische Zielsetzung, stellt aber keine sozialgesetzliche Regelung dar, sondern versteht sich ausdrücklich als arbeitsrechtliche Regelung.[814] Dies deckt sich mit dem persönlichen Anwendungsbereich des Gesetzes, der gem. § 17 Abs. 1 S. 1 BetrAVG vor allem Arbeitnehmer erfasst.[815] Die Bestimmungen des Gesetzes haben darüber hinaus teilweise arbeitnehmerschützenden Charakter[816] und auch die kollektivrechtlichen Regelungen, die den Tarifvertragsparteien bei der Umsetzung der Altersversorgung eine erhebliche Rolle zukommen lassen,[817] betonen den arbeitsrechtlichen Charakter des Gesetzes.

Trotz seiner arbeitsrechtlichen Natur gilt ein Großteil der Bestimmungen des BetrAVG nicht bereits aufgrund des Abschlusses eines Arbeitsvertrags, sondern vielmehr setzt deren Anwendung abseits des Anspruchs auf Entgeltumwandlung (§ 1a BetrAVG) voraus,[818] dass im Arbeitsverhältnis bereits die Erbringung von Leistungen aus einer betrieblichen Altersversorgung vereinbart wurde.[819] Anders als die bereits betrachteten Normen kommen die Regelungen des BetrAVG daher nicht voraussetzungslos im Arbeitsverhältnis zur Anwendung. Der Gesetzgeber hat jedoch darauf hingewiesen, dass die Normen des BetrAVG dem strukturellen Ungleichgewicht im Arbeitsvertragsverhältnis entgegenwirken, welches der interessengerechten Ausgestaltung der

---

811 BRO-BetrAVG/*Rolfs*, BetrAVG Einl. Rn. 10.

812 BeckOK-ArbR/*Clemens*, BetrAVG § 1 Rn. 1.

813 Vgl. BRO-BetrAVG/*Rolfs*, BetrAVG Einl. Rn. 13 ff.

814 BT-Ds. 7/1281 S. 19.

815 Zur Ausnahme gem. § 17 Abs. 1 S. 3 BetrAVG, BRO-BetrAVG/*Rolfs*, BetrAVG § 17 Rn. 119 ff.; zur Erweiterung gem. § 17 Abs. 1 S. 2 BetrAVG, *Thüsing/Granetzny*, NZG 2010, 449.

816 Ausführlich *Blomeyer*, RdA 2000, 279, 280 f.; BeckOK-ArbR/*Clemens*, BetrAVG § 1 Rn. 1.

817 Bspw. bei der Einführung einer reinen Beitragszusage, vgl. BeckOK-ArbR/*Clemens*, BetrAVG § 21 Rn. 1.

818 Zu deren besonderer Natur, BRO-BetrAVG/*Rolfs*, BetrAVG § 1a Rn. 2.

819 *Blomeyer*, RdA 2000, 279, 284; dies begründet ebenfalls die Einordnung in das privatrechtliche Arbeitsrecht, *Blomeyer*, RdA 2000, 279, 280.

Altersversorgung sonst entgegenstehen könnte.[820] Die betriebliche Altersversorgung hat neben dem Versorgungs- ferner auch Entgeltcharakter[821] und der Arbeitnehmer erbringt seine Leistung auch im Vertrauen auf diesen Teil des Entgelts, weshalb dieser auch besonders geschützt wird und grundsätzlich nicht einseitig wieder eingestellt werden darf.[822] Die Vorschriften des BetrAVG dienen daher sowohl dem Schutz des späteren Versorgungsempfängers sowie des Arbeitnehmers, wobei sich die Besonderheiten der Arbeitsvertragsbeziehung gleichermaßen auf beide Schutzzwecke auswirken. Auch die Regelungen des BetrAVG stellen insofern Vorschriften zum Schutz des Arbeitnehmers dar, die sich als solche – trotz der freiwilligen Natur der Vereinbarung über die betriebliche Altersversorgung[823] – nicht von den bisher betrachteten Vorschriften unterscheiden, auch wenn ihre Zielrichtung nicht auf den unmittelbaren Arbeitnehmerschutz gerichtet ist. In ihrer Schutzfunktion zugunsten der Interessen des Arbeitnehmers können die Regelungen des BetrAVG daher weitgehend mit den bereits betrachteten Gesetzen verglichen werden und sofern eine Vereinbarung getroffen wird, die dem BetrAVG unterliegt, bilden dessen Regelungen daher einen allgemeingültigen Mindeststandard der Ausgestaltung der betrieblichen Altersversorgung.[824] Dies bestätigt, dass das Günstigkeitsprinzip nicht allein dem Schutz der Angemessenheit der Arbeitsbedingungen, sondern der Verwirklichung der Interessen der Arbeitnehmer im weiteren Sinn dient.

II. Historie des Betriebsrentengesetzes

Die betriebliche Altersversorgung in Deutschland ist älter als das BetrAVG selbst[825] und fungierte lange Zeit als Existenzsicherung der Arbeitnehmer.[826] Auch um dieser Bedeutung der Ansprüche für die Arbeitnehmer zu entspre-

---

820 BT-Ds. 7/1281 S. 19.

821 Ständige Rechtsprechung, BAG v. 17.01.2023 – 3 AZR 501/21, BAGE 180, 1 Rn. 39; BAG v. 12.02.2013 – 3 AZR 100/11, BAGE 144, 231 Rn. 32; BAG v. 10.03.1972 – 3 AZR 278/71, AP BGB § 242 Ruhegehalt Nr. 156 [A. II. 2. a)]; BeckOK-ArbR/*Clemens*, BetrAVG § 1 Rn. 4.

822 Vgl. BeckOK-ArbR/*Clemens*, BetrAVG § 1 Rn. 5.

823 Mit Ausnahme der Entgeltumwandlung nach § 1a BetrAVG, auf die ein Anspruch auf Verlangen des Arbeitnehmers bestehen kann, BeckOK-ArbR/*Clemens*, BetrAVG § 1 Rn. 6 sowie zu den Anspruchsvoraussetzungen BeckOK-ArbR/*Clemens*, BetrAVG § 1a Rn. 11 f.

824 Vgl. BT-Ds. 7/1281 S. 19.

825 Zur Historie und der betrieblichen Altersversorgung vor dem BetrAVG, BRO-BetrAVG/*Rolfs*, Einl. Rn. 1 ff.; NK-GArbR/*Vienken*, BetrAVG § 1 Rn. 1.

826 BRO-BetrAVG/*Rolfs*, Einl. Rn. 6.

chen, wurden mit dem BetrAVG[827] erstmals zentrale Aspekte der betrieblichen Altersversorgung gesetzlich geregelt. Die Ansprüche sollten wirkungsvoller und verlässlicher werden, indem deren Verfallbarkeit gesetzlich beseitigt, die Anrechenbarkeit anderer Versorgungsbezüge begrenzt und die Altersgrenzen an die gesetzliche Rentenversicherung angeglichen wurden.[828] Die Funktion der Existenzsicherung trat im Lauf der Zeit insbesondere durch die Verbesserungen des Leistungsniveaus der gesetzlichen Rentenversicherung aber in den Hintergrund und mittlerweile ist die betriebliche Altersversorgung häufig eine Zusatzversorgung,[829] die zur Absicherung des Lebensstandards als sog. zweite Säule die Leistungen des sozialrechtlichen Rentensystems ergänzt.

Darüber hinaus wurde ein System der Insolvenzsicherung geschaffen, um die betriebliche Altersversorgung gegen wirtschaftliche Wechselfälle des jeweiligen Unternehmens abzusichern.[830] Ergänzend wurde eine Regelung für die Anpassung der betrieblichen Versorgung an die Geldentwertung vorgesehen sowie ein Mechanismus, der die Berücksichtigung der Veränderungen der Lebenshaltungskosten bei der Leistungshöhe sicherstellen soll.[831] Ebenso enthielt die Erstfassung des Gesetzes eine mit § 19 BetrAVG vergleichbare Vorschrift, die in der ersten Fassung des Gesetzes aber in § 7 Abs. 1 BetrAVG enthalten war.

Während das Gesetz in den ersten Jahrzehnten nur wenig geändert wurde, hat es seit den späten 1990er Jahren eine Vielzahl von Änderungen erfahren,[832] die verhindern, dass die gesamte Entwicklung des BetrAVG hier abschließend dargestellt werden kann. Bis zum Tag der Einreichung der Arbeit wurde das BetrAVG insgesamt 36-mal geändert, wobei eine erste große Reform des Betriebsrentenrechts durch das Gesetz zur Reform der gesetzlichen Rentenversicherung vom 16. 12. 1997[833] vorgenommen wurde. Anders als bei den vorherigen kleineren Änderungen wurde das Gesetz dabei grundlegend reformiert,[834] wobei die damit verbundenen Änderungen die Rahmenbedingungen der betrieblichen Altersversorgung verbessern,[835] die Verbreitung der betrieblichen Altersversorgung fördern und insgesamt ihre Rolle als zweite Säule der Al-

[827] Gesetz zur Verbesserung der betrieblichen Altersversorgung v. 19. 12. 1974, BGBl. I S. 3610.

[828] BT-Ds. 7/1281 S. 1.

[829] BRO-BetrAVG/*Rolfs*, Einl. Rn. 6.

[830] BT-Ds. 7/2843 S. 5.

[831] BT-Ds. 7/2843 S. 5.

[832] NK-GArbR/*Vienken*, BetrAVG § 1 Rn. 2.

[833] BGBl. I 1997, S. 2998.

[834] BeckOK-ArbR/*Clemens*, BetrAVG § 1 Rn. 2. Teilweise wird von einer Änderung der Dogmatik des BetrAVG gesprochen, *Blomeyer*, RdA 2000, 279, 287; zurückhaltender BRO-BetrAVG/*Rolfs*, Einl. Rn. 12.

[835] BT-Ds. 13/8011 S. 3.

tersvorsorge stärken sollten.[836] Eine identische Zielsetzung wurde auch durch das Gesetz zur Reform der gesetzlichen Rentenversicherung und zur Förderung eines kapitalgedeckten Altersvorsorgevermögens vom 26.06.2001[837] verfolgt. Im Zentrum stand dabei die Förderung der Altersvorsorge aus eigenen Mitteln des Arbeitnehmers, die im Rahmen der betrieblichen Altersversorgung und darüber hinaus gestärkt werden sollte, um zukünftigen Reduzierungen des Leistungsniveaus der gesetzlichen Rentenversicherung entgegenzuwirken.[838] Insbesondere wurde dem Arbeitnehmer dafür ein Anspruch auf Entgeltumwandlung in § 1a BetrAVG eingeräumt sowie neue Durchführungswege der betrieblichen Altersversorgung geschaffen.[839]

Weitere, eher kleinere Änderungen des BetrAVG wurden insbesondere durch das Hüttenknappschaftliche Zusatzversicherungs-Neuregelungsgesetz vom 21.06.2002[840], durch das Alterseinkünftegesetz vom 05.07.2004[841], das Gesetz zur Änderung des Betriebsrentengesetzes und anderer Gesetze vom 02.12.2006[842] und das RV-Altersgrenzenanpassungsgesetz vom 20.04.2007[843] vorgenommen. Das Gesetz zur Reform des Versicherungsvertragsrechts vom 23.11.2007[844] war nur mit redaktionellen Anpassungen an die Reform des VVG verbunden, während das Gesetz über Leistungsverbesserungen in der gesetzlichen Rentenversicherung vom 23.06.2014[845] wieder zu kleineren Anpassungen der materiellen Regelungen des BetrAVG führte. Größere Änderungen brachte erst wieder die Umsetzung der Richtlinie über Mindestvorschriften zur Erhöhung der Mobilität von Arbeitnehmern zwischen den Mitgliedstaaten durch Verbesserung des Erwerbs und der Wahrung von Zusatzrentenansprüchen vom 16.04.2014[846] mit dem Gesetz zur Umsetzung der EU-Mobilitäts-Richtlinie vom 21.12.2015[847]. Dadurch wurden unter anderem die Voraussetzungen der Unverfallbarkeit der Anwartschaften (§ 1b BetrAVG), die Abfindung von Kleinbetragsrenten (§ 3 Abs. 2 BetrAVG) und Auskunftspflichten an

---

836 *Blomeyer*, RdA 2000, 279.

837 BGBl. I 2001, S. 1310.

838 Vgl. dazu den ursprünglichen Entwurf der Regierungsfraktionen, BT-Ds. 14/4595 S. 39 f.

839 Im Einzelnen, BRO-BetrAVG/*Rolfs*, Einl. Rn. 13 f.

840 BGBl. I 2002, S. 2167.

841 BGBl. I 2004, S. 1427.

842 BGBl. I 2006, S. 2742.

843 Gesetz zur Anpassung der Regelaltersgrenze an die demografische Entwicklung und zur Stärkung der Finanzierungsgrundlagen der gesetzlichen Rentenversicherung, BGBl. I 2007, S. 554.

844 BGBl. I 2007, S. 2631.

845 BGBl. I 2014, S. 787.

846 ABl. 2014, L 128, S. 1.

847 BGBl. I 2015, S. 2553.

die Vorgaben des Unionsrechts angepasst. Das Gesetz zur Stärkung der betrieblichen Altersversorgung und zur Änderung anderer Gesetze vom 17.08.2017[848] (Betriebsrentenstärkungsgesetz) führte ferner zu einer Stärkung der Rolle der Sozialpartner bei der betrieblichen Altersversorgung und in diesem Zusammenhang zur Einführung der „reinen Beitragszusage" als eine Form der Durchführung der betrieblichen Altersversorgung.[849] Seitdem kam es mit vier weiteren Gesetzen zu weiteren Anpassungen, wobei einerseits Folgeänderungen infolge von Änderungen bei der Beaufsichtigung der Durchführung der betrieblichen Altersversorgung[850] sowie bei der Hinzuverdienstgrenze der gesetzlichen Rentenversicherung[851] vorgenommen wurden und andererseits der Schutz der Betriebsrenten gegen Insolvenz[852] sowie die Behandlung des Trägers dieser Insolvenzsicherung im Fall der Fortführung eines Betriebs oder Unternehmens nach der Insolvenz[853] angepasst wurden.

Die Regelung des Günstigkeitsprinzips in § 19 Abs. 1 bis Abs. 3 BetrAVG hat seit ihrer erstmaligen Schaffung nur wenige Änderungen erfahren. Am auffälligsten ist die Umpositionierung der Vorschrift mit dem Gesetz zur Stärkung der betrieblichen Altersversorgung und zur Änderung anderer Gesetze vom 17.08.2017[854], durch das die Regelung von § 17 Abs. 3 BetrAVG in den neuen § 19 BetrAVG verschoben und die Aufzählung der tarifdispositiven Vorschriften im ehemaligen § 17 Abs. 3 BetrAVG angepasst wurde.[855] Solche Anpassungen der Aufzählung wurden auch durch das Gesetz zur Reform der gesetzlichen Rentenversicherung und zur Förderung eines kapitalgedeckten Altersvorsorgevermögens vom 26.06.2001[856] sowie durch das Gesetz zur Modernisierung des Schuldrechts vom 26.11.2001[857] vorgenommen, während die Norm ansonsten seit der Schaffung des BetrAVG unverändert blieb.[858]

---

848 BGBl. I 2007, S. 3214.

849 NK-GArbR/*Vienken*, BetrAVG § 1 Rn. 4. Ausführlich dazu, *Rolfs*, NZA 2017, 1225, 1226 f.

850 Gesetz zur Umsetzung der Richtlinie (EU) 2016/2341 des Europäischen Parlaments und des Rates vom 14. Dezember 2016 über die Tätigkeiten und die Beaufsichtigung von Einrichtungen der betrieblichen Altersversorgung (Neufassung) v. 19.12.2018, BGBl. I 2018, S. 2672.

851 Achtes Gesetz zur Änderung des Vierten Buches Sozialgesetzbuch und anderer Gesetze vom 20.12.2022, BGBl. I 2022, S. 2759.

852 Siebtes Gesetz zur Änderung des Vierten Buches Sozialgesetzbuch und anderer Gesetze vom 12.06.2020, BGBl. I 2020, S. 1248.

853 Gesetz zur Fortentwicklung des Sanierungs- und Insolvenzrechts vom 22.12.2020, BGBl. I 2020, S. 3256.

854 BGBl. I 2017, S. 3214.

855 Höfer/BetrAVG/*Höfer*, I BetrAVG § 19 Rn. 4.

856 BGBl. I 2001, S. 1310.

857 BGBl. I 2001, S. 3138.

858 Höfer/BetrAVG/*Höfer*, I BetrAVG § 19 Rn. 5.

B. Unabdingbarkeit des § 19 Abs. 3 BetrAVG

I. Auslegung des § 19 Abs. 3 BetrAVG im Hinblick auf den verbleibenden Regelungsbereich der Arbeitsvertragsparteien

1. Grammatikalische Auslegung

Der Wortlaut des § 19 Abs. 3 BetrAVG legt fest, dass „von den Bestimmungen dieses Gesetzes nicht zuungunsten des Arbeitnehmers abgewichen werden [kann]". Damit entspricht der Wortlaut den bisher betrachteten Vorschriften, sodass sich die insoweit entwickelten Argumente auch auf § 19 Abs. 3 BetrAVG übertragen lassen. Der Wortlaut steht daher Abweichungen von den Vorschriften des BetrAVG zum Nachteil des Arbeitnehmers entgegen, soweit sie nicht durch § 19 Abs. 1 und Abs. 2 BetrAVG zugelassen werden, wobei die tarifvertraglichen Abweichungsbefugnisse sehr weitgehend sind, sodass ebenfalls vom tarifvertraglichen Vorrangprinzip gesprochen wird.[859] Mit Ausnahme der nach § 19 Abs. 2 BetrAVG zugelassenen arbeitsvertraglichen Bezugnahme auf tarifvertragliche Regelungen sind daher insbesondere arbeitsvertragliche Regelungen zum Nachteil der Arbeitnehmer unzulässig.[860] Ebenso wie bei den anderen Vorschriften ergibt sich aus dem Wortlaut des § 19 Abs. 3 BetrAVG ferner kein Anzeichen dafür, dass nur besonders qualifizierte Abweichungen unzulässig oder Ausnahmen für Einzel- und Zweifelsfälle vorgesehen sind, weshalb auf Basis des Wortlauts jede Benachteiligung unzulässig erscheint.

2. Systematische Auslegung

Die Systematik des § 19 Abs. 3 BetrAVG ist mit der Systematik der bisher betrachteten Normen erneut weitgehend vergleichbar. Zwar hat der Gesetzgeber die Unabdingbarkeitsregelung mit dem Betriebsrentenstärkungsgesetz auf die drei Absätze des § 19 BetrAVG verteilt und dabei die Unabdingbarkeit an letzte Stelle gestellt, jedoch sollten mit der Aufteilung des § 17 Abs. 3 BetrAVG (a. F.) auf die drei Absätze des § 19 BetrAVG aus Sicht des Gesetzgebers keine Veränderungen verbunden sein.[861] Trotz der Abfolge der Absätze ergibt sich aus der Formulierung „im Übrigen", dass die Unabdingbarkeit die Grundregel ist, von der nach den Vorgaben der anderen Absätze abgewichen

---

[859] *Kalmbach/J. Koch*, NZA 2018, 1594.

[860] Statt aller KBHB-BetrAVG/*Huber*, § 17 Rn. 31 ff.; NK-GArbR/*Neufeld/Kurtzer*, BetrAVG § 18 Rn. 16.

[861] BT-Ds. 18/11286 S. 44.

werden darf[862] und die insbesondere für arbeitsvertragliche Abweichungen gilt, soweit sie nicht nach § 19 Abs. 2 BetrAVG zulässig sind. Abseits der weitgehenden und insoweit mit dem Urlaubsrecht vergleichbaren Abweichungsmöglichkeiten zuungunsten des Arbeitnehmers auf Basis tarifvertraglicher Regelungen ist aber auch für § 19 Abs. 3 BetrAVG nicht ersichtlich, dass die Grundregel für verschiedene Rechtsquellen unterschiedlich anzuwenden ist.[863]

3. Historische Auslegung

Bei der Betrachtung der Entstehung und Entwicklung der Vorschrift ist ihre historische Bedeutung für die Existenzsicherung der Arbeitnehmer zu berücksichtigen,[864] der durch die Schaffung des BetrAVG Rechnung getragen werden sollte.[865] Auch wenn die Vorschriften des BetrAVG im Arbeitsverhältnis nur zur Anwendung kommen, wenn die Erbringung einer betrieblichen Altersversorgung vereinbart wurde, sollen dessen Regelungen trotzdem gem. § 19 Abs. 3 BetrAVG als Mindestnormen wirken, die abweichende Vereinbarungen nur zugunsten des Arbeitnehmers zulassen.[866] An dieser Bedeutung der Vorschrift hat der Gesetzgeber keine Änderung vorgenommen, auch wenn die Bedeutung der Altersversorgung sich mittlerweile gewandelt hat.[867] Für das Verständnis der Vorschrift ergibt sich daraus, dass sie der Absicherung der Wirkung der Reglungen des BetrAVG dient und damit das durch dessen Bestimmungen geschaffene Sicherungsniveau zum Maßstab der Zulässigkeit der Vereinbarungen zur betrieblichen Altersversorgung gemacht wird. Insoweit unterstreicht die historische Auslegung die bisher gefundenen Ergebnisse.

4. Teleologische Auslegung

Das Ziel des § 19 Abs. 3 BetrAVG ist wie bei den anderen Regelungen die Sicherung des gesetzlichen Niveaus, das hier als Mindeststandard der betrieblichen Alterssicherung der strukturellen Unterlegenheit der Arbeitsvertrags-

---

862 DKL-ArbR/*Böhm*, BetrAVG § 19 Rn. 2; NK-GArbR/*Neufeld/Kurtzer*, BetrAVG § 19 Rn. 1.

863 Zweifelnd, *Seiwerth*, Gestaltungsfreiheit in Tarifverträgen, S. 158 f.

864 Dazu BRO-BetrAVG/*Rolfs*, Einl. Rn. 6.

865 Die Gesetzesbegründung spricht von einer „wertvolle[n] und notwendige[n] Ergänzung“ der Sozialversicherung, BT-Ds. 7/1281 S. 19.

866 BT-Ds. 7/1281 S. 31 zu § 7 Abs. 2 BetrAVG in der Entwurfsfassung.

867 BT-Ds. 18/11286 S. 44; Höfer/BetrAVG/*Höfer*, I BetrAVG § 19 Rn. 5; BRO-BetrAVG/*Rolfs*, BetrAVG § 19 Rn. 1.

parteien entzogen wird.[868] Insbesondere bestätigt die Ausnahme der Organmitglieder aus dem Anwendungsbereich des § 19 Abs. 3 BetrAVG, dass auch die Rechtsprechung diesen Schutzzweck der Regelung zum Maßstab der Auslegung der Norm macht.[869] Mithin erfüllt sie für den Standard der Alterssicherung ebenfalls eine dienende Funktion und grenzt ihn gegenüber der Regelungsmacht der Arbeitsvertragsparteien ab. Die Regelung stellt damit klar, dass das BetrAVG grundsätzlich einseitig zwingend geltende Mindestnormen beinhaltet, von denen nur ausnahmsweise nach den Vorgaben des § 19 Abs. 1 und Abs. 2 BetrAVG zuungunsten des Arbeitnehmers abgewichen werden darf.[870] Dabei gibt es auch hier keinen Anhaltspunkt dafür, dass es sich um eine Angemessenheitskontrolle handelt und auch um zu verhindern, dass der gesetzliche Standard der Verhandlungsdisparität der Arbeitsvertragsparteien preisgegeben und dadurch in der Praxis gefährdet wird, ist § 19 Abs. 3 BetrAVG als absolutes Abweichungsverbot zu verstehen.[871]

Es dienen aber nicht alle Vorschriften des BetrAVG allein dem Schutz des Arbeitnehmers und insbesondere enthält das BetrAVG Vorgaben zum Insolvenzschutz der Ansprüche aus der betrieblichen Altersversorgung (§§ 7 ff. BetrAVG) sowie zur kollektivrechtlichen Regelung der betrieblichen Altersversorgung (§§ 30 ff. BetrAVG). Diese Regelungen haben aufgrund ihres Zwecks zwingenden Charakter und können durch die Arbeitsvertragsparteien nicht abgeändert werden.[872] Im Rahmen des Insolvenzschutzes würde jede Besserstellung des Arbeitnehmers ferner auf eine zusätzliche Belastung des Pensions-Sicherungs-Vereins hinauslaufen,[873] weshalb auch die generelle Unzulässigkeit des Vertrags zu Lasten Dritter gegen die Wirksamkeit solcher Vereinbarungen spricht.[874] Diese Regelungen sind daher unabhängig von der

---

868 BT-Ds. 7/1281, S. 30 f.; BGH v. 23.05.2017 – II ZR 6/16, NZG 2017, 948 Rn. 13 f.; BAG v. 19.04.2011 – 3 AZR 154/09, BAGE 137, 357 Rn. 19; BAG v. 21.04.2009 – 3 AZR 285/07, AP BetrAVG § 1 Beamtenversorgung Nr. 20, Rn. 44 ff.; vgl. Höfer/BetrAVG/*Höfer*, I BetrAVG § 19 Rn. 7; *Koch*, NZA 2018, 1035, 1036.

869 Vgl. BGH v. 23.05.2017 – II ZR 6/16, NZG 2017, 948 Rn. 13 f.; BAG v. 21.04.2009 – 3 AZR 285/07, AP BetrAVG § 1 Beamtenversorgung Nr. 20 Rn. 44 ff. Dazu, KBHB-BetrAVG/*Huber*, § 19 Rn. 12 ff.; NK-GArbR/*Neufeld/Kreutzer*, § 19 Rn. 15; ErfK/*Steinmeyer*, BetrAVG § 19 Rn. 1.

870 Höfer/BetrAVG/*Höfer*, I BetrAVG § 19 Rn. 3 u. Rn. 5; BRO-BetrAVG/*Rolfs*, BetrAVG § 19 Rn. 2.

871 Vgl. NK-GArbR/*Neufeld/Kreutzer*, BetrAVG Rn. 16.

872 BRO-BetrAVG/*Rolfs*, BetrAVG § 19 Rn. 59; ErfK/*Steinmeyer*, BetrAVG § 19 Rn. 4.

873 Zu zulässigen Vereinbarungen für den Insolvenzfall, Höfer/BetrAVG/*Höfer*, I BetrAVG Kapitel 12 Rn. 3.

874 BRO-BetrAVG/*Rolfs*, BetrAVG § 19 Rn. 59; vgl. auch HWK-ArbR/*Schipp*, BetrAVG § 19 Rn. 3; ErfK/*Steinmeyer*, BetrAVG § 19 Rn. 6.

Regelung des § 19 Abs. 3 BetrAVG vollständig der Disposition der Arbeitsvertragsparteien entzogen.[875]

Insgesamt ergibt die Auslegung nach dem Sinn und Zweck daher für § 19 Abs. 3 BetrAVG nichts anderes als für die bisher betrachteten Vorschriften. Der gesetzliche Standard wird durch ein absolutes Abweichungsverbot geschützt, das die Regelungen des BetrAVG gänzlich dem Verhandlungsungleichgewicht der Arbeitsvertragsparteien entzieht. Diese dürfen zwar günstigere oder gleichwertige Regelungen jedoch keine Regelungen vereinbaren, die den gesetzlichen Mindeststandard unterschreiten. Damit gibt es auf Basis des Zwecks auch keine Grundlage dafür, allein strukturelle Schlechterstellungen als ungünstiger anzusehen.

5. Verfassungskonforme Auslegung

In Hinsicht auf die Anwendung der Vorgaben des Grundgesetzes auf das BetrAVG ist erneut nicht vollständig abzugrenzen, inwieweit dieser Maßstab überhaupt heranzuziehen ist oder infolge des Erlasses des einschlägigen Unionsrechts stattdessen die Unionsgrundrechte anzuwenden sind. Innerhalb des Anwendungsbereichs der nationalen Grundrechte führt der grundsätzliche Schutz der Arbeitsvertragsfreiheit hier aber zu der gleichen Ausgangssituation wie bei den anderen Regelungen.[876] Die beschränkende Wirkung des BetrAVG rechtfertigt sich dabei durch die damit verbundene, sozialstaatlich verankerte Sicherung des Lebensunterhalts der Arbeitnehmer sowie durch die Annahme der strukturellen Unterlegenheit.[877] Insbesondere hat der Arbeitgeber gerade mit Blick auf die betriebliche Altersversorgung einen erheblichen Informations- und Kenntnisvorsprung. Ferner ist die Leistung für den Arbeitnehmer weiterhin nicht unbedeutend und gleichzeitig für den Arbeitgeber eine wirtschaftliche Belastung. Obwohl die Regelungen nicht unmittelbar das Arbeitsverhältnis und seine Durchführung betreffen, führt die Konnexität zwischen der arbeitsvertraglichen Beziehung und der betrieblichen Altersversorgung daher zu einer vergleichbaren Interessenlage und rechtfertigt damit jedenfalls den Erlass einseitig zwingenden Rechts.

Die Regelungen dienen durch die Sicherung des Alterseinkommens mittelbar aber auch der Entlastung der öffentlichen Finanzen und es können dafür steuerliche Förderungen beansprucht werden. Die damit verbundenen Ziele können es auch rechtfertigen, durch zweiseitig zwingende Regelungen in eine

---

[875] Vgl. BAG v. 23.01.2018 – 3 AZR 359/16, BAGE 161, 319 Rn. 20.

[876] Vgl. Höfer/BetrAVG/*Höfer*, I BetrAVG Kapitel 6 Rn. 5.

[877] Vgl. Höfer/BetrAVG/*Höfer*, I BetrAVG Kapitel 6 Rn. 6 f.; BRO-BetrAVG/*Rolfs*, BetrAVG Einl. Rn. 22, sieht für die ursprüngliche Fassung nur die Rückwirkung als problematisch an.

privatrechtliche Beziehung einzugreifen. Insbesondere beinhalten § 81 Abs. 2 EStG und § 100 Abs. 3 Nr. 4 EStG zwingende Vorgaben für die Alters-, Invaliditäts-, und Hinterbliebenenversorgung, die bei Beanspruchung der steuerlichen Förderung zu beachten sind und auch andere Altersversorgungssysteme sehen zwingende Vorgaben für die Abfindung der Altersvorsorgeansprüche (vgl. § 93 Abs. 3 S. 1 EStG) oder für deren Auszahlung (vgl. § 1 Abs. 1 AltZertG) vor, die ihre Rechtfertigung vor allem im Zweck der Förderung und mithin der Sicherung der Altersvorsorge finden.[878] Wegen der erweiterten Zwecksetzung ist daher auch für das BetrAVG genau zu prüfen, welche Zwecke mit der jeweiligen materiellen Regelung verbunden und welche Abweichungsspielräume damit vereinbar sind.

Im Hinblick auf eine Verpflichtung zur unabdingbaren Ausgestaltung der Regelungen der betrieblichen Altersversorgung kommen verschiedene staatliche Schutzaufträge in Betracht. Infolge des strukturellen Ungleichgewichts der Parteien ist eine Anknüpfung an die Vertragsfreiheit aus Art. 2 Abs. 1 GG und im Zusammenhang mit der Alterssicherung auch an das Sozialstaatsgebot denkbar, jedoch ist nicht ersichtlich, dass sich diese hier weiter konkretisieren als für das Arbeitsverhältnis selbst, zumal dieses auch der Existenzsicherung dient. Im Rahmen der Ausgestaltung der Versorgungszusage können darüber hinaus insbesondere Art. 3 GG, Art. 6 GG und Art. 9 GG einschlägig sein. Diese betreffen mit den Regelungen für Hinterbliebene,[879] den Differenzierungsklauseln[880] und der Gleichbehandlung ausländischer Arbeitnehmer[881] aber vor allem Aspekte, die das BetrAVG nicht ausdrücklich ausgestaltet. Die Berücksichtigung dieser Schutzpflichten erfolgt vielmehr regelmäßig durch die Gerichte im Wege der Anwendung der Generalklauseln unter Berücksichtigung der mittelbaren Drittwirkung grundrechtlicher Wertungen.[882] Eine Verpflichtung zur Ausgestaltung unabdingbarer Regelungen wurde für diese Aspekte hingegen bisher nicht gesehen.[883]

Sofern Regelungen zur betrieblichen Altersversorgung geschaffen werden, sind ferner die Vorgaben zum Eigentumsschutz aus Art. 14 Abs. 1 GG zu beachten, soweit die erworbenen Anrechte auf eine Betriebsrente Anwartschaf-

---

[878] Vgl. BT-Ds. 15/2150, S. 50; BT-Ds. 14/5150, S. 39.

[879] Dazu die Übersicht in BAG v. 19.02.2002 – 3 AZR 99/01, AP BetrAVG § 1 Hinterbliebenenversorgung Nr. 22 [unter II. 1.]; Höfer/BetrAVG/*Höfer*, I BetrAVG Kapitel 6 Rn. 10ff.

[880] Höfer/BetrAVG/*Höfer*, I BetrAVG Kapitel 6 Rn. 19f.

[881] Höfer/BetrAVG/*Höfer*, I BetrAVG Kapitel 6 Rn. 102.

[882] Vgl. nur BAG v. 16.08.1983 – 3 AZR 34/81, AP BetrAVG § 1 Hinterbliebenenversorgung Nr. 2 [unter III.]; BAG v. 18.07.1972 – 3 AZR 472/71, AP Nr. 148 zu § 242 BGB Ruhegehalt.

[883] Vgl. BVerfG v. 29.02.1980 – 1 BvR 1231/79, AP BGB § 242 Ruhegehalt Nr. 183a sowie die Darstellung bei BRO-BetrAVG/*Rolfs*, BetrAVG Einl. Rn. 24.

ten begründen und damit eigentumsgleichen Schutz genießen.[884] Dieser wird durch das BVerfG jedoch nur soweit anerkannt, wie die erworbenen Rechte als unverfallbar gelten.[885] Diese Unverfallbarkeit wird gesetzlich durch das BetrAVG geregelt, sodass der Schutzbereich des Art. 14 GG hier durch das einfache Recht geprägt wird.[886] Daraus lassen sich mithin keine Maßstäbe für das BetrAVG, sondern vor allem für die Behandlung etwaiger Anwartschaften durch andere Gesetze ableiten.[887]

Der darüber hinaus einschlägige Schutz auf die freie Wahl des Arbeitsplatzes aus Art. 12 Abs. 1 S. 1 GG erfasst jedoch ebenfalls die Anwartschaften des Arbeitnehmers und sein Schutzbereich wird verletzt, wenn der Verfall betrieblicher Versorgungsanwartschaften den Arbeitnehmer von der freien Wahl des Arbeitsplatzes abhalten könnte.[888] Das Betriebsrentenrecht muss das rechtmäßige Interesse der Arbeitgeber an der Bindung der Arbeitnehmer mit den Interessen der Arbeitnehmer an einer verlässlichen Ruhestandsplanung in Einklang bringen, weshalb vorzeitiges Ausscheiden aus dem Arbeitsverhältnis keine unverhältnismäßigen Verluste für den Arbeitnehmer zur Folge haben darf.[889] Mithin muss der Gesetzgeber beim vorzeitigen Ausscheiden aus dem Arbeitsverhältnis zumindest ein Mindestmaß der Ansprüche aus der betrieblichen Altersversorgung aufrechterhalten, wobei die Überlegungen zur Bestimmung eines konkreten Schutzniveaus die gleichen Probleme aufwerfen, wie in anderen Zusammenhängen. Gleichzeitig kann dabei auch hier davon ausgegangen werden, dass in Anbetracht des Ungleichgewichts der Vertragsparteien die Ausgestaltung der Anwartschaften einen effektiven Schutz vor vertraglichen Abweichungen beinhalten muss.

Insoweit ist die Ausgangslage mit dem Urlaubsrecht vergleichbar und entspricht damit auch den Annahmen aus der abstrakten Betrachtung. In Ermangelung eines konkreten Untermaßes lässt sich aber auch für das BetrAVG keine Verpflichtung zur Schaffung eines absolut abweichungsfesten Mindest-

---

884 BeckOK-GG/*Axer*, GG Art. 14 Rn. 49. Zur Anwartschaft instruktiv, BAG v. 10.03.1972 – 3 AZR 278/71, AP BGB § 242 Ruhegehalt Nr. 156 [A 2. b) II. (2)] [m.w.N.].

885 BVerfG v. 26.05.2020 – 1 BvL 5/18, BVerfGE 153, 358 Rn. 46f.; BVerfG v. 06.05.2014 – 1 BvL 9/12, 1 BvR 1145/13, BVerfGE 136, 152 Rn. 34; BVerfG v. 08.05.2012 – 1 BvR 1065/03, 1 BvR 1082/03, BVerfGE 131, 66 Rn. 41f.

886 BVerfG v. 09.05.2007 – 1 BvR 1700/02, BVerfGK 11, 130 [II. 2. c) bb)].

887 Insoweit betrafen die Entscheidungen des Gerichts auch vorrangig Regelungen zum Versorgungsausgleich, vgl. BVerfG v. 26.05.2020 – 1 BvL 5/18, BVerfGE 153, 358 Rn. 46f.; BVerfG v. 06.05.2014 – 1 BvL 9/12, 1 BvR 1145/13, BVerfGE 136, 152 Rn. 34; BVerfG v. 08.05.2012 – 1 BvR 1065/03, 1 BvR 1082/03, BVerfGE 131, 66 Rn. 41f.

888 BVerfG v. 15.07.1998 – 1 BvR 1554/89 (u.a.), BVerfGE 98, 365 [unter C. I. 1.].

889 BVerfG v. 15.07.1998 – 1 BvR 1554/89 (u.a.), BVerfGE 98, 365 [C. III. 1. d)]; Jarass/Pieroth/*Jarass*, GG Art. 12 Rn. 79.

standards ableiten, weshalb auch für das Betriebsrentenrecht die Geltung des Abweichungsverbots nicht verfassungsrechtlich vorgezeichnet wird. In der Folge lassen sich auch keine Ableitungen für die Ausgestaltung der bestehenden Regelungen ziehen.

Insgesamt lässt sich der verfassungsrechtlichen Betrachtung des BetrAVG daher entnehmen, dass günstigeren und gleichwertigen Regelungen die Wirksamkeit grundsätzlich nicht verwehrt werden darf. Dabei ist aber gerade im Zusammenhang mit den Betriebsrentenrecht der Zweck der einzelnen Vorschrift genau in den Blick zu nehmen. Vereinbarungen zuungunsten der Arbeitnehmer können verboten werden, der Erlass eines solchen Abweichungsverbots wird verfassungsrechtlich aber auch nicht vorgezeichnet. Vielmehr zeigt gerade das Betriebsrentenrecht, dass den staatlichen Schutzpflichten auch durch die Anwendung der Generalklauseln entsprochen werden kann.

6. Unionsrechtskonforme Auslegung

a) Primärrecht

Für die freiheitsrechtliche Betrachtung im Licht der Unionsgrundrechte gilt für Regelungen, die den Arbeitsvertragsparteien die Möglichkeit nehmen, die betriebliche Altersversorgung gänzlich nach ihren Vorstellungen zu gestalten, grundsätzlich nichts anderes als für die bisher betrachteten Regelungen. Soweit die Mitgliedstaaten Regelungen im Rahmen der Durchführung des Unionsrechts erlassen, sind sie gem. Art. 51 Abs. 1 S. 1 EU-GrCh an die Unionsgrundrechte gebunden, wobei das bestehende Sekundärrecht dafürspricht, dass dies jedenfalls teilweise auch für die Regelungen des BetrAVG gilt. Der durch die Regelungen des BetrAVG entstehende Eingriff in die Arbeitsvertragsfreiheit aus Art. 15 Abs. 1 EU-GrCh bzw. Art. 16 EU-GrCh muss durch eine Zielsetzung des Unionsrechts gerechtfertigt werden und verhältnismäßig sein (vgl. Art. 52 Abs. 1 EU-GrCh).

Anders als bei den bisherigen Regelungen, versteht das Unionsrecht die betriebliche Altersversorgung aber maßgeblich als Problem des Binnenmarktes und betrachtet sie vorwiegend unter dem Maßstab der Arbeitnehmerfreizügigkeit des Art. 45 AEUV (vgl. EG 1 RL 2014/50/EU). Diese steht zwar im Zentrum der Entwicklung des europäischen Arbeitnehmerrechts insgesamt, jedoch hat ihre Bedeutung im Rahmen der anderen betrachteten Schutzvorschriften durch die spezielle Regelungskompetenz der Union im Bereich der Sozialpolitik abgenommen.[890] Zur Einschränkung von Grundrechten kann sie

[890] Umfassend zu den Säulen des europäischen Arbeitsrechts, Streinz/EUV/AEUV/*Eichenhofer*, AEUV Art. 151 Rn. 11 ff.; EuArbRK/*Franzen*, AEUV Art. 153 Rn. 2 ff.; *C. Schubert*, RdA 2024, 282 ff.

aber ebenfalls herangezogen werden[891] und liefert damit grundsätzlich eine Rechtfertigung für Eingriffe in die Arbeitsvertragsfreiheit aus Art. 15 Abs. 1 EU-GrCh bzw. Art. 16 EU-GrCh. Aus der Arbeitnehmerfreizügigkeit folgt dabei insbesondere die Verpflichtung, Hindernisse für den grenzüberschreitenden Arbeitsplatzwechsel abzubauen.[892] Darüber hinaus lässt sich aufgrund der Nähe der Grundfreiheiten zu den wirtschaftlichen Grundrechten[893] aber für das unionsrechtliche Eigentumsgrundrecht des Art. 17 EU-GrCh davon ausgehen, dass es als Rechtfertigung aktiviert werden kann und dass Regelungen der betrieblichen Altersversorgung auch auf den Schutz des Eigentums der Arbeitnehmer gestützt werden können.[894] Ferner beinhaltet Art. 34 Abs. 1 EU-GrCh eine spezielle Anerkennung eines Rechts auf Zugang zu Leistungen der sozialen Sicherheit im Alter nach den Gepflogenheiten der Mitgliedstaaten und auch darauf könnten Einschränkungen der Arbeitsvertragsfreiheit gestützt werden.

Dies kann zur Setzung von Mindeststandards im Rahmen der Ausgestaltung der Altersversorgungsprodukte berechtigen und führt bei der Verhältnismäßigkeitsbewertung zu vergleichbaren Auswirkungen wie bei der Anwendung des nationalen Rechts. Soweit die Regelungen der Arbeitsvertragsparteien der Arbeitnehmerfreizügigkeit nicht entgegenstehen, können die Ziele der Union ein Verbot nicht rechtfertigen und insoweit auch nur Mindeststandards begründen. Grundsätzlich kann die Arbeitnehmerfreizügigkeit aber auch zwingendes Recht rechtfertigen, sofern sämtliche vertraglichen Abweichungen der Ausübung der Freizügigkeit entgegenstehen würden.

Eine primärrechtliche Verpflichtung zur Gestaltung unabdingbarer Regelungen setzt auch im Rahmen der betrieblichen Altersversorgung voraus, dass insoweit ein konkretes primärrechtliches Handlungsgebot besteht. Ein speziell auf die Gewährung einer betrieblichen Altersversorgung gerichteter Handlungsauftrag ist aber nicht ersichtlich und insbesondere lässt sich auch Art. 34 Abs. 1 EU-GrCh nicht zu einer solchen Pflicht konkretisieren. Auch andere Grundrechte oder speziell darauf gerichtete primärrechtliche Handlungsaufträge sind nicht vorhanden. Nicht auszuschließen ist aber auch für Art. 17 EU-GrCh, dass sich daraus, wie aus dem grundrechtlichen Eigentumsschutz,

---

891 NK-GArbR/*Latzel*, AEUV Art. 45 Rn. 3.

892 EuGH v. 23.04.2020 – C-710/18 [WN], AP AEUV Art. 45 Nr. 5, Rn. 25; EuGH v. 18.07.2007 – C-566/15 [Erzberger], AP AEUV Art. 45 Nr. 1, Rn. 33; NK-GArbR/*Latzel*, AEUV Art. 45 Rn. 35; ErfK/*Schlachter*, Art. 45 Rn. 53.

893 NK-GArbR/*Latzel*, AEUV Art. 45 Rn. 3; ausführlich zu deren Verhältnis, *Skouris*, DÖV 2006, 89 ff.

894 Vgl. allgemein zu den Pflichten aus Art. 17 Meyer/Hölscheidt/*Bernsdorff*, EU-GrCh Art. 17 Rn. 17; Streinz/EUV/AEUV/*Streinz*, EU-GrCh Art. 17 Rn. 3.

eine Verpflichtung ergibt, die Ansprüche bis zu einem gewissen Umfang unverfallbar auszugestalten.[895]

Die Ergebnisse decken sich mithin mit den bereits erfolgten Betrachtungen des Primärrechts und auch für das BetrAVG lässt sich diesem grundsätzlich nur entnehmen, dass die Regelungen grundsätzlich effektiv auszugestalten sind. Insbesondere die Arbeitnehmerfreizügigkeit kann den unionsrechtlichen Vorgaben im Zusammenhang mit der Betriebsrente aber eine besondere Wirkung verleihen. So führt der Anwendungsvorrang dazu, dass entgegenstehende nationale Regelungen nicht anzuwenden sind.[896] Ferner hat die Arbeitnehmerfreizügigkeit unmittelbar horizontale Wirkung und ist mithin auch zwischen Arbeitnehmer und Arbeitgeber anwendbar.[897] Daher beinhaltet sie nicht nur einen Maßstab für das staatliche Recht, sondern auch einen eigenen Maßstab für die arbeitsvertragliche Vereinbarung und Regelungen, die zuungunsten des Arbeitnehmers die Freizügigkeit beeinträchtigen, werden unmittelbar von Art. 45 AEUV verdrängt.[898] Insoweit können die sich daraus ergebenden Vorgaben im Betriebsrentenrecht ausnahmsweise unmittelbare Wirkung haben, jedoch ist der Anwendungsbereich auf grenzüberschreitende Sachverhalte begrenzt, sodass die Grundfreiheit beispielsweise Regelungen zum Verfall der Ansprüche im Fall des Wechsels des Arbeitsplatzes in ein anderes EU/EWR-Land unmittelbar entgegenstehen. Infolge der Übereinstimmung der bisherigen Auslegungsergebnisse mit den unionsrechtlichen Vorgaben verdrängt aber bereits die Anwendung des nationalen Günstigkeitsprinzips und die damit verbundene Rechtsfolge des § 134 BGB die unionsrechtswidrige Regelung aus dem Arbeitsverhältnis, sodass für eine unmittelbare Anwendung der Arbeitnehmerfreizügigkeit kein Raum verbleibt.

b) Sekundärrecht

Angesichts der unterschiedlichen Traditionen der Mitgliedstaaten und der unterschiedlichen Rolle und Ausgestaltung der betrieblichen Altersversorgung in den nationalen Alterssicherungssystemen, hat die Union für die Ausgestaltung der betrieblichen Altersversorgung bisher nur wenige Vorgaben gemacht.[899] Gegenstand der sekundärrechtlichen Rechtsakte in diesem Bereich waren die Aufrechterhaltung und Auszahlung von Ansprüchen im Fall des

[895] Vgl. Calliess/Ruffert/*Calliess*, EU-GrCh Art. 17 Rn. 4 zur Ausgestaltung des Art. 17 EU-GrCh.

[896] NK-GArbR/*Latzel*, AEUV Art. 45 Rn. 47.

[897] NK-GArbR/*Latzel*, AEUV Art. 45 Rn. 47.

[898] NK-GArbR/*Latzel*, AEUV Art. 45 Rn. 47.

[899] *Rolfs*, EuZA 2018, 283, 284.

Wechsels des Arbeitnehmers in einen anderen Mitgliedstaat,[900] die Insolvenzsicherung der Ansprüche aus der betrieblichen Altersversorgung,[901] ergänzende Regelungen zur Sicherung der Mobilität der Arbeitnehmer[902] sowie die Beaufsichtigung von Einrichtungen der betrieblichen Altersversorgung[903].

Die versicherungsrechtliche Beaufsichtigung der jeweiligen Einrichtungen ist kein Gegenstand der vertraglichen Vereinbarung über eine betriebliche Altersversorgung und mithin für diese Arbeit nicht relevant. Ebenso sind die Regelungen zum Schutz der Arbeitnehmer bei Zahlungsunfähigkeit des Arbeitgebers, die vorrangig die Pflichten des Pensions-Sicherungs-Vereins und die Ausgestaltung der §§ 7 ff. BetrAVG betreffen, der Gestaltungsmacht der Vertragsparteien entzogen.[904] Die Regelungen zur Wahrung ergänzender Rentenansprüche von Arbeitnehmern und Selbständigen, die innerhalb der EU zu- und abwandern, beschränken sich ferner vorwiegend auf Regelungen zur Inländergleichbehandlung und enthalten damit keine Vorgaben, die für die Bestimmung des Abweichungsspielraums der Parteien von Bedeutung wären.[905] Denkbar sind insoweit nur Abweichungen von den Regelungen des § 1b S. 6 BetrAVG, der zur Umsetzung der RL 98/49/EG geschaffen wurde und dabei die bereits bestehende Rechtlage klarstellte.[906] Angesichts der Eindeutigkeit dieser Regelung ist jedoch nicht vorstellbar, wie eine vertragliche Vereinbarung davon zum Nachteil des Arbeitnehmers abweichen sollte, ohne als Benachteiligung im Sinn des § 19 Abs. 3 BetrAVG angesehen zu werden.

---

900 Richtlinie 98/49/EG des Rates vom 29. 06. 1998 zur Wahrung ergänzender Rentenansprüche von Arbeitnehmern und Selbständigen, die innerhalb der Europäischen Gemeinschaft zu- und abwandern, ABl. 1998, L 209, S. 46.

901 Richtlinie 2008/94/EG des Europäischen Parlaments und des Rates vom 22. 10. 2008 über den Schutz der Arbeitnehmer bei Zahlungsunfähigkeit des Arbeitgebers, ABl. 2008 L 283, S. 36.

902 Richtlinie 2014/50/EU des Europäischen Parlaments und des Rates vom 16. 04. 2014 über Mindestvorschriften zur Erhöhung der Mobilität von Arbeitnehmern zwischen den Mitgliedstaaten durch Verbesserung des Erwerbs und der Wahrung von Zusatzrentenansprüchen, ABl. 2014, L 128, S. 1.

903 Richtlinie 2016/2341 des Europäischen Parlaments und des Rates vom 14. 12. 2016 über die Tätigkeiten und die Beaufsichtigung von Einrichtungen der betrieblichen Altersversorgung, ABl. 2016, L 354, S. 37.

904 Vgl. EuGH v. 19. 12. 2019 – C-168/18 [Pensions-Sicherungs-Verein], AP R 2008/94/EG Nr. 4 sowie BAG v. 23. 01. 2018 – 3 AZR 359/16, BAGE 161, 319 Rn. 20; BeckOK-ArbR/*Clemens*, BetrAVG § 19 Rn. 4; BRO-BetrAVG/*Rolfs*, BetrAVG § 7 Rn. 4; ErfK/*Steinmeyer*, BetrAVG § 19 Rn. 6.

905 Vgl. EuArbRK/*Reiner*, RL 2014/50/EU Art. 1 Rn. 3.

906 Dazu und zur Umsetzung der RL im Allgemeinen, BRO-BetrAVG/*Rolfs*, BetrAVG Einl. Rn. 127 ff.

Regelungen zur Harmonisierung arbeitsrechtlicher Vorschriften mit Bezug zum Betriebsrentenrecht enthält aber die RL 2014/50/EU.[907] Insbesondere enthält sie eine Vorgabe für die Regulierung des Erwerbs von Ansprüchen (Art. 4) sowie für die Behandlung ruhender Rentenanwartschaften (Art. 5). Dabei bildet die Richtlinie einen Mindeststandard, von dem Ausnahmen nur durch Regelungen der Sozialpartner vorgesehen werden dürfen, sofern diese keinen weniger günstigen Schutz bieten (Art. 4 Abs. 2 und Art. 5 Abs. 4), und der ansonsten von den Nationalstaaten übertroffen werden darf (Art. 7 Abs. 1). Im nationalen Recht spiegeln sich die Vorgaben der RL in der Unverfallbarkeitsfrist und dem Unverfallbarkeitsalter gem. § 1b Abs. 1 BetrAVG, der Behandlung des Teilanspruchs nach § 2 BetrAVG gem. § 2a BetrAVG, der Zustimmungspflicht bei Abfindungen von Bagatellanwartschaften an Arbeitnehmer in einem anderen Mitgliedstaat gem. § 3 Abs. 2 S. 3 BetrAVG und der Erweiterung der Auskunftspflichten nach § 4a BetrAVG.

Ein Verständnis von § 19 Abs. 3 BetrAVG, das auch Abweichungen im Einzel- oder Zweifelsfall von den genannten nationalen Vorschriften zulässt, müsste sich dementsprechend auch an der Richtlinie messen lassen. Die bisher entwickelten Argumente haben dabei auch hier Geltung und neben dem Charakter der Regelungen als Mindeststandards ist der Grundsatz des effet utile für die Auslegung relevant.[908] Die Möglichkeit, nachteilige, aber nicht strukturell benachteiligende Vereinbarungen zu schließen, ist aber geeignet, den unionsrechtlichen Standard zu unterlaufen und damit nicht mit der Richtlinie vereinbar. Jedenfalls für die durch das Unionsrecht vorgezeichneten Regelungsbereiche ergibt sich damit, dass Abweichungen zum Nachteil des Arbeitnehmers absolut ausgeschlossen sind. Auch dies spricht mithin dafür, dass der Regelungsbereich der Arbeitsvertragsparteien jedenfalls im Bereich unionsrechtlich geprägter Ansprüche auf die Vereinbarung von eindeutig nicht benachteiligenden Regelungen beschränkt ist.

7. Zusammenfassung der Auslegungsergebnisse

Die Ergebnisse der Auslegung des § 19 Abs. 3 BetrAVG entsprechen weitgehend den Ergebnissen der bereits betrachteten Normen. Der Wortlaut, die Systematik, die Historie und der Sinn und Zweck sprechen für ein enges Normverständnis, bei dem Abweichungen zuungunsten des Arbeitnehmers gänzlich ausgeschlossen sind und nur gleichwertige oder günstigere Regelungen durch die Arbeitsvertragsparteien vereinbart werden können. Verfassungsrechtlich und unionsrechtlich wird dieses Verständnis ebenso weitgehend vorgezeichnet. Keine der Auslegungsmethoden hat jedoch ergeben, dass im

---

907 EuArbRK/*Reiner*, RL 2014/50/EU Art. 1 Rn. 2.

908 Vgl. die Nachweise in Teil 5, Fn. 718.

Einzel- oder Zweifelsfall zuungunsten des Arbeitnehmers von den Vorgaben des BetrAVG abgewichen werden könnte und für die unionsrechtlich geprägten Regelungen wäre dieses Verständnis auch nicht mit dem Sekundärrecht vereinbar.

II. Auslegung des § 19 Abs. 3 BetrAVG im Hinblick auf den Günstigkeitsvergleich

1. Vergleichsgegenstand

Die zum Vergleichsgegenstand aus dem Wortlaut und dem Zweck eines Mindeststandards entwickelten Argumente lassen sich aufgrund der Vergleichbarkeit der bisher betrachteten Normen wiederum auf § 19 Abs. 3 BetrAVG übertragen. Es ist mithin ein Einzelvergleich vorzunehmen, da die Vorschriften des BetrAVG keinen Gesamtkompromiss darstellen, dessen Sicherungsniveau nur in der Gesamtheit zu erreichen ist,[909] sondern jede einzelne Vorschrift begründet für ihren Regelungsbereich einen Mindeststandard, der jeweils nicht untergraben werden darf.[910] Ebenso ist nicht ersichtlich, dass die Vorgaben der Mobilitätsrichtlinie insoweit mit anderen Aspekten der Sicherung der Betriebsrenten abwägungsfähig sind und dass die Unterschreitung des unionsrechtlichen Standards durch eine Kompensation bei anderen Aspekten gerechtfertigt werden könnte.[911] Vielmehr spricht die Rechtsprechung des EuGH auch hier für einen Einzelvergleich.[912]

Insgesamt ist daher auch für § 19 Abs. 3 BetrAVG von einem Einzelvergleich auszugehen. Zu vergleichen sind daher die einzelnen Abweichungen mit den jeweiligen Vorgaben des Gesetzesrechts, wobei sich jede einzelne Abweichung als günstiger oder gleichwertig erweisen muss. Auch wenn in der Literatur vor allem unter Verweis auf die „Rosinentheorie" von einem Sachgruppenvergleich ausgegangen wird,[913] ist den Meinungen zuzustimmen, die im BetrAVG einen Einzelvergleich durchführen.[914]

---

909 So aber wohl BRO-BetrAVG/*Rolfs*, BetrAVG § 19 Rn. 62.

910 Höfer/BetrAVG/*Höfer*, I BetrAVG § 19 Rn. 25; NK-GArbR/*Neufeld/Kurtzer*, BetrAVG § 19 Rn. 16; a.A. BRO-BetrAVG/*Rolfs*, BetrAVG § 19 Rn. 62.

911 EuArbRK/*Franzen*, AEUV Art. 153 Rn. 57.

912 Vgl. EuGH v. 26.06.2001 – C-381/99 [Brunnhofer], Slg. 2001, I-4961 Rn. 35 f.

913 BeckOK-ArbR/*Clemens*, BetrAVG § 19 Rn. 18; BRO-BetrAVG/*Rolfs*, BetrAVG § 19 Rn. 62.

914 Höfer/BetrAVG/*Höfer*, I BetrAVG § 19 Rn. 25; NK-GArbR/*Neufeld/Kurtzer*, BetrAVG § 19 Rn. 16.

2. Bezugsobjekt des Günstigkeitsvergleichs

Zur Bestimmung des Bezugsobjekts des Vergleichs lassen sich die bereits entwickelten Argumente ebenfalls erneut heranziehen, denn § 19 Abs. 3 BetrAVG benennt ausdrücklich den einzelnen Arbeitnehmer als Schutzobjekt.[915] Gleiches gilt für den Sinn und Zweck des Betriebsrentenrechts sowie die höherrangigen Vorgaben, die ebenfalls individuelle Rechte der Arbeitnehmer begründen, deren Verwirklichung nur sichergestellt ist, wenn die Auswirkungen einer Abweichung auf das Individuum bewertet werden.[916] Wie bei den anderen betrachteten Normen sprechen daher alle Auslegungsmethoden für die Heranziehung des einzelnen Arbeitnehmers als Bezugsobjekt des Günstigkeitsvergleichs.[917]

3. Vergleichszeitpunkt

Der für den Vergleich maßgebliche Zeitpunkt lässt sich auf der Basis der bisher angestellten allgemeingültigen Überlegungen auch für § 19 Abs. 3 BetrAVG bestimmen. Dabei weist § 19 Abs. 3 BetrAVG keine Besonderheiten auf, die das Interesse der Parteien an der Rechtssicherheit einer Entscheidung über ihre vertragliche Regelung zurücktreten lässt. Dementsprechend ist auch für § 19 Abs. 3 BetrAVG ein ex-ante-Vergleich im Rahmen einer abstrakten Prognosebetrachtung vorzunehmen. Die Regelungen sind mithin zum Zeitpunkt ihres erstmaligen Gegenüberstehens zu bewerten und ihre Auswirkungen abstrakt zu prognostizieren.[918] Wie bei den anderen Kodifikationen des Günstigkeitsprinzips ist dabei im Rahmen der abstrakten Prüfung aber das individuelle Vertragsverhältnis heranzuziehen und keine fiktive Arbeitnehmergruppe und auch hier können erkennbare konkrete Auswirkungen nicht außeracht gelassen werden.[919]

Ferner ist die betriebliche Altersversorgung einerseits auf einen langen Zeitraum ausgelegt, jedoch die einzelnen Regelungen andererseits zu konkreten Zeitpunkten wirksam. Der bezweckte Beitrag zur Lebenssicherung durch die Anpassung nach § 16 BetrAVG kann beispielsweise nur wirksam werden,

---

[915] Zur Auslegung des Arbeitnehmerbegriffes in § 19 Abs. 3 BetrAVG BRO-BetrAVG/*Rolfs*, BetrAVG § 19 Rn. 57 f.

[916] BRO-BetrAVG/*Rolfs*, BetrAVG § 19 Rn. 61.

[917] BeckOK-ArbR/*Clemens*, BetrAVG § 19 Rn. 18; Höfer/BetrAVG/*Höfer*, I BetrAVG § 19 Rn. 25; NK-GArbR/*Neufeld/Kurtzer*, BetrAVG § 19 Rn. 16; BRO-BetrAVG/*Rolfs*, BetrAVG § 19 Rn. 61.

[918] BeckOK-ArbR/*Clemens*, BetrAVG § 19 Rn. 18; BRO-BetrAVG/*Rolfs*, BetrAVG § 19 Rn. 63.

[919] In dem Sinn aber für eine konkrete Betrachtung, Höfer/BetrAVG/*Höfer*, I BetrAVG § 19 Rn. 25.

wenn die Ansprüche zum jeweils vorgesehenen Zeitpunkt verwirklicht und keine zeitlichen Kompensationen vorgenommen werden. Zur Sicherstellung des gesetzlichen Mindeststandards ist daher auch im Rahmen des BetrAVG zu prüfen, ob die einzelnen Ansprüche zum Zeitpunkt ihres jeweiligen Entstehens beeinträchtigt werden, weshalb auch für diese Regelungen eine punktuelle Betrachtung vorzunehmen ist.

4. Vergleichsmaßstab

Der Vergleichsmaßstab ist in § 19 Abs. 3 BetrAVG ebenso wie in den anderen Regelungen zu bestimmen und mithin gilt für § 19 Abs. 3 BetrAVG ebenso ein objektiver Vergleichsmaßstab. Wiederum wäre eine subjektive und eine objektivierte Betrachtung mit der Gefahr verbunden, dass der gesetzliche Standard unterlaufen wird, obwohl in Ermangelung von Kompensationsmöglichkeiten dafür keine Notwendigkeit besteht und damit unionsrechtliche Vorgaben unterlaufen werden können[920]. Soweit ersichtlich wird in der Literatur ebenfalls von einem objektiv-normativen Vergleich ausgegangen,[921] teilweise aber auch eine Anknüpfung an individuelle Interessen vertreten[922]. Letztere Auffassung ist dabei terminologisch nur schwer einzuordnen,[923] aber aufgrund der Maßgeblichkeit der gesetzlich erfassten Interessen abzulehnen, sofern damit subjektive Vergleichselemente gemeint sind.

5. Zusammenfassung der Auslegungsergebnisse

Der Günstigkeitsvergleich im Rahmen von § 19 Abs. 3 BetrAVG ist dementsprechend mit den Kriterien vorzunehmen, die auch für die bisher betrachteten Normen entwickelt wurden. Der Vergleichsgegenstand ist die einzelne Bestimmung des BetrAVG sowie die davon abweichende vertragliche Regelung. Dabei ist auch im Rahmen des BetrAVG der einzelne Arbeitnehmer das maßgebliche Bezugsobjekt. Der Vergleichsmaßstab ist objektiv an den gesetzlich erfassten Interessen auszurichten und der Vergleich zum Zeitpunkt des erstmaligen Aufeinandertreffens der Regelungen als abstrakte Prognosebetrachtung der Auswirkungen auf die einzelnen Ansprüche durchzuführen.

---

920 EuArbRK/*Franzen*, AEUV Art. 153 Rn. 57.

921 Wohl BRO-BetrAVG/*Rolfs*, BetrAVG § 19 Rn. 62.

922 Höfer/BetrAVG/*Höfer*, I BetrAVG § 19 Rn. 26.

923 *Höfer* stellt den individuellen Vergleich dem objektiven Vergleich unter Berücksichtigung der Interessen der Arbeitnehmer entgegen und will letzteren nur bei Abweichungen durch kollektivrechtliche Regelungen anwenden, Höfer/BetrAVG/*Höfer*, I BetrAVG § 19 Rn. 26.

C. Behandlung günstigkeitsvariabler und ambivalenter Vereinbarungen

I. Günstigkeitsvariable Vereinbarungen

1. Abstrakte Betrachtung günstigkeitsvariabler Vereinbarungen

Die Betrachtung des § 19 Abs. 3 BetrAVG hat gezeigt, dass der Regelungsspielraum der Arbeitsvertragsparteien durch die Norm ebenso begrenzt wird, wie es die anderen betrachteten Normen in ihrem Bereich getan haben. Günstigkeitsvariable Vereinbarungen können im Einzelfall aber zu einer Abweichung vom Gesetzesrecht zulasten des Arbeitnehmers führen, wobei sich infolge der abstrakten Prognose im Vorhinein nicht eindeutig feststellen lässt, wie sie im Einzelfall wirken. In der Folge kann nicht ausgeschlossen werden, dass der gesetzliche Mindeststandard unterschritten wird. Damit stellt die Vereinbarung entsprechender Regelungen eine Abweichung vom Gesetzesrecht dar, die außerhalb des Regelungsbereichs liegt, den § 19 Abs. 3 BetrAVG den Arbeitsvertragsparteien belässt.[924] Bei abstrakter Betrachtung ist daher für die Zulässigkeit der Vereinbarung günstigkeitsvariabler Abweichungen das identische Ergebnis wie bisher festzuhalten und auch mit dieser Kodifikation des Günstigkeitsprinzips ist die Rechtsprechung des BAG zum EntgFG daher nicht vereinbar.

2. Konkrete Betrachtung günstigkeitsvariabler Vereinbarungen

Abweichungen von den Vorschriften des BetrAVG können in der Praxis günstigkeitsvariable Wirkung haben, wenn sie Abweichungen von gesetzlich vorgesehenen Berechnungsgrößen oder sonstigen quantifizierbaren Vorgaben enthalten. Dies ist infolge der unterschiedlichen Berechnungsvorgaben des BetrAVG insbesondere für die Höhe des Anspruchs auf Entgeltumwandlung (§ 1a Abs. 1 S. 1 BetrAVG) und des zusätzlichen Arbeitgeberzuschusses (§ 1a Abs. 1a BetrAVG), der Berechnung des Eintritts der Unverfallbarkeit (§ 1b Abs. 1 S. 1 BetrAVG) sowie der Anpassung der unverfallbaren Anwartschaften (§ 2a BetrAVG) denkbar. Ferner können Abweichungen von den enthaltenen Fristen günstigkeitsvariable Wirkung haben.

Sofern beispielsweise in Abweichung von § 1a Abs. 1 S. 1 BetrAVG eine Entgeltumwandlung für 3 % des gesamten Gehalts (statt 4 % der Beitragsbemessungsgrenze) vereinbart wird, hat dies günstigkeitsvariable Wirkung in Abhängigkeit von der Höhe des Entgelts. Liegt dieser Gesamtgehalt 34 Prozentpunkte über der Beitragsbemessungsgrenze, hätte der Arbeitnehmer einen

---

924 BRO-BetrAVG/*Rolfs*, BetrAVG § 19 Rn. 64.

höheren Anspruch auf Entgeltumwandlung, als es die gesetzliche Regelung vorsieht. Die Regelung wirkt sich daher in diesen Fällen für den Arbeitnehmer günstiger aus, kann aber auch zu seinen Ungunsten wirken, wenn sein Entgelt unter diesem Wert liegt, sodass er einen geringeren Anspruch hat. Sofern der Arbeitnehmer ein variables Entgelt hat, dass um diesen Wert schwankt, handelt es sich daher um eine günstigkeitsvariable Vereinbarung, die bei einem Einzelvergleich jedoch im Hinblick auf ihre unterschiedlichen Bestandteile zu vergleichen ist und daher als günstigere Erhöhung des Prozentwertes und als ungünstigere Erhöhung der Basis der Berechnung zu bewerten wäre.

Führt man hingegen einen Sachgruppenvergleich durch[925] und versucht man auf diese Vereinbarung die BAG-Rechtsprechung zur strukturellen Schlechterstellung zu übertragen, kommt es darauf an, wie dieses Merkmal zu versehen ist. Im Rahmen einer Wahrscheinlichkeitsbetrachtung wäre wohl darauf abzustellen, inwieweit das Entgelt schwankt und wie wahrscheinlich eine Unterschreitung der maßgeblichen Grenze ist. Geht man hingegen davon aus, dass ein kollektiver Vergleich durchzuführen ist, lässt sich angesichts der Differenz zwischen der Beitragsbemessungsgrenze in der allgemeinen Rentenversicherung (gem. § 4 Abs. 1 Nr. 1 Sozialversicherungs-Rechengrößenverordnung 2023 in 2023: 7.300,– € pro Monat in der allgemeinen Rentenversicherung)[926] und dem durchschnittlichen Arbeitnehmerlohn (2023: 4.479,– €)[927] davon ausgehen, dass eine solche Vereinbarung den überwiegenden Teil der Arbeitnehmer benachteiligen und nur einen kleinen Teil begünstigen würde. Sofern dies maßgeblich für die strukturelle Benachteiligung sein soll, käme es dabei aber auch darauf an, welches Kollektiv für den Vergleich heranzuziehen ist. Auch wenn diese Problematik hier bereits durch den Einzelvergleich verhindert wird, verdeutlicht dies die Schwierigkeiten und Unsicherheiten, die mit dem Kriterium der strukturellen Benachteiligung verbunden sind.

Die Betrachtung verdeutlicht darüber hinaus, wie sehr die Kriterien des Günstigkeitsvergleichs dessen Ergebnis beeinflussen. Gleichzeitig zeigt bereits dieses Beispiel, wie sehr die Möglichkeit zur Vereinbarung von Kompensationen die Bewertung erschwert und dass der Sachgruppenvergleich zu einer teilweisen Unterschreitung gesetzlich geschützter Interessen führen kann. Die Bewertung im Rahmen des BetrAVG ist ferner auch aufgrund der verschiede-

---

925 Vgl. BRO-BetrAVG/*Rolfs*, BetrAVG § 19 Rn. 62.

926 Zur Vergleichbarkeit wird auf 2023 abgestellt. 2024 lag die Beitragsbemessungsgrenze bei 7.550,– € (§ 4 Abs. 1 Nr. 1 SVBezGrV 2024), 2025 bei 8.050,– € (§ 4 Abs. 1 Nr. 1 SVBezGrV 2025) pro Monat.

927 Vgl. Destatis, Durchschnittliche Bruttomonatsverdienste, Zeitreihe (abrufbar unter: https://www.destatis.de/DE/Themen/Arbeit/Verdienste/Verdienste-Branche-Berufe/Tabellen/liste-bruttomonatsverdienste.html#134694, zuletzt abgerufen am 17.02.2025).

nen unterschiedlichen Abhängigkeiten besonders komplex, weshalb hier auf eine ausführliche Betrachtung möglicher günstigkeitsvariabler Vereinbarungen verzichtet werden muss.[928] Es ist aber davon auszugehen, dass solche Wirkungen auch bei anderen Abweichungen vom Gesetzesrecht auftreten, die dann aber ebenfalls zur Unwirksamkeit der Vereinbarung führen.

3. Zusammenfassung

Infolge der weitgehend übereinstimmenden Auslegungsergebnisse steht auch das Ergebnis der Betrachtung der günstigkeitsvariablen Vereinbarungen im Einklang mit den bisher getroffenen Ergebnissen. Günstigkeitsvariable vertragliche Regelungen sind im Licht des § 19 Abs. 3 BetrAVG als unzulässige Abweichung zum Nachteil des Arbeitnehmers anzusehen und als solche nichtig. Das vom BAG verwendete Kriterium der strukturellen Benachteiligung ist hingegen nicht geeignet, eindeutige Ergebnisse herbeizuführen.

II. Ambivalente Vereinbarungen

1. Abstrakte Betrachtung ambivalenter Vereinbarungen

Infolge der insoweit vergleichbaren Auslegungsergebnisse gilt für § 19 Abs. 3 BetrAVG dasselbe, wie für die bereits betrachteten Normen. Wie auch in den anderen Rechtsgebieten ist im Betriebsrentenrecht die teilweise Verletzung gesetzlicher Interessen ebenso untersagt wie deren vollständige Missachtung. Bei ambivalenten Vereinbarungen steht aber fest, dass sie ein gesetzliches Interesse nicht vollständig verwirklichen werden, was auf Basis einer objektiven Betrachtung als partiell ungünstig zu verstehen ist. Die Vereinbarung von ambivalent wirkenden Abweichungen von den Regelungen des BetrAVG scheitert daher an § 19 Abs. 3 BetrAVG.

2. Konkrete Betrachtung ambivalenter Vereinbarungen

Innerhalb des BetrAVG lassen sich keine Regelungen ausmachen, von denen mit ambivalenter Wirkung abgewichen werden kann. Vor allem die in § 4a Abs. 4 BetrAVG enthaltenen Form- und Fristvorgaben, nach denen Aus-

---

[928] Denkbar wäre u. a. auch dem Arbeitnehmer dem Arbeitnehmer eine Anpassung der unverfallbaren Anwartschaft in Höhe von 0,05 Prozentpunkten über dem aktuellen Verbraucherpreisindex zuzusagen und diese gleichzeitig bei 0,99 Prozent zu deckeln. Im Vergleich zu § 2a Abs. 2 Nr. 2 lit. d) BetrAVG wäre dies eine Besserstellung, im Vergleich zum Regelungsbeispiel des § 2a Abs. 2 Nr. 2 lit. a) BetrAVG aber nur, wenn das Inflationsniveau ein Prozent oder mehr beträgt.

künfte über Anwartschaften innerhalb einer angemessenen Frist und in Textform zu erteilen sind, betreffen allein die Erklärungen des Arbeitgebers, sodass Abweichungen von den Vorgaben auch eindeutig bewertet werden können. Strengere oder geringere Formerfordernisse würden sich auf die Möglichkeiten zur Dokumentation der Auskunft und damit auf die Möglichkeit des Beweises des Bestehens einer Versorgungszusage auswirken,[929] womit sie entweder zugunsten oder zuungunsten des Arbeitnehmers wirken. Entsprechendes gilt für Verkürzungen oder Verlängerungen der vorgesehenen Frist. Auch andere Regelungen, von denen mit ambivalenter Wirkung abgewichen werden könnte, sind in den Vorschriften des BetrAVG nicht ersichtlich.

3. Zusammenfassung

Im Anwendungsbereich des § 19 BetrAVG können ambivalente vertragliche Abweichungen ebenso wenig wirksam vereinbart werden, wie im Anwendungsbereich der bereits betrachteten Kodifikationen des Günstigkeitsprinzips. Vereinbarungen mit ambivalenter Wirkung sind im Zusammenhang mit dem BetrAVG jedoch allein ein theoretisches Problem, da keine Vorschrift ersichtlich ist, von der mit ambivalenter Wirkung abgewichen werden kann.

D. Ergebnisse der Betrachtung des Günstigkeitsprinzips im Betriebsrentengesetz

Es kann festgestellt werden, dass die Ergebnisse, die für § 19 Abs. 3 BetrAVG erzielt wurden, weitgehend mit den bisher gefundenen Ergebnissen übereinstimmen. Alle Auslegungsmethoden deuten darauf hin, dass der Spielraum für die Regelungen, der den Arbeitsvertragsparteien eingeräumt wird, jede Regelung umfasst, die eindeutig und im Voraus geeignet ist, den Anspruch zu erfüllen. Regelungen, die zum Nachteil des Arbeitnehmers wirken, werden dadurch aus dem Regelungsbereich ausgeschlossen, während gleichwertige oder sogar günstigere Regelungen von den Arbeitsvertragsparteien vereinbart werden können.

Die Kriterien des Günstigkeitsvergleichs sind ebenso zu bestimmen, wie es für die bisherigen Normen festgestellt wurde. Erneut sprechen die Auslegungsmethoden für einen Einzelvergleich, bei dem die Günstigkeit einer einzelnen Bestimmung mit der abweichenden Regelung auf Basis der Wirkung für den einzelnen Arbeitnehmer im Rahmen einer abstrakten ex-ante-Betrachtung objektiv bewertet wird.

---

[929] Vgl. BRO-BetrAVG/*Rolfs*, BetrAVG § 14a Rn. 12.

Anders als neutrale Abweichungen sind günstigkeitsvariable und ambivalente vertragliche Regelungen mit diesen Vorgaben nicht zu vereinbaren. Für Vereinbarungen mit günstigkeitsvariablen Wirkungen ist dies zumindest in Bezug auf die Berechnungsvorgaben auch eine praktisch relevante Feststellung, jedoch wird das Auftreten günstigkeitsvariabler Vereinbarungen wohl sonst weitgehend durch den Einzelvergleich verhindert. Mögliche Vereinbarungen mit ambivalenter Wirkung sind auf Basis eines Einzelvergleichs ebenfalls nicht zu erkennen.

§ 24 Betrachtung des Günstigkeitsprinzips im Allgemeinen Gleichbehandlungsgesetz

A. Überblick über das Allgemeine Gleichbehandlungsgesetz

Das AGG soll nach seiner ausdrücklich kodifizierten Zielsetzung (§ 1 AGG) Benachteiligungen aus Gründen der Rasse, der ethnischen Herkunft, des Geschlechts, der Religion oder Weltanschauung, der Behinderung, des Alters oder der sexuellen Identität einer Person verhindern und beseitigen.[930] Es bezieht sich insbesondere auf die Beschäftigungsbedingungen (§ 2 Abs. 1 Nr. 2 AGG), erfasst aber auch das weitere Umfeld der Beschäftigung, wie die Einstellungskriterien (§ 2 Abs. 1 Nr. 1 AGG) und den Zugang zur Berufsberatung (§ 2 Abs. 1 Nr. 3 AGG).[931] Darüber hinaus werden auch Lebensbereiche ohne Bezug zur Beschäftigung und insbesondere zivilrechtliche Vereinbarungen erfasst (§ 2 Abs. 1 Nr. 5–8 AGG u. § 19 AGG).[932] Weitere Vorschriften enthalten die Formen der unerlaubten Benachteiligung und Belästigung (§ 3 AGG),[933] definieren den Begriff des Beschäftigten sowie den des Arbeitgebers und erstrecken den Anwendungsbereich des Gesetzes auf die Bedingungen des Zugangs zur Erwerbstätigkeit sowie den beruflichen Aufstieg von Organmitgliedern (§ 6 AGG).[934] Sonderregelungen für öffentlich-rechtliche Dienstverhältnisse enthält ferner § 24 AGG.[935]

§ 7 Abs. 1 AGG enthält das allgemeine Benachteiligungsverbot und damit die zentrale Vorschrift des Gesetzes, die durch eine eigene Unwirksamkeitsregelung (§ 7 Abs. 2 AGG) und durch die Klarstellung ergänzt wird, dass Be-

---

930 NK-GArbR/*Schneider*, AGG § 1 Rn. 2 u. § 1 Rn. 4 ff. zu den Merkmalen im Einzelnen.

931 NK-GArbR/*Schneider*, AGG § 2 Rn. 3 ff.

932 NK-GArbR/*Schneider*, AGG § 2 Rn. 13.

933 Dazu NK-GArbR/*Schneider*, AGG § 3 Rn. 2 ff.

934 NK-GArbR/*Schneider*, AGG § 6 Rn. 2 ff.

935 Was aufgrund von Art. 33 Abs. 2 GG nur nachrangige Bedeutung hat, NK-GArbR/*Schneider*, AGG § 24 Rn. 1.

nachteiligungen nach § 7 Abs. 1 AGG auch eine Verletzung vertraglicher Pflichten darstellen (§ 7 Abs. 3 AGG).[936] Gemäß § 11 AGG ist dieses Benachteiligungsverbot nicht auf die Durchführung des Arbeitsvertrags oder die Bewerberauswahl beschränkt, sondern erfasst auch die Ausschreibung von Arbeitsplätzen.[937] Das Gesetz stellt jedoch auch klar, dass eine unterschiedliche Behandlung zulässig sein kann, wenn sich dies aus einer wesentlichen und entscheidenden beruflichen Anforderung ergibt (§ 8 Abs. 1 AGG),[938] wobei unterschiedliche Schutzvorschriften jedoch ausdrücklich keine unterschiedliche Entlohnung rechtfertigen (§ 8 Abs. 2 AGG)[939]. Ebenso beschreiben § 9 AGG und § 10 AGG zulässige unterschiedliche Behandlungen wegen der Religion und des Alters. § 5 AGG erlaubt darüber hinaus weitere positive Maßnahmen, wenn dadurch bestehende Nachteile wegen eines der geschützten Merkmale angemessen verhindert oder ausgeglichen werden. Das Gesetz definiert in § 12 AGG außerdem Handlungspflichten des Arbeitgebers und nimmt zur Erreichung des Schutzzwecks auch die Tarifvertragsparteien in die Pflicht (§ 18 AGG). Der Betriebsrat wird ferner zur Geltendmachung bestimmter Rechte im Fall eines groben Verstoßes gegen die Vorschriften des AGG berechtigt (§ 17 Abs. 2 AGG).

In Unterabschnitt 3 des Abschnitts 2 des Gesetzes werden die Rechte der Beschäftigten geregelt, wozu insbesondere ein Beschwerderecht (§ 13 AGG)[940] und ein Leistungsverweigerungsrecht zählen (§ 14 AGG)[941]. Bei Verletzungen des Benachteiligungsverbots kann der Arbeitnehmer nach § 15 AGG Schadenersatz[942] sowie eine angemessene Entschädigung für immaterielle Schäden verlangen[943]. Diese bilden die zentrale Rechtsfolge der Diskriminierung und leisten einem maßgeblichen Beitrag zur präventiven Wirkung des AGG.[944] Ergänzt werden die Rechte der Beschäftigten um ein Maßregelungsverbot, das in Ergänzung zu § 612a BGB auch bestimmte Dritte[945] vor Benachteiligungen wegen Inanspruchnahme der Rechte aus dem AGG schützt (§ 16 AGG).[946]

---

[936] NK-GArbR/*Schneider*, AGG § 7 Rn. 1.

[937] NK-GArbR/*Schneider*, AGG § 11 Rn. 1.

[938] NK-GArbR/*Schneider*, AGG § 8 Rn. 2.

[939] NK-GArbR/*Schneider*, AGG § 8 Rn. 13.

[940] MüHdB-ArbR/*Oetker*, § 17 Rn. 33 ff.; NK-GArbR/*Schneider*, AGG § 13 Rn. 2.

[941] MüHdB-ArbR/*Oetker*, § 17 Rn. 47 ff.; NK-GArbR/*Schneider*, AGG § 14 Rn. 2.

[942] NK-GArbR/*Schneider*, AGG § 15 Rn. 2; *Stoffels*, RdA 2009, 204 ff., ausführlich zu Funktion und Anwendung der Norm; dazu auch MüHdB-ArbR/*Oetker*, § 17 Rn. 58 ff., der darin keine Anspruchsgrundlage sieht.

[943] Ausführlich *Jacobs*, RdA 2009, 193, 194 f.; MüHdB-ArbR/*Oetker*, § 17 Rn. 66 ff.; NK-GArbR/*Schneider*, AGG § 15 Rn. 6.

[944] *Jacobs*, RdA 2009, 193 ff.; *Stoffels*, RdA 2009, 204, 206.

[945] Dazu Däubler/Beck/*Däubler*, § 16 Rn. 13 ff.

[946] Ausführlich MüHdB-ArbR/*Oetker*, § 17 Rn. 86 ff.

Die §§ 19 bis 21 AGG erweitern den Anwendungsbereich des Gesetzes über den Bereich des Arbeitsrechts im weiteren Sinn hinaus auf sonstige zivilrechtliche Rechtsbeziehungen. Die folgenden Vorschriften regeln die gerichtliche Abwicklung der Ansprüche und insbesondere die Beweislast im gerichtlichen Verfahren (§ 22 AGG).[947] Abschnitt 6 des AGG betrifft die Antidiskriminierungsstelle und den unabhängigen Bundesbeauftragen oder die unabhängige Bundesbeauftrage für Antidiskriminierung, deren Aufgaben, Organisation und Rechtsstellung.[948]

Abgeschlossen wird das Gesetz durch die §§ 31 bis 33 AGG, zu denen auch die Regelung des Günstigkeitsprinzips in § 31 AGG zählt, nach der von den Vorschriften des Gesetzes nicht zuungunsten der geschützten Personen abgewichen werden darf. Darüber hinaus sind nach § 32 AGG neben den speziellen Regelungen des Gesetzes auch die allgemeinen Bestimmungen weiter anwendbar und § 33 AGG enthält temporale Übergangsbestimmungen.

Daneben werden insbesondere in § 75 BetrVG sowie in § 164 Abs. 2 S. 1 SGB IX Diskriminierungsverbote mit Bezug zu den geschützten Merkmalen geregelt. Diese habe teilweise sehr spezielle Anwendungsbereiche[949] und spielen in der betrieblichen Praxis eine untergeordnete Rolle[950]. Gleiches gilt im Zusammenhang mit dem AGG für den arbeitsrechtlichen Gleichbehandlungsgrundsatz.[951] Von Bedeutung sind jedoch der Gleichbehandlungsgrundsatz des Grundgesetzes und die speziellen Vorgaben für die Beschränkung der Religionsfreiheit aus Art. 4 GG.[952]

I. Sinn und Zweck des Allgemeinen Gleichbehandlungsgesetzes

Das Ziel des AGG ist nach § 1 AGG vornehmlich die Verhinderung und Beseitigung von Diskriminierungen aus den dort genannten Gründen.[953] Durch spezielle Handlungspflichten und durch die Ermächtigung zur unterschiedlichen positiven Behandlung auf Basis der Merkmale des § 1 AGG wird solchen Benachteiligungen präventiv entgegengewirkt.[954] Daneben zielt das Gesetz auf die Beseitigung entstandener Nachteile ab, wofür neben den Scha-

---

947 NK-GArbR/*Schneider*, AGG § 22 Rn. 2.

948 NK-GArbR/*Schneider*, AGG § 25 Rn. 1.

949 § 164 Abs. 2 S. 1 SGB IX ist nur auf Schwerbehinderte anwendbar, Däubler/Beck/*Däubler*, Einl. Rn. 44.

950 Däubler/Beck/*Däubler*, Einl. Rn. 46 f.

951 Däubler/Beck/*Däubler*, Einl. Rn. 64.

952 Däubler/Beck/*Däubler*, Einl. Rn. 49 ff. [m. w. N. zu einschlägigen Entscheidungen].

953 NK-GArbR/*Schneider*, AGG § 1 Rn. 2.

954 BeckOGK/*Baumgärtner*, AGG § 1 Rn. 30 f.; Däubler/Beck/*Däubler*, § 1 Rn. 2.

denersatz- und Entschädigungsvorgaben (§ 15 und § 21 Abs. 2 AGG) auch ein Beseitigungs- und Unterlassungsanspruch sowie ein Beschwerderecht (§ 13 AGG) geregelt wurden,[955] die aber auch präventiven Charakter haben.[956] Das Gesetz hat damit präventiven aber auch sanktionierenden Charakter.[957]

Unmittelbare Grundlage des AGG ist das Unionsrecht.[958] Gestützt auf die allgemeine primärrechtliche Kompetenzgrundlage des Art. 19 AEUV sowie die spezielle Kompetenzgrundlage des Art. 157 Abs. 3 AEUV wurden eine Reihe von Richtlinien erlassen,[959] die ein ausdifferenziertes sekundärrechtliches Gleichbehandlungsrecht bilden. Diskriminierungen wegen der Rasse oder der ethnischen Herkunft im beruflichen Umfeld sowie bei der Versorgung mit Gütern und Dienstleistungen, die der Öffentlichkeit zur Verfügung stehen, werden durch die RL 2000/43/EG vom 29.06.2000 zur Anwendung des Gleichbehandlungsgrundsatzes ohne Unterschied der Rasse oder der ethnischen Herkunft[960] (Antidiskriminierungs-RL) adressiert.[961] Allein mit Blick auf Beschäftigung und Beruf beinhaltete die RL 2000/78/EG vom 27.11.2000 zur Festlegung eines allgemeinen Rahmens für die Verwirklichung der Gleichbehandlung in Beschäftigung und Beruf[962] (Gleichbehandlungs-Rahmen-RL) Regelungen zum Schutz vor einer Diskriminierung wegen der Religion oder Weltanschauung, der Behinderung, des Alters und der sexuellen Ausrichtung. Die RL 2004/113/EG vom 13.12.2004[963] (Unisex-RL) bezieht sich auf die Gleichbehandlung von Männern und Frauen beim Zugang zu und bei der Versorgung mit Gütern und Dienstleistungen, findet jedoch keine Anwendung auf die Beschäftigung und den Beruf. Für diese Fragen enthält jedoch die RL 2006/54/EG vom 05.07.2006 zur Verwirklichung des Grundsatzes der Chancengleichheit und Gleichbehandlung von Männern und Frauen in Arbeits- und Beschäftigungsfragen[964] spezielle Regelungen. Ergänzt werden diese Regelungen durch die RL 2010/41/EU vom 07.07.2010 zur Verwirklichung des Grundsatzes der Gleichbehandlung von Männern und Frauen, die eine selbstständige Erwerbstätigkeit ausüben,[965] und durch die RL 2010/18/EU vom

[955] BeckOGK/*Baumgärtner*, AGG § 1 Rn. 30, 32f.; Däubler/Beck/*Däubler*, § 1 Rn. 3.

[956] *Jacobs*, RdA 2009, 193ff.; *Stoffels*, RdA 2009, 204, 206.

[957] Däubler/Beck/*Däubler*, § 1 Rn. 1; NK-GArbR/*Schneider*, AGG § 1 Rn. 1.

[958] Däubler/Beck/*Däubler*, Einl. Rn. 3ff.

[959] Vgl. NK-GArbR/*Maul-Sartori*, AEUV Art. 157 Rn. 56.

[960] ABl. 2000, L 180, S. 22.

[961] Ausführlich zu deren Entstehung *Schmidt/Senne*, RdA 2002, 80f.

[962] ABl. 2000, L 303, S. 16.

[963] ABl. 2004, L 373, S. 37.

[964] ABl. 2006, L 204, S. 23.

[965] ABl. 2010, L 180, S. 1.

08.03.2010 zur Vereinbarkeit von Beruf und Privatleben für Eltern und pflegende Angehörige und zur Aufhebung der RL 2010/18/EU des Rates.[966]

Daneben wurden auch auf völkerrechtlicher Ebene eine Reihe von Abkommen erlassen, durch die sich die Mitgliedstaaten zur allgemeinen Gleichbehandlung und zur Gleichbehandlung in speziellen Bereichen verpflichten.[967] Angesichts des ausdifferenzierten unionsrechtlichen Schutzes treten diese in der Praxis jedoch in den Hintergrund. In Anbetracht der Vielzahl einschlägiger Rechtsquellen werden diese hier nicht zu Auslegung herangezogen, jedoch ist darauf hinzuweisen, dass diese im Sinn einer völkerrechtsfreundlichen Auslegung ebenfalls berücksichtigungsfähig sind.

Die theoretisch-dogmatische Begründung des speziellen und privatrechtlich wirkenden Nichtdiskriminierungsschutzes für die Träger der in § 1 AGG genannten Merkmale ist nicht gänzlich geklärt.[968] Eine Erklärung führt den speziellen Nichtdiskriminierungsschutz auf den allgemeinen Gleichheitsgrundsatz zurück, nach der eine jede Person jedenfalls einen moralischen Anspruch hat, nicht anders als vergleichbare Personen behandelt zu werden.[969] Gleichzeitig lassen sich die Regelungen des Nichtdiskriminierungsrechts auch als eine Form der Inklusion der Merkmalsträger verstehen, die wie soziale Schutzvorschriften verhindern, dass die Merkmalsträger im wirtschaftlichen Wettbewerb aufgrund ihrer Merkmale benachteiligt werden,[970] und die damit auch einen Beitrag zur Verwirklichung des Binnenmarktes leisten[971].

Diese Frage berührt sowohl dogmatische als auch philosophische und moralische Themen, die aufgrund der unterschiedlichen Schwerpunktsetzung der Arbeit nicht vollständig erörtert werden können. Anders als die bisherigen Regelungen reicht die teleologische Begründung des AGG jedoch weit über den sozialen Arbeitnehmerschutz hinaus und findet sich nach seiner Zielsetzung vor allem im Gleichheitssatz.[972] Geschützt wird mithin die gesamte Person des Arbeitnehmers und nicht allein die Angemessenheit der Arbeitsbedingungen. Dies zeigt sich insbesondere daran, dass das AGG selbst keine materiellen Arbeitsbedingungen enthält und mithin jedenfalls insoweit kein gesetzliches Niveau besteht, an dem sich der Günstigkeitsbegriff ausrichten

---

966 ABl. 2010, L 68, S. 13.

967 Dazu Däubler/Beck/*Däubler*, Einl. Rn. 147.

968 BeckOGK/*Baumgärtner*, AGG § 1 Rn. 19 f., mit einem Überblick und m. w. N.

969 BeckOGK/*Baumgärtner*, AGG § 1 Rn. 14; Däubler/Beck/*Däubler*, § 1 Rn. 5.

970 BeckOGK/*Baumgärtner*, AGG § 1 Rn. 19 f. [m. w. N.]; ebenso in dem Sinn Däubler/Beck/*Däubler*, § 1 Rn. 5, der auch auf gesamtgesellschaftliche Vorteile eingeht.

971 *Krimphove*/EU-Arbeitsrecht, Rn. 295 f.; *Schuster*/*Jacobsohn*, RdA 2024, 270, 271, zu den historischen Gründen der Entgeltgleichheit im Unionsrecht.

972 BT-Ds. 16/1780, S. 20.

kann.[973] Gleichzeitig sollen auch die Vorgaben des AGG im Arbeitsverhältnis umgesetzt werden und sie sind dabei der strukturellen Unterlegenheit der Arbeitsvertragsparteien ausgesetzt, sodass die Situation insoweit vergleichbar ist. Die Wirkungsweise eines Abweichungsverbots muss dies ebenso wie die weitere Zielsetzung des AGG beachten.

II. Historie des Allgemeinen Gleichbehandlungsgesetzes

Das AGG ist mit dem Gesetz zur Umsetzung europäischer Richtlinien zur Verwirklichung des Grundsatzes der Gleichbehandlung vom 14.08.2006[974] einen Tag nach seiner Verkündung am 18.08.2006 in Kraft getreten.[975] Es setzte dabei die Antidiskriminierungs-RL, die Gleichbehandlungs-Rahmen-RL, die damals gültige RL 2002/73/EG[976] sowie die Unisex-RL in nationales Recht um.[977] Mit Art. 8 des Gesetzes zur Änderung des Betriebsrentengesetzes und anderer Gesetze vom 02.12.2006 wurden dann redaktionelle Anpassungen an § 10 und § 20 AGG vorgenommen.[978] Weitere Änderungen betrafen das Verbandsklagerecht aus § 23 AGG[979] sowie die Regelung des § 26 AGG zur Rechtsstellung der Leitung der Antidiskriminierungsstelle des Bundes[980]. Mit dem SEPA-Begleitgesetz vom 03.04.2013[981] wurde einer Entscheidung des EuGH[982] Rechnung getragen, die zur Unwirksamkeit einer Bestimmung der RL 2004/113/EG führte und somit die Abschaffung der in § 20 Abs. 1 AGG enthaltenen Ausnahme zur geschlechtsbezogenen Unterscheidung von Versicherungstarifen erforderlich machte.[983] Erhebliche Änderungen erfuhren die Regelungen zur Antidiskriminierungsstelle des Bundes, durch das Gesetz zur Änderung des Allgemeinen Gleichbehandlungsgesetzes vom 23.05.2022,[984] wobei unter anderem die Stelle des Unabhängigen Bundesbeauftragten für Antidiskriminierung geschaffen wurde. Zuletzt wurden die Zuständigkeiten

---

973 Vgl. DHSW-ArbR/*Becker*, GG Art. 3 Rn. 1; *Jacobs*, RdA 2023, 9, 13.

974 BGBl. I 2006, S. 1897.

975 Zur Entstehungsgeschichte, Däubler/Beck/*Däubler*, Einl. Rn. 8 ff.; NomosBR-AGG/*Franke*, Einl. Rn. 11 ff.; *Over*, Altersdiskriminierung, S. 85 ff.

976 Mittlerweile ersetzt durch RL 2006/54/EG.

977 NomosBR-AGG/*Franke*, Einl. Rn. 2 ff.

978 BT-Ds. 16/3007, S. 22.

979 Gesetz zur Neuregelung des Rechtsberatungsrechts vom 12.12.2007, BGBl. I 2007, S. 2840.

980 Dienstrechtsneuordnungsgesetz vom 05.02.2009, BGBl. I 2009, S. 160.

981 BGBl. I 2013, S. 610.

982 EuGH v. 01.03.2011 – C-236/09 [Basselier], Slg. 2001, I-800, zur Unwirksamkeit des Art. 5 Abs. 2 der Unisex-RL.

983 BT-Ds. 17/11395, S. 9 u. S. 15.

984 BGBl. I 2022, S. 768.

der Antidiskriminierungsstelle des Bundes auch auf Beschwerden im Zusammenhang mit der Inanspruchnahme von Freistellungen oder Anpassungen der Arbeitszeit wegen familiär bedingter Abwesenheiten erweitert[985] und damit eine Vorgabe aus Vereinbarkeits-RL umgesetzt. Die hier relevante Regelung des § 31 AGG war bereits in der ersten Fassung des Gesetzes enthalten. Eine Änderung hat sie seitdem nicht erfahren.

B. Unabdingbarkeit nach § 31 AGG

I. Auslegung des § 31 AGG im Hinblick auf den verbleibenden Regelungsspielraum der Vertragsparteien

1. Grammatikalische und historische Auslegung

Mit Blick auf den Wortlaut des § 31 AGG gibt es im Vergleich zu den bereits betrachteten Vorschriften keine Besonderheiten. Gleiches gilt für die Historie und die Gesetzesbegründung, die unter Verweis auf die unionrechtlichen Vorgaben die zwingende Wirkung der Schutzvorschriften insbesondere für die Fristen zur Geltendmachung des Entschädigungsanspruchs betont, darüber hinaus aber nur den Gesetzeswortlaut wiedergibt.[986] Das einschlägige Sekundärrecht schreibt den Erlass von Mindeststandards aber nicht vor, sondern ermöglicht ihn lediglich,[987] weshalb der Verweis auf die Vorgaben des Unionsrechts hier jedenfalls ebenso missverständlich ist,[988] wie im Zusammenhang mit dem NachwG.[989] Die grammatikalische und die historische Auslegung sprechen daher wie bei den bisherigen Vorschriften dafür, dass nur die Vereinbarung von Regelungen zulässig ist, die abseits von Abweichungen zum Nachteil des Arbeitnehmers liegen. Es können nur Vereinbarungen getroffen werden, die günstigere oder gleichwertige Wirkung haben und die mithin den gesetzlichen Mindeststandard nicht unterschreiten. Ferner lässt sich auf Basis des Wortlautes feststellen, dass die Abweichungsbeschränkungen für Kollektivvereinbarungen – abseits des § 15 Abs. 4 AGG[990] – ebenso wie für Einzelarbeitsverträge gelten.[991] Die bisher gefundenen Ergebnisse lassen sich daher auf § 31 AGG übertragen.

---

985 Zu den erfassten Ansprüchen im Einzelnen, BT-Ds. 20/3447, S. 19.

986 BT-Ds. 16/1780, S. 53.

987 Dazu sogleich, Teil 5 § 24 Abschnitt B. I. 5. b).

988 *Bauer/Krieger/Günther*/AGG, AGG § 31 Rn. 2.

989 Teil 5 § 21 Abschnitt B. I. 3.

990 Str. dazu hier nur *Bauer/Krieger/Günther*/AGG, AGG § 31 Rn. 4. Ausführlich dazu Teil 5 § 24 Abschnitt C. I.

991 Däubler/Beck/*Däubler*, § 31 Rn. 1; *Meinel/Heyn/Herms*/AGG, § 31 Rn. 6; NK-GArbR/*Schneider*, AGG § 31 Rn. 2.

2. Teleologische Auslegung

Indem die Gesetzesbegründung die Vorschriften des AGG als Schutzvorschriften bezeichnet,[992] macht sie deutlich, dass der Sinn und Zweck des § 31 AGG den der bisher betrachteten Kodifikationen des Günstigkeitsprinzips grundsätzlich entspricht. Auch wenn der Schutzzweck des AGG sich nicht auf materielle Arbeitsbedingungen bezieht, handelt es sich dennoch um Regelungen, die dem Schutz des Arbeitnehmers dienen und die der strukturellen Unterlegenheit des Arbeitnehmers entzogen werden sollen. Diese Funktion erfüllt das Abweichungsverbot des § 31 AGG, indem es sicherstellt, dass der gesetzliche Standard der Vorschriften des AGG durch die Arbeitsvertragsparteien nicht unterschritten wird.[993] Insofern handelt es sich auch dabei um eine Regelung, die im Licht der strukturellen Unterlegenheit eine dienende Funktion für den Schutzzweck einer Norm erfüllt.[994] Ähnlich wie beim BetrAVG ergibt sich die Notwendigkeit für das Abweichungsverbot aus der Relation des Schutzes zu den Besonderheiten der Arbeitsvertragsbeziehung, wobei die strukturelle Unterlegenheit bei einzelnen Merkmalen oder deren Ausprägungen infolge der reduzierten Chancen am Arbeitsmarkt tendenziell sogar größer sein dürfte.

Trotz der Unterschiede des materiellen Rechts kann auf Basis dieser identischen Funktion der zulässige Regelungsbereich identisch bestimmt werden, denn insoweit ergibt sich ebenfalls keine Notwendigkeit, gleichwertigen Regelungen die Wirksamkeit zu versagen.[995] Sofern seine Wirkung an seiner dienenden Funktion ausgerichtet wird, hat das andere Regelungsziel der materiellen Regelungen auf die Wirkungsweise des Günstigkeitsvergleichs daher keinen Einfluss. Dementsprechend kann auch davon ausgegangen werden, dass die Regelung des § 31 AGG die Unabdingbarkeit der erfassten Regelungen eher klarstellt denn begründet.[996]

Davon zu unterscheiden ist jedoch die Frage, für welche Vorschriften überhaupt eine Abweichungsbefugnis besteht. Der auf Gleichbehandlung gerichtete Zweck der Vorschriften ermöglicht es nicht ein Schutzniveau zu bestimmen, von dem aus überhaupt die Günstigkeit bestimmt werden kann. Es mangelt insoweit an einem „Mehr“ an Gleichbehandlung und es lassen sich

---

992 BT-Ds. 16/1780, S. 53.

993 BAG v. 28.10.2021 – 8 AZR 371/20, BAGE 176, 134 Rn. 40f.; NomosBR-AGG/*Braunroth*, § 31 Rn. 1 spricht von „Mindestschutzvorschriften“; SSP-AGG/*Plum*, § 31 Rn. 1; BeckOK-ArbG/*Roloff*, AGG § 31 Rn. 1; in dem Sinn auch BeckOK-BGB/*Wendtland*, AGG § 31 Rn. 1.

994 Vgl. BAG v. 28.10.2021 – 8 AZR 371/20, BAGE 176, 134 Rn. 41; vgl. BeckOK-ArbG/*Roloff*, AGG § 31 Rn. 1; SSP-AGG/*Suckow*, § 31 Rn. 9.

995 NK-GArbR/*Schneider*, AGG § 31 Rn. 3.

996 Däubler/Beck/*Däubler*, § 31 Rn. 1.

abseits der Erweiterung der erfassten Merkmale kaum günstigere Nichtdiskriminierungsregelungen vereinbaren. Eine besondere Rolle hat auch die Erlaubnis für besondere positive Maßnahmen nach § 5 AGG. Günstigere Vereinbarungen sind dabei zwar denkbar,[997] jedoch würden die positiven Maßnahmen gleichzeitig den Rahmen des § 5 AGG verlassen und dieser damit gegenüber Dritten nicht mehr als Rechtfertigung für Ungleichbehandlungen zur Verfügung stehen, weshalb auch dieser im Ergebnis nicht abbedungen werden kann.[998] Ausgeschlossen sind darüber hinaus die öffentlich rechtlichen Vorschriften in den Regelungen der §§ 22 ff. AGG.[999]

Der Arbeitgeber ist aber nicht verpflichtet (potenziellen) Beschäftigten auf Grundlage der Regelungen zur zulässigen unterschiedlichen Behandlung gem. §§ 8 bis 10 AGG eine berufliche Maßnahme zu verwehren, sodass grundsätzlich auch nichts gegen einen vertraglichen Verzicht spricht, der sich für den Merkmalsträger dann als günstiger erweist. Eine bessere Ausgestaltung der Arbeitgeberpflichten ist ebenfalls grundsätzlich denkbar, jedoch verbleiben auch hier nur die Regelung abseits der grundsätzlichen Verpflichtung in § 12 Abs. 1 AGG und der Pflichten im gerichtlichen Verfahren in § 12 Abs. 5 AGG. Die Regelungen des § 12 Abs. 2, Abs. 3 u. Abs. 4 AGG enthalten wiederum so weite Wertungsmaßstäbe, das wohl allenfalls eine Konkretisierung der Verpflichtung zur Durchführung von Schulungsmaßnahmen als günstigere Regelung denkbar ist. Denkbar sind ferner Regelungen zum Schadenersatz und zur Entschädigung, in denen sich der Arbeitgeber auch abseits eines Vertretenmüssens nach § 15 Abs. 1 AGG zum Schadenersatz verpflichtet oder verspricht, die gerichtlich zugesprochenen Leistungen zu erhöhen.[1000] Tatsächlich relevant dürfte aber einzig die bereits vom Gesetzgeber benannte Frist des § 15 Abs. 4 S. 1 AGG sein.[1001]

Die teleologische Betrachtung des § 31 AGG zeigt damit, dass der Abweichungsspielraum nach den gleichen Kriterien bestimmt werden kann, wie im Zusammenhang mit den anderen betrachteten Regelungen. Es können nur Vereinbarungen geschlossen werden, die günstigere oder gleichwertige Wirkung haben und die mithin den gesetzlichen Mindeststandard nicht unterschreiten. Dieser Regelungsspielraum erfasst aufgrund der Besonderheiten des AGG aber nur wenige Regelungen, während ein Großteil der Normen des AGG insoweit keine Abbedingung zugunsten des Arbeitnehmers zulässt.

---

997 Vgl. den Beispielfall bei *Busch*/AGG, S. 83.

998 *Annuß*, BB 2006, 1629, 1634 steht aus vergleichbaren Gründen der Norm generell kritisch gegenüber.

999 Vgl. BeckOGK/*Benecke*, AGG § 31 Rn. 2.

1000 BeckOGK/*Benecke*, AGG § 31 Rn. 11.

1001 Dies wird in der Literatur auch einzig diskutiert, BeckOGK/*Benecke*, AGG § 31 Rn. 3; BeckOK-BGB/*Wendtland*, AGG § 31 Rn. 1 ff.

3. Systematische Auslegung

In systematischer Hinsicht unterscheidet sich vor allem die Binnenstruktur des AGG von den bisher betrachteten Regelungen. Insbesondere enthält das AGG neben § 31 AGG weitere Verbotsgesetze, wobei mit der Regelung des § 7 Abs. 1 AGG die zentrale Vorschrift des Gesetzes[1002] eine Verbotsnorm i. S. d. § 134 BGB darstellt oder nach § 7 Abs. 2 AGG zu vergleichbaren Rechtsfolgen führt.[1003] Eine Abbedingung des AGG zum Nachteil der Arbeitnehmer kann jedoch auch dazu führen, dass die geschützten Personen eine weniger günstige Behandlung erfahren (können), als es durch die Vorschriften des AGG vorgegeben wird. Werden beispielsweise vertraglich die besonderen Rechte der Arbeitnehmer im Fall einer Benachteiligung wegen eines bestimmten Merkmals aus § 15 AGG abbedungen, handelt es sich dabei jedenfalls um eine Abweichung von den Vorgaben des AGG zuungunsten dieser Arbeitnehmer. Sofern darunter Träger des jeweiligen Merkmals sind, stellt dies für diese aber gleichzeitig auch eine Ungleichbehandlung wegen dieses Merkmals nach § 7 Abs. 1 AGG dar.

Trotz der Parallelen in den Ergebnissen haben beide Normen einen unterschiedlichen Anknüpfungspunkt, sodass die Benachteiligung im Sinn des § 7 Abs. 1 AGG keine spezielle Form der abweichenden Vereinbarung im Sinn des § 31 AGG ist. Beachtlich ist jedoch, dass die mit § 7 Abs. 1 AGG verbundenen Rechtsfolgen über die bloße Unwirksamkeit des Verstoßes gem. § 31 AGG i. V. m. § 134 BGB hinausgehen.[1004] Insbesondere um der präventiven Funktion des AGG zu entsprechen, sind diese Rechtsfolgen aber auch vorzugswürdig, sofern eine Ungleichbehandlung stattgefunden hat. Sofern diese festgestellt wurde, indiziert dies einerseits die Abweichung zum Nachteil des Arbeitnehmers im Sinn des § 31 AGG, führt andererseits aber auch bereits zur Unwirksamkeit der Vereinbarung, sodass es auf die Günstigkeit nicht mehr ankommt. Sofern jedoch eine Benachteiligung zu verneinen ist und trotzdem eine Abweichung zum Nachteil der Arbeitnehmer im Raum steht, muss sich die jeweilige Vereinbarung noch am Maßstab des § 31 AGG messen lassen, der unabhängig vom Vorliegen einer Benachteiligung zur Unwirksamkeit der vertraglichen Regelung führen kann.[1005]

[1002] BR-DS 329/06 S. 35; dazu auch BeckOGK/*Benecke*, AGG § 7 Rn. 1; *Annuß*, BB 2006, 1629.

[1003] § 7 Abs. 2 AGG hat für vertragliche Vereinbarungen wohl nur deklaratorische Natur, BeckOGK/*Benecke*, AGG § 7 Rn. 33. Zur Wirkung des § 7 Abs. 2 AGG für einseitige Handlungen des Arbeitgebers, BeckOGK/*Benecke*, AGG § 7 Rn. 4; Däubler/Beck/*Däubler*, § 7 Rn. 25; zur dogmatischen Grundlage der Nichtigkeit tarifvertraglicher Bestimmungen, *Wißmann*, FS Dieterich, 683, 687 ff.

[1004] Zu den Unterschieden, Däubler/Beck/*Däubler*, § 7 Rn. 25.

[1005] *Bauer/Krieger/Günther*/AGG, AGG § 31 Rn. 8; *Meinel/Heyn/Herms*/AGG, § 31 Rn. 7.

Dies kann der Fall sein, wenn die Vereinbarung generelle Rechte des AGG abbedingt und dabei alle Arbeitnehmer gleichermaßen trifft, sodass es sich nicht um eine Benachteiligung der Träger eines der Merkmale des § 1 AGG handelt. So betrifft eine Abbedingung der Frist nach § 15 Abs. 4 AGG für die Geltendmachung der Ansprüche aus § 15 AGG grundsätzlich alle Arbeitnehmer gleichermaßen und benachteiligt keine Gruppe in besonderer Weise. Die Vereinbarung beinhaltet damit jedenfalls keine unmittelbare Benachteiligung. Ob man sie im Licht der höheren Wahrscheinlichkeit als Träger bestimmter Ausprägungen eines Merkmals – beispielsweise als weiblicher Arbeitnehmer oder als Arbeitnehmer mit einer besonderen ethnischen Herkunft oder Religion – benachteiligt zu werden und daher der Wirkung der Vereinbarung zu unterliegen als mittelbare Benachteiligung ansehen muss,[1006] kann aufgrund der Wirkung des § 31 AGG in Bezug auf die Wirksamkeit der Vereinbarung und des anderen Schwerpunktes der Arbeit dahingestellt bleiben. Jedenfalls wenn § 7 Abs. 1 AGG i. V. m. § 134 BGB nicht zur Unwirksamkeit der zugrunde liegenden Vereinbarung führt, stellt § 31 AGG sicher, dass die Rechte der Arbeitnehmer geschützt werden.

Die Wirkung des § 31 AGG reicht damit über die besonderen Merkmale hinaus, was insbesondere von Bedeutung ist, wenn abweichende Vereinbarungen zu speziellen Nichtdiskriminierungsregeln mit Personen getroffen werden, bei denen noch kein Zusammenhang zu einem speziellen Merkmal besteht. Bei diesen Personen kann die abweichende Vereinbarung grundsätzlich nicht zu einer Benachteiligung wegen eines Merkmals führen.[1007] Die rechtliche Position wird durch die Vereinbarung aber auch darüber hinaus nicht berührt, wenn beispielsweise entgegen den Vorgaben der Rechtsprechung in einem Arbeitsvertrag mit einem nicht behinderten Arbeitnehmer vertraglich vereinbart wird, dass behinderte Arbeitnehmer von internen Stellenbesetzungsverfahren ausgeschlossen werden, wenn ihre Beschäftigung am neuen Arbeitsplatz einen Umbau des Arbeitsplatzes erforderlich machen würde[1008]. Für den nicht behinderten Beschäftigten erweist sich dies zum Zeitpunkt des Abschlusses der Vereinbarung als eine Regelung, die für ihn überhaupt keine Auswirkungen hat, sodass fraglich ist, inwieweit sie sich als ungünstigere Abweichung vom AGG verstehen lässt.

Im Rahmen der Bewertung der Günstigkeit ist aufgrund der speziellen präventiven Zielsetzung des AGG jedoch zu beachten, dass bei keinem Merkmal ausgeschlossen werden kann, dass ein Arbeitnehmer im Verlauf der Durchführung des Arbeitsvertrags in einen Zusammenhang mit dem Merkmal gerät.

[1006] Zu den Voraussetzungen NK-GArbR/*Schneider*, AGG § 3 Rn. 9 ff.

[1007] Vgl. auch zu den Ausnahmefällen, BeckOGK/*Benecke*, AGG § 7 Rn. 9 f.

[1008] Vgl. BAG v. 21.06.2011 – 9 AZR 226/10, AP AVR Caritasverband § 3 Nr. 1, Rn. 36; BeckOGK/*Benecke*, AGG § 8 Rn. 45.

Besonders augenfällig ist dies beim Merkmal des (hohen) Alters und der Behinderung, aber auch die Religion und das Geschlecht können sich im Verlauf der Zeit ändern. Ferner haben alle Arbeitnehmer eine ethnische Herkunft und können – auch wenn das Konzept selbst abzulehnen ist (vgl. auch EG 6 der Antidiskriminierungs-RL 2000/43/EG)[1009] – eine Rassezugehörigkeit zugeschrieben bekommen[1010]. Infolge der Möglichkeit auf Basis der Merkmale Dritter[1011] oder eines vermuteten Zusammenhangs benachteiligt zu werden[1012], kommt es auch nicht darauf an, ob der Arbeitnehmer ein Merkmal überhaupt in seiner Person erwerben kann und durch eine Heirat oder Adoption kann der Beschäftigte mit jedem Merkmal des § 1 AGG in Zusammenhang geraten. Damit ist auch nicht auszuschließen, dass die mit der Vereinbarung verbundene Wirkung zuungunsten des Arbeitnehmers noch eintritt.[1013] Als lediglich potenziell benachteiligende Vereinbarung fällt die Regelung nicht unter § 7 Abs. 1 AGG,[1014] jedoch würde es dem präventiven Zweck des Antidiskriminierungsrechts zuwiderlaufen, darauf zu warten, dass der Arbeitnehmer in Kontakt zum Merkmal gerät und die Unwirksamkeit einer Regelung auf Basis des Benachteiligungsverbots des § 7 Abs. 1 AGG festgestellt werden kann.

§ 31 AGG schließt diese Lücke, indem er unabhängig vom Vorliegen eines Merkmals nach § 1 AGG zur Unwirksamkeit der Vereinbarung führt, sofern man davon ausgeht, dass auch bei Anwendung des § 31 AGG eindeutig und im Vorhinein feststehen muss, dass eine vertragliche Abweichung das gesetzliche Regelungsniveau nicht unterschreitet. § 31 AGG ergänzt damit § 7 Abs. 1 AGG, indem er zur Unwirksamkeit solcher Vereinbarungen führt, bei denen der Eintritt einer Benachteiligung nicht ausgeschlossen werden kann und die daher nicht als gleichwertige Abweichung verstanden werden können.[1015] Im Rahmen des Günstigkeitsvergleichs sind diese Beziehungen von

---

1009 Durch die Verwendung des Begriffs erkennt das Unionsrecht die Existenz verschiedener Menschenrassen nicht an, will sich der Unterscheidung auf der Basis vermeintlicher biologischer Unterschiede aber entgegenstellen, Däubler/Beck/*Däubler*, § 1 Rn. 24; NK-GArbR/*Schneider*, AGG § 1 Rn. 5.

1010 In Ermangelung tatsächlicher menschlicher Rassen sind solche Benachteiligungen immer Zuschreibungen, vgl. *Schiek*, NZA 2004, 873, 874; kritisch zur Verwendung des Begriffs, *Nickel*, NJW 2001, 2668, 2670.

1011 Das Merkmal der Behinderung muss nicht in der Person des Beschäftigten verwirklicht sein, EuGH v. 17.07.2008 – C-303/06 [S. Coleman/Attridge Law, Steve Law], Slg. 2008, I-5615 Rn. 48; zur notwendigen Verbindung zwischen Merkmal und Beschäftigten, Däubler/Beck/*Däubler*, § 7 Rn. 7.

1012 Vgl. den Beispielfall bei *Busch*/AGG, S. 95 f.

1013 Die Bewertung der Vereinbarung ändert sich zwar in dem Fall, aber es ist keine günstigkeitsvariable Abweichung im Sinn des Günstigkeitsprinzips, weil keine Vorteile damit verbunden sind.

1014 Vgl. *Annuß*, BB 2006, 1629, 1632; a.A. *Schmidt/Senne*, RdA 2002, 80, 83.

1015 *Meinel/Heyn/Herms*/AGG, § 31 Rn. 7.

Günstigkeit und Benachteiligung zu berücksichtigen und der Günstigkeitsbegriff am Begriff der Benachteiligung auszurichten. § 31 AGG ist daher auch auf potenziell benachteiligende Regelungen anzuwenden, die in Ermangelung eines Bezugs zum jeweiligen Merkmal auf Seiten des Beschäftigten noch keine Benachteiligung darstellen[1016]. Er wirkt damit nicht nur der strukturellen Unterlegenheit des Arbeitnehmers entgegen, sondern leistet auch einen eigenen Beitrag zur Prävention gegen Benachteiligungen.

Der Vergleich mit anderen Diskriminierungsverboten zeigt darüber hinaus, dass auch auf diese das Günstigkeitsprinzip nicht angewendet wird. Insbesondere wird für § 4 TzBfG davon ausgegangen, dass dieser bereits aufgrund seines Schutzzwecks der Abweichungsbefugnis der Arbeitsvertragsparteien entzogen sei[1017] und auch § 75 BetrVG wird als Begrenzung der Regelungsmacht der Betriebsvertragsparteien verstanden[1018]. Insofern bestätigen die anderen Vorschriften die hier getroffene Annahme, nach der die unmittelbar die Ungleichbehandlung betreffenden Vorschriften nicht der Anwendung des § 31 AGG unterliegen.

Damit bestätigt die systematische Betrachtung des AGG insgesamt auch die bisherigen Ergebnisse, jedoch weniger im Hinblick auf den Abweichungsspielraum als im Hinblick auf die Abweichungsmöglichkeit und die zeitlich zu berücksichtigenden Wirkungen. Um dem präventiven Charakter des AGG zu entsprechen, sind auch mögliche zukünftige Wirkungen im Günstigkeitsvergleich zu berücksichtigen, was auch der sonstigen Vorgehensweise entspricht, wenn beispielsweise bei der Prüfung der Abweichung von gesetzlichen Kündigungsfristen die nach § 622 Abs. 2 BGB vorgesehenen Stufen bereits beim erstmaligen Aufeinandertreffen berücksichtigt werden.[1019] Die Betrachtung bestätigt damit, dass ein aus dem Zweck des Prinzips abgeleiteter Günstigkeitsvergleich grundsätzlich umfassend angewendet werden kann und dabei zu interessengerechten Ergebnissen führt.

4. Verfassungskonforme Auslegung

Die verfassungsrechtliche Betrachtung erfolgt erneut vor allem als Kontrollüberlegung und dient der Maßstabsbildung, auch wenn die Arbeitsvertragsfreiheit des Grundgesetzes für die Regelungen des AGG infolge ihrer unionsrechtlichen Begründung nur nachrangig ist. Die Regelungen des AGG

1016 *Annuß*, BB 2006, 1629, 1632; zum notwendigen Zusammenhang zwischen Merkmal und Beschäftigtem sowie zur zeitlichen Komponente der Bewertung, Däubler/Beck/*Däubler*, § 3 Rn. 33 u. § 7 Rn. 7 u. Rn. 9.

1017 MHH-TzBfG/*Herms*, § 4 Rn. 152.

1018 Richardi/BetrVG/*Maschmann*, BetrVG § 75 Rn. 1.

1019 Dazu Teil 3 § 11 Abschnitt C. II. 3.

verhindern dabei, dass die Arbeitsvertragsparteien Vereinbarungen auf der Basis bestimmter Merkmale und in Abweichung von vergleichbaren Arbeitsverhältnissen treffen. Den geschützten Arbeitnehmern wird es dadurch verwehrt, sich durch Unterscheidungen anhand der erfassten Merkmale einen Wettbewerbsvorteil zu verschaffen und einen vermeintlichen oder tatsächlichen Wettbewerbsnachteil auszugleichen. Diese Möglichkeit zur Unterscheidung ist aber ein Kern der grundrechtlichen Freiheitsausübung, der grundsätzlich auch geschützt ist, wenn es sich um gesellschaftlich nicht erwünschte oder nicht akzeptierte Unterscheidungen handelt.[1020] Regelungen zur Herstellung allgemeiner und spezieller Gleichheit im Privatrechtsverkehr stellen daher grundsätzlich rechtfertigungsbedürftige Eingriffe in die Privatautonomie und mithin in die Arbeitsvertragsfreiheit dar.[1021]

In der Literatur ist allerdings stark umstritten, inwieweit der Gleichheitssatz eine Rechtfertigung für Grundrechtseingriffe oder sogar Handlungspflicht des Gesetzgebers begründet.[1022] Weitgehende Einigkeit besteht darüber, dass das Gleichheitsrecht abseits des Auftrags des Art. 3 Abs. 2 S. 2 GG[1023] infolge der Bedeutung des Rechts zur Unterscheidung für die Freiheitsausübung keinen allgemeinen Auftrag zur entsprechenden Gestaltung des Privatrechts beinhaltet.[1024] Ebenso besteht wohl weitgehende Einigkeit, dass das Gleichheitsrecht ein Teil der grundgesetzlichen Werteordnung ist.[1025]

Dass sich daraus aber eine mittelbare Wirkung in das Privatrecht ergeben kann, wird infolge des fehlenden materiellen Gehalts des Gleichheitssatzes, der nur vollständig oder gar nicht verwirklicht werden kann,[1026] bereits abgelehnt, denn seine Geltung in Privatrechtsbeziehungen führe sonst regelmäßig

---

1020 BVerfG v. 11.04.2018 – 1 BvR 3080/09, BVerfGE 148, 267, Rn. 39 ff.; BeckOK-GG/*Kischel*, GG Art. 3 Rn. 93a u. Rn. 210; DHS-GG/*P. Kirchhof*, GG Art. 3 Abs. 1 Rn. 184.

1021 Vgl. BeckOGK/*Maties*, BGB § 611a Rn. 1531 zum arbeitsrechtlichen Gleichbehandlungsgrundsatz.

1022 Ausführlich zu philosophischen und verfassungsrechtlichen Entwicklungen, *Adomeit/Mohr*/AGG, § 3 Rn. 35 Einl. Rn. 1 ff. u. Rn. 54 ff.; *Bauer/Krieger/Günther*/AGG, AGG Einl. Rn. 32b; BeckOK-GG/*Kischel*, GG Art. 3 Rn. 91 [m. w. N.]; Huber/Voßkuhle/*Wollenschläger*, GG Art. 3 Rn. 175 ff.

1023 Hier werden Schutzpflichten weitgehend anerkannt, *Burkiczak*, RdA 2007, 17, 20 ff.; ebenso ErfK/*Schmidt*, GG Art. 2 Rn. 82 sowie zur Umsetzung im Zeitverlauf, *Schuster/Jacobsohn*, RdA 2024, 270 f.

1024 Zu Art. 3 Abs. 1 GG, Däubler/Beck/*Däubler*, Einl. Rn. 52.

1025 Däubler/Beck/*Däubler*, Einl. Rn. 74 f., der auch darauf hinweist, dass infolge der speziellen Regelungen im BetrVG und im SGB IX auch die unmittelbare Geltung des Gleichheitssatzes kein Novum ist; im Ergebnis auch BeckOK-GG/*Kischel*, GG Art. 3 Rn. 93.

1026 DHSW-ArbR/*Becker*, GG Art. 3 Rn. 1; *Jacobs*, RdA 2023, 9, 13; *C. Schubert*, Arbeitnehmerähnliche Personen, S. 150 f.

dazu, dass Privaten die Differenzierung anhand der erfassten Merkmale weitgehend untersagt ist.[1027] Dies führt zu einer beinahe unmittelbaren Wirkung des Grundrechts im Zivilrecht[1028] und entspricht daher wenigstens der Wirkung des Gleichheitssatzes auf staatliche Akteure und geht teilweise sogar über diese hinaus, wenn die Anpassung nach oben als Rechtsfolge angenommen wird[1029]. Nach der wohl überwiegenden Auffassung kann sich daher der Gleichheitssatz selbst im Rahmen der mittelbaren Drittwirkung nur ausnahmsweise im Privatrecht verwirklichen,[1030] wenn zwischen den beteiligten Personen ein ähnliches Machtgefälle besteht, wie es im Verhältnis zwischen Bürgern und staatlichen Institutionen anzutreffen ist.[1031] Diese Handlungspflicht könne beispielsweise im Arbeitsverhältnis[1032] oder für Gewerkschaftsmitgliedschaften[1033] bestehen, wird teilweise aber auch erst angenommen, wenn die privatrechtliche Ungleichbehandlung zu einer Beeinträchtigung der Menschenwürde führt[1034].

Der Gleichheitssatz drückt ferner gleichzeitig eine Gerechtigkeitsvorstellung des Grundgesetzes und ein fundamentales Prinzip der Rechtsordnung

---

1027 Vgl. BAG v. 27.05.2004 – 6 AZR 129/03, BAGE 111, 8 [unter B. II. 3. b)]; *Croon-Gestefeld*, Anm. zu EuGH v. 15.07.2021, ZEuP 2022, 963, 974; BeckOK-GG/*Kischel*, GG Art. 3 Rn. 93. Das BAG nimmt gegenüber Tarifverträgen eine teilweise aber eine reduzierte Prüfdichte an, BAG v. 22.03.2023 – 10 AZR 553/20, AP ArbZG § 6 Nr. 35, Rn. 21; BAG v. 09.12.2020 – 10 AZR 334/20, BAGE 173, 205 Rn. 42; *Lobinger*, RdA 2024, 69, 74 f.

1028 BAG v. 22.12.2009 – 3 AZR 895/07, BAGE 133, 33 Rn. 24; BAG v. 27.05.2004 – 6 AZR 129/03, BAGE 111, 8 [unter B. II. 3. c)]; BeckOK-GG/*Kischel*, GG Art. 3 Rn. 93.

1029 So in der Rechtsprechung des BAG, BAG v. 22.03.2023 – 10 AZR 553/20, AP ArbZG § 6 Nr. 35, Rn. 62 ff.; BAG v. 23.02.2021 – 3 AZR 618/19, BAGE 174, 116; BAG v. 09.12.2020 – 10 AZR 334/20, BAGE 173, 205 Rn. 87. Dazu *Lobinger*, RdA 2024, 69, 71; *Jacobs*, RdA 2023, 9, 18; BeckOGK/*Maties*, BGB § 611a Rn. 1609; *Schuster/Jacobsohn*, RdA 2024, 270, 275 f. Staatlichen Akteuren bleibt grundsätzlich eine eigene Anpassung der gleichheitswidrigen Situation vorbehalten, BVerfG v. 30.05.1990 – 1 BvL 2/83 (u.a.), BVerfGE 82, 126 [unter C. II.]; vgl. auch BAG v. 18.03.2009 – 4 AZR 64/08, BAGE 130, 43 Rn. 127.

1030 BVerfG v. 11.04.2018 – 1 BvR 3080/09, BVerfGE 148, 267 Rn. 40.

1031 BeckOK-GG/*Kischel*, GG Art. 3 Rn. 93 u. Rn. 210; ErfK/*Schmidt*, GG vor Art. 1 Rn. 41; *C. Schubert*, Arbeitnehmerähnliche Personen, S. 150 f.; Huber/Voßkuhle/*Wollenschläger*, GG Art. 2 Rn. 177.

1032 In dem Sinn, BVerfG v. 16.11.1993 – 1 BvR 258/86, BVerfGE 89, 276; BeckOK-GG/*Kischel*, GG Art. 3 Rn. 93; wohl auch *Nickel*, NJW 2001, 2668, 2669; ErfK/*Schmidt*, GG vor Art. 1 Rn. 41.

1033 Dazu nur BAG v. 27.05.2004 – 6 AZR 129/03, BAGE 111, 8 [unter B. II. 3. c) cc)]; im Ergebnis zustimmend *Ulber/Klocke*, RdA 2021, 178, 184 ff.; ErfK/*Schmidt*, GG vor Art. 1 Rn. 54 f. Kritisch *Lobinger*, RdA 2024, 69, 70 ff.

1034 Wohl BeckOK-GG/*Kischel*, GG Art. 3 Rn. 91.

aus,[1035] dessen Verwirklichung auch Zielsetzungen des Gesetzgebers tragen kann.[1036] Dem kann die privatrechtliche Freiheitsausübung jedenfalls dann nicht prinzipiell entgegengehalten werden, wenn die Unterscheidungsmerkmale nicht auf selbstgewählten und beeinflussbaren Merkmalen, sondern auf biologisch geprägten oder der Person fest anhaftenden Eigenschaften beruhen.[1037] Diese Merkmale sind selbst kein Ausdruck selbstgewählter Unterschiedlichkeit und daher auch nicht Ausdruck einer Freiheitsausübung, weshalb es auch gerechtfertigt werden kann, zugunsten der Merkmalsträger das Recht zur Unterscheidung zu beschränken. Trotz seiner essenziellen Natur für die Freiheitsausübung kann es andernfalls dazu führen, dass bestimmte Personengruppen gewisse Leistungen aufgrund angeborener Eigenschaften gänzlich vorenthalten werden können, ohne dass dies als Folge ihrer Freiheitsausübung zu rechtfertigen wäre. Für eine Reihe angeborener oder anders erworbener und nicht leicht zu ändernden, mit der Person verbundener Unterscheidungsmerkmale wird daher aus Art. 3 Abs. 2 GG und Art. 3 Abs. 3 GG ein besonderer Schutz abgeleitet,[1038] der sich nach der Rechtsprechung des BVerfG sogar zu einer im Privatrecht wirksamen Schutzpflicht des Gesetzgebers konkretisiert.[1039]

In Anbetracht ihrer Komplexität und des abweichenden Schwerpunkts der Arbeit kann die Debatte hier nicht vollständig aufbereitet werden, aber angesichts der grundlegenden Eignung des Gleichheitssatzes zur Rechtfertigung von Eingriffen in der Rechtsprechung des BVerfG[1040] kann für die Zwecke dieser Arbeit davon ausgegangen werden, dass die Arbeitsvertragsfreiheit zugunsten einer Gleichbehandlung der Merkmalsträger grundsätzlich eingeschränkt werden kann, sodass mit dem AGG insgesamt legitime Ziele verfolgt werden.[1041]

[1035] Insoweit zutreffend, aber zu eng als Grenze der Tarifautonomie verstanden, BAG v. 23.02.2021 – 3 AZR 618/19, BAGE 174, 116 Rn. 39 [m.w.N.]; BAG v. 27.05.2004 – 6 AZR 129/03, BAGE 111, 8.

[1036] *Neuner*, ZfPW 2022, 257, 272 f.

[1037] In dem Sinn BAG v. 09.12.2020 – 10 AZR 334/20, BAGE 173, 205 Rn. 35 u. Rn. 69; BVerfG v. 17.06.2020 – 1 BvR 1134/15, BeckRS 2020, 17211 Rn. 9 [m.w.N.]; BVerfG v. 26.05.2020 – 1 BvL 5/18, BVerfGE 153, 358 Rn. 95 [m.w.N.].

[1038] Dazu ErfK/*Schmidt*, GG Art. 2 Rn. 67 u. Rn. 82; *C. Schubert*, Arbeitnehmerähnliche Personen, S. 151 f.

[1039] BVerfG v. 16.11.1993 – 1 BvR 258/86, BVerfGE 89, 276 zu Art. 3 Abs. 2 GG; ebenso ErfK/*Schmidt*, GG Art. 2 Rn. 82. Zu Art. 3 Abs. 3 S. 1, Jarass/Pieroth/*Jarass*, GG Art. 3 Rn. 150. Zu Art. 3 Abs. 3 S. 2, BVerfG v. 16.12.2021 – 1 BvR 1541/20, BVerfGE 160, 79 Rn. 96 f.; Jarass/Pieroth/*Jarass*, GG Art. 3 Rn. 167. Für Art. 3 Abs. 3 GG insgesamt, *Nickel*, NJW 2001, 2668, 2669; ErfK/*Schmidt*, GG Art. 2 Rn. 67.

[1040] In dem Sinn, BAG v. 27.05.2004 – 6 AZR 129/03, BAGE 111, 8 [unter B. II. 3. b)]; *Nickel*, NJW 2001, 2668, 2669.

[1041] Vgl. *Neuner*, ZfPW 2022, 257, 272 f., auch mit Kritik zu besonderen Rechtfertigungslasten im Bereich der Gleichbehandlung. Einen unrechtmäßigen Eingriff se-

Dies gilt auch für die Merkmale der sexuellen Identität und des Alters, die in Art. 3 Abs. 3 GG zwar nicht enthalten sind, die als angeborene und nicht zu ändernde Merkmale aber mit den Merkmalen des Art. 3 Abs. 3 GG qualitativ vergleichbar sind und die dementsprechend über Art. 3 Abs. 1 GG auch in vergleichbarer Weise Eingriffe in die autonome Gestaltung von Rechtsbeziehungen rechtfertigen können.[1042]

Die Regelungen des AGG sind mithin ebenso wie die Arbeitnehmerschutzgesetze als Eingriff in die Arbeitsvertragsfreiheit zu betrachten.[1043] Im Rahmen der Verhältnismäßigkeit ist für die Zwecke dieser Arbeit dabei allein das Abweichungsverbot zu bewerten, wobei dahingestellt bleiben kann, inwieweit die einzelnen Regelungen selbst verhältnismäßig sind oder überhaupt anhand dieses Prinzips bewertet werden können. Zumindest die reine Abweichungsbefugnis kann anhand des Verhältnismäßigkeitsprinzips bewertet werden, auch wenn diese zugunsten des Gleichheitsrechts gesetzt wird. Diese hängt allein von ihrer Notwendigkeit zum Schutz des Zwecks des Gesetzgebers ab, der auch für Regelungen zur Gleichbehandlung nur solche Abweichungen verbieten darf, die seinen Regelungszweck gefährden, weshalb gleichwertigen und günstigeren Regelungen die Wirksamkeit nicht versagt werden kann.

Zur Vervollständigung der verfassungsrechtlichen Analyse ist auch zu untersuchen, inwieweit ein Gestaltungsauftrag des Gesetzgebers besteht, das verfassungsrechtlich vorgegebene Gleichheitsrecht zwischen privaten Akteuren wirksam werden zu lassen. Wie bereits dargestellt, ist es dabei umstritten, inwieweit die Gleichheitsrechte Schutzpflichten beinhalten, die den Gesetzgeber dazu verpflichten, den Gleichheitssatz auch in Privatrechtsverhältnissen zur Geltung zu bringen.[1044] Gerade im Zusammenhang mit der Betrachtung der Grundrechtsbindung der Tarifvertragsparteien steht dabei infrage, wie weit die damit verbundene Schutzpflicht reicht und welche Eingriffe in die Tarifautonomie dadurch gerechtfertigt werden.[1045] Es sind allerdings trotz dieser unterschiedlichen Auffassungen keine Stimmen ersichtlich, die für einen verfassungsrechtlichen Auftrag zur Schaffung von Regelungen wie dem

---

hend, *Bauer/Krieger/Günther*/AGG, AGG Einl. Rn. 32 f. u. Rn. 32c ff. [m. w. N. zu den Auffassungen der Literatur]. Einen legitimen Zweck verneinend, BeckOK-GG/*Kischel*, GG Art. 3 Rn. 91; Isensee/Kirchhof/HdB-StaatsR/*Isensee*, § 191 Rn. 144.

1042 Vgl. BeckOGK/*Maties*, BGB § 611a Rn. 1530 f.

1043 In dem Sinn *Schuster/Jacobsohn*, RdA 2024, 270, 275.

1044 Grundsätzlich dafür ErfK/*Schmidt*, GG vor Art. 1 Rn. 41; *Ulber/Klocke*, RdA 2021, 178, 184 ff. Ablehnend, *Burkiczak*, RdA 2007, 17, 20 ff.; BeckOK-GG/*Kischel*, GG Art. 3 Rn. 91; *Lobinger*, RdA 2024, 69, 70 ff.; *C. Schubert*, Arbeitnehmerähnliche Personen, S. 151; Huber/Voßkuhle/*Wollenschläger*, GG Art. 3 Rn. 175 ff.

1045 Ausführlich zum Zusammenhang und Anwendungsfällen, *Burkiczak*, RdA 2007, 17, 20 ff.; MüAnwHdB-ArbR/*Hamacher/van Laak*, § 70 Rn. 29; *Lobinger*, RdA 2024, 69 ff.

AGG und deren Unabdingbarkeit sprechen.[1046] Ferner ist für die Zwecke dieser Arbeit auch festzustellen, dass mit § 7 Abs. 1 AGG selbst beim Bestehen einer Schutzpflicht deren Anforderungen hinreichend umgesetzt wären. Dadurch werden jedenfalls tatsächlich eintretende Benachteiligungen sanktioniert und es ist nicht ersichtlich, dass eine Schutzpflicht gerade im Bereich des Gleichheitssatzes konkretere Vorgaben beinhalten würde als die bisher betrachteten Schutzpflichten. Selbst wenn der Gesetzgeber verpflichtet wäre, den Gleichheitssatz im Arbeitsverhältnis umzusetzen, sind dem Verfassungsrecht keine Vorgaben zur Ausgestaltung des § 31 AGG zu entnehmen.

Die verfassungsrechtliche Auslegung hat damit ergeben, dass die Regelungen des AGG ebenso wie die bisher betrachteten Regelungen die Vertragsfreiheit der Arbeitsvertragsparteien berücksichtigen müssen. Ebenso wie bisher betrachtete Regelungen kann der Gesetzgeber den Schutz vor Diskriminierungen nur so weit erstrecken, wie es zur Verhinderung von Benachteiligungen geeignet ist, weshalb dieser Schutz keine Rechtfertigung für das Verbot günstigerer Regelungen ist. Dass bereits die Möglichkeit zur Abbedingung der gesetzlichen Regelungen gegen einen verfassungsrechtlichen Gestaltungsauftrag verstoßen würde, konnte nicht festgestellt werden.

5. Unionsrechtskonforme Auslegung

a) Primärrecht

Die Vorgaben, die sich für den nationalen Gesetzgeber aus der EU-GrCh und dem AEUV ergeben, unterscheiden sich im Hinblick auf den Abweichungsspielraum der Arbeitsvertragsparteien nicht von den bisher betrachteten Vorgaben. Der grundrechtliche Schutz der Arbeitsvertragsparteien aus Art. 15 Abs. 1 bzw. Art. 16 EU-GrCh kann gem. Art. 52 Abs. 1 S. 2 EU-GrCh zur Verfolgung der Ziele der Union oder zum Schutz der Rechte Dritter eingeschränkt werden, sofern der Verhältnismäßigkeitsgrundsatz gewahrt wird. Dabei lässt sich insbesondere aus Art 3 Abs. 3 S. 4 EUV[1047] sowie aus Art. 8 AEUV[1048] und aus Art. 19 AEUV[1049] entnehmen, dass auch die Herstellung der Gleichbehandlung eine Aufgabe der Union ist, die für das Arbeitsentgelt durch Art. 157 AEUV konkretisiert wird[1050]. Damit ist insbesondere die Kom-

---

[1046] Ausdrücklich dagegen hingegen, BeckOK-GG/*Kischel*, GG Art. 3 Rn. 91; Isensee/Kirchhof/HdB-StaatsR/*Isensee*, § 191 Rn. 144.

[1047] NK-GArbR/*Maul-Sartori*, AEUV Art. 157 Rn. 4.

[1048] Däubler/Beck/*Däubler*, Einl. Rn. 125.

[1049] Vgl. BeckOGK/*Baumgärtner*, AGG § 1 Rn. 36; Däubler/Beck/*Däubler*, Einl. Rn. 110 f.

[1050] Däubler/Beck/*Däubler*, Einl. Rn. 113.

petenz zur Setzung von Unionsrechtsakten verbunden, die auch rein private Rechtsbeziehungen erfassen und den Mitgliedstaaten Vorgaben machen können.[1051] Im Rahmen des Unionsrecht ist es daher unerheblich, ob auch dem Gleichbehandlungsrecht aus Art. 21 EU-GrCh die Aufgabe innewohnt, die Gleichbehandlung auch zwischen Privaten herzustellen[1052]. Die Bewertung der Verhältnismäßigkeit der Regelungen des AGG führt auf Basis dieses Zwecks wieder zu dem Ergebnis, dass günstigere Regelungen gerechtfertigt sind,[1053] jedoch allein Abweichungen zuungunsten des Arbeitnehmers die Wirksamkeit versagt werden kann.

Im Hinblick auf eine Pflicht des Gesetzgebers den Gleichheitsgrundsatz in Privatrechtsbeziehungen und vor allem im Arbeitsrecht zur Anwendung zu bringen, lässt sich aus den Aufgabenzuweisungen in Art. 157 und Art. 19 AEUV zumindest davon ausgehen, dass diese auch eine Pflicht des Gesetzgebers begründen, den Gleichheitssatz zu beachten.[1054] Inwiefern Art. 19 AEUV für die Diskriminierungsregelungen hinreichend konkret ist, kann dabei dahingestellt bleiben, denn jedenfalls würde diese Verpflichtung nur den Unionsgesetzgeber erfassen.[1055] Art. 157 AEUV ist jedoch hinreichend bestimmt und begründet sowohl für die Mitgliedstaaten als auch für den Unionsgesetzgeber eine Verpflichtung, die Gleichbehandlung im Rahmen des Arbeitsentgelts sicherzustellen.[1056] Dabei ergibt sich das Untermaß der Gleichbehandlung unmittelbar aus Art. 157 Abs. 2 AEUV, weshalb nach den Vorgaben des Primärrechts allen Vereinbarungen die Wirksamkeit zu versagen ist, die dieses Untermaß nicht sicherstellen, weil sie auf Basis des Geschlechts zu einer ungleichen Bezahlung führen.[1057] Ausnahmen für Einzel- oder Zweifelsfälle sieht Art. 157 Abs. 2 AEUV dabei nicht vor, was bei der Auslegung des einfachen Rechts zu berücksichtigen ist. Die Wirkung des speziellen Benachteiligungsverbots des § 7 Abs. 1 AGG führt aber auch hier dazu, dass eintretende Benachteiligungen bereits wirksam verhindert werden und die primärrechtlichen Vorgaben enthalten keine weitergehenden Vorgaben. Neben dem Abweichungsverbot besteht daher eine alternative Absicherung des primärrechtli-

---

1051 Calliess/Ruffert/*Epiney*, AEUV Art. 19 Rn. 2; Däubler/Beck/*Däubler*, Einl. Rn. 114.

1052 In dem Sinn für Maßnahmen gegen Altersdiskriminierung, *Schmidt/Senne*, RdA 2002, 80, 89.

1053 Vgl. Däubler/Beck/*Däubler*, Einl. Rn. 125.

1054 Calliess/Ruffert/*Epiney*, AEUV Art. 19 Rn. 1; offenlassend, ob dies auch eine Pflicht begründet, Däubler/Beck/*Däubler*, Einl. Rn. 124.

1055 Calliess/Ruffert/*Epiney*, AEUV Art. 19 Rn. 2.

1056 GHN-UnionsR/*Langenfeld/Lehner*, AEUV Art. 157 Rn. 7.

1057 Dies zumindest andeutend, BAG v. 28.10.2021 – 8 AZR 371/20, BAGE 176, 134 Rn. 39.

chen Handlungsauftrags, sodass das vertragliche Abweichungsverbot des § 31 AGG nicht im Gleichlauf mit diesen Vorgaben ausgelegt werden muss.

Dies gilt auch für Handlungsaufträge, die sich aus Art. 21 EU-GrCh ergeben könnten. Auch diesen wird genügt, wenn tatsächliche Benachteiligungen verhindert werden und auch dem allgemeinen Nichtdiskriminierungssatz des Unionsrechts lässt sich daher nicht die Aufgabe entnehmen, bereits der potenziell benachteiligenden vertraglichen Vereinbarungen die Wirksamkeit zu entziehen. Angesichts der Ausformung durch das Sekundärrecht und das nationale Recht kann dahingestellt bleiben, welche Auswirkungen die unmittelbare Anwendbarkeit des Art. 21 EU-GrCh[1058] auf die Geltung des Günstigkeitsprinzips im Gleichbehandlungsrecht hätte, wenn dieses nicht detailliert durch das Sekundärrecht ausgeformt werden würde, und inwieweit die vom EuGH vorgenommene Konkretisierung des Inhalts des Grundrechts mit den Inhalten des Sekundärrechts[1059] auf insoweit bestehende Gestaltungsverpflichtungen zurückgeführt werden kann.

Insgesamt entsprechen die Vorgaben des Primärrechts der Union somit den bereits für das Verfassungsrecht erarbeiteten Ergebnissen. Günstigeren und gleichwertigen Regelungen kann nicht die Wirksamkeit verwehrt werden, weil andernfalls die Freiheitsrechte der Arbeitsvertragsparteien übermäßig beschnitten würden. Die vertragliche Unabdingbarkeit der Regelungen des AGG wird durch das Primärecht aber jedenfalls so lange nicht vorgeschrieben, wie die Gleichbehandlung durch § 7 Abs. 1 AGG sichergestellt wird.

b) Sekundärrecht

Im Rahmen der unionsrechtskonformen Auslegung sind ferner die Vorgaben der verschiedenen Richtlinien zu beachten, deren Umsetzung das AGG dient. Die Auslegung des AGG hat grundsätzlich unter Berücksichtigung der spezifischen Vorgaben jeder dieser Richtlinien zu erfolgen. Festzustellen ist jedoch, dass diesen Richtlinien insgesamt gemein ist, dass diese ausdrücklich nur Mindestanforderungen beinhalten und damit den Mitgliedstaaten den Erlass günstigerer Regelungen zugestehen.[1060] Damit erlauben sie allesamt die

---

1058 Dazu Däubler/Beck/*Däubler*, Einl. Rn. 107 f.

1059 EuGH v. 19.01.2010 – C-55/07 [Kücükdeveci], Slg. 2010, I-393 Rn. 21 ff.; EuGH v. 22.11.2005 – C-144/04 [Mangold], Slg. 2005, I-10013 Rn. 74 f.; zur Kritik daran, nur *Bayreuther*, NZA 2019, 945, 950, der dies aber für den Gleichbehandlungsgrundsatz aber nachvollziehbarer findet als im Urlaubsrecht; vgl. auch das alternative Verständnis bei *Waltermann*, EuZA 2010, 541, 549 f.

1060 EuGH v. 15.07.2021 – C-804/18 (u.a.) [WABE und MH Müller Handel], AP R 2000/78/EG Nr. 58, Rn. 89 (m. Anm. Kempny); BAG v. 28.10.2021 – 8 AZR 371/20, BAGE 176, 134 Rn. 39; BeckOGK/*Baumgärtner*, AGG § 1 Rn. 43; *Croon-Gestefeld*,

Schaffung eines höheren Schutzstandards[1061] und mithin die Öffnung der Regelung für günstigere Vereinbarungen,[1062] schreiben deren Erlass aber nicht vor.[1063]

Gerade im Zusammenhang mit dem Antidiskriminierungsrecht hat der EuGH ferner deutlich gemacht, dass die Günstigkeit einer mitgliedstaatlichen Abweichung allein im Licht der Ziele der Richtline zu bestimmen ist.[1064] Eine vertragliche Abweichungsbefugnis, deren Wirksamkeit auf Basis eines entsprechenden Verständnisses der Günstigkeit auch unter Berücksichtigung des Selbstwerts der Ausübung der Arbeitsvertragsfreiheit bestimmt werden würde, wäre jedoch gerade im Gleichbehandlungsrecht dem Ziel der Richtlinie entgegengesetzt.[1065] Eine solche Abweichungsbefugnis ist darüber hinaus auch mit der angestrebten Rechtsangleichung nicht vereinbar, die ebenfalls mit der Schaffung des Gleichbehandlungsrechts verbunden war,[1066] und würde das AGG in Widerspruch zum Unionsrecht setzen, sofern die Vorgaben der Richtlinie nicht anderweitig sichergestellt werden.[1067] Gerade im Gleichbehandlungsrecht zeigt sich daher, dass allein ein objektiver Maßstab den Wertungen des Unionsrechts gerecht wird.

Zur Sicherstellung der Gleichbehandlung enthalten außer der RL 2010/41/EU alle einschlägigen Richtlinien ferner die ausdrückliche Vorgabe, dass insbesondere benachteiligenden vertraglichen Vereinbarungen die Wirksamkeit zu versagen ist.[1068] Keine der Richtlinien schreibt jedoch erkennbar vor, dass dies bereits vor dem Eintritt der Benachteiligung erfolgen muss, weshalb davon auszugehen ist, dass bereits das Benachteiligungsverbot des § 7 Abs. 1 AGG und die sich daraus ergebenden Rechtsfolgen den erforderlichen Stan-

---

Anm. zu EuGH v. 15.07.2021, ZEuP 2022, 963, 976; EuArbRK/*Mohr*, RL 2006/54/EG Art. 27 Rn. 1; *Walter/Tremml*, NZA 2021, 1453, 1455 f.

1061 *Croon-Gestefeld*, Anm. zu EuGH v. 15.07.2021 – C-804/18 (u.a.), ZEuP 2022, 963, 976.

1062 EuArbRK/Mohr, RL 2000/78/EG Art. 8 Rn. 2; wenn man die Wirkung der Öffnungsklauseln der Richtlinien auf unmittelbare Regelungen der Mitgliedstaaten beschränkt, könnte etwas anderes gelten, vgl. *Annuß*, BB 2006, 1629, 1634 allerdings nur im Zusammenhang mit § 5 AGG.

1063 *Bauer/Krieger/Günther*/AGG, AGG § 31 Rn. 2.

1064 EuArbRK/*Franzen*, AEUV Art. 153 Rn. 57; EuArbRK/*Mohr*, RL 2000/78/EG Art. 8 Rn. 3 und Art. 18 Rn. 9 f.; *Walter/Tremml*, NZA 2021, 1453, 1456.

1065 Vgl. zur Berücksichtigung der Tarifautonomie, EuArbRK/*Mohr*, RL 2000/78/EG Art. 8 Rn. 11 f.; *Wißmann*, FS Dieterich, 683, 692 ff.

1066 EuArbRK/*Mohr*, RL 2000/78/EG Art. 8 Rn. 3.

1067 Statt aller *Adomeit/Mohr*/AGG, § 31 Rn. 2.

1068 Dazu vor allem EuArbRK/*Mohr*, RL 2000/78/EG Art. 16 Rn. 1 und Rn. 6 ff.; ferner EuArbRK/*ders.*, RL 2006/54/EG Art. 23 Rn. 2; EuArbRK/*ders.*, RL 2000/43/EG Art. 14 Rn. 2.

dard der Richtlinien hinreichend sichern.[1069] Es lassen sich daher keine Vorgaben für die Ausgestaltung eines vorgelagerten Abweichungsverbots aus der Richtlinie ableiten, solange die effektive Verwirklichung der Benachteiligungsverbote selbst hinreichend sichergestellt ist.[1070] Aus unionsrechtlicher Sicht sind die Gleichbehandlungsregelungen daher zwar als Mindeststandard auszugestalten, weswegen allein günstigere und gleichwertige Vereinbarungen zulässig sind. Dem Mindeststandard wird aber durch das Benachteiligungsverbot des § 7 Abs. 1 AGG hinreichend genüge getan, sodass sich aus dem Richtlinienrecht für den Umfang der Abweichungsmöglichkeiten im Einzel- oder Zweifelsfall keine Vorgabe entnehmen lässt, solange die Unwirksamkeit der Regelungen sichergestellt ist, wenn sich der Einzel- oder Zweifelsfall verwirklicht.

6. Zusammenfassung der Auslegungsergebnisse

Die Auslegung des § 31 AGG hat trotz seiner unterschiedlichen Funktion im Hinblick auf das Günstigkeitsprinzip zu parallelen Ergebnissen wie die bisherigen Betrachtungen geführt. Die Grammatik, die Historie und der Zweck der Regelung sind weitgehend vergleichbar mit den bisher betrachteten Regelungen. Der den Arbeitsvertragsparteien durch § 31 AGG belassene Regelungsbereich erfasst daher Regelungen zugunsten des Arbeitnehmers. Auch gleichwertige Regelungen können demnach vereinbart werden, während die gesetzliche Regelung Vereinbarungen zuungunsten des Arbeitnehmers ausnahmslos entgegensteht.

Die Systematik stützt dieses Ergebnis und insbesondere macht der Umstand, dass die zentrale Regelung des AGG ebenfalls eine Verbotsnorm ist, keine andere Bewertung erforderlich. Das Vorhandensein dieser Regelung führt jedoch dazu, dass § 31 AGG faktisch nur noch solche Regelungen erfasst, die nicht bereits als Benachteiligung im Sinn des § 1 AGG verboten sind und mithin vor allem potenziell benachteiligende Vereinbarungen und Abweichungen von § 15 AGG. Für die weiteren Regelungen hat die Betrachtung des Zwecks hingegen ergeben, dass der besondere Zweck der Vorschriften des AGG Abweichungen entgegensteht oder diese im Ergebnis wirkungslos bleiben.

Die verfassungsrechtliche Analyse und die Einbeziehung der unionsrechtlichen Vorgaben haben diese Ergebnisse in Bezug auf Abweichungen zugunsten des Arbeitnehmers bestätigt. Das gesetzliche Verbot diskriminierender Regelungen wird durch das höherrangige Recht jedoch nicht vorgegeben, solange

---

[1069] Vgl. zur richtlinienkonformen Anwendung des § 15 Abs. 2 AGG, BAG v. 28.10.2021 – 8 AZR 371/20, BAGE 176, 134 Rn. 17.

[1070] Wohl a.A. BeckOGK/*Benecke*, AGG § 31 Rn. 1.

die Regelung des § 7 Abs. 1 AGG dazu führt, dass benachteiligenden Vereinbarungen keine Wirksamkeit zugesprochen wird. Für das Abweichungsverbot des § 31 AGG ergeben sich daraus daher keine Vorgaben.

Insgesamt ist somit festzustellen, dass § 31 AGG Abweichungen von den erfassten Vorschriften des AGG zugunsten des Arbeitnehmers sowie gleichwertigen Regelungen nicht entgegensteht, während Abweichungen zuungunsten des Arbeitnehmers durch die Arbeitsvertragsparteien nicht vereinbart werden können. Es ist nicht ersichtlich, dass Ausnahmen im Einzel- oder Zweifelsfall zulässig sein können oder allein strukturelle Benachteiligungen unzulässig sind.

II. Auslegung des § 31 AGG im Hinblick auf den Günstigkeitsvergleich

Mit Blick auf die Bewertung der Günstigkeit einer Regelung im Rahmen des Günstigkeitsvergleichs weist § 31 AGG keine Besonderheiten auf. Die insoweit relevanten Auslegungskriterien entsprechen den bisher betrachteten Vorgaben und die Ergebnisse zu den anderen Normen lassen sich übertragen.[1071] Der Einzelvergleich wird ebenso wie bei den bisher betrachteten Regelungen vor allem durch den Wortlaut aber auch durch den Sinn und Zweck der einzelnen Regelungen als Mindeststandard vorgegeben.[1072] Dies gilt entgegen einer Auffassung in der Literatur auch für § 3 AGG,[1073] zumal der EuGH gerade in diesem Zusammenhang festgestellt hat, dass eine transparente Kontrolle nur auf Basis eines Einzelvergleichs erfolgen kann[1074]. Das Bezugsobjekt des Vergleichs wird ebenfalls durch die individual schützende Natur der Regelungen vorgegeben und daher ist eine individuelle Betrachtung vorzunehmen. Gerade im Gleichbehandlungsrecht, das die gleiche Behandlung einzelner Arbeitnehmer unabhängig ihrer individuellen Merkmale sicherstellen und Beeinträchtigung des Persönlichkeitsrechts verhindern will, wird besonders deutlich, dass die Ziele des Gesetzes nur durch Betrachtung der Auswirkungen einer vertraglichen Vereinbarung auf den individuellen Arbeitnehmer erreicht werden können. Der Vergleich ist ferner zu dem Zeit-

---

1071 Vgl. auch *Meinel/Heyn/Herms*/AGG, § 31 Rn. 10; NK-GArbR/*Schneider*, AGG § 3 Rn. 2 ff. zu § 12 EntgFG.

1072 *Bauer/Krieger/Günther*/AGG, AGG § 31 Rn. 19; Däubler/Beck/*Däubler*, § 31 Rn. 5; HWK-ArbR/*Kalb*, AGG § 22 Rn. 1; DKL-ArbR/*Kappenhagen*, AGG § 31 Rn. 1; *Meinel/Heyn/Herms*/AGG, § 31 Rn. 10; NK-GArbR/*Schneider*, AGG § 31 Rn. 2.

1073 EuGH v. 26.06.2001 – C-381/99 [Brunnhofer], Slg. 2001, I-4961 Rn. 35 f.; a.A. *Adomeit/Mohr*/AGG, § 3 Rn. 35.

1074 EuGH v. 26.06.2001 – C-381/99 [Brunnhofer], Slg. 2001, I-4961 Rn. 35 f.; EuGH v. 17.05.1990 – C-262/88 [Barber], AP EWG-Vertrag Art. 119 Nr. 20, Rn. 34; vgl. auch EuArbRK/*Franzen*, AEUV Art. 153 Rn. 57.

punkt durchzuführen, zu dem sich die Regelung zum ersten Mal gegenüberstand, und jedes einzelne Recht in den Blick zu nehmen (punktueller Vergleich).[1075] Dabei unterstreichen die Möglichkeit während des Arbeitsverhältnisses erst Träger eines Merkmals zu werden sowie der präventive Zweck des Gesetzes und die spezielle Funktion des § 31 AGG im Verhältnis zu § 7 Abs. 1 AGG die Notwendigkeit, auch Vereinbarungen die Wirksamkeit zu versagen, bei denen unklar ist, ob sie den gesetzlichen Standard verwirklichen werden.

Der Vergleichsmaßstab wird wie bei den anderen Normen vor allem durch die Beachtung der gesetzlichen Interessenabwägung und die fehlenden Kompensationsmöglichkeiten geprägt. Auch der persönlichkeitsrechtliche Schutz des Gleichbehandlungsrechts kann diese Interessen nicht überwinden und eine subjektive Bewertung rechtfertigen, zumal hier nicht die Benachteiligung selbst, sondern die Wirkung einer Abweichung von den Vorgaben des AGG zu bewerten ist. Die subjektive Bewertung oder die objektivierte Vorstellung der verständigen Arbeitnehmer oder der Verkehrskreise sind aber nicht in der Lage, eine Benachteiligung zu rechtfertigen. Es würde dem Gedanken des AGG und des Benachteiligungsschutzes widersprechen, wenn solche Aspekte zur Wirksamkeit einer Vereinbarung führen könnten, obwohl diese im Fall ihrer späteren Verwirklichung gegen das Benachteiligungsverbot verstoßen würde. Dies zeigt, dass der Vergleichsmaßstab nicht durch die Interessen der Parteien oder Verkehrskreise beeinflusst werden kann, wenn das Ergebnis der gesetzlichen Wertung entsprechen soll. Die objektive Betrachtung stellt hingegen sicher, dass die gesetzlichen Wertungen und die unionsrechtlichen Vorgaben eingehalten[1076] und damit der Begriff der Günstigkeit am Begriff der Benachteiligung ausgerichtet wird. Es ist daher ein objektiv-normativer Vergleich anhand der gesetzlich erfassten Interessen durchzuführen.[1077] Dies bedeutet aber gleichzeitig, dass etwaige Wertungen zur Rechtfertigung einer unterschiedlichen Behandlung auch im Rahmen der Bewertung von abweichenden Vereinbarungen zu berücksichtigen sind. Erneut handelt es sich dabei aber nicht um die Abwandlung des Günstigkeitsbegriffs, sondern um die Bewertung der gleichbehandlungsrechtlichen Rechtfertigung und die Frage, inwieweit in diesem Rahmen beispielsweise die Religionsfreiheit berücksichtigt werden kann.[1078]

[1075] *Bauer/Krieger/Günther*/AGG, AGG § 31 Rn. 19; DKL-ArbR/*Kappenhagen*, AGG § 31 Rn. 1; NK-GArbR/*Schneider*, AGG § 31 Rn. 2; SSP-AGG/*Suckow*, § 31 Rn. 11.

[1076] Vgl. EuArbRK/*Franzen*, AEUV Art. 153 Rn. 57.

[1077] SSP-AGG/*Suckow*, § 31 Rn. 11 spricht von einem formalistischen Vergleich.

[1078] EuGH v. 15.07.2021 – C-804/18 (u. a.) [WABE und MH Müller Handel], AP R 2000/78/EG Nr. 58 Rn. 79 ff. Insoweit vergleichbar die Prüfung von *GA Athanasios*

Mithin ist auch im Rahmen des § 31 AGG der Günstigkeitsvergleich als Einzelvergleich durchzuführen, der die Auswirkungen der Abweichungen auf den individuellen Arbeitnehmer objektiv und zum Zeitpunkt des erstmaligen Aufeinandertreffens der Regelung bewertet. Soweit Literatur[1079] und Rechtsprechung[1080] die Frage thematisieren, stimmen deren Betrachtungen mit den hier getroffenen Feststellungen überein.

C. Behandlung günstigkeitsvariabler und ambivalenter Vereinbarungen

Insgesamt lässt sich somit für das AGG die identische Grenzziehung wie bei den anderen Vorschriften vornehmen. Vertragliche Abweichungen, die im Einzel- oder Zweifelsfall zuungunsten des Arbeitnehmers wirken können, sind mit § 31 AGG nicht zu vereinbaren. Hingegen sind gleichwertige und günstige Vereinbarungen wirksam. Dementsprechend ergibt sich auch für die zu untersuchenden Regelungstypen die bereits bekannte Grenzziehung. Während neutrale Regelungen wirksam vereinbart werden können,[1081] steht das Günstigkeitsprinzip im AGG der Vereinbarung von günstigkeitsvariablen und ambivalenten Regelungen entgegen.

I. Günstigkeitsvariable Vereinbarungen

Günstigkeitsvariable Vereinbarungen können im Anwendungsbereich des AGG mithin nicht vereinbart werden, wobei es gerade im Antidiskriminierungsrecht nicht hinzunehmen wäre, dass eine zwar nicht intendierte, sondern eher zufällig benachteiligend wirkende Vereinbarung Vertragsbestandteil bleibt, bis sie zu einer Benachteiligung führt und damit gegen das Verbot des § 7 Abs. 1 AGG verstößt. Dementsprechend ist das Abweichungsverbot des § 31 AGG nicht auf strukturelle Benachteiligungen zu beschränken und die Rechtsprechung des BAG nicht auf das AGG zu übertragen, sondern das Abweichungsverbot auf jede Vereinbarung zu erstrecken, die sich nachteilig auswirken kann.

Rantos v. 25.2.2021 – C-804/18 (u.a.) [WABE und MH Müller Handel], BeckRS 2021, 2609 Rn. 43 ff.

1079 Für den Einzelvergleich, Däubler/Beck/*Däubler*, § 31 Rn. 5; DKL-ArbR/*Kappenhagen*, AGG § 31 Rn. 1. Zusätzlich auch für den punktuellen Vergleich, *Bauer/Krieger/Günther*/AGG, AGG § 31 Rn. 19; NK-GArbR/*Schneider*, AGG § 31 Rn. 2. Für den rein objektiven Vergleich, SSP-AGG/*Suckow*, § 31 Rn. 11.

1080 Für den Einzelvergleich, EuGH v. 26.06.2001 – C-381/99 [Brunnhofer], Slg. 2001, I-4961 Rn. 35 f.

1081 *Bauer/Krieger/Günther*/AGG, AGG § 31 Rn. 19; DHSW-ArbR/*Schneider*, AGG § 31 Rn. 2.

Entsprechend dem oben beschriebenen Anwendungsbereich des § 31 AGG kommen als günstigkeitsvariable Regelungen im Rahmen eines Einzelvergleichs nur Abweichungen von Regelungen des § 15 AGG in Betracht. Regelungen, die den Schadenersatz oder die Entschädigung pauschalieren, können dazu zählen, wobei ihre Wirkung jeweils erst nach einer gerichtlichen Entscheidung feststehen würde. Ferner erscheint die abweichende Regelung der Frist für die Geltendmachung des Anspruchs gem. § 15 Abs. 4 AGG denkbar, was aber voraussetzt, dass von der Frist in Arbeitsverträgen überhaupt abgewichen werden darf.

Dies wird unter Verweis auf die Gesetzesbegründung durch einen Teil der Literatur verneint, die darüber hinaus teilweise davon ausgeht, dass auch Tarifverträge nur zugunsten des Arbeitnehmers von der Frist abweichen können.[1082] Die Bestimmung der Abweichungskompetenz hat aber auch für diese Norm ausgehend von den geschützten Interessen zu erfolgen und diese dient zwar auch der allgemeinen Rechtssicherheit, schützt aber vornehmlich die Interessen der Arbeitgeber, denen aus Sicht des Gesetzgebers eine längere Dokumentation über personelle Entscheidungen nicht zugemutet werden soll[1083]. Sofern der Arbeitgeber im laufenden Arbeitsverhältnis auch eine längere Frist für die Geltendmachung der Ansprüche ermöglichen will, stehen dem keine öffentlichen Interessen entgegen.[1084] Der Hinweis in der Gesetzesbegründung überwiegt dabei nicht den Zweck der beiden Normen, zumal er selbst nicht eindeutig ist. Der Zweck spricht hingegen dafür, den ausdrücklichen Hinweis des § 15 Abs. 4 AGG auf die Abweichungsmöglichkeiten in Tarifverträgen als Abweichungsmöglichkeit zuungunsten der Arbeitnehmer zu verstehen und ansonsten die Regelung des § 31 AGG auch auf die Frist anzuwenden. Auch das Unionsrecht steht der Verkürzung regelmäßig nicht entgegen (vgl. Art. 7 Abs. 3 Antidiskriminierungs-RL 2000/43/EG; Art. 17 Abs. 3 Gleichbehandlungs-RL 2006/54/EG),[1085] solange die Fristen im unionsrechtlichen Sinn gleichwertig sind und die Effektivität der Rechtsdurchsetzung nicht gefährden[1086]. Anders als durch die h. M. angenommen, deutet der Wort-

---

1082 So aber Däubler/Beck/*Däubler*, § 31 Rn. 6; ErfK/*Schlachter*, AGG § 15 Rn. 16; NomosBR-AGG/*Wascher*, § 15 Rn. 11; differenzierend und auch Abweichungen zuungunsten des Arbeitnehmers in Tarifverträgen zutreffend für möglich erachtend, OVG Lüneburg v. 28.09.2022 – 5 LC 208/17, BeckRS 2022, 30855 Rn. 83 f.; *Bauer/Krieger/Günther*/AGG, AGG § 31 Rn. 4; BeckOK-BGB/*Horcher*, AGG § 15 Rn. 45; MüHdB-ArbR/*Oetker*, § 17 Rn. 79; SSP-AGG/*Plum*, § 15 Rn. 117; BeckOK-BGB/*Wendtland*, AGG § 31 Rn. 1.

1083 Vgl. BT-Ds. 16/1780, S. 38.

1084 *Meinel/Heyn/Herms*/AGG, § 31 Rn. 9.

1085 A.A. ErfK/*Schlachter*, AGG § 15 Rn. 16.

1086 EuGH v. 08.07.2010 – C-246/09 [Bulicke], Slg. 2010, I-7006 Rn. 36; vgl. *Jacobs*, RdA 2009, 193, 201; ausführlich EuArbRK/*Mohr*, RL 2000/78/EG Art. 9

laut des § 15 Abs. 4 AGG daher eher darauf hin, dass die Frist im Hinblick auf Arbeitsverträge der Grundregel des § 31 AGG unterliegt, sie für Tarifverträge aber auch eine Abweichungsbefugnis zuungunsten der Arbeitnehmer ermöglicht[1087]. Angesichts der Vorgaben für tarifliche Ausschlussfristen[1088] sollte aber nur noch wenig Spielraum für weitere Verkürzungen bestehen[1089].

Abweichende Regelungen in Arbeitsverträgen sind aber grundsätzlich möglich und können dabei auch günstigkeitsvariable Wirkung haben, wenn sie selbst an variable Geschehensabläufe anknüpfen. Insofern entsprechen sie den bereits betrachteten Vereinbarungen. Darüber hinaus steht bereits der enge Anwendungsbereich des § 31 AGG weiteren günstigkeitsvariablen Abweichungen vom Gesetzesrecht entgegen. Insgesamt gibt es daher nur wenig Anwendungsfälle, auf die die Rechtsprechung des BAG zur strukturellen Schlechterstellung aber auch nicht überzeugend übertragen werden könnte.

II. Ambivalente Vereinbarungen

Vereinbarungen mit ambivalenter Wirkung sind ebenso wie bei den bisher betrachteten Regelungen zu behandeln. Die objektive Maßstabsbildung im Rahmen des Günstigkeitsvergleichs führt aber auch im Rahmen des AGG dazu, dass diese vertraglichen Regelungen als ungünstig im Sinn des Günstigkeitsprinzips zu verstehen sind. Selbst wenn man sie als zweifelhaft betrachtet, lassen sich die Vereinbarungen weder als günstiger noch als gleichwertig mit der gesetzlichen Regelung bezeichnen, sodass sie nicht mit dem oben bestimmten Regelungsbereich der Arbeitsvertragsparteien vereinbar sind. Vereinbarungen mit ambivalenter Wirkung sind daher auch im Licht des § 31 AGG unwirksam. Infolge des Ausschlusses der Benachteiligungsverbote aus dem Anwendungsbereich des § 31 AGG sowie der objektiven Betrachtung und des Einzelvergleichs sind aber auch keine vertraglichen Regelungen ersichtlich, die ambivalent wirken könnten.

Rn. 1 ff. sowie EuArbRK/*ders.*, RL 2000/43/EG Art. 7 Rn. 3; EuArbRK/*ders.*, RL 2006/54/EG Art. 17 Rn. 4.

1087 OVG Lüneburg v. 28.09.2022 – 5 LC 208/17, BeckRS 2022, 30855 Rn. 84; BeckOK-BGB/*Horcher*, AGG § 15 Rn. 45.

1088 Dazu BAG v. 18.09.2012 – 9 AZR 1/11, AP BUrlG § 7 Abgeltung Nr. 96, unter Voraussetzungen 6 Wochen; BAG v. 13.12.2011 – 9 AZR 399/10, BAGE 140, 133, deutlich kürzer als ein Jahr; *Krause*, RdA 2004, 106, 111, ein Monat. Ausführlich MüHdB-ArbR/*Picker*, § 71 Rn. 18 ff. u. Rn. 39.

1089 Vgl. beispielsweise *Jacobs*, RdA 2009, 193, 201 für eine dreiwöchige Frist auf Basis eines systematischen Vergleichs.

D. Ergebnis der Betrachtung des Günstigkeitsprinzips im Allgemeinen Gleichbehandlungsgesetz

Der den Parteien im Rahmen des § 31 AGG verbleibende Regelungsbereich erfasst sämtliche Regelungen zugunsten des Arbeitnehmers sowie gleichwertige Regelungen. Vereinbarungen die zuungunsten des Arbeitnehmers wirken, stehen jedoch ausnahmslos im Widerspruch zu § 31 AGG.

Dafür spricht neben dem Wortlaut und der Historie insbesondere der Sinn und Zweck des § 31 AGG. Die damit verbundene Schaffung eines gesetzlichen Standards zielt gerade darauf ab Unterschreitungen des gesetzlichen Niveaus durch vertragliche Vereinbarungen zu verhindern. Verfassungsrechtlich vorgegeben wird das Verbot der Regelungen zuungunsten des Arbeitnehmers zwar nicht, jedoch ermöglicht das Verfassungsrecht im Licht des Zwecks kein Verbot von gleichwertigen oder günstigeren Regelungen. Das gilt auch für das Unionsrecht.

Der Günstigkeitsvergleich ist auch im Rahmen des § 31 AGG als Einzelvergleich mit Betrachtung der Auswirkungen auf den individuellen Arbeitnehmer zum Zeitpunkt des erstmaligen Aufeinandertreffens der Normen und unter Heranziehung eines objektiven Bewertungsmaßstabs durchzuführen. Dafür sprechen neben den Methoden des Auslegungskanons auch allgemeine Erwägungen sowie allgemeingültige Interessen der Arbeitsvertragsparteien.

In der Folge dieser Vorgaben des Günstigkeitsvergleichs können vertragliche Vereinbarungen günstigkeitsvariable und ambivalente Wirkung haben. Aufgrund der möglichen Wirkung zuungunsten des Arbeitnehmers und der objektiven Feststellbarkeit der teilweisen Ungünstigkeit sind diese Abweichungen vom Gesetzesrecht nicht mit § 31 AGG vereinbar. Sie liegen außerhalb des den Arbeitsvertragsparteien zugestandenen Regelungsbereichs, weil nicht eindeutig und im Vorhinein bestimmt werden kann, dass sie dem gesetzlichen Standard entsprechen.

Gerade die Betrachtung des Günstigkeitsprinzips im AGG hat daher gezeigt, dass die Anwendung des Prinzips die vorherige Bestimmung der gesetzlich erfassten Interessen bedingt und dass sich der Vergleichsmaßstab an diesen Interessen auszurichten hat, womit die Betrachtung insbesondere auch die Vorteilhaftigkeit des am Schutzzweck ausgerichteten Abweichungsspielraums und der objektiven Bewertung verdeutlicht. Obwohl es sich im Verhältnis zu den davor betrachteten Regelungen um eine anders ausgerichtete Regelungsmaterie handelt, konnte der so bestimmte Wirkungsbereich übertragen und auch die objektive Betrachtung musste nicht modifiziert werden, um sicherzustellen, dass nur die zutreffenden Interessen in die Bewertung einbezogen werden. Insgesamt hat die Betrachtung des AGG damit die bisherigen Ergebnisse bestätigt.

Teil 6

Gemeinsame Ergebnisse und Ableitungen

§ 25 Gemeinsame Ergebnisse für die betrachteten Regelungen

Für alle betrachteten Kodifikationen des Günstigkeitsprinzips wurde festgestellt, dass ihr Zweck darin besteht, die jeweils erfassten materiellen Regelungen der strukturellen Unterlegenheit der Arbeitnehmer zu entziehen. Durch ihre Wirkung werden die erfassten Vorschriften zu Mindeststandards und mithin erfüllen die Regelungen eine dienende Funktion für die mit den Gesetzen verfolgten Schutzzwecke. Der Wortlaut spiegelt diesen Zweck regelmäßig und darüber hinaus stützen das Verständnis des Abweichungsverbots als Grundregel sowie teilweise auch die historische Auslegung dieses Ergebnis. Für die unionsrechtlich determinierten Ansprüche wird dieses Verständnis ferner durch die einschlägigen Richtlinien vorgegeben.

In allen Fällen dient die einseitig zwingende Ausgestaltung der Berücksichtigung grundrechtlicher Freiheiten. Ohne diese Wirkung würde das Arbeitsvertragsrecht ungerechtfertigt in die Arbeitsvertragsfreiheit aus Art. 2 Abs. 1 GG und das unionsrechtliche Pendant in Art. 15 Abs. 1 EU-GrCh bzw. Art. 16 EU-GrCh eingreifen, weil darüber hinaus gehende Abweichungsverbote übermäßige und mithin unverhältnismäßige Eingriffe in deren Schutzbereich nach sich ziehen würden. Im Vergleich zur beidseitig zwingenden Wirkung wird diese einseitig zwingende Wirkung freiheitsrechtlich vorgezeichnet.

Eine Verpflichtung zur Schaffung eines unabdingbaren Mindeststandards konnte vor allem aus dem sekundären Unionsrecht abgeleitet werden und dieses ist bei der Auslegung des Urlaubsrechts, des Nachweisgesetzes, des Teilzeit- und Befristungsrechts, der besonderen familiär bedingten Freistellungsansprüche und der Regeln zur betrieblichen Altersversorgung zu beachten. Die Vorgaben des Antidiskriminierungsrechts werden hingegen mit einem eigenen Verbot verwirklicht, weshalb sich für die Ausgestaltung des Abweichungsverbots keine Vorgaben entnehmen lassen.

Ergänzend zu sekundärrechtlichen Vorgaben lässt sich aus Art. 31 Abs. 2 EU-GrCh die Pflicht zur Schaffung eines Anspruchs auf Urlaub ableiten und für das Betriebsrentenrecht kann ein Auftrag zur Absicherung der Ansprüche aus der betrieblichen Altersversorgung aus dem Grundrecht der Berufsfreiheit abgeleitet werden. Diese konkretisieren sich jedoch nicht so weit, dass daraus mehr als eine Pflicht zur effektiven Verwirklichung des Auftrags abgeleitet werden kann, sodass sich auch keine grundrechtlich verankerte Pflicht zur Ausgestaltung einer einseitigen Unabdingbarkeit ableiten lässt. Vielmehr genügen in dieser Hinsicht auch andere Mittel und insbesondere Generalklauseln den Anforderungen der Schutzpflichten.

Insbesondere aus dem Zweck aber auch dem Wortlaut aller Vorschriften ließ sich ableiten, dass sich das Abweichungsverbot auf die konkreten gesetzlichen Vorgaben bezieht und insbesondere enthielt keine der Regelungen einen Hinweis auf die Anwendung eines ergänzenden Wertungsmaßstabs. Vielmehr sind diese darauf gerichtet, die gesetzlich erfassten Interessen zur Geltung zu bringen. Der Günstigkeitsbegriff dieser Regelungen ist daher als absolutes Abweichungsverbot zu verstehen, das anders als beispielsweise die Regelungen des AGB-Rechts nicht nur auf die Verhinderung unangemessener Benachteiligungen abzielt, sondern jeder Abweichung zuungunsten des Arbeitnehmers entgegensteht. Die überkommene Formel des BAG, nach der Abweichungen nur wirksam sind, wenn sie eindeutig und im Vorhinein erkennen lassen, dass sie geeignet sind, den Anspruch zu erfüllen, lässt sich daher auf alle betrachteten Kodifikationen übertragen.

Der Günstigkeitsvergleich ist bei allen betrachteten Normen an diesem Günstigkeitsbegriff auszurichten und einheitlich durchzuführen. Dabei hat die Betrachtung der Normen die Ergebnisse der allgemeinen Überlegungen aus Teil 3 unterstützt. Der Einzelvergleich wird regelmäßig auch durch den Wortlaut vorgegeben und auch die Betrachtung der Auswirkungen auf den einzelnen Arbeitnehmer ergibt sich nicht nur aus der individualschützenden Natur der erfassten Ansprüche, sondern ist im Wortlaut angelegt. Zu den zeitlichen Aspekten und zum Maßstab der Betrachtung enthielten die Regelungen keine weiteren Hinweise, standen damit den allgemeinen Erwägungen aber auch nicht entgegen. Kompensationen sind mithin sowohl in sachlicher als auch in zeitlicher Hinsicht ausgeschlossen, um den gesetzlichen Standard nicht zu gefährden. Insbesondere die Betrachtung des AGG hat ferner verdeutlicht, dass eine Anknüpfung an subjektive Interessen der Arbeitnehmer oder die Einschätzungen der Verkehrskreise nicht dem Schutzzweck der Regelungen entspricht, sondern dass dieser vielmehr vor dem Günstigkeitsvergleich genau zu bestimmen ist, um davon ausgehend die Verwirklichung aller gesetzlich erfasster Interessen sicherzustellen.

Die konkrete Betrachtung hat damit die abstrakten Betrachtungen zu den Grundlagen des Günstigkeitsprinzips und seiner Wirkung bestätigt. Damit hat sie auch gezeigt, dass die uneinheitliche Anwendung des Günstigkeitsprinzips im Arbeitsvertragsrecht nicht gerechtfertigt ist. Bereits die einheitliche Natur des Günstigkeitsprinzips hat diese These ermöglicht und durch die Betrachtung der einzelnen Vorschriften hat sich gezeigt, dass für die abweichenden Auffassungen regelmäßig keine Begründung ersichtlich ist. Vielmehr führt der einheitliche Zweck der Vorschriften dazu, dass sowohl der Abweichungsspielraum als auch die Regeln zur Überprüfung der Einhaltung dieses Regelungsspielraums identisch zu bestimmen sind, um die Verwirklichung der jeweils erfassten gesetzlichen Standards sicherzustellen.

§ 26 Ergebnisse für die Behandlung neutraler, ambivalenter und günstigkeitsvariabler Vereinbarungen im Arbeitsvertragsrecht

Im Rahmen der Betrachtung der konkreten Regelungen hat sich die Hypothese zur Behandlung neutraler, günstigkeitsvariabler und ambivalenter Regelungen ebenfalls bestätigt. Die betrachteten konkreten Vereinbarungen haben ob ihrer unterschiedlichen Wirkungsweisen und der besseren Erfassung dieser Wirkung ferner die entwickelte Differenzierung gerechtfertigt. Gleichzeitig hat die einheitliche Wirkungsweise im konkreten Zusammenhang gezeigt, dass allgemeingültige Ableitungen für die Behandlung dieser Vereinbarungen getroffen werden können. Auch insofern zeigt sich, dass für das gesetzliche Günstigkeitsprinzip eine einheitliche Dogmatik entwickelt werden kann, wenn dessen Wirkungsweise vom Zweck aus bestimmt wird.

Keine der Kodifikationen steht der Vereinbarung neutraler Vereinbarungen entgegen. Es hat sich aber auch bestätigt, dass die positive Feststellung der Gleichwertigkeit eine genaue Betrachtung erfordert und gesetzliche Wertungen anderer Gesetze dabei nur einen Orientierungspunkt bieten. Inwieweit tatsächlich gleichwertige Vereinbarungen auftreten können, wurde aufgrund dieser Schwierigkeiten nicht umfassend untersucht. Objektiv gleichwertige vertragliche Abweichungen stehen dem Sinn einer abweichenden Vereinbarung aber auch entgegen und die damit verbundenen Transaktionskosten können nur in Sonderfällen gerechtfertigt werden, weshalb sie in der Praxis kaum auftreten dürften.

Alle Kodifikationen stehen der Vereinbarung günstigkeitsvariabler und ambivalenter Abweichungen entgegen. Günstigkeitsvariable Vereinbarungen sind dabei unabhängig von ihrer punktuellen oder dauerhaften Wirkung aufgrund der punktuellen Vergleichsform aber auch keine uneindeutigen Vereinbarungen, sondern in allen Bezügen ließen sie sich als mögliche Einzelfälle der Ungünstigkeit verstehen. Dies gilt auch für ambivalente Regelungen, die als partielle Unterschreitung der gesetzlichen Wertung nicht mit den erarbeiteten Maßstäben vereinbar sind und die sich auf Basis des objektiv-normativen Vergleichs als partiell ungünstigere Regelungen verstehen lassen.

Insofern lassen sich diese Vereinbarungen daher auch nicht als Abweichungen im Grenzbereich der Günstigkeit bezeichnen, denn es fehlt insoweit an einem Grenzbereich, in dem sie liegen könnten. Der Günstigkeitsbegriff und die Auswahl der Vergleichskriterien im Gesetzesrecht führen vielmehr dazu, dass die Grenze der Günstigkeit sowohl in zeitlicher Hinsicht als auch im Hinblick auf den Maßstab klar abgegrenzt ist und dass insoweit kein Raum für ergänzende Wertungen besteht, wie er insbesondere mit subjektiven und objektivierten Vergleichsmaßstäben verbunden ist. Im Rahmen eines am konkreten Ziel der gesetzlichen Regelung ausgerichteten Günstigkeitsprinzips können diese Maßstäbe der vertraglichen Vereinbarung nicht zur Wirksamkeit verhelfen. Vielmehr liegen diese Vereinbarungen zeitweise oder teilweise hinter und vor der Grenze der Günstigkeit, weshalb sie als Vereinbarungen an der Grenze der Günstigkeit bezeichnet werden können. Diese Grenze zieht jedenfalls im Gesetzesrecht eine scharfe Trennlinie zwischen dem Anwendungsbereich des materiellen Rechts und dem Gestaltungsspielraum der Arbeitsvertragsparteien.

Das vom BAG im Zusammenhang mit dem EntgFG entwickelte Verständnis des Günstigkeitsprinzips ist mit diesen Ergebnissen nur im Hinblick auf neutrale Vereinbarungen vereinbar und auch nur, sofern das BAG dies im Sinn der positiven Gleichwertigkeit meint. Das BAG scheint den Begriff der ambivalenten und neutralen Vereinbarungen aber vielmehr als Sammelbezeichnung für eine Reihe von Abweichungen zu verwenden, unter denen es nicht weiter differenziert. Die gemeinsame Betrachtung ist angesichts der Unterschiede nicht zu rechtfertigen und lässt sich nur als Übernahme tarifrechtlicher Grundsätze erklären.

Das vom BAG entwickelte Kriterium der strukturellen Benachteiligung entspricht nicht der dienenden Funktion des Günstigkeitsprinzips, denn auch abseits einer hinreichenden Konkretisierung lässt sich zumindest ableiten, dass es die Betrachtung im Einzelfall von der individuellen Wirkung löst. Es führt damit zu einem Günstigkeitsbegriff, der die Angemessenheit der Benachteiligung bewertet und mithin den gesetzlichen Mindeststandard relativiert, anstatt ihn zu schützen. Keine der betrachteten Vorschriften hat aber ein Verständnis ermöglicht, nach dem nicht bereits Unterschreitungen des Mindeststandards im Einzel- oder Zweifelsfall, sondern nur besondere Benachteiligungen zur Unwirksamkeit der Vereinbarung führen.

Dass die Entscheidung die teleologischen Erwägungen zur Typisierungsbefugnis der Tarifvertragsparteien nicht zum Anlass nimmt, über die Begründung einer Ausnahme nachzudenken, sondern über den Wortlaut argumentiert, ist eine methodische Fehlentscheidung. Eine zutreffende Stelle für die Berücksichtigung dieser Erwägungen wäre in der Auslegung und den Grenzen der Rechtsfortbildung zu suchen gewesen. Sofern das BAG seine Entscheidung nicht methodisch neu begründet, wird nicht nur das Ergebnis fragwürdig, sondern es ist auch nicht ersichtlich, wie es ohne weitere Kunstgriffe auf Regelungen in Tarifverträgen beschränkt werden kann und warum die Typisierungsbefugnis nicht bei anderen Kodifikationen des Günstigkeitsprinzips berücksichtigungsfähig sein soll. Umgekehrt macht eine Beschränkung dieser Rechtsprechung auf Abweichungen in Tarifverträgen deutlich, dass das BAG die Regelungen des EntgFG im Widerspruch zu den Vorgaben des Gesetzgebers tarifdispositiv ausgestaltet und mithin die Grenzen der Rechtsanwendung überschreitet. Diese Rechtsprechung sollte daher nicht vertieft und die Behandlung ambivalenter und günstigkeitsvariabler Vereinbarungen im Entgeltfortzahlungsrecht korrigiert werden. Pauschale Abgeltungen des Entgeltersatzanspruchs können nur wirksam vereinbart werden, wenn sie tatsächlich und im Vorhinein geeignet sind, den Anspruch zu befriedigen. Können sie dies nicht in jeder Situation, sind sie im Licht des gesetzlichen Günstigkeitsprinzips gem. § 134 BGB unwirksam.

Ambivalente und günstigkeitsvariable Vereinbarungen sind in der Praxis nicht unrelevant, jedoch werden viele der denkbaren Konstellationen bereits durch den Einzelvergleich ausgeschlossen. Davon ausgenommen werden aber die vertraglichen Vorgaben zur Pauschalierung des Entgelts und die häufig erfolgende konkludente Abbedingung der Vorgabe der zusammenhängenden Gewährung des Urlaubs gem. § 7 Abs. 2 S. 1 BUrlG, wobei letztere mangels Beanstandung durch die Arbeitnehmer praktisch keine Relevanz hat. Ferner dürfte auch die Verlängerung der Probezeit nach dem BBiG als ambivalente Vereinbarung praktisch vorkommen. Hingegen sind die Beispiele der abweichenden Fristberechnungen eher theoretischer Natur und dienen der Veranschaulichung.

§ 27 Ableitungen für das gesetzliche Günstigkeitsprinzip

Die Betrachtung der einzelnen Kodifikationen des Günstigkeitsprinzips hat die abstrakt erarbeiteten Ergebnisse bestätigt und aus der Gesamtschau lassen sich Ableitungen für das Günstigkeitsprinzip im individuellen Arbeitsrecht ziehen. Diese ergeben sich aus der dienenden Funktion des Prinzips und mithin seinem Charakter als Mittel zum Zweck, die nach der Überprüfung der Hypothese anhand der einzelnen Kodifikationen als gemeinsame Grundlage des Günstigkeitsprinzips im gesetzlichen Arbeitsvertragsrecht bezeichnet werden können. Die Gemeinsamkeiten betreffen damit vor allem die Geltung des Günstigkeitsprinzips und seine Wirkung.

A. Geltung des Günstigkeitsprinzips

Die Untersuchung hat verdeutlicht, dass es sich beim Günstigkeitsprinzip um eine Innenschranke des erfassten Arbeitsvertragsrechts handelt. Dieses beschränkt seinen Anwendungsbereich und es beansprucht normative Wirkung nur gegenüber solchen abweichenden Regelungen, die zuungunsten des Arbeitnehmers wirken. Die Geltung des Prinzips ist dem Zweck arbeitnehmerschützender Regelungen grundsätzlich immanent und geht dabei über die reinen Arbeitsbedingungen hinaus. Auf ein grundlegendes Prinzip des Arbeitsrechts lässt es sich hingegen nicht zurückzuführen.

Auf Basis dieser Beziehung zum Zweck kann die Geltung des Günstigkeitsprinzips auch abseits einer ausdrücklichen gesetzlichen Anordnung angenommen werden, wenn die Auslegung der jeweiligen Regelungen ergibt, dass diese als Mindeststandard wirken sollen. Dies ist insbesondere der Fall, wenn die gesetzliche Regelung dem Schutz der Interessen des Arbeitnehmers dient und dieser Schutz im Arbeitsvertragsverhältnis verwirklicht werden soll. Dieser Zweck wird gefährdet, wenn er dem strukturellen Ungleichgewicht der Arbeitsvertragsparteien ausgesetzt wird, weshalb es dem Zweck des Schutzgesetzes entspricht, solche Regelungen durch eine einseitig zwingende Wirkung diesem strukturellen Ungleichgewicht der Arbeitsvertragsparteien gänzlich zu entziehen. Abweichungen zuungunsten des Arbeitnehmers sind mit diesem Zweck nicht vereinbar, während Abweichungsbefugnisse für gleichwertige und günstigere Vereinbarungen diesem Ziel entsprechen. Der Zweck ist abseits einer ausdrücklichen Kodifikation aber jeweils separat zu prüfen[1] und nicht auf ein Prinzip zu verweisen, zumal selbst im Anwendungsbereich der Kodifikationen eine Reihe von Vorschriften Günstigkeitserwägungen nicht zugänglich waren.

Nationales Verfassungsrecht unterstützt diese Auslegung regelmäßig, führt aber grundsätzlich nicht unmittelbar zur Anwendung des Günstigkeitsprinzips im Arbeitsverhältnis. Die verfassungskonforme Auslegung spricht bei einem solchen Zweck und in Anbetracht des grundrechtlichen Schutzes der Vertragsfreiheit aber für dieses Verständnis der Abweichungsbefugnis als Ausdruck der Wirkung des Verhältnismäßigkeitsprinzips. Selbst wenn konkrete Verfassungsaufträge bestehen, lässt sich diesen aber regelmäßig keine Vorgabe für das Verständnis einer Regelung als einseitig zwingender Mindeststandard entnehmen.

Im Anwendungsbereich des Unionsrechts kann ein entsprechendes Verständnis des Abweichungsspielraums ferner dem grundrechtlichen Schutz durch die EU-GrCh entnommen werden. Die Wirkung des primären Unions-

---

1 Vgl. zur Inhaltskontrolle, *Cziupka*, Dispositives Vertragsrecht, S. 237 ff.

rechts geht aber über die bloße Berücksichtigung im Wege der Auslegung hinaus und unterscheidet sich daher von den verfassungsrechtlichen Vorgaben. Der Anwendungsvorrang des Unionsrechts führt über die negative unmittelbare Drittwirkung vielmehr dazu, dass dem Primärrecht entgegenstehende Vorschriften nicht anzuwenden sind und somit der Raum für vertragliche Vereinbarungen geschaffen oder geschlossen werden kann. Ferner kann sich im Anwendungsbereich der Arbeitnehmerfreizügigkeit des Art. 45 AEUV auch ein unmittelbar geltendes und wirkendes Günstigkeitsprinzip ergeben, sofern die Ausgestaltung der Abweichungsbefugnisse deren Vorgaben nicht entspricht.

Darüber hinaus kann die Geltung des Günstigkeitsprinzips im Wege der Auslegung vor allem aus einschlägigen unionsrechtlichen Richtlinien abgeleitet werden, die regelmäßig als Mindeststandards ausgestaltet sind. Um den darin enthaltenen Vorgaben und dem effet utile zu entsprechen, ist regelmäßig eine Umsetzung als einseitig zwingende Regelung angezeigt, sofern der Unionsgesetzgeber den Mitgliedstaaten nicht eigene Wertungen erlaubt. Ein unmittelbar geltendes Günstigkeitsprinzip ergibt sich daraus aber nicht und die unmittelbare sekundärrechtliche Vorgabe beschränkt sich aufgrund der Regelungskompetenz der Union allein auf das Abweichungsverbot, während die Abweichungsbefugnis auch dann allein durch die Freiheitsrechte höherrangigen Vorgaben entspringt.

Auch wenn das Günstigkeitsprinzip somit nicht auf eine einheitliche höherrangige Grundlage gestellt werden kann, sind die Beziehung der Abweichungsbefugnisse zum Zweck so ausgeprägt, dass dieser hinreichend ist, um daraus grundsätzlich die Geltung des Günstigkeitsprinzips abzuleiten. Insbesondere wenn der Gesetzgeber konkrete Schutzregelungen für das Arbeitsverhältnis erlässt und diese der Angemessenheit der Arbeitsbedingungen dienen, wäre jede Abweichung von dieser gesetzgeberischen Wertung rechtfertigungsbedürftig, während die einseitig zwingende Wirkung diese Wertung besonders effektiv schützt. Gleiches gilt aber auch, wenn Regelungen andere Interessen des Arbeitnehmers schützen, weshalb auf Basis einer genauen Bestimmung der erfassten Interessen und abseits anderer Anzeichen davon auszugehen ist, dass gesetzliche Regelungen einseitig zwingend sind, wenn sie dem Schutz der Interessen des Arbeitnehmers innerhalb des Arbeitsverhältnisses dienen.

B. Wirkung des Günstigkeitsprinzips

Die Wirkung des Günstigkeitsprinzips im individuellen Arbeitsrecht ergibt sich aus seinem Zweck und seiner dienenden Funktion für das materielle Recht. Die Anordnung des Günstigkeitsprinzips dient der Schaffung konkreter gesetzlicher Mindeststandards und durch den Begriff der Günstigkeit wird der

Anwendungsbereich dieser Vorgaben begrenzt. Die Wirkung ist darauf gerichtet, die Einhaltung des gesetzlichen Mindeststandards im individuellen Arbeitsverhältnis sicherzustellen. Unabhängig davon, ob das Prinzip kodifiziert oder durch Auslegung einer solchen Norm entnommen wurde, schließt das Verständnis als Mindeststandard aus, dass dem Rechtsanwender ein eigener Beurteilungsspielraum zukommt.

Dementsprechend ist der Begriff der Günstigkeit unabhängig von der Grundlage seiner Geltung so zu bestimmen, dass trotz der strukturellen Unterlegenheit die konkreten Standards eingehalten werden. Mit diesem Verständnis des Günstigkeitsprinzips als Innenschranke des materiellen Rechts ist ein absolutes Abweichungsverbot verbunden, das allen Vereinbarungen entgegensteht, die von der Interessenabwägung des Gesetzgebers abweichen und das auch in Einzel- und Zweifelsfällen die Einhaltung des gesetzlichen Standards sicherstellt. Die Annahme der strukturellen Unterlegenheit gibt aber keine Grundlage dafür, weiteren Parteivereinbarung die Wirksamkeit zu versagen, weshalb gleichwertige und günstigere Regelungen vereinbart werden können, wofür auch die verfassungskonforme Auslegung spricht.

Der Günstigkeitsvergleich ist darauf gerichtet, diesen Maßstab zu verwirklichen und in diesem Rahmen der Arbeitsvertragsfreiheit Raum zu belassen. Innerhalb dieses Rahmens ist daher gleichzeitig sicherzustellen, dass die Kriterien des Vergleichs nicht zu weiteren Belastungen der Arbeitsvertragsfreiheit führen, was insbesondere die Berücksichtigung der Rechtssicherheit der Parteien erfordert. Die dafür heranzuziehenden Kriterien wurden in Ermangelung spezieller Vorgaben auch für die Kodifikationen vor allem aus dem Zweck des Prinzips heraus bestimmt, weshalb diese abseits ausdrücklicher anderer Regelungen universell gelten. Insbesondere brauchen sie für ein abseits einer ausdrücklichen Regelung und vor allem auf Basis des Zwecks geltendes Günstigkeitsprinzip nicht erneut bestimmt werden. Auch in diesem Fall ist mithin zum Zeitpunkt des erstmaligen Aufeinandertreffens der Regelungen ein individueller Einzelvergleich der abstrakt-prognostizierbaren Auswirkungen vorzunehmen und diese anhand der gesetzlich erfassten Interessen objektiv zu bewerten. Dementsprechend sind aber auch neutrale, günstigkeitsvariable und ambivalente Regelungen grundsätzlich identisch zu behandeln.

C. Abweichende Bestimmungen durch den Gesetzgeber

Infolge der Abhängigkeit der bestimmten Kriterien vom Zweck der gesetzlichen Regelung und der fehlenden Verankerung eines Günstigkeitsprinzips und seiner Kriterien im höherrangigen Recht steht es dem Gesetzgeber grundsätzlich frei, die Wirkung des Günstigkeitsprinzips anders auszugestalten.[2] Sofern nicht unionsrechtliche Vorgaben greifen, werden die Grenzen der Möglichkeiten des Gesetzgebers allein durch den Zweck und die insoweit verhältnismäßigen Mittel begrenzt.

Insbesondere könnte der Gesetzgeber das Verschlechterungsverbot abschaffen oder abwandeln, aber auch die Abweichungsbefugnis kann er anpassen. So könnte er Höchststandards schaffen, wenn es durch weitere Zwecke gerechtfertigt ist, die Regelungen nicht nur der strukturellen Unterlegenheit, sondern gänzlich der Vertragsbeziehung zu entziehen.[3] Ebenso könnte er statt einseitig zwingender Regelungen auch gänzlich dispositive Regelungen erlassen, die nicht als Mindeststandards, sondern allein als Orientierungspunkte der Arbeitsvertragsgestaltung fungieren.[4] Dabei wäre es auch möglich, statt der Anwendung eines absoluten Maßstabs der Günstigkeit die Anwendung eines relativen Maßstabs der Günstigkeit anzuordnen, der allein unangemessenen Abweichungen vom gesetzlichen Standard entgegensteht. Im Unionsrecht steht allerdings der effet utile einer solchen Ausgestaltung der Abweichungsbefugnis regelmäßig entgegen[5] und infolge der weiten Verbreitung unionsrechtlicher Vorgaben sind die Möglichkeiten des Gesetzgebers faktisch begrenzt. Ferner ist nicht ersichtlich, inwieweit dies bei der Anwendung konkreter spezialgesetzlicher Vorgaben zweckmäßig sein könnte, denn ein solcher Maßstab wäre mit rechtlichen Unsicherheiten verbunden, die bis zu einer Konkretisierung des Maßstabs Arbeitsverhältnisse mit Konflikten belasten könnten.

Die Möglichkeit zur Modifikation des Günstigkeitsprinzips erfasst auch die Kriterien des Günstigkeitsvergleichs.[6] So könnte der Gesetzgeber insbesondere den Vergleichsgegenstand anders gestalten und durch die Benennung eines entsprechenden Regelungskomplexes einen Sachgruppenvergleich anordnen.[7] Einen Gesamtvergleich könnte der Gesetzgeber grundsätzlich auch anordnen, wie bereits das Versicherungsvertragsrecht belegt, jedoch sprechen die Unsicherheiten bei umfangreichen Interessenabwägungen gegen die gesetzliche Anordnung dieser Form des Vergleichs im Arbeitsrecht.[8] Im Ergeb-

---

[2] Für § 4 Abs. 3 Alt. 2 TVG, BAG v. 20.04.1999 – 1 ABR 72/98, BAGE 91, 210 [unter B. III. 1. b) cc)]. Vgl. *Mosing*, Günstigkeitsprinzip, S. 34, für das österreichische Arbeitsrecht.

[3] *Belling*, Günstigkeitsprinzip, S. 167; *Löwisch/Rieble*, TVG § 1 Rn. 1059.

[4] Dazu *Lurger*, ZEuP 2018, 788, 799 ff.

[5] Vgl. die Nachweise in Teil 5, Fn. 718.

[6] Vgl. BAG v. 20.04.1999 – 1 ABR 72/98, BAGE 91, 210 [unter B. III. 1. b) cc)]; *Belling*, Günstigkeitsprinzip, S. 76 ff.

[7] *Löwisch/Rieble*, TVG § 1 Rn. 1050.

[8] Dazu Teil 3 § 11 Abschnitt A. III.

nis dürfte es auch einer reinen Angemessenheitskontrolle entsprechen,[9] weshalb sich ebenso die Frage der Sinnhaftigkeit stellen würde.[10] Ferner müsste im Einzelfall im Licht des Bestimmtheitsgebots und des Wesentlichkeitsgrundsatzes betrachtet werden, ob die generalklauselartige Ausgestaltung ausreichend ist, um höherrangigen Handlungsaufträgen zu entsprechen. Davon ist aber grundsätzlich auszugehen, insbesondere wenn diese Wertungsspielräume die Besonderheiten des Arbeitsverhältnisses berücksichtigen und damit eine entsprechende Abwägung im Rahmen der Rechtsanwendung ermöglichen.[11]

Das Bezugsobjekt könnte der Gesetzgeber abseits höherrangiger Vorgaben ebenfalls anders bestimmen und einen kollektiven Vergleich der Regelungen anordnen. Anbieten könnte sich ein solcher Vergleich, wenn der Gesetzgeber ein kollektives Schutzniveau beispielsweise in Form eines betrieblichen Budgets vorsieht. Solche Regelungen sind derzeit jedoch nicht vorhanden und stehen auch im Widerspruch zur traditionellen Schutzrichtung des Arbeitsrechts,[12] weshalb die Anordnung eines kollektiven Günstigkeitsvergleichs jedenfalls einen partiellen Paradigmenwechsel voraussetzt[13].

Den Vergleichszeitpunkt anders zu bestimmen und durch die Anordnung einer rückblickenden Betrachtung eine schwebende Unwirksamkeit anzuordnen, erscheint ebenfalls nicht prinzipiell ausgeschlossen. Der im Rahmen der Untersuchung festgestellte Zeitpunkt wurde jedoch vor allem auf Basis der Interessen der Beteiligten an Rechtssicherheit bestimmt. Abweichende Regelungen müssen sich daher auch im Licht der daraus für dieses Rechtsgut entstehenden Beeinträchtigungen rechtfertigen. Es ist dabei derzeit kein Ziel ersichtlich, dass es notwendig erscheinen lässt, die arbeitsvertragliche Vereinbarung der ständigen Rechtsunsicherheit zu unterwerfen, die mit der konkreten rückblickenden Betrachtung verbunden wäre.

Ferner wäre es dem Gesetzgeber möglich, einen Vergleichszeitraum für die Prognose vorzugeben und den Arbeitsvertragsparteien so die Vereinbarung zeitlicher Kompensationen zu ermöglichen. Anders als im Rahmen der bisherigen Kodifikationen des Günstigkeitsprinzips würde dies die Vereinbarung

---

[9] *Heinze*, NZA 1991, 329, 334 f., für eine Angemessenheitskontrolle mit einem Gesamtvergleich.

[10] Vgl. *Mosing*, Günstigkeitsprinzip, S. 33 f.; *Schorn*, Günstigkeitsprinzip neuer Art, S. 67.

[11] Vgl. BVerfG v. 19. 10. 1993 – 1 BvR 567/89 (u. a.), BVerfGE 89, 214 [unter C. II. 2. c)]; BVerfG v. 24. 04. 1991 – 1 BvR 1341/90, BVerfGE 84, 133 [unter C. III. 3. b)]; DHS-GG/*Grzeszick*, GG Art. 20 Rn. 62; *Neuner*, ZfPW 2022, 257, 263 f. Ausführlich dazu Teil 2 § 8 Abschnitt B. I. 3. b).

[12] *Richardi*, DB 1990, 1613, 1616.

[13] *Federlin*, Kollektiver Günstigkeitsvergleich, S. 140 f., sieht ein „kollektives Vergleichsprinzip" statt des Günstigkeitsprinzips.

von vertraglichen Abweichungen mit laufend günstigkeitsvariabler Wirkung auch ohne eine Ausgleichsregelung ermöglichen. Ohne Veränderungen der weiteren Kriterien würde dies aber auch nur gelten, solange die Wirkung in Summe innerhalb des Vergleichszeitraums tatsächlich eine Wirkung hat, die zumindest dem gesetzlichen Niveau entspricht. Dass der gesetzliche Standard so flexiblere Gestaltungen ermöglichen würde ist daher nicht zu erwarten.

Gleiches gilt für den Vergleichsmaßstab, der ebenfalls grundsätzlich anders bestimmt werden kann, jedoch besteht angesichts der Abgrenzbarkeit der mit dem Arbeitsverhältnis verbundenen Interessen keine gesetzgeberische Notwendigkeit diese Interessenabwägung nicht bei der Festlegung des Mindeststandards durchzuführen oder diesen insoweit zu öffnen, sondern den Vergleichsmaßstab dafür zu benutzen, zumal damit die Gefahr der Entwertung des Standards verbunden ist.[14] Sofern er aber für einen ganzen Regelungskomplex eine spezielle Generalklausel der Abweichungsbefugnis erlassen möchte, steht ihm dies grundsätzlich frei, jedoch müsste er dann den konkreten Maßstab bestimmen, der seine Interessenabwägung ergänzen darf. Dabei könnte der Gesetzgeber auch andere Regelungen für den Zweifelsfall und beispielsweise die Maßgeblichkeit der subjektiven Präferenzen einer Vertragspartei vorschreiben.[15] Auch damit würde eine Form der Günstigkeit über die Anwendung der Regelung entscheiden, jedoch wäre dies phänomenologisch nicht mehr als Form des Günstigkeitsprinzips, sondern als Wahlrecht zu beschreiben.[16]

Insgesamt ist somit festzuhalten, dass die Ausgestaltung des Günstigkeitsprinzips davon abhängt, welche Zwecke der Gesetzgeber verfolgt. Insoweit gilt gegenüber den Arbeitsvertragsparteien und ihrer grundrechtlichen Freiheit nichts anderes als gegenüber den Tarifvertragsparteien und der Koalitionsfreiheit und sofern die Schaffung tarifdispositiver Standards möglich ist, gilt dies grundsätzlich auch für gänzlich dispositive Regelungen und die Anordnung alternativer Vergleichskriterien. Der Gesetzgeber wird dabei jedoch die unterschiedliche Ausprägung der strukturellen Unterlegenheit in den jeweiligen Rechtsbeziehungen und ihre Auswirkungen berücksichtigen müssen, wenn er die Verwirklichung des Zwecks seiner Regelungen sicherstellen will.

---

14 Vgl. Teil 3 § 10 Abschnitt A. II. 2.

15 Vgl. *Neuner*, ZfPW 2022, 257, 259.

16 Dezidiert zu den Unterschieden, Däubler/TVG/*Deinert/Wenckebach*, § 4 Rn. 768 ff.

§ 28 Rückschlüsse für die Wirkung des gesetzlichen Günstigkeitsprinzips gegenüber kollektivrechtlichen Abweichungen vom Arbeitsvertragsrecht

Mit den Ergebnissen der Betrachtung ist die Frage nach der Übertragbarkeit auf andere Anwendungsfälle des gesetzlichen Günstigkeitsprinzips verbunden und deshalb zu untersuchen, ob der Geltungsgrund des Günstigkeitsprinzips und seine Wirkung im Verhältnis zwischen arbeitsvertraglichen Vereinbarungen und dem Gesetzesrecht auf Abweichungen in kollektivrechtlichen Regelungen übertragen werden können. Dabei ist vor allem zu untersuchen, ob die rechtliche Natur der kollektiven Regelungen oder spezielle gesetzliche Vorgaben eine abweichende Bewertung erforderlich machen.

Ableitungen für die Anwendung des Günstigkeitsprinzips auf kollektivrechtliche Rechtsquellen selbst können mangels Betrachtung der Grundlagen der Tarifautonomie, der Betriebsautonomie und anderer spezieller Aspekte des kollektiven Arbeitsrechts nicht mit der hinreichenden Tiefe vorgenommen werden. Insbesondere könnte eine unmittelbare Ableitung des Günstigkeitsprinzips aus Art. 9 Abs. 3 GG zu einer unterschiedlichen Bewertung einzelner Aspekte führen. Nichtsdestotrotz ist darauf hinzuweisen, dass das Verständnis des Günstigkeitsprinzips als Ausdruck des Schutzzwecks einer Norm grundsätzlich auf das kollektive Recht übertragen werden kann[17] und dass sich daraus bisher nur wenige Unterschiede zur herrschenden Auffassung im kollektiven Arbeitsrecht ergeben. Zentral sind dabei vor allem die Aspekte des Günstigkeitsvergleichs, die Kompensationen zulassen und mithin eine Unterschreitung einzelner kollektivrechtlicher Regelungen ermöglichen. Auch der nicht rein objektiv bestimmte Maßstab kann auf diese Kompensationen zurückgeführt werden und weicht vom Gesetzesrecht ab, obwohl die Auslegung tarifrechtlicher Regelungen der Auslegung gesetzlicher Normen grundsätzlich entspricht[18]. Ferner erscheinen die dafür vorgebrachten Argumente bei Berücksichtigung der mitgliedschaftlichen und mithin stärkeren Legitimation des Tarifvertrags im Verhältnis zum Gesetzesrecht jedenfalls nicht gänzlich überzeugend. Inwieweit diese Kompensations- und Relativierungsmöglichkeiten des tarifrechtlichen Standards aber tatsächlich durch die Unterschiede

[17] Teil 2 § 8 Abschnitt B. IV.

[18] Jeweils m. w. N., BAG v. 10.12.2014 – 4 AZR 503/12, BAGE 150, 184 Rn. 19; BAG v. 07.07.2004 – 4 AZR 433/03, BAGE 111, 204 [unter I. 1. b) aa)]; BAG v. 30.05.2001 – 4 AZR 269/00 [unter B. I. 1. d) aa)]; ausführlich m. w. N. zu den abweichenden Auffassungen, Wiedemann/TVG/*Jacobs*, § 1 Rn. 950 ff.; MüHdB-ArbR/*Klumpp*, § 243 Rn. 2 ff.

der kollektiven Normsetzung gerechtfertigt sind, kann hier nicht betrachtet werden.[19]

A. Abweichungen vom Arbeitsvertragsrecht in Tarifverträgen

I. Geltung des gesetzlichen Günstigkeitsprinzips gegenüber Tarifverträgen

1. Auf Basis des Zwecks

Ausgangspunkt der Betrachtungen ist auch bei dieser Beziehung der Zweck der gesetzlichen Vorgaben. Dabei spricht der arbeitnehmerschützende Zweck grundsätzlich unabhängig von der Art der abweichenden Vereinbarung dafür, dass Abweichungen zuungunsten der Arbeitnehmer unzulässig sind.[20] Ein weitergehendes Abweichungsverbot kann aus dem Zweck auch gegenüber Tarifverträgen nicht abgeleitet werden und auch im Verhältnis zu tarifvertraglichen Regelungen stünde eine weitergehende Abweichungskompetenz der Verwirklichung des gesetzlichen Ziels grundsätzlich entgegen. Auf Basis des Schutzzwecks einer Regelung kann daher vom Bestehen eines entsprechenden Abweichungsverbots ausgegangen werden, sofern die weiteren Auslegungsergebnisse dem nicht entgegenstehen.[21] Insoweit lassen sich die bisherigen Ergebnisse übertragen.

2. Höherrangige Geltung des gesetzlichen Günstigkeitsprinzips gegenüber Tarifverträgen

a) Grundsatz der Günstigkeit

Ferner genießen tarifvertragliche Regelungen ebenso wie arbeitsvertragliche Regelungen grundrechtlichen Schutz, weshalb sich die staatliche Rechtssetzung auch in dieser Beziehung an den Freiheitsrechten der Akteure messen

---

[19] Insbesondere die Notwendigkeit wirtschaftlicher Kompensationen und ihr Verhältnis zur effektiven Durchsetzung kollektiver Standards wäre zu prüfen, vgl. *Belling*, Günstigkeitsprinzip, S. 188 zur gewillkürten Sachgruppenbildung.

[20] Kempen/TVG/*Jacobs*, Einl. Rn. 562; a.A. *Seiwerth*, Gestaltungsfreiheit in Tarifverträgen, S. 169.

[21] BAG v. 25.09.1987 – 7 AZR 315/86, BAGE 56, 155 [unter II. C) 3.]; Däubler/TVG/*Ulber*, Einl. C Rn. 636. Die Auffassung von *Belling* (Günstigkeitsprinzip, S. 163) zum Gesetz über die Festsetzung von Mindestarbeitsbedingungen deckt sich nicht mit der Systematik sowie dem Wortlaut des § 8 Abs. 2 MiArbG. Spätere Änderungen bestätigten dies.

lassen muss.[22] Dementsprechend besteht auch hier eine Ausgangslage, in der die staatliche Gesetzgebungskompetenz der grundrechtlichen Freiheit entgegensteht und in der die beteiligten Rechtsgüter miteinander im Wege der Anwendung des Verhältnismäßigkeitsprinzips zum Ausgleich zu bringen sind.[23] Der Schutz der Tarifautonomie und die Wirkung des Verhältnismäßigkeitsprinzips führen dabei dazu, dass auch aus dieser Beziehung abgeleitet werden kann, dass der Grundsatz der Günstigkeit verfassungsrechtlich vorgezeichnet wird.[24] Mithin gibt es auch hier keine grundlegenden Unterschiede.

b) Unabdingbarkeit

Inwieweit der Zweck auch die Unabdingbarkeit der gesetzlichen Regelungen im Verhältnis zu tariflichen Bestimmungen rechtfertigt, ist im Licht der Besonderheiten des Tarifrechts zu betrachten. Zweifel an der Übertragbarkeit der Überlegungen zur Arbeitsvertragsfreiheit entstehen vor allem durch den besonderen Zweck der Tarifautonomie. Diese ermöglicht durch die Sachnähe der Kollektivparteien ebenso wie die Privatautonomie die Vereinbarung von Ergebnissen, die den Interessen der Parteien eher entsprechen als die gesetzliche Regelung.[25] Gleichzeitig dient die kollektive Vereinbarung aber auch dem Ausgleich der strukturellen Unterlegenheit des einzelnen Arbeitnehmers[26] und unterscheidet sich damit von der Privatautonomie. Tarifvertraglichen Regelungen kommt deshalb eine höhere Richtigkeitsgewähr als den privatautonomen Vereinbarungen der Arbeitnehmer zu und anders als bei Arbeitsverträgen wohnt diesen daher die Vermutung inne, dass sie zu einem

---

[22] Statt vieler *Bialluch*, Tarifeinheitsgesetz, S. 31 ff.; *Seiwerth*, Gestaltungsfreiheit in Tarifverträgen, S. 88 f., zu tarifdispositiven Recht; a.A. *Burkiczak*, Deregulierung, S. 332.

[23] Vgl. ErfK/*Linsenmaier*, GG Art. 9 Rn. 88.

[24] *Belling*, Günstigkeitsprinzip, S. 163; Däubler/TVG/*Ulber*, Einl. C Rn. 636. Weitergehend *Biedenkopf*, Grenzen, S. 149, der zwingendes Schutzrecht als Verletzung des Neutralitätsgebots wertet.

[25] Vgl. BVerfG v. 11.07.2017 – 1 BvR 1571/15, BVerfGE 146, 71 Rn. 146; BVerfG v. 03.04.2001 – 1 BvL 32/97, BVerfGE 103, 293, 304; BVerfG v. 14.06.1983 – 2 BvR 488/80, BVerfGE 64, 208, 215; BAG v. 03.07.2019 – 10 AZR 300/18, AP BGB § 611 Gratifikation Nr. 317, Rn. 19; BAG v. 26.04.2017 – 10 AZR 856/15, AP TVG § 1 Tarifverträge: Bewachungsgewerbe Nr. 29, Rn. 28; BAG v. 14.09.2016 – 4 AZR 456/14, AP TVöD § 17 Nr. 4, Rn. 49; BAG v. 27.05.2004 – 6 AZR 129/03, BAGE 111, 8 [unter B. II. 3. c) dd)]; BeckOK-GG/*Cornils*, GG Art. 9 Rn. 38, mit dem zutreffenden Hinweis, dass sich daraus keine Funktionsbindung ergibt; ebenso *Picker*, FS 50 Jahre BAG, 795, 822 sowie *Rieger*, Tarifeinheitsgesetz, S. 153 ff.

[26] *Höpfner*, NZA 2024, 1081, 1084; *Käppler*, Tarifdispositives Richterrecht, S. 62 ff.; Möslein/Private Macht/*Kocher*, S. 253 ff.; *Ulber*, Tarifdispositives Gesetzesrecht, S. 51.

interessengerechten Ausgleich zwischen den beteiligten Parteien führen.[27] Ferner erfüllen die Regelungen sozialpolitische Ordnungsaufgaben, wodurch die Tarifautonomie auch im Interesse des Gemeinwohls liegt.[28] Die Tarifautonomie soll daher einen Bereich des Arbeitslebens vor staatlicher Normsetzung schützen,[29] wobei im Einzelfall umstritten ist, inwieweit den Tarifvertragsparteien deshalb ein Refugium an eigener Regelungskompetenz erhalten werden muss und ob eine Pflicht zur Ausgestaltung tarifdispositiver Regelungen besteht.[30] Es besteht infolgedessen für ein Verbot von ungünstigeren Vereinbarungen aber jedenfalls ein höherer Rechtfertigungsbedarf als bei Einschränkungen der privatautonomen Rechtssetzung[31]. Vielmehr wird teilweise gerade im tarifdispositiven Recht eine Möglichkeit gesehen, die Flexibilisierung und den Arbeitnehmerschutz miteinander zu verbinden[32] und ferner muss der Gesetzgeber das potenzielle Untermaß der Tarifautonomie beachten[33]. Der Verweis auf die strukturelle Unterlegenheit hat gegenüber den Tarifvertragspar-

---

[27] Vgl. BVerfG v. 11.07.2017 – 1 BvR 1571/15, BVerfGE 146, 71 Rn. 146; BAG v. 03.07.2019 – 10 AZR 300/18, AP BGB § 611 Gratifikation Nr. 317, Rn. 19; BAG v. 27.05.2004 – 6 AZR 129/03, BAGE 111, 8 [unter B. II. 3. c) dd)]; BAG v. 16.09.1993 – 2 AZR 697/92, BAGE 74, 167 [unter II. 3. b)]; *Käppler*, Tarifdispositives Richterrecht, S. 65 f.; MüHdB-ArbR/*Klumpp*, § 237 Rn. 109; *Saeidy-Nory/Wank*, RdA 2022, 1, 4; *Ulber*, Tarifdispositives Gesetzesrecht, S. 153.

[28] Vgl. BAG v. 18.03.2009 – 4 AZR 64/08, BAGE 130, 43 Rn. 75; *Käppler*, Tarifdispositives Richterrecht, S. 70; Huber/Voßkuhle/*Kemper*, GG Art. 9 Rn. 95; ErfK/*Linsenmaier*, GG Art. 9 Rn. 80, 81; *Picker*, FS 50 Jahre BAG, 795, 820; *Richardi*, ZfA 1990, 211, 220 f., weist zutreffend darauf hin, dass dieser Bedeutung keine Bindung folgt; ebenso *Rieger*, Tarifeinheitsgesetz, S. 153 ff. sowie *Seiwerth*, Gestaltungsfreiheit in Tarifverträgen, S. 191 ff.; Däubler/TVG/*Ulber*, Einl. C Rn. 373 ff. Anders aber *Biedenkopf*, Grenzen, S. 63 ff.

[29] BVerfG v. 03.04.2001 – 1 BvL 32/97, BVerfGE 103, 293 [unter B. 1.]; *Saeidy-Nory/Wank*, RdA 2022, 1, 3.

[30] Gegen ein Normsetzungsmonopol, BVerfG v. 03.04.2001 – 1 BvL 32/97, BVerfGE 103, 293 [unter B. 1.]; BAG v. 31.07.2002 – 7 AZR 140/01, BAGE 102, 65 [unter B. I. 3. b)]; *Hufen*/StaatsR II, § 37 Rn. 12; Kempen/TVG/*Jacobs*, Einl. Rn. 611; Huber/Voßkuhle/*Kemper*, GG Art. 9 Rn. 175; MüHdB-ArbR/*Klumpp*, § 226 Rn. 7; ErfK/*Linsenmaier*, GG Art. 9 Rn. 82; *Loritz*, ZfA 1990, 133, 143; *Seiwerth*, Gestaltungsfreiheit in Tarifverträgen, S. 226; Däubler/TVG/*Ulber*, Einl. C. Rn. 630; *Ulber*, Tarifdispositives Gesetzesrecht, S. 185. Kritisch *Saeidy-Nory/Wank*, RdA 2022, 1, 4; *Stein*, Anm. zu BAG v. 28.05.2002, AP BUrlG § 10 Kur Nr. 5.

[31] Vgl. BAG v. 27.06.2018 – 10 AZR 290/17, BAGE 163, 144 Rn. 36; *Biedenkopf*, Grenzen, S. 154 mit Unterscheidung in Minimalgesetzgebung und verteilender Gesetzgebung. Zu den verfassungsrechtlich relevanten Aspekten in dieser Beziehung, *Belling*, Günstigkeitsprinzip, S. 162; kritisch dazu *Hueck/Nipperdey*, Arbeitsrecht, II/1 S. 371; Däubler/TVG/*Ulber*, Einl. C Rn. 657 ff.

[32] *Rolfs*, Gutachten B zum 74. DJT, S. 41 f.; a. A. und den Einsatz als Risiko für den Arbeitnehmerschutz ansehend, *Ulber*, Tarifdispositives Gesetzesrecht, S. 401 f. u. S. 588.

[33] Statt vieler ErfK/*Schmidt*, GG vor Art. 1 Rn. 85 u. Rn. 88 f.

teien mithin zumindest eine geringere Rechtfertigungskraft als gegenüber den Parteien des Arbeitsvertrags.[34]

Die verfassungsrechtliche Bewertung arbeitsrechtlicher Regelungen kann daher gegenüber der Privatautonomie und der Tarifautonomie im Ergebnis unterschiedlich ausfallen, jedoch richtet sich der Umfang des Rechtfertigungsbedarfs auch dabei nach den Vorgaben des Verhältnismäßigkeitsprinzips.[35] Zu untersuchen ist daher jeweils im Einzelfall, inwieweit die Beschränkung durch Mindeststandards im Licht der besonderen Funktion der Tarifautonomie für den Arbeitnehmerschutz geeignet, erforderlich und angemessen ist.[36] Sofern trotz der Tarifautonomie die Einhaltung eines angemessenen Niveaus der Arbeitsbedingungen nicht sichergestellt werden kann, müssten dabei auch Regelungen zur Stärkung der Tarifautonomie geprüft werden. Inwieweit die Setzung von Mindeststandards dafür ein geeignetes Mittel ist,[37] kann an dieser Stelle offenbleiben, denn jedenfalls wäre die Stärkung der Funktionen der Tarifautonomie wiederum ein weiteres Ziel, dass die Setzung von Mindeststandards gegenüber den Tarifvertragsparteien rechtfertigt. Infrage kommen dafür aber auch der Gesundheitsschutz,[38] der Schutz der Familie, die Wissenschaftsfreiheit sowie andere staatliche Schutzpflichten und auch Ziele des Allgemeinwohls wie beschäftigungspolitische Erwägungen[39], die der Gesetzgeber im Rahmen der Setzung entsprechender Mindeststandards auch der Tarifautonomie entgegenhalten kann.[40] Ein entsprechendes Abweichungsver-

---

[34] Sowohl auch *Belling*, Günstigkeitsprinzip, S. 166 f.; Kempen/TVG/*Jacobs*, Einl. Rn. 596; in dem Sinn auch MüHdB-ArbR/*Klumpp*, § 237 Rn. 86; vgl. auch *Preis*, FS Wißmann, 45, 60 sowie *Wiedemann*, FS Wißmann, 185, 200.

[35] Vgl. Kempen/TVG/*Jacobs*, Einl. Rn. 616; ErfK/*Schmidt*, GG vor Art. 1 Rn. 88.

[36] Zu zweiseitig zwingenden Regelungen, MüHdB-ArbR/*Klumpp*, § 237 Rn. 86. Ferner *Schorn*, Günstigkeitsprinzip neuer Art, S. 162 f. und S. 186 ff. zur Frage, inwieweit umgekehrt die individuelle Einschätzung des Arbeitnehmers die Einschätzung der Kollektivparteien im Krisenfall überwiegen sollte.

[37] So *Belling*, Günstigkeitsprinzip, S. 165; *Biedenkopf*, Grenzen, S. 149 f., sieht eine Intervention zugunsten der Arbeitnehmer; Däubler/TVG/*Ulber*, Einl. C. Rn. 658, der auch auf tarifpolitische Interessen der Arbeitnehmerseite hinweist.

[38] Däubler/TVG/*Ulber*, Einl. C. Rn. 664 f.; *Ulber*, Tarifdispositives Gesetzesrecht, S. 401 f. u. S. 588.

[39] Zur Kritik daran, statt vieler *Stein*, Anm. zu BAG v. 28.05.2002, AP BUrlG § 10 Kur Nr. 5.

[40] BVerfG v. 03.04.2001 – 1 BvL 32/97, BVerfGE 103, 293 [unter B. 3.]; BVerfG v. 27.04.1999 – 1 BvR 2203/96 u. 1 BvR 897/95, BVerfGE 100, 271 [unter B. II. 1. b)]; BVerfG v. 24.04.1996 – 1 BvR 712/86, BVerfGE 94, 268 [unter C. II. 2.]; BAG v. 27.05.2004 – 6 AZR 129/03, BAGE 111, 8 [unter B. II. 2. b)]; BAG v. 31.07.2002 – 7 AZR 140/01, BAGE 102, 65 [unter B. I. 3. b)]; BAG v. 25.02.1998 – 7 AZR 641/96, BAGE 88, 118 [unter 3. b)]; BVerfG v. 22.01.1997 – 2 BvR 1915/91, BVerfGE 95, 173 [unter C. II. 2. b)]; *Belling*, Günstigkeitsprinzip, S. 167; ErfK/*Gallner*, BUrlG § 13 Rn. 6; *Ulber*, Tarifdispositives Gesetzesrecht, S. 401 ff.

bot kann daher in diesen Fällen auch gegenüber den Tarifvertragsparteien gerechtfertigt sein.[41] Ebenso aber mit umgekehrter Wirkung kann bspw. die tarifvertragliche Richtigkeitsgewähr[42] sowie der historische Bestand tarifvertraglicher Regelungen im jeweiligen Regelungsgebiet[43] berücksichtigt werden. Gleichzeitig kann der Gesetzgeber auch gegenüber den Tarifvertragsparteien auf seine besondere demokratische Legitimation und seinen Einschätzungs- und Gestaltungsspielraum verweisen, weshalb die Setzung einseitig zwingenden Rechts auch gegenüber diesen grundsätzlich möglich bleibt. Die organisatorischen Bestimmungen des BetrVG[44], sowie die Regelungen des MiLoG oder des Rechts zur ordentlichen Kündigung[45] belegen ferner, dass die Tarifautonomie selbst der Setzung zweiseitigen Rechts nicht grundsätzlich entgegensteht[46].

Sofern die Effektivierung der gesetzlichen Regelungen selbst durch höherrangiges Recht vorgezeichnet wird, muss der Gesetzgeber die Erfüllung der grundlegenden Handlungsaufträge ferner grundsätzlich auch gegenüber Tarifverträgen sicherstellen.[47] Dass den Tarifverträgen dabei in inhaltlicher Hinsicht eine erhöhte vertragliche Richtigkeitsgewähr innewohnt,[48] ändert nichts an den Schutzpflichten des Gesetzgebers[49] – zumal gegenüber Akteuren, de-

---

41 Kempen/TVG/*Jacobs*, Einl. Rn. 614 ff. Vgl. wohl auch *Belling*, Günstigkeitsprinzip, S. 163 zu § 8 Abs. 2 des Gesetzes über die Festsetzung von Mindestarbeitsbedingungen vom 11.02.1952 (BGBl. I 1952, S. 17), dessen Anknüpfung an die Verletzung der Menschenwürde vor allem den Kern des Anspruchs erfasst; *Hueck/Nipperdey*, Arbeitsrecht, II/1 S. 371 f.

42 *Seiwerth*, Gestaltungsfreiheit in Tarifverträgen, S. 226.

43 Vgl. BVerfG v. 03.04.2001 – 1 BvL 32/97, BVerfGE 103, 293 [unter B. 3. d)]; BVerfG v. 24.04.1996 – 1 BvR 712/86, BVerfGE 94, 268 [unter C. II. 1.].

44 Vgl. nur BAG v. 29.07.2009 – 7 ABR 27/08, BAGE 131, 277 Rn. 15; *Rolfs*, Gutachten B zum 74. DJT, S. 67, für eine Lockerung. Zum grundsätzlich einseitig zwingenden Charakter des BetrVG, BAG v. 10.02.1988 – 1 ABR 70/86, BAGE 57, 317 [unter II. 2. B]; MüHdB-ArbR/*Boemke*, § 283 Rn. 22. Zum tarifdispositiven Charakter des § 1a BetrAVG, BAG v. 19.04.2011 – 3 AZR 154/09, BAGE 137, 357.

45 MüAnwHdB-ArbR/*Hamacher/van Laak*, § 70 Rn. 29.

46 MüHdB-ArbR/*Klumpp*, § 237 Rn. 86.

47 EuGH v. 18.12.2008 – C-306/07 [Andersen], Slg. 2008, I-10298 Rn. 26; BAG v. 03.07.2019 – 10 AZR 300/18, AP BGB § 611 Gratifikation Nr. 317, Rn. 18; BAG v. 26.04.2017 – 10 AZR 856/15, AP TVG § 1 Tarifverträge: Bewachungsgewerbe Nr. 29, Rn. 29; Kempen/TVG/*Jacobs*, Einl. Rn. 615 ff.; *Seiwerth*, Gestaltungsfreiheit in Tarifverträgen, S. 99 ff.; Däubler/TVG/*Ulber*, Einl. C. Rn. 663; *ders.*, Tarifdispositives Gesetzesrecht, S. 580.

48 BAG v. 03.07.2019 – 10 AZR 300/18, AP BGB § 611 Gratifikation Nr. 317, Rn. 19; BAG v. 16.09.1993 – 2 AZR 697/92, BAGE 74, 167 [unter II. 3. b)]; *Saeidy-Nory/Wank*, RdA 2022, 1, 2.

49 Vgl. *Ulber*, Tarifdispositives Gesetzesrecht, S. 401 ff.

nen eine besondere soziale Mächtigkeit zukommt[50]. Auch in diesem Fall ist aber die grundrechtliche Verankerung und die besondere Zwecksetzung tarifvertraglicher Regelungen zu berücksichtigen,[51] weshalb gegenüber tarifvertraglichen Vereinbarungen tendenziell auch für den Schutz durch Generalklauseln mehr Spielraum bestehen dürfte als gegenüber den Arbeitsvertragsparteien.

Regelmäßig wird allerdings das Unionsrecht gegenüber tarifvertraglichen Vereinbarungen die Schaffung eines Mindestmaßes des Arbeitnehmerschutzes fordern.[52] Dessen Umsetzung kann nach Art. 153 Abs. 3 AEUV zwar auch den Sozialpartnern überlassen werden, jedoch haben deutsche Tarifverträge für eine alleinige Umsetzung durch Tarifverträge nicht die notwendige erga omnes Wirkung[53] und die Kriterien des Günstigkeitsvergleichs zum Arbeitsvertrag entsprechen nicht den unionsrechtlichen Vorgaben, sodass auch darüber die Pflichten des nationalen Gesetzgebers nicht reduziert werden.[54] Die Unabdingbarkeit der gesetzlichen Regelungen des Arbeitnehmerschutzes kann daher ebenso unionsrechtlich vorgezeichnet werden, wie gegenüber Arbeitsverträgen.[55]

3. Zusammenfassung

Zusammenfassend ergibt sich daraus, dass die Geltung des Günstigkeitsprinzips auch im Verhältnis zwischen tarifrechtlichen Normen und dem einfa-

---

50 Allgemein dazu BVerfG v. 11.04.2018 – 1 BvR 3080/09, BVerfGE 148, 267 Rn. 33; eine Betonung der sozialen Mächtigkeit der Koalitionen ablehnend, aber nicht der Schutzgesetzgebung entgegentretend, *Lobinger*, RdA 2024, 69, 73 ff.; *Papritz*, Günstigkeitsprinzip, S. 72 f.; vgl. auch ErfK/*Schmidt*, GG vor Art. 1 Rn. 89 zu Missbrauchsmöglichkeiten.

51 BAG v. 03.07.2019 – 10 AZR 300/18, AP BGB § 611 Gratifikation Nr. 317, Rn. 19; BAG v. 26.04.2017 – 10 AZR 856/15, AP TVG § 1 Tarifverträge: Bewachungsgewerbe Nr. 29, Rn. 28.

52 EuGH v. 18.12.2008 – C-306/07 [Andersen], Slg. 2008, I-10298 Rn. 26; EuGH v. 28.10.1999 – C-187/98 [Kommission/Griechenland], Slg. 1999, I-7713 Rn. 47; EuArbRK/*Kietaibl*, RL 97/81/EG Art. 2 Rn. 3; EuArbRK/*Krebber*, RL 1999/70/EG Art. 2 Rn. 11.

53 Calliess/Ruffert/*Krebber*, AEUV Art. 153 Rn. 36; EuArbRK/*ders.*, RL 1999/70/EG Art. 2 Rn. 11; NK-GArbR/*Maul-Sartori*, AEUV Art. 153 Rn. 47; a.A. für eine Umsetzung durch Tarifvertrag EuArbRK/*Kietaibl*, RL 97/81/EG Art. 2 Rn. 3.

54 Vgl. *Feldgen*/NachwG, Einf. Rn. 11 f.; Calliess/Ruffert/*Krebber*, AEUV Art. 153 Rn. 34; NK-GArbR/*Maul-Sartori*, AEUV Art. 153 Rn. 48 ff.; *Rolfs*, Gutachten B zum 74. DJT, S. 46.

55 Vgl. mit abweichenden Begründungen, *Belling*, Günstigkeitsprinzip, S. 163; Kempen/TVG/*Jacobs*, Einl. Rn. 614 ff.; NK-GArbR/*Maul-Sartori*, AEUV Art. 153 Rn. 50; *Reuß*, AuR 1958, 321, 327; Däubler/TVG/*Ulber*, Einl. C. Rn. 663 f.

chen Gesetzesrecht vor allem dem Zweck der Regelungen entspringt. Betrachtet man diesen allein, macht dies auch keine andere Bewertung als im Verhältnis zu Arbeitsverträgen erforderlich. Die spezielle Funktion der Koalitionsfreiheit macht in Bezug auf die erfassten arbeitsrechtlichen Regelungen jedoch eine andere Abwägung notwendig und grundsätzlich ist davon auszugehen, dass die Tarifvertragsparteien abseits der zentralen Bestimmungen eines Anspruchs und abseits höherrangiger (insb. unionsrechtlicher) Handlungsaufträge des Gesetzgebers einen größeren Gestaltungsspielraum haben als die Arbeitsvertragsparteien.

II. Geltung abseits ausdrücklicher Kodifikationen

Für die Geltung des Günstigkeitsprinzips abseits einer ausdrücklichen Kodifikation bedeutet dies, dass diese zwar auch im Verhältnis zu Tarifverträgen auf Basis der teleologischen Auslegung grundsätzlich angenommen werden kann.[56] Es ist jedoch im Weiteren abzuwägen, inwieweit die Regelung den Kern des jeweiligen Anspruchs betrifft, oder ob allein die Ausgestaltung und Abwicklung des Anspruchs geregelt wird.[57] Ist Letzteres der Fall, kann die besondere Sachnähe der tarifvertraglichen Regelungen sowie die ihnen innewohnende Vermutung eines angemessenen Interessenausgleichs dafür sprechen, dass die Regelungen im Verhältnis zu tarifvertraglichen Vereinbarungen als tarifdispositive Ordnungsvorschrift zu verstehen sind.[58] Jedenfalls ist im Rahmen der verfassungskonformen Auslegung der jeweiligen Vorschrift genau zu betrachten, inwieweit ein Verbot von Abweichungen zuungunsten des Arbeitnehmers auch gegenüber den Tarifvertragsparteien durch den Regelungszweck gerechtfertigt ist.[59] Pauschal lässt sich dies jedoch nicht beantworten, sondern es ist unter Berücksichtigung der Besonderheiten der Tarifautonomie, des Regelungsumfelds und maßgeblich vom Zweck her zu hinterfra-

---

[56] BAG v. 25.09.1987 – 7 AZR 315/86, BAGE 56, 155 [unter II. C) 3.]; *Belling*, Günstigkeitsprinzip, S. 164; *Oetker*, SGb 1984, 193, 194; a.A. und nur auf Basis einer ausdrücklichen Regelung, Däubler/TVG/*Ulber*, Einl. C. Rn. 667.

[57] *Seiwerth*, Gestaltungsfreiheit in Tarifverträgen, S. 381 ff. zum Meinungsstand.

[58] Vgl. *Belling*, Günstigkeitsprinzip, S. 163 zu § 8 Abs. 2 des Gesetzes über die Festsetzung von Mindestarbeitsbedingungen vom 11.02.1952 (BGBl. I 1952, S. 17), der zwar an die Verletzung der Menschenwürde anknüpft, aber vor allem den Kern des gesetzlichen Anspruchs betrachtet; klarer bei *Käppler*, Tarifdispositives Richterrecht, S. 101 ff.

[59] Die Auffassung von *Belling* (Günstigkeitsprinzip, S. 163) zum Gesetz über die Festsetzung von Mindestarbeitsbedingungen ist daher kritisch zu sehen, denn die Systematik sowie der Wortlaut des § 8 Abs. 2 MiArbG sprechen eher für eine Abweichungsbefugnis der Tarifvertragsparteien zuungunsten der Arbeitnehmer. Dies bestätigten auch die später erfolgten Anpassungen des § 8 Abs. 2 MiArbG.

gen, wie weit die Abweichungskompetenz der Tarifvertragsparteien reichen soll.[60]

Die betrachteten Regelungen[61] spiegeln dieses Ergebnis, denn es wurden teilweise zwar weite Teile der Gesetze tarifdispositiv ausgestaltet, wobei es sich aber vorrangig um ergänzende Regelungen handelt, die die weitere Ausgestaltung und Abwicklung, aber nicht den Kern des jeweiligen Anspruchs betreffen. Besonders deutlich gibt dies § 13 Abs. 1 BUrlG zu erkennen, der den grundlegenden Urlaubsanspruch, dessen Anwendungsbereich und dessen Dauer tariffest ausgestaltet und ansonsten tarifvertragliche Abweichungen zuungunsten des Arbeitnehmers ermöglicht.[62] Der Kern des Anspruchs und damit auch der unionsrechtliche Handlungsauftrag wird gegenüber den Tarifvertragsparteien mithin (beinahe)[63] ebenso wie gegenüber den Arbeitsvertragsparteien durchgesetzt, während ihnen sonst ein vergrößerter Gestaltungsspielraum zusteht. Gleichzeitig zeigt das Urlaubsrecht, dass die tarifrechtlichen Abweichungsbefugnisse teilweise historisch geprägt sind[64] und dass sie berücksichtigen, inwieweit Regelungen zu den jeweiligen Ansprüchen bereits vor Erlass der gesetzlichen Regelung in Tarifverträgen verbreitet waren.[65]

III. Wirkung des gesetzlichen Günstigkeitsprinzips gegenüber Tarifverträgen

Kommt es infolge einer entsprechenden Auslegung des maßgeblichen Rechts oder infolge einer eindeutigen Anordnung des Gesetzgebers zur Anwendung des Günstigkeitsprinzips, wird die Wirkung der gesetzlichen Regelungen durch die Rechtsnatur der abweichenden Regelungen nicht beeinflusst.[66] Daher ist auch in dieser Konstellation von einer absoluten Wirkung des Kriteriums der Günstigkeit auszugehen und auch der erforderliche Günstigkeitsvergleich in identischer Form durchzuführen[67]. Vorzunehmen ist mit-

---

60 *Seiwerth*, Gestaltungsfreiheit in Tarifverträgen, S. 383 ff.

61 Zum gesamten Bestand tarifdispositiven Rechts, WD-BT v. 05.12.2019, WD 6 – 30000 – 139/19, S. 4 ff.

62 *Ulber*, Tarifdispositives Gesetzesrecht, S. 46.

63 Vgl. die Nachweise in Teil 5, Fn. 485 zu den Ausnahmen beim Abgeltungsverbot.

64 Zur Entwicklung, *Seiwerth*, Gestaltungsfreiheit in Tarifverträgen, S. 32 ff.

65 Vgl. BT-Ds. IV/785, S. 2, 4 sowie BAG v. 22.01.2002 – 9 AZR 601/00, BAGE 100, 189 [unter A. II. 2. a)]; BAG v. 09.07.1964 – 5 AZR 463/63, BAGE 16, 155 [unter II. 2. b)].

66 Vgl. MüHdB-ArbR/*Klumpp*, § 237 Rn. 95; a.A. *Belling*, Günstigkeitsprinzip, S. 175 u. S. 187, der an die Rechtsnatur des Tarifvertrags anknüpft.

67 Allgemein für die Übertragbarkeit, *Diekhoff*, AuR 1957, 297, 299; MüHdB-ArbR/*Klumpp*, § 237 Rn. 95; *Löwisch/Rieble*, TVG § 1 Rn. 1050; *Wlotzke*, Günstig-

hin ein objektiver[68] punktueller und individueller[69] Einzelvergleich[70] zum Zeitpunkt des erstmaligen Aufeinandertreffens der Regelungen.

Dies bestätigte auch die Betrachtung der einzelnen Kodifikationen des Günstigkeitsprinzips, die zwar für bestimmte Regelungskomplexe Abweichungsbefugnisse der Tarifvertragsparteien zuungunsten der Arbeitnehmer vorsehen, die ansonsten aber keinen Hinweis auf eine unterschiedliche Wirkung für unterschiedliche Arten von abweichenden Vereinbarungen beinhalten. In keinem Fall lässt sich diesen entnehmen, dass die einzelnen erfassten Regelungsaspekte gegenüber Tarifverträgen nicht jeweils einzelne Maßstäbe setzen, die auf individueller Ebene im Zeitverlauf objektiv zu verwirklichen sind.[71] Eigene Abwägungen zur Angemessenheit der Arbeitsbedingungen sind gegenüber tarifvertraglichen Regelungen somit nur möglich und auch notwendig, sofern sich die Anwendung des Günstigkeitsprinzips nicht aus den gesetzlichen Regelungen ergibt, weil ein Tarifvorbehalt[72] oder keine Regelung[73] besteht.

Abweichungen sind mit diesem Maßstab nur vereinbar, wenn eindeutig und im Vorhinein festgestellt wird, das die Abweichung zumindest geeignet ist, den gesetzlichen Anspruch zu erfüllen.[74] Tarifvertragliche Regelungen mit günstigkeitsvariabler oder ambivalenter Wirkung ist daher ebenfalls die Wirksamkeit zu versagen, während echte neutrale Abweichungen vereinbart werden können.[75] Soweit dabei eine Typisierungskompetenz nicht hinreichend berücksichtigt wurde, ist dies aber keine Frage des Günstigkeitsvergleichs oder des -begriffs, sondern der Bestimmung der Tarifdisposivität der Vorschriften im Wege der Auslegung und gegebenenfalls der Rechtsfortbildung.[76]

---

keitsprinzip, S. 14; a.A. *Belling*, Günstigkeitsprinzip, S. 175, für einen kollektiven Günstigkeitsvergleich; Höfer/BetrAVG/*Höfer*, I BetrAVG § 19 Rn. 26, für einen anderen Vergleichsmaßstab; *Schulze*, Günstigkeitsprinzip, S. 222 wohl für einen Sachgruppenvergleich.

[68] Wohl a.A. Höfer/BetrAVG/*Höfer*, I BetrAVG § 19 Rn. 26.

[69] A.A. *Belling*, Günstigkeitsprinzip, S. 175.

[70] *Hilgenstock*, Günstigkeitsvergleich, S. 30 ff.; DHSW-ArbR/*Holthaus*, BUrlG § 13 Rn. 6; Wiedemann/TVG/*Jacobs*, Einl. Rn. 561; MüHdB-ArbR/*Klumpp*, § 237 Rn. 95; *Löwisch/Rieble*, TVG § 1 Rn. 1050; a.A. für einen Sachgruppenvergleich, *Schulze*, Günstigkeitsprinzip, S. 222.

[71] Besonders deutlich zum BUrlG, DHSW-ArbR/*Holthaus*, BUrlG § 13 Rn. 6.

[72] Vgl. BAG v. 09.07.1964 – 5 AZR 463/63, BAGE 16, 155 [unter III.].

[73] Vgl. BAG v. 03.07.2019 – 10 AZR 300/18, AP BGB § 611 Gratifikation Nr. 317, Rn. 20 ff.; BAG v. 26.04.2017 – 10 AZR 856/15, AP TVG § 1 Tarifverträge: Bewachungsgewerbe Nr. 29, Rn. 30 ff.

[74] A.A. für § 12 EntgFG, BAG v. 06.12.2017 – 5 AZR 118/17, BAGE 161, 132.

[75] MüHdB-ArbR/*Klumpp*, § 237 Rn. 95.

[76] Dazu Teil 5 § 17 Abschnitt C. I. 3. a).

Ferner könnte der Gesetzgeber auch in Einzel- und Zweifelsfällen die tarifvertragliche Regelung anstatt der gesetzlichen Regelung anwenden oder den Günstigkeitsvergleich modifizieren.[77] Keine der betrachteten Vorschriften enthielt jedoch einen Hinweis darauf, dass sie gespalten anzuwenden ist.[78]

B. Abweichungen vom einfachen Recht durch andere Kollektivvereinbarungen

Ein weiterer Anwendungsfall des gesetzlichen Günstigkeitsprinzips sind Abweichungen von gesetzlichen Regelungen in Betriebs- und Sprecherausschussvereinbarungen. In Bezug auf das Verhältnis dieser Vereinbarung zum Zweck der gesetzlichen Regelung bestehen dabei keine Besonderheiten. Auch in dieser Beziehung lässt sich die Geltung des Günstigkeitsprinzips vor allem aus dem arbeitnehmerschützenden Zweck der gesetzlichen Regelungen ableiten.

Im Vergleich zu den bisher betrachteten Vereinbarungen unterscheiden sich diese kollektivrechtlichen Regelungen jedoch durch den fehlenden spezifischen grundrechtlichen Schutz.[79] Die Abweichungskompetenz lässt sich daher für diese Regelungen nicht in gleicher Weise verfassungsrechtlich untermauern, wie bei Individual- oder Tarifvereinbarungen.[80] Daher könnte der Gesetzgeber aus freiheitsrechtlicher Sicht gegenüber diesen Regelungen auch unabhängig vom Zweck seiner Regelungen einen weitergehenden Abweichungsschutz vorsehen. Der Zweck des Gesetzesrechts bietet dafür jedoch auch in diesem Verhältnis keine sachliche Grundlage. Betriebliche Kollektivvereinbarungen haben zwar eine geringere Richtigkeitsgewähr und Legitimation als tarifvertragliche Vereinbarungen,[81] sie sind aber zumindest mittelbar durch Wahlen legitimiert[82] und infolge des betrieblichen Aushandlungsprozesses wohnt ihnen die Vermutung einer interessengerechten Lösung für die Beteiligten inne.[83] Wenn solche Vereinbarungen die gesetzlichen Standards nicht unterschreiten, ist es widersprüchlich, ihnen die Wirksamkeit zu versagen.

---

[77] BAG v. 20.04.1999 – 1 ABR 72/98, BAGE 91, 210 [unter B. III. 1. b) cc)].

[78] Unklar für § 12 EntgFG, BAG v. 06.12.2017 – 5 AZR 118/17, BAGE 161, 132 Rn. 35.

[79] MüHdB-ArbR/*Boemke*, § 283 Rn. 2; *Rolfs*, Gutachten B zum 74. DJT, S. 42; für einen grundrechtlichen Schutz aus Art. 9 Abs. 1 GG, *Emmert*, Betriebsvereinbarungen, S. 213.

[80] Vgl. *Belling*, Günstigkeitsprinzip, S. 113.

[81] *Belling*, Günstigkeitsprinzip, S. 114f.; *Rolfs*, Gutachten B zum 74. DJT, S. 42; ErfK/*Schmidt*, GG vor Art. 1 Rn. 56.

[82] Vgl. *Rolfs*, Gutachten B zum 74. DJT, S. 42; ErfK/*Schmidt*, GG vor Art. 1 Rn. 56.

[83] In dem Sinn, BAG v. 17.03.2016 – 2 AZR 182/15, BAGE 154, 303 Rn. 36; *Belling*, Günstigkeitsprinzip, S. 114f.; MüHdB-ArbR/*Boemke*, § 283 Rn. 4 auch zu

Im Rahmen des bezweckten Arbeitnehmerschutzes ist es ferner grundsätzlich notwendig, den gesetzlichen Mindeststandard gegenüber allen abweichenden Vereinbarungen zugunsten des Arbeitnehmers abweichungsfest zu gestalten. Hinzu kommt, dass die Richtigkeitsgewähr dieser Vereinbarungen im Verhältnis zum Tarifvertrag reduziert ist[84] und sie zwar durch Wahlen, aber nicht mitgliedschaftlich legitimiert sind,[85] weshalb sie nur eine geringere Rechtfertigung für eine Abweichungskompetenz zulasten der Arbeitnehmer beinhalten. Ferner führt die fehlende verfassungsrechtliche Garantie der betrieblichen Autonomie dazu, dass der Normsetzungskompetenz des Gesetzgebers keine besondere Regelungskompetenz der Betriebspartner entgegensteht.[86] Mithin besteht auch aus dieser Sicht keine besondere Notwendigkeit, den gesetzlichen Mindeststandard gegenüber betrieblichen Regelungen zu öffnen,[87] während insbesondere unionsrechtliche Verpflichtungen einer Öffnung wie bei anderen Regelungsformen entgegenstehen.

Die auch hier bestehende Möglichkeit zur abweichenden Ausgestaltung des Günstigkeitsprinzips hat der Gesetzgeber bei keiner der untersuchten Normen genutzt und die bisherigen Ergebnisse können daher auch vollständig auf Abweichungen in Kollektivvereinbarungen abseits des Tarifvertrags übertragen werden. Das spricht für die identischen Vergleichskriterien und damit auch für eine identische Behandlung der neutralen, ambivalenten und günstigkeitsvariablen Vereinbarungen. Während neutrale Abweichungen vereinbart werden können, sind ambivalente und günstigkeitsvariable Regelungen auch unwirksam, wenn sie in Kollektivvereinbarungen enthalten sind. Insbesondere hat der Gesetzgeber nicht zu erkennen gegeben, dass seine Normen im Verhältnis zu Sprecherausschussvereinbarungen eine andere Wirkung als im Verhältnis zu arbeitsvertraglichen Bestimmungen haben. Auch in diesem Verhältnis sind es individuelle Mindeststandards, mit normativer Wirkung, die erst dann zurücktreten, wenn die Verwirklichung der gesetzlich geschützten Interessen im Einzelfall sichergestellt wird. Insoweit kann auch der gemeinsamen Vertretung der leitenden Angestellten trotz ihrer besonderen Stellung und ihrer besonderen Fähigkeiten kein anderer Abweichungsspielraum zugestanden werden. Zutreffend an dem für § 28 Abs. 2 SprAuG vorgebrachten Argument ist daher nur, dass arbeitsrechtliche Regelungen für bestimmte Arbeitnehmergruppen wohl stärker flexibilisiert werden könnten, ohne deren Interessen zu

---

weiteren Vorteilen; *Emmert*, Betriebsvereinbarungen, S. 174 ff.; *T. B. Schmidt*, Günstigkeitsprinzip, S. 112.

[84] *Belling*, Günstigkeitsprinzip, S. 114 f.

[85] Vgl. *Rolfs*, Gutachten B zum 74. DJT, S. 42; ErfK/*Schmidt*, GG vor Art. 1 Rn. 56.

[86] Für das Verhältnis von Betriebsvereinbarung und Tarifvertrag, *Belling*, Günstigkeitsprinzip, S. 113.

[87] Zu möglichen Formen der Flexibilisierung *Rolfs*, Gutachten B zum 74. DJT, S. 42 ff.

vernachlässigen. Das Günstigkeitsprinzip ist aber ein Mittel, das unmittelbar der Verwirklichung und nur mittelbar der Flexibilisierung des Arbeitsvertragsrechts dient.

C. Zusammenfassung

Insgesamt zeigt sich, dass die für das Verhältnis von arbeitsvertraglichen Regelungen zum Gesetzesrecht entwickelten Ergebnisse auch für andere Konstellationen Geltung beanspruchen. Auch im Verhältnis zwischen Kollektiv- und Gesetzesrecht ist es vor allem der Zweck einer Regelung, der über die Geltung des Günstigkeitsprinzips entscheidet. Inwiefern die Schaffung eines Mindeststandards durch höherrangiges Recht vorgegeben wird, ist dabei grundsätzlich unerheblich, solange die damit verbundene Beschränkung der Tarifautonomie zumindest gerechtfertigt ist. Ist dies der Fall, ist es gerade der Schutzzweck der gesetzlichen Regelung, der auch hier maßgebend für die Anwendung des Günstigkeitsprinzips und mithin die Kriterien des Günstigkeitsvergleichs ist.

Der gesetzliche Mindeststandard kann dabei nur effektiv verwirklicht werden, wenn das Abweichungsverbot zulasten des Arbeitnehmers absolut und ohne Ausnahme gilt. Die aus diesem Zweck abgeleiteten Kriterien des Günstigkeitsvergleichs unterscheiden sich daher ebenfalls nicht von den für Arbeitsverträge geltenden Vorgaben. Auch hier sind grundsätzlich einzelne Regelungen und deren objektive Auswirkung auf den einzelnen Arbeitnehmer im Rahmen einer prognostizierenden abstrakten Bewertung in den Blick zu nehmen. Inwieweit so ein Mindeststandard gerechtfertigt ist, unterscheidet sich aber bei den Kollektivvereinbarungen. Während im Verhältnis zu Tarifverträgen die spezielle Funktion der Tarifautonomie dazu führt, dass die Setzung arbeitsrechtlicher Mindestnormen insbesondere abseits des Kerns des jeweiligen Anspruchs auch im Licht eines Schutzzwecks unverhältnismäßig sein kann, hat der Gesetzgeber gegenüber den sonstigen Partnern von Kollektivvereinbarungen eine größere Gestaltungsmacht als im Verhältnis zu den Arbeitsvertragsparteien. Der fehlende spezifische grundrechtliche Schutz dieser Vereinbarungen führt dazu, dass die Setzung von Mindest- und auch Höchststandards gegenüber diesen Vereinbarungen eher möglich ist als gegenüber den grundrechtlich geschützten Arbeits- und Tarifverträgen. Dem Zweck der Regelungen würde das aber ebenso wenig wie bei den anderen Regelungen entsprechen und der Gesetzgeber hat von dieser Möglichkeit in den hier betrachteten Regelungen abseits der vollständigen Tarifvorbehalte auch keinen Gebrauch gemacht.

Fazit der Untersuchung

Das Günstigkeitsprinzip wird ebenso wie das Arbeitsverhältnis durch eine Vielzahl von Rechtsquellen unterschiedlicher Herkunft und Wirkungskraft unmittelbar und mittelbar geprägt. Unmittelbar wird es vor allem durch die Regelungen des materiellen Rechts und ihre Zwecke geprägt und mittelbar ist es auf die Wertungen des Verfassungs- und des Unionsrechts zurückzuführen. In seiner Entwicklung spielgelt sich die Entwicklung der normativen Rechtsquellen, die auf das Arbeitsverhältnis einwirken, wobei es sich als Mittel zur Verwirklichung der Arbeitsvertragsfreiheit und des Schutzgedankens erwiesen hat. Seine Wirkung ist in weiten Teilen des Arbeitsvertragsrechts beachtlich und lässt sich auf eine einheitliche dogmatische Grundlage zurückführen.

Das gesetzliche Günstigkeitsprinzip folgt dabei dem Schutzzweck der materiellen Regelungen, der der strukturellen Unterlegenheit der Arbeitnehmer entzogen werden soll. Gleichzeitig bewahrt es die Freiheiten der Arbeitsvertragsparteien und schützt die privatrechtliche Grundlage ihrer rechtlichen Beziehung. Weil diese bipolare Ausgangslage die arbeitsrechtliche Gesetzgebung prägt, wird auch die arbeitsvertragliche Rechtsbeziehung durch das Günstigkeitsprinzip geprägt. Aufgrund dieser engen Verbindung, kann das Prinzip auch abseits einer ausdrücklichen gesetzlichen Regelung Geltung beanspruchen.

Seine Geltung kann vor allem als Folge der Anwendung methodischer und dogmatischer Grundlagen verstanden werden und neben dem Zweck der gesetzlichen Regelungen ist es auf den verfassungsrechtlichen Schutz der Arbeitsvertragsfreiheit und die Vorgaben des sekundären Unionsrechts zurückzuführen. Es ist nicht auf den Schutz materieller Arbeitsbedingungen beschränkt, sondern findet Anwendung, wenn die Besonderheiten der Arbeitsvertragsbeziehung sich andernfalls auf den gesetzlichen Schutzzweck auswirken könnten. Seine weite Verbreitung lässt sich daher auch als Anerkennung des strukturellen Ungleichgewichts in der arbeitsrechtlichen Vertragsbeziehung durch den Gesetzgeber verstehen.

Diese Grundlage und die Betrachtung der einzelnen Kodifikationen des Günstigkeitsprinzips im Gesetzesrecht haben verdeutlicht, dass das Prinzip als Regelung des Anwendungsbereichs des materiellen Rechts verstanden werden kann. Insofern begründet das Prinzip im Gesetzesrecht auch keine Ausnahme vom Rangprinzip, denn es sind die Maßstäbe des normativen Rechts selbst, die darüber entscheiden, ob das normative Recht anzuwenden ist oder ob es gegenüber der Parteivereinbarung zurücktritt. Ein Grenzbereich ist damit nicht vereinbar, sondern das zutreffende Verständnis des Günstigkeitsprinzips als Mittel zur Sicherung gesetzlicher Standards im Licht der Vertragsfreiheit erfordert und ermöglicht eine trennscharfe Grenzziehung zwischen wirksamen und unwirksamen Regelungen.

Diese Grenze wird durch den Begriff der Günstigkeit definiert, der den Anwendungsbereich des materiellen Rechts von der Gestaltungsfreiheit der Vertragsparteien abgrenzt. Der Günstigkeitsbegriff ist dabei kein Mittel zur Bewertung des gesetzlichen Standards und der Angemessenheit der Arbeitsbedingungen, sondern er bringt die gesetzliche Wertung über die Angemessenheit zur Geltung. Die normative Grenzziehung zwischen angemessenen und unangemessenen Arbeitsbedingungen ist daher auch als Unterscheidung zwischen wirksamen und unwirksamen Regelungen zur Geltung zu bringen.

Einzel- oder Zweifelsfälle sind dabei kein Grund die gesetzliche Abwägung zwischen der Arbeitsvertragsfreiheit und dem Arbeitnehmerschutz infrage zu stellen, sondern vielmehr ist der gesetzlichen Wertung gerade in diesen Fällen Rechnung zu tragen. Korrekturen dieser Wertung können daher auch nicht im Wege des Günstigkeitsvergleichs vollzogen werden, sondern sie sind eine Frage der Rechtauslegung, der Rechtsfortbildung, der Rechtssetzung und im Extremfall für das BVerfG.

Dementsprechend sind auch die Kriterien des Günstigkeitsvergleichs so zu bestimmen, dass die Verwirklichung der gesetzlichen Standards sichergestellt wird. Unterschreitungen des Mindeststandards werden dabei durch den punktuellen, individuellen Einzelvergleich verhindert und zur Bewertung der Günstigkeit ist an die gesetzlich erfassten Interessen anzuknüpfen, mithin ein objektiv-normativer Maßstab zu verwenden. So entsteht eine Grenzziehung, die eine eindeutige Zuordnung der Vereinbarungen an der Grenze der Günstigkeit ermöglicht.

Diese Grenzziehung kann der Gesetzgeber im Rahmen der Auswahl legitimer Ziele zwar auch anders ausgestalten, indem er die Vergleichskriterien vorgibt oder den Abweichungsspielraum qualifiziert und damit beispielsweise Raum für Abwägungen zur Angemessenheit der Arbeitsbedingungen öffnet. Der Gesetzgeber hat diese Möglichkeit jedoch weder für Abweichungen in Einzelverträgen genutzt noch hat er abseits des gänzlich tarifdispositiven Rechts für kollektive Vereinbarungen besondere Regelungen erlassen. Soweit das Günstigkeitsprinzip auf diese Regelungen anzuwenden ist, richtet sich seine Anwendung daher nach denselben Vorgaben und es ist die identische Grenze der Günstigkeit zu beachten.

Die Betrachtung der neutralen, ambivalenten und günstigkeitsvariablen Vereinbarungen hat die Wirkung dieser klaren Grenzziehung verdeutlicht. Auf dieser Grundlage lassen sich neutrale Vereinbarungen als gerade noch wirksam ansehen, während ambivalente Wirkungen als teilweise Unterschreitung des gesetzlichen Standards auch als partiell ungünstiger betrachtet werden können. Daneben hat sich gezeigt, dass zur besseren Verdeutlichung der Wirkungsweise auch günstigkeitsvariable Regelungen abgegrenzt werden können. Diese wirken im Zeitverlauf sowohl günstiger als auch ungünstiger und damit können sie jedenfalls im Einzelfall oder zeitweise die Grenze der Günstigkeit unterschreiten. Mit den ambivalenten Vereinbarungen ist ihnen die Unwirksamkeit im Verhältnis zu gesetzlichen Bestimmungen gemein. Dass ambivalente Vereinbarungen im Gesetzesrecht teilweise gemeinsam mit neutralen Abweichungen betrachtet werden, lässt sich nur mit einer Anknüpfung an das Tarifrecht begründen, dessen Grundsätze hierauf aber nicht übertragen werden können.

Vielmehr ermöglicht die hier entwickelte einheitliche Dogmatik eine genaue Einordnung dieser Vereinbarungen und eine einheitliche Behandlung innerhalb des Gesetzesrechts. Die gebildeten Kriterien stellen dabei auch sicher, dass ambivalente und günstigkeitsvariable Wirkungen erkannt und entsprechend bewertet werden. Damit liefern sie einen Beitrag zur Verwirklichung des gesetzlichen Mindeststandards, denn bisher wurden Vereinbarungen an der Grenze der Günstigkeit nicht in allen Rechtsgebieten als solche erkannt, womit eine Relativierung der gesetzlichen Standards verbunden ist. Die Betrachtung der praktisch relevanten Vereinbarungen hat dies belegt und aufgezeigt, dass damit auch Anreize für Arbeitgeber verbunden sein können, die Grenzen eines so verstandenen gesetzlichen Standards auszureizen.

Auch im Arbeitsvertragsrecht ist die Rechtsanwendung daher nicht durch tatsächliche oder vermeintliche Besonderheiten aufzuladen, sondern die Günstigkeit auf Basis der Wertung des Gesetzgebers und nicht der betroffenen Verkehrskreise oder anderer Maßstäbe zu bestimmen. Die betrachtete BAG-Entscheidung hat gezeigt, dass solche ergänzenden Maßstäbe die Rechtssicherheit der Parteien reduzieren und dass sie gleichzeitig den Arbeitnehmerschutz untergraben können. Sofern nicht die Auswirkungen einer einzelnen Regelung auf den individuellen Anspruch des konkreten Arbeitnehmers anhand eines objektiv-normativen Maßstabs bewertet werden, besteht die Gefahr, dass die Betrachtung und damit der Arbeitnehmerschutz zur Fiktion geraten.

Insoweit wird dafür plädiert, das Arbeitsrecht immer im Licht seiner privatrechtlichen und methodischen Grundlagen zu betrachten und es gegebenenfalls darauf zurückzuführen, anstatt die Besonderheiten des Arbeitsrechts im Privatrecht zur Geltung zu bringen. Abzulehnen ist daher auch eine neue Art oder ein neues Verständnis des Günstigkeitsprinzips, sondern es ist gerade die Rückführung dieses Prinzips auf seine Grundlagen als Form der einseitigen

Unabdingbarkeit rechtlicher Normen, die interessengerechte und methodisch nachvollziehbare Ergebnisse erzielt. Gerade in dieser Form und durch die damit vermittelte Rechtssicherheit trägt es insgesamt dazu bei, die vielfältigen Bezüge des Arbeitsvertragsverhältnisses zu einer schlüssigen Ordnung zu formen, in der sich der Schutzzweck und die Vertragsfreiheit verwirklichen.

Literaturverzeichnis

Adomeit, Klaus: Das Günstigkeitsprinzip – neu verstanden, Neue Juristische Wochenschrift 1984, S. 26f.

Adomeit, Klaus/*Mohr*, Jochen: Kommentar zum AGG und zu anderen Diskriminierungsverboten, 2. Auflage, Stuttgart/München/Berlin/Dresden/Weimar 2011.

Ahnefeld, Chantal: Arbeitsrechtliche Aspekte des Feiertagsrechts im Lichte flexibler Arbeitsbedingungen, Arbeitsrecht Aktuell 2023, S. 375.

Ahrendt, Martina/*Koch*, Ulrich/*Linck*, Rüdiger/*Rinck*, Ursula/*Rennpferdt*, Maren/*Trebber*, Jürgen/*Vogelsang*, Heinrich: Arbeitsrechts-Handbuch, Systematische Darstellung und Nachschlagewerk für die Praxis, begründet von Günter Schaub, 20. Auflage, München 2023.

Annuß, Georg: Wen schützt das Arbeits- und Sozialversicherungsrecht? Empfiehlt sich eine Neuausrichtung seines Anwendungsbereichs?, Recht der Arbeit 2024, S. 193 ff.

Annuß, Georg: Das Allgemeine Gleichbehandlungsgesetz im Arbeitsrecht, Betriebs-Berater 2006, S. 1629 ff.

Annuß, Georg/*Thüsing*, Gregor: BB Kommentar zum Teilzeit- und Befristungsgesetz, 3. Auflage, Frankfurt a. M. 2012.

Armbrüster, Christian: Fremdsprachen in Gerichtsverfahren, Neue Juristische Wochenschrift 2011, S. 812 ff.

Arnold, Christian: Ambivalente oder neutrale tarifliche Regelungen der Engeltfortzahlung [sic] an gesetzlichen Feiertagen sind wirksam, Arbeitsrecht Aktuell 2018, S. 234.

Arnold, Manfred/*Tillamnns*, Christoph: Haufe Recht Kommentar Bundesurlaubsgesetz, Praxiskommentar zum BUrlG und zu angrenzenden Vorschriften mit Gestaltungshinweisen und Beispielen, 5. Auflage, Freiburg 2024.

Artz, Markus/*Brückner*, Martina/*Geibel*, Stefan J./*Gsell*, Beate/*Hager*, Johannes/*Harke*, Jan Dirk/*Kessen*, Martin/*Köndgen*, Johannes/*Krafka*, Alexander/*Krüger*, Wolfgang/*Lobinger*, Thomas/*Looschelders*, Dirk/*Lorenz*, Stephan/*Müller-Engels*, Gabriele/*Reymann*, Christoph/*Schindler*, Wulf/*Schmidt*, Hubert/*Segna*, Ulrich/*Siede*, Walther/*Spickhoff*, Andreas/*Wellenhofer*, Marina (Hrsg.): beck-online.GROSSKOM MENTAR BGB, München 2025.

Backmeister, Thomas: Entgeltfortzahlung im Krankheitsfall, Verstoß gegen höherrangiges Recht – Anm. zu AG Limburg v. 01.03.2000 – 1 Ca 831/99, Arbeitsrecht im Betrieb 2000, S. 711 ff.

Balz, Hans: Grenzen der Unabdingbarkeit von Tarifverträgen, Marburg 1928.

Barnert, Thomas: Die formelle Vertragsethik des BGB im Spannungsverhältnis zum Sonderprivatrecht und zur Judikativen Kompensation der Vertragsdisparität, Baden-Baden 2001.

Bauer, Jobst-Hubertus/*Krieger*, Steffen/*Günther*, Jens: Gleichbehandlungsgesetz und Entgelttransparenz, 5. Auflage, München 2018.

Bayreuther, Frank: Urlaubsrecht – finalisiert, Neue Zeitschrift für Arbeitsrecht 2019, S. 945 ff.

Bechtold, Stefan: Die Grenzen zwingenden Vertragsrechts, Ein rechtsökonomischer Beitrag zu einer Rechtsetzungslehre des Privatrechts, Tübingen 2010.

Beckenberger, Clemens: Abschied von den Grundrechten als allgemeine Rechtsgrundsätze? – Die Rechtsprechung des Gerichtshofs nach Inkrafttreten der GRC, Europarecht 2023, S. 225 ff.

Belling, Detlev W.: Das Günstigkeitsprinzip nach dem Beschluß des Großen Senats des Bundesarbeitsgerichts vom 16.09.1986, Der Betrieb 1987, S. 1888 ff.

Belling, Detlev W.: Das Günstigkeitsprinzip im Arbeitsrecht, Berlin 1984.

Bengelsdorf, Peter: Tarifliche Arbeitszeitbestimmungen und Günstigkeitsprinzip, Zeitschrift für Arbeitsrecht 1990, S. 563 ff.

Bialluch, Christoph: Das Tarifeinheitsgesetz, Auslegung und Vereinbarkeit mit dem höherrangigen Recht, Tübingen 2019.

Biedenkopf, Kurt Hans: Grenzen der Tarifautonomie, Karlsruhe 1964.

Biltgen, François: Sieben Jahrzehnte europäische Einigung und Bundesarbeitsgericht, Europäisches Arbeitsrecht zwischen Verfassung und Subsidiarität, Recht der Arbeit 2024, S. 257 ff.

Birk, Rolf: Das Nachweisgesetz zur Umsetzung der Richtlinie 91/533/EWG in das deutsche Recht, Neue Zeitschrift für Arbeitsrecht 1996, S. 281 ff.

Blomeyer, Wolfgang: Ansätze zu einer Dogmatik des Betriebsrentenrechts nach 25 Jahren BetrAVG und einer ersten Gesetzesreform (RRG 1999), Recht der Arbeit 2000, S. 279 ff.

Blomeyer, Wolfgang: Das Günstigkeitsprinzip in der Betriebsverfassung – Die Betriebsvereinbarung zwischen Individual- und Tarifvertrag, Neue Zeitschrift für Arbeitsrecht 1996, S. 337 ff.

Boecken, Winfried/*Düwell*, Franz Josef/*Diller*, Martin/*Hanau*, Hans (Hrsg.): Nomos-Kommentar Gesamtes Arbeitsrecht, 2. Auflage, Baden-Baden 2023.

Boecken, Winfried/*Joussen*, Jacob: Nomos Handkommentar Teilzeit- und Befristungsgesetz, 7. Auflage, Baden-Baden 2024.

Boemke, Gerhard: Privatautonomie im Arbeitsvertragsrecht, Die Entwürfe eines Bundesurlaubsgesetzes vom Standpunkt der Rechtsprechung aus, Recht der Arbeit 1962, S. 129 ff.

Böhm, Anett: Pflegezeitgesetz – Auszug aus: NOMOS – Das Deutsche Bundesrecht – Erläuterungen, 2. Auflage, Baden-Baden 2015.

Boldt, Gerhard: Die Entwürfe eines Bundesurlaubsgesetzes vom Standpunkt der Rechtsprechung aus, Recht der Arbeit 1962, S. 129 ff.

Brecht, Hans-Theo: Entgeltfortzahlung an Feiertagen und im Krankheitsfall, 2. Auflage, München 2000.

Brecht-Heitzmann, Holger/*Kempen*, Otto Ernst/*Schubert*, Jens M./*Seifert*, Achim: Tarifvertragsgesetz, 5. Auflage, Frankfurt a. M. 2014.

Brill, Werner: Arztbesuche während der Arbeitszeit, Neue Zeitschrift für Arbeitsrecht 1984, S. 281 ff.

Buchner, Herbert: Der Unterlassungsanspruch der Gewerkschaft – Stabilisierung oder Ende des Verbandstarifvertrags? Zum Beschluss des BAG vom 20. 4. 1999 – 1 ABR 72/98, Neue Zeitschrift für Arbeitsrecht 1999, S. 897 ff.

Buchner, Herbert: Die Umsetzung tarifvertraglicher Arbeitszeitregelungen im Betrieb, in: Hanau, Peter/Heither, Friedrich/Kühling, Jürgen (Hrsg.), Richterliches Arbeitsrecht – Festschrift für Thomas Dieterich zum 65. Geburtstag, München 1999, S. 29 ff.

Buchner, Herbert: Tarifliche Arbeitszeitbestimmungen und Günstigkeitsprinzip – Unter Berücksichtigung der Konsequenzen aus dem Beschluß des Großen Senats des BAG vom 07. 11. 1989 und der neuen Manteltarifverträge in der Metallindustrie –, Der Betrieb 1990, S. 1715 ff.

Buchner, Herbert: Anmerkungen zum Urteil des LAG Baden-Württemberg vom 14. 06. 1989 – 9 Sa 145/88, Der Betrieb 1989, S. 2028 ff.

Budzikiewicz, Christine/*Weller*, Marc-Philippe/*Wurmnest*, Wolfgang (Hrsg.): beck-online.GROSSKOMMENTAR Rom I-VO, München 2025.

Büker, Ludgerus: Die Ausnahmen von der Unabdingbarkeit der Tarifnormen, Speyer 1934.

Burkiczak, Christian M.: Grundrechtsbindung der Tarifvertragsparteien oder Relevanz grundrechtlicher Schutzpflichten – Erfurter Einerlei?, Recht der Arbeit 2007, S. 17 ff.

Burkiczak, Christian M.: Grundgesetz und Deregulierung des Tarifvertragsrechts, Gebietet Art. 9 Abs. 3 GG die zwingende Wirkung von Tarifverträgen (§ 4 Abs. 1 und 3 TVG) und den Tarifvorrang (§ 77 Abs. 3 BetrVG)? Zugleich ein Beitrag zur Grundrechtsdogmatik, Berlin 2006.

Busch, Mathias: Aus für die Arbeit auf Abruf, Neue Zeitschrift für Arbeitsrecht 2001, S. 593 ff.

Busch, Sebastian: Allgemeines Gleichbehandlungsgesetz Die Umsetzung in der Betriebsratspraxis – 50 Beispiele zur Diskriminierung, Frankfurt a. M. 2007.

Buschmann, Rolf: Die Günstigkeit der Nachtarbeit, Neue Zeitschrift für Arbeitsrecht 1990, S. 387 ff.

Bydlinski, Franz: Privatautonomie und objektive Grundlagen des verpflichtenden Rechtsgeschäfts, Wien/New York 1967.

Calliess, Christinan: Die Leistungsfähigkeit des Untermaßverbots als Kontrollmaßstab grundrechtlicher Schutzpflichten, in: Grote, Rainer/Härtel, Ines/Hain, Karl-E./Schmidt, Thorsten Ingo/Schmitz, Thomas/Schuppert, Gunnar Folke/Winterhoff, Christian (Hrsg.), Die Ordnung der Freiheit, Festschrift für Christian Starck zum siebzigsten Geburtstag, Tübingen 2007, S. 201 ff.

Calliess, Christinan/*Ruffert*, Matthias (Hrsg.): EUV/AEUV Das Verfassungsrecht der Europäischen Union mit Europäischer Grundrechtecharta, 6. Auflage, München 2022.

Canaris, Claus-Wilhelm: Die Allgemeinen Arbeitsbedingungen im Schnittpunkt von Privat- und Kollektivautonomie, Recht der Arbeit 1974, S. 18 ff.

Cohn, Richard: Voraussetzungen, Rechtswirkungen und Rechtsnatur der Unabdingbarkeit, Köln 1928.

Comtesse, Dagmar: Zwischen Totalitarismusvorwurf und radikaler Demokratie: Volonté générale, Subjektgenese und Konflikt, in: Lau, Thomas/Reinhardt, Volker/Voigt, Rüdiger (Hrsg.), Der Bürger als Souverän, Jean-Jacques Rousseaus Lehre von der volonté générale im Spiegel der Zeit, Baden-Baden 2018.

Courth, Paul: Günstigkeitsprinzip und Günstigkeitsvergleich im Spannungsfeld zwischen Individual- und Kollektivrecht, Köln 1969.

Croon-Gestefeld, Johanna: Anmerkungen zu EuGH v. 15.07.2021 – C-804/18, C-341/19 [WABE und MH Müller Handel], Zeitschrift für Europäisches Privatrecht 2022, S. 963 ff.

Cziupka, Johannes: Dispositives Vertragsrecht, Funktionsweise und Qualitätsmerkmale gesetzlicher Regelungsmuster, Tübingen 2010.

Damm, Reinhard: Das BGB im Kaiserreich, in: Diederichsen, Uwe/Sellert, Wolfgang (Hrsg.), Das BGB im Wandel der Epochen, 10. Symposion der Kommission „Die Funktion des Gesetzes in Geschichte und Gegenwart", Göttingen 2002, S. 9 ff.

Däubler, Wolfgang: Tarifvertragsgesetz mit Arbeitnehmer-Entsendegesetz, 5. Auflage, Baden-Baden 2022.

Däubler, Wolfgang/*Beck*, Thorsten: Allgemeines Gleichbehandlungsgesetz mit Entgelttransparenzgesetz | Berliner LADG Handkommentar, 5. Auflage, Baden-Baden 2022.

Däubler, Wolfgang/*Hjort*, Jens Peter/*Schubert*, Michael/*Wolmerath*, Martin (Hrsg.): Arbeitsrecht, Individualarbeitsrecht mit kollektivrechtlichen Bezügen, 5. Auflage, Baden-Baden 2022.

Di Fabio, Udo: Form und Freiheit, Deutsche Notar-Zeitschrift 2006, S. 342 ff.

Diehn, Thomas: AGB-Kontrolle von arbeitsrechtlichen Verweisungsklauseln, Neue Zeitschrift für Arbeitsrecht 2004, S. 129 ff.

Diekhoff, Ludwig: Umstrittene Fragen aus dem Gesetz zur Verbesserung der wirtschaftlichen Sicherung der Arbeiter im Krankheitsfalle, Arbeit und Recht 1957, S. 297 ff.

Diller, Martin: § 622 BGB und Quartalskündigungsfristen, Neue Zeitschrift für Arbeitsrecht 2000, S. 293 ff.

Dornbusch, Gregor/*Krumbiegel*, Markus/*Löwisch*, Manfred (Hrsg.): Kommentar zum gesamten Arbeitsrecht, 10. Auflage, Hürth 2021.

Eckert, Michael: Blick ins Arbeitsrecht, Deutsches Steuerrecht 2024, S. 2653 ff.

Ehmann, Horst: Vom Arbeitskampfrecht zur Mitbestimmung – Entwicklungen in der Krise des Sozialismus, Neue Zeitschrift für Arbeitsrecht 1991, S. 1 ff.

Eisemann, Hans Friedrich: Der angemessen geöffnete Arbeitsvertrag, Recht der Arbeit 2020, S. 193 ff.

Emmert, Angela-Sabine: Betriebsvereinbarungen über den Zeitlohn, Reichweite und Schranken der Betriebsautonomie, Frankfurt a. M. 2001.

Enders, Christoph: Freiheit und Repräsentation, in: Dreier, Horst/Willoweit, Dietmar (Hrsg.), Würzburger Vorträge zur Rechtsphilosophie, Rechtstheorie und Rechtssoziologie, Heft 57, Baden-Baden 2020.

Epping, Volker/*Hillgruber*, Christian (Hrsg.): Beck'scher Online-Kommentar zum GG, 59. Edition Stand: 15.09.2024, München 2024.

Ernst, Hildegund/*Braunroth*, Anna/*Franke*, Bernhard/*Wascher*, Angelika/*Lenz*, Martin: Allgemeines Gleichbehandlungsgesetz – Auszug aus: NOMOS – Das Deutsche Bundesrecht – Erläuterungen, 2. Auflage, Baden-Baden 2013.

Federlin, Ulrich: Der kollektive Günstigkeitsvergleich, Pfaffenweiler 1993.

Feichtinger, Peter: Lohn und Gehaltsfortzahlung im Krankheitsfalle, Wiesbaden 1989.

Feichtinger, Peter/*Malkmus*, Hans: Entgeltfortzahlungsrecht, Arbeitsrecht, Sozialrecht, Bürgerliches Recht, 2. Auflage, Baden-Baden 2010.

Feldgen, Dagmar: Nachweisgesetz, München 1995.

Firnhaber, Ulrich: Das Günstigkeitsprinzip im Tarifvertragsrecht, Kiel 1951.

Fischinger, Philipp S./*Hengstberger*, Silas: Arbeitsrechtliche Fragen in der Corona-Krise, Juristische Arbeitsblätter 2020, S. 561 ff.

Fornasier, Matteo: Anmerkungen zum Urteil des BGH v. 17.10.2012 – VIII ZR 226/11, Europäische Zeitschrift für Wirtschaftsrecht 2013, S. 157 ff.

Fornasier, Matteo/*Wilkens*, Christina: Die Entgeltfortzahlung im Krankheitsfall – Rechtliche Grundlagen und aktuelle Entwicklungen, Juristische Ausbildung 2020, S. 549 ff.

Franzen, Martin: Urlaubsentgelt, Provisionen und andere unregelmäßig anfallende Vergütungsbestandteile, Neue Zeitschrift für Arbeitsrecht 2014, S. 647 ff.

Franzen, Martin: Anmerkung zum Urteil des BAG v. 18.04.2012 – 10 AZR 200/11, AP EntgeltFG § 2 Nr. 14.

Franzen, Martin/*Gallner*, Inken/*Oetker*, Hartmut (Hrsg.): Kommentar zum europäischen Arbeitsrecht, 5. Auflage, München 2024.

Friedhofen, Peter/*Weber*, Ulrich: Rechtsprobleme des befristeten Arbeitsvertrages nach Art. 1 § 1 des Beschäftigungsförderungsgesetzes 1985, Neue Zeitschrift für Arbeitsrecht 1985, S. 337 ff.

Fuhlrott, Michael: Unangemessene Verlängerung von Kündigungsfristen in Formular-Arbeitsverträgen, Neue Juristische Wochenschrift 2018, S. 1139 ff.

Gamillscheg, Franz: Anmerkung zu BAG v. 27.04.1988 – 7 AZR 593/87, AP BeschFG 1985 § 1 Nr. 4.

Gaumann, Ralf/*Schafft*, Marcus: Anspruch auf Entgeltfortzahlung bei Kündigung aus Anlass der Erkrankung innerhalb der Wartezeit des § 3 III EFZG?, Neue Zeitschrift für Arbeitsrecht 2000, S. 811 ff.

Gaßner, Otto: Europa und das Zusammenspiel von Markt und Daseinsvorsorge, Kommunaljurist 2007, S. 129 ff.

Geiger, Rudolf/*Khan*, Daniel-Erasmus/*Kotzur*, Markus/*Kirchmair*, Lando (Hrsg.): EUV/AEUV Kommentar, 7. Auflage, München 2023.

Gellermann, Martin: Grundrechte in einfachgesetzlichem Gewande, Tübingen 2000.

Gierke, Otto von: Die soziale Aufgabe des Privatrechts, Berlin 1889.

Gitter, Wolfgang: Urlaubsanrechnung und Tarifautonomie, in: Manfred, Lieb/Noack, Ulrich/Westermann, Harm Peter (Hrsg.), Festschrift für Wolfgang Zöllner zum 70. Geburtstag, Köln, Berlin, Bonn und München 1998, S. 737 ff.

Gola, Peter: Entgeltfortzahlungs-Gesetz, 2. Auflage, Köln 1998.

Gola, Peter: Entgelt ohne Arbeit, Köln 1991.

Gooren, Paul: Tarifeinheit und Tarifkollision (§ 4 a TVG) in der Praxis, Neue Zeitschrift für Arbeitsrecht 2022, S. 444 ff.

Greiner, Stefan: Familienfreundliches Arbeitsrecht? – Die Erkrankung des Kindes als Gegenstand widersprüchlicher Regelungen, Neue Zeitschrift für Arbeitsrecht 2007, S. 490 ff.

Groeben, Hans von der/*Schwarze*, Jürgen/*Hatje*, Armin (Hrsg.): Europäisches Unionsrecht, 7. Auflage, Baden-Baden 2015.

Gsell, Beate/*Krüger*, Wolfgang/*Lorenz*, Stephan/*Reymann*, Christoph [Gesamtherausgeber]: beck-online.GROSSKOMMENTAR zum Zivilrecht.

Gsell, Beate/*Krüger*, Wolfgang/*Lorenz*, Stephan/*Reymann*, Christoph/*Henssler*, Martin/*Höpfner*, Clemens/*Picker*, Eduard/*Temming*, Felipe/*Deinert*, Olaf/*Körner*, Anne/*Knickrehm*, Sabine/*Krasney*, Martin/*Mutschler*, Bernd/*Rolfs*, Christian/*Säcker*, Franz Jürgen/*Appel*, Markus/*Koch*, Oliver/*Ludwigs*, Markus (Hrsg.): beck-online.GROSS KOMMENTAR, München, Stand: 01.02.2025.

Hanau, Hans: Die Schranken privater Gestaltungsmacht – Zur Herleitung einer Angemessenheitskontrolle aus den Grenzen der Selbstbindung, in: Möslein, Florian (Hrsg.), Private Macht, Tübingen 2016.

Hanau, Peter: Die ablösende Betriebsvereinbarung – oder: Wie kollektiv ist das kollektive Arbeitsrecht?, Recht der Arbeit 2024, S. 139 ff.

Hanau, Peter: Schranken zwingenden gesetzlichen Arbeitsrechts, in: Kothe, Wolfhard/Dörner, Hans-Jürgen/Anzinger, Rudolf (Hrsg.), Arbeitsrecht im sozialen Dialog – Festschrift für Hellmut Wißmann zum 65. Geburtstag, München 2006, S. 27 ff.

Hanau, Peter: Offene Fragen zum Teilzeitgesetz, Neue Zeitschrift für Arbeitsrecht 2001, S. 1168 ff.

Hau, Wolfgang/*Poseck*, Roman (Hrsg.): Beck'scher Online-Kommentar zum BGB, 72. Edition Stand: 01.01.2024, München 2024.

Haymann, Franz: Jean-Jacques Rousseau's Sozialphilosophie, Leipzig 1898.

Heidl, Wolfgang: Probleme der sachgrundlosen Befristung von Arbeitsverhältnissen nach § 14 Abs. 2 Satz 1, 2 TzBfG, Recht der Arbeit 2009, S. 297 ff.

Heilmann, Joachim: Urlaubsrecht Basiskommentar zum BUrlG und zu anderen urlaubsrechtlichen Vorschriften, 6. Auflage, Frankfurt a. M. 2019.

Heinze, Meinhard: Tarifautonomie und sogenanntes Günstigkeitsprinzip, Neue Zeitschrift für Arbeitsrecht 1991, S. 329 ff.

Heinze, Meinhard: Gefahren für die sozialen Grundrechte in Deutschland, in: Hanau, Peter/Heither, Friedrich/Kühling, Jürgen (Hrsg.), Richterliches Arbeitsrecht – Festschrift für Thomas Dieterich zum 65. Geburtstag, München 1999, S. 215 ff.

Helml, Ewald: Kommentar zum Entgeltfortzahlungsgesetz, 1. Auflage (inkl. Nachtrag v. 25.09.1996), Heidelberg 1995.

Hemming, Thorsten: Die Aufklärungspflichten des Arbeitgebers, Aachen 1997.

Hennige, Susanne: Änderungen der Entgeltfortzahlung an Feiertagen und im Krankheitsfall – Überblick über die gesetzliche Neuregelung der Entgeltfortzahlung –, Deutsches Steuerrecht 1994, S. 1203 ff.

Henssler, Martin/*Willemsen*, Heinz Josef/*Kalb*, Heinz-Jürgen (Hrsg.): Arbeitsrecht Kommentar, 11. Auflage, Köln 2024.

Herrlein, Jürgen: Ein Leben mit der Miete, Neue Juristische Wochenschrift 2017, S. 711 ff.

Herschel, Wilhelm: Anmerkung zum Urteil des BAG vom 20.06.1979 – 5 AZR 479/77, AP BGB § 616 Nr. 49.

Herschel, Wilhelm: Anmerkung zum Urteil des BAG vom 22.10.1973 – 3 AZR 83/73, AP FeiertagslohnzahlungsG § 1 Nr. 31.

Herschel, Wilhelm: Ueber das Verhältnis von Tarifvertrag und Einzelarbeitsvertrag., Neue Zeitschrift für Arbeitsrecht 1924, Sp. 339 ff.

Herzog, Roman/*Scholz*, Rupert/*Herdegen*, Mathias/*Klein*, Hans H. (Hrsg.): Grundgesetz Kommentar, begründet von Maunz, Theodor/Dürig, Günter, 105. Ergänzungslieferung, August 2024, München 2024.

- Band I, Art. 1–Art. 5.
- Band II, Art. 6–Art. 16a.
- Band II, Art. 17–Art. 28.

Hilbrandt, Christian: Arbeitsrechtliche Unionsgrundrechte und deren Dogmatik, Neue Zeitschrift für Arbeitsrecht 2019, S. 1168 ff.

Hilgenstock, Niels: Günstigkeitsvergleich im Arbeitsrecht: Rechtsvergleichende Betrachtung unter Einbeziehung Deutschlands, Österreichs, Frankreichs, Spaniens und Großbritanniens, Berlin 2007.

Höfer, Reinhold/*de Groot*, Simone Evke/*Küpper*, Peter: Betriebsrentenrecht (BetrAVG). Band I, Arbeitsrecht, 30. Auflage, München 2024.

Höfling, Wolfram/*Burkiczak*, Christian: Das Günstigkeitsprinzip – ein grundrechtsdogmatischer Zwischenruf, Neue Juristische Wochenschrift 2005, S. 469 ff.

Hohmeister, Frank/*Oppermann*, Angelika: Bundesurlaubsgesetz, BUrlG, BEEG, JArbSchG, MuSchG, SGB IX, 3. Auflage, Baden-Baden 2013.

Höland, Armin/*Reim*, Uwe/*Brecht*, Holger: Flächentarifvertrag und Günstigkeitsprinzip – Empirische Beobachtungen und rechtliche Anwendung von Flächentarifverträgen in den Betrieben unter Mitarbeit von Julia Lorenz, Baden-Baden 2000.

Höpfner, Clemens: Wen schützt das Arbeitsrecht? Der personelle Anwendungsbereich und die Schutzzwecke des Arbeitsrechts, Neue Zeitschrift für Arbeitsrecht 2024, S. 1081 ff.

Höpfner, Clemens: Das deutsche Urlaubsrecht in Europa – Zwischen Vollharmonisierung und Koexistenz – Teil 1, Recht der Arbeit 2023, S. 16 ff.

Höpfner, Clemens/*Picker*, Eduard/*Temming*, Felipe (Hrsg.): beck-online.GROSSKOM MENTAR zum Kündigungsrecht, München 2024.

Hoyningen-Huene, Gerrick von: Öffnungsklauseln für Kirchen in Arbeitsrechts-Gesetzen?, Recht der Arbeit 2002, S. 65 ff.

Hromadka, Wolfgang: Eine unendliche Geschichte – Änderung kollektiver Arbeitsvertragsbedingungen, Neue Zeitschrift für Arbeitsrecht 2021, S. 749 ff.

Huber, Hans: Die verfassungsrechtliche Bedeutung der Vertragsfreiheit, Berlin 1966.

Huber, Peter M./*Voßkuhle*, Andreas (Hrsg.): Grundgesetz Kommentar, begründet von Herrmann von Mangoldt, fortgeführt von Friedrich Klein und Christian Starck, 8. Auflage, München 2024.

- Band 1, Präambel, Art. 1 – 19 GG.
- Band 2, Art. 20 – 82 GG.
- Band 3, Art. 83 – 146 GG.

Hueck, Alfred/*Nipperdey*, Hans Carl: Lehrbuch des Arbeitsrechts,

- Band I, 7. Auflage, Berlin und Frankfurt a. M. 1963.
- Band II Halbband 1, 7. Auflage, Berlin und Frankfurt a. M. 1967.
- Band II, 6. Auflage, Berlin und Frankfurt a. M. 1957.

Hufen, Friedhelm: Staatsrecht II Grundrechte, 10. Auflage, München 2023.

Hümmerich, Klaus/*Rech*, Heribert: Antizipierte Einwilligung in Überstunden durch arbeitsvertragliche Mehrarbeitsabgeltungsklauseln?, Neue Zeitschrift für Arbeitsrecht 1999, S. 1132 ff.

Hunold, Wolf: Bedarfsgerechter Personaleinsatz: Aktuelle Probleme bei sog. Pool-Lösungen und Arbeit auf Abruf, Neue Zeitschrift für Arbeitsrecht 2003, S. 896 ff.

Isensee, Josef/*Kirchhof*, Paul (Hrsg.): Handbuch des Staatsrechts.

- Band V, Rechtsquellen, Organisation, Finanzen, 3. Auflage, München 2003.
- Band V, Rechtsquellen, Organisation, Finanzen, 3. Auflage, München 2007.
- Band VII, Freiheitsrechte, 3. Auflage, München 2009.
- Band IIX, Grundrechte: Wirtschaft, Verfahren, Gleichheit, 3. Auflage, München 2008.
- Band XII, Normativität und Schutz der Verfassung, 3. Auflage, München 2014.
- Band IX, Allgemeine Grundrechtslehren, 3. Auflage, München 2011.

Jacobs, Matthias: Zur Grundrechtskontrolle von Tarifverträgen, Recht der Arbeit 2023, S. 9 ff.

Jacobs, Matthias: Grundprobleme des Entschädigungsanspruchs nach § 15 Abs. 2 AGG, Recht der Arbeit 2009, S. 193 ff.

Jacobs, Matthias: Tarifpluralität statt Tarifeinheit – Aufgeschoben ist nicht aufgehoben!, Neue Zeitschrift für Arbeitsrecht 2008, S. 325 ff.

Jacobs, Matthias: Tarifeinheit und Tarifkonkurrenz, Berlin 1999.

Jarass, Hans D.: Charta der Grundrechte der Europäischen Union unter Einbeziehung der sonstigen Grundrechtsregelungen des Primärrechts und der EMRK, 4. Auflage, München 2021.

Jarass, Hans D.: Zum Verhältnis von Grundrechtecharta und sonstigem Recht, Europarecht 2013, S. 29 ff.

Jarass, Hans D./*Kment*, Martin: Grundgesetz für die Bundesrepublik Deutschland, Kommentar, 18. Auflage, München 2024.

Joost, Detlev: Tarifrechtliche Grenzen der Verkürzung der Wochenarbeitszeit – Das Günstigkeitsprinzip als Schranke der Kollektivmacht –, Zeitschrift für Arbeitsrecht 1984, S. 173 ff.

Kahlenborn, Tristan: Die praktische Konkordanz in der Fallbearbeitung, Juristische Arbeitsblätter 2016, S. 6 ff.

Kähler, Lorenz: Begriff und Rechtfertigung abdingbaren Rechts, Tübingen 2012.

Kaindl, Gerd/*Nickel*, Maximilian: Heute nicht gebunden – morgen schon verschwunden, Neue Zeitschrift für Arbeitsrecht 2022, S. 1081 ff.

Kaiser, Heinrich/*Dunkl*, Hans/*Hold*, Dieter/*Kleinsorge*, Georg: Entgeltfortzahlungsgesetz, 5. Auflage, Köln 2000.

Kalmbach, Maja/*Koch*, Jochen: Spannungsverhältnis von Tarifrecht, Betriebsverfassungsrecht und Betriebsrentenrecht, Neue Zeitschrift für Arbeitsrecht 2018, S. 1594 ff.

Kamanabrou, Subadeh: Arbeitsrecht, 2. Auflage, Tübingen 2023.

Kamanabrou, Subadeh: Anmerkung zum Urteil des BAG vom 10.12.2014 – 4 AZR 507/12, AP TVG § 4 Günstigkeitsprinzip Nr. 25.

Käppler, Renate: Tarifvertragliche Regelungsmacht, Neue Zeitschrift für Arbeitsrecht 1991, S. 745 ff.

Käppler, Renate: Voraussetzungen und Grenzen tarifdispositiven Richterrechts, Berlin 1977.

Kaskel, Walter: Das Schicksal der Einzelarbeitsverträge bei Aenderung oder Aufhebung der tariflichen Regelung., Tarifvertragliche Regelungsmacht, Neue Zeitschrift für Arbeitsrecht 1924, Sp. 129 ff.

Keßler, Jürgen: Reichseinheit und Rechtseinheit – zur politischen und sozialen Genese des BGB, in Schmoll-Eisenwerth, Reineke (Hrsg.), „Historiographie als literarische Veranstaltung“: Festschrift zum 80. Geburtstag von Helmut Berding, Berlin 2010, S. 35 ff.

Kiel, Heinrich/*Lunk*, Stefan/*Oetker*, Hartmut (Hrsg.): Münchener Handbuch zum Arbeitsrecht.

– Band 1, Individualarbeitsrecht I, 6. Auflage, München 2024.

– Band 2, Individualarbeitsrecht II, 6. Auflage, München 2024.

– Band 3, Kollektives Arbeitsrecht I, 5. Auflage, München 2022.

Kingreen, Thorsten: Verfassungsrechtliche Zulässigkeit exklusiver Tariföffnungsklauseln, Neue Zeitschrift für Arbeitsrecht, NZA 2021, 1 ff.

Kister-Kölkes, Margeret/*Berent*, Claus/*Huber*, Brigitte/*Betz-Rehm*, Christian (Hrsg.): Kommentar zum Betriebsrentengesetz mit Insolvenzsicherung, mitbegründet von Kurt Kemper, 8. Auflage, Köln 2018.

Kleinsorge, Georg: Gesetz über die Zahlung des Arbeitsentgelts an Feiertagen und im Krankheitsfall (Entgeltfortzahlungsgesetz), Neue Zeitschrift für Arbeitsrecht 1994, S. 640 ff.

Klocke, Daniel: Anmerkung zum Urteil des BAG vom 06.12.2017 – 5 AZR 118/17, juris PraxisReport Arbeitsrecht 2018 Ausgabe 45 Anm. 2.

Kloepfer, Michael: Verfassungsrecht, Band I Grundlagen, Staatsorganisationsrecht, Bezüge zum Völker- und Europarecht, München 2011.

Knieper, Rolf: Gesetz und Geschichte, Ein Beitrag zu Bestand und Veränderung des Bürgerlichen Gesetzbuches, Baden-Baden 1996.

Knorr, Gerhard: „Zuungunsten des Arbeitnehmers“ – entgeltfortzahlungsrechtliche Zweifelsfragen, Neue Zeitschrift für Arbeitsrecht 2018, S. 1449 ff.

Koch, Hartmut: Die Rechtsprechung des BAG zur Zulässigkeit befristeter Arbeitsverhältnisse, Neue Zeitschrift für Arbeitsrecht 1985, S. 345 ff.

Koch, Jochen: Tarifübernahmeregelungen zugunsten Nichttarifgebundener im Betriebsrentenrecht, Neue Zeitschrift für Arbeitsrecht 2018, S. 1035 ff.

Koch, Ulrich (Hrsg.): Arbeitsrecht von A-Z, begründet von Günter Schaub, 28. Auflage, München 2024.

Kocher, Eva: Private Macht im Arbeitsrecht, in: Möslein, Florian (Hrsg.), Private Macht, Tübingen 2016.

Kolbe, Sebastian: Mehr als ein neues Nachweisrecht – Zur Umsetzung der Arbeitsbedingungenrichtlinie in das deutsche Recht, Europäische Zeitschrift für Arbeitsrecht 2023, S. 3 ff.

Koneberg, Xaver: Möglichkeiten und Grenzen ablösender Betriebsvereinbarungen, Baden-Baden 2023.

Kossens, Michael: Pflegezeitgesetz und Familienpflegezeitgesetz, 2. Auflage, Frankfurt am Main 2012.

Krause, Rüdiger: Vereinbarte Ausschlussfristen (Teil 2), Recht der Arbeit 2004, S. 106 ff.

Krauss, Stefan: Günstigkeitsprinzip und Autonomiebestreben am Beispiel der Arbeitszeit, Bayreuth 1995.

Krebber, Sebastian: Die Unionsrechts- und Kompetenzakzessorietät des unionsrechtlichen Grundrechtsschutzes im Bereich des Arbeitsrechts: Grundsatz und Ausnahmen, Europäische Zeitschrift für Arbeitsrecht 2016, S. 3 ff.

Krebber, Sebastian: Die Bedeutung der Grundrechtecharta und der EMRK für das deutsche Individualarbeitsrecht, Europäische Zeitschrift für Arbeitsrecht 2013, S. 188ff.

Krimphove, Dieter: Europäisches Arbeitsrecht, 2. Auflage, München 2001.

Kronenberg, Kurt: Die Ausnahmen von der Unabdingbarkeit der Tarifnormen, Leipzig 1929.

Küfner-Schmitt, Irmgard/*Schmitt*, Laura: Entgeltfortzahlungsgesetz Aufwendungsausgleichsgesetz Kommentar, begründet von Jochem Schmitt, 9. Auflage, München 2023.

Kühling, Jürgen: Die Berufsfreiheit des Arbeitnehmers, in: Hanau, Peter/Heither, Friedrich/Kühling, Jürgen (Hrsg.), Richterliches Arbeitsrecht – Festschrift für Thomas Dieterich zum 65. Geburtstag, 1999, München 1999, S. 325ff.

Lakies, Thomas: Mindestlohngesetz, Basiskommentar zum MiLoG, 5. Auflage, Frankfurt am Main 2021.

Langheid, Theo/*Wandt*, Manfred (Hrsg.): Münchener Kommentar zum Versicherungsvertragsgesetz., Band 1, §§ 1–99 VGG, VVG-InfoV, 3. Auflage, München 2022.

Laskawy, Dirk H./*Lomb*, Peggy: Wirksamkeit tariflicher Regelungen zur Entgeltfortzahlung an Feiertagen, Der Betrieb 2018, S. 1348.

Latzel, Clemens: Urlaub von Teilzeitbeschäftigten, Europäische Zeitschrift für Arbeitsrecht 2014, S. 80ff.

Lee, Chien-liang: Grundrechtsschutz und Untermaßverbot, in: Grote, Rainer/Härtel, Ines/Hain, Karl-E./Schmidt, Thorsten Ingo/Schmitz, Thomas/Schuppert, Gunnar Folke/Winterhoff, Christian (Hrsg.), Die Ordnung der Freiheit, Festschrift für Christian Starck zum siebzigsten Geburtstag, Tübingen 2007, S. 297ff.

Leinemann, Wolfgang: Wirkungen von Tarifverträgen und Betriebsvereinbarungen auf das Arbeitsverhältnis, Der Betrieb 1990, S. 732ff.

Lepsius, Oliver: Vertrauensverlust in die Demokratie – Gesetzgebungsstil als Ursache?, Zeitschrift für Rechtspolitik 2024, S. 162ff.

Linck, Rüdiger/*Preis*, Ulrich/*Schmidt*, Ingrid (Hrsg.): Kündigungsrecht – Großkommentar zum gesamten Recht der Beendigung von Arbeitsverhältnissen, 7. Auflage, München 2024.

Linsenmaier, Wolfgang: Arbeitsvertrag und Betriebsvereinbarung – Kompetenz und Konkurrenz, Recht der Arbeit 2014, S. 336ff.

Lobinger, Thomas: Zur Grundrechtsbindung der Tarifvertragsparteien – insbesondere bei Beteiligung der öffentlichen Hand, in: Klapp, Micha/Linck, Rüdiger/Preis, Ulrich/Reinhard, Barbara/Wolf, Roland (Hrsg.), Die Sicherung der kollektiven Ordnung, Festschrift für Ingrid Schmidt, München 2021, S. 319ff.

Lobinger, Thomas: Tarifautonomie und Gleichheitsgrundrecht, Recht der Arbeit 2024, S. 69ff.

Looschelders, Dirk (Hrsg.): beck-online.GROSSKOMMENTAR AGG, München, 2025.

Loritz, Karl-Georg: Rechtsprobleme der tarifvertraglichen Regelung des „freien Wochenendes", Zeitschrift für Arbeitsrecht 1990, S. 133ff.

Löwisch, Manfred: Die Freiheit zu arbeiten – nach dem Günstigkeitsprinzip, Betriebs-Berater 1991, S. 59 ff.

Löwisch, Manfred: Dienstleistungsabende mit freiwilligen Mitarbeitern, Neue Zeitschrift für Arbeitsrecht 1989, S. 959 ff.

Löwisch, Manfred/*Rieble*, Volker: Tarifvertragsgesetz, Kommentar, 4. Auflage, München, 2017.

Lund, Heinrich: Anmerkungen zum Beschluss des BAG v. 10.02.1988 – 1 ABR 70/86, AP BetrVG 1972 § 99 Nr. 53.

Lurger, Brigitta: Die Dominanz zwingenden Rechts – die vermeintlichen und tatsächlichen Schattenseiten des EU-Verbraucherschutzrechts, Zeitschrift für Europäisches Privatrecht 2018, S. 789 ff.

Marburger, Horst: Entgeltfortzahlung im Krankheitsfall, 8. Auflage, Stuttgart/München/Hannover/Berlin/Weimar/Dresden 2000.

Martens, Klaus-Peter: Das betriebsverfassungsrechtliche Ablösungsprinzip im System der §§ 87, 88, 77 BetrVG, Recht der Arbeit 1983, S. 217 ff.

Martinek, Michael: Unsystematische Überregulierung und kontraintentionale Effekte im Europäischen Verbraucherschutzrecht oder: Weniger wäre mehr, in: Grundmann, Stefan (Hrsg.), Systembildung und Systemlücken in Kerngebieten des Europäischen Privatrechts, Tübingen 2000.

Meinel, Gernod/*Heyn*, Judith/*Herms*, Sascha: Teilzeit- und Befristungsgesetz, 6. Auflage, München 2022.

Meinel, Gernod/*Heyn*, Judith/*Herms*, Sascha: Allgemeines Gleichbehandlungsgesetz, 2. Auflage, München 2010.

Melms, Christopher/*Kentner*, Kathrin: Die Modifikation des Günstigkeitsprinzips Risikobegrenzung durch die Gestaltung von kollektivrechtlichen Regelungen, Neue Zeitschrift für Arbeitsrecht 2014, S. 127 ff.

Meyer, Jürgen/*Hölscheidt*, Sven (Hrsg.): Charta der Grundrechte der Europäischen Union, 6. Auflage, Baden-Baden 2024.

Michael, Lothar/*Morlok*, Martin: Grundrechte, 8. Auflage, Baden-Baden 2023.

Molitor, Erich: Die Inhaltsbestimmungen des Arbeitsvertrags., Neue Zeitschrift für Arbeitsrecht 1924, S. 321 ff.

Moll, Wilhelm (Hrsg.): Münchener Anwalts Handbuch Arbeitsrecht, 5. Auflage, München 2021.

Mosing, Florian: Das Günstigkeitsprinzip im Arbeitsrecht, Wien 2018.

Möslein, Florian: Dispositives Recht, Zwecke, Strukturen und Methoden, Tübingen 2011.

Müller, Bernd: Tarifkonkurrenz und Tarifpluralität, Neue Zeitschrift für Arbeitsrecht 1989, S. 449 ff.

Müller, Gerhard: Einflüsse des kollektiven Arbeitsrechts auf das Arbeitsverhältnis (Teil I), Der Betrieb 1967, S. 903 ff.

Müller, Patrick: Mindestlohn, Berechnung und Auszahlung, in: Jaensch, Michael/Küfner-Schmitt, Irmgard (Hrsg.), Berliner wirtschaftsrechtliche Schriften, Band 1, Berlin 2016.

Müller-Glöge, Rudi/*Preis*, Ulrich/*Gallner*, Inken/*Schmidt*, Ingrid (Hrsg.): Erfurter Kommentar zum Arbeitsrecht, begründet von Thomas Dieterich, Peter Hanau und Günter Schaub, 25. Auflage, München 2025.

Natzel, Ivo: Äpfel oder Birnen? Beschäftigung oder Arbeitsrecht?, Neue Zeitschrift für Arbeitsrecht 2003, S. 835 ff.

Natzel, Ivo: Subsidiaritätsprinzip im kollektiven Arbeitsrecht, Zeitschrift für Arbeitsrecht 2003, S. 103 ff.

Nebeling, Martin/*Arntzen*, Marina: Das Günstigkeitsprinzip – Der Tarifvertrag als Gesamtwerk, Neue Zeitschrift für Arbeitsrecht 2011, S. 1215 ff.

Nettesheim, Martin (Hrsg.): Das Recht der Europäischen Union, begründet von Eberhard Grabitz, fortgeführt von Meinhard Hilf, 83. Ergänzungslieferung – Stand Juli 2024.

Neumann, Dirk: Arbeitszeit und Flexibilisierung, Neue Zeitschrift für Arbeitsrecht 1990, S. 961 ff.

Neumann, Dirk/*Fenski*, Martin/*Kühn*, Thomas: Bundesurlaubsgesetz nebst allen anderen Urlaubsbestimmungen des Bundes und der Länder, 12. Auflage, München 2021.

Neuner, Jörg: Pro libertate? – Zur Freiheitsbegünstigung durch Recht und Methodik –, Zeitschrift für die gesamte Privatrechtswissenschaft 2022, S. 257 ff.

Nickel, Rainer: Handlungsaufträge zur Bekämpfung von ethnischen Diskriminierungen in der neuen Gleichbehandlungsrichtlinie 2000/43/EG, Neue Juristische Wochenschrift 2001, S. 2668 ff.

Nikisch, Arthur: Arbeitsrecht.

- I. Band Allgemeine Lehren und Arbeitsvertragsrecht, 3. Auflage, Tübingen 1961.
- II. Band Koalitionsrecht, Arbeitskampfrecht und Tarifvertragsrecht, 2. Auflage, Tübingen 1959.

Nobbe, Julia: Das Günstigkeitsprinzip im Verbrauchervertragsrecht, München 2007.

Oetker, Hartmut: Einführung von Karenztagen für die Lohnfortzahlung im Krankheitsfalle qua Tarifvertrag? – Zugleich ein exemplarischer Beitrag zu den Grenzen der Tarifautonomie –, Die Sozialgerichtsbarkeit 1984, S. 193 ff.

Over, Henrik: Das Verbot der Altersdiskriminierung im Arbeitsrecht nach dem Allgemeinen Gleichbehandlungsgesetz, Frankfurt am Main 2009.

Papritz, Ludwig: Das Günstigkeitsprinzip im Arbeitsrecht – Auch in verfassungsrechtlicher Sicht, Würzburg 1976.

Picker, Eduard: Die Tarifautonomie am Scheideweg von Selbstbestimmung und Fremdbestimmung im Arbeitsleben – Zur Legitimation der Regelungsmacht der Koalitionen, in: Oetker, Hartmut/Preis, Ulrich/Rieble, Volker (Hrsg.), Festschrift 50 Jahre Bundesarbeitsgericht, München 2004, S. 795 ff.

Potthoff, Heinz: Die Einwirkung der Reichsverfassung auf das Arbeitsrecht, Leipzig/Erlangen 1925.

Preis, Ulrich: Das Arbeitsrecht in der Gesetzgebungskrise, in: Kothe, Wolfhard/Dörner, Hans-Jürgen/Anzinger, Rudolf (Hrsg.), Arbeitsrecht im sozialen Dialog – Festschrift für Hellmut Wißmann zum 65. Geburtstag, München 2006, S. 45 ff.

Preis, Ulrich: Verhältnismäßigkeit und Privatrechtsordnung, in: Hanau, Peter/Heither, Friedrich/Kühling, Jürgen (Hrsg.), Richterliches Arbeitsrecht – Festschrift für Thomas Dieterich zum 65. Geburtstag, München 1999, S. 429 ff.

Preis, Ulrich/*Ulber*, Daniel: Die Wiederbelebung des Ablösungs- und Ordnungsprinzips?, Neue Zeitschrift für Arbeitsrecht 2014, S. 6 ff.

Preis, Ulrich/*Ulber*, Daniel: Die Rechtskontrolle von Betriebsvereinbarungen, Recht der Arbeit 2013, S. 211 ff.

Preis, Ulrich/*Weber*, Astrid: Der Regierungsentwurf eines Pflegezeitgesetzes, Neue Zeitschrift für Arbeitsrecht 2008, S. 82 ff.

Probst, Matthias: Das Günstigkeitsprinzip im Arbeitsrecht unter besonderer Berücksichtigung seiner Regelung in den Tarifordnungen, Düsseldorf 1937.

Proebsting, Arnold: Die Wirkung von tariflich vereinbarten Kündigungsfristen auf den Einzelarbeitsvertrag, Neue Zeitschrift für Arbeitsrecht 1926, Sp. 79 ff.

Prölss, Jürgen/*Martin*, Anton (Hrsg.): Versicherungsvertragsgesetz mit Nebengesetzen, europäischem Recht, Vertriebsrecht und Allgemeinen Versicherungsbedingungen, begründet von Erich Robert Prölss, 32. Auflage, München 2024.

Raab, Thomas: Betriebliche Bündnisse für Arbeit – Königsweg aus der Beschäftigungskrise?, Zeitschrift für Arbeitsrecht 2004, S. 371 ff.

Raab, Thomas: Entgeltfortzahlung an arbeitsunfähig erkrankte Arbeitnehmer an Feiertagen nach der Neuregelung des EFZG, Neue Zeitschrift für Arbeitsrecht 1997, S. 1144 ff.

Radebruch, Gustav: Rechtsphilosophie, 2. Auflage, Heidelberg 2003.

Raiser, Ludwig: Vertragsfreiheit heute, Juristenzeitung 1958, S 1 ff.

Ramm, Thilo: Die Arbeitsverfassung des Kaiserreichs, in Triffterer, Otto/von Zezschwitz, Friedrich (Hrsg.), Festschrift für Walter Mallmann zum 70. Geburtstag, Baden-Baden 1978, S. 191 ff.

Ramm, Thilo: Zur Bedeutung der Rechtssoziologie für das Arbeitsrecht, Kritische Justiz 1970, S. 175 ff.

Ramm, Thilo: Die Rechtsprechung des BAG, Juristenzeitung 1966, S. 214 ff.

Reuter, Dieter: Die Wandlung des Arbeitnehmerbegriffs – Befund und Konsequenzen –, in: Hanau, Peter/Heither, Friedrich/Kühling, Jürgen (Hrsg.), Richterliches Arbeitsrecht – Festschrift für Thomas Dieterich zum 65. Geburtstag, München 1999, S. 473 ff.

Richardi, Reinhard: Formzwang im Arbeitsverhältnis, Neue Zeitschrift für Arbeitsrecht 2001, S. 57 ff.

Richardi, Reinhard: Arbeitszeitverlängerungen nach der Tarifvertragsregelung in der Metallindustrie, Der Betrieb 1990, S. 1613 ff.

Richardi, Reinhard: Kollektivvertragliche Arbeitszeitregelung – Fremdbestimmung durch Kollektivnorm oder Regelung der Arbeitsbedingungen für ein rechtsgeschäftliches Dienstleistungsversprechen? –, Zeitschrift für Arbeitsrecht 1990, S. 211 ff.

Richardi, Reinhard: Der Beschluß des Großen Senats des Bundesarbeitsgerichts zur ablösenden Betriebsvereinbarung, Neue Zeitschrift für Arbeitsrecht 1987, S. 185 ff.

Richardi, Reinhard: Kollektivgewalt und Individualwille bei der Gestaltung des Arbeitsverhältnisses, München 1968.

Richardi, Reinhard (Hrsg.): Betriebsverfassungsgesetz mit Wahlordnung, 17. Auflage, München 2022.

Rieger, Patrick: Tarifeinheit mit Rechtsunsicherheit, Anmerkungen zum Urteil des Bundesverfassungsgerichts, in: Jaensch, Michael/Küfner-Schmitt, Irmgard (Hrsg.), Berliner wirtschaftsrechtliche Schriften, Band 9, Berlin 2017.

Rieger, Patrick: Tarifeinheitsgesetz – Eine verfassungsrechtliche Bewertung, in: Jaensch, Michael/Küfner-Schmitt, Irmgard (Hrsg.), Berliner wirtschaftsrechtliche Schriften, Band 2, Berlin 2016.

Riesenhuber, Karl: Die Sprache des arbeitsrechtlichen Nachweises, Neue Zeitschrift für Arbeitsrecht 1999, S. 798 ff.

Rolfs, Christian: Gutachten B um 74. Deutschen Juristentag Stuttgart 2024, in: Ständige Deputation des Deutschen Juristentages (Hrsg.), Verhandlungen des 74. Deutschen Juristentages Stuttgart 2024, Band I, München 2024.

Rolfs, Christian: Die betriebliche Altersversorgung im Recht der Europäischen Union, Europäische Zeitschrift für Arbeitsrecht 2018, S. 283 ff.

Rolfs, Christian: Stärkung der Betriebsrenten, Neue Zeitschrift für Arbeitsrecht 2017, S. 1225 ff.

Rolfs, Christian/*Giesen*, Richard/*Meßling*, Miriam/*Udsching*, Peter (Hrsg.): Beck'scher Online-Kommentar zum Arbeitsrecht, 74. Edition Stand: 01.12.2024, München 2024.

Rolfs, Christian/*Jakob*, Andreas/*Lülsdorf*, Detlev/*Menzel*, Moritz/*Tschinkl*, Dominik: Betriebsrentengesetz Arbeits-, Zivil- und Steuerrecht, begründet von Blomeyer, Wolfgang/Otto, Klaus, 8. Auflage, München 2022.

Rolfs, Christian/*Schmid*, Matthias: Die Unterrichtung über das bei der Kündigung einzuhaltende Verfahren, RL 2019/1152/EU, novelliertes NachwG und die Rechtsfolgen, Neue Zeitschrift für Arbeitsrecht 2022, S. 945 ff.

Röller, Jürgen (Hrsg.): Personalbuch 2024, begründet von Wolfdieter Küttner, 31. Auflage, München 2024.

Roloff, Sebastian: Wen schützt das Arbeitsschutzrecht?, Neue Zeitschrift für Arbeitsrecht 2024, S. 1098 ff.

Romatka, Ursula: Die Unabdingbarkeit nach bisherigem Urlaubsrecht und nach § 13 BurlG, München 1966.

Rudkowski, Lena: Urlaub als Grundrecht des Arbeitnehmers, Neue Juristische Wochenschrift, S. 476 ff.

Rüthers, Bernd: Vom Sinn und Unsinn des geltenden Kündigungsschutzrechts, Neue Juristische Wochenschrift 2002, S. 1601 ff.

Rüthers, Bernd: Arbeitsschutz als Beschäftigungsbremse? Zu möglichen Fehlentwicklungen des Richterrechts, in: Schulz, Roland/Drews, Otto/Schmidt-Dorenbach, Heribert (Hrsg.), Die soziale Verantwortung des Unternehmers, Festschrift für Dieter Schlemmer, München 1990, S. 83 ff.

Säcker, Franz Jürgen: Gruppenautonomie und Übermachtkontrolle im Arbeitsrecht, Berlin 1972.

Säcker, Franz Jürgen/*Rixecker*, Roland/*Oetker*, Hartmut/*Limperg*, Bettina/*Schubert*, Claudia (Hrsg.): Münchener Kommentar zum Bürgerlichen Gesetzbuch.

- Band 1, Allgemeiner Teil, §§ 1–240a, AllgPersnlR, SchriftRG, ProstG, AGG, 10. Auflage, München 2025.
- Band 2, Schuldrecht – Allgemeiner Teil I, 9. Auflage, München 2022.
- Band 4/2, Schuldrecht – Besonderer Teil I/2, §§ 481–534, Finanzierungsleasing, 9. Auflage, München 2023.
- Band 5, Schuldrecht – Besonderer Teil II, §§ 535–630h, BetrKV, HeizkostenV, WärmeLV, EFZG, TzBfG, KSchG, MiLoG, 9. Auflage, München 2023.
- Band 13, Internationales Privatrecht II, Internationales Wirtschaftsrecht, Einführungsgesetz zum Bürgerlichen Gesetzbuche (Art. 50–253, WBVG), 9. Auflage, München 2025.

Saeidy-Nory, Sarah/*Wank*, Rolf: Auslegung und Inhaltskontrolle von AGB bei der Bezugnahme auf Tarifverträge, Recht der Arbeit 2022, S. 1 ff.

Sagan, Adam/*Sollfrank*, Matthias: Europäische Klauselrichtlinie und deutsche Arbeitsverträge: Richtlinienorientierte Auslegung vs. Besonderheiten des Arbeitsrechts, Recht der Arbeit 2021, S. 287 ff.

Sauer, Christoph: Der aufdringliche Text – Sprachpolitik und NS-Ideologie in der „Deutschen Zeitung in den Niederlanden“, Wiesbaden 1998.

Schaefer, Rolf: Das Nachweisgesetz, Auswirkungen auf den Arbeitsvertrag, Köln 2000.

Schauß, Lena-Marie: Der Beitrag des Pflegezeitgesetzes zur besseren Vereinbarkeit von Angehörigenpflege und Beruf, Baden-Baden 2017.

Schiek, Dagmar: Gleichbehandlungsrichtlinien der EU – Umsetzung im deutschen Arbeitsrecht, Neue Zeitschrift für Arbeitsrecht 2004, S. 873 ff.

Schlachter, Monika: Grenzüberschreitende Arbeitsverhältnisse, Neue Zeitschrift für Arbeitsrecht 2000, S. 57 ff.

Schleusener, Aino/*Suckow*, Jens/*Plum*, Martin: Kommentar zum Allgemeinen Gleichbehandlungsgesetz, 5. Auflage, Köln 2019.

Schliemann, Harald: Neues und Bekanntes im Entgeltfortzahlungsgesetz, Arbeit und Recht 1994, S. 317.

Schmidt, August: Begriff und Grenzen der Unabdingbarkeit des Tarifvertrags, Düren 1929.

Schmidt, Marlene: Das Arbeitsrecht der Europäischen Gemeinschaft, Baden-Baden 2001.

Schmidt, Marlene/*Senne*, Daniela: Das gemeinschaftsrechtliche Verbot der Altersdiskriminierung und seine Bedeutung für das deutsche Arbeitsrecht, Recht der Arbeit 2002, S. 80 ff.

Schmidt, Thomas Benedikt: Das Günstigkeitsprinzip im Tarif- und Betriebsverfassungsrecht, Zugleich ein Beitrag zum Verhältnis von Tarifvertrag- und Betriebsvereinbarung, Berlin 1994.

Schmidt-Rimpler, Walter: Grundfragen einer Erneuerung des Vertragsrechts, Archiv für die civilisitsche Praxis (1941) Bd. 147, S. 130 ff.

Schmitt, Carl: Verfassungslehre, 11. Auflage, Berlin 2017.

Schmitt, Laura: Entgeltfortzahlung bei symptomloser SARS-CoV-2-Infektion, Recht der Arbeit 2024, S. 373 ff.

Schmitt, Laura: Anmerkung zum Urteil des BAG vom 06.12.2017 – 5 AZR 118/17, AP EntgeltFG § 2 Nr. 18.

Schneider, Daniel David: Entgeltfortzahlung und Konkurrenzen, Berlin 2014.

Schoden, Michael: Nachweisgesetz, Textaufgabe mit Kurzkommentierung, Köln 1996.

Schorn, Dagmar: Zur Berücksichtigungsfähigkeit des Arbeitsplatzargumentes beim Günstigkeitsvergleich – Das Günstigkeitsprinzip neuer Art, Bonn 2006.

Schubert, Claudia: Europarechtliches Symposion 2024: Europäisches Arbeitsrecht als Teil einer Wirtschafts-, Währungs- und Werteunion – zwischen Harmonisierung und Subsidiarität, Recht der Arbeit 2024, S. 282 ff.

Schubert, Claudia: Die Grundrechtecharta der Europäischen Union als Mittel zur Expansion des Unionsrechts?, Europäische Zeitschrift für Arbeitsrecht 2020, S. 302 ff.

Schubert, Claudia: Der Schutz der arbeitnehmerähnlichen Personen, Zugleich ein Beitrag zum Zusammenwirken von Arbeits- und Wirtschaftsrecht mit den zivilrechtlichen Generalklauseln, München 2004.

Schubert, Claudia/*Rieger*, Patrick: Grenzen der Gesetzeskorrektur durch § 242 BGB bei der AGB-Kontrolle – am Beispiel der Rechtsfolgen einer unwirksamen Renovierungsklausel, Juristische Rundschau 2022, S. 559 ff.

Schubert, Claudia/*Rieger*, Patrick: The Impact of Technological Disruption on German Labour Law: Risks and Opportunities, in: De Vos, Marc/Anderson, Gordon/Verhulp, Evert (Hrsg.), The Cambridge Handbook of Technological Disruptions in Labour and Employment Law, Cambridge 2022, S. 53 ff.

Schulze, Peter R.: Das Günstigkeitsprinzip im Tarifvertragsrecht, Frankfurt am Main/Bern/New York 1985.

Schürnbrand, Jan: Die Grenzen richtlinienkonformer Rechtsfortbildung im Privatrecht, JuristenZeitung 2007, S. 910 ff.

Schuster, Doris-Maria/*Jacobsohn*, Hanna: Entgeltgleichheit zwischen Primärrecht, Richtlinie und deutschem Recht, Recht der Arbeit 2024, 270 ff.

Schwarz, Axel: Verbraucherschutz in der Falle, Verbraucher und Recht 2013, S. 123 ff.

Schwarze, Roland: Anmerkungen zu BAG v. 16.12.2008 – 9 AZR 164/08, AP BUrlG § 7 Nr. 40.

Seidel, Richard: Die Grenzen der „Mitwirkung" des Betriebsrats bei entgegenstehenden Tarifvertragsklauseln, insbesondere im Bereich der Reichsbahnverwaltung, Neue Zeitschrift für Arbeitsrecht 1924, Sp. 279 ff.

Seifert, Achim: Arbeitszeitrechtlicher Arbeitnehmerbegriff – Horizontalwirkung des Rechts auf bezahlten Urlaub (Art. 31 Abs. 2 GRCh), Europäische Zeitschrift für Arbeitsrecht 2015, S. 500 ff.

Seifert, Achim: Zur Horizontalwirkung sozialer Grundrechte, Europäische Zeitschrift für Arbeitsrecht 2013, S. 299 ff.

Seiwerth, Stephan: Gestaltungsfreiheit in Tarifverträgen und tarifdispositives Gesetzesrecht, Die Begrenzung individueller und kollektiver Vertragsfreiheit durch dispositives und zwingendes Gesetzesrecht, Baden-Baden 2017.

Sellert, Wolfgang: Das BGB in der Weimarer Epoche, in: Diederichsen, Uwe/Sellert, Wolfgang (Hrsg.), Das BGB im Wandel der Epochen, 10. Symposion der Kommission „Die Funktion des Gesetzes in Geschichte und Gegenwart", Göttingen 2002.

Simon, Uwe: Unabdingbarkeit und vertraglicher Verzicht: Ein Beitrag zu Reichweite und Grenzen der Vertragsfreiheit im Arbeitsrecht, Berlin 2008.

Sinzheimer, Hugo: Der kooperative Arbeitsnormenvertrag, Eine privatrechtliche Untersuchung, Leipzig 1907.

Skouris, Vassilios: Das Verhältnis von Grundfreiheiten und Grundrechten im europäischen Gemeinschaftsrecht, Die Öffentliche Verwaltung 2006, S. 89 ff.

Sprenger, Markus: Urlaub, Feiertag, Krankheit und Lebendorganspende – Entgeltfortzahlung, Arbeit und Arbeitsrecht 2015, S. 428 ff.

Stahlhacke, Eugen/*Bachmann*, Bernward/*Bleistein*, Franzjosef/*Berscheid*, Ernst-Dieter: Gemeinschaftskommentar zum Bundesurlaubsgesetz, 5. Auflage, Neuwied/Berlin/Kriftel i. Ts. 1992.

Stein, Axel: Anmerkung zum Urteil des BAG v. 28.05.2002 – 9 AZR 430/99, AP BUrlG § 10 Kur Nr. 5.

Stoffels, Markus: Grundprobleme der Schadensersatzverpflichtung nach § 15 Abs. 1 AGG, Recht der Arbeit 2009, S. 204 ff.

Stöhr, Alexander: Anmerkungen zu BAG v. 18.10.2018 – 2 AZR 374/18, AP KSchG 1969 § 2 Nr. 172.

Stöhr, Alexander: Vertragsbindung und Flexibilität im Arbeitsrecht – rechtshistorisch betrachtet, Recht der Arbeit 2014, S. 307 ff.

Streckel, Siegmar: Anmerkungen zu BAG v. 22.08.2001 – 5 AZR 699/99, Entscheidungssammlung zum Arbeitsrecht, § 3 EntgFG Nr. 8, S. 9 ff.

Streinz, Rudolf (Hrsg.): EUV/AEUV, unter Mitarbeit von Walther Michl, 3. Auflage, Berlin 2018.

Suerbaum, Joachim: Die Schutzpflichtdimension der Gemeinschaftsgrundrechte, Europarecht 2003, S. 390 ff.

Sutschet, Holger: Kleine und große Probleme des Arbeitszeitrechts, Neue Zeitschrift für Arbeitsrecht 2023, S. 1575 ff.

Syrup, Friedrich: Die Verordnung über die Arbeitszeit, Neue Zeitschrift für Arbeitsrecht 1924, Sp. 1 ff.

Thiel, Markus (Hrsg.): Handwerksordnung mit Berufsbildungsrecht, begründet von Gerhart Honig, 5. Auflage, Baden-Baden 2017.

Thüsing, Gregor: Gedanken zur Vertragsautonomie im Arbeitsrecht, in: Wank, Rolf/Hirte, Heribert/Fleischer, Holger/Thüsing, Gregor (Hrsg.), Festschrift für Herbert Wiedemann zum 70. Geburtstag, München 2002, S. 559 ff.

Thüsing, Gregor/*Granetzny*, Thomas: Zur Abdingbarkeit des BetrAVG bei Organmitgliedern, Neue Zeitschrift für Gesellschaftsrecht 2010, S. 449 ff.

Tobisch, Antonia Elisabeth: Dispositives Recht und Grundgesetz, Ein Beitrag zum Verständnis des dispositiven Rechts im Kontext des grundrechtlichen Eingriffsbegriffs, Tübingen 2021.

Tonner, Klaus: Schuldrecht: Vertragliche Schuldverhältnisse, 4. Auflage, Baden-Baden 2015.

Treber, Jürgen: Kommentar zum Entgeltfortzahlungsgesetz und zu den wesentlichen Nebengesetzen, 2. Auflage, Neuwied 2007.

Uhle, Arnd: Abschied vom engen Familienbegriff, Zur Rejustierung des bundesverfassungsgerichtlichen Familienverständnisses, Neue Zeitschrift für Verwaltungsrecht 2015, S. 272 ff.

Ulber, Daniel: Tarifdispositives Gesetzesrecht im Spannungsfeld von Tarifautonomie und grundrechtlichen Schutzpflichten, Berlin 2010.

Ulber, Daniel/*Kyra*, Klocke: Die Grundrechtsbindung der Tarifvertragsparteien in der Rechtsprechung des BAG, Recht der Arbeit 2021, S. 178 ff.

Vanselow, Gerhard: Einzelarbeitsvertrag und Tarifvertrag, Neue Zeitschrift für Arbeitsrecht 1924, Sp. 331 ff.

Ventura-Heinrich, Denise: Der Nachweis wesentlicher Vertragsbedingungen als Baustein einer neuen Vertragskultur, Hamburg 2010.

Versteyl, Sarah: Die Obergrenze arbeitsrechtlichen Schutzes, Arbeitsvertragsfreiheit auf dem Prüfstand, Baden-Baden 2005.

Viethen, Hans Peter: Entgeltfortzahlungsgesetz, 3. Auflage, München/Berlin 1999.

Vogelsang, Hinrich: Das Entgeltausfallprinzip im Urlaubsrecht, Recht der Arbeit 2018, S. 110 ff.

Vogelsang, Hinrich/*Wensing*, Hans-Hubert: Überstunden Mehr Arbeit – Mehr Geld, Recht der Arbeit 2024, S. 317 ff.

Voßkuhle, Andreas: Umweltschutz und Grundgesetz, Neue Zeitung für Verwaltungsrecht 2013, S. 1 ff.

Voßkuhle, Andreas: Grundwissen – Öffentliches Recht: Der Grundsatz der Verhältnismäßigkeit, Juristische Schulung 2007, S. 429 ff.

Walter, Christian/*Tremml*, Kathrin: Die neue Rechtsprechung des EuGH zur Bedeutung der Religionsfreiheit in privaten Arbeitsverhältnissen – Zugleich Besprechung von EuGH, Urteil vom 15.7.2021 – C-804/18 und C-341/19, NZA 2021, 1085, Neue Zeitschrift für Arbeitsrecht 2021, S. 1453 ff.

Waltermann, Raimund: „Ablösung" arbeitsvertraglicher Zusagen durch Betriebsvereinbarung?, Recht der Arbeit 2016, S. 296 ff.

Waltermann, Raimund: Unanwendbarkeit des nationalen Rechts bei Verstoß gegen das europarechtliche Verbot der Altersdiskriminierung, Europäische Zeitschrift für Arbeitsrecht 2010, S. 541 ff.

Weber, Klaus (Hrsg.): Rechtswörterbuch, 33. Edition Stand 01.08.2024, München 2024.

Weber, Max: Rechtssoziologie, in: Maus, Heinz/Fürstenberg, Friedrich (Hrsg.), Soziologische Texte, Band 2, Neuwied 1960.

Wedde, Peter/*Kunz*, Olaf: Entgeltfortzahlungsgesetz Basiskommentar mit Nebengesetzen, 5. Auflage, Frankfurt a. M. 2023.

Weigert, Daniel: Der Beginn von Ausschlussfristen – Eine kritische Analyse der Rechtsprechung, NZA-Rechtsprechungs-Report Arbeitsrecht 2021, S. 225 ff.

Weinbrenner, Lars: Der Sonderkündigungsschutz im Pflegezeitgesetz, Frankfurt am Main 2010.

Weitnauer, Hermann: Der Schutz des Schwächeren im Zivilrecht, Karlsruhe 1975.

Weitnauer, Hermann: Anmerkungen zum Urteil des BAG v. 10.03.1972 – 3 AZR 278/71, AP BGB § 242 Ruhegehalt Nr. 156.

Wensing, Hans-Hubert/*Hesse*, Katharina: Die Vereinbarung längerer Kündigungsfristen im Arbeitsvertrag, Neue Zeitschrift für Arbeitsrecht 2009, S. 1309 ff.

Westphalen, Friedrich von: Zwingendes Recht als Innovationstreiber und die Privatisierung des Rechts, Betriebs-Berater 2021, S. 1410 ff.

Westphalen, Friedrich von/*Pamp*, Rüdiger/*Thüsing*, Gregor (Hrsg.): Vertragsrecht und AGB-Klauselwerke, Stand: 50. Ergänzungslieferung März 2024, München 2024.

Wiedemann, Herbert (Hrsg.): Tarifvertragsgesetz mit Durchführungs- und Nebenvorschriften, 9. Auflage, München 2023.

Wiedemann, Herbert (Hrsg.): Individueller und kollektiver Günstigkeitsvergleich, in: Kothe, Wolfhard/Dörner, Hans-Jürgen/Anzinger, Rudolf (Hrsg.), Arbeitsrecht im sozialen Dialog – Festschrift für Hellmut Wißmann zum 65. Geburtstag, München 2006, S. 185 ff.

Wiedemann, Herbert (Hrsg.): Anmerkungen zum Urteil des BAG v. 12.04.1972 – 4 AZR 211/71, AP TVG § 4 Günstigkeitsprinzip Nr. 13.

Wiedemann, Herbert (Hrsg.): Das Arbeitsverhältnis als Austausch- und Gemeinschaftsverhältnis, Karlsruhe 1966.

Wietfeld, Anne Christin/*Hinrichsen*, Mats Quinten: Das Gesetz zur Umsetzung der Vereinbarkeitsrichtlinie – Elternurlaub, Vaterschaftsurlaub, Urlaub für pflegende Angehörige, flexible Arbeitsbedingungen und Arbeitsfreistellung aufgrund höherer Gewalt, Europäische Zeitschrift für Arbeitsrecht 2022, S. 363 ff.

Wißmann, Hellmut: Diskriminierende Ausnahmen von Tarifansprüchen und Regelungsabstinenz der Tarifparteien, in: Hanau, Peter/Heither, Friedrich/Kühling, Jürgen (Hrsg.), Richterliches Arbeitsrecht – Festschrift für Thomas Dieterich zum 65. Geburtstag, 1999, München 1999, S. 683 ff.

Wlotzke, Otfried: Das Günstigkeitsprinzip im Verhältnis des Tarifvertrags zum Einzelarbeitsvertrag und zur Betriebsvereinbarung, Heidelberg 1957.

Wohlgemuth, Hans Hermann/*Pepping*, Georg (Hrsg.): Berufsbildungsgesetz, Handkommentar, 2. Auflage, Baden-Baden 2020.

Wollenschläger, Ferdinand: Die unternehmerische Freiheit (Art. 16 GRCh) als grundrechtlicher Pfeiler der EU-Wirtschaftsverfassung – Konturen in der Charta-Rechtsprechung des EuGH, Europäische Zeitschrift für Wirtschaftsrecht 2015, S. 285 ff.

Wutte, Joachim: Mitverantwortung des Arbeitgebers für die Urlaubnahme seiner Arbeitnehmer, Europäische Zeitschrift für Wirtschaftsrecht 2019, S. 222 ff.

Yurtsev, Abdulkadir: Die Bedeutung des Günstigkeitsprinzips bei der Abänderung von Sozialleistungen durch Tarifvertrag und Betriebsvereinbarung, Kiel 1996.

Zaumseil, Frank: Anmerkung zum Urteil des BAG vom 06.12.2017 – 5 AZR 118/17, Betriebs-Berater 2018, S. 1527 ff.

Zöllner, Wolfgang: Vertragskontrolle und Gerechtigkeit, NZA-Beilage 2006, S. 99 ff.

Zöllner, Wolfgang: Die Zulässigkeit einzelvertraglicher Verlängerung der tariflichen Wochenarbeitszeit, Der Betrieb 1989, S. 2121 ff.

Zöllner, Wolfgang: Der Abbau einheitsvertraglicher Arbeitsbedingungen im nicht tariflich gesicherten Bereich, Bemerkungen zum arbeitskampfrechtlichen Symmetriegedanken und zum Ordnungsprinzip, Recht der Arbeit 1969, S. 250 ff.

Zöllner, Wolfgang/*Loritz*, Karl-Georg/*Hergenröder*, Curt Wolfgang: Arbeitsrecht, 7. Auflage, München 2015.

Stichwortverzeichnis

Carina Lietzenmaier

Der Schutz des Arbeitnehmers vor Ungleichbehandlungen

Ein Vergleich der Differenzierungsverbote des in Deutschland geltenden Arbeitsrechts

Die Freiheit des Arbeitgebers, seine Arbeitnehmer unterschiedlich zu behandeln, wird durch verschiedene Differenzierungsverbote des nationalen aber auch des europäischen Primär- und Sekundärrechts eingeschränkt. Diese Arbeit untersucht, welche Ungleichbehandlungen einem Arbeitgeber durch die einzelnen Regelungen untersagt werden und unter welchen Voraussetzungen eine unterschiedliche Behandlung zugelassen wird. Dabei wird im Ausgangspunkt die übereinstimmende Grundstruktur der Differenzierungsverbote herausgearbeitet. Im Anschluss wird die Ausgestaltung dieser Struktur durch die verschiedenen Normen verglichen. Es werden die Gemeinsamkeiten und Unterschiede der Differenzierungsverbote dargelegt und analysiert, vor welchen Ungleichbehandlungen Arbeitnehmer durch die einzelnen Regelungen geschützt werden.

Abhandlungen zum deutschen und internationalen
Arbeits- und Sozialrecht, Band 32
402 Seiten, 2025
ISBN 978-3-428-19556-5, € 109,90
Titel auch als E-Book erhältlich.

Duncker & Humblot · Berlin